HISTÓRIA DA VIDA PRIVADA 3

HISTÓRIA DA VIDA PRIVADA
Coleção dirigida por
Philippe Ariès e Georges Duby

1. *Do Império Romano ao ano mil*
organizado por Paul Veyne

2. *Da Europa feudal à Renascença*
organizado por Georges Duby

3. *Da Renascença ao Século das Luzes*
organizado por Philippe Ariès (†) e Roger Chartier

4. *Da Revolução Francesa à Primeira Guerra*
organizado por Michelle Perrot

5. *Da Primeira Guerra a nossos dias*
organizado por Antoine Prost e Gérard Vincent

Este livro foi publicado com o apoio do Ministério Francês da Cultura — Centro Nacional do Livro. No âmbito do programa de auxílio à publicação Carlos Drummond de Andrade, contou com o apoio do Ministério Francês das Relações Exteriores e Europeias.

O Ano da França no Brasil (21 de abril-15 de novembro) é organizado, na França, pelo Comissariado Geral Francês, pelo Ministério das Relações Exteriores e Europeias, pelo Ministério da Cultura e da Comunicação e por Culturesfrance; no Brasil, pelo Comissariado Geral Brasileiro, pelo Ministério da Cultura e pelo Ministério das Relações Exteriores.

Ouvrage publié avec le concours du Ministère Français Chargé de la Culture — Centre National du Livre. Publié dans le cadre de du Programme d'Aide à la Publication Carlos Drummond de Andrade, bénéficie du soutien du Ministère Français des Affaires Etrangères et Européennes.

l'Année de la France au Brésil (21 avril-15 novembre) est organisée, en France, par le Commissariat Général Français, le Ministère des Affaires Etrangères et Européennes, le Ministère de la Culture et de la Communication et Culturesfrance; au Brésil, par le Commissariat Général Brésilien, le Ministère de la Culture et le Ministère des Relations Extérieures.

HISTÓRIA DA VIDA PRIVADA 3

Da Renascença ao Século das Luzes

Organização
Roger Chartier

Tradução
Hildegard Feist

6ª reimpressão

COMPANHIA DE BOLSO

Grafia atualizada segundo o Acordo Ortográfico da Língua Portuguesa de 1990, que entrou em vigor no Brasil em 2009.

Título original
Histoire de la vie privée — Vol. 3: De la Renaissance aux Lumières

Na versão de bolso, foram suprimidas imagens que constam na primeira edição da coleção, que vem sendo publicada pela Companhia das Letras desde 1989.

Capa
Jeff Fisher

Preparação
Marcos Luiz Fernandes

Revisão
Adriana Moretto
Vivian Miwa Matsushita

Índice remissivo
Juliane Kaori

Dados Internacionais de Catalogação na Publicação (CIP)
(Câmara Brasileira do Livro, SP, Brasil)

História da vida privada, 3 : da Renascença ao Século das Luzes / organização Roger Chartier ; tradução Hildegard Feist. — 1ª ed. — São Paulo : Companhia de Bolso, 2009.

Título original: Histoire de la vie privée — Vol. 3: De la Renaissance aux Lumières.
Vários autores.
Bibliografia.
ISBN 978-85-359-1435-1

1. Europa — Civilização 2. Europa — História 3. Europa — Usos e costumes I. Duby, Georges.

09-02435 CDD-940.1

Índice para catálogo sistemático:
1. Europa : Vida privada : Civilização : História 940.1

2022

EDITORA SCHWARCZ S.A.
Rua Bandeira Paulista, 702, cj. 32
04532-002 — São Paulo — SP
Telefone: (11) 3707-3500
www.companhiadasletras.com.br
www.blogdacompanhia.com.br

Este livro foi desejado, pensado e preparado por Philippe Ariès. A morte impediu que ele o terminasse. Nós o escrevemos em fiel liberdade, em memória de sua amizade.

SUMÁRIO

POR UMA HISTÓRIA DA VIDA PRIVADA

Philippe Ariès

É possível uma história da vida privada?* Ou essa noção de "privado" nos remete a estados ou valores demasiado heterogêneos de uma época a outra para que possamos estabelecer entre elas uma relação de continuidade e diferenças? É a pergunta que eu gostaria de formular, e espero que este colóquio lhe traga alguma resposta.

Proporei duas épocas de referência, duas situações históricas, ou melhor, duas representações aproximativas de duas situações históricas, para que possamos colocar o problema do período intermediário.

O ponto de partida será o final da Idade Média. Aí encontramos um indivíduo enquadrado em solidariedades coletivas, feudais e comunitárias, no interior de um sistema que funciona mais ou menos assim: as solidariedades da comunidade senhorial, as solidariedades entre linhagens, os vínculos de vassalagem encerram o indivíduo ou a família num mundo que não é nem privado nem público no sentido que conferimos a esses termos, ou no sentido que sob outras formas lhes foi dado na época moderna.

Digamos de maneira banal que há confusão entre privado e público, entre o dormitório e o Tesouro. Mas o que isso significa? Primeiro e essencialmente, que muitos atos da vida cotidiana, conforme mostrou Norbert Elias, se realizam e ainda por muito tempo se realizarão em público.

* Este texto foi escrito para introduzir o seminário "A propósito da história do espaço privado", organizado pelo Wissenschaftskolleg de Berlim em maio de 1983. Acrescentamos-lhe as reflexões que tal encontro inspirou a Philippe Ariès. (R. C.)

Duas correções devem acompanhar essa observação um tanto abrupta.

A comunidade que enquadra e limita o indivíduo — a comunidade rural, a cidadezinha ou o bairro — constitui um meio familiar em que todo mundo se conhece e se vigia e além do qual se estende uma *terra incognita*, habitada por algumas personagens de lenda. Era o único espaço habitado e regulamentado segundo determinadas leis.

Em seguida, esse espaço comunitário não era um espaço cheio, mesmo nas épocas de grande povoamento. Havia vazios — o canto da janela na sala, as cercanias do pomar, ou ainda a floresta e suas cabanas — que ofereciam um espaço de intimidade precária, porém reconhecida e mais ou menos preservada.

O ponto de chegada é o século XIX. A sociedade se tornou uma vasta população anônima na qual as pessoas já não se conhecem. O trabalho, o lazer e o convívio com a família são doravante atividades separadas em compartimentos estanques. O homem procura proteger-se dos olhares dos outros e para isso lança mão de dois recursos: o direito de escolher mais livremente (ou pensar que assim escolhe) sua condição, seu estilo de vida; e o recolhimento junto à família, transformada em refúgio, centro do espaço privado.

Notemos contudo que, ainda no início do século XX, principalmente nas classes populares e rurais, os tipos antigos de sociabilidade coletiva e comunitária persistiam, na taberna para os homens, no lavadouro para as mulheres, na rua para todos.

Como se passou do primeiro ao segundo desses modelos que *grosso modo* esboçamos? Podemos imaginar diferentes abordagens e devemos escolher uma dentre elas.

A primeira corresponde a um modelo evolucionista: o movimento da sociedade ocidental estaria programado desde a Idade Média e conduziria à modernidade através de um progresso contínuo, linear, ainda que se registrem pausas, solavancos, retrocessos. Este modelo mascara a real complexidade das observações significativas, a diversidade, a disparidade que contam entre as principais características da sociedade ocidental do século XVI ao XVIII: inovações e sobrevivências, ou o que assim chamamos, são indistinguíveis.

A segunda abordagem é mais tentadora e mais próxima da realidade. Consistiria em modificar a periodização clássica e estabelecer como princípio que, de meados da Idade Média ao final do século XVII, não houve mudança real das mentalidades profundas. Não hesitei em adotá-la em minhas pesquisas sobre a morte. Isso equivaleria a dizer que a periodização da história política, social, econômica, e até cultural, não conviria à história das mentalidades. Todavia, há tantas mudanças na vida material e espiritual, nas relações com o Estado, depois com a família, que devemos abordar o período moderno como uma época à parte, autônoma e original, não esquecendo o que deve a uma Idade Média remanejada e tendo em mente que anuncia a época contemporânea, sem no entanto ser a simples continuação de uma nem o esboço da outra.

AS EVOLUÇÕES DA ERA MODERNA

Quais são, a nosso ver, os acontecimentos que vão modificar as mentalidades, em especial a ideia do indivíduo e de seu papel na vida cotidiana da sociedade?

Três fatos externos, ligados à grande história político-cultural, são relevantes.

O mais importante é, talvez, o novo papel do Estado, que a partir do século XV não parou de se impor sob modos e meios diferentes.

O Estado e sua justiça vão interferir com maior frequência, pelo menos nominalmente, e até com frequência de fato cada vez maior ao longo do século XVIII, no espaço social que antes estava entregue às comunidades.

Uma das principais missões do indivíduo ainda era adquirir, defender ou ampliar o papel social que a comunidade podia tolerar. Pois, sobretudo a partir dos séculos XV e XVI, havia mais espaço de manobra numa comunidade que o enriquecimento e a diversidade das ocupações tornavam cada vez mais desigual. Os meios de agir consistiam em ganhar a aprovação ou a inveja ou pelo menos a tolerância da opinião graças ao *parecer*, quer dizer, à *honra*. Conservar ou defender a honra equivale a salvar as aparências.

O indivíduo não era como era, e sim como parecia, ou melhor, como conseguia parecer. Tudo visava a esse objetivo: a despesa excessiva, a prodigalidade (pelo menos nos bons momentos, criteriosamente escolhidos), a insolência, a ostentação. A defesa da honra chegava ao duelo ou à participação ativa e perigosa num duelo — ou a uma troca pública de palavras e golpes que desencadeavam um ciclo de vingança, estando excluído o recurso às instituições do Estado, como a justiça. Ora, pelo menos a partir de Luís XIII, o Estado passou a assumir, tanto quanto possível, o controle do parecer. Por exemplo, proibiu os duelos sob pena de morte (Richelieu) e mediante leis suntuárias procurou proibir o luxo da vestimenta e a usurpação, graças à roupa, de um lugar não garantido pelo direito. Revisou os quadros da nobreza para eliminar os usurpadores. Interferiu cada vez mais nas relações interiores, no que consideramos o próprio âmago do privado, na vida familiar, através das *lettres de cachet*:* na verdade colocou seu poder à disposição de um dos membros da família contra outro, provocando um curto-circuito no aparelho usual do Estado, mais infamante.

Esta estratégia teve importantes consequências. O Estado de justiça dividiu a sociedade em três zonas:

1) A sociedade cortesã, verdadeiro foro em que, sob cores modernas, mantinha-se a mistura arcaica de ação política ou estatal, de festividade, de engajamento pessoal, de serviço e de hierarquia, cujos elementos constitutivos em grande parte já existiam na Idade Média.

2) No outro extremo da escala social, as classes populares das cidades e dos campos, nas quais persistiram durante muito tempo a mistura tradicional do trabalho e da festa, as vontades

* Documento com o selo (*cachet*) do rei contendo uma ordem de prisão ou exílio sem julgamento prévio. (N. T.)

de ostentação e de prestígio, uma sociabilidade ampla, mutável, renovada. É o mundo da rua, da venda, do passeio ou da praça ao lado da igreja.

3) A corte, o povo simples: dois obstáculos para a extensão de um novo espaço privado que se desenvolverá então nos meios intermediários e em geral cultos, a pequena nobreza, os notáveis medianos que sentem um prazer inédito em ficar em casa e manter relações agradáveis com uma pequena "sociedade" — é o termo utilizado — de amigos selecionados.

O segundo fato é o desenvolvimento da alfabetização e a difusão da leitura, sobretudo graças à imprensa.

Certamente o uso mais difundido da leitura silenciosa não eliminou a leitura em voz alta, que durante muito tempo havia sido a única maneira de ler. Charles de Sévigné era excelente leitor. À noite, no campo, liam-se passagens dos livros "azuis", dos livros vendidos por mascates. Isso não impediu que a leitura silenciosa permitisse a mais de uma pessoa formar sua concepção do mundo, adquirir conhecimentos empíricos, como Montaigne ou Henri de Campion, mas também como o moleiro estudado por Carlo Ginzburg ou Jamerey-Duval. Ela permite uma reflexão solitária que de outro modo teria sido mais difícil fora dos espaços piedosos, dos conventos ou das ermidas, equipados para a solidão.

Por fim, terceiro fato, o mais bem conhecido e que não deixa de ter relação com os dois anteriores, as formas novas de religião que se estabelecem nos séculos XVI e XVII. Elas desenvolvem uma devoção interior — sem excluir, muito pelo contrário, outras formas coletivas da vida paroquial —, o exame de consciência, sob a forma católica da confissão ou a puritana do diário íntimo. Entre os laicos, a oração cada vez mais assume a forma da meditação solitária num oratório privado ou simplesmente num canto do quarto, num móvel adaptado para esse fim, o genuflexório.

OS INDÍCIOS DA PRIVATIZAÇÃO

Mesmo nos arriscando a eventuais repetições, perguntemo-nos por que caminhos esses fatos vão penetrar as mentalidades.

Distinguirei seis categorias de dados importantes que agrupam em torno de elementos concretos as mudanças ocorridas e permitem apreendê-las sob uma forma elementar.

1) A *literatura de civilidade* é um dos bons indicadores de mudança, pois nela vemos os costumes dos cavaleiros medievais se transformar em regras de *savoir-vivre* e código de polidez. Norbert Elias analisou-a há muito tempo, nela encontrando um dos principais argumentos de sua tese sobre o surgimento progressivo da modernidade. Roger Chartier viu-a com novos olhos, Jacques Revel falará dela aqui mesmo.

Todos concordam em acompanhar, do século XVI ao XVIII, pequenas mudanças que a longo prazo revelam uma *atitude nova com relação ao corpo*, ao próprio corpo e ao do outro. Já não se trata de saber como um rapaz deve servir à mesa ou servir o patrão, e sim de estender ao redor do corpo um espaço preservado a fim de afastá-lo de outros corpos, furtá-lo ao contato e ao olhar dos outros. Assim, as pessoas param de se abraçar, ou seja, de se jogar nos braços umas das outras, de beijar a mão, o pé, de se lançar "de barriga no chão" perante uma dama que querem homenagear. Essas demonstrações veementes e patéticas são substituídas por gestos discretos e furtivos; não se trata mais de parecer nem de se afirmar aos olhos dos outros, porém, ao contrário, de lembrar aos outros apenas o necessário para não se fazer esquecer totalmente, sem se impor por um gesto excessivo. A literatura de civilidade, a maneira de tratar o próprio corpo e o dos outros explicam um pudor novo, uma preocupação nova em esconder determinadas partes do corpo, determinados atos, como a excreção. "Cobri esse seio que eu não poderia ver", diz Tartufo. Foi-se o tempo em que os homens, no século XVI, cobriam o sexo com uma prótese que servia de bolso e mais ou menos simulava a ereção. Também repugnará deitar os recém-casados em público em seu leito na noite de núpcias e voltar a seu quarto na manhã seguinte. Esse novo pudor, acrescentado a proibições antigas, chega mesmo a dificultar o acesso do cirurgião ao leito da parturiente, local de reunião essencialmente feminino.

2) Outro indício de uma vontade mais ou menos consciente, às vezes obstinada, de se isolar, de se conhecer melhor através da escrita, sem necessariamente comunicar esse conhecimento a outros, exceto aos próprios filhos para que o guardem na memória, e muitas vezes mantendo as confidências em segredo e exigindo que os herdeiros as destruam: são o diário íntimo, as cartas, as confissões de modo geral, a *literatura autógrafa* que atesta os progressos da alfabetização e uma relação estabelecida entre leitura, escrita e autoconhecimento.

São escritos sobre si e o mais das vezes para si apenas. Nem sempre se procura publicá-los. Mesmo quando não são destruídos, sobrevivem apenas por acaso, no fundo de um baú ou de um sótão. Portanto, são textos redigidos somente por prazer. Um artesão vidraceiro do final do século XVIII confessa no início de suas memórias: "O que escrevi foi tão-somente para meu prazer e para o prazer de relembrar". A autobiografia correspondia tão bem a uma necessidade da época que se tornou um gênero literário (como o testamento na Idade Média), um meio de expressão literária ou filosófica, de Maine de Biran a Amiel.

Não foi por acaso que, a partir do século XVI, o diário íntimo se difundiu tanto na Inglaterra, berço da *privacy*. Na França — onde, à exceção de alguns casos isolados, não há nada comparável — os *livres de raison* tornam-se mais numerosos e talvez mais elaborados.

3) O *gosto da solidão*. Durante muito tempo considerou-se que um homem de elevada posição nunca devia ficar sozinho — a não ser para rezar. Os mais humildes tinham tanta necessidade de companhia quanto os grandes: a pior pobreza era o isolamento, tanto que o eremita a procurava como privação e ascese. A solidão gera o tédio: é um estado contrário à condição humana. No final do século XVII as coisas já não são assim. Madame de Sévigné, que em Paris nunca ficava sozinha, expressa nas cartas da última parte de sua vida o prazer que sente na Bretanha por ficar sozinha três ou quatro horas seguidas, passeando pelas alamedas de seu parque com um livro na mão. Ainda não são as grandes incursões pela natureza, mas o parque

assume um ar de natureza. Logo virão as *Confissões* e *Os devaneios de um caminhante solitário*.

4) A *amizade*. Essa tendência à solidão convida a partilhá-la com um amigo querido, selecionado no círculo habitual, em geral mestre, parente, servidor ou vizinho, especialmente escolhido, apartado dos outros. Um outro eu. A amizade já não é apenas a fraternidade de armas dos cavaleiros da Idade Média; no entanto, há muitos vestígios dela na camaradagem militar dessas épocas em que as guerras ocupam a nobreza desde a mais tenra idade. Só excepcionalmente, sem dúvida, é a grande amizade que encontramos em Shakespeare ou em Michelangelo. É um sentimento mais polido, um relacionamento tranquilo, uma prazerosa fidelidade, com toda uma gama de variedade e de intensidade.

5) Todas essas mudanças — e muitas outras — contribuem para uma nova maneira de conceber e levar a vida cotidiana, não mais ao acaso das etapas, da utilidade mais banal, ou ainda como complemento da arquitetura e da arte, e sim como uma exteriorização de si mesmo e dos valores íntimos que cada um cultiva em si.

Isso levou a dar muita atenção e a dispensar muitos cuidados ao que acontecia na vida cotidiana, dentro de casa ou no próprio comportamento e a introduzir exigências de refinamento que demandam tempo e monopolizam o interesse — é o *gosto*, que se torna então um autêntico valor.

Durante muito tempo as pessoas se limitaram a cobrir as paredes dos quartos com tapeçarias e, quando podiam, a instalar mostradores para exibir objetos preciosos. O resto do mobiliário era simples, desmontável, acompanhava o proprietário em seus deslocamentos, sempre conservando um caráter de utilidade, como no caso dos leitos, baús e bancos. Depois as coisas mudam. O leito se aproxima da parede, o baú se torna objeto de arte ou (e é mais significativo) cede lugar ao armário, à cômoda. A poltrona deixa de ser uma cadeira de braços destinada a indicar e enfatizar uma posição social eminente. Madame de Sévigné está no limite de duas épocas, e em suas cartas encontramos exemplos das duas atitudes. Em sua primeira viagem a Rochers ela leva a cama junto e, apesar de indiferente à arte do pequeno móvel, admira-a na casa da filha. Já Samuel Pepys conhece bastante bem os fornecedores para comprar, como *connaisseur*, gravuras, móveis e cama. Esta arte menor de interiores torna-se fonte de inspiração para a grande arte da pintura. A pintura holandesa do século XVII gosta de representar o interior doméstico em sua perfeição — ideal de uma nova arte de viver. É então que se desenvolve uma arte da mesa e dos vinhos, que exige iniciação, cultura, espírito crítico — o que hoje chamamos de gosto. Não só se difunde uma grande culinária de mestres, como a cozinha comum se torna mais exigente, mais requintada — os pratos rústicos e grosseiros se tornam receitas tradicionais, porém caprichadas e até sutis. Poderíamos fazer os mesmos comentários com relação à roupa, especialmente à roupa de ficar em casa.

6) A história da casa resume, talvez, todo o movimento dessas constelações psicológicas que acabamos de mencionar, suas inovações e suas contradições. É uma história muito complexa, e só podemos assinalar sua importância. Relativamente estável do século XII ao XV, ela depois não para de se transformar até nossos dias.

Parece-me que os elementos importantes são:

a) A dimensão dos cômodos, que diminui; a multiplicação dos pequenos espaços, que a princípio surgem como apêndices dos aposentos principais, mas onde se concentra a atividade e que logo adquirem autonomia: gabinete, alcova, *ruelle* [espaço entre a cama e a parede].

b) A criação de espaços de comunicação que permitem entrar ou sair de um cômodo sem passar por outro (escada privada, corredor, hall de entrada...).

c) A especialização dos aposentos (Samuel Pepys tinha uma *nursery*, um quarto para ele, outro para a esposa e um living-room, enquanto madame de Sévigné não conhecia nada disso em Carnavalet ou em Rochers); contudo cabe notar que em muitos lugares — e talvez ainda na Inglaterra — o fechamento da casa e a especialização dos cômodos correspondem mais a uma funcionalização — os aposentos são reservados para uma espécie de trabalho — que a uma procura de intimidade.

d) A distribuição do calor e da luz. A história da lareira é de especial importância, ao mesmo tempo para o aquecimento e para a cozinha; citemos apenas a passagem da grande lareira, elemento de arquitetura, à pequena lareira, com seus condutos, seu guarda-fogo, que é talvez uma adaptação ocidental do fogão da Europa central.

O INDIVÍDUO, O GRUPO, A FAMÍLIA

Tudo que acabei de dizer refere-se ao repertório analítico. Agora cabe perguntar como todos esses elementos se reorganizaram na realidade cotidiana para constituir *estruturas coerentes*, dotadas de forte unidade, e como tais estruturas puderam evoluir. A meu ver há três fases importantes:

1) A conquista da intimidade individual. Parece-me que os séculos XVI e XVII de certa forma assinalam o triunfo de um individualismo dos costumes, quero dizer na vida cotidiana (e não na ideologia: há uma defasagem entre ambas). Os espaços sociais que a conquista do Estado e os recuos da sociabilidade comunitária deixaram livres vão ceder lugar ao indivíduo para se instalar no isolamento, na sombra. Os espaços materiais que correspondem a esses espaços sociais são muito diversos, todos pouco funcionais. Há, por exemplo, a janela, uma herança medieval:

> *Bela Doette sentada à janela*
> *Lê um livro, e seu coração ali não está.*
> *Ele lhe lembra seu amigo Daon,*
> *Que para o distante Laurion partiu.*

Evidentemente, a busca da intimidade muitas vezes está ligada ao amor. Mas nem sempre. Outro local privilegiado — e novo, pois corresponde a uma nova disposição do quarto e do leito — é a *ruelle*. É o local das confidências amorosas e também dos assuntos políticos ou dos negócios; é o local do segredo — no fundo de um quarto às vezes ainda cheio de gente.

No fim do século XVII, o pequeno Jamerey-Duval, de sete ou oito anos, escapa da madrasta e refugia-se na floresta, junto a um pequeno grupo (uma *pequena sociedade*) de pastores que o ensinam a ler. Depois se torna doméstico de uma comunidade de eremitas que lhe arranjam um cantinho solitário, onde adquire uma ciência de autodidata. Mais tarde, o vidraceiro Ménétra terá um quarto para si, porém para receber suas amantes, como um burguês do século seguinte! Breves parênteses no que continua sendo sua verdadeira vida, as farras, o trabalho, o passeio com os amigos, a participação na vida de sua rua. Aliás, Arlette Farge mostrou a persistência de uma sociabilidade pública da rua nos espaços de acesso às casas.

Por mim, defendo a tese de que esse *individualismo de costumes* declinou a partir do século XVIII em proveito da vida familiar. Deve ter havido resistências, adaptações (a especialização dos cômodos permitindo o isolamento), porém a família absorveu todas as preocupações do indivíduo, mesmo quando lhe deixava um espaço material.

2) A segunda fase é a organização, entre os séculos XVI e XVII, de *grupos de convivialidade* nos meios que não pertenciam à corte e estavam acima das classes populares; tais grupos desenvolveram uma verdadeira cultura de pequenas sociedades dedicadas à conversação e também à correspondência e à leitura em voz alta. As memórias e as cartas desse período são ricas de exemplos. Limito-me, porém, a citar este texto de Fortin de La Hoguette:

> O divertimento mais comum e mais honesto da vida é o da conversação. A solidão de um homem teria em si algo terrível demais e a multidão teria algo tumultuado demais se não houvesse entre uma e outra *algum meio* [grifo meu; cabe notar que tal meio não é a família, totalmente estranha a essa primeira privatização] composto pela escolha de algumas pessoas *particulares* [a palavra "particular" era a mais próxima de nosso termo "privado"] com quem nos comunicamos para evitar o tédio da solidão e o peso da multidão.

Tais reuniões podiam ocorrer em aposentos mais íntimos, mais isolados, com uma disposição especial, ou simplesmente junto ao leito de uma dama — pois, pelo menos na França e na Itália, as damas desempenharam um papel importante nessas pequenas sociedades. As pessoas não se contentavam em falar, ler, comentar as leituras, discutir. Dedicavam-se a jogos de sociedade (o termo é significativo), a cantar ou tocar música, a discutir (na Inglaterra: *the country parties*).

Parece que, no século XVIII, uma parte desses grupos tendeu a tornar-se instituições, dotadas de regulamentos. Assim perderam a espontaneidade, a informalidade. Transformaram-se em clubes, em sociedades de pensamento, academias. E os que não se institucionalizavam — passando assim para o domínio público — perdiam peso para tornar-se passatempos secundários da vida cotidiana burguesa, como os salões literários, as recepções das damas do século XIX. Formularei a hipótese de que a convivência do século XVII já não é um elemento significativo na sociedade do final do século seguinte.

3) Terceira fase. Outra forma de vida cotidiana invade o espaço social, tendendo pouco a pouco, em todas as classes sociais, a concentrar todas as manifestações da vida privada. A família muda de sentido. Já não é, ou não é apenas, uma unidade econômica, a cuja reprodução tudo deve ser sacrificado. Já não é uma prisão para os indivíduos que só podiam encontrar liberdade fora da família, domínio feminino. Tende a tornar-se o que nunca havia sido: lugar de refúgio onde se escapa dos olhares de fora, lugar de afetividade onde se estabelecem relações de sentimento entre o casal e os filhos, lugar de atenção à infância (bom ou mau).

Desenvolvendo novas funções, por um lado ela absorve o indivíduo que recolhe e defende; por outro, separa-se mais nitidamente que antes do espaço público com o qual se comunicava. Estende-se à custa da sociabilidade anônima da rua, da praça. O pai de família à la Greuze, à la Marmontel, torna-se uma figura moral que inspira respeito em toda a sociedade.

No entanto, trata-se apenas do começo de uma evolução que triunfará nos séculos XIX e XX, e os fatores de resistência ou de substituição ainda são muito poderosos. O fenômeno permanece restrito a determinadas classes sociais ou a certas regiões e à cidade, sem conseguir eliminar a sociabilidade anônima que subsiste sob suas formas antigas (como na rua) ou sob formas novas, derivadas talvez da convivialidade do período anterior (*country parties*, academias, cafés).

Será preciso captar a emergência do papel dessa estrutura velhíssima, pouco a pouco transformada completamente, no seio de uma comunidade que se mantém e em concorrência com formas novas de convivialidade que se desenvolvem, criando assim uma cultura mista que evoluirá ao longo do século XIX.

A DUPLA DEFINIÇÃO DO PÚBLICO

Nem todos os comentários que fiz no início do colóquio são de minha autoria. Alguns (sobretudo no que se refere ao Estado) foram inspirados por conversas que tive com Maurice Aymard, Nicole e Yves Castan e Jean-Louis Flandrin. Todavia, exprimem ou refletem uma problemática que me é muito pessoal, que desenvolvi de maneira ainda mais radical em anotações anteriores. Essa problemática reduz toda a história da vida privada a uma mudança na sociabilidade, digamos, *grosso modo*, à substituição de uma sociabilidade anônima — a da rua, do pátio do castelo, da praça, da comunidade — por uma sociabilidade restrita que se confunde com a família, ou ainda com o próprio indivíduo. Portanto, o problema consiste em saber como se passa de um tipo de sociabilidade em que o privado e o público se confundem para uma sociabilidade na qual o privado é separado do público e até o absorve ou reduz sua extensão. Tal problemática dá ao termo "público" o sentido de jardim público, de praça pública, do local de encontro de pessoas que não se conhecem porém ficam felizes por se ver juntas.

Parecia-me que o homem contemporâneo procurava fugir dessa promiscuidade que o homem da Idade Média e dos tempos modernos (e ainda de alguns lugares do mundo de hoje) buscava. É verdade que a sociabilidade era menos anônima do que parecia: nessas comunidades todos se conheciam. Então, o problema essencial tornava-se a passagem de uma sociabilidade anônima de grupos em que as pessoas podiam se reconhecer para uma sociedade anônima sem sociabilidade pública, em que dominavam (se não consideramos os locais de lazer ou de prazeres organizados) ou um espaço profissional, ou um espaço privado, o "privado" preponderando nas sociedades anônimas nas quais a sociabilidade pública praticamente desaparecera.

A meu ver, este era um problema capital, cabendo examinar sua emergência e sua extensão.

O curioso, porém, foi que em conversas com amigos e colegas e neste colóquio logo me pareceu que, sem se opor inteiramente a minha tese, eles não a adotavam em sua totalidade e tinham outra ideia do problema público/privado. Levei algum tempo para entender onde estava a divergência. O seminário e as palestras que se seguiram permitiram-me ir direto ao ponto, e agora entendo melhor que o problema não é tão monolítico como eu pensava, que ele se compõe de pelo menos duas questões essenciais.

Realmente, existe um segundo aspecto da oposição público/privado que me escapara, tanto me tornei estranho às formas políticas da história. Nesta concepção, o público é o Estado, o serviço do Estado, e o privado — ou melhor, como se dizia sem nenhuma ambiguidade, o "particular" — referia-se a tudo que escapasse ao Estado. Perspectiva nova para mim e muito enriquecedora. Nesse caso as coisas podem resumir-se *grosso modo* assim:

Na Idade Média, como em muitas sociedades em que o Estado é fraco ou simbólico, a vida de cada particular depende de solidariedades coletivas ou de lideranças que desempenham um papel de protetor. Ninguém tem nada de seu — nem mesmo o próprio corpo — que não esteja ameaçado ocasionalmente e cuja sobrevivência não seja assegurada por um vínculo de dependência. Em tais condições há confusão entre público e privado. Ninguém tem vida privada, mas todos podem ter um papel público, mesmo que seja o de vítima. Dir-se-á que existe um paralelismo entre essa problemática do Estado e a da sociabilidade, pois nas mesmas condições existe a mesma confusão no nível da sociabilidade.

Um primeiro momento importante é o do surgimento do Estado de corte, para retomar a expressão de Norbert Elias. Um Estado que garante de direito determinado número de funções até então deixadas numa espécie de indivisão (paz e ordem pública, justiça, exército etc.). Um espaço-tempo torna-se então disponível para atividades que não têm mais relação com a coisa pública: atividades particulares.

Todavia, a substituição não ocorreu tão simplesmente. No começo (século XVI—primeira metade do XVII), o Estado não pôde garantir de fato todas as funções que reivindicava de direito. Um espaço misto continuou disponível e foi ocupado por redes de clientela que asseguraram tanto funções públicas (ocupação militar) como atividades privadas, recorrendo aos mesmos meios (serviços pessoais). É o caso de Henri de Campion, apresentado por Yves Castan, que sem escrúpulos passa do serviço do rei para o de príncipes revoltados e, no entanto, sempre invoca o rei. Em todos os casos, aliás, as pessoas que realmente exercem o poder (militar, judiciário ou policial) em nome do rei o fazem com seu próprio dinheiro, ficando muito felizes se de vez em quando o rei lhes permite, graças a generosos presentes, ressarcir-se dos gastos e ainda mais. Como não existe salário, vive-se de expedientes que nada têm de humilhante, como o jogo, um meio de ganhar dinheiro tão normal quanto qualquer outro. Nessas condições, a casa de um governador de província, de um magistrado, confunde-se com sua função. Assim, madame de Sévigné se queixa das despesas exageradas de monsieur de Grignan, representante do rei na Provença: ele fazia as vezes do rei em sua corte. Da mesma forma, é impossível conduzir um processo sem intervenções junto aos juízes, que parecem inadmissíveis a nossa moral atual, mas sem as quais estes não estariam informados. Trata-se com o Estado e sabe-se muito bem quais são as diferenças entre o homem de Estado e o particular, mas o Estado ainda é gerido como um bem familiar.

Pelo menos cronologicamente, embora talvez por motivos mais profundos, parece que esta atitude com relação ao público e ao serviço público corresponde à sociabilidade de grupos que já assinalei. As relações humanas desempenhavam tal papel na informação, na escolha e na aplicação das decisões, que favoreciam os reagrupamentos por afinidades, característicos da convivialidade deste período. Favoreciam também a amizade, sem a qual não se podia contar com ninguém.

Um dos modelos dessa dupla relação público/privado é dado por Henri de Campion, que enquanto servia o exército organizava "conferências" nas quais se discutia Maquiavel. Essa situação vai mudar quando, numa segunda e decisiva etapa, o Estado recuperar de fato tudo que reivindicava de direito. Na França, é o Estado de Luís XIV com seus intendentes e com De Louvois, em que funcionários e gabinetes vão substituir as redes de clientela, em que a remuneração pública será distinta da despesa privada. A evolução será diferente em outros Estados, como a Inglaterra, onde a nobreza local — ou o que chamamos de clientelas de serviço — desempenhará o papel dos intendentes, aceitando, porém, submeter-se às leis e às ordens do Estado.

Assim chegamos ao fim do século XVII e ao começo do XVIII. Então o público está claramente desprivatizado. A coisa pública já não pode ser confundida com os bens ou os interesses privados. Então o espaço privado pode se organizar como um espaço quase fechado, de qualquer modo totalmente separado do serviço público, que se tornou autônomo. Esse espaço liberado será preenchido pela família. Podemos pensar que os homens que viviam nesse espaço privado, sem participação na vida pública (o que não era o caso nos séculos XVI e XVII nem da nobreza nem dos notáveis das comunidades), experimentarão uma frustração que irá suscitar reflexão e reivindicação políticas. Assim se fecha o circuito.

A conclusão que tiro dessas reflexões é que o problema da vida privada nos tempos modernos deve ser tratado sob dois ângulos distintos. Um é o da oposição entre o homem de Estado e o particular e das relações entre o domínio do Estado e o que, no limite, se tornará um espaço doméstico. O outro é o da sociabilidade e da passagem de uma sociabilidade anônima, em que as noções de público e privado se confundem, a uma sociabilidade florescente em que surgem setores bem diversos: um resíduo de sociabilidade anônima, um setor profissional e um setor, igualmente privado, reduzido à vida doméstica.

1
FIGURAS DA MODERNIDADE

Yves Castan
François Lebrun
Roger Chartier

Para compreender a maneira nova como se traça, do século XVI ao XVIII, a fronteira entre os domínios do privado e as competências das autoridades públicas e comunitárias, Philippe Ariès sugeriu examinar desse ponto de vista as três evoluções fundamentais que transformam então as sociedades do Ocidente: o novo papel do Estado, que cada vez mais interfere em questões que durante muito tempo não eram de sua alçada; as Reformas religiosas, tanto as protestantes como a católica, que exigem dos fiéis uma devoção mais interior, mais íntima; por fim, os progressos do saber ler e do saber escrever, graças aos quais o indivíduo pode se emancipar dos antigos elos que o prendiam à comunidade numa cultura da fala e do gesto. A primeira parte deste livro seguiu o conselho e tenta compreender como o Estado moderno, as religiões das Reformas e a alfabetização mais difundida redesenharam em três séculos as divisões entre privado e público. Com isso, entrecruzaram-se várias das principais problemáticas que ajudaram a construir esse novo tema e estão presentes no próprio projeto de Philippe Ariès, bem como os textos que se seguem. São essas problemáticas que nos cabe rememorar rapidamente.

Todas, inclusive a que fundamenta este livro, baseiam-se numa afirmação comum, qual seja, que os limites móveis da esfera do privado — quer abranja a quase totalidade da vida social, quer, ao contrário, se restrinja ao foro íntimo, doméstico e familiar — dependem antes de tudo da maneira como se constitui, em doutrina e em poder, a autoridade pública e, em primeira instância, aquela reivindicada e exercida pelo Estado. É, pois, a progressiva construção do Estado moderno — nem sempre absolutista, mas em toda parte administrativo e burocrático — que se revela condição necessária para se poder definir, pensar como tal ou apenas vivenciar de fato um privado doravante distinto de um público claramente identificável.

Esse elo essencial entre a afirmação do Estado e o processo de privatização permite várias interpretações. A que Norbert Elias propõe num livro hoje clássico articula estreitamente a criação do Estado absolutista, cuja forma acabada está na monarquia de Luís XIV, e o conjunto das transformações afetivas e psíquicas que levam a conter na intimidade atos que antes eram públicos. Como visa à pacificação do espaço social, portanto à censura da violência selvagem; como intensifica e regulamenta as dependências que unem entre si as existências individuais; como produz uma formação social nova, a corte — diferenciada por um código de comportamentos tanto mais obrigatório quanto é progressivamente imitado pelas outras camadas sociais —, o Estado do tipo novo, desenvolvido na Europa entre o final da Idade Média e o século XVII, institui um modo inédito de ser em sociedade, caracterizado pelo controle mais severo das pulsões, pelo domínio mais seguro das emoções, pelo senso mais elevado do pudor.

Tais mudanças, que criam um novo habitus, *primeiro restrito ao homem da corte e depois difundido por toda a sociedade, determinam a esfera do privado. Com efeito, dividem nitidamente dois conjuntos de condutas: as que se pode ter em público sem constrangimento nem escândalo e as que doravante devem ser subtraídas ao olhar dos outros. Assim ocorre, logicamente com diferenças e defasagens conforme os diversos ambientes, com a nudez, o sono, a satisfação das necessidades naturais ou o ato sexual, estendendo-se a proibição aos discursos passíveis de nomear as funções que devem permanecer secretas ou as partes do corpo que se tornaram vergonhosas. Exteriorizada numa estrita distinção dos comportamentos e dos espaços, essa clivagem está presente nos próprios indivíduos. Os dispositivos psíquicos que asseguram o controle permanente das pulsões, que automaticamente inserem cada conduta na esfera pública ou privada à qual pertence, instalam no íntimo de cada um as disciplinas exigidas pela norma social, transformando assim as restrições impostas de fora pelas autoridades ou pela comunidade numa cerrada rede de autorrestrições.*

A perspectiva assim esboçada por Norbert Elias, resumida grosso modo, *parece duplamente útil a nosso propósito. Por um lado, faz das mutações do Estado e de seus efeitos sobre o espaço social o fator decisivo para entender como pôde se organizar uma nova divisão dos compor-*

tamentos. Isso lembra não só que um dos sinônimos antigos de privado *é* particular, *em oposição a* público, *no sentido de cargo ou autoridade pública ("Privado: próprio, particular, que não tem cargo", define em 1679 o dicionário de Richelet), porém, mais ainda, que é no domínio mais ou menos forte, mais ou menos coercivo exercido pelo Estado sobre a sociedade que se arraiga a distribuição das atividades humanas entre o permitido e o ilícito, o mostrado e o escondido, o público e o íntimo. Por outro lado, enfatizando as variações históricas da economia psíquica, que não é tida por universal ou imutável, essa perspectiva leva a relacionar os progressos da privatização — que ao longo dos séculos se apodera de condutas cada vez mais numerosas e ganha camadas sociais cada vez mais amplas — com as transformações da estrutura da personalidade, remodelada na era moderna a partir da tensão acrescida entre pulsões e controles, emoções e censuras.*

Apoiada nessa leitura da evolução das sociedades ocidentais e do processo de civilização que instaura uma nítida ruptura entre privado e público, a trajetória francesa, aqui exemplar, manifesta a passagem de uma época em que as relações e os afetos privados não deixam margem à autoridade pública encarnada pelo Estado a uma época outra, a da monarquia administrativa, na qual, apoderando-se de controles até então deixados aos corpos e às famílias, por essa mesma razão o Estado delimita os espaços próprios da existência privada. Evidentemente, isso não significa que o poder público se desinteressa das formas sociais assim deixadas ao privado; muito pelo contrário, pretende regulamentá-las, defendê-las se preciso, mas no respeito a uma autonomia que o serve, pois essas comunidades intermediárias (territoriais, profissionais, familiares) rivalizam entre si o bastante para impossibilitar sua aliança geral contra o soberano e dependem umas das outras o bastante para que suas concorrências não ameacem em caráter duradouro o equilíbrio do corpo social.

Mas, se o privado resulta do próprio fortalecimento do Estado moderno, em compensação produz um espaço público inteiramente distinto daquele que é ocupado, monopolizado pelo Estado. Diante do domínio controlado pelo poder do Estado e por seus agentes, na Inglaterra em fins do século XVII e na França ao longo do século XVIII, emerge uma esfera pública diretamente fundamentada na esfera pri-

vada, ou, para ser mais exato, no uso público da razão por pessoas privadas, como escreve Jürgen Habermas. As formas diversas da sociabilidade do Século das Luzes, forte ou fracamente institucionalizadas, encarnam esse "público" inédito que cada vez mais leva a discussão e a crítica ao próprio âmbito da autoridade do Estado. Por isso, surge nas sociedades literárias, nas lojas maçônicas, nos clubes, nos cafés uma prática da associação intelectual que reconhece todos os participantes como iguais, qualquer que seja sua condição, que estende a exigência da crítica racional aos campos até então interditos à discussão pública, que pretende falar em nome da opinião pública constituída ante a política do príncipe.

Por isso, também há uma troca de sentido entre os termos público e privado, como demonstra o texto de Kant, "O que é Iluminismo?", publicado em 1784 na Berlinische Monatsschrift:

> *O uso* público *de nossa própria razão deve sempre ser livre e só ele pode espargir as Luzes entre os homens; porém, seu* uso privado *pode ser severamente limitado sem com isso impedir de modo sensível o progresso das Luzes. Por uso público de nossa própria razão entendo o que dela se faz como* sábio *ante o conjunto do público* que lê. *Chamo de uso privado aquele que se tem o direito de fazer de sua razão num* cargo civil *ou numa função determinada que lhe é confiada".*

Enquanto esse uso privado da razão, exercido por quem detêm um cargo ou ministério que assegure tal função (Kant toma o exemplo do oficial no exército ou do padre em sua igreja), pode ou até deve ser limitado pelas exigências da disciplina e pelas necessidades da obediência, o direito a seu uso público é inalienável. Portanto, a esfera pública é pensada como aquela em que indivíduos particulares se dirigem a outros com toda a liberdade e em seu próprio nome, enquanto o retiro privado está ligado ao exercício de um ofício civil ou eclesiástico. Através dessa inversão semântica esboça-se, pois, uma nova divisão em que público e particular já não se opõem como no século XVII, mas em que as práticas antes tidas como privadas definem o espaço da reflexão pública, do posicionamento político.

É talvez um mesmo processo de definição, até de exigência, do gesto privado pela autoridade comunitária, no caso eclesiástica, que leva a afirmação nova de uma devoção pessoal à era das Reformas religiosas. Esta não é apanágio dos protestantismos nem do foro privado. Para a Igreja católica, uma religião do exercício pessoal deve se inscrever no âmbito das devoções coletivas, autorizadas pela presença do padre. A oração silenciosa e em língua vulgar, na missa; a confissão individual, na obrigação pascal; o voto particular, na peregrinação preparam os tempos e os espaços propícios ao recolhimento em si mesmo a uma relação de intimidade com o sagrado. Mais ainda que nas devoções domésticas, situadas fora dos locais consagrados, subtraídas à disciplina clerical, sempre passíveis de discrepâncias, é na própria obra de imposição de uma religião católica — quer dizer, etimologicamente, universal e comunitária — que se estabelece uma devoção privada, de formas múltiplas, que é a do fiel em seu foro íntimo ou do pequeno grupo reunido pelo mesmo fervor. Num trajeto inverso as igrejas da Reforma, fundamentadas apenas na fé e na leitura pessoal da Bíblia, logo encerraram o indivíduo numa rede de ensinamentos e práticas que garantiam a interpretação correta, a conformidade espiritual, a consciência comunitária. Com suas diferenças, em seus confrontos, as confissões situadas de um lado e outro da fronteira da cristandade visavam, pois, a um mesmo objetivo: articular num cristianismo renovado as disciplinas obrigatórias e a crença sempre vivida no singular.

O desenvolvimento do Estado moderno, bem como o de uma religião mais individual, repousam sobre a mesma condição: a maior familiaridade com o escrito. Cada vez mais e não obstante as resistências, é ele que transmite as vontades da autoridade pública, que alimenta as devoções da intimidade muitas vezes fundamentadas na leitura. Para aqueles que não tiveram, ou ainda não têm, acesso à experiência suprema da oração puramente mental e do diálogo direto com Deus, o livro é uma ajuda necessária. Tereza de Ávila lembra isso no Caminho da perfeição: *"Passei mais de catorze anos sem sequer poder meditar a não ser com um livro. Sem dúvida, muitas pessoas ainda se encontram na mesma situação". E acrescenta: "Outras nem conseguem meditar sobre uma leitura, rezam apenas oralmente" — indicando assim uma hierarquia do exercício espiritual que faz da leitura de devoção, portanto da aprendizagem da leitura, uma etapa obrigatória no caminho da comunhão em Deus. Nos protestantismos — porém talvez mais tardiamente do que foi dito — a leitura do texto bíblico pelo fiel, na íntegra e várias vezes ao longo de uma vida, é como que a pedra angular da nova fé, associando estreitamente religião e alfabetização.*

Por seu lado, também o Estado de justiça e de finança, nascido no final da Idade Média e consolidado nos dois primeiros séculos da modernidade, pressupõe que mais gente saiba ler. Em suas formas diversas (judiciárias, administrativas, polêmicas), o escrito abala fortemente os valores antigos ligados à palavra oral, durante muito tempo usada para declarar o direito e a justiça, o comando e o poder. Sem dúvida, tal evolução suscitou reticências e recusas, mas transformou profundamente a relação estabelecida entre o indivíduo e o Estado, no momento em que era reconsiderada aquela que o ligava a Deus. Assim, os progressos da capacidade de ler são importantes não só porque permitem a um número maior de pessoas novas práticas solitárias, familiares ou sociáveis, mas sobretudo porque trazem em si as principais evoluções, políticas e religiosas, que entre os séculos XVI e XVIII, ao lado ou dentro dos espaços públicos, redefiniram no Ocidente uma esfera de existência tida como privada.

R. C.

POLÍTICA E VIDA PRIVADA

Yves Castan

Ao tentar explicar a mais incrível das perversões do vínculo social, a "servidão voluntária", que instituía a tirania de um sobre todos, La Boétie[1] não incriminou um princípio como o da delegação reservada do poder. Para ele o perigo estava nos excessos de confiança ou até nas gratidões legítimas, criadas segundo o modelo das afeições privadas. "Nossa natureza é tal que os deveres comuns da amizade ocupam boa parte de nossa vida; é razoável amar a virtude, apreciar os belos feitos, reconhecer o bem que recebemos e muitas vezes diminuir nosso conforto para aumentar a honra e a vantagem de quem amamos e o merece."

LAÇOS PRIVADOS E AUTORIDADE PÚBLICA

Se os juristas da Renascença tanto louvam a república, encontrando no bem comum a justificativa sem reserva das dominações e dos tributos, as pessoas que vivem no século conservam o hábito e a necessidade de, levadas pela gratidão, dedicar a superiores bem conhecidos sua capacidade de fervor e serviço. Mesmo num ambiente culto, preocupado em medir o valor e a exigência das subordinações consentidas, Henri de Campion,[2] gentil-homem normando que redige suas memórias no início da era clássica, descobre sem escândalo mas com algum ressentimento o difícil acordo entre as obrigações da clientela nobiliária e os deveres de um súdito leal. Como Marc Fumaroli, sem dúvida devemos ver na adesão de Campion ao partido dos príncipes — o de seus protetores, o conde de Soissons, depois os Vendôme — o assentimento a um justo esforço contra a tirania que tranquiliza a boa consciência política de um gentil-homem probo e lúcido. Não obstante, Campion não deixa de enfatizar os períodos de tensão que exigem árdua reflexão e uso moderado da casuística para encontrar uma saída honrosa.

AVENTURA POLÍTICA E CLIENTELA NO SÉCULO XVII: UMA FIDELIDADE CÉTICA

Fidalgo pobre, caçula da família, forçado pela delicadeza a oferecer sua lealdade somente a um príncipe disposto a aceitá-la, Campion se empenha em registrar essa dileção que o une ao duque de Beaufort, o qual "viveu comigo naquela época e depois sempre de modo muito afável e com maior civilidade do que em geral os príncipes demonstram para com aqueles que a eles se devotaram; de maneira que logo me tomei de zelo e de afeição por ele e nenhum mau-trato pôde me fazer perdê-los". Todavia, no início da carreira, em 1634, quando tinha seus vinte anos, Campion era menos prudente. Oficial de um regimento do rei na fronteira, foi convidado a integrar, com maiores vantagens, as tropas que o duque d'Orléans reunia ao voltar de um exílio belicoso após um pacto particular com a Espanha. Para ele, o problema não se colocava em termos políticos: "Na verdade, eu não passava de um pobre cadete que procurava fazer fortuna; mas só desejava chegar a isso por vias honradas e, estando atualmente nas tropas do rei e num local que lhe pertencia, parecia-me incorreto engajar-me sem antes devolver meu posto a meu mestre de campo". Em suma, para ele tratava-se apenas de se desligar corretamente para que não se pudesse acusá-lo de deserção. Quanto a trocar o serviço do rei pelo de um príncipe aliado ao inimigo da Coroa e que tramava a subversão do reino, "eu teria um motivo válido para desculpar-me, a saber, que não teria agido como desertor e que, sendo monsieur irmão do rei e herdeiro presuntivo da Coroa, não se poderia acusar-me de traição, já que [...] esse príncipe, não pretendendo eximir-se da obediência que devia a sua majestade, tinha apenas o cardeal por inimigo". Assim, tudo aqui é definido em termos de honestidade privada numa tentativa de progresso empreendida por um parente com "o propósito de colocar-me também no caminho da fortuna". O que se poderia censurar ao soldado mantido num emprego medíocre e sem esperanças, que se demite de moto-próprio mas com franqueza a fim de conquistar as boas graças do príncipe herdeiro? E trinta anos depois sentimos que Campion ainda se orgulha de sua ponderada decisão, que infelizmente não consegue levar a termo, pois, obrigado a fugir com dois companheiros, "dispensamos a cerimônia de entregar nossas patentes ao comandante". Se pensamos que, no início de suas memórias, Campion afirmou a preocupação pedagógica de escrever para seus descendentes a fim de instruí-los, devemos crer que nessa aventura, aliás pouco frutífera, ele definiu o bom hábito de guardar o decoro mesmo com as mudanças mais radicais de fidelidade. Tratava-se tão somente de uma decisão individual, que não envolvia nada além de sua disponibilidade para um campo ou outro.

Mas o que lhe causou a maior perplexidade foi a conspiração tramada em 1643 pelo duque de Beaufort para assassinar Mazarino. Campion não aprovava o plano, pois considerava injusto impor ao ministro uma violência da qual, com sua mansidão, ele mesmo evitava ser acusado; de resto, achava que o sucesso da trama em nada favoreceria os conspiradores. No entanto, manteve segredo e, caso resolvessem levar adiante o projeto, faria o que Beaufort quisesse, pedindo apenas para não ter de golpear o cardeal. Assim se reafirmavam seus laços privados com Beaufort: "Eu decidira segui-lo em quaisquer circunstâncias e não o abandonar, fosse qual fosse o partido que tomasse". E se o príncipe resolvesse estar presente à ação, superaria os escrúpulos e ficaria a seu lado, "a isso obrigando-me igualmente meu emprego junto a ele e minha afeição". Dessa vez ele rejeitou claramente o pretexto político e compreendeu que participava de um ato injusto, caprichoso e abusivo, chegando mesmo a expressar tais sentimentos ao duque. Todavia, foi "para servi-lo fielmente e como homem honrado", ou seja, segundo as normas da dedicação privada, que ele aceitou e que prevalece tanto sobre seu discernimento de cidadão como sobre suas precauções pacíficas. Os móveis conceituais evoluíram muito nesse homem estudioso que não saía em campanha sem levar seus livros como "parte da carga da carroça"; mas os motivos diretos da ação, os que norteiam as duas garantias da honra — probidade e fidelidade —, embora propiciem o movimento, não podem variar. Fazem parte dessa reserva de afeto tão poderosa num Campion uma vez que aceitou o acidente sobre o qual se fundam sua amizade, seu amor ou seu deslumbramento paternal.

AMBIÇÕES PRIVADAS E CAPTURA DO ESTADO

Essa geração de franceses, nascida e amadurecida durante as crises de crescimento do Estado monárquico, conhece uma situação ainda paradoxal, pois são os recursos de um Estado obrigado a manobrar com os meios do favor que irrigam liberalmente essas clientelas diversas, que gravitam em torno das grandes figuras emblemáticas para conferir bela aparência aos jogos da sedição. Campion entendeu isso também no caso do prestigiado Alexandre, seu irmão mais velho, que o levara para o caminho da ambição: "A longa convivência com os facciosos [...] inspirara-lhe o desejo, contrário a sua natureza, de sempre ver a corte do Estado tumultuada: desde então apresentou vários outros sinais dessa tendência, mais adquirida que natural". Logicamente com o desejo de ampliar a perspectiva de cada lance que imaginava. Assim, o que essa tentativa de captura do político mediante a intriga privada nos revela não é apenas um cerrado concurso de avarezas e cobiças.

Os militantes das sedições principescas em geral podem viver dos empregos que os regimentos confiados a seus protetores lhes oferecem e cujos deveres se empenham em cumprir com distinção e até com denodo, na batalha, e com habilidade, no conselho. Trata-se de viver ou morrer à custa do rei ou de seus inimigos, quando a vitória o permite. É preciso saber deixar um posto ou uma companhia nos tempos sombrios de inatividade ou ainda quando — sinal evidente de desfavor ou esquecimento — as perdas humanas vistas de perto não redundam em promoção. Mas para viver deve-se aceitar os subsídios que a generosidade do príncipe não deixa de propor? A atitude de Campion mostra que mais vale evitá-los. Henri de Campion prefere recorrer ao jogo, pois é insuperável nisso desde que abandone o acaso dos dados e se dedique ao gamão ou a vários jogos de cartas. É menos nobre que o sinal fulgurante da sorte, porém o risco persiste e entre vitórias e tropeços a honesta destreza obtém sua recompensa. Mas favores e empregos deixam de existir no exílio, e o jogo só é bom por algum tempo. Portanto, apenas no exílio pode-se subsistir às custas dos protetores, se o zelo por seu serviço obriga a buscar refúgio ou ainda se o pleno sucesso da facção autoriza a liberalidade: "Eu disse [ao duque de Vendôme] que quando a situação dos seus mudasse, eles me tratariam como eu os houvesse servido". Embora mais tarde tivesse motivo para se queixar da ingratidão dessa família, ele reconheceu a correção do pagamento da pensão que lhe foi concedida e preferiu reservar suas críticas a atitudes mais distantes e menos francas que as do passado. Sem dúvida, é num espírito mais de sarcasmo que de brincadeira que Tallemant des Réaux[3] levou à caricatura tal submissão do "pertencer": "Estando nas últimas, um gentil-homem do conde de Lude foi instado a confessar-se e disse: 'Nunca desejei fazer nada sem o consentimento de meu senhor; preciso saber se ele aprova'". Prestes a romper os últimos laços com o mundo, o fiel é colocado no mesmo grau de cegueira do avaro, relutante em restituir bens mal adquiridos; a mesma *naifveté* confunde seus traços numa única historieta.

Esse "pertencer" que orienta para uma pessoa e para o grupo que ela congrega todas as inclinações ao afeto e à solidariedade, normalmente devidos aos íntimos e à "pátria", parece dotado de um atrativo mais forte que o das máximas gerais do dever. Assim como confessa sem pudor seu prazer com o jogo e com o ganho através dele, Henri de Campion declara que, embora pouco dado a altercações, sempre se viu tentado a entrar nas disputas dos amigos: "Eu ficava contente quando meus amigos se envolviam em querelas para que pudesse servi-los, pensando, conforme o costume dessa época, que me valorizaria através do duelo e dos procedimentos aos quais dá lugar". Sempre o interesse — em nada vergonhoso — por sua "fortuna", com os mesmos rasgos de coragem que na guerra e as vantagens mais seguras da atenção apaixonada do meio de referência ante a espontaneidade da iniciativa valorosa. A clientela privada, como se deve chamá-la, apresentava aqui a maior oportunidade de efervescência numa sociedade baseada na dedicação de tipo familiar e no *esprit de corps*.

Podemos então nos perguntar — e foi assim que o caso de Henri de Campion pareceu exemplar — em que margem do campo do pensamento e da ação pode desenvolver-se um aspecto público de alguma importância para os indivíduos. Além de suas atitudes cristãs, Campion demonstra uma humanidade capaz de sentir por todos — até pelos homens das tropas inimigas, gado desprezível que o vencedor abate após a luta — uma compaixão que considera devida. Sabe julgar claramente, do ponto de vista do bem público, que lhe parece o único competente, uma ação política na qual está engajado. Entretanto, a seu ver tudo se passa como se essas largas ideias fossem inteiramente vãs, como se esses movimentos reais só pudessem ocorrer nas esferas concêntricas dos diversos níveis do privado; a afetividade íntima que se deve sacrificar a duras penas para preservar o autodomínio; o dever de buscar fortuna, às vezes arriscando a própria vida; o fascínio pelos grandes destinos na esteira dos quais se pode progredir ou consumir-se na calorosa companhia dos que se deram sem reservas.

Seria avaliar demasiado apressadamente essas atitudes atribuir-lhes, do centro subjetivo ao invólucro social, as vigorosas diretrizes que se apresentam para, através de um senso de dignidade, de honra, de distinção pela façanha, de dedicação ao príncipe transformado na encarnação do Estado, inervar as virtudes políticas cuja gestação nunca vemos ocorrer no abstrato? O quadro lisonjeiro, porém de modo nenhum contaminado pelos devaneios étnicos de um século inteiro, que mais tarde o visconde de Bonald pinta para o *Tombeau de la noblesse* [Tumba da nobreza], retoma quase todos esses traços, mas para atribuir-lhes uma finalidade política. Privilégio, favor e qualidade foram para a nobreza apenas os corolários dessa distinção que a votava ao serviço público, liberando-a da preocupação de acumular bens, reconstituir fortunas, preservar os recursos vitais. Surpreendente paradoxo que pretende atar a um desígnio político uma classe inteira, recriada sem cessar pelo comércio, pela paixão de acumular e progredir, pela engenhosidade e pelas alianças proveitosas, ávida de primaveras sagradas [ritos anuais que precediam a partida para os combates] e a cada surto de crescimento consumindo os frutos antecipados de sua generosidade.

SERVIÇO DO REI E FAMILIARIDADE MILITAR

Porém, talvez devamos nos situar em outros níveis de consideração, mais próximos sem dúvida daqueles que Bonald[4] estudou e concebeu. Duas gerações depois de Campion, no período entre as últimas guerras de Luís XIV e o início da Guerra dos Sete Anos, encontramos nas mesmas posições inferiores gentis-homens desiludidos de fazer fortuna e que, vindos de mais longe e sem acesso a grandes proteções, servem em exércitos maiores. Preserva-os do anonimato apenas o sentimento de fraternidade das armas e a remota possibilidade de ter um coronel com prestígio suficiente em Versalhes para favorecer a carreira de seus subordinados ou pelo menos fazer reconhecer-lhes os méritos. A preocupação com as relações úteis está sempre presente, porém expressa com maior cortesia, na correspondência dos oficiais[5] que evocam parentes dotados de alguma influência e recordam ex-colegas promovidos a melhor situação. Não há interesse em relatar façanhas, a não ser para aludir discretamente a méritos bem comprovados. As notícias da corte, da guerra são aguardadas com ansiedade, mas por motivos de ordem prática: as provisões que é preciso calcular, os movimentos de efetivos, as precauções individuais e familiares, as tarefas profissionais descritas com frequência, pois sempre se precisa de um bom conselho e de uma mão amiga para os mil e um detalhes de forragens, montadas, disciplina, soldo ou equipamento. Assim se misturam rigores de um serviço público e inspecionado, maneiras livres e familiares de gente habituada à convivência estreita, às tolerâncias comedidas, das quais não se pode abrir mão quando é preciso preparar-se para uma inspeção imprevista. A organização burocrática aceita sem dificuldade e talvez com proveito esse humor capaz de preservar suas privacidades no trabalho comum, mas é claro que já não existem objetivos privados, ambições alheias ao quadro de promoções e honras previstas para esses oficiais subalternos, aos quais trinta anos de serviço rendem a Cruz de São Luís e uma pensão de quinhentas libras, se têm a sorte de viver até lá. Esses soldados profissionais pouco devem às relações e proteções que no máximo deram um impulso a sua carreira numa época em que o rei precisava da nobreza militar. Famílias pobres, capazes apenas de financiar um começo de carreira: duzentas ou trezentas libras para o equipamento e o dobro até o recebimento do primeiro soldo. E depois uma boa vontade para ajudar-se mutuamente, uma troca de informações constante nos altos e baixos escalões, porém estes são dois mundos separados que raras vezes se encontram, entre os quais há afetos vigilantes, enternecidos pela distância que nenhuma mescla de interesses compromete ou ameaça.

Já não são homens que, como Campion, se entregam a sua sorte e por ela se dedicam a protetores aos quais servem com lealdade sem conseguir diferenciar, apesar de sua lucidez, ambições, honras e serviços sempre estritamente privados, mas que, por uma usurpação já percebida, cobrem o campo da atividade pública. O serviço militar apresentou-se a esses pequenos oficiais da monarquia administrativa como um dos raros meios de viver ou morrer com dignidade, e foi o trabalho exigido que os absorveu, deslocando-os ao sabor das guarnições e das operações, liberando-os para suas licenças semestrais, praticamente nunca lhes deixando a escolha nem mesmo a ideia de que seria possível viver de outra forma. Ocupados com detalhes de ações que não planejaram, nunca expressam dedicação a um projeto público. Preferem manifestar uma resignada submissão a propósitos superiores que os afetam sobretudo por seus abusos. Assumem o papel público com empenho e seriedade, mas não se poderia dizer que conscientemente, pois a tarefa cotidiana é assimilada à vida familiar e os divertimentos às vezes se revestem da aparência de deveres. O jogo, que para Henri de Campion constituía um recurso apaixonante, não passa agora da ocasião penosa porém inevitável de arriscar sem grandes esperanças um dinheiro raro, e esses guerreiros acomodados veem com desdém as disputas de honra nas quais se comprazem os jovens tolos, inexperientes, e os simples dragões, que gostam de desafiar com o sabre ou a espada os coletores de impostos do rei.

Servidão mais que serviço: é o que estaríamos tentados a dizer para caracterizar a evolução desse ofício das armas que não mais reserva a liberdade de se poder abandoná-lo quando o emprego medíocre não deixa lugar para nenhuma esperança de glória. Em sua ávida juventude, Campion não teria suportado essas longas inércias em que mergulha o aparelho militar nos períodos de repouso. Contudo, se o grande reinado de sujeição e disciplina eliminou da ordem militar todo vestígio de objetivo pessoal, em contrapartida estabelece-se uma atmosfera de vida privada, de afeição familiar, quase familial, mais sensível que a rivalidade. E quando dois amigos fazem um balanço de alguns anos de campanha, a conta dos mortos já não é a dos cargos abertos e das promoções obtidas: tem seus tons de celebração piedosa e fraterna, de tal modo foi cordial e confiante a intimidade nessas vidas quase exiladas.

UM SUPERIOR PRÓXIMO E ABSOLUTO

Para Campion, que na vida pública não conseguiu distinguir entre objetivos políticos e privados, uma lealdade exemplar, razoavelmente aquecida por sentimentos de gratidão e esperanças de fortuna, servia a finalidades muito diferentes, tranquilizando a consciência, demonstrando o zelo adequado, testemunhando solidariedades partidárias. Como se declara largamente dotado de simpatia e afetividade, ele precisa de um campo mais íntimo para mostrar a plenitude de seus sentimentos. Só pode saborear totalmente sua felicidade privada e chorar suas mágoas no âmbito doméstico, e ainda com afetos tão exclusivos que, ao perder sua filha favorita, apenas o senso do dever o levou a manter uma solicitude apática com relação aos outros filhos. Excetuando-se as emoções de ordem amorosa, parece sensível apenas a esse gosto amargo da decepção do leal servidor que desde a Idade Média constitui uma das vicissitudes inseparáveis do compromisso vassálico. Mistura ainda necessária de respeito, gratidão e amor que se deve ter para com "o superior", como lembram os tratados de teologia moral do século XVII,[6] sem evidentemente omitir o justo medo.

Esse termo "superior", com seus valores formais invariáveis, seja qual for a figura envolvida — marido, mestre, vigário, oficial, magistrado, senhor —, explica muito bem a dificuldade de separar as noções de poder benfazejo e vivificante, por um lado, e de afeto tímido, por outro lado, sendo o medo extremo aquele de se ver apartado da fonte de benevolência e subsistência. Como nem todos os escalões da sociedade precisam ter uma relação direta com todos os superiores imagináveis, é louvável e econômico limitar as homenagens aos mais próximos. Uma mulher na ordem temporal pode declarar que reconhece como tal apenas o marido, e é evidente que um servidor ultrapassa seu horizonte legítimo se, ignorando a autoridade do patrão, recorre a uma legalidade política que não é de sua ordem. Nestas condições, é problemático o próprio sentido dos limites, além dos quais não se pode evitar as sanções da justiça. Um trabalhador rural confia tanto na desculpa da ordem recebida quanto Campion na obrigação do duque de Orléans de incluir em seu acordo com o rei todos os que só haviam feito obedecer-lhe. Ainda no Século das Luzes a acusação de "republicanas" imputada a pessoas de condição modesta não implica, na acepção corrente, a suspeita quanto a sua lealdade à monarquia. Se são tidas por maus súditos, não é como súditos do rei, do qual não têm oportunidade de falar; o que se critica o mais das vezes é sua indocilidade com relação aos patrões ou aos notáveis, ao reitor ou ao senhor, ou até sua falta de zelo ou de obsequiosidade, sua pretensão de julgar os atos do cura ou dos cônsules segundo a utilidade pública.

Essa redução ordinária do poder reconhecido ao âmbito mais imediato não impede que se atribua um valor simbólico muitas vezes bastante prestigioso a autoridades cujo exercício por certo tem consequências, como o imposto, mas não implica contato real ou oposição imaginável. Não se hesita em chamar de "nossos senhores" autoridades distantes, do Parlamento ou da corte; em Languedoc, esse título é concedido aos deputados dos Estados Gerais de 1789 como outrora o era aos dos Estados Provinciais. Quase sempre o termo tem uma conotação de respeito, a distância, ao poder que valida e autoriza mais do que se exerce diretamente.

Em tais maneiras de falar e agir, se a legitimidade pública é regularmente reconhecida, porém em raras ocasiões efetivas, a legalidade das obediências quase nunca é considerada, tanto o superior real se impõe à imaginação ou ao hábito do súdito. As situações anormais que surgem imprevistamente exigindo uma resposta precisa podem, assim, revelar indícios particulares de autoridade.

TUMULTO NUMA COMUNIDADE: UM CASO DE RAIVA

Fornece-nos um exemplo disso nos primeiros anos do século XVIII um caso de raiva[7] ocorrido numa pequena comunidade do bailiado de Gévaudan e confiado ao vigário de Pierrefiche, o qual detinha, aos olhos da população — do enfermo e de sua família, de todos os paroquianos, camponeses dos arredores —, uma responsabilidade conferida unanimemente. Pierre Marcou, o doente, recorreu a ele não para solicitar cuidados médicos, pois já havia feito o necessário e tocado as santas chaves miraculosas, e sim porque sentiu a proximidade da morte e a necessidade de proteção em seus últimos dias, consciente do perigo público que sua doença representava. Enquanto os especialistas e os vizinhos alarmados com seus acessos de fúria discutem as possíveis modalidades de sua morte ou de seu abandono, o padre é tranquilizador, pois leva em conta os interesses físicos e espirituais do enfermo, recusando o extermínio deliberado pela abertura das veias e a deserção generalizada, que deixaria o moribundo desesperado.

Pierre Marcou nunca teve boas relações com o vigário, que no passado o pressionara em função de algumas dívidas, mas nas atuais circunstâncias considera que pode contar com essa proteção que pede em nome da "fidelidade" do padre. Exigira a mesma fidelidade também do boticário que lhe pratica a sangria: aceita esta como um tipo de tratamento, porém a teme como discreto meio de tirar-lhe a vida. Vendo que sua veia permaneceu aberta, pergunta-se quando será fechada e pensa que o vigário deve aconselhá-lo: "Fiava-se nele [para saber] se seria errado deixar a veia aberta a fim de morrer mais cedo, pois, se errado fosse, não quereria fazê-lo".

A conselho do vigário, Marcou fecha a veia, mas se dá conta de que essa autoridade legítima, garantida em sua lealdade pelos deveres do ministério, não é a única que lhe governa o destino. Os vizinhos chamados a montar guarda a sua volta não ousam amarrá-lo; limitam-se a cercar sua cama com uma grade. Todavia, num de seus acessos de fúria, o doente derruba a grade e grita que pretende morder e queimar tudo; então os vizinhos saem, apagam o fogo derramando água por um canal de madeira instalado na janela, cercam a casa numa noite de fins de dezembro a mais de mil metros de altitude, temem adormecer e acordar com a fatal mordida. Sabendo bem o que sempre acontece nesses casos de perigo insustentável, Marcou já havia considerado a possibilidade de quererem matá-lo. E, se depois da confissão contrita, das restrições exigidas e do pedido de orações recusou a extrema-unção, foi porque pensou que o ritual inacabado constituiria a melhor salvaguarda contra a impaciência e o pânico de seus guardiães. O mais estranho é que ele não parece ter pensado na autoridade temporal, insignificantemente representada, é bem verdade, pelo escrivão do juiz senhorial. Foram seus guardiães que pensaram nesse recurso: como o vigário que havia organizado a guarda estava imobilizado pelo senso do dever, era preciso encontrar um homem que em nome da segurança pública ousasse precipitar sua morte. O escrivão assumiu o papel que lhe foi designado e mandou que seu filho fosse ao sítio armado de fuzil para atirar no doente.

Na mente dos camponeses, quase todos analfabetos (só uma das testemunhas apôs sua assinatura), o imperativo era ditado por uma solidariedade ante o perigo e as dificuldades dessa situação patética. Contudo, havia um consenso de que só a família, só os parentes do enfermo estavam habilitados a tomar decisões: tratá-lo ou abrir mão do tratamento, contendo-o em seus acessos, ou amarrá-lo e deixá-lo morrer, talvez até fazendo-o sangrar até o fim. O vigário de uma paróquia vizinha aconselhara seu confrade de Pierrefiche a limitar-se à aplicação dos sacramentos e a não se envolver no caso. Foi a fraqueza do círculo privado, da família imediata que de algum modo coagiu aqueles que, em diversos sentidos, podiam considerar-se responsáveis. Junto a seu leito de morte, Pierre Marcou tinha apenas a jovem esposa, aterrorizada com esse mal súbito e logo obrigada pelo medo e pelas ordens do marido a refugiar-se junto ao vigário, a chorar, a suplicar, a imaginar socorros vãos. Desconfiado dos próprios furores, perplexo com o horror que sentia por tudo que lhe surgia diante dos olhos, primeiro ele afastou os seus. Não teve a seu lado nenhum amigo íntimo, pois, se o termo amigo, bom amigo, é empregado com bastante generosidade, é no sentido de bom vizinho com quem existem relações cordiais. Nem Marcou nem aqueles que o rodeiam e em geral o estimam imaginam uma amizade que vá além dessas boas relações habituais, familiares e leais. Isso logo se dissolve num sentido coletivo do bem comum: se ele sofre como um cão, se a loucura de seu mal lhe provoca impulsos terríveis, por que não liquidá-lo? Pouco importa que às vezes Marcou deseje supliciar-se para fundir seus sofrimentos na Paixão de Cristo ou queira estar morto e ouvir a sua volta as litanias ou ainda refugiar-se sobre as lascas de madeira na boca do forno quente para não tiritar mais nem ter de suportar a visão do fogo. De qualquer modo, a presença da família com certeza o levaria aos procedimentos que ele mesmo evoca a meia voz: após os últimos sacramentos, a sufocação sob as cobertas ou a sangria mortal.

Entretanto, é mal recebida a evidência da salvação pública na execução por mãos estranhas e violentas. Os assassinos proclamam a altos brados seu horror por um ato que não era de sua competência pessoal. Instadas pela monitória a falar, as testemunhas exprimem a amargura daqueles que, impacientes com o espetáculo e com a guarda inútil, prefeririam simplesmente retirar-se e deixar aos profissionais o cuidado de administrar a desgraça evitando o escândalo. Aos olhos de todos, que o confessam sem constrangimento quando não tomam partido no processo, o importante era neutralizar o furor destrutivo do enfermo, encerrando-o no quarto depois que recebesse os últimos sacramentos e os víveres necessários para chegar ao fim. Seria preferível deixar para a honra privada de uma família a liberdade e o risco das decisões extremas, porém, não sendo isso possível, a comunidade devia providenciar esse mínimo exigido pelo decoro e pela prudência. Só que nenhum chefe tinha prestígio suficiente para coordenar a ação, que excluía a violência mas não a firmeza ante o martírio do doente. E se a maioria se conformou com o abandono foi porque ao mesmo tempo recorreu às autoridades responsáveis e não pôde assistir à consequência inevitável. O escrivão e o boticário não veem outra solução além da morte violenta e rápida, porém, sendo o único que conhece de perto o horror da raiva, o boticário também é o único que se declara feliz por haver eliminado seu paciente.

A análise das atitudes e condutas apresentadas nesse processo é possível graças à argúcia do interrogatório e à paciência do *official* [juiz eclesiástico], cujos procedimentos quase sempre são mais penetrantes que os de um juiz ordinário, com o qual colabora nos casos criminais em que está envolvida a atuação de um padre. A partir de uma investigação mais sumária seria fácil julgar que a comunidade queria solucionar por si mesma, de acordo com suas tradições, um problema no qual o vigário era convidado a desempenhar um papel preliminar limitado. De fato a comunidade não se manifesta como coletivo autônomo: numa primeira fase é o padre que acolhe a pequena família refugiada junto a ele, que organiza a guarda, leva ou procura os socorros tidos por necessários. Conduta ambígua, talvez, na medida em que supõe uma segunda fase mais cruelmente decisiva e previsível, programada por uma fatalidade consciente. No entanto, é para o que pode representar a autoridade pública que se volta a opinião, desnorteada pela ineficácia exaustiva de um cerco inútil, como o fora de início pela ausência de resposta realmente privada, ou seja, familiar. Assim, neste nível modesto, o que a hesitação do recurso parece indicar não é uma ampliação da solidariedade privada, e sim uma busca ansiosa de autoridade pública, capaz de resolver segundo outras normas, porém com segurança, esse caso para o qual a tradição não apresentava condutas normativas.

O que impressiona o observador atual desse drama de uma doença individual, isolada, não é uma atmosfera de anonimato e indiferença, mas a intervenção de uma vizinhança atenta e de um braço secular inflexível e brutal cuja diretriz é clara e sem dúvida razoável: não deixar o mal se espalhar. A única instância privada afetiva — a da esposa — não teve força direta para exercer alguma influência sobre os acontecimentos. Faltou o apoio de uma autoridade pública firme que, como a autoridade religiosa em seu campo, representasse uma garantia de ação regular, de um compromisso compatível com os desejos de uma família desnorteada. A resistência solitária do infeliz doente só obteve um precário sucesso forçando a retirar-se, por injunção da fidelidade, todos aqueles que ainda sentiam piedade ou lealdade para com ele, pois com suas agitações furiosas e suas ameaças veementes colocava-os em difícil posição. Em suma, uma partida perdida de antemão, pois nenhum clã familiar podia assumir responsabilidade total e eficaz, e os particulares encarregados de um papel público de salvaguarda não dispunham de nenhuma norma de conduta para uma situação de emergência.

O próprio fato de se ter realizado um complexo processo quatro anos após o caso atesta um papel não desprezível da justiça, capaz de explicitar os fatos, criticar e sancionar os delitos. Intervenção tardia de uma lenta máquina que, quando muito, serviu para fornecer o epílogo? Não é essa falha que se deve ressaltar, pois assim se inicia a prevenção de casos análogos; a falha mais grave está no fato de que o crime, com sua vítima, teria sido sepultado sob a terra gelada do inverno se o ódio privado e vigilante do prior da comendadoria pelo vigário de Pierrefiche não tivesse denunciado o escândalo. Como o destino de Pierre Marcou, sua causa também foi alienada e com maior determinação.

Por distantes que estejam da esfera política, esses pobres paroquianos rurais devem seus infortúnios a causas que não diferem muito daquelas que atormentavam Henri de Campion em seus escrúpulos quanto ao serviço. Quando a autoridade pública não é constituída ou, em todo caso, quando não é apresentada com a força da obrigação legal, as pessoas de condição média ou humilde têm dificuldade em defender a própria privacidade, em fazer reconhecer seus limites. Esses invólucros concêntricos que parecem proteger os indivíduos — a família, a paróquia, a comunidade, a clientela — tornam-se então os executores dos imperativos sociais com tanto maior obsessão e rigor quanto mais estreita é sua proximidade e limitada a escolha de seus meios. As reflexões feitas pelas testemunhas do assassinato de Marcou expressam a mesma amargura das decepções sofridas por Campion. Viram um homem que queria morrer de morte natural e não conseguia deter os evidentes preparativos do crime deliberado. Outrora ambicioso de um destino, Campion se vira reduzido à condição do banido sem esperança e sem recursos, ao qual não é permitido sequer pensar em estabelecer-se.

Seria excessivo propor a partir de tais casos a tese de um poder soberano trabalhando pela progressiva liberação de seus súditos. No início da era moderna sua tendência seria, antes, a de garantir autoridades subalternas demasiado frágeis para pretender rivalizar ou resistir, bastante fortes para transmitir suas exigências e oferecer instrumentos de ação. Estados, cidades, corporações, comunidades, famílias são convidados a oferecer seus préstimos; em contrapartida, manteriam em seus domínios privilégios doravante assegurados. Surgiram então na noção de privacidade dois sentidos, ao mesmo tempo complementares e antagônicos. Um referia-se à defesa autorizada da liberdade civil de cada indivíduo na medida em que não estivesse sujeito às imposições das leis ou do ofício; o outro, mais ativo, indicava as arbitrariedades que na esfera de cada grupo o superior podia cometer legitimamente contra os subordinados, com ingerências na disposição do trabalho, do lazer, do uso dos bens e das dignidades, do próprio corpo desses subordinados no âmbito familiar. A justificativa era simples: ora a exata reciprocidade de princípio, como na sociedade conjugal, ora a preocupação com a ordem necessária à conservação, favorável à harmonia do grupo constituído ou à proteção e tutela do fraco pelo forte. A referência ao modelo de toda autoridade — a de Deus sobre as criaturas — excluía implicitamente qualquer defesa demasiado impaciente do indivíduo contra a solicitude ou a vigilância de seu superior.

Contudo, a ordem política atua também através de uma distribuição precisa de poderes e cargos, competências, responsabilidades e honras, e cada um trata de dispor livremente do que lhe cabe na medida em que deve responder por isso. Ante a abrupta exigência do imposto, cujo coletor o mais das vezes é um homem conhecido e próximo, ante o olhar do credor que também não tem indulgência, a dissimulação para muitos constitui um sucesso. As provisões mais banais — o toucinho, o grão — de que uma família dispõe são furtadas à curiosidade em esconderijos propícios à conservação e à segurança, e o cardápio de cada dia, embora pouco varie de uma casa para outra, indica uma discrição bastante pudica para proibir visitas na hora de prepará-lo. Registros de investigações consulares e depoimentos de testemunhas revelam em geral a inutilidade de tais precauções, cujo objeto não escapa à acuidade corriqueira da observação recíproca. As tentativas de preservar a intimidade da vida cotidiana têm um objetivo mais sutil: não há o que falar do que não se apresentou à evidência dos sentidos, e os vizinhos, mesmo que saibam, podem fingir ignorância, evitar tornar de conhecimento público o que a proximidade lhes permitiu perceber. Para as famílias pouco abastadas, a vida privada depende menos de sua capacidade de isolar-se ou esconder-se que da convenção, meio sincera, de ver e ouvir tão somente o que é divulgado, de mencionar apenas o que foi manifestado. O que de resto explica que os indiscretos acorram ao ouvir as brigas da vizinhança ou da família: no calor da discussão as pessoas dizem coisas que evitariam dizer a terceiros. Mesmo no caso de pessoas mal-afamadas, acusadas de um delito bastante grave, com fortes probabilidades de participação comum, é raro não se notar uma preocupação de conduzir dentro da família a distribuição dos papéis que querem assumir. Contanto que um ou outro membro reconheça o delito com alguma verossimilhança, a família tem o direito de ocultar a intriga que sem dúvida a reunira! É a economia de sanções penais que se busca e se obtém através dessa pretensa ignorância do que se passava entre marido e mulher ou entre pais e filhos. O desprezo, o descrédito da opinião pública recai, ao contrário, sobre todos, com a desconfiança que alerta contra as maquinações da semente ruim. A única consideração que se mantém refere-se aos direitos, consagrados pelo hábito, do sigilo das relações familiares quando não são mutuamente criminosas. O crime no interior da família pode abalar essa disposição ou pelo menos esse escrúpulo favorável.

UMA EMANCIPAÇÃO CARREGADA DE ESTREITAS SUJEIÇÕES

O respeito a certos limites adquire mais consistência quando sua garantia legal foi testada:[8] assim a defesa do "solo" contra uma pretensa servidão de passagem às vezes equivale, para um camponês, à prova da discrição de seus vizinhos: as pessoas que vão e vêm não espionarão os detalhes de suas atividades, e, assim que ele tem em mãos a sentença da justiça, é com determinação militar que rechaça os intrusos. Pode-se invocar a neutralidade do espaço público para preservar o lazer ou o jogo que, não prejudicando ninguém, não merecem críticas nem sofrem restrições. O caçador que repousa ao pé de uma árvore, mas "no caminho do rei", não admite que o proprietário vizinho venha importuná-lo para lhe perguntar "em que área pretende caçar". Os jovens sentados nos degraus de um mercado, imersos em seus planos de festas a organizar, não admitem que um importuno venha sequer sentar-se a seu lado: "Estamos tratando de nossos assuntos, não se intrometa, fique para lá". Se as brincadeiras particularmente pesadas no mundo rural não perdem todos os seus direitos, pelo menos começam a se tornar mais maliciosas que insolentes. Menos brigas violentas na taberna, menos copos e taças derrubados com a mão, menos abraços forçados, porém mais manobras astutas ou insidiosas para levar o companheiro a reagir e deixar-lhe perante o público a iniciativa do gesto inábil e agressivo. Tornou-se insuportável tratar quem quer que seja como um ser desprovido de vontade, facilmente manejável. O estranho que, espectador de um apaixonado jogo de cartas, soltou alguns comentários irônicos sobre um dos jogadores bombardeado pelo riso comum, ultrapassa a medida autorizada quando se apodera de sua bolsa e, aos olhos de todos, despeja sobre a mesa as poucas moedas de pequeno valor. Sua provocação violou um setor de privacidade que todos consideram essencial: pode-se exigir de um jogador que prove dispor de recursos compatíveis com as apostas, porém é altamente ofensivo apossar-se de seu dinheiro, e ainda mais para uma demonstração considerada indecorosa. O gentil-homem vítima de um pequeno roubo que, de chicote em punho, pretende levar o ladrão ao local do crime para fazê-lo reconhecer o delito é instado por todos, se não pode perdoar, a recorrer à justiça, mas também a deixar em seu trabalho um homem que não pode fugir. Quanto a isso há uma evolução bastante nítida, conforme revelam os processos a partir da segunda metade do século XVII, quando já não se trata apenas de bens contestados: por trás desses pretextos, muitas vezes fúteis, escondem-se atitudes abusivas ou brutais que uma opinião cada vez mais difundida se recusa a admitir, pelo menos fora do reduto doméstico. Não se dispõe do primeiro camponês que aparece e deve se dar por muito feliz de servir um homem poderoso e capaz de generosidades quando reconhece o zelo. Não se invade sua casa sob o pretexto de descansar à sombra e beber, dando ordens como aos próprios criados. Até os meeiros, que não podem furtar-se às visitas, pois o proprietário continua sendo o chefe dos cultivos, esforçam-se para manter um tom profissional que elimina a mera curiosidade. Contudo, não se trata de uma mudança de estilo da sociabilidade, pois os excessos, as intromissões arbitrárias persistem com relação aos criados, prisioneiros de um espaço privado que não é o seu. Poderíamos dizer que esse é um problema de coabitação, sempre difícil de resolver no seio das famílias. Vemos, porém, que a dívida — na verdade uma simples relação com prazo estabelecido — funciona em tais circunstâncias como uma sujeição deliberada, tornando o devedor impontual passível de taxas e corveia. O devedor compreende muito bem que, se o credor não cogita apoderar-se de seus bens, o melhor que tem a fazer é tornar sua dívida agradável e até vantajosa: assim, oferece serviços, franqueia a colheita em seu pomar, em sua vinha, em seu jardim; submete-se ao controle de suas despesas. Muitos credores pacientes, sem a menor propensão a executar suas vítimas ao primeiro atraso, na verdade usufruem despoticamente dessas privacidades ativas, que exercem sem grande escrúpulo.

No momento em que se desfaz a garantia legal de independência em tais condições de domesticidade ou de alienação pela dívida, surge esse incontrolado afã de absorver o domínio privado de outrem. A mudança de atitude, pelo menos nas classes médias vulneráveis às ações da justiça, sem dúvida se deve à proteção que as leis concedem aos bens e às pessoas. Enquanto a injúria verbal continua praticamente livre fora das classes distintas da sociedade, a menor ofensa física, a menor espoliação ou indelicadeza com relação a bens podem ser sancionadas se o queixoso toma algumas precauções para fazer constatar o fato.

E mesmo que não se enfrente com um adversário temível, quem pode estar seguro de que um oponente maldoso não se aproveitará da ocasião para explorar sem grande esforço a irritação suscitada num infeliz sem recursos?

VIGILÂNCIAS E SEGURANÇAS

A intenção da justiça, estabelecida com firmeza no momento em que o imposto real exige a solvência de súditos humílimos, sem dúvida não foi garantir a estes a paz e o aconchego do refúgio familial; sendo necessário assegurar a todo custo o uso adequado e rentável dos bens e dos talentos, convinha mostrar aos virtuais agressores que estava carregado de riscos o atentado às propriedades, aos domicílios e às pessoas mais modestas. E de fato bastava que um inimigo pessoal ajudasse o pobre miserável que se acreditara poder molestar impunemente e lhe desse coragem e subsídios para levar o caso adiante: este escapava às possíveis interferências de uma justiça local, e o presunçoso ofensor recebia uma sentença muito severa, que atingia ao mesmo tempo sua fortuna e seu prestígio. Esses jogos de "partidos secretos" se multiplicaram, e a prudência logo ensinou que convinha abster-se de provocações e intrusões. Os jovens farristas da década de 1660 arrombam as portas dos pobres e sobretudo das viúvas pobres incapazes de defender a virtude de suas filhas; um século depois, na mesma cidade de Toulouse, torna-se necessário cercar de cuidados e presentes as concessões clandestinas que mulheres "do mais baixo nível", porém de vida aparentemente decente, faziam a jovens gentis-homens. Ainda é preciso revestir de pretextos honestos visitas que poderiam alarmar a vizinhança e provocar queixas, tão suscetível se tornou a respeitabilidade. As pessoas necessitadas sabem que subsistem graças a uma rede de recomendações que lhes proporciona trabalhos e caridades aceitáveis: a regra é ater-se ao círculo das pessoas "interessantes" pela pobreza, certamente, mas também pela inocência, pela determinação laboriosa, pela pureza dos costumes e pelo zelo da gratidão. Isso inegavelmente suscita virtudes domésticas: limpeza das roupas e da habitação, adoção ostensiva das convenções de uma sociedade puritana que se defende das familiaridades muitas vezes intempestivas de uma vizinhança demasiado liberal. Pois a imposição dessas exigências, expressas principalmente com relação aos mais desfavorecidos, membros de famílias pobres ou arruinadas, sem recursos visíveis e regulares, define uma vida privada ao mesmo tempo decente e reservada: é preciso evitar ao máximo ser visto, ouvido e sobretudo notado; em contrapartida, deve-se oferecer à visita benevolente dos obsequiosos vizinhos uma acolhida que lhes satisfaça a curiosidade e o gosto do decoro. Como sempre em tais casos, é difícil avaliar se a obrigatoriedade da decência favorece ou não o privado. Com efeito, nas horas de trabalho convém poder sempre mostrar uma sala arrumada e limpa, esconder as ocupações e necessidades mesquinhas da vida de todo dia. A raridade das saídas autorizadas pelo costume, as servidões do trabalho feminino a domicílio restringem a margem de liberdade aos cantos mais diminutos e escuros da casa. Uma disciplina exata das horas de sono, de trabalho e dos minguados lazeres impõe-se aos que vivem assim dignamente, sem no entanto beneficiar sua privacidade individual ou familiar. Nas casas vetustas e nos apartamentos baratos são possíveis as piores surpresas: sangue escorrendo pelas fendas do teto se um açougueiro alugou o andar de cima; chuvas de cinzas ou de gesso se esse local arejado serve de entreposto ou despejo; odores abomináveis quando os couros frescos são postos para secar.

Parece mais fácil manter a respeitabilidade nos meios populares, onde as idas e vindas são frequentes, encontros e palestras se multiplicam e prefere-se a prática das portas abertas à de cada qual em sua casa, entregue ao cerimonial das visitas. As suspeitas recaem então sobre quem frequentemente fecha sua porta, coloca cortinas nas janelas, pouco se presta às tagarelices indiscretas. Não é, contudo, que haja exigência de acesso perpétuo. Até as crianças estão habituadas a respeitar os umbrais e a chamar seus amigos desde a soleira ou da rua. As portas se fecham na hora das refeições e ao cair da noite. Atrás das portas fechadas a animação das conversas, os ruídos de vozes, os risos ou os lamentos atestam uma liberdade de expressão, uma intensidade de relações — boas ou más — que em geral se devem mais a uma vitalidade afetiva que a uma ausência de vida privada.

Essas interpretações discordantes da existência familiar não são opostas a ponto de traduzir condições de vida pública fundamentalmente distintas. A própria facilidade oferecida ao roubo, à intrusão, às querelas indica nos meios populares não o fatalismo dos miseráveis, e sim a confiança infalível na "fé pública": em geral não há nada de grave a temer, as pessoas de bem se portam de maneira habitual, seu olhar pode ser útil se porventura algum tratante se intrometer. A vigilância é garantida pela comunicação livre e frequente entre pessoas conhecidas; as zonas da vida familiar que convém preservar não constituem problema, correspondem às regularidades do horário, bem como ao prazer da pequena festa excepcional. Entre os adeptos já numerosos das aparências honestas, a riqueza que permite assumi-las sem grande esforço não poderia ser o discriminante útil. Como em geral a pretensão ultrapassa os recursos, um muro de discrição torna-se necessário à segurança. O que se deve temer não são as atividades dos vizinhos, mas sua curiosidade e, quando não é possível satisfazê-la, o risco, ao menos para os estrangeiros e para os recém-chegados, consiste em expor-se à suspeita. Poucas acusações de desonestidade no sentido estrito, mas antes de origem baixa, de honorabilidade duvidosa, de maus costumes, e o desejo de afastar o vizinho inquietante ou escandaloso mediante alegações confiadas ao *dizenier*, ao vigário, antes de alertar a justiça menos suscetível. O que traduz também uma confiança na ordem pública que em geral pode permitir a prática do isolamento, da reclusão familiar, do muro denso da vida privada sem alarmes profundos a não ser quanto à ordem moral. Tentações fúteis ou maliciosas de arruinar as fachadas sociais mantidas a duras penas, indignações sinceras ou fingidas contra os que poderiam esconder seus deboches por trás das mais louváveis normas de discrição? Em todos os casos, o jogo sutil ou cômodo que permite administrar os períodos de recolhimento e intimidade familiar ou escondê-la sob um verniz contínuo e convencional só é possível mediante uma caução pública da vida privada. Basta uma determinação firme acompanhada de poucos esforços para estabelecê-la: como a informação espontânea e recíproca é quase perfeita, toda violação perceptível e comprovada é facilmente denunciada e nenhum culpado permanece indiferente quando a timidez das pessoas humildes é neutralizada pela isca das indenizações e pelo apoio de rivais interessados.

Quem primeiro se apossou dessas garantias foram as camadas sociais mais apegadas à boa reputação, à ordem familiar e moral que as sustentava a qualquer preço, onerosa para todos e sobretudo para aqueles que dela não tiravam proveitos diretos. O essencial era manter as aparências e para isso ninguém hesitava em fazer sacrifícios que podiam chegar até a morte. A vida privada podia ser sobretudo disciplinar em suas manifestações, porém todos sabiam que era também nutriz e vital, pois muitas vezes respondia ao desafio cotidiano de subsistir com dignidade, contando com recursos limitados ao mínimo necessário. É difícil dizer se essa luta extenuante despertava suficiente entusiasmo, altivez, solidariedade afetuosa para levar a usufruir, apesar de tudo, as delícias da vida privada e o aconchego da família.

ELOGIO DA APARÊNCIA: UM PÍCARO MERECEDOR

Ainda que procurassem tão somente retransmissores de responsabilidade capazes de atingir os súditos e tributários mais humildes, os políticos asseguraram-nos, mediante garantias e vigilâncias, que vinham reforçar o sentido moral da aparência prescrita pelos manuais de civilidade. É uma virtude de prodigiosa importância, pois consegue desnortear os demônios, impotentes, por sua natureza angélica, para penetrar na consciência dos homens, porém hábeis para interpretar as emoções traídas pelos gestos e pelas feições. O homem secreto, o *Discreto* de Baltasar Gracián, não é só um modelo para magistrados ou cortesãos que conduzem seus desígnios sob uma máscara tranquilizadora; ele propõe a todos o prestígio de seu recolhimento, de sua distância e de sua livre margem de manobra, que é também o meio de preservar a retidão sem se imobilizar nem se expor demais. Quando a violência não pode mais interromper ou impedir arbitrariamente a realização de um esforço, de uma ação organizada, de uma ascese ou de uma ambição, a prudência natural ou construída, a previsão a curto ou longo prazo demandam essa discrição de maneiras e linguagem que evitam o desafio competitivo.

Assim, não devemos nos surpreender ao verificar que um dos contrapontos constantes da novela picaresca é esse anelo da vida privada, de seus sucessos compensadores, perseguidos pelos párias da sociedade, que à primeira vista parecem menos capazes de alcançá-los. Seja qual for o motivo subjacente do conde de *Jean l'an prés*[9] e seu aspecto dramático vasculhado por Emmanuel Le Roy Ladurie na ensolarada escritura meridional do abade Fabre, o argumento se resume em obter sucesso através do casamento, das "justas bodas", ou pelo menos das bodas justificadas que prometem gerações prósperas depois do mais difícil começo. Filho de um ladrão muito ousado, Truquette, que não conseguiu se livrar da forca, o herói passa por uma infância de grande miséria, travestida porém pela linguagem mística de uma avó que não renunciou ao sonho de grandeza. A avó gostaria de lhe dar instrução e boas maneiras, porém ele percebe o absurdo de tal projeto educativo e prefere a prova de força e de astúcia que lhe oferece uma vida perigosa de ladrão pelos campos e pomares. Postura de um Ulisses que sabe tirar de situações críticas lições úteis para alcançar seu objetivo. Sua vitória final é a de um herdeiro legítimo, pois ele recupera o tesouro secreto da avó, frutuosos remanescentes do butim paterno. E principalmente a boa lembrança de tolo generoso que Truquette deixou para seus cúmplices leva o mais rico deles, Sestier, a contratar o filho do enforcado como factótum. O ingênuo esconde bem seu jogo, engravida a filha do patrão e, no breve discurso cínico e zombeteiro que dirige a Sestier como se monologasse, manifesta seu modesto orgulho de entrar como genro rico numa rica residência. Nada há de maravilhoso neste rico realismo um tanto vulgar, e contudo o neto da vendedora de fósforos, o filho do enforcado se tornará o homem dos 40 mil escudos — uma boa fortuna rural, bem pesada em sextários de grãos em alta constante.

Desfecho otimista ou imoral, se, como o senhor da história, preferimos encontrar o senso do decoro; de qualquer modo é uma conclusão que a picaresca espanhola do século XVII não podia imaginar, pois ainda não se atingira o auge da ordem social. A marca de seu sucesso é que a legalidade admitida basta. Ninguém remonta às origens para sondar as legitimidades e poder justificar a indignação: o tesouro de Truquette muito mal adquirido (mas a que preço!) e em todo caso bem herdado por Jean l'an prés ["João espertalhão"]; a confiança traída de Sestier (foi buscar lã e voltou tosquiado); sua filha Babeau foi tão ardente quanto o jovem sedutor, que agiu com boas intenções e por um bom motivo. Os que conhecem a verdadeira história são os mais interessados em não falar e há grandes possibilidades de o herdeiro que se apresenta nunca saber de nada. O pai Sestier com sua peruca já conquistou respeitabilidade e patronagem; Babeau foi uma criança encantadora, ingênua e saudável; Jean será o que queria ser, um bom proprietário, consciente das realidades. Após as três gerações fundadoras (mulheres debochadas, biltres, ladrões e escroques), está pronto o berço para o futuro homem honesto, que será tratado com carinho, educado com todos os cuidados, apto a figurar na boa sociedade. Nem mesmo entre as piores inclinações, a aparência, nutriz da vida privada, ausentou-se da família: honra viril e tenacidade feminina preservaram o essencial na pretensão absurda e no sigilo rigoroso, na astúcia obstinada e na resistência heroica. Pretender ao máximo e até a realização esconder o verdadeiro objetivo evidentemente equivale a preservar a privacidade, e tal atitude só é válida se os meios de obter sucesso continuam sendo plausíveis. Os vícios de Jean l'an prés e de sua avó apresentam-se sem a menor reserva nesse romance de costumes triviais: da ridícula refeição nupcial de Truquette ao enterro da avó huguenote na vertente de um fosso, tudo parece destinado à mais crua exposição, como as brigas íntimas que não são disfarçadas por nenhum senso de dignidade. E no entanto o estranho projeto privado prevalece, porque pode fortalecer-se na solidão sem ser ameaçado com o enfraquecimento ou com a repressão destruidora, porque na segurança habitual dos ricos a ágil determinação dos necessitados pode impor iniciativas ou respostas. Nesse mundo de pobreza, pelo menos provisória, onde não se concebe viver a salvo dos olhares dos vizinhos porque não se pode bater a porta na cara de ninguém e a porta não dispõe de ferrolho, é preciso saber preservar a privacidade de modo mais secreto; primeiro encerrá-la na vontade, exercida às claras ou na clandestinidade; depois empregá-la, sempre protegida e reforçada com conhecimentos e meios graças à habilidade e ao crédito humildemente adquirido. Antes de aceder à vida privada confortável — aquela em que o respeito, as proteções, os espaços fechados reforçam a segurança — é possível penetrar nos segredos alheios e impor a própria vontade, desde que se mantenha o distanciamento necessário.

Jean l'an prés testa sua coragem num mundo onde ainda é permitido puni-la sob os golpes dos lacaios, porém isso pouco conta para quem soube se endurecer. A garantia das leis já é bastante forte para que os receios fatais se dissipem e a ambição bem administrada conduza ao sucesso com certa confiança.

A LEI QUE JUSTIFICA A CHICANA E A CONIVÊNCIA

Se não criou as células no interior das quais devem formar-se os laços de parentesco ou de trabalho, a pressão das leis assume no âmbito civil suas garantias de coesão, propícias às solidariedades mecânicas como às vezes às inclinações afetivas. As condutas privadas adquirem maior determinação, ainda que à custa de normas repressivas. Pode-se constatar isso nos arquivos judiciários, examinando casos em que se mesclam vários tipos de relações domésticas ou de negócios. Assim vemos em Toulouse, nos últimos anos do reinado de Luís XV, uma acusação de roubo de utensílios apresentada pela viúva de um mestre artesão contra um colega da oficina. Queixa muito plausível, pois a aquisição do equipamento de um serralheiro pode implicar despesas elevadas, e o operário que após a morte do patrão se encontra numa posição precária muitas vezes aspira à independência. Porém, há vários testemunhos contrários: no interior de um ofício consagrado, é fácil obter uma restituição sem recorrer à queixa fatal de roubo doméstico, que, se chega à condenação do acusado, pode acarretar a pena capital.

Donde devemos concluir que a gravidade da ameaça se deve a uma decisão arbitrária e deliberada, que o ódio ou a chantagem está na origem do processo. A situação desesperadora da viúva parece fornecer a resposta: sem outro recurso a não ser dar um sucessor ao marido falecido, ela pousou os olhos nesse operário hábil e trabalhador, porém muito mais jovem; esperava que o atrativo da promoção num ofício em que só se chega a mestre através da sucessão prevalecesse sobre o inconveniente da diferença de idade. E, como ele relutasse, a viúva pensou em lançar-lhe essa acusação fácil de fundamentar, pois o serralheiro diariamente usava as ferramentas como se fossem suas. Situação bastante cômoda, uma vez que a patroa podia admitir uma interpretação equivocada do que lhe parecera constituir o dolo. Os mais cínicos chegavam a dizer que a melhor garantia de fidelidade de um servidor era a possibilidade de se deter contra ele as provas de algum delito; eis uma tentativa de assegurar-se não só de um perfeito servidor, mas de um marido, cuja lealdade os interesses comuns no negócio manteriam.

Em outras circunstâncias registra-se a confissão de um roubo de lã com testemunhas escondidas; para resolver a situação impõe-se uma dívida enorme que somente uma vida de trabalho dedicado poderá saldar. Assim, testemunhas e ladrão tornam-se cúmplices que se pode agarrar a qualquer deslize, e aos quais, com certa prudência, pode-se permitir a participação nos segredos e nas vilezas da casa, a tal ponto é provável sua discrição e indefectível sua solidariedade.

Portanto, esses núcleos de solidariedade, segredo e privacidade não são constituídos nem por uma vontade comum, nem por uma situação natural de coesão. Garantia e ameaça das leis são utilizadas para estabelecer e estreitar os laços entre pessoas que não estão unidas nem pela amizade, nem pela afinidade, e é um efeito perverso da legalidade que cria essas relações. Caso particular, imprevisto sem dúvida, dessa lógica do poder delegado pela preocupação predominante de definir responsabilidades. Como as famílias, empresas e comunidades recebem o encargo essencial de manter a própria ordem e pagar seus tributos, um *esprit de corps* — nascido da ansiedade de partilhar os riscos de uma gestão falha, inspirado às vezes pela honra que é um aspecto do encargo — mantém em estreita relação até mesmo aqueles que não sentem simpatias recíprocas; a emulação os separaria ao invés de uni-los. Quando a casa do coletor se incendeia, todos os habitantes correm a apanhar os baldes e as escadas para apagar o fogo; é a ajuda mútua que o interesse torna inevitável. Mas o espírito de caridade não se manifesta. Todos sabem que para garantir os denários do rei os bens do coletor serão confiscados. É uma vítima mais deplorável que as outras, pois nada do que for salvo do incêndio permanecerá em seu poder. "Tomara que sobre o bastante!", pensam, pois do contrário a comunidade continuará sendo devedora, apesar de já ter pago seus impostos. A única brandura desse sistema de solidariedade responsável, que reúne as pessoas em função do hábito e não da escolha, é em muitos casos a designação parcimoniosa dos responsáveis, a disposição de interpelar somente o chefe de família, o dono da oficina, o cônsul ou um síndico.

O OLHAR TURVO DA JUSTIÇA

O tecido social pode suportar alguns rasgos sem se destruir, porém todos sentem os estragos. Os organismos privados recebem esse qualificativo não só para distinguir-se do que é público, mas também porque, embora detendo papéis que poderiam ser estritamente públicos, seus recursos e afeições no sentido mais extenso devem-se a motivações e sentimentos privados. A arte política consiste em ampliar e controlar todo esse quadro, valendo-se de meios frágeis.

Integrar energias e disposições raramente convergentes é tarefa das mais difíceis. O termo *affidé* [cúmplice], que por sua origem traduz uma vocação de confiança, sempre tem uma conotação pejorativa.

A cena do processo criminal no tribunal inferior, que muitas vezes parece preso a um meio estrito e fechado, apresenta suficientes bons critérios de uma tolerância ambígua da privatização. O espírito de família ou de clã, da clientela doméstica ou local, evidencia-se claramente na preparação dos testemunhos. Um relato elaborado confidencialmente, com prudentes alterações da realidade, apresenta uma versão dos fatos plausível e vantajosa para a parte que conta com devotamentos assíduos porém forçados. O que não dispensa acordos ou eventuais tropeços de testemunhas que não ousam aventurar-se na mentira decisiva: reservam para a leitura dos depoimentos a possibilidade de um recuo. Por isso raramente é inútil apelar para instâncias superiores, pois o juiz pode ler nas minutas da primeira instância as hesitações e as dúvidas e reduzir a extensão dos fatos atestados. Não é fácil obter plena adesão de criados temerosos, e até os devedores mais desprovidos procuram atenuar as consequências de suas disposições complacentes. Esses complôs privados, que pelo poder das relações familiares e hierárquicas deveriam triunfar regularmente, muitas vezes obtêm sucesso parcial ou acabam em dolorosos fracassos. O resultado são azedumes e desconfianças que ressaltam o mal-estar dessas cumplicidades perpassadas de sujeições desagradáveis.

Ainda mais que a hipocrisia constitui a regra: a testemunha não é convidada a dizer o que não é verdade, e sim a atestar o que realmente ocorreu longe de seus olhos; pode confiar, não sairá prejudicada, pois está do lado correto. Todavia, a tensão já é muito grande; a testemunha quer repetir o que ouviu dizer, não pode mais confundir sua verdade com a do patrão ou benfeitor. Entre milhares de casos, fora do âmbito da família estrita, a obsessão integral pela palavra de outrem, logo assimilada e reproduzida de boa-fé, é excepcional e denota fraqueza mental. Mas entre marido e mulher, entre pais e filhos, a comunicação é tão intensa, sobretudo nas famílias rurais isoladas, que a representação dos fatos pode ser comum a todos eles sem caracterizar uma adulteração deliberada. Falta de causa unânime ou progresso de um senso objetivo, de responsabilidade distinta? De qualquer modo, mesmo nos casos mais favoráveis à criação de um mito — medo de bandidos, obsessão com feitiçaria —, aliás cada vez mais raros no século XVIII, não percebemos imagens impostas pela persuasão geral. Versões idênticas, cópias rigorosas de uma lição decorada, indicam um trabalho de elaboração aceito por todos, porém estranho às convicções íntimas de cada um.

Devemos ver nessas evoluções um recuo significativo do sentimento privado? Enquanto as formas de solidariedade opressiva não desaparecem, porém tiram uma força adjuvante das delegações do poder, os indivíduos aprenderiam a relativizá-las, retirar-lhes-iam as participações espontâneas do mimetismo e da convicção? Não lhes restariam apenas lembranças, bem pouco persuasivas, fora de sua capacidade de adesão a comunidades-pátrias onde se revigoraram os entusiasmos religiosos das Reformas e Contrarreformas? A inteligência imediata e eficaz que os huguenotes do Midi aplicaram a sua clausura minoritária e aquela com a qual os jesuítas armaram uma sociedade mais global levam a crer que em ambos os casos havia urgência: o poder do Estado, desvelado e vitorioso, na falta de coisa melhor bem podia utilizar os suportes das sociedades intermediárias. Mas estas, excetuando-se as famílias, revelavam-se sem alma, simples rodas de engrenagens animadas de fora e em si mesmas inertes. Sem dúvida, a vitalidade social no Século das Luzes não se restringe a fatos coletivos, violentos e eventuais. Atitudes comuns emergem em pacíficas afirmações legais de comunidade, mas somente em grupos dotados de uma consciência privilegiada ou em assembleias gerais de paróquias rurais. Cada vez mais as virtualidades ativas da sociedade passam para associações definidas, ao menos simbolicamente, por um objetivo comum — sociedades de pensamento, lojas, clubes —; constituem-nas, portanto, homens que, embora talvez não se conheçam de antemão, são levados por gostos ou ideias análogas a defender causas ou atividades comuns. Tais associações são herdeiras e sob certos aspectos continuadoras da sociabilidade das confrarias, como bem mostrou Maurice Agulhon; porém, estas em geral situavam-se numa paróquia à qual pertenciam todos os seus membros e, assim, constituíam simples modalidade dos laços privados, quando não representavam comunidades profissionais ou ocupacionais. Esse terreno tradicional — o das familiaridades nascidas do hábito e das ocasiões de conhecimento e apreciação fornecidas pela proximidade — podia ser ambíguo e alimentar tanto os furores agressivos quanto as vizinhanças felizes. Foi largamente pacificado pela interdição efetiva das violências graves, ainda que o espírito de chicana se desenvolvesse: a chicana era cara demais para estar ao alcance de todas as bolsas.

VIDA DE FAMÍLIA E COMUNIDADE

Esse esvaziamento das queixas favorecia relações confiantes e afetuosas, suscetíveis de ampliar o círculo de segurança e estimular tanto a liberdade nas maneiras e nas palavras como a solidariedade e a estima? O estudo dos processos judiciários em Languedoc no século XVIII permite indicar, na banalidade dos contatos cotidianos, uma ampla tolerância a expressões vigorosas e práticas familiares que absolutamente não pecavam contra a cordialidade nos meios populares ou nas classes abastadas. Aprecia-se muito essa naturalidade no trato social e, em caso de ruptura, deve-se expor os motivos. Pode-se testar a oficiosidade, pois não há falso pudor em circunscrevê-la e cada qual sabe mais ou menos o que está autorizado a esperar do outro. Trata-se de uma medida franca e generosa da benevolência, mas a prudência vela sobre essas relações. Não se deve dizer tudo aos "estranhos", e desde cedo as crianças são advertidas sobre os perigos da indiscrição. Não convém importunar realmente nem se mostrar pobre ou incapaz, esfomeado ou sedento, quando na verdade se dispõe de recursos. Enfim, deve-se estar atento para o imprevisto, o desagradável, o alarmante, e para isso descobrir-se o menos possível, não correr o risco de ser pego desprevenido. O bom humor, a fantasia decente, a brincadeira agradável convêm a essas relações exteriores, pouco críticas em suas exigências habituais, oficiosas na justa troca de serviços. O que concerne apenas à família exige discrição absoluta: casos de dinheiro ou de bens, ambições, alianças, organização do trabalho. Porém, não devemos imaginar o grupo familiar como uma assembleia plenária em livre debate. Implicada num sistema de interdependências elementar ou complexo, a decisão a tomar não é gratuita. O pai, ou algumas vezes a mãe, quando se trata do casamento de uma filha, comunica suas intenções às partes envolvidas. Não há necessidade de um tom cominatório, o assentimento é tido como natural. Se o assunto diz respeito a um único membro da família, pede-se-lhe que guarde segredo até o momento oportuno. Trata-se de uma compra ou locação de terra? É preciso assegurar-se da mão de obra útil de um caçula que se quer reter em casa, mas não há necessidade de informá-lo sobre as condições do negócio ou o destino que será dado a esse bem. É preferível falar a respeito com a esposa ou o filho mais velho! E mais vale não dizer nada: o absolutismo provoca a contestação quando se dispõe a prestar contas. Para saber disso não é preciso ser um pater familias do direito romano. Madame de Maintenon explicava a "suas filhas" de Saint-Cyr que um patrimônio, seja qual for a liberdade legal que se tenha de dispor dele, não está entregue ao bel-prazer de seu proprietário, comprometido com deveres de administração, conservação, devolução. O absolutismo poupa o trabalho de acrescentar a tais deveres a busca de justificativa.

VIDA PRIVADA, VIDA REGRADA

O que se opõe na família à atmosfera de intimidade — na qual tardiamente se colocaram esperanças — não é o afrouxamento dos laços, o desprezo pelas crianças e pelas mulheres ou a ausência de sensibilidade. E sim a unidade de ação, a autoridade ligada aos papéis de competência, à responsabilidade concentrada no chefe de família. Aqui também o conselho de madame de Maintenon[10] a suas filhas, que esperam de um marido uma liberdade idílica, assume um tom muito duro: "Mademoiselle, tereis vosso marido para cuidar e então tereis um amo [...] talvez lhe desagradeis; talvez ele vos desagrade; é quase impossível que vossos gostos sejam idênticos; ele pode querer arruinar-vos, pode ser avaro e recusar-vos tudo; eu seria enfadonha se vos dissesse o que é o casamento" (*Conversations: sur la contrainte inévitable de tous les états*) [Conversações: sobre a limitação inevitável de todos os estados].

A constante exortação que aparece nas cartas, conselhos e conversações dessa abalizada educadora é no sentido de formar as moças para a vida doméstica, para a gestão e representação da família num meio social de escassos recursos, em que as dificuldades financeiras prescrevem a modéstia sem atentar contra o orgulho. Condições de vida pouco mundanas e que, pela raridade das relações e pela solicitude bem instruída, parecem favorecer a vida privada. Contudo, os avisos mais frequentes alertam para a ilusão dos confortos de uma intimidade livre e calorosa. As jovens devem pensar que, em relação às normas e exigências da vida comunitária que conhecem no pensionato, a vida de família representará apenas um acréscimo de deveres, impondo mais exatidão e maiores limitações. Terminou a amável despreocupação de uma juventude protegida, acarinhada, animada pela terna complacência das mestras e das companheiras. Agora é preciso penar e lutar para enfrentar as necessidades, manter a vida, poupar os recursos, sacrificar os momentos de lazer, mesmo os que se gostaria de dedicar à devoção e à caridade. O trabalho pela família será feito com intenção de prece e muitas vezes não haverá mais tempo para rezar. A tendência a ajudar os pobres deve ser dominada, pois em primeiro lugar cabe atender às necessidades da família e dos criados.

As moças atribuem à disciplina da existência coletiva todos os rigores, exigências e imperativos que devem suportar; no entanto, madame de Maintenon lhes assegura que a regra da vida familiar é a mais severa, não deixa margem ao descanso nem ao isolamento, pois os serviços que devem ser prestados ao marido, aos filhos, aos dependentes, aos criados não admitem liberdade nem atraso. É como falar de vida privada para "o sargento de batalha que vai de um lugar a outro" no auge de uma ação que é pelo menos excepcional.

Tais perspectivas só podem afligir um temperamento indolente ou voluntarioso, ao passo que a resignação, a submissão, até mesmo a sujeição são virtudes excelentes, que se coadunam muito bem com o desenrolar tranquilo ou premente do curso das coisas. Aqui, em simples instruções, estamos bem perto dessa organização das vidas privadas que permite ao Estado reconhecê-las e encorajá-las. Nada de mistério; cada qual faz em particular o que outrem gostaria de fazer em seu lugar; a transparência seria inútil e talvez indecorosa. Naturalmente, a honra assegura a interface entre privado e público: a atitude que se deve ter para com os seus reforça a capacidade de uma conduta honrosa aos olhos de todos, para nunca se perder a estima. Motivações discretas, que não convém fornecer ao público, podem estabelecer-se numa atmosfera de confiança mútua que não é conivência. O proibido e o permitido têm uma definição clara, determinada e garantida por uma moral religiosa. Salvo exigência superior explícita e determinada, a prerrogativa da solicitude familiar é admitida sem falso pudor. As boas bases das famílias constituem o suporte do Estado, e a educação concedida às alunas de Saint-Cyr demonstra que essa edificação pela vida privada é importante para o rei. Em contrapartida, o final do *Tartufo* mostra de modo mais dramático seu braço de justiça armado contra as perversões, mesmo devotas, que ameaçam a casa de um súdito fiel.

O ESPÍRITO PÚBLICO: MADAME ROLAND

No século seguinte já não parece tão satisfatória a divisão de afetos que afasta o homem privado das paixões republicanas, porém reconhece que no âmbito da intimidade estrita ele tem sobre os seus uma espécie de razão de Estado soberana. Corações e mentes procuram suportar isso em uníssono, como se a gloriosa carreira de uma dedicação livre e refletida à pátria estivesse vetada ao cidadão, como se o progresso da família perseguido como um projeto político não ocupasse de fato o campo de expansão de um grande desígnio, mas, ao contrário, reprimisse dolorosamente os impulsos naturais da afetividade íntima. Ao constatar, no final do Antigo Regime, uma deriva dos costumes em direção a uma "sociedade geral", Turgot aprova as indignações da jovem peruana[11] ante a depauperação dos sentimentos familiares. Não há mais ternura nem indulgência para com as crianças ou as mulheres que não alcançam o nível da conversação esclarecida ou mundana; elas são apartadas das sociedades onde se discutem interesses mais amplos, bem além de seus modestos horizontes. Pelo menos recebem a delicada solicitude que merecem? Cuidar da família é coisa do passado e até de mau gosto; no caso das crianças, transfere-se a responsabilidade aos criados, tidos como zelosos; os adolescentes são confiados a colégios ou conventos, cuja competência será questionada. Os jovens que chegam à vida adulta com essa bagagem mercenária estabelecem-se com maior ou menor felicidade, segundo seus dons; a sociedade tem exigências de tom e abertura capazes de desqualificar aqueles que uma educação paterna precisa, adaptada ao meio, teria transformado em "particulares" muito à vontade em sua própria casa e no círculo restrito das relações necessárias.

Como explicar essa deriva incômoda e clamorosamente desmentida pelas novas aspirações pedagógicas, como é o caso da comédia sentimental, com suas personagens "simples e naturais", e das declamações sentimentais, dos temas morais caros aos pintores? Sem querer ignorar o que teve de excepcional uma Manon Phlipon transformada em madame Roland,* é interessante observar o atrativo essencial da grande cena política e mundana sobre uma mulher dotada para a expressão da sensibilidade, obstinada em dizer e sem dúvida em crer que não saiu de seu papel conjugal.

* Jeanne Manon Phlipon (madame Roland) era casada com Jean-Marie Roland de La Platière, político francês. Versada em pintura, música e literatura, manteve um salão em Paris onde se reuniam os jacobinos de 1791. Em 1793, foi presa e condenada à guilhotina, depois de apresentar sua própria defesa perante o tribunal. (N. T.)

Se o corajoso Roland e a comovente órfã que uma mãe decidida ao sacrifício vai abandonar na tempestade não são esquecidos, é claro que a justificativa apaixonada da política girondina, o desejo de disparar um projétil mortal nos monstros da Montanha passam à frente de qualquer outra preocupação em seus escritos do cárcere. Não há nenhuma tentativa séria no sentido de salvar a própria vida e conservá-la para os entes queridos: a heroína republicana não tem sequer de lamentar a perversão do regime popular, pois esta faz parte da aventura política, do tumulto dos elementos que a alma cidadã deve superar nessa fase de assentamento. Um nostálgico retorno à felicidade individual só pode ser um retorno ao passado que precede a entrada no mundo, quando os afetos familiares e as amizades do convento enchiam o coração com o encanto da vida privada. Isso faz parte da infância, do tempo em que ainda não somos nada no conjunto, na configuração das pessoas e das coisas que nos cercam, mas em que as disposições para usá-las são muito nossas e já nos distinguem revelando-nos o prazer de nossas reações e de sua acolhida. Há uma grande distância entre esta vida atenta a suas ressonâncias e a da esposa do ministro do Interior, cujos jantares e serões ela considera públicos, pois recebe os que trabalham com o marido e estimula as conversas referentes a suas ocupações: "Seus colegas, fossem quais fossem, alguns amigos e conhecidos se reuniam em nossa casa, à mesa, uma vez por semana; ali, em conversações muito públicas, falava-se abertamente do que interessava a todos". A ambiguidade é hábil; cabe evitar o que indicaria o conciliábulo de um pequeno clã definindo suas manobras. Naturalmente, madame Roland separa com bastante clareza o campo da vida política, cuja força reconhece, e o das relações pessoais, daqueles "aos quais me ligava uma amizade independente de todas as considerações políticas". Mas logo declara que essa amizade incluía a comunhão de opiniões e sentimentos: "Confesso-o abertamente e me envaideço por essa conformidade" — não constitui isso a prova de uma dedicação total à coisa pública, já que é em sua marcha comum rumo ao bem geral que os amigos se reconhecem e se selecionam entre a multidão dos que partilham a mesma honrosa aspiração? Nem todos os que participam da gesta revolucionária são amigos, porém todos os amigos têm o mesmo objetivo de retidão republicana. Parentescos, amizades estão no coração, no centro de uma mesma causa — a do bem mais geral —, e a particularidade não passa de uma constatação de posição. Interiorizar a vontade geral com suas determinações, como fazem as pessoas de bem que nos cercam, equivale a renunciar à maior parte da autonomia do privado. A "privacidade" reduz-se a situar-se no mapa de dispersão dos homens e de seus trabalhos: encontrando-me aqui e ocupado nisto, no círculo que me é dado, instalo-me fielmente nessas posições.

PROBLEMA REAL: A VIDA PRIVADA

Enquanto a ordem antiga vivia de tensões e ameaças de rupturas de equilíbrio, arbitradas sem esforço por um soberano que tinha de paliar diferenciais mínimos, o novo ideal político reunia em feixe as vontades paralelas dos cidadãos com uma força irresistível e maciça. Se um Saint-Just faz da constância na amizade um teste decisivo da virtude republicana, é simplesmente para assegurar-se de que a falange cívica assumiu com ardor a convivência íntima. Ao analisar a estratégia monárquica de reprodução segundo Norbert Elias, Roger Chartier cita uma passagem básica de *La dynamique de l'Occident* [A dinâmica do Ocidente]:[12]

> O equilíbrio entre os diferentes grupos sociais de força social mais ou menos equivalente e a atitude ambivalente de cada um desses grupos com relação ao senhor central — atitude decorrente desse equilíbrio — certamente não são criação de um rei determinado. Não obstante, quando o jogo das interdependências e das tensões sociais dá lugar a uma situação desse tipo, é do interesse vital do senhor central mantê-la em sua instabilidade.

Sem fazer finalismo sistemático, podemos esclarecer assim a atitude encorajadora das instâncias régias com relação ao privado: não só a moderação das preponderâncias internas incita cada célula social a tomar sua medida de autonomia, como a emulação com relação aos outros lhe confere firmeza e animação. É bom que cada um tenda a perseverar em seu ser com a condição de que os seres não sejam discordantes demais, de onde o gosto da conformidade, a recusa do individualismo, o apoio à disciplina interna recomendados pela moral e pela política. Em torno das comunidades diversas e mais seguramente das famílias, o Antigo Regime, consumado em sua pacificação administrativa, deu vigor a esses organismos fechados em suas estreitas solicitudes, confiantes em sua reprodução, unindo, pelo menos simbolicamente, deveres de amor, medo e solidariedade. Isso afirma despotismos — no sentido próprio de poder doméstico absoluto — ou revolta das sensibilidades frustradas, porém não devemos nos surpreender, pois a afetividade transborda naturalmente nas famílias livres de necessidades. Elas começam a conhecer na abastança burguesa ou nobiliárquica as delícias do conforto e do lazer, os relaxamentos da autoridade às vezes brutalmente compensados pelas prescrições do celibato ou das alianças indesejadas. Decepções e ressentimentos minam a ordem das famílias, denunciam o absurdo da relação entre os sacrifícios exigidos e a mediocridade de uma causa mesquinha. Só os grandes entusiasmos cívicos, cujo elogio ressoa obsessivamente na declamação guerreira dos antigos, propõem aos indivíduos causas dignas de sua dedicação. E a juventude não tem outro modelo afetivo-educativo se atribuímos menor audiência aos atrativos de devoção de uma Contrarreforma esgotada.

Portanto, o espaço está livre para a ilusão que Benjamin Constant denunciará quando se tornar possível a reflexão sobre o resultado da Revolução, sobre sua resposta, válida ou não, às aspirações reais da opinião nos últimos tempos da monarquia. Em seu prefácio a *De la liberté chez les modernes* [Da liberdade entre os modernos],[13] Marcel Gauchet sublinhou o horror de

Constant por esse "império quase sem limites sobre a existência humana" que, de Mably a Rousseau e a Filangieri, a filosofia política do fim do século decidira atribuir a um novo poder concebido sem pecado. Poder que não induziria nenhuma corrupção e desbridaria os abscessos dolorosos das condições privadas, fechadas e egoístas no corpo social.

Segundo Mably, a lei

> deve apoderar-se de nós nos primeiros momentos de nossa vida para nos rodear de exemplos, pretextos, recompensas e castigos. Deve dirigir, aprimorar essa classe numerosa e ignorante que, não tendo o tempo do exame, é condenada a receber as verdades sob palavra e como preconceitos. Todo o tempo em que a lei nos abandona é um tempo que ela deixa às paixões para nos tentar, nos seduzir e nos subjugar.

Como o indivíduo é emancipado, a liberdade parece assegurada, mas agora garante o vínculo social tão somente a coerção de um Estado encarregado de produzir sozinho a relação social universal. Não há mais necessidade de células sociais intermediárias, e estas, fora da família, que em geral se acredita necessária à reprodução, apresentariam barreiras perigosas às luzes de uma razão organizadora. Todos os quadros de vida privada que rodeavam e prolongavam a família nas comunidades locais ou profissionais podem, pois, deixá-la a nu e reduzir na mesma medida as oportunidades de particularidade que ela conservava no cruzamento das influências e das atividades. O privado pode ser levado a esse mínimo de cuidados insubstituíveis que as fraquezas da idade, do sexo, da constituição física ou mental esperam das presenças tutelares que as relações de sangue lhes deram.

Ora, Benjamin Constant coloca a questão de maneira muito diferente. Os revolucionários desejavam que uma modificação do poder político atenuasse os problemas e as arbitrariedades que punham em risco ou tornavam precárias as liberdades usuais, porém não esperavam das reformas uma exposição total à luz implacável da lei todo-poderosa, irrecusável até na última convicção. Certamente "o arbítrio é o inimigo dos laços domésticos" e deve-se combatê-lo com o rigor das formas da justiça; por outro lado, a lei é dura não para levar os cidadãos à severa vigilância, mas para encarregar-se das sanções necessárias e respeitar nos homens "essa generosidade que os leva a lamentar e a socorrer sem pensar o fraco golpeado pelo forte". O desejo profundo e ignorado ou desprezado pelos dois regimes que a Revolução criou seguramente era o de livrar a vida privada das ameaças arbitrárias, dos abusos e excessos da autoridade, porém não o de reconduzir ao poder depurado e à vontade geral constituída a disposição inteira das comunidades e das famílias. Entretanto, por uma análise mais penetrante que as das críticas habituais da Revolução nesses anos de transição, Benjamin Constant não punha em dúvida o desenvolvimento das necessidades da vida privada numa civilização material em crescimento nem a aspiração razoável dos cidadãos de serem ajudados nas tarefas que ela implicaria: instrução, educação, higiene e assistência. O mal-estar expresso pela reivindicação liberal não se referia tão somente às usurpações do poder de Estado, mas prefigurava os desejos apenas esboçados dos amplos desenvolvimentos de uma vida privada concedida a todos.

NOTAS

1. E. de La Boétie, *Discours de la servitude volontaire*, Gayard-Fabre ed., Paris, Flammarion, 1983.

2. H. de Campion, *Mémoires*, Fumaroli ed., Paris, Mercure de France, 1967.

3. Tallemant des Réaux, *Historiettes*, G. Mongrédien ed., Paris, Garnier, 1932.

4. A. de Bonald, *Théorie du pouvoir politique et religieux*, C. Capitan ed., Paris, UGE, col. "10/18", 1965.

5. Correspondência privada de gentis-homens gascões (manuscrito).

6. R. Bonald, *Le cours de théologie morale*, Toulouse, 1651.

7. Processo criminal do Parlamento de Toulouse, não catalogado.

8. Ibid.

9. Abade Fabre, *Histoîra dé Jean l'an prés*, novela ocitana do século XVIII, retomada por Emmanuel Le Roy Ladurie, *L'argent, l'amour, la mort en pays d'Oc*, Paris, Ed. du Seuil, col. "L'univers historique", 1980.

10. Madame de Maintenon, *Sur l'éducation*, Gréard ed., Paris, Hachette, 1885.

11. *Lettres à la Péruvienne*, Bray-Landy ed., Paris, Flammarion, 1983.

12. R. Chartier, "Norbert Elias, interprète de l'histoire occidentale", *Le Débat*, 5, 1980, pp. 138-43.

13. B. Constant, *De la liberté chez les modernes*, Gauchet ed., Actuels, 1984.

AS REFORMAS: DEVOÇÕES COMUNITÁRIAS E PIEDADE PESSOAL

François Lebrun

> *O* VICE-REI: *O que pretendiam esses tristes reformadores, senão fazer a parte de Deus, reduzindo a química da salvação entre Deus e o homem a esse movimento de fé, a essa transação pessoal e clandestina num gabinete exíguo* [...]*? Pois o protestante reza sozinho, mas o católico reza na comunhão da Igreja.*
>
> (Paul Claudel, *Le soulier de satin* [O sapato de cetim], segunda jornada, cena V.)

Desde sua fundação o cristianismo parece dividido entre duas tendências aparentemente inconciliáveis. É ao mesmo tempo uma religião eminentemente pessoal, que chama cada indivíduo à conversão, à fé e à salvação ("Filha, tua fé te salvou", Mc. 5:34), e uma religião coletiva, apoiada numa Igreja ("Tu és Pedro, e sobre esta pedra edificarei minha Igreja", Mt. 16:18; "Pai, que eles sejam um como nós somos um", Jo. 17:22). No que se refere ao ato religioso por excelência, que é a prece, Cristo um dia prescreve a oração individual ("Tu, porém, quando orares, entra em teu quarto e, fechada a porta, ora em secreto a teu Pai; e teu Pai, que vê o que se faz em secreto, recompensar-te-á", Mt. 6:6), instruindo para que nos dirijamos a Deus sob a forma do Pai-Nosso; e dias depois parece preconizar a oração coletiva ("Onde dois ou três estão congregados em meu nome, ali estou eu no meio deles", Mt. 18:20). A aparente contradição está, pois, no próprio âmago do cristianismo, assim como aquelas entre contemplação e ação ou entre Igreja-instituição e Igreja-corpo místico. Mas o próprio Cristo não se definiu como um signo de contradição?

Em seu início, a história do cristianismo é a da pequena comunidade dos doze apóstolos que, na noite da Ascensão, encontram-se "no quarto de cima, onde costumavam permanecer [...]. Todos eles perseveraram unanimemente em oração" (Atos, 1:13-14). Talvez idealizadas pelo redator dos Atos, essas primeiras comunidades, ou Igrejas, dão o tom e ulteriormente servirão de referência nostálgica para todos os que lamentarão o peso invasor da instituição eclesiástica, referência ambígua, aliás, pois remete a práticas igualitárias, por certo, mas também fortemente coletivas e em absoluto individuais. A estrutura hierárquica da Igreja pouco a pouco se estabelece com os bispos, que são os chefes das Igrejas locais, detendo a primazia o de Roma, sucessor de Pedro. Contudo, a partir do século III, cristãos ávidos de perfeição total deixam o mundo e fogem para o deserto a fim de ali encontrar Deus na solidão através da prece e da mortificação. A esse monasticismo primitivo dos anacoretas logo se acrescenta o dos cenobitas, que vivem em comunidade e praticam juntos os exercícios da vida ascética. Mas não nos apressemos em opor eremitismo e cenobitismo: a vida monástica no seio de comunidades religiosas fortemente estruturadas não impedirá em muitos a eclosão de um fervor pessoal que pode chegar aos estágios místicos.

Mais amplamente percorrem toda a história do cristianismo uma dialética entre religião pessoal e religião coletiva encarnada no mundo, uma tensão constante entre essas duas vocações contraditórias. Enquanto instituição hierarquizada, a Igreja sempre desconfiou das manifestações de devoção pessoal consideradas excessivas e dos consequentes riscos de aventurismo espiritual e de iluminismo; com muita frequência parecia satisfazer-se com uma religião coletiva cujo unanimismo aparente significava, talvez, mais um cego conformismo que o envolvimento sincero e ponderado de cada fiel. É nessa perspectiva que a partir das Reformas do século XVI convém estudar o papel das Igrejas cristãs na emergência do foro íntimo e da vida privada. Em que medida Igrejas protestantes e Igreja romana favoreceram ou frearam essa emergência? É a pergunta que se coloca. Incontestavelmente elas concordam quanto a enfatizar a piedade pessoal, sendo a grande tarefa de todo cristão a salvação individual; todavia, enquanto os católicos reafirmam o valor dos sete sacramentos e reforçam o papel do clero, intermediário obrigatório e guardião da ortodoxia, os protestantes insistem na relação direta do fiel com Deus, sem com isso excluir, como veremos, o papel da família e da comunidade eclesiástica.

DO LADO CATÓLICO: AS GRANDES PRÁTICAS COLETIVAS E O INDIVÍDUO

Ante os ataques dos protestantes e na linha das posições doutrinais e das decisões do concílio, a Igreja pós-tridentina tende a revalorizar determinadas formas de devoção coletiva. De fato, estas aparecem como a expressão da realidade da Igreja universal, desde que estreitamente enquadradas pelo clero. Ao mesmo tempo, contudo, sob a influência dos grandes místicos espanhóis do século XVI e depois dos místicos da escola francesa do XVII, a ênfase recai na devoção pessoal suscetível de desabrochar nos diversos estados de união com Deus. Assim, a maioria das grandes práticas obrigatórias e das práticas facultativas de devoção são percorridas, nos séculos XVII e XVIII, por essa dupla corrente, contraditória na aparência, complementar na realidade.

A PARTICIPAÇÃO NA MISSA

O comparecimento obrigatório à missa aos domingos e dias de festa caracteriza por excelência a participação na Igreja romana. Em países situados nas fronteiras da catolicidade, os que faltam para com esse dever arriscam-se a levantar suspeitas de ter aderido à religião reformada. Cerimônia coletiva, a missa ainda permanece contudo por muito tempo como a soma de orações individuais mais que a expressão de uma grande devoção comunitária. No século XVI, e durante a maior parte do XVII, os fiéis são espectadores passivos que em muitos casos nem veem o que acontece no altar, ou porque estão numa capela lateral, ou porque um púlpito lhes barra a visão. Os autores espirituais não parecem incomodados com tal situação. Em 1635, Jean Huchon, vigário de Saint-Sauveur de Lille, escreve em seu *Flambeau des chrétiens* [Luz dos cristãos]: "Quem está presente em corpo e atenção à celebração da missa, ainda que fique distante do altar onde se celebra, se assiste à missa inteira, satisfaz a ordem; não é necessário ver o celebrante nem ouvir a voz do padre".

Os fiéis são convidados a passar seu tempo da maneira mais devota possível, rezando o terço. Em 1610, são Francisco de Sales escreve a uma de suas penitentes: "Na missa aconselho-vos a *rezar* o terço de preferência a qualquer outra oração vocal". Por seu lado, o padre Suffren assim enumera as preces recomendadas para bem ouvir a missa: "Orações vocais, terço, ladainhas, os sete salmos, as horas da Cruz, do Espírito Santo ou da Virgem". E, ainda em 1642, são João Eudes recomenda "dizer as horas ou o terço".

Só o sermão interrompe essa assistência individual e em geral passiva. As orações com que se inicia são recitadas em comum por todos os presentes, acompanhando o padre: orações pelos mortos, pelo papa, pelo rei e pelo senhor local, depois *Pater*, *Ave Maria*, *Credo*, mandamentos de Deus e da Igreja. Em seguida vem a instrução propriamente dita ("explicação familiar do evangelho do dia ou de algum ponto de moral cristã para a instrução e a edificação dos povos") e por fim as informações referentes às festas, jejuns e ofícios da semana e eventualmente os proclamas de casamento e a leitura de um mandamento episcopal. Vemos que os únicos momentos em que a participação se torna coletiva e a atenção se concentra mais são aqueles que não pertencem à missa propriamente dita.

Na segunda metade do século XVII, as coisas evoluem consideravelmente por instigação de alguns autores espirituais — em especial padres do Oratório — que concordam em considerar a missa não mais como um simples exercício de devoção individual — no começo do século Francisco de Sales se perguntava se ela era mesmo superior à oração privada —, e sim como o ato essencial do culto que exige a participação de todo o povo reunido. Em 1651, o arcebispo de Rouen, François de Harlay de Champvallon, publica *La manière de bien entendre la messe de paroisse* [Maneira de bem ouvir a missa paroquial], que nos anos subsequentes terá grande sucesso. Escreve ele em especial: "Todas as orações devem cessar quando o padre reza e ele deve oferecer o sacrifício por todos. Deveis estar atentos à prece que ele vai fazer por vós e por todos os presentes e pensar no sacrifício ali presente, oferecendo-o e oferecendo-vos pelo padre no espírito e na união da Igreja". Numerosas obras publicadas sobre este tema seguem a mesma linha. Em 1676, um cidadão de Lille, autor de um *Méthode pour tous les fidèles afin de célébrer utilement la messe avec le prêtre* [Método para todos os fiéis a fim de celebrar utilmente a missa com o padre] (autêntico título-programa), escreve: "É um erro acreditar que seja melhor recitar as horas ou o terço ou outras devoções durante a missa em vez de unir o espírito e a intenção à do padre. A Igreja nos faz também sacrificantes com o celebrante". Ainda se está longe da linguagem de Jean Huchon, quarenta anos antes. Já o autor do prefácio do *Missel de Paris, latin et français* [Missal de Paris, latim e francês], publicado em 1701, expressa-se nos seguintes termos: "Conquanto não condenemos aqueles que durante o divino sacrifício se dedicam a orações mentais ou orais que sua devoção lhes possa inspirar, não obstante estaremos sempre convencidos de que a melhor maneira de ouvir missa é unir-se ao padre, de forma que se entre no espírito das palavras por ele proferidas".

Essas recomendações concordantes desembocam concretamente em determinado número de medidas que tendem a fazer os assistentes participarem em grupo e de fato do sacrifício celebrado pelo padre. É o caso dos trabalhos empreendidos no final do século em numerosas igrejas, sobretudo urbanas, que visavam destruir os últimos púlpitos e remanejar os coros. Evidentemente esses trabalhos correspondem a um gosto de ordem, despojamento, claridade que podemos qualificar como clássico, porém correspondem sobretudo ao desejo de tornar o culto mais vivo e mais comunitário, aproximar o altar, teatro do sacrifício da missa, da assembleia dos fiéis, suprimir a barreira do púlpito, agora considerada intolerável. Imitando São Pedro de Roma, as igrejas tornam-se "à romana". Em 1698-1700, os cônegos da catedral Saint-Maurice, em Angers, dão o exemplo: o velho púlpito é eliminado, o grande altar da abside é demolido e reconstruído no cruzamento do transepto. Isso ocorre também em cinco outras igrejas da cidade entre 1706 e 1722. Ainda que haja preocupações artísticas por parte de seus promotores (cônegos, vigários, religiosos), esses trabalhos correspondem em essência à preocupação pastoral de aproximar fisicamente os fiéis do celebrante.

A publicação de missais com o texto litúrgico em latim e ao lado a tradução francesa constitui outro meio de facilitar a participação dos fiéis, que são convidados a possuir um exemplar e utilizá-lo na igreja. Assim, permitindo a cada assistente que se una ao celebrante através da recitação das mesmas preces que ele pronuncia no altar, o missal, obra pessoal de devoção, paradoxalmente se torna o meio privilegiado de uma comunhão dos fiéis no santo sacrifício — comunhão mística, é óbvio, muito distante de uma prática comunitária, pois não se trata de uma recitação coletiva em voz alta, e sim da soma de recitações individuais em voz baixa. Aliás, a difusão desses *Ordinaires de la messe en français* [Ordinários da missa em francês] é estimulada, no final do século XVII, pelo desejo de utilizá-los na conversão dos protestantes. Para tanto, em 1679, Pellisson manda imprimir e distribuir no reino um *Missel latin-français* [Missal latim-francês] em cinco volumes; e em 1685, ano da Revogação, por ordem de Luís XIV o arcebispo de Paris manda imprimir 100 mil exemplares das *Heures catholiques* [Horas católicas], precedidas do ordinário da missa em francês. É verdade que ardentes oposições se levantam contra essas traduções, taxadas de jansenistas. Os detratores temem ou fingem temer que os fiéis se acreditem "padres no mesmo sentido do padre". A luta se acirra após a publicação da bula *Unigenitus* (1713), sem contudo impedir a publicação de novos missais que, ao lado do texto latino do ordinário da missa, contêm um texto francês que constitui ou uma tradução literal ou uma paráfrase. Surgem assim também diversos *Exercices pour la sainte messe* [Exercícios para a santa missa], que consistem numa sequência de preces ou de meditações a serem feitas nos diversos momentos do culto. O objetivo, segundo um autor, é "entrar no sentido de tudo que o padre diz sem seguir exatamente suas palavras".

Resta avaliar a difusão e o papel exato desses missais. Primeiro, convém salientar que resvalavam na barreira do analfabetismo. Lembremos que, em 1686-90, 71% dos noivos e 86% das noivas não assinam seu contrato de casamento, com diferenças regionais que permitem opor, de um lado e outro de uma linha Saint-Malo-Genebra, uma França do Oeste e do Sul, relativamente subalfabetizada, a uma França do Norte e do Nordeste, globalmente mais instruída. Todavia, a proporção dos homens e sobretudo das mulheres que sabem ler com certeza é superior a esses números. De qualquer modo, uma maioria de fiéis, principalmente no campo, não pode interessar-se por um missal ou livro de exercícios que não conseguiria ler. Mesmo entre a minoria letrada, mais importante na cidade que no campo, apenas um pequeno número, sem dúvida, possui e utiliza tal livro. Por isso é que alguns vigários de tendências jansenistas preconizam a leitura em voz alta, realizada pelo celebrante, da totalidade das orações da missa, inclusive o cânon. O verdadeiro problema não é esse, pois, como observa Henri Bremond, "de que adianta os fiéis ouvirem todas as preces do cânon ditas numa língua que não conhecem?". Quanto a rezar a missa em francês, ninguém sequer cogita nessa época, nem mesmo os jansenistas mais declarados. Quando muito alguns reclamam a leitura do evangelho em língua vulgar após a recitação em latim.

De fato, exceto a utilização do missal particular — que continua excepcional, a não ser, sem dúvida, em algumas grandes paróquias urbanas ou nas capelas de comunidades religiosas abertas aos fiéis —, fracassam todas as tentativas de fazer com que os assistentes participem estreitamente das preces litúrgicas pronunciadas no altar pelo celebrante. Os padres mais lúcidos, notadamente no campo, só podem assumir o ponto de vista desse vigário-prior de Roissy-en-France em 1687: "Não é necessário que cada particular que assiste ao serviço ouça palavra por palavra do que é dito. E a devoção com a qual se unirão num espírito de caridade e comunhão aos desejos e deveres da Igreja lhes bastará para participar das graças e dos frutos que Deus ali distribui".

A situação pouco se altera no século seguinte. Por muito tempo ainda, os vigários limitam-se a velar pela presença obrigatória de suas ovelhas na missa dominical (nas paróquias da diocese de Estrasburgo, um sacristão percorre as casas na hora da missa a fim de certificar-se de que ali não se encontra mais de uma pessoa considerada indispensável para garantir a guarda). Porém, suas exigências no tocante ao desenrolar do ofício não vão além de uma atitude decente, de um mínimo de recolhimento e da participação eventual nos cânticos entoados em coro, aqui em francês, ali em alemão, bretão ou occitano. Enquanto o padre celebra no altar o santo sacrifício, os mais devotos continuam, como no passado, a fazer suas orações individualmente, sobretudo a rezar o terço. Segundo Henri-Jean Martin, o que ocorreu na segunda metade do século XVII foi uma "verdadeira revolução no campo da prática religiosa; assistir à missa deixou de ser uma devoção entre muitas outras e a participação dos assistentes no divino sacrifício passou doravante a ocupar o centro de toda a vida espiritual". Por certo, este é o objetivo dos autores religiosos na linha da escola francesa de espiritualidade. É muito menos seguro que tal objetivo tenha sido maciçamente alcançado e a comunhão dos fiéis com o celebrante tenha preponderado sobre a prática da oração individual ou mesmo da assistência passiva.

Se a participação nas vésperas, no domingo à tarde, não é obrigatória, a maioria dos paroquianos parecem impor-se tal obrigação no século XVIII, pressionados pelo clero. Contudo, mais ainda que de manhã, deve-se falar de assistência passiva: só os devotos recitam alguma oração, enquanto no coro o clero entoa os salmos em latim. A missa paroquial e acessoriamente as vésperas não englobam apenas os 52 domingos do ano, mas também as festas ditas obrigatórias. O número de tais festas, variável segundo as dioceses, é reduzido em diferentes ocasiões, entre 1650 e 1780, pela maioria dos bispos preocupados com a sorte dos assalariados mais modestos, para os quais os dias de festa são dias sem trabalho, portanto sem salário, e sobretudo assombrados com a "profanação" desses dias que, em vez de serem dedicados ao descanso e à oração, o mais das vezes são consagrados aos prazeres e aos divertimentos. De quarenta a sessenta, segundo as dioceses, por volta de 1650, as festas obrigatórias não passam de trinta às vésperas da Revolução, o que perfaz um total de mais de oitenta domingos e festas.

CONFISSÃO INDIVIDUAL E COMUNHÃO FREQUENTE

Outra obrigação essencial do católico reside na confissão e na comunhão ao menos uma vez por ano, na época da Páscoa. No começo do século XVII ainda se usa, aqui e ali, a prática da confissão comunitária e da absolvição geral, que nos séculos XV e XVI era comum em muitas dioceses do Norte da França (parece desconhecida nas dioceses de *langue d'oc* que se amoldam aos costumes romanos). Essa confissão comunitária realiza-se no final da Quaresma e inclui-se no conjunto das celebrações pascais. Conforme a diocese, ocorre ou na quinta-feira santa, ou — o que é mais comum — no domingo de Páscoa. Situada após o ofertório, a cerimônia começa com a recitação, em voz alta, da primeira parte do *Confiteor* em língua vulgar e a convite do celebrante: "Todos e todas dirão depois de mim". Em seguida vem a acusação detalhada dos pecados de acordo com listas variáveis de uma diocese a outra e sem dúvida adaptadas pelos vigários em função de seu conhecimento dos paroquianos e dos pecados mais comuns. A confissão prossegue com a recitação da segunda parte do *Confiteor*: confissão de culpa, firme propósito de não reincidir, pedido de intercessão e absolvição. Por fim, o celebrante pronuncia a absolvição coletiva de acordo com fórmulas variáveis. Então a comunidade reconciliada pode aproximar-se da santa mesa: confissão geral e comunhão pascal estão intimamente ligadas.

Essa prática coletiva tem, contudo, seus limites. Por certo absolve os pecados veniais e esquecidos, porém não tem valor sacramental, pois a essência do sacramento da penitência é a confissão individual. Os pecados mortais só podem ser eliminados através da confissão auricular ao padre, da absolvição pronunciada por este (*Ego te absolvo*) e da penitência privada. Um manual diocesano do século XV diz claramente: "Mas ninguém deve fiar-se nem crer que ela lhe valha para a absolvição de algum pecado mortal de que tenha lembrança se não o confessou secretamente e não se arrependeu". Apesar de tais advertências, repetidas toda vez, existe o risco de ambiguidade, e a prática da confissão comunitária acabou por desaparecer pouco a pouco no começo do século XVII. Vários fatores contribuíram para esse desaparecimento: as interrogações dos protestantes, os progressos da liturgia romana em detrimento dos costumes do Norte da França, por fim os progressos e depois o triunfo do exame e da direção de consciência.

Todos os catecismos do século XVII enfatizam que o exame de consciência — ou seja, "a pesquisa diligente dos pecados cometidos" — constitui "a primeira disposição necessária para bem receber o sacramento da penitência". O *Catéchisme d'Agen* [Catecismo de Agen, 1677] insiste no procedimento pessoal, no recolhimento interior que deve constituir o exame de consciência: "PERGUNTA: O que fazer para bem examinar a própria consciência? RESPOSTA: Primeiro é preciso recolher-se na intimidade; segundo, ajoelhar-se e pedir a Deus a luz necessária para conhecer todos os seus pecados". E mais adiante: "PERGUNTA: Que diligência se deve ter nesse exame? RESPOSTA: A mesma que teríamos num assunto de grande importância, sendo nossa salvação o maior de todos os nossos assuntos".

Entre uma minoria de devotos a prática regular do exame de consciência e da confissão desemboca na direção de consciência, ou "cura da alma". No começo do século, homens e mais ainda mulheres adquirem o hábito não só de confessar-se mensalmente, até semanalmente, como de escolher um confessor habitual com o qual fazem o balanço de seus progressos ou fracassos na busca da perfeição; o confessor prodigaliza conselhos, advertências, encorajamentos. A maioria desses diretores espirituais é de religiosos — jesuítas, oratorianos, dominicanos ou outros. Em seus *Devis familiers entre un pénitent et son père spirituel* [Palestras familiares entre um penitente e seu pai espiritual, 1627], o jesuíta Antoine de Balinghem enaltece esses "religiosos que gozam de grande popularidade no sagrado ministério de ouvir a confissão e são muito renomados graças a sua grande destreza em acalmar as consciências agitadas e atormentadas". O papel desempenhado pelo clero regular na direção das consciências atém-se a várias razões. Enquanto a confissão pascal deve ser feita obrigatoriamente, salvo impedimento maior, ao vigário da paróquia, as outras confissões podem ser feitas a qualquer padre, escolhido à vontade, desde que seja autorizado pelo bispo local. Ademais, os religiosos dispõem de um tempo livre que o clero paroquiano não tem. Por fim, a moda interfere, e a reputação de algumas ordens (como a dos jesuítas) ou de determinados padres assegura-lhes o sucesso, pelo menos junto aos falsos devotos de que zomba La Bruyère na edição de 1694 de seus *Caractères*:

> Ter um diretor [espiritual] mais ouvido que o Evangelho, tirar toda a santidade e todo o destaque da reputação do diretor, desprezar aqueles cujo diretor goza de menor popularidade e mal admitir sua salvação, amar apenas a palavra de Deus transmitida pelo diretor, preferir sua missa às outras missas e os sacramentos ministrados por sua mãos aos que têm menos dessa circunstância.

Salvo os inevitáveis abusos aos quais dá lugar a direção de consciência — laxismo, falsa devoção —, sua prática e seu desenvolvimento no século XVII constituem uma etapa fundamental no progresso de uma piedade pessoal e interiorizada que não se limita às pessoas consagradas a Deus, mas envolve também alguns leigos ávidos de perfeição.

Entretanto, para a massa dos fiéis, sobretudo nas paróquias rurais, a confissão individual, necessária pelo menos uma vez por ano, é de todas a menos aceita das práticas obrigatórias. Muitos fiéis detestam confessar suas faltas a um padre, e à vergonha da confissão acrescenta-se o medo que alguns têm de que o padre não respeite o sigilo. A desalentada descrição da prática da confissão apresentada por volta de 1700 por Christophe Sauvageon, vigário-prior da paróquia de Sennely, na Sologne, sem dúvida é válida para outras regiões:

> Nessa paróquia há um deplorável costume inveterado de apresentar-se à confissão sem nenhum preparativo. A pessoa se aproxima sem ter feito nenhum exame de consciência; lança-se, precipita-se no confessionário, quase se bate para ser dos primeiros a entrar, e, quando está aos pés do padre, só faz o sinal da cruz se é advertida, quase nunca se lembra da ocasião em que se confessou pela última vez, em geral não cumpriu a última penitência, não fez nada, não se acusa de nada, ri, fala de sua miséria e de sua pobreza, desculpa-se, defende sua causa quando o padre censura algum pecado que presenciou, culpa o próximo, acusa todo mundo e se justifica; em suma, faz tudo no confessionário, menos o que deve fazer, que é declarar todos os seus pecados com dor e sinceridade; ali defende o mal como bem, esconde as próprias faltas, relata baixinho e entredentes os grandes pecados com medo de que o padre escute, quer dizer, procura enganar-se a si mesma querendo enganá-lo; e com certeza há pouquíssimas confissões boas, sobretudo por parte daqueles cuja vida não é cristã nem regular.

A atitude da maioria dos confessores certamente contribui para alimentar essa aversão. Sob a influência das *Instructions aux confesseurs* [Instruções aos confessores], de Carlos Borromeu, obra muito difundida na França e que se tornou um verdadeiro "manual oficial do clero francês", a confissão torna-se um dos meios privilegiados de aculturação religiosa. No sigilo do confessionário (essa peça de mobiliário difunde-se no decorrer do século XVI), a sós com o penitente, o padre formula perguntas precisas para obrigá-lo a examinar sua consciência, se já não a examinou, lembra-lhe a extensão de suas faltas e os castigos que merece e impõe-lhe uma penitência adequada antes de pronunciar a fórmula de absolvição. Em tais circunstâncias, a confissão anual é vista em geral como uma obrigação penosa da qual os fiéis procuram desincumbir-se da melhor maneira.

Tornam-se necessárias circunstâncias excepcionais para que a confissão seja vivida sem trapaças e conduza à conversão pessoal. É o caso das grandes missões cuja finalidade, como veremos, é a confissão de todos os habitantes ao fim de três, quatro ou cinco semanas de prédicas intensivas. Cada um, tocado pela graça, deve fazer uma "confissão geral de toda a vida pregressa". A outra circunstância excepcional reside na última confissão, feita no leito de morte. Na medida do possível trata-se de uma confissão geral, como recomenda um *Directoire pour les malades et les mourants* [Diretório para os enfermos e moribundos], publicado em 1706 e destinado ao clero: "Na hora da morte, seguindo o conselho de são Francisco de Sales, deve-se fazer uma confissão geral, percorrendo, pelo menos de modo sumário, os diferentes estágios em que o enfermo se encontrou ao longo da vida". Para isso o quarto se esvaziou de todos os assistentes, deixando num último cara a cara o padre e seu penitente.

Ainda que não seja precedida da cerimônia pública da confissão geral, a comunhão pascal continua sendo um dos grandes momentos do ano litúrgico, aquele em que melhor se expressa a unidade de toda a paróquia em comunhão com o Cristo ressuscitado. Como escreve com algum lirismo Christophe Sauvageon: "A Páscoa é a grande festa dos vigários, na qual comem o Cordeiro com os discípulos". Raras são as contravenções a essa obrigação essencial: sua eventual teimosia em abster-se acarretará sua denúncia do alto da cátedra como pecadores públicos e, se persistirem até a impenitência final, sua inumação sem cerimônia fora da terra consagrada do cemitério. Todavia, para fiéis cada vez mais numerosos, a "frequência à santa mesa" não se reduz apenas à comunhão pascal. Graças a confissões frequentes colocam-se em situações que lhes permitem aproximar-se muitas vezes da eucaristia. Com efeito, desde o Concílio de Trento difundiu-se entre as pessoas piedosas o costume de comungar mensalmente, chegando algumas a comungar todos os domingos ou até todos os dias. A comunhão frequente numa missa de paróquia ou de comunidade religiosa e a confissão da qual é condição quase necessária tendem assim a tornar-se as manifestações por excelência da devoção pessoal. Os próprios jansenistas as recomendam, não importa o que seus adversários tenham dito. Embora taxado de jansenista, o *Catéchisme de Nantes* [Catecismo de Nantes, 1689] é bem explícito quanto a isso:

> PERGUNTA: Um cristão deve limitar-se a uma confissão por ano e à comunhão na festa da Páscoa? RESPOSTA: Não. A devoção deve levá-lo a procurar esses dois sacramentos com muito mais frequência, por exemplo, em todas as festas de Nosso Senhor, da Santa Virgem, uma vez por mês ou até todos os domingos, levando uma vida mais santa e mais cristã à medida que se aproxima com maior frequência dos santos mistérios.

OS SACRAMENTOS: O RITO E O ÍNTIMO

À margem do ano litúrgico, os atos religiosos que marcam as grandes etapas da vida de cada um têm um duplo significado que nos permite falar em ritos de passagem, conquanto se situem no plano religioso: cada um dos sacramentos envolvidos — batismo, eucaristia, casamento, últimos sacramentos — considera o indivíduo em suas relações pessoais com Deus, porém as cerimônias que o acompanham traduzem sua participação na comunidade paroquial e na comunidade invisível da Igreja universal. Assim é lembrado de que o grande objetivo de cada cristão é sua própria salvação ("Pois que aproveitará ao homem ganhar o mundo inteiro, mas perder sua alma?", Mc. 8:36), que não pode ser obtida fora da comunhão dos santos.

Celebrado no mesmo dia do nascimento ou no dia seguinte, o batismo assinala o ingresso do recém-nascido na vida cristã. De fato, é o sacramento que, eliminando o pecado original, faz dele um cristão. Se morrer nos dias ou nas semanas seguintes — o que é bastante frequente —, certamente gozará da beatitude eterna. A imposição do prenome pelo padrinho e pela madrinha coloca a criança sob a proteção de um santo do céu, modelo a imitar e intercessor, e ao mesmo tempo a insere na comunidade familial. Por fim, padrinho e madrinha comprometem-se a responder pelo afilhado: "Vós vos tornastes suas cauções com relação à Igreja; cabe-vos empreender todos os vossos esforços para que ele cumpra fielmente o que prometeu por vossa boca; cabe-vos lembrar-lhe suas grandes obrigações, pressioná-lo a cumpri-las tão logo chegue à idade de vos compreender e de elevar seu coração a Deus". Se em geral a cerimônia inclui apenas algumas pessoas da família — o pai, o padrinho e a madrinha, eventualmente os irmãos —, o toque dos sinos tem como finalidade fazer a paróquia inteira participar do evento.

Depois de estudar o catecismo, a criança é levada a comungar pela primeira vez, aos doze, treze ou catorze anos, conforme a diocese. Nos séculos XVI e XVII ainda não existe nenhuma cerimônia particular: no dia de Páscoa cada criança comunga ao lado dos pais. É no fim do século XVII e na primeira metade do XVIII que se institui uma cerimônia coletiva e solene, em geral na segunda ou na terça de Páscoa ou num dos domingos seguintes: especialmente bem vestidas, um círio aceso na mão, meninos de um lado, meninas de outro, as crianças comungam juntas na presença de toda a assembleia paroquial. Em alguns lugares os primeiros comungantes entregam-se em seguida à "santa prática da renovação das promessas feitas no batismo". Todavia, se no fim do Antigo Regime a primeira comunhão solene já faz parte dos costumes, constituindo um verdadeiro rito de passagem, ainda não tem a importância que assumirá no século XIX.

O matrimônio é o primeiro sacramento que os noivos se ministram mutuamente na presença de um padre que os abençoa, mas é também o compromisso por parte dos recém-casados de nada fazer para afastar a união de sua finalidade primeira — a procriação —, a fim de pôr no mundo e criar batizados e filhos de Deus. Ainda que queiram, seu gesto não pode se reduzir à união de dois destinos individuais. O *Catéchisme de Nantes* é bem claro: "É preciso ver no casamento, sob a figura da aliança do homem e da mulher, o que há de maior na religião, ou seja, a união de Jesus Cristo com sua Igreja [...]. A graça do sacramento do matrimônio é a fecundidade, porém a fecundidade que dá filhos a Deus; a bênção do casamento não é ter filhos que nascem apenas para o mundo". O evento interessa a toda a comunidade paroquial, e boa parte dela participa da cerimônia.

Os últimos sacramentos também apresentam esse duplo significado de gesto individual inserindo-se num contexto coletivo. A administração dos sacramentos de penitência, eucaristia e extrema-unção visa ajudar o moribundo a ter uma boa morte. Assim como a obrigatoriedade da confissão anual parece ter desagradado a muitos cristãos, a presença do padre junto ao leito de morte é vista como uma graça e uma necessidade, e sua ausência, como o pior dos infortúnios. Aliás, os padres têm consciência de sua responsabilidade nesse campo. Em 1653, Henri Arnauld, bispo de Angers, dirige-se nos seguintes termos a seu clero: "O que um vigário responderá a Deus no dia do Juízo, o que responderá a uma alma que, estando perdida pela eternidade o mais das vezes porque não foi assistida no fim da vida, pede a Deus, no meio das chamas eternas, justiça para quem tão desgraçadamente a abandonou?". De todas as obrigações impostas aos católicos, a dos últimos sacramentos e a do batismo nas horas seguintes ao nascimento são as únicas que o clero dos séculos XVII e XVIII não precisa lembrar constantemente. Nos dois casos a obrigação é vivida como uma necessidade, sendo o objetivo aliás o mesmo: a salvação eterna. Contudo, assim como o ingresso na vida, a morte em geral se insere num cerimonial que traduz bem a ideia de que ninguém pode esperar obter a salvação sozinho. Exceto no momento da derradeira confissão, a presença dos membros da família, dos "confrades", se o moribundo pertence a uma confraria, e do padre no quarto do enfermo é uma presença ativa. Os assistentes rezam com fervor para que o moribundo se saia vitorioso nos últimos embates com o demônio, lamente as falhas passadas, faça o sacrifício de sua vida e obtenha a misericórdia do Juiz Soberano: esse é o significado das orações dos agonizantes ditas em voz alta.

Quanto à inumação, esta é objeto de uma pompa cuja importância varia conforme a posição social do morto: cortejo desde a casa do defunto até a igreja, cerimônia religiosa, sepultura na igreja ou no cemitério. Nas classes populares, tudo é bastante simples: só a família e alguns amigos acompanham o esquife carregado por homens. Ao contrário, nas classes abastadas e, com maior razão, entre os privilegiados pelo berço ou pela fortuna, a pompa fúnebre chega a ser deslumbrante. Um clero numeroso — padres da paróquia e comunidades religiosas — precede o corpo, conduzido num carro puxado por cavalos ajaezados; depois vêm os pobres do asilo, vestidos de negro e com o círio na mão, a família e os amigos, os membros da confraria e do organismo ou comunidades a que o falecido pertencia. Na igreja coberta de negro, a liturgia dos mortos desenvolve-se em torno do esquife rodeado de círios ardentes. Naturalmente, há vários níveis nessas pompas fúnebres, e nem todas ostentam a mesma profusão barroca, porém em todos os casos — mesmo nas inumações mais modestas — a partida do morto para sua última morada é concebida como um espetáculo no qual todos os membros da comunidade paroquial são convidados a participar mais ou menos diretamente, como atores ou como espectadores.

Paralelamente às práticas obrigatórias existe determinado número de práticas de devoção essencialmente facultativas e gratuitas. Algumas, como as confrarias e as peregrinações, são coletivas. As confrarias — criadas ou recriadas no século XVII, em geral por iniciativa do clero e em todo caso sob seu controle — pretendem ser em primeiro lugar associações de devoção. Como dizem em 1653 os estatutos da confraria do Santo Sacramento da paróquia de Coësmes, na diocese de Rennes: "Infeliz de quem é sozinho, pois, se cair, ninguém estará lá para levantá-lo: mais vale ser dois que um, pois tira-se proveito da sociedade e da companhia". Mais adiante, os mesmos estatutos fazem uma verdadeira apologia da noção de confraternidade: "A confraria nos une de tal modo que nossos afetos, que sem ela seriam frouxos, são por ela congregados e reunidos nos laços da dileção fraterna, que porém deve ser mais forte que a dos irmãos naturais, pois ela tem um motivo mais excelente e mais sólido que a natureza, isto é, Jesus Cristo no adorável sacramento da eucaristia".

Os títulos das confrarias são variados. Há as confrarias dos Agonizantes, difundidas por toda parte e cujo objetivo primeiro, como o nome indica, é ajudar os confrades na agonia. A elas se assemelham as confrarias de Caridade existentes em quase todas as paróquias da Normandia e cujos membros, os *chantons*, ocupam-se dos doentes e dos defuntos e encarregam-se das pompas fúnebres. Há as confrarias das Almas do purgatório, muito numerosas na Provença; as de são José, patrono da boa morte; as do Sagrado Coração de Jesus, que se multiplicam entre 1720 e 1760; as deste ou daquele santo, conforme a diocese. No Midi, há as confrarias de Penitentes que a partir das cidades se disseminaram pelo campo. Constituem uma manifestação espetacular e antiga, bem característica do catolicismo provençal e de Languedoc, e várias vezes suscitam a desconfiança do episcopado. O enterro de um confrade e a procissão da Paixão são as duas grandes ocasiões que propiciam a reunião pública dos penitentes vestidos de manto e capuz. Porém, as confrarias mais difundidas são as do Santo Sacramento e do Rosário. As confrarias do Santo Sacramento não param de se multiplicar em todas as dioceses ao longo do século XVII e no começo do XVIII: na diocese de Aix, um terço das paróquias tem uma em 1720. Sua finalidade particular é favorecer entre os membros a devoção à eucaristia, em especial pela prática da adoração do Santíssimo.

As confrarias do Rosário, criadas por instigação dos dominicanos, enfatizam o culto mariano e a recitação do terço.

Seja qual for o título que induz a determinadas devoções particulares, as confrarias têm em comum o fato de serem verdadeiras sociedades de ajuda mútua — espiritual acima de tudo, mas eventualmente material também. Se ignoramos os voos nos preâmbulos de seus estatutos e examinamos bem os direitos e deveres dos confrades e, quando possível, a verdadeira atividade de determinadas confrarias, verificamos que todas elas, e não só as dos Agonizantes, visam a assegurar uma boa morte para cada um de seus membros. Para tanto, impõem-lhes diferentes exercícios. Uns são coletivos, como seria de se esperar, por exemplo a participação comum nas missas, procissões ou adorações do Santíssimo em determinados dias do ano. A maioria dos outros, porém, curiosamente é de exercícios individuais que dão lugar a indulgências tabeladas. A bula concedida em 1733 à confraria do Rosário, sediada no convento dos dominicanos de Bonne-Nouvelle, em Rennes, estipula:

> Cem dias de indulgência sempre que fizerem oração mental durante um quarto de hora; e a quem se dedicar à oração mental por dois quartos de hora seguidos, sete anos da mesma indulgência; e aos que se dedicarem à mesma devoção dois quartos de hora seguidos ou pelo menos um quarto de hora por dia durante um mês inteiro concederemos uma vez por mês indulgência plenária e remissão de todos os seus pecados.

Igualmente algumas bulas de indulgência entregues aos confrades à guisa de certificado ou carta de adesão insistem no que constitui a maior preocupação de todo cristão: "Considerando a fragilidade de nossa natureza mortal e a severidade do Juízo Final, desejamos no que está em nós que os fiéis previnam esse juízo derradeiro através de boas obras e preces devotas, a fim de que por esse meio, eliminando-se a mácula de seus pecados, possam alcançar facilmente a felicidade eterna". É certo que os confrades se assistem mutuamente no leito de morte, incumbem-se dos serviços fúnebres e do sepultamento, rezam com regularidade e com prioridade pelo descanso da alma dos confrades falecidos. Porém, no final das contas, o procedimento calculado que leva um homem ou uma mulher a inscrever-se, mediante dinheiro, em determinada confraria bem provida de indulgências parece menos a expressão do amor desinteressado a Deus e ao próximo que a busca da salvação individual.

Podemos chegar à mesma constatação no tocante às peregrinações. Se nem todos os cristãos são filiados a uma confraria, ainda que estas estejam presentes na grande maioria das paróquias, todos ou quase todos participaram de uma peregrinação uma ou várias vezes na vida. Esta prática de devoção, antiquíssima, continuou sendo muito popular. Naturalmente, as peregrinações a locais distantes são menos concorridas que na Idade Média e no século XVI: a viagem a Jerusalém ou a Roma tende a tornar-se privilégio dos ricos, embora Compostela continue a receber penitentes de todas as condições sociais. No entanto, as que se realizam no interior do reino desfrutam de incessante popularidade. É o caso das grandes peregrinações nacionais a Mont-Saint-Michel, Saint-Martin de Tours, Sainte-Baume e aos principais centros marianos: Chartres, Puy, Rocamadour. Porém, é mais ainda o caso de numerosas peregrinações regionais ou locais à Virgem ou a um santo. São lugares de culto ou muito antigos, ou bem recentes. A título de exemplo, podemos citar duas peregrinações da diocese de Saint-Malo, muito próximas uma da outra. A primeira, de são Méen, remonta ao século VII: companheiro de são Sansão, são Méen fundou a abadia que depois tomou seu nome. A segunda, a de Nossa Senhora de Plancoët, data de outubro de 1644, quando dois habitantes da aldeia encontraram numa fonte uma "imagem de Nossa Senhora". Logo os peregrinos afluem e ocorrem os primeiros milagres. É por isso que em dezembro de 1644 o bispo de Saint-Malo envia para lá seu vigário-geral e seu promotor a fim de colher informações e depoimentos. Concluída a investigação, o bispo autoriza a peregrinação, da qual se encarregam os oratorianos e depois, em 1647, os dominicanos. Encontramos aí o esquema clássico de uma "invenção" (no sentido latino) que na primeira metade do século XVII se repetirá muitas vezes na França: um pastor ou camponês encontra uma estátua numa árvore ou junto a uma fonte; os primeiros peregrinos acorrem e têm lugar as primeiras manifestações miraculosas; as autoridades eclesiásticas mostram-se reticentes e após uma investigação cedem ao entusiasmo popular.

A maioria dos santos assim venerados é de santos terapeutas. Os devotos os invocam não só para a cura dos homens, como ainda para a conservação dos animais e a proteção das colheitas. Cada santo tem sua especialidade bem definida. A alguns notadamente se atribui o poder de provocar determinada doença que, sendo em geral designada ou sugerida por seu nome, só ele pode curar. Por exemplo, a sarna, que ataca sobretudo as mãos, é chamada de mal de são Méen "por causa", escreve em 1725 o erudito d. Lobineau, "da relação entre mão [*main*] e Méen, como as relações entre Eutrope e hidrope ou hidropsia e entre Luís [Louis] e ouvido [*l'ouïe*]". Quanto à Virgem, considerada a mais poderosa das mediadoras, pode-se invocá-la contra toda espécie de doença e em quaisquer circunstâncias. Cada província, cada "país" tem seus próprios locais de culto à Virgem e aos grandes santos protetores e terapeutas.

A peregrinação tem normas precisas que convém observar escrupulosamente caso se queira alcançar a graça desejada. O doente, ou quem o substitui se ele não pode ser deslocado, deve ir até o local consagrado — o altar de uma igreja paroquial ou uma capela isolada nas cercanias de uma fonte. Ali faz as orações rituais, depois beija a estátua ou o relicário do santo, ou banha-se na fonte; se pede por outrem, molha na água um pedaço de tecido que na volta colocará sobre o enfermo. Prática de devoção pessoal ou comunitária? A peregrinação pode ser as duas coisas. O peregrino pode empreender sua "viagem" individualmente, em qualquer época do ano, tanto para pedir uma graça imediata como para cumprir uma promessa e agradecer por ter sido atendido. Em ambos os casos trata-se de um gesto pessoal que testemunha profunda confiança na intercessão do santo ao qual se vai pedir ou agradecer. Os grandes santuários são assim frequentados por numerosos peregrinos, que muitas vezes caminharam sozinhos por longos dias ou longas semanas até chegar a bom porto. Antes de partir, munem-se de um certificado do vigário local, passaporte indispensável sobretudo para serem acolhidos nos albergues ao longo do caminho. Se o viajante é uma mulher ou uma criança, faz-se acompanhar de um ou vários membros de sua família. Por fim, ocorre que peregrinos solitários se encontram no caminho ou no albergue e decidem percorrer juntos as últimas etapas; porém, tais grupos de duas, três ou quatro pessoas constituem apenas a soma de peregrinos individuais. Em 1650, cerca de 2500 peregrinos de são Méen, residentes na França, procuram o albergue Saint-Yves de Rennes antes do último dia da caminhada que os conduzirá ao túmulo do santo; dentre eles, 40% viajam sozinhos (são quase todos homens jovens, entre vinte e trinta anos), 50% são acompanhados de um membro da família, 10% constituem grupos fortuitos.

Mas a peregrinação também pode ser uma grande manifestação de fervor coletivo quando, no dia da festa do santo, é organizada por paróquias inteiras sob a direção de seu vigário. Tais ajuntamentos constituem ao mesmo tempo grandes festas populares, nas quais, à noite, os participantes bebem, jogam e dançam. Em tais condições compreendemos o apego das populações a determinada devoção que, ao lado da religião da prática e do cotidiano no âmbito institucional da paróquia, constitui uma evasão para outro tipo de religião, a do extraordinário e do irracional, numa comunhão popular em que se confundem citadinos e rurais, ricos e pobres, homens e mulheres. No entanto, compreendemos também a desconfiança dos homens da Igreja que se esforçam para disciplinar a peregrinação e suprimir os "abusos": crença mágica nos poderes taumatúrgicos do santo, afã em proclamar o milagre, derivação da festa religiosa para diversões profanas, repreensíveis por si mesmas, escandalosas em tal dia.

AS MISSÕES E AS OBRAS DE CARIDADE

As missões também são grandes manifestações coletivas cujo objetivo é "renovar nos cristãos o espírito do cristianismo", como diz Louis-Marie Grignion de Montfort por volta de 1700. Para tanto, os missionários — capuchinhos, lazaristas, jesuítas, monfortianos — organizam cada missão como um drama de cuja encenação se incumbem e no qual os habitantes da paróquia e das paróquias vizinhas são ao mesmo tempo atores e espectadores. Isso é verdade não só no tocante a grandes ajuntamentos e procissões que assinalam alguns momentos importantes, em especial o início e o encerramento, como ainda no que se refere a diversas prédicas que constituem a essência da missão. Destinados aos diferentes grupos da população (crianças, mulheres e moças, homens e rapazes, domésticos etc.), os sermões se sucedem de acordo com um horário cuidadosamente organizado. Os pregadores usam meios bastante diretos para se dirigir aos diversos auditórios. O objetivo é menos convencer que impressionar e emocionar a fim de obter essa "conversão", que será concretizada não só pela confissão geral e pela comunhão, mas também pelas reconciliações, restituições, fundações, oferendas e outras obras pias.

Estas, efetivamente, são vistas pelo clero como o testemunho inequívoco da devoção de quem a elas se dedica e como a melhor manifestação do amor ao próximo. Praticadas tanto coletivamente, no âmbito de uma confraria, quanto individualmente, como ocorre com maior frequência, as obras de caridade, ou de misericórdia, são sete, conforme a tradição: dar de comer aos que têm fome, dar de beber aos que têm sede, alojar os peregrinos, visitar os encarcerados, visitar os enfermos, vestir os nus, sepultar os mortos. Esse é não só um tema abordado com frequência pelos artistas do século XVII, Abraham Bosse em particular, como ainda uma realidade vivida cotidianamente nas cidades e no campo por numerosos cristãos, homens e mulheres. Por certo, a partir de 1660-80 o Estado procura encerrar nos asilos todos os pobres e os mendigos, considerados não mais como imagens de Jesus Cristo, e sim como insociais perigosos que é preciso trancafiar e submeter aos trabalhos forçados; ao mesmo tempo proíbe as esmolas. Contudo, apesar das declarações oficiais e em decorrência do fracasso dessa tentativa de "grande confinamento", a imagem da "eminente dignidade do pobre" continua ancorada na consciência cristã, enquanto a caridade individual dos leigos, sob a forma da assistência a domicílio ou da esmola, permanece como uma necessidade econômica e, ao mesmo tempo, como a tradução mais usual do amor ao próximo.

As "fundações" são uma manifestação mais excepcional de piedade pessoal e fervor religioso. O cristão que "funda" uma missa ou eventualmente um sermão, uma missão, uma escola, pode ter participação nas orações da Igreja ou ajudá-la em sua obra de apostolado. Para tanto, consente num sacrifício financeiro às vezes bastante pesado, porém o mais das vezes póstumo, pois a maioria das doações é feita por testamento. A redação do testamento é vista como uma autêntica prática de devoção, recomendada por todos os autores espirituais, "sem esperar a época da doença, em que o espírito está agitado demais para fazê-la como se deve". Na verdade, ela se inscreve diretamente na perspectiva cristã da boa morte, na medida em que o objetivo do testador é não tanto organizar da melhor maneira os assuntos temporais como prever as condições da sepultura, reparar na medida do possível o mau uso que possa ter feito dos bens durante a vida e sobretudo assegurar, por meio de legados adequados e "fundações" de missas, as preces dos vivos durante o maior tempo possível após sua morte. Iniciado com a invocação da Trindade — "Em nome do Pai, do Filho e do Espírito Santo" — e com um piedoso considerando — "Considerando que não existe nada tão certo quanto a morte e nada tão incerto quanto a hora desta" —, o texto sempre inclui um "primeiramente" no qual o testador "recomenda sua alma a Deus Pai todo-poderoso, a Jesus Cristo seu Filho único, à bem-aventurada Virgem Maria, a são Miguel Arcanjo, são João Batista, são Pedro e são Paulo, a todos os santos e santas do paraíso". Em seguida, o testador geralmente indica as condições em que deseja ser sepultado: local exato da inumação, número de padres ou religiosos presentes, natureza da cerimônia religiosa. Depois vêm os legados piedosos, notadamente as "fundações" de missas. Estas são ou "em voz baixa", ou "em voz alta e cantadas"; perpétuas ou limitadas a um período; seu número total e a distribuição ao longo do ano variam muito conforme o caso. Quanto às intenções expressas, referem-se em primeiro lugar e muitas vezes unicamente ao descanso da alma do doador, mas também podem incluir, em caráter secundário, "parentes e amigos falecidos". Reencontramos aqui a obsessão egoísta da salvação individual, que aliás corresponde a toda uma corrente dos ensinamentos do clero.

A ORAÇÃO INDIVIDUAL

A piedade pessoal expressa-se por fim e sobretudo na oração individual. É o caso primeiramente das preces da manhã e da noite. Sobre isso, assim se expressa a maioria dos catecismos do século XVII: "Tão logo se desperta, deve-se erguer o coração a Deus, fazer o sinal da cruz, vestir-se pronta e modestamente, tomar a água benta, ajoelhar-se diante de uma imagem devota e orar da maneira que se segue". No *Catéchisme de Nantes*, essa oração consiste num curto preâmbulo seguido dos "*Pater*, *Ave*, *Credo* em latim ou em francês e dos mandamentos de Deus e da Igreja". À noite, o fiel repete as mesmas orações, faz um exame de consciência e reza o *Confiteor*. "Em seguida deve despir-se em silêncio, deitar-se modestamente, depois de tomar a água benta, fazer o sinal da cruz e adormecer pensando na morte, no descanso eterno e na sepultura de Nosso Senhor ou outras coisas semelhantes".

Para facilitar a oração individual e a prática da meditação, difunde-se nos meios devotos o uso do genuflexório pessoal, definido em 1690 por Furetière como um "encosto em forma de estante para apoiar-se o livro de orações"; e Furetière acrescenta: "Às vezes chamam-se de genuflexórios pequenos oratórios de quarto ou de gabinete". A Igreja aprova tais práticas, porém enfatiza o valor da oração em família, sobretudo no tocante à oração da noite, por referência à promessa de Cristo ("Onde dois ou três estão congregados em meu nome, ali estou eu no meio deles"). O *Catéchisme d'Agen* expressa-se nestes termos: "PERGUNTA: Como se deve fazer a oração da noite? RESPOSTA: Toda a família reunida deve ajoelhar-se, sem se curvar, apoiar-se ou sentar-se nos calcanhares, de cabeça descoberta e mãos juntas". E o *Catéchisme de Nantes* acrescenta este comentário à intenção do clero: "É muito necessário exortar à reunião em cada família pela manhã e à noite para fazer as orações em grupo, um [membro] da família recitando-as em voz alta".

As orações da manhã e da noite, feitas individualmente ou em família, são o mínimo. Um bom cristão deve ainda dirigir-se a Deus em determinadas circunstâncias da existência. É para facilitar essa forma de oração que, a partir do final do século XVI, multiplicam-se coletâneas especializadas, o primeiro exemplo das quais é o *Thrésor des prières, oraisons e instructions chrétiennes pour invoquer Dieu en tout temps* [Tesouro das preces, orações e instruções cristãs para invocar Deus em todo o tempo], publicado em 1585 por Jean de Ferrières, vigário da paróquia parisiense de Saint-Nicolas-des-Champs. Estes são os títulos de alguns capítulos: "Oração para a criança dizer antes de estudar sua lição", "Oração para dizer em época de peste", "Oração para conservar uma boa reputação", "Oração daquela que quer se casar". Algumas obras pretendem responder às necessidades particulares de cada "estado"; é o caso das *Instructions et prières chrétiennes pour toutes sortes de personnes* [Instruções e orações cristãs para todos os tipos de pessoas], publicada por Antoine Godeau em 1646 e que contém a oração do homem casado, a do marido por ocasião da morte da esposa, a do pai e da mãe por ocasião da morte de um filho único, a de um filho de família que quer escolher sua condição, a de um ministro de Estado, a de um comerciante etc.

Além dessas orações especializadas, a piedade pessoal pode expressar-se através de determinado número de devoções, individuais ou coletivas. A devoção eucarística conhece um grande desenvolvimento nos séculos XVII e XVIII, em particular com as visitas ao santo sacramento. Em suas *Pratiques de piété* [Práticas de piedade], o padre Le Maistre escreve: "Quero que duas ou três vezes por dia visiteis o santo sacramento ou, se não podeis ir à igreja, que vos recolheis a vosso oratório a fim de fazer uma pequena prece e um pequeno exame". Mesmo que não pertença a uma confraria do Santo Sacramento, o devoto igualmente participa da adoração, que é muito apreciada, sobretudo na corte. La Bruyère zomba dessa nova moda: "Desdenhar das vésperas como coisa antiga e fora de moda; guardar o lugar para a adoração". A devoção ao santo sacramento desemboca na prática da adoração perpétua como reparação dos pecados dos homens instituída em numerosas paróquias: pessoas piedosas se reúnem e se oferecem para passar uma hora, de dia ou à noite, diante do santo sacramento, de modo que tal adoração seja de fato ininterrupta. A tal devoção acrescenta-se, no século XVII, a do Menino Jesus e pouco depois a do Sagrado Coração. Sob a influência de Pierre de Bérulle, uma carmelita de Beaune, Marguerite du Saint-Sacrement, torna-se a ardente propagandista da devoção ao Menino Jesus; Carmelo e Oratório dão certa amplitude ao movimento na década de 1640. No fim do século XVII é uma visitandina de Paray-le-Monial, Marguerite-Marie Alacoque, que se encontra na origem de uma nova devoção ao Sagrado Coração de Jesus depois de aparições ocorridas em 1673.

Quanto ao culto mariano, ele conhece incontestável revivescência no século XVII, não obstante a desconfiança de alguns meios eclesiásticos. No final do século, Louis-Marie Grignion de Montfort torna-se seu arauto, sobretudo no tratado sobre *La vraie dévotion à la Sainte Vierge* [A verdadeira devoção à Santa Virgem]. Muito popular, tal devoção se traduz na recitação do terço e do rosário, já largamente difundida pelos dominicanos desde o século XIII e bastante usual nos séculos clássicos, sobretudo nas confrarias do Rosário, como vimos. Segundo o vigário de Sennely, por volta de 1700, "toda a devoção dos humildes que não sabem ler limita-se a rezar o terço". Tal devoção também pode se traduzir no uso do escapulário, chamado às vezes de "hábito da Virgem".

Por fim, o culto dos santos se mantém vigoroso. Além da prática das peregrinações, atesta-o a moda das "folhas de santos", difundidas pelos mascates e presas ou coladas na parede do quarto ou no interior de uma porta de armário. A imagem do santo, em cores vivas, é rodeada por um relato de sua vida e uma oração que se deve dizer regularmente.

AS EXPERIÊNCIAS MÍSTICAS

Com os estados místicos o devoto atinge os graus supremos da piedade pessoal. De fato, o misticismo no sentido estrito do termo é o sentimento de conhecer Deus através da intuição e de entrar em comunicação direta com Ele, sendo o êxtase o grau supremo de tal união. Enquanto práticas obrigatórias e práticas de devoção constituem modalidades exteriorizadas e muitas vezes coletivas da religião, o misticismo, forma mais elevada da espiritualidade, refere-se às relações do homem com Deus no que têm de mais pessoal e íntimo. Na primeira metade do século XVII, Francisco de Sales e Pierre de Bérulle são os dois maiores representantes do que Henri Bremond chamou de escola francesa de espiritualidade. Sob certos aspectos, a expressão é um pouco abusiva, na medida em que os autores franceses, seja qual for sua originalidade, situam-se na esteira da tradição da Igreja, sobretudo na dos místicos renano-flamengos dos séculos XIV e XV e dos místicos espanhóis do XVI. Com sua *Introduction à la vie dévote* [Introdução à vida devota, 1608], Francisco de Sales faz a mística sair dos mosteiros para o mundo. Escreve ele: "É uma heresia querer banir a vida devota da companhia dos soldados, da oficina dos artesãos, da corte dos príncipes, do lar das pessoas casadas. Onde quer que estejamos podemos e devemos aspirar à vida perfeita". Ele mostra que o cumprimento do dever pode ser um meio tão eficaz quanto a oração e a contemplação para aceder a essa vida perfeita e à mais elevada espiritualidade. Também desenvolve a ideia de que a devoção e até o misticismo não constituem setores à parte, momentos privilegiados, porém devem irrigar a vida de todo dia, inclusive a atividade profissional. Assim, corresponde à expectativa de muitos cristãos que, engajados no mundo, não anelam menos por uma perfeição que antes parecia reservada aos clérigos.

Pierre de Bérulle dirige-se prioritária mas não exclusivamente às pessoas dedicadas à vida religiosa — padres, monges, freiras. Em seu *Discours sur l'état et les grandeurs de Jésus* [Discurso sobre o estado e as grandezas de Jesus, 1623], desenvolve a ideia de que a perfeição pessoal consiste em "aderir" a Cristo. Essa "adesão" é realizada por uma imitação de seus diversos "estágios", isto é, dos episódios mais marcantes de sua vida terrena. Não se trata apenas de uma imitação moral, mas de uma verdadeira anulação espiritual em Cristo. Após a "invasão mística" da primeira metade do século XVII, a questão do quietismo no final do século acarreta por parte da Igreja não só uma condenação dos excessos a que o misticismo pode conduzir, mas também uma duradoura reação de desconfiança com relação à própria mística. Não obstante, as lições de um Francisco de Sales, de um Bérulle e de numerosos outros autores espirituais contribuem para reforçar no seio do catolicismo romano a existência de uma corrente que enaltece como a suprema perfeição a união pessoal da alma com Deus neste mundo e detalha os meios para chegar a isso.

AS PRÁTICAS COMUNITÁRIAS DA REFORMA PROTESTANTE

Baseada na justificação pela fé, no sacerdócio universal e na única autoridade da Bíblia, a Reforma protestante coloca o fiel em relação direta com Deus, cuja Palavra está na Bíblia, que se deve ler e interrogar diariamente. Como escreve Lutero: "Tudo é regulamentado e ordenado segundo o Evangelho, o batismo e a oração dominical; é aí que se encontra Jesus Cristo". E Alphonse Dupront comenta: "Bagagem leve e fundamental que basta para o homem viver sua obra de salvação e realizá-la sozinho. Com efeito, a soteriologia luterana despedaça estruturas mentais e pulsões orgânicas dessa soteriologia de salvação comum que constituiu a encarnação histórica da cristandade. O homem agora luta sozinho com seu destino do além". Todos os outros intermediários além do Livro são suprimidos ou minimizados: liturgia, clero, sacramentos, culto dos santos, orações pelos mortos. De fato, a maioria deles perdeu sua razão de ser, pois a salvação do cristão não depende de suas próprias obras ou de alguma intercessão, mas apenas de sua fé, ou seja, de sua adesão pessoal ao Cristo salvador dos homens por seus méritos e sua paixão. Nessas condições, não só todos os cristãos, iguais pelo batismo, são padres, como ainda a maioria das formas de devoção coletiva conservadas e estimuladas pela Igreja romana já não tem razão de ser. O grande historiador do protestantismo Émile G. Léonard colocou bem o problema da oposição entre protestantismo e catolicismo:

> A salvação pela fé, princípio do protestantismo. Mas não pela fé em si, sem objetivo preciso. Pela fé em Jesus Cristo restaurador, e único restaurador possível, do contato com o Pai. É a base de todo cristianismo. Se queremos dar-lhe forma protestante, teremos de dizer "pela fé individual em Jesus Cristo" e insistir no termo individual. Na prática, o catolicismo situa perante Deus não tanto o indivíduo como a humanidade sob sua forma cristã de Igreja. A Igreja é salva porque tem fé em Jesus Cristo e cada cristão o é porque pertence à Igreja e enquanto pertence. É na oposição a essa salvação pela Igreja que a noção protestante da salvação pela fé direta e pessoal em Jesus Cristo adquire seu valor e sua originalidade.

Todavia, não se deve ver no protestante um fiel que está sempre só perante Deus em oposição ao católico preso no casulo de uma religião comunitária fortemente enquadrada pelo clero. É verdade que, no estrito plano teológico, as consequências do dogma da comunhão dos santos são impensáveis para um protestante, assim como a crença no purgatório e na eficácia das orações pelos mortos. Concretamente, porém, quando se trata de definir as condições de vida neste mundo, Lutero e Calvino têm suficiente consciência das realidades de seu tempo e das exigências do homem de todos os tempos que vive em sociedade para aceitar, com algumas diferenças, a criação de toda uma rede de instituições e práticas coletivas que visam unicamente a ajudar o justo a perseverar na fé, sem no entanto interferir em sua relação pessoal com Deus. O estudo dessas práticas mostra que, na realidade, o fosso entre protestantes e católicos é menos profundo do que se poderia imaginar.

O CULTO DOMÉSTICO

Entre luteranos e calvinistas, a primeira das práticas é a oração individual cotidiana com a leitura da Bíblia. De fato, essa oração individual assume o mais das vezes a forma de um culto doméstico. Para isso concorrem várias razões evidentes. Até o fim do século XVIII, e apesar dos progressos da instrução elementar e da escolarização nos países reformados, bom número de fiéis dos meios populares não sabe ler. Uma Bíblia custa caro e em geral cada família possui apenas um exemplar, conservado com devoção e transmitido de uma geração a outra. Em 1620, Anne de Mornay, filha do célebre chefe huguenote Philippe du Plessis-Mornay, escreve em sua Bíblia:

> Esta Bíblia me foi dada por monsieur Du Plessis, meu honradíssimo pai. Desejo que depois de mim passe para Philippe des Nouhes, meu filho mais velho, e que ele a leia atentamente para aprender a conhecer e servir a Deus na Santíssima Trindade, e encontre estímulo no exemplo do avô, do qual recebe alimento, e sempre se lembre dos votos que eu, sua mãe, fiz por ele.

Por fim os próprios reformadores insistiram no valor desse culto doméstico.

Normalmente compete ao pai de família presidir tal culto. É ele que de manhã e à noite reúne a sua volta a esposa, os filhos, os criados. Lê alguns versículos da Bíblia, depois a família entoa salmos e reza em voz alta o Pai-Nosso e orações extraídas na Alsácia luterana do *Catecismo* de Lutero. As Bíblias utilizadas pelos calvinistas franceses, do Poitou ao Languedoc, e pelos luteranos da região de Montbéliard são edições em língua francesa impressas em Genebra, Lausanne ou Neuchâtel; as Bíblias utilizadas pelos luteranos da Alsácia são edições em língua alemã impressas em Estrasburgo, Basileia ou Colônia. Quanto aos saltérios, constituem livros à parte: são coletâneas dos 150 salmos de Davi adaptados por Clément Marot e Théodore de Bèze. O cântico desempenha um papel essencial; Lutero e Calvino enalteceram as "virtudes da cantoria". Além das orações matutinas e vespertinas, no começo e no fim de cada refeição o chefe de família diz a bênção e os agradecimentos. Uma gravura de Abraham Bosse, huguenote de Tours, fornece uma boa ilustração disso. Porém, o magistério do pai de família se exerce muito além do exercício do culto doméstico. Cabe-lhe velar para que todos, inclusive os criados, sigam o caminho do bem. Olivier de Serres escreve: "Conforme o alcance de sua mente, o pai de família exortará os criados a seguirem a virtude e a fugirem do vício a fim de que, bem morigerados, vivam como se deve; sem fazer mal a ninguém. Proibir-lhes-á blasfêmias, libertinagens, roubos e outros vícios, não permitindo que estes pululem em sua casa, para que continue sendo sempre uma casa honrada".

Porém, o calvinista ou o luterano não pertence apenas a uma família em cujo seio desabrocha sua piedade pessoal; pertence também a uma paróquia onde se realizam os exercícios coletivos dos fiéis e o consistório controla sua conduta. Ainda mais claramente que Lutero, Calvino está convencido de que não se pode deixar o fiel isolado na certeza de sua fé individual, mas é preciso enquadrá-lo solidamente. Por certo, cada cristão é padre e não se trata de restabelecer um sacerdócio reservado a alguns. Porém, um "clericato atenuado" não é incompatível com o sacerdócio universal. À frente de cada paróquia, o pastor ou ministro é assistido por um ou vários mestres-escolas e sobretudo pelo consistório dos anciãos, ou seja, dos homens mais idosos e notáveis. No principado luterano de Montbéliard, para 28 paróquias há, em 1725, 34 ministros, 97 mestres-escolas e 192 anciãos (sem contar 87 "prefeitos", representantes do príncipe), portanto um total de 410 pessoas a serviço de uns 15 mil fiéis, na proporção de uma para quarenta. Esse importante enquadramento permite estrito controle da vida de cada um.

A PRÉDICA E A CEIA

Tal controle visa inicialmente ao respeito às práticas religiosas coletivas. A primeira é a participação no culto dominical, que possui tríplice objetivo: a adoração, o apelo à conversão e à salvação e sobretudo o ensinamento. Aos dois primeiros objetivos correspondem as preces, as leituras bíblicas e os cânticos. O terceiro objetivo, o mais importante — a ponto de o culto muitas vezes ser designado como prédica —, é alcançado pelo sermão do pastor. O artigo XII da *Discipline des Églises réformées de France* [Disciplina das Igrejas reformadas da França, 1675] determina quanto a isso: "[Os pastores] não pregarão sem ter como tema de sua prédica um texto da Escritura que seguirão habitualmente". Ao término do culto dominical, geralmente há uma reunião de catequização dos adultos. Em Montbéliard há outro culto, com sermão, durante a semana, na quarta ou na sexta-feira; além disso, todas as manhãs há orações no templo.

Tanto entre luteranos como entre calvinistas, a ceia é celebrada quatro vezes por ano: na Páscoa, no Pentecostes, no começo do outono e no Natal. Nestas ocasiões, os fiéis recebem a comunhão sob a forma de pão e vinho. Ao oferecer o primeiro, o pastor declara: "O pão que partimos é a comunhão no corpo de Nosso Senhor Jesus Cristo, que morreu pela remissão de nossos pecados". Ao apresentar a taça de vinho, acrescenta: "Lembrai-

-vos de que Cristo derramou seu sangue na cruz pela remissão de vossos pecados". Antes de comungar, cada fiel entrega a um ancião uma espécie de ficha pessoal com uma gravação grosseira, permitindo assim que o consistório verifique se todos cumpriram seu dever. Por outro lado, a fim de evitar que um pecador declarado se aproxime da mesa eucarística, as Igrejas protestantes — que aboliram o costume da confissão auricular privada — adotaram certos dispositivos de substituição. Nas Igrejas luteranas, pratica-se a "absolvição evangélica" coletiva depois de o pastor ler em voz alta uma confissão pública dos pecados. Nas Igrejas calvinistas, tal papel cabe à "disciplina eclesiástica", instituída por Calvino a fim de evitar que "muitos se precipitassem inconsideradamente à ceia"; trata-se de um exame ante o consistório, que admoesta os pecadores e pode chegar até a excomungá-los, quer dizer, afastá-los da ceia. Assim, a admoestação substitui a confissão, e a penitência pública substitui a penitência privada. Paradoxalmente, o respeito ao foro íntimo é apanágio dos católicos, não dos protestantes. Entre estes, a preocupação de "evangelizar a Igreja" preponderou sobre o respeito à liberdade do cristão.

As grandes etapas da vida individual também propiciam cerimônias coletivas no templo. Na medida em que não tem papel determinante na economia da salvação, o batismo não gera a mesma precipitação que entre os católicos. As crianças nascidas durante a semana são batizadas juntas no domingo seguinte, antes da prédica. Em sua *Apologie pour ceux de la religion* [Apologia pelos da religião, 1647], Moïse Amyraut assim descreve a cerimônia praticada em sua época:

> Após uma prece solene oferece-se essa criança a Deus, pedindo em nome de Nosso Senhor Jesus Cristo que se torne participante de sua salvação e que o batismo produza nela sua virtude, em remissão do pecado original e em santificação quando envelhecer. E, depois de obter dos que a apresentam a promessa de que a instruirão na fé do Evangelho e

no amor à piedade, derrama-se-lhe água na cabeça, batizando-a em nome do Pai, do Filho e do Espírito Santo.

O pai pode apresentar o filho e dar-lhe seu prenome, pois não é obrigatório o recurso a um padrinho e a uma madrinha, não mencionado na Escritura; na prática, contudo, esse costume se manteve. Noivado e casamento também dão lugar a cerimônias no templo. O noivado, ou "palavra de futuro", constitui um compromisso solene que só o consistório pode romper "por grandes e legítimas causas". O matrimônio, que não é considerado um sacramento, celebra-se teoricamente seis semanas depois, perante o ministro da paróquia de um dos noivos.

Em contrapartida, a morte e a inumação continuam sendo assuntos privados, o que não é de surpreender, pois Lutero e Calvino não creem nem no purgatório, nem na intercessão dos vivos. Nestas circunstâncias, a inumação se limita a uma cerimônia decente, porém sem nada do fausto que caracteriza algumas pompas fúnebres entre os católicos. Entre os luteranos de Montbéliard, primeiro se realiza, em privado, a inumação do morto, na presença só da família, e diz-se uma breve oração; depois parentes e amigos se encontram no templo para ouvir um sermão do pastor. Entre os calvinistas, o despojamento é ainda maior. Não foi o próprio Calvino que deu o exemplo, ao pedir que seu corpo, envolto num pano grosseiro, fosse levado ao cemitério sem cânticos nem discursos e nenhuma pedra assinalasse o local de sua sepultura? Tal procedimento choca os católicos e até os luteranos, como em 1643 Élie Brackenhoffer, cidadão de Estrasburgo de passagem por Genebra: "Não há oração fúnebre, nem cânticos, nem comemoração, muito menos dobre de sinos em tal circunstância. Quando um homem morre, morre. Não lhe concedem sequer a esmola de um Pai-Nosso. Assim, os enlutados e os outros voltam para casa sem consolo, sem exortação". Realmente, a *Discipline des Églises réformées de France* proíbe que os pastores assistam às inumações e determina: "Não se fará prece ou prédica nos enterros a fim de evitar qualquer superstição".

Para o defunto, de nada servem as preces dos parentes e amigos, e estes, seguros de sua eleição, não precisam de consolo: a salvação é assunto pessoal e a esperança dos sobreviventes é uma certeza.

SOLIDARIEDADES E ELEIÇÃO

Assim, da oração familiar à "disciplina eclesiástica", do batismo ao culto dominical e à celebração da ceia, as práticas protestantes parecem no mínimo tão comunitárias quanto as católicas. Não obstante, há entre as duas uma diferença fundamental. Para os católicos, o sacrifício da missa, as orações pelos mortos, as peregrinações aos santuários marianos encontram sentido e justificativa no dogma da comunhão dos santos: o cristão não está sozinho na aventura de sua salvação, seja o que for que alguns discursos eclesiásticos possam deixar pensar; ao contrário, pode contar não só com os méritos de Cristo, como também com os sufrágios dos santos e as preces dos vivos. Para os protestantes, luteranos ou calvinistas, as práticas coletivas não podem ter outro objetivo senão manter cada um dos participantes em sua fidelidade individual e eventualmente controlar essa fidelidade; nada além disso.

O protestante se sabe eleito de Deus, eleição pessoal resultante, segundo Calvino, do "conselho eterno de Deus pelo qual determinou o que queria fazer de cada homem". Essa eleição ao mesmo tempo acarreta certeza e responsabilidade: certeza de figurar entre os eleitos, responsabilidade com relação a Deus, que salva. O católico deve, com a ajuda da graça, merecer a própria salvação por suas obras. O protestante deve viver segundo a lei, gratuitamente e sem contrapartida. Nisso reside a responsabilidade do fiel: ao contrário do católico, ele é liberado da angústia da morte e do Juízo, porém, ao acolher a Palavra e aceitar suas exigências, deve demonstrar que Deus o elegeu. Assim, o individualismo e o foro íntimo estão no âmago da teologia reformada. E é nesse sentido — porém só nesse sentido — que Claudel tem razão ao escrever: "O protestante reza sozinho, mas o católico reza na comunhão da Igreja". O paradoxo sem dúvida reside no fato de que, se as duas Reformas do século XVI — a protestante e a católica — desempenharam um papel fundamental no desenvolvimento de uma devoção cada vez mais interiorizada, as Igrejas protestantes atribuíram às práticas coletivas uma importância tão grande, senão maior, quanto a Igreja romana. Seja como for, cada uma a sua maneira, "as formas novas de religião que se estabelecem nos séculos XVI e XVII" constituem, conforme escreve Philippe Ariès, um dos três acontecimentos principais "que vão modificar as mentalidades, em especial a ideia de si mesmo e do próprio papel na vida cotidiana da sociedade".

AS PRÁTICAS DA ESCRITA

Roger Chartier

Philippe Ariès considerava o ingresso das sociedades ocidentais na cultura da escrita uma das principais evoluções da era moderna. Os progressos da alfabetização — entendida como a aquisição do saber ler e escrever por parte do maior número de pessoas —, a circulação mais densa da palavra escrita — à mão ou impressa —, a difusão da leitura silenciosa, que estabelece uma relação solitária e íntima entre o leitor e o livro, constituíam para ele transformações decisivas que de maneira inédita traçavam a fronteira entre os gestos culturais do foro íntimo e os da vida coletiva. Fiel a essa hipótese, o texto que se segue pretende mostrar como novas modalidades da relação com a escrita constroem entre os séculos XVI e XVIII uma esfera da intimidade, ao mesmo tempo retiro e refúgio para o indivíduo subtraído aos controles da comunidade. Mas também pretende mostrar que tal evolução não elimina todas as práticas antigas, nem é partilhada por todos que manejam a palavra impressa. Ler em voz alta, para os outros ou para si mesmo, ler em grupos, ler por obrigação de trabalho ou por prazer são atos que não desaparecem com a revolução da leitura no silêncio e na intimidade. Nesse campo também se trata, pois, de reconhecer o emaranhado das práticas sem perder de vista que através de tal diversidade estabelecem-se novos modelos de comportamento, novas condutas culturais, características do processo de privatização da primeira modernidade.

MEDIDAS DE UMA ALFABETIZAÇÃO

É possível avaliar as dimensões do progressivo ingresso das sociedades ocidentais na escrita? Pensando nisso os historiadores computaram as assinaturas de todos os documentos, paroquiais ou notariais, fiscais ou judiciários, que permitem uma triagem dos que sabiam assinar o nome e dos que não sabiam. Após hesitações e debates, hoje parece admitir-se que a porcentagem de signatários pode indicar muito globalmente o limite de familiaridade com a escrita alcançado por determinada sociedade, mas não pode ser considerada a medida direta de uma competência cultural particular. De fato, nas sociedades do Antigo Regime em que a aprendizagem da escrita sucede a da leitura e envolve apenas uma parte das crianças, é claro que, se todos os que assinam o nome sabem ler, nem todos os que leem sabem assinar o nome. É claro também que entre os que sabem assinar nem todos escrevem, ou porque a assinatura constitui o último estágio de sua aprendizagem cultural, ou porque a falta de prática os fez perder o domínio da escrita que aprenderam outrora e cujo resquício é a assinatura. Paradoxalmente, podemos considerar que nas sociedades antigas a assinatura identifica uma população que com certeza sabe ler, mas da qual só uma parte (impossível de numerar) sabe escrever, e que não é a totalidade dos que sabem ler, pois uma parte destes (também impossível de calcular) nunca soube assinar. Tal constatação não nos leva a negar as porcentagens de assinaturas pacientemente coletadas através dos séculos e dos sítios, mas apenas a avaliá-las pelo que são: indicadores culturais macroscópicos, compósitos, que não medem exatamente nem a difusão da capacidade de escrever, mais restrita do que os números indicam, nem a da leitura, que é mais extensa.[1]

LEITORES MAIS NUMEROSOS

Feita essa ressalva, é claro que todas as séries utilizáveis atestam na Europa, entre os séculos XVI e XVIII, grande progresso das taxas de assinaturas (que poderemos qualificar de "taxas de alfabetização", com a condição de não supor que indiquem imediatamente a porcentagem da população que sabe ler e escrever). Vejamos três exemplos nacionais em que o porte e a distribuição dos materiais estudados permitem propor taxas de conjunto, na escala do país inteiro, cidades e campo reunidos. Na Escócia, as assinaturas recolhidas para o National Covenant de 1638 — que afirma a unidade presbiteriana do país — e para o Solemn League and Covenant de 1643 — que propõe apoiar a causa do Parlamento inglês desde que estabeleça o presbiterianismo — levam a inferir uma taxa de alfabetização masculina de 25%. Cem anos depois, na década de 1750, as porcentagens de assinaturas das testemunhas citadas perante a High Court of Justiciary, a mais alta jurisdição criminal escocesa, são de 78% para os homens e de 23% para as mulheres — o que permite falar em taxas nacionais de 65% e 15%, respectivamente, uma vez corrigida a diferença existente entre a composição social do grupo das testemunhas e a população do país em sua totalidade.[2] Na Inglaterra, as assinaturas colhidas para o Protestation Oath de 1641 (juramento de fidelidade à "verdadeira religião, reformada e protestante"), para o Vow and Covenant de 1643 (juramento de lealdade ao Parlamento) e para o Solemn League and Covenant de 1644 (que introduz o presbiterianismo) indicam uma taxa de 30% de alfabetizados entre os homens. Na segunda metade do século XVIII, os registros de casamento da Church of England, que a partir de 1754 exige a assinatura dos cônjuges, atestam os progressos da escrita: 60% dos homens assinam tanto em 1755 como em 1790, enquanto entre as mulheres a porcentagem é de 35% em 1755 e de 40% em 1790.[3] Na França, as assinaturas dos noivos nos registros paroquianos (que em 1877 os professores designados pelo reitor Maggiolo anotaram em quase todos os departamentos) mostram nítida progressão no decorrer de um século: em 1686-90 apenas 29% dos homens e 14% das mulheres assinam; em 1786-90 já são 48% dos homens e 27% das mulheres.[4] Portanto, nesses três lugares e atendo-nos apenas à alfabetização masculina, a escrita se torna mais familiar: em cem ou 150 anos o aumento do número dos que sabem assinar o nome (portanto dos que com certeza sabem ler e talvez também escrever) é de 40% na Escócia, 30% na Inglaterra e 19% na França.

Em outros países, onde ainda não é possível propor uma taxa nacional, existem progressões semelhantes, verificadas em nível de cidades ou de regiões. Como em Amsterdã, onde os compromissos de casamento assumidos ante o notário são assinados por 85% dos homens e 64% das mulheres em 1780, contra 57% e 32% em 1630.[5] Assim em Turim, onde 83% dos noivos e 63% das noivas assinam seu contrato de casamento, em 1790, ao passo que em 1710 essas taxas eram de 71% e 43%. E na província de Turim, ou seja, no campo subordinado à cidade, a progressão é ainda mais espetacular:[6] os signatários passam de 21% para 65% e as signatárias de 6% para 30%. Assim em Castilla la Nueva, onde, no recurso do tribunal inquisitorial de Toledo, entre testemunhas e acusados (dos quais oito entre dez são homens e destes cerca de um entre dois é um notável, grande ou pequeno), há 49% que bem ou mal assinam entre 1515 e 1600, 54% entre 1651 e 1700, 76% entre 1751 e 1817. Pela própria composição da amostra, essas porcentagens não podem indicar uma taxa global dos assinantes válida para a população castelhana total, porém seu crescimento indica um avanço contínuo e regular da alfabetização.[7]

Fora da Europa, nas colônias americanas, a tendência é a mesma. Na Nova Inglaterra,[8] 61% dos homens assinam seu testamento em 1650-70, 69% em 1705-15, 84% em 1758-62, 88% em 1787-95 — para as mulheres nas três primeiras datas as porcentagens são respectivamente de 31%, 41% e 46%. Na Virgínia,[9] a taxa de assinaturas masculinas nos testamentos é menor: passa de 50% entre 1640 e 1680 para 65% em 1705-15 e para 70% entre 1787 e 1797.

Assim, em toda parte a era moderna conhece um crescimento, muitas vezes nítido, das porcentagens de homens e mulheres capazes de assinar o nome, seja qual for o nível das taxas em valor absoluto. Nos países reformados e nas nações católicas, nas cidades e nos campos, no Velho e no Novo Mundo, a familiaridade com a escrita progride, dotando as populações de competências culturais que antes constituíam apanágio de uma minoria. Mas a constante não exclui solavancos e recuos nesse crescimento. A alfabetização também apresenta uma conjuntura em que, numa tendência plurissecular de alta, podem registrar-se declínios e recessões. Na Inglaterra, as porcentagens de assinantes entre as testemunhas citadas perante o tribunal eclesiástico da diocese de Norwich, distribuídas por gerações escolares, atestam recuos temporários porém acentuados: referem-se aos que tinham dez anos entre 1580 e 1610, em especial os comerciantes, os *husbandmen* (pequenos meeiros) e os *yeomen* (lavradores), ou na década de 1640, a da guerra civil — o recuo é então de mais de 20% para os *yeomen* —, ou ainda nos decênios de 1690 e 1700, que assistem a uma regressão da alfabetização entre os camponeses, particularmente grande entre os *husbandmen*.[10] Em Madri, também a segunda metade do século XVII assiste a uma queda da alfabetização:[11] em 1650, 45% dos testadores assinam seu testamento ou sua declaração de pobre; entre 1651 e 1700, apenas 37%. O retrocesso é ainda mais acentuado entre os homens — de 68% para 54% — que entre as mulheres — de 26% para 22%. Na Provença,[12] as gerações escolares do meio século compreendido entre 1690 e 1740 conhecem uma estagnação, até um nítido declínio da porcentagem de alfabetizados em determinados locais, sendo tal declínio calculado a partir das assinaturas dos testamentos e contratos matrimoniais. Se a conjuntura cultural da Provença é bem marcada, como aliás em toda parte, por um crescimento das taxas de alfabetização (entre o final do século XVII e o começo do XIX, numa amostra de vinte comunidades, treze dobram a porcentagem dos que sabem assinar o nome), esse crescimento não exclui as estagnações e os retrocessos entre épocas de conquista, que são o período 1650-80 e os cinquenta ou sessenta anos posteriores a 1740. Evidentemente, os motivos das recessões variam de um lugar a outro, devendo-se à deterioração da rede escolar, ao afluxo de imigrantes menos alfabetizados ou ainda à mediocridade da conjuntura econômica global. Contudo, demonstram que o acesso das sociedades ocidentais à escrita entre os séculos XVI e XVII não foi um progresso linear e contínuo. E talvez seja essa fragilidade que mais o diferencia do processo de alfabetização baseado na escolarização universal que se desencadeia irreversivelmente no século XIX.

O DOMÍNIO DESIGUAL DA ESCRITA

Embora maior, a familiaridade com a escrita não é igual para todos. Na Europa, as porcentagens de assinaturas mostram uma série de diferenças. A primeira, entre homens e mulheres. Por toda parte, os homens sempre assinam mais que as mulheres e muitas vezes com uma vantagem que pode chegar a 25% ou 30%. Se esta diferença atesta claramente que as mulheres participam menos do mundo da escrita, não devemos porém tomá-la como a medida exata de uma desigual capacidade de leitura. De fato, nas sociedades antigas a educação das meninas inclui a aprendizagem da leitura, mas não a da escrita, inútil e perigosa para o sexo feminino. Na *Escola de mulheres*, Arnolphe quer que Agnès leia e absorva as "Máximas do casamento", porém se desespera com o fato de ela escrever — sobretudo a Horace, seu apaixonado. Mais ainda que para os homens, as taxas de assinaturas de mulheres não podem indicar, portanto, a porcentagem de "leitoras" do Antigo Regime, pois muitas nunca aprenderam a escrever — e isso não se restringe aos meios populares.

Segunda diferença: entre os ofícios e as condições. É assim que, na Inglaterra rural e provinciana do século XVII, a capacidade de assinar (calculada pela das testemunhas citadas perante os tribunais eclesiásticos) está estreitamente correlacionada com a atividade econômica e a condição social dos diferentes grupos. As cesuras são bem nítidas: os clérigos, os gentis-homens, os grandes comerciantes, todos (ou quase todos) sabem assinar o nome; entre os artesãos qualificados (ourives, seleiros, fabricantes de tecidos) e os lavradores (*yeomen*) é o caso de sete ou oito homens entre dez, mas apenas de um entre dois na maioria das profissões, em especial no ramo têxtil ou de vestuário. Em seguida vêm os comerciantes e artesãos de aldeia (ferreiros, carpinteiros, moleiros, açougueiros etc.), dos quais apenas 30% ou 40% sabem assinar o nome; e na base da escala os grupos em que na melhor das hipóteses um homem entre quatro assina: operários da construção, pescadores, pastores, pequenos meeiros (*husbandmen*), trabalhadores agrícolas (*labourers*).[13] Com alguns matizes próprios, o exemplo da província inglesa vale para todos os lugares da Europa rural em que a capacidade de assinar depende estritamente do nível de qualificação do ofício e de sua maior ou menor inserção em outro mercado além do local.

Na cidade, também a hierarquia da assinatura repete a das profissões e condições, mas, com relação ao campo, os números urbanos apresentam um belo avanço. É o caso da Europa mediterrânea: na Emília,[14] por exemplo, no começo do século XIX os registros civis mostram que, nas cidades de Piacenza, Parma, Reggio, Modena e Bolonha, 42% dos noivos e 21% das noivas sabem assinar, enquanto nos campos vizinhos as porcentagens não passam de 17% e 5%. É o caso também da Europa setentrional: no século XVII, os artesãos e mercadores de Londres são duas ou três vezes mais alfabetizados que seus homólogos rurais e os criados o são duas vezes e meia (em Londres, 69% assinam; na Inglaterra rural, apenas 24%).[15] Há aí portanto outra diferença que estabelece a originalidade da cultura das cidades modernas, onde os que manejam a escrita são mais numerosos e onde a leitura e a escritura são competências distribuídas de modo menos desigual.

Essas múltiplas diferenciações no acesso à escrita sem dúvida determinam grandes variações no processo de privatização que caracteriza os três séculos da era moderna. O desenvolvimento (desigual) da alfabetização o mostra de várias maneiras. Saber ler é primeiramente a condição obrigatória para o surgimento de novas práticas constitutivas da intimidade individual. A relação pessoal com o texto lido ou escrito libera das antigas mediações, subtrai aos controles do grupo, autoriza o recolhimento. Com isso, a conquista da leitura solitária possibilitou as novas devoções que modificam radicalmente as relações do homem com a divindade. Entretanto, saber ler e escrever permite também novos modos de relação com os outros e os poderes. Sua difusão suscita sociabilidades inéditas e ao mesmo tempo serve de base para a construção do Estado moderno, que apoia na escrita sua nova maneira de proferir a justiça e dirigir a sociedade. Da maior ou menor familiaridade com a escrita depende, pois, uma maior ou menor emancipação com relação a formas tradicionais de existência que ligam estreitamente o indivíduo a sua comunidade, que o imergem num coletivo próximo, que o tornam dependente de mediadores obrigatórios, intérpretes e leitores da Palavra divina ou das determinações do soberano.

O novo modo de ser em sociedade instaurado pela privatização das condutas e dos pensamentos não se difunde por toda a Europa no mesmo ritmo. A compreensão dessas diferenças, dessas evoluções realizadas de forma desigual sem dúvida remete a uma clivagem maior, macroscópica, na distribuição do domínio da escrita: a que opõe uma Europa do Norte/Noroeste, com elevadas taxas de alfabetização, e uma Europa "periférica" (em relação a esse "centro" letrado), situada muito aquém. No final do século XVII, na Europa onde a escrita é corriqueira, de 60% a 70% dos homens sabem assinar o nome: 71% na França situada ao norte da linha Saint-Malo-Genebra, 61% nos Países Baixos austríacos,[16] 60% na Inglaterra, 65% na Escócia. Para as mulheres, exceto a Escócia, as porcentagens se situam em torno de 40%: 44% no Norte e Nordeste da França, 37% nos Países Baixos austríacos, 40% na Inglaterra. Avaliar a alfabetização na Europa das periferias é mais difícil, devido ao avanço menor das pesquisas. Todavia, alguns indícios permitem mostrar seu atraso. Por um lado, na Itália, na Emília do começo do século XX — portanto tardiamente —, as taxas *urbanas* não ultrapassam 45% de homens que sabem assinar e 26% de mulheres nas mesmas condições. Assim, podemos supor que fossem bem mais baixas no conjunto da população, rural e urbana, e em toda a Itália, inclusive no Mezzogiorno. Por outro lado, na Hungria de 1768, apenas 14% dos magistrados municipais dos vilarejos e burgos são capazes de assinar — o que leva a supor uma porcentagem ainda menor para a massa da população rural.[17] Enfim, no norte, na Suécia, a capacidade de escrever sem dúvida continua pouco usual em fins do século XVIII, pois na década de 1870 constitui ainda apanágio de 35% dos conscritos.

Europa culturalmente adiantada do Norte/Noroeste, Europa retardatária das periferias: em sua rude simplicidade, o contraste seguramente enuncia uma verdade. Contudo, há diferenças. Primeiro, cabe reconhecer áreas de transição que levam de regiões nas quais dois entre três homens sabem assinar, no final do século XVIII, a regiões onde na mesma época apenas dois, ou mesmo um, entre dez sabem assinar o nome. A França dos Midis, ao sul da famosa linha Saint-Malo-Genebra, é uma dessas zonas intermediárias, pois 44% dos homens e 17% das mulheres assinam seu contrato de casamento no final do Antigo Regime. Em seguida, no próprio interior das periferias onde poucos sabem assinar, o contraste entre duas situações parece grande: aquela em que a capacidade de ler sem dúvida não é mais desenvolvida que a de escrever (é o caso, talvez, da Itália ou da Hungria) e aquela em que imensa distância separa as duas aptidões. Na Suécia, onde poucos sabem escrever, 80% dos homens e das mulheres sabem ler em meados do século XVIII. Desde o final do século anterior, sobretudo após a lei da Igreja de 1686, a Igreja luterana apoiada pelo Estado ali empreendeu uma vasta campanha de ensino da leitura para que todos os fiéis pudessem "aprender a ler e ver com os próprios olhos o que Deus ordena e comanda através de sua Palavra sagrada". Daí o clero das paróquias encarregar-se da obra de alfabetização (mas apenas para a leitura); daí os exames periódicos feitos por ocasião das visitas paroquiais, que verificam as capacidades de leitura e os conhecimentos do catecismo por parte dos fiéis; daí a interdição da comunhão e do sacramento do matrimônio aos que não leem e nada sabem do catecismo. Muito intensa entre 1690 e 1720, a campanha frutifica, instaurando nas populações sueca e finlandesa uma dicotomia radical entre um saber ler universal (mas um saber ler de origem e uso religioso) e um saber escrever que constitui privilégio de uma elite restrita.[18]

Esse modo de relação com a escrita sem dúvida não é exclusivo da Suécia. Verifica-se talvez na Dinamarca, onde no final do século XVIII a distância entre leitura e escrita parece muito acentuada. Com certeza está presente na Escócia, onde a leitura parece universalmente difundida — em outro nível de alfabetização, pois, pelo menos no tocante aos homens, o país pertence à linha de frente da Europa que sabe assinar. Segundo depoimentos colhidos em 1742 pelo pastor evangelista de Cambuslang — a paróquia epicentro da revivescência religiosa que sacode a Igreja da Escócia —, todos os fiéis, mulheres e homens, inquiridos sobre seu repertório religioso, declaram que aprenderam a ler. Porém, apenas 60% dos homens e 10% das mulheres indicam que sabem escrever.[19] A pressão da Igreja no luteranismo sueco, a da comunidade no presbiterianismo escocês (muitos fiéis de Cambuslang declaram que aprenderam a ler para evitar "a vergonha" de não poder participar plenamente das assembleias religiosas), faz com que em determinados países protestantes a capacidade de ler se torne universal — não importando a taxa de alfabetização obtida pelo cômputo das assinaturas.

AS REFORMAS E A ESCRITA

Disso não se deve concluir, porém, que a leitura generalizada constitui, em todo lugar e sempre, efeito obrigatório do protestantismo. Na Alemanha, já em meados da década de 1520, Lutero abandona a exigência da leitura individual e universal da Bíblia em prol de outro projeto, que enfatiza a prédica e o catecismo — portanto a missão de ensinar e interpretar restituída aos pastores, que assim devem controlar a compreensão do texto sagrado. Instaura-se uma nítida separação entre as políticas escolares dos Estados luteranos, que acima de tudo visam à formação das elites pastorais e administrativas, e a obra de educação religiosa do povo, que, baseada no ensinamento oral e na memorização, pode muito bem conviver com o analfabetismo.[20] E de fato, na região renana da segunda metade do século XVI, os inspetores encarregados de examinar os conhecimentos religiosos dos fiéis — e não, como mais tarde na Suécia, sua capacidade de ler — muitas vezes constatam recitações sem compreensão, respostas decoradas e falhas que provam que a catequese não visa a uma leitura pessoal da Bíblia, mas apenas à memorização de fórmulas ensinadas oralmente.[21] Só com a "Segunda Reforma", iniciada pelo pietismo no final do século XVII, a relação individual com a Bíblia — que supõe o domínio da leitura — é colocada como uma exigência universal, apresentada inicialmente pelo ensino mútuo dos conventículos religiosos, afirmada a seguir pelos Estados nas ordenações que regulamentam os programas das escolas elementares. Donde uma alteração no próprio status da Bíblia: enquanto na Alemanha do século XVI ela é um livro de pastores, de candidatos ao ministério, de bibliotecas paroquiais, na Alemanha de inícios do século XVIII ela se torna um livro de todos, produzido em massa e a baixo custo. Donde também, talvez, o aumento da alfabetização na Alemanha pietista: na Prússia oriental, a porcentagem dos camponeses capazes de assinar o nome passa de 10% em 1750 para 25% em 1765 e para 40% no final do século.[22] Portanto, é com o pietismo, e não com a Reforma luterana, que a prática de ler se difunde maciçamente na Alemanha — e isso a partir das mesmas décadas do século XVII que assistem à campanha de alfabetização da Igreja sueca.

PROGRESSOS MEDIEVAIS

O desenvolvimento da alfabetização e a difusão da leitura, para retomar os termos de Philippe Ariès, constituem, portanto, com diferenças e variantes, um dos fatos principais que contribuem para modificar a ideia que o homem ocidental tem de si mesmo e de sua relação com os outros. Todavia, o fato é mensurável apenas nos dois últimos séculos da era moderna, pois, salvo raras exceções, só a partir do final do século XVI — e frequentemente depois — documentos maciços ou séries contínuas podem fornecer assinaturas válidas para a contagem. A situação cultural dos países europeus no fim da Idade Média ou no século XVI continua sendo uma incógnita, e sem dúvida seria inexato supor que em toda parte ela se caracteriza por uma fraca alfabetização e um monopólio dos clérigos sobre a cultura escrita. Na Flandres, por exemplo, diversos indícios atestam a realidade de uma capacidade popular de ler, escrever e contar: a frequência das pequenas escolas citadinas *sine latino*, destinadas a ensinar os rudimentos ao maior número de pessoas (sem dúvida há umas vinte delas em Saint-Omer em 1468 e 24 em Valenciennes em 1497, numa cidade de 10 mil habitantes); a presença de textos sobre os afrescos ou os quadros da igreja; as altas porcentagens de assinaturas, da ordem de 70%, encontradas nos recibos de todo tipo (rendas, provisões, trabalhos) confiados aos guarda-livros do conselho municipal e dos hospitais de Saint-Omer no século XV. Comumente, mercadores e artesãos neles figuram como alfabetizados, e parece que só os trabalhadores braçais ou os carregadores em sua maioria não aprenderam a assinar o nome. No campo, a situação sem dúvida é diferente, porém a existência de listas de refeições para os pobres, registros de comunidades e de receitas da igreja e relações de impostos indica um domínio da escrita já difundido — e a publicação de montantes de taxas pressupõe que haja quem leia.[23] Essa Flandres medieval que lê e escreve não é única na Europa. Já no século XIV as cidades italianas também conhecem a familiaridade com a escrita, até nos meios populares: em Florença, por volta de 1340, entre 45% e 60% das crianças de seis a treze anos estudam nas escolas elementares da cidade — o que permite inferir uma porcentagem bem superior para os meninos, tendo em vista a frequência desigual à escola conforme o sexo.[24] Assim, pelo menos em alguns lugares, a conquista da escrita já ocorreu no final da Idade Média, e os progressos espetaculares, gerais, do período 1600-1800 não nos permitem afirmar uma raridade universal da capacidade de ler e escrever entre 1400 e 1500.

Nem obliterar a força e a persistência de uma hostilidade coletiva à escrita, a seu domínio ou a sua disseminação. É tal resistência que Shakespeare coloca em cena na segunda parte de *Henrique VI* para caracterizar a revolta de Jack Cade, o fabricante de tecidos. Na cena II do ato IV da peça — cuja edição in-quarto data de 1594 —, Cade e seus homens decidem matar todos os juristas ("*all the lawyers*") e tomam como primeira vítima o amanuense de Chatham. Seu ódio social nutre-se de uma tríplice aversão à escrita. Porque veicula as decisões da justiça, e a menção de Cade ao "*parchment scribbled o'er*" [pergaminho todo rabiscado] e selado sem dúvida nenhuma constitui alusão aos *royal writs* que desde o século XII codificam as queixas apresentadas ao rei e transmitem as decisões de sua justiça aos *sheriffs* locais (ora, Cade roubara gado e sua pena consistiu em queimar-se-lhe a mão). Porque fixa as dependências econômicas dos mais pobres — daí a crítica feita ao amanuense de Chatham: "*He can make obligations and write court-hand*" [Ele pode instituir obrigações e usar caligrafia de tribunal], o que constitui alusão aos reconhecimentos de dívidas e à escrita cursiva que é a dos atos dos notários. Porque tem uma força mágica e maléfica: o amanuense de Chatham tem "*a book in his pocket with red letters in't*" [um livro de letras vermelhas no bolso], portanto um livro de feitiçaria com rubricas ou títulos em tinta vermelha, talvez associado à condição de judeu indicada por seu nome, Emmanuel — Dick, um dos revoltosos, conhece o sentido epistolar desse nome: "*They use to write it on the top of the letters*" [Costumam escrevê-lo no início das cartas]. O manejo da escrita é assim caracterizado como a imposição de uma autoridade que, pela lei ou pela magia, submete o fraco ao forte, bem como o sinal de uma recusa da igualdade comunitária. Donde a pergunta que Cade dirige ao amanuense: "*Dost thou use to write thy name, or hast thou a mark to thyself, like an honest plain-dealing man?*" [Costumas escrever teu nome ou tens uma marca para ti, como um homem honesto e franco?]. A marca, que pode pertencer a todos, é prova do respeito dessa igualdade original; a assinatura, que distingue os que escrevem, indica uma rejeição da regra comum.

Mais adiante no mesmo ato, na cena VII, os revoltosos, no controle de Londres, extravasam sua aversão à cultura escrita. Querem destruir os locais que a transmitem ("*others to th'Inns of Court: down with them all*") [outros para as Escolas de Direito:

acabai com elas], os monumentos antigos ("*burn all the records of the realm*") [queimai todos os registros do reino], as técnicas de reprodução (lorde Say é assim acusado de ter construído uma fábrica de papel e introduzido a imprensa no reino), o léxico de descrição (outra acusação contra lorde Say é de estar rodeado de homens "*that usually talk of a noun and a verb, and such abominable words*" [em geral falam de um substantivo e um verbo, e tais palavras abomináveis]. Contra essas novidades opressivas e corruptoras, Cade reivindica os direitos de uma cultura tradicional, baseada na palavra e no signo. "*My mouth shall be the parliament of England*" [Minha boca será o parlamento da Inglaterra]: assim se refere à antiga concepção que identifica a força da lei a sua proclamação oral, portanto ao tenaz apego a essa forma de expressão da autoridade. E, contra o recurso ao livro e à imprensa, valoriza-se a velha prática que pautava as transações privadas e utilizava as incisões feitas em bastões de madeira ("*the score and the tally*") [a marca e a talha] para registrar as dívidas. Representando assim uma revolta de um século e meio, pois a rebelião de Jack Cade data de 1449 (ou seja, 27 anos antes da introdução da imprensa na Inglaterra), Shakespeare inscreve em seu texto uma tensão cultural fundamental, a que opõe o crescente recurso à escrita, tanto no exercício do poder de comando e justiça como na esfera das relações entre indivíduos, e a valorização nostálgica e utópica de uma sociedade sem escrita, governada por palavras que todos podem entender, por signos que todos podem compreender. Qualquer que seja sua intenção ao focalizar a revolta popular, ao mesmo tempo derrisória, sangrenta, manipulada, está claro que ela é construída a partir do motivo da hostilidade à escrita, uma escrita rejeitada porque se identifica, para o pior, com as convulsões que transformam a sociedade.

Essa rejeição — aqui apresentada como popular — encontra sua correspondência na recusa dos letrados à imprensa. Na passagem do século XV para o XVI, o tema é frequente. Assim, em Veneza, o dominicano Filippo di Strata desenvolve contra a invenção de Gutenberg uma argumentação partilhada por grande parte do Senado da cidade. Para ele, a imprensa é muitas vezes culpada: corrompe os textos, publicando-os em edições apressadas e falhas, que visam apenas ao lucro; corrompe as mentes, difundindo textos imorais e heterodoxos, subtraídos ao controle das autoridades eclesiásticas; corrompe o próprio saber, aviltado pelo simples fato de sua divulgação entre ignorantes. Donde a constatação inapelável: "*Est virgo hec penna, meretrix est stampificata*" [A pena é uma virgem, a imprensa uma meretriz].[25] Mais de um século após os poemas do dominicano de Veneza, escritos no último quartel do século XV, um eco de sua temática perpassa a *comedia* de Lope de Vega, *Fuenteovejuna*, publicada em Madri em 1619. No ato II, versos 892-930, o camponês Barrildo e Leonelo, licenciado da universidade de Salamanca, discutem os méritos da imprensa. O douto Leonelo expõe suas dúvidas quanto à utilidade da invenção de Gutenberg. Sim, ela preserva e difunde as obras de valor, mas também coloca em circulação os erros e os absurdos, permite aos que querem arruinar a reputação de um autor usurpar-lhe a identidade, distribuindo tolices em seu nome, confunde os pensamentos com a superabundância dos textos. Longe de assegurar os progressos do saber, a imprensa aumentaria a ignorância. Barrildo declara que o grande número de livros impressos leva cada indivíduo a considerar-se sábio, e Leonelo responde secamente: "*Antes que ignoran más*" [Ao contrário, mais ignoram].

A aculturação escrita das sociedades ocidentais teve, portanto, de conviver com a persistente ideia de que a disseminação do saber equivale a uma profanação. A difusão da capacidade de ler e escrever, a multiplicação dos objetos impressos afligem os clérigos, eclesiásticos ou seculares, que pretendem monopolizar a produção ou a discussão do conhecimento. Uma primeira formulação dessa ambição é a do cristianismo, que faz dos clérigos os únicos intérpretes autorizados dos segredos de Deus, da natureza ou do Estado. Com a revolução científica do começo do século XVII, caem as proibições e os limites que antes se impunham ao trabalho do conhecimento, mas não se anula sua transmissão a uma restrita minoria — a *respublica litteratorum* —, a única capaz de conduzi-lo sem riscos para a religião, a lei ou a ordem. No momento em que as figuras de Ícaro e Prometeu se tornam os emblemas de um conhecimento sem limites, lembra-se que ele deve continuar sendo a obra exclusiva dos novos clérigos — os intelectuais.[26] Dois motivos, portanto, são fundamentais: o que atribui ao povo uma recusa da cultura escrita, vista como um instrumento de dominação que rasga o tecido da comunidade, e o que faz os letrados recusarem a apropriação vulgar do saber reservado e, portanto, das chaves que lhe dão acesso. Evidentemente, foi contrariando essas ideias que se realizou o ingresso das sociedades ocidentais na escrita.

PRÁTICAS DA LEITURA

A LEITURA SILENCIOSA

Mais difundida, a capacidade de ler acarreta novas práticas entre os séculos XVI e XVIII. Philippe Ariès designou claramente a mais inédita: a leitura na intimidade de um espaço subtraído à comunidade, que permite a reflexão solitária. Essa "privatização" da prática da leitura é incontestavelmente uma das principais evoluções culturais da modernidade. Assim, precisamos identificar as condições que a possibilitaram. A primeira refere-se à difusão de uma nova habilidade: a que permite ao indivíduo ler sem ter de oralizar o texto, em voz alta ou baixa. Na verdade, só essa maneira de ler pode subtrair o leitor ao controle da comunidade quando lê num espaço coletivo — por exemplo, numa biblioteca ou num local onde há outros presentes; só ela possibilita a interiorização imediata do que é lido por aquele que lê. Uma prática lenta, penosa, exteriorizada, é substituída por uma leitura mais rápida, mais fácil, que toca o leitor diretamente em seu íntimo. Parece que essa maneira de ler apenas com os olhos conquistou progressivamente todos os meios de leitores durante a Idade Média. A princípio reservada aos copistas dos *scriptoria* monásticos, a partir de meados do século XII transforma os hábitos universitários e dois séculos depois conquista as aristocracias leigas. No século XV, a leitura silenciosa tornou-se, portanto, a maneira usual de ler — pelo menos para os leitores familiarizados com a escrita e de longa data alfabetizados. Para os outros, aqueles que lentamente adquirem o domínio da leitura e para os quais o livro continua sendo um objeto incomum, estranho, de raro manuseio, o procedimento antigo sem dúvida nenhuma permanece como uma necessidade. E até o século XIX os leitores neófitos e inábeis se distinguirão dos outros por sua incapacidade de ler em silêncio. Em *La cagnotte* [O mealheiro], de Labiche, peça de 1864, o fazendeiro Colladan replica a quem se impacienta com sua leitura em voz alta de uma carta particular: "Se leio alto, não é para vós, é para mim [...]. Quando não leio alto, [...] não compreendo o que leio".

Para quem pode praticá-la, a leitura silenciosa abre horizontes inéditos. Primeiro transformou radicalmente o trabalho intelectual, que na essência se tornou um ato de intimidade individual, uma confrontação pessoal com textos sempre mais numerosos, uma memorização e um sistema de remissivas visualmente assinaladas nos livros. Depois permitiu um fervor mais pessoal, uma devoção mais privada, outra relação com o sagrado além daquela regulamentada pelas disciplinas e mediações eclesiais. A espiritualidade das ordens mendicantes, a *devotio moderna*, o próprio protestantismo, visto como uma relação direta entre o indivíduo e a divindade, apoiaram-se largamente na nova prática, que pelo menos a alguns permitia nutrir sua fé a partir da leitura íntima dos livros de espiritualidade ou da Bíblia. Por fim, ler sozinho, em silêncio, em segredo, propicia audácias até então interditas: daí no final da Idade Média, na época do manuscrito, a circulação de textos heréticos, a expressão de ideias críticas, o sucesso dos livros eróticos — adequadamente ornados de iluminuras.[27] Se a invenção da imprensa constitui uma "revolução" na medida em que possibilita a reprodução de textos que são difundidos a todos os leitores numa forma idêntica, em grande número de exemplares (mesmo na época de pequenas tiragens) e por um custo muito inferior ao da cópia manuscrita (mesmo no tempo da impressão cara), não devemos, porém, atribuir-lhe mutações intelectuais ou afetivas resultantes de uma nova maneira de ler — seja o objeto lido manuscrito ou impresso. No século XVI, essa outra revolução — a da leitura — já ocorreu, mas é recente nos meios laicos e apenas parcial, pois deixa de fora os numerosos leitores que não são virtuoses da escrita. A divisão parece nítida entre os meios em que a leitura cada vez mais se identifica com um gesto da intimidade, do privado, e aqueles em que se inscreve ainda no tecido de uma sociabilidade comunitária, quando não popular. Divisão nítida, sem dúvida, e globalmente válida, mas que também merece nuances.

A nova relação com o objeto escrito, seja ele manuscrito ou impresso, que autoriza a leitura visual e silenciosa, é acompanhada de uma familiaridade maior com o livro, de uma presença mais destacada deste na intimidade da habitação familial? A privatização da prática da leitura significa ao mesmo tempo um aumento do número dos que possuem livros em casa — e também um aumento do número de livros que possuem? Responder a tais perguntas pressupõe o manejo de documentos imperfeitos, omissos, muitas vezes criticados: os inventários, geralmente elaborados após falecimentos, que estimam e descrevem (pelo menos em parte) os bens de um indivíduo, os livros que eram seus. A fonte não é infalível, longe disso: em nada implica que os livros possuídos foram lidos ou mesmo comprados pelo falecido; ignora os impressos sem valor que podiam constituir suas leituras mais frequentes; omite os livros, preciosos ou perigosos, subtraídos à sucessão antes do inventário. Assim, não podemos exigir-lhe mais que indicações muito globais sobre a presença do livro numa determinada sociedade e, ainda mais que no caso das porcentagens de assinaturas, devemos ser prudentes ao comparar os dados observados em locais diferentes, pois podem afetá-los a diversidade das práticas notariais e a composição variável das populações, em cada uma das situações históricas, nas quais são inventariados os bens de um morto.

Em várias cidades europeias os números atestam, no século XVI, uma presença maior do livro como propriedade pessoal, guardado em casa — porém sob modalidades diversas. Num primeiro caso, a estabilidade da porcentagem dos possuidores de livros, globalmente e por categorias sociais, é acompanhada de um aumento geral do número de livros possuídos. Assim ocorre em Valência, na Espanha, onde no período de 1474 a 1550 o livro é mencionado por um entre três inventários. A hierarquia de sua presença mantém-se estável: são possuidores de livros nove entre dez clérigos, três entre quatro profissionais liberais, um entre dois nobres, um entre três comerciantes, apenas um trabalhador braçal entre dez. Nesses anos, porém, cada grupo vê suas bibliotecas crescerem: do final do século XV ao segundo quartel do XVI, as coleções dos médicos passam, em média, de 26 para 62 obras; as dos juristas, de 25 para 55; as dos mercadores, de quatro para dez títulos; e entre os artesãos têxteis o livro único já não constitui a regra, substituído por "bibliotecas" de quatro volumes em média.[28]

Segundo caso: o de Florença. No século XVI, a porcentagem de inventários elaborados pelo *magistrato de'pupilli* que mencionam livros permanece praticamente estável e bem baixa: 4,6% entre 1531 e 1569, 5,2% entre 1570 e 1608 — era já de 3,3% entre 1413 e 1453, antes de uma queda na segunda metade do Quattrocento, com 1,4%. Muito inferior às de Valência ou Amiens[29] — onde 20% dos inventários entre 1503 e 1576 incluem livros —, essa porcentagem indica um atraso da Itália? Ou apenas uma prática notarial que faz inventários até mesmo para as sucessões mais pobres? É difícil dizer. Em compensação, é certo que, se a população de proprietários de livros não aumenta, a proporção das bibliotecas mais bem providas cresce: antes de 1570, as bibliotecas com menos de seis volumes representam 55% do total; depois dessa data, são mais de 31%; em contrapartida, as que têm entre 51 e cem volumes passam de 4,5% para 9%; as que têm entre 101 e duzentos vão de 1% para 8%. Na mesma época, as bibliotecas médias, de seis a cinquenta volumes, crescem em quase 10%, constituindo 38% do total antes de 1570 e 47% depois.[30]

Última modalidade da familiarização com o livro de propriedade pessoal na privacidade do lar: o aumento da porcentagem dos possuidores de bibliotecas. É o que ocorre em Canterbury, principal cidade de Kent, na passagem do século XVI para o XVII. A progressão dos inventários masculinos que indicam a presença de livros é nítida e contínua: um entre dez em 1560, um entre quatro em 1580, um entre três em 1590, um entre dois, ou quase, em 1620. Crescimento semelhante, nos mesmos níveis, ocorre em duas outras cidades menores do condado: Faversham e Maidstone. Nelas também a presença do livro é estritamente determinada pela posição social: entre 1620 e 1640, possuem livros em Canterbury 90% dos profissionais liberais e 73% dos gentis-homens, mas apenas 45% dos artesãos do vestuário, 36% dos trabalhadores de construção, 31% dos *yeomen* que moram na cidade. Com essas altas porcentagens, as cidades de Kent estão longe de constituir a regra geral na Inglaterra. Nas paróquias rurais o livro continua raro, mesmo no século XVII: apenas 13% dos inventários do Berdfordshire no final da década de 1610 e 14% dos do Mid-Essex entre 1630 e 1690 assinalam sua presença.[31]

A posse privada do livro — tal como está registrada nos inventários após falecimento — cresceu entre os séculos XVI e XVIII? E o processo de privatização que caracteriza os três séculos da era moderna apoiou-se na consulta íntima a mais livros por mais leitores? A resposta sem dúvida passa pelo reconhecimento de grandes contrastes entre diferentes situações na segunda metade do século XVIII. À frente da Europa que possui livros estão incontestavelmente as cidades dos países protestantes. Por exemplo, em três cidades da Alemanha renana e luterana — Tübingen, Speyer e Frankfurt —, os inventários com livros constituem em meados do século XVIII respectivamente 89%, 88% e 77% do total registrado.[32] Assim, é grande a diferença em relação à França católica, seja na capital (na década de 1750 apenas 22% dos inventários parisienses incluem livros), seja na província (nas novas cidades do oeste francês a porcentagem é de 36% em 1757-8; em Lyon, de 35% na segunda metade do século).[33] Ao contrário, a diferença é pequena com relação a outros países protestantes — mesmo que majoritariamente rurais —, como, por exemplo, os da América. No final do século XVIII, 75% dos inventários no condado de Worcester, em Massachusetts, 63% em Maryland, 63% na Virgínia assinalam a presença de livros[34] — o que traduz um belo progresso em comparação com o século anterior, no qual a porcentagem das melhores regiões não passava de 40%.

LEITURAS PROTESTANTES

Deste modo, a fronteira religiosa parece um fator decisivo no tocante à posse do livro. Nada o mostra melhor que a comparação das bibliotecas das duas comunidades numa mesma cidade. Em Metz, entre 1645 e 1672, 70% dos inventários dos protestantes incluem livros contra apenas 25% dos inventários católicos. E a distância é sempre muito acentuada, seja qual for a categoria profissional considerada: 75% dos nobres reformados têm livros, mas apenas 22% dos católicos os possuem, e as porcentagens são de 86% e 29% nos meios jurídicos, 88% e 50% na área médica, 100% e 18% entre pequenos funcionários, 85% e 33% entre comerciantes, 52% e 17% entre artesãos, 73% e 5% entre "burgueses", 25% e 9% entre trabalhadores braçais e agrícolas. Mais numerosos como proprietários de livros, os protestantes também possuem mais livros: os reformados membros das profissões liberais têm em média o triplo de livros de seus homólogos católicos; a situação é idêntica para comerciantes, artesãos ou pequenos funcionários; e entre os burgueses a diferença é ainda maior, com bibliotecas calvinistas dez vezes mais ricas que as dos católicos.[35]

A essa diferença na posse do livro acrescentam-se outras que opõem a própria economia das bibliotecas às práticas da leitura. Nos países luteranos, seja qual for o nível social de seu proprietário, todas são organizadas em torno do mesmo conjunto de livros religiosos. Nas cidades renanas, este conjunto se compõe, além da Bíblia, de livros de devoção e espiritualidade, manuais de preparação à ceia ou à confissão, coletâneas de cânticos destinados ao canto coral (*Gesangbücher*). Só a multiplicidade dos títulos ou o número das edições diferem nessas coleções basicamente religiosas. A desigual fortuna ou cultura dos possuidores de livros revela-se alhures, na quantidade bem diversa e na natureza muito diferente das obras profanas possuídas (que, aliás, estão presentes em cerca de apenas um quarto das bibliotecas na segunda metade do século XVIII). Assim, uma identidade ao mesmo tempo religiosa e cultural desenvolve-se em torno dos mesmos livros, que sustentam os diferentes exercícios religiosos: a leitura da Escritura, a prece, o canto em comum, a escuta do sermão, a ceia. Essa homogeneidade das bibliotecas sem dúvida não é válida para todos os ramos do protestantismo (por exemplo, no século XVII não a encontramos em Metz, onde, além da Bíblia e dos salmos, os títulos e os gêneros dos livros possuídos são muito variados), porém caracteriza o luteranismo majoritário e arraigado dos Estados alemães e também um calvinismo de modalidade puritana num mundo do livro mais raro.

Assim foi na América dos séculos XVII e XVIII, caso extremo da prática protestante do livro.[36] A leitura e a fé aí estão ligadas indissociavelmente, definindo uma cultura inteira baseada na familiaridade com o texto bíblico. Este é ouvido antes de ser lido, pois frequentemente o pai o lê em voz alta para a família ou o criado o lê para os patrões. Joseph T. Buckingham, o editor do primeiro jornal de Boston, lembra em suas memórias, publicadas em 1852:

> Durante vários anos li todos os dias [na presença de meus amos] pelo menos um capítulo da Bíblia e muitas vezes dois ou três. Estou certo de que li a Bíblia inteira no mínimo umas doze vezes antes de meus dezesseis anos, sem outras omissões além dos capítulos “quebra-queixo” (*jaw-breaking chapters*) das Crônicas. Li com maior frequência os livros

históricos, e tanto seu conteúdo como sua linguagem tornaram-se tão familiares para mim quanto as graças ditas antes e depois das refeições — sem mudar uma palavra durante nove anos.

Portanto, nessa cultura saber ler é natural, pois quando a criança se depara com a escrita reconhece de imediato textos já ouvidos, memorizados, muitas vezes até decorados. Buckingham declara, por exemplo:

> Não tenho lembrança de uma época em que não sabia ler. Em dezembro de 1784, quando completei cinco anos, fui à escola; o professor perguntou-me então se sabia ler, e respondi que sabia ler a Bíblia. O professor sentou-me em sua cadeira e apresentou-me uma Bíblia aberta no capítulo quinto dos Atos. Li a história de Ananias e Safira, castigados porque mentiram. Ele me acarinhou a cabeça e elogiou-me pela leitura.

Assim, ler significa retomar sempre os mesmos livros, pouco numerosos além da Bíblia e transmitidos de geração a geração. Tal leitura, que podemos qualificar de "intensiva", tem suas formulações radicais, como a do quacre William Penn: "Tende apenas alguns livros, porém bem escolhidos e bem lidos, relativos a assuntos religiosos ou civis. Ler numerosos livros só afasta demais a mente da meditação. Ler muito constitui uma opressão da mente". Tem também seus métodos. Num sermão publicado em Boston em 1767 encontramos estas recomendações: "Sede aplicados ao ler a santa Escritura: primeiro, toda manhã e toda noite deveis ler um capítulo de vossa Bíblia ou alguma passagem de um sermão piedoso, e quando ledes não deveis percorrer o texto e depois largá-lo — é melhor não ler que ler assim. Ao ler deveis dar especial atenção ao que ledes, e ao terminar deveis retomar o que acabastes de ler".

De fato, a leitura repetida dos mesmos textos é a prática usual dos protestantes americanos. Samuel Goodrich, autor e editor, diz em suas lembranças, publicadas em 1857: "Em nossa Bíblia familiar está escrito que meu pai leu este livro sagrado inteiro treze vezes em 25 anos". E, em seu testamento, o bostoniano Robert Keayne declara:

> Como legado particular a meu filho, um pequeno livro escrito à mão que está em meu gabinete, dedicado a I Cor. 11, 27, 28. E um tratado sobre o sacramento da ceia. É um livrinho de bolso com encadernação de couro, escrito de meu próprio punho, que considero mais precioso que o ouro e que li, creio, centenas de vezes. Desejo e espero que meu filho nunca se separe dele enquanto viver.

Lidos e relidos, os textos religiosos habitam a mente dos fiéis, aos quais fornecem referências e conforto, maneiras de dizer ou de escrever, uma forma de organizar toda a existência individual ou comunitária a partir da Palavra divina. Por exemplo, as experiências de Joseph Crosswell, um pregador itinerante, nascido em 1712 e convertido por ocasião do Grande Despertar religioso, o *Great Awakening*: "Creio não ter tido consolo maior [que] lendo a Palavra de Deus. Bendito seja seu Autor glorioso e misericordioso. Esta tarde fui docemente penetrado pelos sopros celestes do Espírito divino enquanto recitava passagens da Escritura". Ou: "Hoje eu disse de cor todo o Livro dos Cânticos". Ou ainda: "Forte emoção por volta do meio-dia, quando atravessava os bosques recitando os três últimos capítulos dos Cânticos". A cultura puritana da América colonial propõe assim o modelo mais radical da privatização do livro, situado no centro da vida da família, lido para si mesmo e para os outros, decorado, verdadeiramente "incorporado" pelo indivíduo graças a sua consulta íntima e reiterada. Caso-limite, sem dúvida, mas cujos traços principais parecem encontrar-se em outros locais protestantes, nem calvinistas nem puritanos — por exemplo, nas cidades alemãs antes de meados do século XVIII.[37]

Lido em silêncio (ao menos pelas elites), muitas vezes por mais indivíduos e em maior número, inscrito no centro da sociabilidade e da experiência individual (ao menos nos países protestantes), o livro torna-se assim o companheiro privilegiado de uma intimidade inédita. E para os que podem ter uma, a biblioteca constitui doravante o local por excelência do retiro, do estudo e da meditação solitária. Um exemplo dentre outros: Montaigne. Em 1579, ele vende seu cargo de conselheiro no Parlamento de Bordeaux e vai a Paris para imprimir os escritos de seu amigo La Boétie; no ano seguinte, de volta a seu castelo, manda pintar nas paredes de sua biblioteca — uma das "belas entre as livrarias do vilarejo" — uma inscrição (em latim):

> No ano de Cristo de 1571, com a idade de 38 anos, às vésperas das calendas de março, aniversário de seu nascimento, Michel de Montaigne, desde muito já farto da escravidão da corte do Parlamento e dos cargos públicos, sentindo-se ainda disposto, veio a descansar no seio das doutas Virgens, na calma e na segurança; ali passará os dias que lhe restam para viver. Esperando que o destino lhe permita perfazer esta habitação, estes doces retiros paternos, consagrou-os a sua liberdade (*libertas*), a sua tranquilidade (*tranquilitas*) e a seu lazer (*otium*).

Portanto, em primeiro lugar a "livraria" é retiro isolado do mundo, liberdade conquistada longe do público. A descrição que dela faz Montaigne no capítulo "De três comércios" (livro III, capítulo III dos *Ensaios*) insiste muito nesse papel de refúgio: "Em casa o mais das vezes dirijo-me a minha livraria"; mais adiante, declara que esse "local retirado" é o mais arejado da casa, "agrada-me que seja um pouco penoso e afastado, tanto pelo fruto do exercício quanto por afastar de mim a multidão". Separada da habitação principal pelo pátio que se deve atravessar, a biblioteca é pois o local do melhor dos comércios, aquele estabelecido pelo homem com seus livros — e portanto consigo mesmo. Porém, retiro não significa reclusão ou recusa do mundo. A "livraria" de Montaigne é um local de onde se vê sem ser forçosamente visto e que confere poder a quem ali se refugia. Poder sobre a casa e sua gente: "Dirijo-me um pouco mais frequentemente a minha livraria, de onde com um gesto comando minha casa. Estou na entrada e *vejo* abaixo de mim meu jardim, meus viveiros, meu pátio, e na maioria [desses lugares] membros de minha casa". Poder sobre a natureza, oferecida ao olhar: "Ela tem três vistas de rico e livre prospecto [perspectiva]". Poder sobre os conhecimentos acumulados nos livros e que um só olhar abarca: "Sua figura é redonda e de plano tem apenas o necessário para minha mesa e minha cadeira e ao curvar-se oferece-me a *um só olhar* todos os meus livros, distribuídos a minha volta em cinco prateleiras". Com "um só olhar" Montaigne pode igualmente percorrer as sentenças gregas e latinas pintadas nas vigas da biblioteca — citações de Estobeu, ali inscritas no início do retiro e depois, em 1575 ou 1576, parcialmente recobertas por outras, colhidas em Sexto Empírico e na Bíblia.

Essa tensão entre a dupla vontade de subtrair-se à "multidão" e de manter o domínio sobre o mundo remete, sem dúvida, à absoluta liberdade que o comércio dos livros permite, portanto ao total domínio que o indivíduo pode ter de si mesmo, sem coações nem controles: "Ali é meu trono. Procuro ter sobre ele dominação absoluta e subtrair esse canto à comunidade conjugal, filial e civil". As horas passadas na biblioteca asseguram, com efeito, o duplo afastamento constitutivo da própria noção de privatização na era moderna: afastamento com relação ao público, ao civil, aos negócios que são os da cidade e do Estado; afastamento com relação à família, à casa, às sociabilidades que são as da intimidade doméstica. Ali o indivíduo é dono de seu tempo, de seu ócio ou de seu estudo: "Ora folheio um livro, ora outro, sem ordem e sem propósito, fragmentos desconexos; ora devaneio, ora registro e dito, passeando, os sonhos que aqui vedes". "E dito": vemos que o velho modo de composição, oralizado e ambulatório, que requer a presença de um escriba, não contradiz a sensação de intimidade proporcionada pela familiaridade com os livros possuídos, folheados, próximos.

Esse poder que o retiro íntimo da biblioteca confere está presente em outros textos. Por exemplo, em *A tempestade*, de Shakespeare, escrita sem dúvida entre 1610 e 1613. Como Montaigne, Próspero preferia aos assuntos públicos a intimidade de seu gabinete: "*Me, poor man, my library/ Was dukedom large enough*" [Pobre homem, minha biblioteca/ Era ducado bastante grande] (ato I, cena II, 109-10). E em seu exílio agradece a quem lhe permitiu levar alguns de seus preciosos livros: "*Knowing I lov'd my books, he furnish'd me/ From my own library, with volumes that/ I prize above my dukedom*" [Sabendo que eu amava meus livros, abasteceu-me/ Com volumes de minha própria biblioteca, que/ Estimo acima de meu ducado] (ato I, cena II, 166-8). Porém, esses livros familiares, queridos, companheiros de solidão e de miséria, são também os instrumentos de um poder secreto, temido e temível. Calibã sabe disso e pensa que o poder de Próspero será destruído se seus livros forem capturados e queimados: "*Remember,/ First to possess his books; for without them/ He's but a sot, as I am*" [Lembra,/ Primeiro possuir seus livros; pois sem eles/ Não passa de um tolo, como eu] (ato III, cena II, 83-5). E "*Burn but his books*" [Queima apenas seus livros] (87). E Próspero também associa o livro a seu poder, quer o proclame: "*I'll to my book;/ For yet, ere supper-time, I must perform/ Much business appertaining*" [Volto para meu livro,/ Pois antes da hora da ceia devo fazer/ Muitas coisas referentes a esse assunto] (ato III, cena I, 92-4); quer o repudie: "*And, deeper than did ever plummet sound,/ I'll drown my book*" [E, mais profundo que a sonda jamais desceu,/ Afogarei meu livro] (ato V, cena I, 56-7). Assim se estabelece uma estranha aliança entre a prática mais privada, mais oculta (ler o livro) e o poder mais autêntico, mais eficaz, muito mais eficaz que o do cargo público. Assim a leitura do livro de magia — os *Books of experiments* na Inglaterra do século XVI ou *o* livro inominado dos campos de Aragão e Languedoc no século XIX — torna-se o paradigma de toda leitura, que sempre exige o segredo, que sempre confere perigoso poder a quem a faz.[38]

"Gabinete: local isolado nas casas comuns onde as pessoas estudam, onde se furtam ao resto do mundo e onde guardam o que têm de mais precioso. O local que contém uma biblioteca também se chama gabinete." Essa definição do *Dictionnaire* de Furetière indica claramente a nova condição da biblioteca: ela não é mais — ou nem sempre — local de ostentação social, destinado ao encontro mundano ou à "exibição", para retomar a palavra de Pascal, mas torna-se o local onde as pessoas entesouram "o que têm de mais precioso", livros úteis ou raros, naturalmente, porém sobretudo a si mesmas. O livro de propriedade pessoal e o local onde é guardado e consultado constituem, assim, objeto de atenções particulares, de uma multiplicidade de gestos. Vejamos dois contemporâneos: Samuel Pepys (1633-1703) e John Locke (1632-1704). Em seu diário referente ao período 1660-9, quando era *Clerk of the Acts* do *Navy Board* e morava num apartamento vizinho aos escritórios da Marinha, Pepys expressa todo o seu empenho em adquirir, reler, arrumar os livros.[39] Cliente assíduo das livrarias — e não só para importunar a vendedora —, leitor ávido ("não imagino como eu poderia abster-me da leitura", escreve ele em 18 de março de 1668, quando sua vista já está gravemente deteriorada), ocupa-se em pessoa da arrumação de seus livros (13 de outubro de 1660: "Passei a tarde instalando prateleiras em minha biblioteca [*study*]"), da catalogação (4 de fevereiro de 1667: "Um pouco no escritório, depois em meu quarto, onde terminei o catálogo de minha biblioteca, escrito de meu próprio punho; então ceia e cama, onde dormi bem"); tendo quase perdido a vista, pede a seu irmão que conclua a tarefa (24 de maio de 1669: "Em Whitehall a manhã toda, depois [fui] para casa, onde pus meu irmão para trabalhar na catalogação de minha biblioteca"). Quer também que suas obras tenham bela aparência, o que muitas vezes o leva ao encadernador (3 de fevereiro de 1665: "Voltei da Bolsa a pé e no caminho apanhei meus livros que deixei em minha livraria para encadernar. Para dar a meus velhos livros uma encadernação que combine com minha biblioteca gastei três libras, sendo que na conta entraram outros livros novos; mas ficarão muito bem"). Sinal de que a biblioteca é um dos locais mais privados é o fato de que Pepys ali "guarda" seu dinheiro e trata de seus negócios. Em 11 de dezembro de 1660, depois de falar na taberna sobre os meios mais vantajosos de aplicar o dinheiro, anota: "Subi para a biblioteca [*study*], onde reuni uma soma de cem libras que lacrei para reservar. Depois, para a cama". E em 18 de julho de 1664 volta para casa com um de seus devedores, "que aproveitou para reconhecer as obrigações que me deve e depositou vinte moedas de ouro numa prateleira de minha biblioteca".

Em Locke, colecionador e erudito, a atenção dedicada aos livros se encarna em todo um conjunto de gestos minuciosos que imprimem a marca de seu possuidor em cada uma das obras possuídas e organizam as possibilidades de consultá-las. Ao voltar para a Inglaterra depois dos anos de exílio nas Províncias Unidas, Locke instala sua biblioteca nos dois cômodos que a partir de 1691 aluga de sir Francis Masham em seu castelo de Otes, em Essex, a cerca de trinta quilômetros de Londres. Depois de arrumar os livros nas prateleiras, Locke se põe a trabalhar, auxiliado por um assistente: atribui um código a cada obra (escrito numa etiqueta que por sua vez é colada na lombada do livro e repetido no verso da capa); depois registra cada código primeiro em páginas inseridas no *Catalogus impressorum* da Bodleiana, publicado por Hyde — que lhe serve ao mesmo tempo de bibliografia comentada e de catálogo para sua própria biblioteca —, e a seguir em dois catálogos de mais fácil manuseio. Assim a coleção se torna utilizável, pois os códigos dos catálogos permitem localizar facilmente os livros nas prateleiras, onde estão arrumados por tamanho, em duas fileiras, sem ordem temática.

A partir daí todo livro que entra na biblioteca é objeto de cuidadosa apropriação: Locke apõe sua assinatura no verso da capa, ao lado do código, sublinha os últimos algarismos da data no frontispício, risca a numeração da última página, anota o preço que pagou (geralmente na décima primeira página do livro), registra código, data e paginação em seus catálogos. A leitura acrescenta novos sinais, pelo menos em alguns livros: indicações de páginas no verso da contracapa, às vezes notas escritas em folhas intercaladas, geralmente símbolos (letras em itálico, pontos e hifens, sinais de adição e de subtração, rubricas), cujo significado desconhecemos — alguns parecem referir-se aos méritos da edição ou do texto ou ainda à presença de um segundo exemplar na biblioteca. Para Locke o comércio do livro é, pois, um trabalho que exige tempo, que supõe múltiplos manuseios, que inscreve em cada livro traços de sua aquisição, de sua classificação, de sua leitura. Objeto respeitado — Locke nunca escreve nem sublinha as páginas que contêm o texto —, objeto da intimidade mais pessoal, o livro merece ser confiado a quem saberá fazer bom uso dele. Em seu testamento Locke determina o destino de sua biblioteca: algumas obras irão para dame Damaris Masham, a segunda esposa de seu anfitrião ("quatro infólios, oito in-quartos e vinte livros de formato pequeno que ela escolherá entre os volumes de minha biblioteca"); outras para mr. Anthony Collins de Middle Temple, um livre-pensador, amigo recente de Locke; e o essencial dos 3641 títulos será dividido entre Peter King, seu primo, e Francis C. Masham, o filho de Damaris Masham, "quando tiver atingido a idade de 21 anos".[40]

O vínculo entre presença do livro, hábito da leitura e intimidade se afirma na Inglaterra do século XVII. Por um lado, como atestam os inventários após falecimento nas cidades de Kent, no começo do século o livro está presente com menor frequência no cômodo mais aberto da casa, aquele onde se recebem as visitas, o hall, e cada vez mais nos recantos do isolamento pessoal ou conjugal, no gabinete (*closet*) ou no quarto de dormir. Entre o período de 1560-1600 e os anos de 1601-40, a porcentagem de livros encontrados nos *halls* cai de 48% para 39%, porém a das obras mantidas na área íntima da casa pula de 9% para 23% — o quarto passa para o segundo posto como local onde se conservam os livros, vindo antes mesmo do escritório (*study*) ou do salão (*parlor*). A essa nova localização corresponde a prática frequente da leitura antes de deitar-se. E aquela dos leitores de Kent, como a esposa de um *yeoman* de Otham que num depoimento de sua criada perante a justiça figura "tendo seu livro como frequentemente costuma fazer antes de se deitar". E aquela também de Pepys, em cujo diário figuram comumente anotações como: "Em casa para cear, depois leitura e cama" (1º de maio de 1667); "Depois da ceia e de um pouco de leitura, cama" (20 de maio do mesmo ano). Esta leitura da noite não é necessariamente solitária. Pode ser um ato da intimidade conjugal: cada um lê um livro ("De volta à casa, pus-me a ler *History of Abbys*, de Fuller, e minha mulher leu *Le grand Cyrus* até meia-noite, e depois cama", em 7 de dezembro de 1660), ou o casal lê junto o mesmo texto (poemas de Du Bartas, em 2 de novembro de 1662; fábulas de Esopo, em 24 de maio de 1663), ou ainda um dos dois lê em voz alta para o outro. Dia 2 de novembro de 1660: "No cemitério Saint-Paul, comprei de Kirton um livro de missa por doze xelins. De volta à casa, tive prazer em ler algumas passagens para minha mulher, que antigamente conheceu tudo isso a fundo [Elizabeth Marchand, a esposa de Pepys, era filha de um huguenote francês exilado e durante algum tempo fora interna das ursulinas de Paris]. E depois, cama". Muitas vezes também Pepys manda o criado ler para ele — antes mesmo de sua visão começar a alterar-se. Dia 22 de setembro de 1660: "Hoje à noite chamei o criado para meu quarto a fim de que sua irmã o ensinasse a colocar-me na cama; depois ele leu para mim, e o fez muitíssimo bem". Dia 9 de setembro de 1666: "Fui para a cama na casa de sir W. Pen [após o incêndio de Londres, Pepys teve de deixar seu apartamento arruinado]. Meu pequeno doméstico Tom leu para mim até eu adormecer". Dia 25 de dezembro de 1668: "Junto dela [sua esposa, que conserta uma saia] mandei o criado ler a *Vida de Júlio César* e o *Tratado* de Descartes sobre a música, do qual não entendo nada [...]. Após a ceia, o rapaz tocou alaúde para mim, e de coração contente fomos para a cama". Como a presença do escriba na "livraria" de Montaigne, a do criado-leitor no quarto de Pepys em nada quebra a intimidade com o livro e insere-se num privado que não é forçosamente solidão individual.

Em contrapartida, uma relação estritamente pessoal entre o leitor e seu livro, sem mediador nem companheiro de leitura, pode muito bem existir fora de casa, num espaço externo e aberto. Pepys lê em casa, à noite, mas também lê muito quando se desloca por Londres. A leitura acompanha a caminhada. Dia 18 de novembro de 1663: "Fui até Deptford para pagar o soldo da tripulação do *Milford*. À tarde, deixei sir W. Pen terminar os pagamentos e voltei para casa a pé, lendo um livrinho de poemas de Cowley que meu irmão me deu". Em 9 de maio de 1666, nova ida a Deptford: "Voltei a pé lendo meu livro de direito civil". Dia 17 de agosto de 1666: "Pelo rio até Woolwich, depois a pé, sozinho, até Greenwich. Terminei *The adventures of five hours* [As aventuras de cinco horas], que definitivamente é a melhor peça que li em minha vida". A leitura também preenche o tempo das viagens de barco pelo Tâmisa. Dia 1º de maio de 1666: "Fui a Redriff pelo rio lendo um novo livro francês: *L'histoire amoureuse des Gaules* [A história amorosa das Gálias], divertido libelo sobre os amores na corte de França". Em 10 de junho de 1667, ele volta de Gravesend: "Retornei à casa lendo o livro de monsieur Boyle sobre a hidrostática [...]. Quando ficou escuro demais para ler, deitei-me para dormir um pouco. A noite estava linda".

Ler em silêncio, para si mesmo, basta para criar uma área de intimidade que separa o leitor do mundo exterior; portanto, mesmo no meio da cidade, na presença de outrem, ele pode ficar sozinho com seu livro e seus pensamentos. Porém, algumas leituras demandam maior isolamento. Em 13 de janeiro de 1668, Pepys se detém em seu livreiro: "Vi um livro francês que pretendia mandar traduzir para minha esposa, *L'escholle des filles* [Escola das moças, atribuído a Michel Millot e Jean l'Ange]; contudo, depois de dar uma espiada, constatei que era a obra mais licenciosa, mais impudica que existe, ainda pior que *La putana errante*, de Aretino. Assim, tive vergonha de lê-lo e fui para casa". Mas parece que a vergonha não perdura, pois em 8 de fevereiro Pepys volta ao livreiro: "Fiquei ali uma hora e comprei esse livro torpe, malicioso, *L'escholle des filles*. Escolhi um exemplar de encadernação bem comum, decidido a queimá-lo tão logo o leia para que não faça parte da lista de meus livros nem possa desonrar minha biblioteca se vierem a encontrá-lo ali". No dia seguinte, Pepys está impaciente para ler essa obra promissora: "Hoje de manhã no gabinete para trabalhar e também para ler um pouco *L'escholle des filles*. É uma obra muito licenciosa, porém não é errado um homem sério folheá-la a fim de aprender a conhecer a infâmia do mundo". E à noite, após um almoço e uma tarde bem regados com bebidas, entre amigos, informa: "Subi para meu quarto a fim de reler *L'escholle des filles*. [E misturando as línguas, como costuma fazer em tais ocasiões, não esconde os efeitos de tal leitura: "*It did hazer my prick para stand all the while, and una vez to décharger*" (Ela deixou meu pau ereto todo o tempo e ejaculei uma vez).] Quando terminei de ler o livro, queimei-o, a fim de que não seja encontrado em minha biblioteca, para minha vergonha. Depois, ceia e cama". A leitura licenciosa não pode ser exposta ao olhar de outrem: refugia-se num espaço fechado que dissimula (o escritório) ou protege a intimidade (o quarto) e exige a eliminação de todos os vestígios que possam denunciá-la.

A LEITORA

Os leitores ingleses do século XVIII atestam claramente a privatização da leitura que caracteriza a era moderna, mas atestam também a diversidade das práticas que viabilizam essa privatização. No século XVIII, a equivalência entre leitura e privado está bem estabelecida, como se a prática do ler bastasse para designar toda a esfera da existência íntima. Comprova isso um quadro de Chardin, *Os divertimentos da vida privada* (atualmente no Museu Nacional, de Estocolmo). Em 1745, Chardin recebeu uma encomenda de Louise Ulrique, da Suécia, para elaborar dois quadros sobre "a educação severa" e "a educação branda e insinuante", porém decidiu pintar dois outros temas: uma mulher surpreendida em sua leitura, com um livro nos joelhos; e uma mulher ocupada em registrar suas despesas domésticas depois de fazer as compras da casa. O díptico opõe, portanto, o tempo do lazer pessoal ao da administração familiar, a leitura do livro à escritura das contas, a distração íntima à virtude doméstica. O segundo quadro foi intitulado *A administradora*; o primeiro, *Os divertimentos da vida privada* — e isso tão logo é concluído, pois assim o denomina o embaixador da Suécia em Paris numa carta de outubro de 1746, depois que o quadro foi exposto no Salão; assim também o designa uma gravura elaborada a partir dessa obra em 1747.[41] Temos aí uma espécie de sinédoque pictórica em que a parte (a leitura) remete ao todo (a vida privada), em que a evocação de uma só prática — a do livro — basta para designar os prazeres da vida no foro privado quando se furta às tarefas e aos espaços da comunidade familiar.

Nesta representação de uma leitora, os contemporâneos reconhecem um tema clássico: o da leitura do romance. Vejamos duas descrições do quadro. Em suas *Reflexions sur quelques causes de l'état présent de la peinture en France* [Reflexões sobre algumas causas da atual situação da pintura na França], publicadas em 1747, Lafont de Saint-Yenne o vê assim:

> Ele [Chardin] apresentou este ano uma obra que mostra uma amável preguiçosa sob a figura de uma dama vestida informalmente e segundo a moda, com uma fisionomia muito interessante, emoldurada por um toucado branco atado sob o queixo e que lhe esconde os lados do rosto. Um dos braços, repousando sobre os joelhos, segura negligentemente uma brochura. A seu lado, um pouco mais atrás, há uma roca de fiar sobre uma mesinha.

Um ano depois, as *Observations sur les arts et quelques morceaux de peinture exposés au Louvre en 1748* [Observações sobre as artes e algumas obras de pintura expostas no Louvre em 1748] assim descrevem o quadro — cujo título é alterado para *Os divertimentos da vida "pacata"*: "Representa uma mulher displicentemente sentada numa poltrona com uma brochura numa das mãos, pousada em seu regaço. Uma espécie de langor domina-

-lhe os olhos, voltados para um canto do quadro, e indica que ela lia um romance e as ternas impressões recebidas a fazem sonhar com alguém que gostaria muito de ver chegar!". Assim, a leitura pintada por Chardin é duplamente qualificada: por objetos, por posturas. Os primeiros inserem a prática no conforto de um interior abastado. A poltrona da leitora é uma bergère de espaldar alto e braços estofados, provida de uma espessa almofada e que permite à ocupante repousar os pés num pequeno escabelo. Em outros tipos de móvel, como as chaises longues ou as *duchesses*, a leitora pode relaxar ainda mais e ficar quase deitada. A "dama vestida informalmente e segundo a moda" usa uma dessas roupas de interior ao mesmo tempo quentes e leves, em geral chamadas *liseuse*, que não são nem toaletes para ostentar, nem indumentárias para seduzir. O livro que segura na mão é uma "brochura", ou seja, não foi encadernado; porém, um armário baixo, situado no canto do aposento, guarda algumas encadernações de formatos mais imponentes.

Para os comentaristas, as posturas são as de abandono: "negligentemente" qualifica a do braço; "displicentemente", a do corpo; o "langor", a do olhar. Assim, todos os indícios são reunidos para caracterizar a leitura do romance que alimenta sonhos perturbadores, nutre expectativas sentimentais, excita os sentidos. Em tais descrições, o espectador contemporâneo tem alguma dificuldade para reconhecer o quadro de Chardin, que, ao contrário, mostra um corpo que não se enlanguesce, um olhar em nada perturbado, um interior confortável porém austero. Parecendo de fato descrever outra telas — por exemplo, *A leitura*, de Baudoin, que mostra uma jovem totalmente entregue, numa representação muito erotizada —, tais observações expressam a força de uma associação entre leitura feminina, ócio preguiçoso, prazer sensual e intimidade secreta. Mais ainda que o quadro, deliberadamente afastado do *topos*, seus comentários mostram como os homens do século XVIII veem a leitura feminina, transformada então no ato do privado por excelência, aquele que só a intromissão do pintor pode arrancar de sua silenciosa solidão.

Todavia, essa imagem predominante que no século XVIII laiciza e feminiza uma leitura de intimidade antes religiosa e majoritariamente masculina (pensemos nos leitores de Rembrandt, eremitas ou filósofos, isolados do mundo para meditar o livro) não anula todas as práticas antigas, ao contrário. Entre os séculos XVI e XVIII, a leitura em voz alta num grupo de amigos diletos ou de companheiros casuais torna-se um dos elementos essenciais da sociabilidade — mesmo entre a elite. No limiar da era moderna, as obras às vezes indicam isso. É assim que o *corrector de la impresión* de *La Celestina* (publicada em Toledo em 1500 com o título *La comedia de Calisto y Melibea*) explica como se deve ler o texto num dos octetos que acrescenta à obra, denominado *Dice el modo que se ha de tener leyendo esta tragicomedia* [Diz o modo como se há de ler esta tragicomedia]. O *lector* ao qual se dirige é um oralizador, que deve saber variar o tom, encarnar todas as personagens, dizer os apartes entredentes (*cumple que sepas hablar entre dientes*), mobilizar *mil artes y modos* de ler a fim de prender a atenção dos que o escutam, de *los oyentes*. Como as comédias latinas e humanistas, *La Celestina* foi escrita para uma leitura "teatral", porém em voz única, destinada a um auditório restrito e selecionado. Num prólogo acrescentado à edição de Saragoça de 1507, que alude às opiniões contraditórias sobre a obra, o autor justifica essa diversidade de juízos pelas próprias condições de sua leitura: "Assim, quando dez pessoas se reunirem para ouvir esta comédia (*cuando diez personas se juntaren a oír esta comedia*), havendo nelas tantos humores diferentes como sempre ocorre, negar-se-á que existam motivos de discussões sobre coisas que se pode ouvir de tantas maneiras diferentes?". Dez ouvintes, reunidos espontaneamente em torno de um texto lido em voz alta: o livro aqui cimenta a sociabilidade cultivada, mundana ou amistosa. Do mesmo modo que *La Celestina*, outros textos, como as pastorais ou romances, são objetos privilegiados dessas leituras nas quais uma voz transmite a um pequeno grupo a palavra escrita. Cervantes lembra isso no *Quixote*, primeiro apresentando no capítulo XXXII da primeira parte uma leitura em voz alta, a da novela do curioso impertinente, feita pelo vigário ao pequeno grupo reunido na estalagem e ávido para ouvi-lo; depois, intitulando o capítulo LXVI da segunda parte: "Que trata do que verá quem o ler ou do que ouvirá quem o escutar ler".

Escutar ler. No século XVII, a prática é frequente. Nos exércitos em campanha, tal prática preenche as horas de folga, fortalece as amizades, nutre os pensamentos. Primeiro porta-bandeira, depois tenente no regimento da Normandia entre 1635 e 1642, Henri de Campion descreve em suas *Mémoires* a sociabilidade militar da leitura:

> Eu tinha meus livros, que faziam parte da carga de minha carroça, dos quais me ocupava com bastante frequência, às vezes sozinho, na maior parte do tempo com três amigos meus do regimento, pessoas inteligentes e muito estudiosas. O chevalier de Sévigné, bretão e capitão da unidade, era um deles; homem de espírito estudioso e muita leitura que desde a infância sempre esteve na guerra ou na corte. Le Breuil-Marcillac, gascão, irmão do tenente-coronel e meu capitão, era o terceiro de nossa sociedade. Estudara até os 28 anos, tendo sido destinado pelos pais à Igreja, que deixou para tomar a espada depois de empregar muito bem o tempo no colégio e em seguida na Sorbonne. Era um temperamento tranquilo, dócil, sem nada da rudeza dos militares. D'Almivar, de Paris, tenente, meu amigo íntimo, era o quarto de nosso comércio estudioso; tinha o espírito polido, agradável em todas as conversações, e o caráter inteiramente sociável.

O livro lido, escutado, discutido estabelece entre os quatro amigos um elo forte e duradouro:

> Eram três homens com os quais eu passava minhas horas de folga. Após debater juntos os temas que se apresentavam, sem disputa amarga nem vontade de aparecer às custas dos outros,

um de nós lia alto um bom livro, cujos trechos mais belos examinávamos, para aprender a bem viver e bem morrer, segundo a moral, que era nosso principal estudo. Muitos tinham prazer em ouvir nossas conferências, que lhes eram úteis, creio, pois nada dizíamos que não conduzisse à virtude. Nunca mais encontrei sociedade tão agradável e inteligente: ela durou os sete anos que servi no regimento da Normandia.

Diferentes modos de leitura e de relações com o livro definem assim práticas ligadas, sociabilidades entrosadas: a leitura solitária alimenta o estudo pessoal e o comércio intelectual; a sociedade amistosa baseia-se na leitura em voz alta, na glosa, na discussão, porém estas também podem reunir um auditório mais amplo que se instrui ouvindo os textos lidos e os argumentos expostos.[42]

Tais sociedades, "agradáveis" e "inteligentes", também existem na cidade. Antes das academias oficiais, é em torno do livro, discutido, emprestado, folheado, lido em voz alta, que se constitui uma sociabilidade intelectual da reunião entre amigos seletos. O exemplo lionês mostra bem isso, sob duas modalidades. Com efeito, a reunião pode ser regular e incluir os mesmos participantes: assim, a "pequena academia" criada em 1700 e que semanalmente faz sete eruditos e amigos encontrarem-se em assembleias familiares realizadas na casa de um deles. Eis o que diz Brossette, um dos fundadores e advogado do Presidial [tribunal que, em última instância, julgava pequenas causas], numa carta dirigida a Boileau em 16 de julho de 1700: "O local onde as realizamos é o gabinete de um de nossos acadêmicos; ali ficamos no meio de 5 a 6 mil volumes que compõem uma biblioteca tão seleta quanto numerosa. Eis aí um apoio imediato e muito agradável para conferências eruditas". Às vezes, porém, a reunião em torno do livro é mais espontânea, realizando-se por ocasião de uma visita a um amigo. Laurent Dugas, presidente da *Cour des monnaies* e um dos sete "acadêmicos", apresenta em sua correspondência numerosos exemplos disso. Em 12 de janeiro de 1719:

> Ontem, após o jantar, passei boa parte do tempo em meu gabinete com o padre De Vitry e o padre Follard, mestre de retórica. Servi-lhes chocolate; falamos de monsieur de Cambrai, discutimos literatura. O padre De Vitry quis ver na nova edição de são Clemente de Alexandria, que o bispo de Oxford publicou e eu tenho, se o editor fez algumas observações sobre trechos que ele havia notado.

Em 27 de março de 1731: "Cheinet apareceu depois do jantar e ceou comigo. Lemos algumas cartas de Cícero e lamentamos a ignorância pública, quero dizer, o pouco gosto de nossos jovens que se divertem lendo livros novos, com frequência frívolos ou superficiais, e negligenciam os grandes modelos com os quais aprenderiam a bem pensar". Em 23 de março de 1733:

> Monsieur de La Font, gentil-homem a serviço da rainha, chegou e disse-me ter pensado que eu gostaria de ouvir a leitura de uma nova obra de monsieur De Voltaire intitulada *Le temple du goût* [O templo do gosto]; mas, se eu concordasse, esperaríamos meu filho, que fora a Brignais de manhã para voltar à noite. Ele chegou cerca de meia hora depois e foi o leitor; a leitura durou bem uma hora e meia; minha mulher, que entrou às sete horas, ouviu três quartos dela.

Ouvir ler, ler a dois, falar de livros, conversar no meio deles pressupõem leitores que com frequência leem a sós, na intimidade, mas fazem um uso social do livro.[43]

A viagem também é uma ocasião propícia para ouvir leitura. Em 26 de maio de 1668, Samuel Pepys retorna de Cambridge para Londres:

> Acordamos às quatro horas. Quando estávamos prontos e já havíamos comido, chamaram-nos para subir ao coche e partimos por volta das seis horas. Estavam conosco [Pepys viaja com seu criado Tom] um homem e duas mulheres que

> viajavam juntos, pessoas muito comuns, e uma dama sozinha, de beleza mediana porém bem-falante, com a qual tive o prazer de travar conversação. Pedi-lhe que lesse alto o livro que estava lendo no coche e que era *The king's meditations* [As meditações do rei]; depois me pus a cantar com meu criado.

A leitura ouvida coletivamente — neste caso a das meditações e preces do rei Carlos I antes de sua execução — permite estabelecer um laço temporário, afável, entre companheiros de viagem que não se conheciam. A atenção que todos dedicam ao texto lido, a conversação ou o canto cimentam assim uma comunidade anônima e efêmera e tornam o convívio da viagem mais agradável. "Jantamos todos juntos, muito contentes", diz Pepys, registrando assim o bom efeito de suas iniciativas sociáveis.

A leitura atua, portanto, nos diversos níveis da privatização assinalados por Philippe Ariès. É uma das práticas constitutivas da intimidade individual, remetendo o leitor a si mesmo, a seus pensamentos ou a suas emoções, na solidão e no recolhimento. Mas também está no centro da vida dos "grupos de convivialidade", que por opção ou por acaso, em caráter duradouro ou por algum tempo, permitem "evitar o tédio da solidão e o peso da multidão", retomando as palavras de Fortin de La Hoguette em seu tratado *De la conversation* [Sobre a conversação]. No século XVIII, são abundantes as representações dessas sociedades unidas pelo livro lido em voz alta. Representações pictóricas: em 1728, Jean-François de Troy pinta *A leitura de Molière*. Num salão rococó, às três e meia da tarde segundo informa o relógio, cinco mulheres e dois homens confortavelmente instalados em poltronas baixas escutam um deles ler um livro que tem na mão. O grupo é protegido do mundo pela porta fechada, pelo biombo aberto, e forma um círculo ao redor do leitor. Representações teatrais: um ano antes Marivaux escreveu *La seconde surprise de l'amour* [A segunda surpresa do amor]. Um dos personagens, Hortensius, apresentado como "pedante", foi contratado pela marquesa como diretor de leitura e leitor: "Há quinze dias contratei um homem a quem atribuí os cuidados de minha biblioteca; não tenho a vaidade de tornar-me sábia, porém estou muito contente por ocupar-me: toda noite ele me lê alguma coisa, nossas leituras são sérias, judiciosas. Ele as ordena de modo que me instrui e me diverte" (ato I, cena VII). Porém, as leituras de Hortensius não se destinam apenas a sua patroa: a marquesa convida as visitas a participarem delas, como o chevalier no ato II: "Chevalier, sois livre para ficar, se minha leitura vos agrada" (cena VIII). Nos dois casos, o quadro e o texto, a escuta em comum não elimina os sentimentos íntimos. De Troy os sugere pelo jogo de olhares que se cruzam, se perdem ou se evitam, e Marivaux pela fúria do chevalier com o que ouve ler — o que é um modo de expressar seu nascente amor pela irônica marquesa.

LEITURAS EM FAMÍLIA

Por fim, a leitura em voz alta é uma das práticas que reforçam outro setor da vida privada: o da intimidade da família. Marido e mulher leem entre si — como na casa dos Pepys, num ato de reciprocidade conjugal. Em 22 de dezembro de 1667, um dente inflamado prende no quarto a esposa de Pepys: "Após a refeição subi para ficar junto de minha mulher, que ainda sofre muito com esse dente, e passei a tarde lendo para ela e tagarelando para fazer-lhe companhia". Três dias depois, no dia de Natal, é ela que lê para o marido: "A tarde inteira em casa, com minha mulher lendo para mim a *História do tambor*, de mr. Mompesson, estranho relato de fantasmas que vale a pena ser lido". Pai e filho leem entre si. Dugas, o Lionês, nos fornece muitos exemplos disso: "Passei um tempo considerável com meu filho, lendo em grego e algumas odes de Horácio" (22 de julho de 1718); "Li com meu filho mais velho o *Tratado das leis* de Cícero, e Salústio com o segundo" (14 de setembro de 1719); "À noite jogo xadrez com meu filho. Começamos lendo um bom livro, isto é, um livro de devoção, durante uma meia hora" (19 de dezembro de 1732). A família lê entre si, toda reunida ao redor do livro — principalmente quando ela é protestante e este último é a Bíblia. Os livros reformados de instrução doméstica descrevem e ilustram muitas vezes essa leitura obrigatória — é o que se vê na *Oeconomia christiana*, de Justus Menius, cuja edição de 1554, de Regensburg, mostra no fronstispício um pai de família lendo para todas as pessoas da casa, a esposa e os filhos sentados a sua direita, os criados no outro canto da sala. Sobre a mesa, uma pesada Bíblia, um livro menor (o *Oeconomia*, talvez?), óculos, uma ampulheta.[44] Por certo essa leitura paterna e bíblica não é uma prática efetiva de todos os protestantes, porém ocorre comprovadamente em numerosos lugares, da Suíça do século XVI (onde Félix Platter se lembra das leituras de sua juventude, feitas por seu pai, Thomas: "Meu pai tinha o hábito de ler a Escritura para nós e rezar a partir dela antes de irmos à igreja") à Nova Inglaterra do século XVIII.

COSTUMES POPULARES

Sociabilidade do convívio, intimidade familiar e doméstica, isolamento individual: são as três esferas da vida do Ocidente em que o livro e suas leituras detêm uma posição primordial. A constatação não vale apenas para os que estão familiarizados com a escrita e que compõem as diversas elites das sociedades da era moderna. Nos meios populares também se pode encontrar uma mesma pluralidade dos usos do impresso — com a diferença de que em tais meios os impressos nem sempre são livros. A leitura em voz alta feita por quem sabe ler para os que sabem menos bem ou nada constitui uma prática habitual, na cidade e no campo, por trabalho ou por lazer, ao acaso da rua ou entre companheiros de labuta. Os objetos de tais leituras são variados, indo dos "*livres de pourtraicture*" — coletâneas de modelos e padrões manejados nas oficinas do século XVI — aos cartazes afixados nos muros da cidade, dos textos religiosos (na Suábia, em fins do século XVIII, os camponeses se reúnem para ler juntos a Sagrada Escritura[45]) aos livros de ampla circulação, como na França os títulos da "Bibliothèque bleue" [Biblioteca azul], lidos não nos serões familiares, em que não se lê, e sim nas assembleias dos que partilham a mesma existência. Este também é o caso dos pastores da Lorena no começo do século XVIII, segundo o depoimento de Jamerey-Duval.[46]

Na Espanha dos séculos XVI e XVII, formam-se auditórios populares para ouvir a leitura em voz alta de vários escritos, sobretudo novelas de cavalaria. São ouvidas pela gente humilde da cidade, segundo informa Juan Arce de Otalora num texto de 1560: "Diz-se que, em Sevilha, há artesãos que nas festas e à noite levam um livro [de cavalaria] e o leem nas *Gradas*" — ou seja, diante da catedral.[47] São ouvidas também pelos camponeses, ao menos no *Quixote*, naquele mesmo capítulo XXXII da primeira parte que já citamos: lembrando as novelas de cavalaria que possui, o estalajadeiro declara:

> Na verdade, não conheço melhor leitura no mundo. Tenho aqui dois ou três desses livros [...] que muitas vezes me deram a vida, não só a mim como a muitos outros; pois na época da colheita muitos segadores vêm reunir-se aqui nos dias de festa, e entre eles sempre se encontra um que sabe ler e pega um desses livros, e nós nos colocamos a sua volta, mais de trinta, e ficamos ouvindo-o com tanto prazer que nos tira mil cabelos brancos.

Reunidos em torno de *Don Cirongilio de Tracia* ou de *Felix-marte de Hircania*, os camponeses e a família do estalajeiro (inclusive a criada Maritornes) ouvem os relatos sem o menor cansaço, desejando, ao contrário, que nunca terminem — "gostaria de ficar ouvindo-os noites e dias" (*Querría estar oyéndolos noches y días*), declara o dono da casa. Outros textos, porém, também favorecem tais leituras, como os dos *pliegos sueltos* ou *pliegos de cordel*. Parentes no formato tipográfico (in-quarto com duas a dezesseis páginas) e na forma poética (em geral são romanças octossilábicas e assonantes), essas peças destinam-se à oralização: seus títulos, de estruturas fixas, podem ser criados por quem as vende — muitas vezes mascates cegos reunidos em confrarias — e seus textos, facilmente declamados ou cantados perante um público que tem acesso à escrita através do ouvido.

Todavia, a relação popular com a escrita não se restringe a essa leitura ouvida. Entre os séculos XVI e XVIII, a escrita penetra na intimidade de grande número de pessoas sob a forma de impressos de forte conotação afetiva, associados a momentos importantes da vida familiar ou pessoal. É o caso, em determinadas dioceses, das "cartas de casamento", manuseadas no ritual, entregues pelo noivo à noiva e nas quais texto e imagem lembram a cerimônia criadora da comunidade conjugal. Também das imagens de peregrinação, que para si mesmo e para os outros certificam a viagem realizada, a devoção cumprida. O mesmo ocorre com as imagens de confraria, que testemunham visivelmente a participação numa comunidade da qual se espera amparo e a fidelidade a um protetor celeste, invocado e venerado. Pregados na parede ou guardados em local seguro, tais objetos, em que a imagem sempre acompanha o texto, permitindo assim uma pluralidade de leituras, desempenham um papel fundamental como referenciais para a lembrança e para a autoafirmação, portanto para a constituição de um privado ao mesmo tempo íntimo e exposto.

DAS LEITURAS À ESCRITURA

Para alguns, nascidos no seio do povo, dominar a escrita é também produzi-la. O número ínfimo de tais escritos — em forma de histórias de vida — que chegaram até nós talvez não demonstre a efetiva importância dessa prática atestada por Jacques-Louis Ménétra, o vidraceiro parisiense,[48] e Louis Simon, fabricante de estamenha do Maine.[49] A partir de 1802 ou 1803, Ménétra redige o *Journal de ma vie* [Diário de minha vida], utilizando e completando fragmentos reunidos desde 1764; por volta de 1809, Simon começa a escrever "os principais Eventos ocorridos durante o Curso de minha vida" num "livro" — isto é, uma coletânea manuscrita — herdado vinte anos antes de seu tio afim e que se inicia com as contas anotadas um século antes pelo tio desse tio, que era comerciante de vinho em La Flèche. Para eles, escrever é um hábito, antes mesmo de começar o livro de suas lembranças. Ao realizar um giro pela França, Ménétra escreve com frequência, mobilizando para diversos usos uma capacidade que a recepção dos colegas comprova: "Fui recebido companheiro do Dever e os colegas fizeram-me recopiar inteiro o rol ou o que chamam Mestre Jacques ou ainda o Dever e fui chamado Parisiense Bem-Vindo". Escreve aos seus, em Paris, sobretudo a sua "boa avó", a quem pede que lhe envie subsídios; cuida da correspondência e das contas das viúvas que o contratam; trabalha como secretário para os colegas por ocasião do conflito que opõe os companheiros e o intendente de Bordeaux a propósito do sorteio para a milícia: "Procuraram entre eles alguém que soubesse escrever; o guianense veio procurar-me e fui o trigésimo primeiro companheiro. Então fiz os regulamentos e recenseei meus colegas". Com suas cartas frequentes alimenta as esperanças da viúva de Nîmes que aguarda o final de sua viagem pela França para esposá-lo — e enquanto espera mostra-se generosa. Em seu vilarejo de La Fontaine, Louis Simon também pratica a escritura, chamado a registrar as receitas da igreja e da municipalidade ou a redigir o *cahier de doléances* [livro de queixas] da paróquia. Para ele, a Revolução é em primeiro lugar um tempo que passou — e perdeu — escrevendo: "Pois fiquei três anos sem trabalhar por causa dos tumultos, e aqui só podiam recorrer a mim pois eu era o único que sabia escrever e entendia um pouco dos negócios".

No momento de escrever o relato de sua vida, os dois homens se lembram de que foram leitores e, talvez sem ter consciência disso, mobilizam as formas e os motivos encontrados ao acaso nos livros que haviam lido. Na juventude, graças à biblioteca do vigário da paróquia, graças também ao regresso de um vendedor de livros — sem dúvida do catálogo azul —, Louis Simon pôde se familiarizar com o impresso: "Assim passava o tempo no prazer de tocar instrumentos e lendo todos os livros que conseguia arranjar sobre todas as histórias antigas, as guerras, a geografia, as vidas de santos, o velho e o novo testamento e outros livros santos e profanos; também gostava muito das canções e dos cânticos". Essa cultura mista, meio erudita, meio popular, deixou vestígios na escritura de Louis Simon, na quadra ao *Ami lecteur* [amigo leitor] da primeira página, nas moralidades reunidas sob o título *Conseils* [Conselhos] e destinadas a seus filhos, na compilação de eventos inéditos, enfeixados sob a rubrica *Evenements extraordinaires visionnaire* [Eventos extraordinários visionário]. Para Ménétra, que menciona poucos títulos (apenas a Bíblia, *Le petit Albert* e os livros de Rousseau), as leituras servem para organizar uma existência, ao mesmo tempo real e sonhada, moldada nas formas literárias do século. Os romances eróticos fornecem-lhe um repertório de intrigas picantes e de figuras amorosas (a religiosa seduzida e infiel a seus votos, a aristocrata de ardores insaciáveis, a mulher do povo violentada porém satisfeita etc.); o teatro, do qual é aficionado, ensina-o a situar as personagens, ficando com o principal papel — por exemplo, no encontro com Rousseau; as narrativas de grande circulação, dos *canards* ou dos livros azuis, sugerem-lhe procedimentos que destacam as aventuras comuns. Embora o *Journal* não os cite, esses textos são espelhos, ou melhor, prismas, que devolvem a Ménétra a imagem de sua vida, mas uma vida recomposta segundo a ordem do desejo, embelezada, ideal. De formas bem diferentes, o fabricante de estamenha e o vidraceiro — que querem fazer obra pessoal, o primeiro a fim de reencontrar por meio da escritura a lembrança de sua mulher amada, que falecera cinco anos antes; o segundo para mirar-se e afirmar uma cultura outra, traduzida numa recusa deliberada das regras usuais da pontuação e da ortografia — atestam a familiaridade popular com a escrita, os textos, os livros. Uma familiaridade que, no final do século XVIII, permite aos humildes modelar pelas leituras feitas o relato de sua vida — vivida em atos ou em imaginação.

NOTAS

1. Essa apreciação das taxas de assinaturas difere, pois, daquela de F. Furet e J. Ozouf, que, correlacionando para 1866 as assinaturas no contrato de casamento, os graus de instrução dos conscritos e os dados culturais do recenseamento, concluem: 1) que "a capacidade de assinar remete ao que hoje chamamos de alfabetização e inclui leitura e escritura"; 2) que existe uma "presunção favorável" para que a correlação entre assinatura no contrato de casamento e alfabetização completa seja válida "para períodos mais antigos". Cf. *Lire et écrire. L'alphabétisation des français de Calvin à Jules Ferry*, Paris, Ed. de Minuit, 1977, t. 1, p. 27.

2. R. Houston, "The literacy myth? Illiteracy in Scotland 1630-1760", *Past and Present*, 96, 1982, pp. 81-102.

3. D. Cressy, *Literacy and the social order. Reading and writing in Tudor and Stuart England*, Cambridge University Press, 1980 (sobre os juramentos de 1641-4, cap. IV, pp. 62-103); e R. S. Schofield, "Dimensions of illiteracy, 1750--1850", *Explorations in Economic History*, 10, 1973, pp. 437-54.

4. M. Fleury e P. Valmary, "Les progrès de l'instruction élémentaire de Louis XIV à Napoléon III d'après l'enquête de Louis Maggiolo (1877-1879)", *Population*, 12, 1957, pp. 71-93; e F. Furet e J. Ozouf, op. cit.

5. S. Hart, "Onderzoek naar de samenstelling van de bevolking van Amsterdam in de 17e en 18e, eeuw, op grond van gegevens over migratie, huwelijk, beroep en alfabetisme", *Gescrift ien Getal. Een keuze uit de demografisch--economisch-, en sociaal-historische studiën op grond van Amsterdamse en Zaanse archivalia, 1600-1800*, Dordrecht, 1976, pp. 130-2.

6. M. R. Duglio, "Alfabetismo e società a Torino nel secolo XVIII", *Quaderni Storici*, 17, maio-agosto de 1971, pp. 485-509.

7. M. C. Rodriguez e B. Bennassar, "Signatures et niveau culturel des témoins et accusés dans les procès d'Inquisition du ressort du tribunal de Tolède (1525-1817) e du ressort du tribunal de Cordoue (1595-1632)", *Caravelle*, 31, 1978, pp. 19-46.

8. K. Lockridge, *Literacy in colonial England. An inquiry into the social context of literacy in early modern West*, Nova York, 1974.

9. Id., "L'alphabétisation en Amérique, 1650-1800", *Annales ESC*, 1977, pp. 503-18.

10. D. Cressy, op. cit., pp. 157-74.

11. A. Larquié, "L'alphabétisation à Madrid en 1680", *Revue d'Histoire Moderne et Contemporaine*, 1981, pp. 132-57; e "L'alphabétisation des madrilènes dans la seconde moitié du XVIIe siècle: stagnation ou évolution?", *Colloque "Instruction, lecture, écriture en Espagne (XVIe-XIXe siècle)"*, Toulouse, 1982, datilografado.

12. M. Vovelle, "Y a-t-il eu une révolution culturelle au XVIIIe siècle? A propos de l'éducation populaire en Provence", *Revue d'Histoire Moderne et Contemporaine*, 1975, pp. 89-141.

13. D. Cressy, op. cit., pp. 130-7, em especial Quadro 6.8, p. 136.

14. D. Marchesini, "La fatica di scrivere. Alfabetismo e sottoscrizioni matrimoniali in Emilia tra Sette ed Ottocento", artigo inédito.

15. D. Cressy, op. cit., pp. 124-5 e p. 128.

16. J. Ruwet e Y. Wellemans, *L'analphabétisme en Belgique* (*XVII*[e]*-XIX*[e] *siècle*), Louvain, 1978, p. 22.

17. K. Benda, "Les Lumières et la culture paysanne dans la Hongrie du XVIIIe siècle", *Les Lumières en Hongrie, en Europe centrale et en Europe orientale*, atas do III Colóquio de Matrafüred (1975), Budapeste, 1977, pp. 97-109.

18. E. Johansson, "The history of literacy in Sweden" (1977), *Literacy and social development in the West: a reader*, H. J. Graff ed., Cambridge University Press, 1981, pp. 151-82.

19. T. C. Smout, "Born again at Cambuslang: new evidence on popular religion and literacy in eighteenth-century Scotland", *Past and Present*, 97, 1982, pp. 114-27 (que cita o estudo de I. Markussen e V. Skovgaard-Petersen sobre a Dinamarca).

20. R. Gawthrop e G. Strauss, "Protestantism and literacy in early modern Germany", *Past and Present*, 104, 1984, pp. 31-55.

21. B. Vogler, *Vie religieuse en pays rhénan dans la seconde moitié du XVI*[e] *siècle* (*1556-1619*), Lille, 1974, t. II, pp. 796-9.

22. R. Engelsing, *Analphabetentum und Lektüre. Zur Sozialgeschichte des Lesens in Deutschland zwischen feudaler und industrieller Gesellschaft*, Stuttgart, 1973, p. 62.

23. A. Derville, "L'alphabétisation du peuple à la fin du Moyen Âge", *Revue du Nord*, edição especial, *Liber amicorum. Mélanges offerts à Louis Trénard*, 261-2, abril-setembro de 1984, pp. 761-76.

24. C. Klapisch-Zuber, "Le chiavi fiorentine di Bardalù: l'apprendimento della lettura a Firenze nel XV secolo", *Quaderni Storici*, 57, dezembro de 1984, pp. 765-92. A variação entre 45% e 60% de crianças escolarizadas depende da estimativa mais ou menos alta da população florentina em 1330-40.

25. M. Lowry, *The world of Aldus Manutius. Business and scholarship in Renaissance Venice*, Oxford, Basil Blackwell, 1979, pp. 26-41.

26. C. Ginzburg, "High and low: the theme of forbidden knowledge in the sixteenth and seventeenth centuries", *Past and Present*, 73, 1979, pp. 28-41.

27. P. Saenger, "Silent reading: its impact on late medieval script and society", *Viator. Medieval and Renaissance studies*, vol. XIII, 1982, pp. 367-414.

28. P. Berger, "La lecture à Valence de 1474 à 1560. Évolution des comportements en fonction des milieux sociaux", *Livre et lecture en Espagne et en France sous l'Ancien Régime*, Colóquio da Casa de Velázquez, ADPF, 1981, pp. 97-107.

29. A. Labarre, *Le livre dans la vie amiénoise du XVI*[e] *siècle. L'enseignement des inventaires après décès, 1503-1576*, Paris-Louvain, Nauwelaerts, 1971.

30. C. Bec, *Les livres des Florentins* (*1413-1608*), Florença, Leo S. Olschki ed., 1984, em especial pp. 91-6.

31. P. Clark, "The ownership of books in England, 1560-1640: the example of some kentish townsfolk", *Schooling and society. Studies in the history of education*, L. Stone ed., The Johns Hopkins University Press, 1976, pp. 95-111.

32. E. François, "Livre, confession et société urbaine en Allemagne au XVIIIe siècle: l'exemple de Spire", *Revue d'Histoire Moderne et Contemporaine*, julho-setembro de 1982, pp. 353-75.

33. Para os dados franceses remetemos a nossa síntese, R. Charrier e D. Roche, "Les pratiques urbaines de l'imprimé", *Histoire de l'édition française*, sob a direção de H.-J. Martin e R. Chartier, Paris, Promodis, t. II; *Le livre triomphant, 1660-1830*, pp. 402-29, que utiliza, entre outros, os trabalhos de J. Quéniart sobre as cidades do Oeste e de M. Marion sobre Paris.

34. R. A. Gross, *The authority of the word: print and social change in America, 1607-1880*, comunicação apresentada ao Colóquio "Needs and Opportunities in the History of the Book in American Culture", Worcester, 1984, datilografado.

35. P. Benedict, "Bibliothèques protestantes et catholiques à Metz au XVIIe siècle", *Annales ESC*, 1985, pp. 343-70.

36. D. Hall, "Introduction: the uses of literacy in New England, 1600--1850", *Printing and society in early America*, W. Joyce, D. Hall, R. Brown e J. Hench ed., Worcester, American Antiquarian Society, 1983, pp. 1-47, do qual emprestamos os textos citados.

37. R. Engelsing, "Die Perioden der Leseforschung in der Neuzeit. Das statistische Ausmass und die soziokulturelle Bedeutung der Lektüre", *Archiv für Geschichte des Buchwesens*, vol. X, 1969, pp. 945-1002, e *Der Burger als Leser. Lesergeschichte in Deutschland, 1500-1800*, Stuttgart, 1974.

38. D. Fabre, "Le livre et sa magie", *Pratiques de la lecture*, sob a direção de Roger Chartier, Marselha, Rivages, 1985, pp. 182-206.

39. *Journal de Samuel Pepys*, Mercure de France, 1985, na tradução muito parcial de René Villoteau. Os textos citados foram verificados na edição completa *The diary of Samuel Pepys*, R. C. Latham e W. Matthews ed., University of California Press, 1970, 11 vols.

40. H. Harrison e P. Laslett, *The library of John Locke*, Oxford, At the Clarendon Press, 1971, 2ª ed., em especial o ensaio de P. Laslett, "John Locke and his books", pp. 1-65.

41. Sobre esses dois quadros, ver as notas do catálogo *Chardin, 1699-1779*, Paris, Éditions de la Réunion des Musées Nationaux, 1979, pp. 278-83.

42. *Mémoires d'Henri de Campion*, Paris, Mercure de France, 1967, pp. 95-6.

43. Cf. *Correspondance littéraire et anecdotique entre M. de Saint-Fonds et le président Dugas*, publicada por W. Poidebard, Lyon, 1900, e R. Chartier, "Une académie avant les lettres patentes. Une approche de la sociabilité des notables lyonnais à la fin du règne de Louis XIV", Marseille, 101, *Les provinciaux sous Louis XIV*, 1975, pp. 115-20.

44. G. Strauss, *Luther's house of learning. Indoctrination of the young in Ger-*

man Reformation, The Johns Hopkins University Press, 1978, pp. 108-31, gravura p. 114.

45. D. Sabean, "Small peasant agriculture in Germany at the beginning of the nineteenth century: changing work patterns", *Peasant Studies*, VII, 1978, pp. 222-3.

46. V. Jamerey-Duval, *Mémoires. Enfance et éducation d'un paysan au XVIIIe siècle*, introdução de J. M. Goulemot, Paris, Le Sycomore, 1981, pp. 191-3. Sobre as leituras dos livros azuis, R. Chartier, "Livres bleus et lectures populaires", *Histoire de l'édition française*, t. II, op. cit., pp. 498-511.

47. Citado por M. Chevalier, *Lectura y lectores en la España de los siglos XVI y XVII*, Madri, Turner, 1976, p. 91.

48. *Journal de ma vie. Jacques-Louis Ménétra, compagnon vitrier au XVIIIe siècle*, apresentado por D. Roche, Paris, Montalba, 1982.

49. A. Fillon, *Louis Simon, étaminier 1741-1820 dans son village du haut Maine au siècle des Lumières*, tese de terceiro ciclo, Universidade do Maine, 1982.

2

FORMAS DA PRIVATIZAÇÃO

Jacques Revel
Orest Ranum
Jean-Louis Flandrin
Jacques Gélis
Madeleine Foisil
Jean Marie Goulemot

Entre os séculos XVI e XVIII, o processo de privatização que caracteriza as sociedades ocidentais inclui expectativas e práticas novas, produz espaços, objetos, escritos até então desconhecidos, cria uma inédita consciência de si mesmo e dos outros. São as principais formas dessas múltiplas inovações — arquitetônicas ou literárias, afetivas ou corporais — que esta segunda parte se propõe examinar, valendo-se das anotações de Philippe Ariès. De acordo com ele, seis categorias essenciais deviam permitir a identificação das modificações ocorridas no pensamento e na conduta: a civilidade, que suscita atitudes novas com relação ao corpo; o autoconhecimento procurado na escritura íntima; a solidão, praticada não mais apenas como ascese, porém ainda como prazer; a amizade, cultivada em particular; o gosto, valorizado como uma forma de autoapresentação; e a comodidade, resultado da reorganização do cotidiano. Os textos seguintes inserem-se nesse quadro para propor diversas abordagens da invenção do privado moderno.

A primeira se articula a partir da contraditória dupla formada por civilidade e intimidade. As prescrições enunciadas pelos numerosos textos que pretendem regulamentar as condutas sociais opõem-se, ponto por ponto, aos movimentos dos corações e dos corpos em suas paixões íntimas. O espaço governado pela civilidade é o da existência coletiva, da sociabilidade distintiva da corte e dos salões, ou do ritual social em sua íntegra, cujas normas obrigatórias devem aplicar-se a todos os indivíduos, seja qual for sua condição. A intimidade, ao contrário, exige locais isolados, espaços apartados onde encontrar solidão, recolhimento, silêncio. O jardim, o quarto (porém mais ainda a alcova e a ruelle*), o gabinete, a biblioteca oferecem tais refúgios, que, juntos, escondem o que já não deve ou não pode ser mostrado (os cuidados com o corpo, as funções naturais, os gestos do amor) e abrigam práticas associadas mais que antes ao isolamento, tais como a prece ou a leitura.*

Comandando os comportamentos do indivíduo em sociedade, a civilidade é aprendizagem do distanciamento dos corpos. Na medida em que as novas formas sociais (e sobretudo a corte) ampliam as dependências recíprocas e as familiaridades impostas, exigindo, como escreve Norbert Elias, "a representação da posição pela forma" — ou seja, uma tradução sempre visível, sempre pública do que o indivíduo é —, mais severas devem ser as proibições do contato físico, do tocar os corpos. A individualização do sono, cada qual em sua cama, a censura aos embates corporais — na brincadeira ou na luta —, as transformações das maneiras à mesa, que proíbem comer no prato comum e prescrevem o uso de utensílios pessoais constituem efeitos desse distanciamento dos corpos, exigido por seus encontros mais frequentes e suas relações mais densas. Contra essas separações forçadas, as afeições íntimas — de amor ou amizade, carnais ou espirituais — demandam a proximidade do corpo do outro ou pelo menos do objeto que poderá representá-lo, torná-lo presente em sua ausência. Daí um novo repertório de hábitos capazes de estabelecer essa comunhão imperiosamente reivindicada: levar consigo um objeto que o amado tocou, conservar um vestígio do ente desaparecido, ceifado pela morte, ou, através do próprio corpo, sentir a presença de Deus. A intimidade do privado — que reveste as condutas doravante interditas em público porém permitidas, até exigidas pela afinidade entre os que se amam — reclama, portanto, a abolição da ausência e a presença do corpo que não se pode tocar. Essa exigência, que é a dos amores intensos, das experiências espirituais ou da lembrança dos mortos, percorre os três séculos da era moderna, mas talvez se reforce com a progressiva concentração da afetividade em alguns entes queridos, no casal unido ou na família estrita.

Civilidade e intimidade também se opõem de outra maneira. De fato, a primeira deve submeter as emoções, refrear os afetos, dissimular os movimentos da alma e do coração. A racionalidade que a domina proporcionaliza cada conduta à relação em que se inscreve e ajusta cada comportamento ao efeito que deveria produzir. Assim, a civilidade é acima de tudo uma arte, sempre controlada, da representação de si mesmo para os outros, um modo estritamente regulamentado de mostrar a identidade que se deseja ver reconhecida. Na solidão ou na intimidade com o outro, essas disciplinas já não têm sentido, e as efusões mais impudicas, as emoções mais extremadas podem submergir todo o ser. Aí também o discurso da mística ou às vezes a confissão erótica expressam essas paixões que os decoros da civilidade não sufocam e que extrapolam as censuras e imposições duramente incorporadas pelo habitus *do homem moderno.*

Contrariando a exigência de representação pública que governa todas as condutas nas sociedades cortesãs, a trajetória da privatização pode entender-se igualmente como a passagem do fausto ao luxo — retomando os termos de Jean Starobinski. O fausto monárquico, assim como a retórica, pretende ser demonstração e persuasão: manifestando a grandeza do príncipe através da ostentação, dos gastos, do cerimonial, visa a convencer os que virem os sinais de tal grandeza e, mais além, cada um dos súditos. Abolindo a fronteira entre o público e o privado, o fausto das realezas absolutas manipula como imagens do poder público os monumentos que edifica, os rituais que ordena. Mas é justamente onde produz suas formas mais acabadas e rigorosas (na França da segunda metade do século XVII) que se rompe esse sistema simbólico. Emancipada da tirania do Estado, a sociedade civil de fato afirma novas aspirações que associam os gastos privados, os do luxo aristocrático ou burguês e a valorização do gosto como valor de distinção.

Tratada aqui a partir do gosto alimentar, pois é nesse campo que se define o sentido primeiro e moderno do "bom gosto", tal evolução comporta uma dupla mudança. Por um lado, substitui a manifestação centralizada e espetacular do poder soberano por uma representação fragmentada, multiplicada, das diferenças sociais. O luxo que define a arte de viver de alguns assinala a distância que os separa da plebe vulgar e grosseira. A ostentação das opulências, inclusive a do príncipe, substituiu-se assim à demonstração da soberania absoluta. Por outro lado, o bom gosto, evidenciado em si e nos outros pelo refinamento das maneiras, pela estetização do estilo de vida, pela busca de prazeres delicados, autoriza a afirmação de uma distinção não mais na submissão obrigatória às formalidades restritivas da etiqueta curial, e sim na liberdade cômoda e privada de uma existência confortável. Os arranjos dos pequenos apartamentos, as decorações de interior, os móveis e as vestes concebidas para a intimidade doméstica, as atenções culinárias que discriminam produtos e cozimentos são sinais de uma nova maneira de viver que já não precisa da cena pública para marcar ostensivamente as distâncias sociais, mas pode satisfazer-se com uma certeza de superioridade vivida em privado, autoatribuída.

Assim se encontra atado um dos numerosos laços que unem as formas da privatização e a nova consciência do indivíduo. Desta foram retidas três expressões fundamentais: a emergência de uma representação da criança que a destaca do corpo coletivo da linhagem e faz dela uma pessoa singular; a produção da escritura privada, confiada ao livre de raison *ou ao diário e que expressa as tristezas e os dias, os trabalhos e as alegrias; enfim, a evolução que legitima a prática literária e baseia sua verdade no eu, explorado, exibido exaltado. Por certo, a história da vida privada não pode confundir-se com a da constituição filosófica, psicológica ou política do sujeito nas sociedades do Ocidente. Seriam necessárias outras pesquisas, outras competências. Contudo, o novo olhar lançado sobre o indivíduo é muito importante para compreender como se define o espaço moderno do privado.*

A singularidade encontrada no outro ou em si mesmo suscita gestos inéditos, subtraídos ao olhar público, furtados ao tempo comum. Uns se inserem na intimidade familiar, como as brincadeiras com as crianças, esse carinho que acompanha a descoberta de sua individualidade; outros dependem do recolhimento solitário, como todas as práticas da escritura, quer visem à miúda contabilidade do cotidiano ou ao autoconhecimento através do relato autobiográfico ou da confissão íntima, quer visem à invenção romanesca. Novos gestos, pois, mas também uma redefinição da fronteira entre público e privado. Em suas formas diversas, a literatura baseada na mise-en-scène do eu propõe à curiosidade pública — a dos leitores, que se espera sejam numerosos — o privado mais íntimo, o dos afetos, o dos sentimentos, às vezes o das perversões. À divisão durante muito tempo estrita entre o que se podia escrever (escrever para os outros, evidentemente) e o que não se podia — divisão essa baseada na distinção entre o universal, passível da circulação pública, e as singularidades do particular, aceitáveis apenas no sigilo de uma escritura privada sem outro leitor que não seu autor —, a posição do eu como penhor da verdade do texto substituiu um limite outro, mais sutil, que permite a publicidade da literatura de atos e palavras, reais ou fictícios, que no mundo social deveriam ser escondidos. Assim, ao mesmo tempo que ganha o espaço privado graças às conquistas da intimidade sobre a civilidade ou do luxo sobre o fausto, a literatura, em suas práticas mais novas, faz desse privado — doravante constituído e protegido — o objeto privilegiado do mais público dos discursos. Como se a definição de uma esfera de existência subtraída à lei do príncipe e ao olhar dos outros autorizasse também sua possível intrusão, sua possível confissão.

R. C.

OS USOS DA CIVILIDADE

Jacques Revel

E quanto às mãos? Pedimos, prometemos, chamamos, despedimo-nos, ameaçamos, rezamos, suplicamos, negamos, recusamos, interrogamos, admiramos, nomeamos, confessamos, arrependemo-nos, tememos, envergonhamo-nos, duvidamos, instruímos, ordenamos, incitamos, encorajamos, juramos, testemunhamos, acusamos, condenamos, absolvemos, injuriamos, desprezamos, desafiamos, desapontamos, lisonjeamos, aplaudimos, abençoamos, humilhamos, zombamos, reconciliamos, recomendamos, exaltamos, festejamos, celebramos, lamentamos, [...] calamos; e o que [mais] não?

Certamente, Montaigne (*Ensaios* II, XII) não é o primeiro a reconhecer que não existe "movimento que não fale, tanto uma linguagem intelígivel sem disciplina como uma linguagem pública". Porém, ele o faz ao término de um século que se interrogou apaixonadamente sobre a natureza e o significado das linguagens não verbais, em especial das expressões corporais. Também sobre sua função: nos movimentos do corpo e do rosto, na postura e na veste encontram-se os elementos de uma caracterização psicológica e de uma taxonomia social. Nesses signos falantes baseia-se um léxico do reconhecimento.

Todavia, Montaigne opõe-se a seu tempo ao enaltecer as virtudes de um gestual inteligível "sem disciplina". Com efeito, o século XVI é o de um intenso esforço de codificação e controle dos comportamentos. Submete-os às normas da civilidade, isto é, às exigências do comércio social. Existe uma linguagem dos corpos, sim, porém destina-se aos outros, que devem poder captá-la. Ela projeta o indivíduo para fora de si mesmo e o expõe ao elogio ou à sanção do grupo. As regras da civilidade que se impõem então podem ser compreendidas como uma manobra para limitar ou até mesmo negar a vida privada. Assim, podemos tentar acompanhar ao longo de três séculos o deslocamento dessa fronteira que progressivamente circunscreve o privado ao íntimo, depois o íntimo ao secreto ou até ao inconfessável.

No entanto, essa transformação das sensibilidades e das práticas é ainda mais complexa. Durante toda a era moderna, ela encobre na verdade uma evolução dupla e contraditória. Por um lado, os procedimentos de controle social tornam-se mais severos; através das formas educativas, da gestão das almas e dos corpos, encerram o indivíduo numa rede de vigilância cada vez mais compacta. Por outro, constituem-se à margem da vida coletiva espaços protegidos que são objeto de uma revalorização, sendo o primeiro deles o foro familiar. Naturalmente, podemos compreender essas duas histórias opostas como as duas faces inseparáveis de um mesmo processo que a longo prazo conduz a uma reorganização em profundidade das formas da experiência social.[1] Esse esquema, bastante resumido, tem a força da simplicidade. Tem o inconveniente de considerar como ponto pacífico o divórcio entre público e privado que é precisamente o resultado das mudanças que procuramos expor. Todo o interesse de uma análise como aquela que Norbert Elias propôs já há meio século deve-se ao fato de que procura pensar no conjunto, no seio de um mesmo "processo de civilização", as transformações da sociedade e dos comportamentos.[2] Enfatizando os mecanismos de implantação e reprodução das normas sociais, ele desloca os termos de uma história à qual restitui sua unidade orgânica: pois é a interiorização individual da regra que lhe confere sua maior eficácia. A disciplina coletiva torna-se, assim, objeto de uma gestão pessoal e privada.

Para acompanhar essa trajetória, a literatura das civilidades — à qual Norbert Elias dedicou análises clássicas, como sabemos — fornece um *corpus* evidente e ambíguo. Uma sociedade constrói representações de seu próprio funcionamento; onde poderíamos buscá-las de maneira mais cômoda que nesses textos que, do século XVI ao XIX, codificam minuciosamente os valores corporais e regulamentam em detalhes o sistema dos comportamentos sociáveis? Entretanto, como toda documentação normativa, esta também se expõe a uma objeção de princípio: descreve condutas prescritas e não condutas reais. Todavia, essa crítica global não parece incontornável. Além de às vezes ser possível confrontar com esses modelos práticas efetivas, estamos aqui num campo em que a representação social da norma não é menos "real" que a conservada pelos comportamentos observáveis. Aliás, esses tratados têm uma finalidade pedagógica: todos revelam a mesma vontade de expor e ensinar as maneiras legítimas. No entanto, realizam esse projeto de modos bem diversos, segundo a importância que atribuem às regras de conduta, segundo o público ao qual se destinam, segundo as formas de aprendizagem que sugerem. Assim, podemos tentar identificar nas entrelinhas de cada um desses textos seus destinatários e sobretudo um uso particular da civilidade. O que propomos acompanhar aqui é a história e a lógica desses usos.

ERASMO: UMA TRANSPARÊNCIA SOCIAL

As transformações dos comportamentos e das representações são lentas difusas e muitas vezes contraditórias. Assim, só excepcionalmente podemos atribuir uma data precisa a uma evolução ou a uma inovação e associá-la a um fato singular. Contudo, a história da civilidade propõe essa experiência única. Ancora-se num texto básico, que depois não cessou de ser reivindicado, plagiado, deformado. Essa matriz é *A civilidade pueril*, de Erasmo, publicada pela primeira vez em Basileia em 1530 e logo destinada a imenso sucesso.[3] Ao mesmo tempo que reformula a própria noção de civilidade, esse breve tratado didático, escrito em latim, fixa — e por três séculos — o gênero literário que garantirá à pedagogia das "boas maneiras" sua mais ampla difusão social.

À primeira vista, porém, o texto nada tem que possa impressionar. Sempre foi considerado uma obra menor, e já Guillaume Budé criticava o velho humanista por desperdiçar suas últimas forças e comprometer sua reputação com uma "obra trivial". De fato, em algumas dezenas de páginas esse manual reúne com vaga ordem observações e conselhos para uso das crianças, abordando as principais circunstâncias da vida em sociedade. Assim, trata da postura, dos comportamentos sociáveis (na igreja, à mesa, por ocasião de um encontro, nas brincadeiras) e, por fim, do deitar-se. Na essência, tal repertório continuará sendo o mesmo que, com alguns acréscimos, inumeráveis tratados retomarão, inspirando--se durante muito tempo nessa obra de referência. Contudo, a matéria de *A civilidade pueril* não é verdadeiramente original. De fato, Erasmo continua uma tradição muito antiga, compósita, que acabou se constituindo num conhecimento amplamente partilhado. Primeiro, baseia-se numa vasta literatura clássica, tratados de educação e fisiognomonias, que vai de Aristóteles a Cícero, de Plutarco a Quintiliano. Conhece também, pelo menos em parte, a abundante produção medieval que, sobretudo depois do século XII, incumbiu-se de regulamentar os comportamentos. Esses textos são de origem e natureza bem distintas; encontramos lado a lado coletâneas de instrução monástica, espelhos* dos príncipes, tratados de cortesia e conselhos para os jovens. Destinavam-se também a públicos mais ou menos específicos e de tamanho muito variável. Quando mais não seja porque emprestaram muito uns dos outros, acabaram por alimentar uma espécie de vulgata. Além dessa literatura erudita ou semierudita, Erasmo recorre à sabedoria das nações — aos provérbios, máximas, fábulas —, em que muitas vezes se compraz em buscar os vestígios de uma sabedoria perdida, simples e insensível às modas.

Materiais díspares, portanto, amplamente remanejados ao longo dos séculos e que com uma coleção de exemplos propõem uma clara lição: todos — e Erasmo com eles — proclamam que as manifestações do corpo — gestos, mímicas, atitudes — constituem expressões legíveis do homem interior, revelam as disposições da alma. Assim se inicia *A civilidade*:

* Título dado com frequência a livros escritos na Idade Média sobre direito, teologia, filosofia, história natural e vários outros assuntos. (N. T.)

> Para que a bondade natural de uma criança se revele por toda parte (e ela reluz sobretudo no rosto), que seu olhar seja doce, respeitoso, honesto; olhos ferozes denotam violência; olhos fixos são sinal de insolência; olhos fugidios, perturbados, sinal de loucura; que não olhem de esguelha, o que é [típico] de um hipócrita, de quem planeja uma maldade; que não se abram desmesuradamente, o que é [típico] de um imbecil; baixar as pálpebras e piscar os olhos indica leviandade; mantê-los imóveis indica um espírito preguiçoso, e Sócrates foi criticado por isso; olhos penetrantes denotam irascibilidade; demasiado vivos e eloquentes revelam um temperamento lascivo; é importante que denotem um espírito calmo e respeitosamente afetuoso. De fato, não foi por acaso que os antigos sábios disseram: os olhos são a sede da alma.

A leitura psicológica do olhar constitui para nós um lugar-comum elementar. Porém, todos os movimentos, todas as posturas corporais, a própria roupa podem ser objeto de uma leitura semelhante. Os gestos são signos e podem organizar-se numa linguagem; expõem-se à interpretação e permitem um reconhecimento moral, psicológico e social da pessoa. Não há intimidade que não revelem.

Tal proposição tem seu contrário. Se o corpo diz tudo sobre o homem profundo, deve ser possível formar ou reformar suas disposições íntimas regulamentando corretamente as manifestações do corpo. É a razão de ser de uma literatura que prescreve os comportamentos lícitos e, mais ainda, proscreve os que são considerados irregulares ou maus. Considera-se a intimidade apenas para manipulá-la e adequá-la a um modelo que é o do meio-termo, o da recusa a todos os excessos.

Comparado a esse acervo comum de convicções, o tratado de Erasmo todavia inova em três pontos essenciais.

Primeiro, dirige-se às crianças, enquanto os textos anteriores o mais das vezes ensinavam indiferentemente a jovens e adultos. Com a devoção, a moral e as humanidades, a civilidade compete, portanto, a uma pedagogia de base que será tanto mais eficaz quanto mais cedo for posta em prática e na qual o humanista deposita ilimitada confiança. Pois, símbolo da simplicidade e da inocência evangélicas, a criança que ainda não foi pervertida pela vida social está aberta a todos os aprendizados e ao mesmo tempo encarna uma espécie de transparência elementar: não sabe esconder nada do que ela é.

Segunda novidade: *A civilidade pueril* dirige-se indistintamente a todas as crianças. Os textos do fim da Idade Média — o *Book of nurture* [Livro de criação] de John Russel, o *Babies book* [Livro das crianças], os *Hof-* e *Tischzuchten* alemães [Disciplinas na corte e à mesa], na França os livros de cortesia e das condutas à mesa — destinavam-se exclusivamente às jovens elites (e às vezes aos mais velhos), nas quais se encarregavam de incutir os rudimentos da vida aristocrática. Sem dúvida as *Instructions pour les novices* [Instruções para os noviços], de Hughes de Saint-Victor (século XII), já haviam proposto uma "disciplina", um primeiro modelo de educação dos comportamentos válido para o maior número de pessoas: mas esses futuros monges, colocados como exemplo na vanguarda da sociedade, constituíam na verdade um modelo inacessível para a maioria.[4] O tratado de Erasmo é dedicado por certo a um jovem nobre, "criança muito promissora" e último rebento de uma família que há longo tempo protege o humanista. Na verdade, porém, é proposto a todos: "É vergonhoso para os bem-nascidos não ter as maneiras correspondentes a sua elevada extração. Aqueles que a sorte fez plebeus, pessoas de condição humilde, camponeses mesmo, devem esforçar-se para compensar pelas boas maneiras as vantagens que o acaso lhes recusou. Ninguém escolhe seu país ou seu pai: todos podem adquirir qualidades e maneiras".

Segue-se uma terceira originalidade: *A civilidade pueril* pretende ensinar a todos um código válido para todos. Se, como vimos, Erasmo lida com um material acumulado pela tradição (e com relação ao qual não deixa às vezes de guardar uma distância irônica), utiliza-o de modo muito diferente de todos os que o precederam. Até então, erigiam-se em norma práticas particulares, adequadas a grupos ou meios restritos. Erasmo, ao contrário, quer fundamentar numa aprendizagem gestual comum uma transparência social na qual vê a precondição necessária à concretização de uma sociabilidade generalizada. Não exige muito em termos de comportamentos. Porém, denuncia tudo o que nas manifestações do corpo (como nas da linguagem) poderia tornar a sociedade opaca a si mesma, entravando a livre circulação dos signos entre os homens. Assim são proscritos num mesmo plano os gestos e atitudes que poderiam arrancar a humanidade de si mesma e arrastá-la para a animalidade, por exemplo (o riso equino, a voz nasal que lembra o elefante, a postura curvada como a das aves pernaltas); os que perturbam a harmonia, confundindo os gêneros (e tudo o que se refere em particular à indistinção sexual), mas também expressando paixões individuais com demasiada indiscrição. São, porém, os costumes particulares demais que constituem objeto da crítica: os das profissões, das nações, dos diferentes grupos sociais. Neste aspecto, os comportamentos aristocráticos não são, por princípio, melhores que os do povo, ainda que se beneficiem de maior indulgência coletiva. "Tudo convém aos príncipes; é uma criança que queremos formar." A verdadeira civilidade consiste em livrar-se de todos os idiotismos e reivindicar somente as expressões corporais que são reconhecíveis e aceitáveis para o maior número. Pois seu único objetivo é unir mais os homens.

Assim, a novidade do tratado de 1530 não consiste na argúcia da observação psicológica ou sociológica, como se repetiu tantas vezes, pois no essencial Erasmo se limita a retomar lugares-comuns muito antigos e, no fundo, faz da "bondade natural" da criança sua única petição de princípio na matéria. Ela é, antes, de ordem antropológica e moral, na medida em que Erasmo pretende basear o vínculo social na aprendizagem generalizada de um código comum de comportamentos. Sua civilidade procura menos estabelecer os dados de um conhecimento sobre o homem íntimo que incutir uma atitude sociável capaz de incluir um trabalho sobre si mesmo em relação aos outros. Aliás, não é a última palavra uma defesa da causa da tolerância? "A regra mais importante da civilidade, por mais irrepreensíveis que sejamos, é desculpar facilmente as infrações dos outros [...], e essas regras que acabamos de transcrever não são de observância tão estrita que não se possa sem elas ser um homem honesto." Não se trata, pois, de perseguir o segredo das almas nem de subjugá--las, e sim de preparar as crianças para viverem melhor.

Tão logo publicada, *A civilidade pueril* torna-se um best--seller pelos padrões do século XVI. Quase em seguida é reimpressa em Basileia, Paris, Antuérpia, pouco depois em Frankfurt, Leipzig, Cracóvia. E adaptada com maior ou menor liberdade, anotada em 1531 pelo humanista Gisbertus Longolius em Colônia, organizada na forma de perguntas e respostas por Hadamarius em 1537, compilada ou ainda republicada sob a forma de trechos selecionados; e sempre atinge públicos tidos como diferentes. Sobretudo, é logo traduzida para o alemão em 1531, para o inglês (edição bilíngue) no ano seguinte, para o francês e o tcheco em 1537, para o holandês em 1546. No total, um mínimo de oitenta edições e catorze traduções, várias dezenas de milhares de exemplares antes de 1600, produzidos e difundidos sobretudo na Europa setentrional, com excepcional concentração no Norte da França, nos Países Baixos e na Alemanha renana.[5]

Tratando-se de um manual sem pretensões, à margem das grandes realizações culturais do humanismo europeu, tal sucesso é difícil de explicar. Norbert Elias propôs uma interpretação convincente, sugerindo que, tanto quanto obra de Erasmo, *A civilidade* foi um trabalho coletivo que respondia a uma necessidade cuja importância ela mesma revelou. Segundo Elias, os inícios da era moderna constituem um momento de labilidade e incertezas entre duas fases de glaciação social. Rompeu-se a unidade católica, e as hierarquias rígidas da Idade Média sofreram falhas profundas, em especial com o questionamento da sociedade cortês e cavaleiresca; e a ordem absolutista ainda não se instaurara. É a época de um reposicionamento social e cultural e de uma complexidade mais acentuada das relações entre grupos mais diversificados. Essas sociedades em plena transformação precisavam de uma linguagem comum e de novos pontos de referência, já que as relações provisoriamente se tornam mais livres e densas. Em seu projeto, tanto ou mais que nos ensinamentos que propõe, o tratado de Erasmo vem ao encontro dessa expectativa e lhe confere uma forma.

Porém, o destino da civilidade perdurará muito além desse período de transição. Por trás da aparente rigidez de uma fórmula, supõe remanejamentos, adaptações necessárias e práticas renovadas a eles associadas.

A CIVILIDADE PARA TODOS

Tão logo é publicada, *A civilidade pueril* torna-se, pois, um bem comum. Mas não é apenas um grande sucesso de edição e, supomos, de leitura. O texto rapidamente se torna objeto de um trabalho coletivo que remaneja suas intenções e ao mesmo tempo redefine seus usos. Tais transformações ocorrem com grande rapidez e no essencial estão concluídas na década de 1550. Seus efeitos se farão sentir por muito tempo: até meados do século XIX.

Primeira alteração: nascido de um projeto humanista, em alguns anos o modelo da civilidade entra na esfera das Reformas protestantes, luterana e calvinista. A geografia de seu êxito bem o mostra: o livro triunfa tanto nas regiões onde a Reforma se implantou quanto naquelas que abalou profundamente. Na verdade, tal captação não é surpreendente, ainda que Erasmo sempre procurasse manter uma inexpugnável posição de meio-termo entre os cristianismos em luta. Pois, para os reformadores, o problema da educação das crianças é primordial.[6] Um deles, o pastor Veit Dietrich, de Nuremberg, diz claramente: “Existe no mundo algo mais precioso, mais querido e mais amável que uma criança piedosa, disciplinada, obediente e disposta a aprender?”. Tal preocupação repousa sobre duas convicções.

A primeira, diametralmente oposta ao credo de Erasmo, é a de que a criança, como toda criatura, é má e tudo a leva ao mal. Só a graça pode salvá-la; porém uma pedagogia severa pelo menos pode preparar o terreno e provisoriamente refrear seus maus instintos, sua ameaçadora espontaneidade. A segunda é muito mais factual: mesmo destinadas ao pecado, tais crianças se transformarão em adultos que deverão viver juntos. Aqui a preocupação religiosa se torna política. Na maioria dos lugares onde a Reforma triunfou, os regulamentos, os programas, o emprego do tempo das escolas passam a constituir objeto de minucioso controle por parte das autoridades eclesiásticas e leigas.

Nesse projeto de enquadramento e educação autoritários, a aprendizagem da civilidade desempenha um papel essencial, na medida em que permite, ao mesmo tempo, disciplinar as almas por meio da coerção exercida sobre o corpo e impor à coletividade das crianças uma mesma norma de comportamento sociável. Além disso, tem a vantagem de permitir que a criança exerça sobre si mesma um controle constante de seu tempo, de suas ocupações e de suas atitudes. Cinco anos antes de Erasmo, Otto Brunfels, monge que aderiu à Reforma e se tornou professor em Estrasburgo, publicara um tratado *Da disciplina e instrução das crianças*, que se encontra significativamente associado a várias edições protestantes de *A civilidade pueril*. Com inacreditáveis minúcias, o texto enuncia as regras que, da manhã à noite, devem reger não só o exercício religioso e o trabalho escolar como o conjunto dos comportamentos cotidianos da criança e que permitirão controlar o emprego que ela faz de seu tempo.

A segunda evolução está em larga medida implícita na primeira: é a de uma escolarização da civilidade — que não constava do projeto original. Erasmo era mais favorável à educação doméstica, realizada no seio da família pelos pais ou, não sendo isso possível, confiada a um preceptor abalizado. É aí que a criança pode encontrar efetivamente os exemplos que a ensinarão a viver: "Se à mesa faz algo inconveniente, ela é repreendida e depois dessa advertência compõe uma postura segundo o exemplo apresentado. Conduzida à igreja, aprende a ajoelhar--se, a juntar as mãos, a descobrir-se e a dar a todo o seu corpo uma atitude adequada à devoção...". Como os autores antigos, Erasmo está convencido de que é pela *imitação*, talento sociável típico das crianças, que se aprendem realmente boas maneiras. Ora, a esse projeto educacional os pedagogos reformados acrescentam uma tonalidade nitidamente pessimista. Sem dúvida, nenhum deles desiste de fazer da família o local de uma educação específica, colocada sob a autoridade do pai. Porém isto não basta. É preciso acrescentar-lhe uma *disciplina*, que só pode ser uma aprendizagem socializada pela escola. A partir daí, a civilidade tende a tornar-se um exercício escolar destinado a dispensar uma instrução inextricavelmente religiosa e cívica.

Esta destina-se prioritariamente às crianças que, depois dos sete anos (a idade da "razão") e antes dos doze (e das ameaças da puberdade), adquirem os rudimentos do saber: ler, escrever, às vezes contar. Durante todo o século XVI, os regulamentos de inumeráveis escolas prescrevem, com uma minúcia por vezes obsessiva, sua utilização no mundo alemão, do Reno ao Báltico, mas também na Inglaterra e nos Países Baixos; e os Estados da Holanda a impõem em 1625 para o restante do século XVII.[7] No entanto, além dessas decisões que competem às autoridades públicas, tudo atesta que os tratados de civilidade tornam-se em toda a Europa setentrional uma das peças indispensáveis aos aprendizados elementares (o que absolutamente não significa que não fossem usados alhures: os jesuítas os empregam em seu colégio de Colônia em 1574, e em 1578 François Hemme, professor na escola capitular de Courtrai, apresenta uma tradução em versos de *A civilidade* de Erasmo que Nicolas Mercier, lecionando no colégio de Navarra, reeditará em 1657 com seu *De officiis scholasticorum*; ademais inspira muitos regulamentos de seminários). Nas pequenas escolas, parece que o texto rapidamente encontrou seu lugar em fim de curso: após a aprendizagem do alfabeto e dos rudimentos da leitura — esta é feita primeiro em latim —, passa--se para a língua vulgar e, por fim, do manejo do impresso à decifração de manuscritos. Ora, desde o final da década de 1550, os livros de civilidade são cada vez mais compostos num tipo novo, a "letra francesa de arte manual", inventada por impressores lioneses e parisienses e inspirada nas escrituras cursivas da época.[8] À parte seu conteúdo próprio, prestam-se, pois, facilmente ao aprendizado particular de uma leitura dos textos manuscritos.

É sob essa forma que a civilidade invade as práticas escolares. Seu sucesso é tal que, no último terço do século XVI, não se restringe mais ao mundo reformado. Já em 1550 a universidade de Louvain recomenda sua leitura, e as suspeitas que pesavam sobre o texto de Erasmo (muitas vezes corrigido, é bem verdade, por seus adaptadores protestantes) logo parecem definitivamente afastadas. A civilidade acompanha a imensa obra da Reforma católica. Indício espetacular de sua difusão: é aceita nas escolas femininas cuja rede Pierre Fourrier organiza na Lorena no começo do século XVII sob a forma rebatizada de *Instructions à la civilité et à la modestie chrétiennes* [Instruções à civilidade e à modéstia cristãs].[9] Veremos que a alteração semântica não é insignificante. O santo reformador ainda tem o cuidado de limitar firmemente as pretensões dessa aprendizagem escolar: as professoras deverão "considerar os desejos e vontades razoáveis do pai e da mãe e evitarão inserir o que é próprio e específico da vida religiosa". Mas tais precauções não perdurariam. No último terço do século, as escolas de caridade organizadas por Charles Démia em Lyon, depois pelos irmãos das Escolas cristãs (cuja primeira comunidade Jean-Baptiste de La Salle funda em 1679), retomam o modelo erasmiano, tendo em vista as crianças pobres das cidades, e transformam-no num dos instrumentos de uma disciplina sistemática e autoritária. Passa a acompanhar o adestramento dos corpos uma vigilância policialesca do tempo e do espaço das crianças. É nessa versão rígida e imperativa que a pedagogia dos comportamentos encontra sua última e mais maciça formulação tradicional e chegará à borda de nosso presente. Desmesuradamente pesadas, minuciosamente expostas, as *Règles de la bienséance et de la civilité chrétienne* [Regras do decoro e da civilidade cristã], que La Salle publica em 1703, destinam-se a impressionante sucesso: até 1875 contam-se no mínimo 126 edições.[10] Podemos muito bem ver aí o resultado do longo processo de escolarização que num século e meio acabou por alterar profundamente o primeiro programa da civilidade.

Pois essa evolução é cheia de consequências para a aprendizagem dos comportamentos. O texto de Erasmo visava sobretudo a sensibilizar a criança para a necessidade de um código geral de sociabilidade. De resto, não era prescritivo e confiava essencialmente nas lições do foro familiar e nas virtudes da imitação. Contudo, as primeiras adaptações de *A civilidade pueril* mostram que logo se colocou o problema de uma instrução mais sistemática. Quando Hadamarius a reorganizou sob a forma de perguntas e respostas, ou quando foi versificada, ou ainda quando Evaldus Gallus dela extraiu uma série de preceitos autoritários (*Leges morales*, 1536), foi para fins didáticos de memorização e aprendizagem. Assim *A civilidade* é incluída num material escolar compósito que, desde a década de 1530 e nos meios reformados, não mais separa o ensino dos rudimentos da fé e o da moral e da leitura.[11] Atesta-o a tradução aproximativa do tratado de Erasmo lançada em 1559 pelo protestante Claude Hours de Calviac sob o título: *La civile honesteté pour les enfants, avec la manière d'apprendre à bien lire, prononcer et écrire* [A civil honestidade para as crianças, com a maneira de aprender a bem ler, pronunciar e escrever]. No texto começam a aparecer adendos que o acompanharão por muito tempo: alfabetos, normas de pontuação e ortografia. Trata-se de um manual que doravante se terá de enfrentar.

Disso resulta uma dupla consequência. Por um lado, transformam-se as modalidades da aquisição do bom comportamento. Podia-se compreender *A civilidade* de Erasmo como um texto destinado a chamar a atenção da criança para as expressões de seu corpo. No entanto, a verdadeira aprendizagem situava-se principalmente no seio da vida social e antes de tudo familiar. Logo, porém, o texto evolui e com ele as práticas que autoriza. Primeiro é valorizado por si mesmo: nas civilidades de grande difusão dos séculos XVII e XVIII, o livro muitas vezes acaba por dirigir-se pessoalmente ao leitor, por manter com ele uma relação pessoal. É preciso também decorar esse texto, dialogá-lo como um catecismo, memorizar determinadas máximas independentemente de qualquer experiência efetiva. Por fim, logo chega o momento em que a aprendizagem do corpo torna-se inseparável dos exercícios escolares propriamente ditos, da leitura, da escritura, da oração, numa relação pedagógica bastante hierarquizada. O mestre lê, os alunos repetem com o livro diante dos olhos, depois transcrevem: um severo dispositivo didático baseado na repetição e na obediência prepara a incorporação da lição de civilidade, que ademais é coletiva e rapidamente saberá explorar as possibilidades de controle recíproco proporcionadas pela microssociedade escolar. Da invenção ativa de uma sociabilidade passou-se para um conformismo forçado.

Mas isso não é tudo. Tornando-se uma das bases da formação escolar, a civilidade escapa à conjuntura que a originou e conquista a longa permanência dos modelos pedagógicos. Numa época em que o material escolar é disparatado, sobretudo nas pequenas escolas, ela continua sendo um dos valores seguros, inalteráveis, até o século XIX.[12] Naturalmente, haverá várias gerações de textos. No entanto, impressiona-nos a resistência de uma fórmula através das maciças transformações das sociedades que a adotam. Em 1863, a congregação da Missão reimprime em latim *Règles de la bienséance civile et chrétienne*, que um de seus membros publicara pela primeira vez em 1667.[13] Todavia, essa inércia pedagógica não é exclusiva do ensino católico. Em 1833, o relatório Guizot revela que *A civilidade* continua sendo um dos textos fundamentais para as aprendizagens elementares na França; vinte anos depois, inspetores escolares registram que ainda é usada e, em 1882, o *Dictionnaire de pédagogie*, de Ferdinand Buisson, monumento erigido à glória da nova escola, registra pudicamente que algumas regras "continuam populares".

Atestada por mais de três séculos, essa permanência é intrigante. Em primeiro lugar, deve-se à própria rigidez de um modelo pedagógico e cultural que logo se impõe como geral —

tanto mais facilmente quanto é apreendido de maneira muito formal. Pierre Saliat, o primeiro tradutor francês de Erasmo, ainda podia declarar orgulhosamente em 1537: "A nação francesa não perde para nenhuma outra, antes supera a todas em honestidade, aparência, gestos e costumes e, para resumir, em todas as maneiras de fazer e dizer graciosas, humanas e civis: as quais parece ter naturalmente". E os tratados seguintes bem poderão propor aos leitores dos séculos XVII e XVIII "a civilidade praticada na França", pois as regras se mantêm iguais de um país a outro, variações repetitivas sobre o esboço de Erasmo. Sem dúvida, também explica essa permanência a invenção de uma forma editorial: o livrinho barato e conciso que propõe aos leitores um conhecimento elementar, geral, aberto a todos. O sucesso de Erasmo deveu-se ao extraordinário surto editorial na época do humanismo. Mas não se desmente com seus sucessores, e, quando o livreiro Richard Breton morre, em 1571, são inventariados em seu acervo 1600 exemplares da adaptação feita por Calviac. Entretanto, tudo muda de dimensões quando *A civilidade* entra no corpus da "Biblioteca azul".

À primeira edição, lançada por Girardon de Troyes em 1600, seguem-se várias outras na segunda metade do século XVII e sobretudo nos séculos XVIII e XIX, quando se acrescentam às adaptações mais ou menos aproximativas do modelo de Erasmo edições das *Règles* de Jean-Baptiste de La Salle, integrais ou resumidas. Em toda a França setentrional, na Normandia, no vale do Loire, na Flandres,[14] as edições de Troyes servem de inspiração, e os livretos presentes no acervo de alguns editores já não são dezenas, e sim centenas de milhares, provavelmente milhões no tocante a sua difusão. Esses textos incertos se copiam uns aos outros, inclusive nos erros, sem nunca se estabelecer uma versão canônica. Na maioria dos casos, repetem o mesmo dispositivo que associa a aprendizagem das boas maneiras, o ensino de máximas morais (a partir da edição Oudot, de 1649, os *Quatrains* [Quadras] de Pibrac com frequência são acrescentados ao tratado de civilidade propriamente dito), as bases da leitura e da ortografia, às vezes até mesmo "tábuas pitagóricas" para aprender os elementos do cômputo e um pequeno repertório de homônimos destinado a distinguir os "falsos amigos". Os títulos insistem na diversidade dos recursos oferecidos pelo livrinho; por exemplo, nessa edição que em 1714 a viúva Garnier lança em Troyes: *La Civilité honneste pour l'instruction des Enfants en laquelle est mise au commencement la manière d'apprendre a bien lire, prononcer et écrire; de nouveau corrigée, et augmentée à la fin d'un très beau Traité pour bien apprendre l'Orthographe. Dressée par un Missionnaire. Ensemble les beaux Préceptes et enseignemens pour instruire la Jeunesse à bien se conduire dans toute sorte de Compagnies* [A civilidade honesta para a instrução das crianças na qual é colocada no começo a maneira de aprender a bem ler, pronunciar e escrever; recém-corrigida e acrescida no final de ótimo tratado para bem aprender a ortografia. Preparada por um missionário. Juntos os belos preceitos e ensinamentos para instruir a juventude a bem conduzir-se em todo tipo de companhias]. O todo é administrado em oitenta páginas de formato pequeno. Percebemos que, ao longo dessas edições de grande circulação, a civilidade muda de natureza e busca uma audiência ainda mais ampla que o público estritamente escolar. O oficialíssimo dicionário da Academia não registra, no final do século XVII, que "de um homem que falta para com os deveres mais comuns diz-se proverbialmente que não leu *A civilidade pueril*"? O manual se torna, para uso de muitos, um *compendium* de conhecimentos que pode ser objeto ao mesmo tempo de usos regulamentados — a aprendizagem dos rudimentos — e de manuseios mais individuais, no seio de públicos que provavelmente eram bem distintos. Madame de Maintenon lembra-se de ter aprendido na juventude os *Quatrains* de Pibrac. Os jovens burgueses que orgulhosamente informam na primeira página de seu tratado que "este livro pertence a..." são bem diferentes daqueles cuja mão canhestra procura assinar o nome no mesmo livro. E para muitos de seus compradores — a maioria? — o tratado de civilidade, adquirido a preço módico, porém tão difícil de ler, com seus caracteres arcaicos e cansativos, garantiu talvez a posse, a domicílio, de uma minúscula enciclopédia dos conhecimentos elementares. Sabemos que em matéria de bens culturais muitas vezes a posse equivale à propriedade. Depois da infância e à margem das práticas escolares, puderam assim multiplicar-se formas rudimentares de leitura ou de simples apropriação que só conseguimos entrever.

DO PRIVADO AO PÚBLICO, DO ÍNTIMO AO SECRETO

> Certo gentil-homem francês sempre se assoa com a mão; coisa muito avessa a nosso costume. Defendendo seu gesto (e ele era famoso por seus bons achados), perguntou-me que privilégio tinha esse excremento sujo para que lhe preparássemos um belo pano delicado a fim de recebê-lo e depois, o que é mais, o dobrássemos e guardássemos conosco; [...] e o costume não me permitiu perceber essa estranheza, a qual no entanto consideramos tão horrível quando nos é relatada sobre outro país. (Montaigne, *Ensaios*, I, XXIII.)

No momento em que se expressa, esse divertido distanciamento chega muito tarde ou cedo demais. O longo movimento de transformação dos comportamentos que se insere entre os séculos XVI e XVIII é no sentido de uma maior adequação às normas e de uma uniformização imposta. Há meio século, Norbert Elias foi o primeiro a mostrar como essa imposição multiforme repousava nas pressões exercidas pelo grupo sobre cada indivíduo, de cima para baixo, mas também — e cada vez mais — na incorporação das regras sociais por parte de cada indivíduo. A socialização das condutas não pode ser lida apenas nos termos de uma submissão imposta às pessoas. Ela só atinge plenamente seus efeitos quando cada um se empenha em tornar-se seu próprio amo, como tantos textos antigos recomendam, e em considerar a norma como uma segunda natureza, ou melhor, como a verdadeira natureza por fim reencontrada.

Em suma, esse trabalho da sociedade sobre si mesma efetua-se em duas direções aparentemente contraditórias, mas cujos resultados se orientam no mesmo sentido. As civilidades visam a criar entre os homens as condições de um relacionamento agradável, lícito, e cada vez mais conforme às reforçadas exigências da religião. Assim, elas impõem a seus leitores comportamentos que satisfaçam as normas de uma sociabilidade cada vez mais imperativa e insinuante. Levando ao extremo a lógica de Erasmo, elas no limite situam todo ato individual sob o olhar de todos. Ao mesmo tempo, contudo, convidam cada indivíduo a separar em si mesmo o que é mostrável (civil e, portanto, bom) do que todos — ele também — devem ignorar. Dessa forma, o espaço individual vê-se simultaneamente invadido pelo controle coletivo e, em parte, rechaçado ao silêncio vergonhoso das proibições. Entretanto, seria errôneo separar nitidamente os dois aspectos dessa evolução: são como o avesso e o direito de uma mesma história social das sensibilidades.

Por um lado, pois, o triunfo da aparência. Já foi dito que ele se enraíza na mais antiga tradição da literatura das boas maneiras e parte de uma dupla convicção: a autoapresentação constitui um modo de governar-se e cria a possibilidade de um intercâmbio social. Mas, onde os tratados de cortesia regulamentavam apenas uma sequência da vida do grupo — o serviço da mesa ou o das armas, por exemplo —, onde *A civilidade pueril* estabelecia como princípio geral a proibição de tudo que pudesse ofender ou enganar o outro, rapidamente se impõe uma exigência que afeta todos os aspectos da vida cotidiana. Em matéria de postura, Erasmo recomenda à criança à qual se dirige apenas uma espécie de *aurea mediocritas*, equidistante de todos os excessos e aceitável para o maior número de pessoas. Não prescreve nada mais que um "rosto sorridente e calmo, sinal de boa consciência e mente aberta", um olhar "tranquilo e franco", uma "voz suave e firme" e, acima de tudo, uma discrição geral. Quase dois séculos depois, La Salle dedica toda a primeira parte de seu livro à "modéstia que se deve mostrar no porte e na postura das diferentes partes do corpo". O tom se define já nas primeiras páginas: "O que mais contribui para dar a uma pessoa uma aparência distinta e fazer com que seja considerada por sua modéstia como uma pessoa sábia e bem regrada é quando mantém todas as partes de seu corpo na situação que a natureza ou o costume lhes prescreveram". As *Règles* de La Salle detalham meticulosamente as disposições dessa mise-en-scène que vê a modéstia tornar-se ostentação:[15] "Nada no exterior deve parecer estudado, porém é preciso saber compassar todas as atitudes e bem regrar o porte de todas as partes do corpo". Assim, já não se espera da criança a alegria erasmiana, mas "algo de grave e majestoso", "certo ar de elevação e grandeza", "um ar de gravidade e sabedoria".

Essas recomendações tão globais ainda não eram tudo. Vejamos um exemplo. Durante muito tempo, o comportamento à mesa reteve a atenção dos pedagogos, que até meados do século XVI aconselham sobretudo a moderação, a decência e o respeito aos comensais. Reencontramos tais preocupações nas civilidades posteriores, complicadas no entanto por uma minuciosa montagem dos gestos e da postura. A mesa torna-se então o pretexto de um ritual complexo e ao mesmo tempo a ocasião de uma demonstração de sociabilidade.[16] Os modos são definidos com precisão. Se, em 1559, Calviac ainda podia mostrar-se informado sobre a diversidade das práticas nacionais, seus sucessores já não se importam com esse relativismo etnográfico, a não ser para proscrevê-lo. Comer em companhia requer um autocontrole que em primeiro lugar faça esquecer o corpo, seus apetites indiscretos, suas funções, seus ruídos e humores. Mas isso não basta: a civilidade da mesa exige ainda uma dupla tecnologia da postura geral e da consumação. A refeição torna-se uma espécie de balé em que a ordem dos gestos deve ser regulamentada para todos, enquanto a individualização e a multiplicação dos utensílios da mesa — prato, copo, guardanapo, garfo, faca — pressupõem a aprendizagem de um manuseio perfeito. Satisfeitas todas essas condições — que para nós se tornaram evidentes e normais a ponto de as considerarmos naturais —, a mesa pode prestar-se ao exercício de uma sociabilidade visível que constitui seu verdadeiro fim.

Poderíamos multiplicar os exemplos. Todos revelam a mesma valorização do que pode e deve ser mostrado em público segundo as normas. Numa sociedade que se reorganiza, que recompõe e reforça suas hierarquias e posições, tudo deve poder ser exposto e, portanto, corretamente avaliado. Desse modo, os pontos de aplicação da civilidade são por excelência os espaços em que se realiza claramente o ritual social. Alguns são modestos, como a classe em que se ensina a regra do jogo, a igreja, a rua. Um é prestigioso e logo serve de referência a todas as condutas: a corte, cujo modelo se impõe a todos na segunda metade do século XVII. No entanto, uma nova exigência religiosa redobra esses modelos mundanos. A civilidade era pueril e honesta; torna-se então cristã. Não que até esse momento negligenciasse os deveres da religião e a eminência de seus exercícios: mas doravante eles também devem ser submetidos às normas da aparência. O piedoso Courtin, insuspeitável na matéria, explicita-o num texto surpreendente de 1671: "Se alguém é infeliz o bastante para esquecer-se ou descurar-se de ajoelhar-se diante de Deus por falta de devoção, fraqueza ou preguiça, deve ajoelhar-se ao menos por decoro e por causa das pessoas de qualidade que podem encontrar-se em tal lugar".[17] O que mais importa é o que se vê.

A mesma lógica tende a considerar incivil tudo que, voluntariamente ou não, subtrai-se ao olhar coletivo. Erasmo aconselha seu aluno a não rir sozinho e sem causa evidente quando está na companhia de outros. "Porém, isso pode ocorrer; a polidez ordena então que se declare a causa da própria hilaridade; no caso de não se poder declará-la, cabe inventar algum pretexto a fim de que um dos presentes não julgue que se ria dele." Não se refuta, portanto, o imperativo de uma benevolência regulamentada. Mas, no começo do século XVIII, La Salle critica todo comportamento, mesmo o mais anódino, que manifeste um relaxamento da atenção devida ao espetáculo social: "Quando se está sentado, não se deve servir-se de uma varinha ou bastão para escrever no solo ou traçar figuras: isto revela ou um sonhador, ou um mal-educado". Sonhador *e* mal-educado? Na verdade, são todas as expressões da intimidade que se tornam suspeitas a seus olhos. Aqui também a referência cristã é fundamental. As crianças e os homens não devem mostrar-se como de fato são, em nome de alguma sinceridade — estamos bem longe da transparência erasmiana —, e sim evidenciar em seus gestos a dupla exigência de um decoro que é indissoluvelmente civil *e* cristão. Portanto, está banido "tudo o que numa pessoa leva a reconhecer que ela não tem virtude e não se esforça para domar suas paixões e suas maneiras de agir são inteiramente humanas e não condizem com o espírito do cristianismo".

Evidentemente, é sobre o corpo que as normas da civilidade se exercem com maior rigor.[18] Não é ele ao mesmo tempo a base das paixões mais vergonhosas e o "templo animado do Espírito Santo"? Uma incansável moralização das condutas ordena, pois, que se esqueça o corpo e nele se respeite a presença divina. Ela traça um caminho difícil entre imperativos contraditórios. "Foi o pecado que nos impôs a necessidade de vestir-nos e cobrir de roupas nosso corpo." Portanto, a vestimenta deve obedecer a uma norma religiosa e moral que, em todos os casos, associa a nudez ao pecado original. Mas pode, também, tornar-se objeto de um zelo intempestivo, de uma paixão impudica. Para não passar de um pecado a outro, deve-se "desprezar o que aparece por fora". Não obstante, é preciso considerar tudo que a vida em sociedade impõe. As *Règles* de La Salle administram essa lição sinuosa sob a forma de um meio-termo intransigente. No entanto, quando abandonam o campo dos comportamentos apresentáveis, requerem de fato uma estrita supressão do corpo (que, aliás, as versões "populares" do texto não deixarão de reforçar ao longo do século XVIII).

É bem verdade que, em determinados casos, essa evolução começou muito antes. Erasmo insiste na decência específica que exigem "as partes do corpo que o pudor natural leva a esconder". Todavia, distingue suas funções excretoras: "Reter a urina é contrário à saúde; é de bom-tom expeli-la à parte"; recomenda ainda que se respeite a intimidade dos que satisfazem tais necessidades. Trinta anos depois, Calviac já é mais severo: "É muito honesto para uma criança pequena não manusear suas partes pudendas, mesmo quando a necessidade o exigir e quando estiver sozinha, a não ser com vergonha e pudor: pois isso denota grande pudicícia e honestidade". Passa-se meio século. Em 1613, Claude Hardy — que se apresenta como um "parisiense de nove anos de idade" — propõe ainda outra lição de coisas em sua adaptação de *A civilidade*: "Abster-se de urinar é prejudicial à saúde; porém afastar-se para verter a urina é coisa digna da vergonha exigida de uma criança". Ao término do processo, o julgamento moral está totalmente integrado à experiência corporal. Ainda se trata aqui de uma função considerada vil e repulsiva. No entanto, com relação aos gestos mais cotidianos, progressivamente se impõe uma distância que, do corpo ao corpo, tende a intercalar o espaço neutro de uma tecnologia que governa a ameaçadora espontaneidade da sensualidade. Vimos isso no ritual da mesa. Voltaremos a ver — sem surpresa — no leito da criança. Quando se está deitado, não se deve deixar que as cobertas sugiram a forma do corpo, assim como, "ao sair da cama, não se deve deixá-la descoberta, nem colocar a touca noturna em algum assento ou outro lugar onde se possa vê-la". Como mostrou Norbert Elias, a lógica da civilidade pode chegar a causar o desaparecimento de determinado tipo de comportamento: depois de enunciar durante muito tempo as maneiras de assoar-se em público sem molestar os vizinhos, ela regulamenta (em La Salle) o uso do lenço em nome de uma exigência ao mesmo tempo moral e higiênica e, por fim, chega à pura e simples omissão do gesto (numa versão tardia das *Règles*, no final do século XVIII).

Os contemporâneos tinham, às vezes, consciência da instalação dessa rede de imposições que deveriam tornar-se autoimposições. Como Courtin: "Antigamente era permitido cuspir no chão diante de pessoas de qualidade e bastava colocar o pé em cima; agora isso é uma indecência. Antigamente se podia bocejar e bastava que não se falasse ao bocejar: agora uma pessoa de qualidade se chocaria". Portanto, Courtin atribui as transformações dos comportamentos à conquista de si mesmo empreendida e efetuada por uma elite mundana — e veremos que não estava equivocado. Entretanto, na difusão social desse modelo elitário, a religião, sob os aspectos das duas Reformas, desempenha papel decisivo, não cessando de repetir que não existe intimidade suscetível de escapar ao olhar de Deus. Já Erasmo lembrava a seu protegido a presença amistosa, mas incessante, dos anjos da guarda. Com La Salle, a vigilância se torna tão estreita que acaba proibindo toda relação imediata consigo mesmo: "O decoro exige também que, ao deitar-nos, escondamos de nós mesmos o próprio corpo e evitemos lançar-lhe até os menores olhares". Negação radical de qualquer intimidade. Às vésperas do Iluminismo, toda uma gama de práticas corporais cai, assim, numa clandestinidade furtiva, vergonhosa. Organiza-se ao redor do corpo uma esfera do silêncio e do segredo.

Do privado ao público, do íntimo ao secreto: não forçaremos, porém, as linhas de uma evolução extraordinariamente complexa. Esse esquema geral demanda pelo menos três ressalvas. Se é clara a direção em que os comportamentos mudam entre o século XVI e o começo do XIX, tais transformações se efetuaram em ritmos e segundo cronologias muito variáveis. Como vimos, as funções corporais logo são subtraídas ao campo da civilidade. Todavia, enquanto a maioria das expressões da espontaneidade afetiva constitui objeto de precoce vigilância, algumas são toleradas pela norma coletiva durante mais tempo: é o caso, por exemplo, das lágrimas.[19] Ao longo de todo o século XVIII, chorar — no teatro, na leitura conjunta da *La nouvelle Héloïse* — continua sendo uma atividade sociável por excelência, que culmina nos anos da Revolução. É preciso esperar o início do século seguinte para que essa etiqueta da sensibilidade desapareça e ceda lugar ao intimismo doloroso anunciado por Senancour. Tais lágrimas, porém, já não são as mesmas. Por trás dessa permanência maior de uma forma de sensibilidade, percebemos na verdade uma circulação social específica baseada na troca pública das lágrimas no seio de elites que aí encontram o meio de experimentar e mostrar sempre os privilégios sensíveis que as unem.

Segunda ressalva: as evoluções que afetam os costumes não se inserem necessariamente, ao longo de toda a era moderna, apenas no registro da civilidade. G. Vigarello mostrou isso ao traçar a história do asseio corporal.[20] Do final da Idade Média a meados do século XVIII, a limpeza, tal como nossos tratados em particular a ilustram, em geral dispensa a água e ignora o corpo, à exceção do rosto e das mãos, que são as únicas partes expostas. Os cuidados concentram-se no visível, na roupa, e sobretudo na roupa-branca, cujo frescor ostentado na gola e nos punhos constitui sinal autêntico do asseio. Esse dispositivo está de acordo com tudo que foi dito aqui sobre as exigências da civilidade. Porém ao mesmo tempo é inseparável de uma ideia do corpo que rejeita a água como um agente perigoso, suscetível de penetrar por toda parte. Assim, a toalete deve ser "seca"; consiste em friccionar-se e perfumar-se; desse modo compreendemos melhor a importância eminente da roupa, que não indica apenas uma conformidade social. Quando faz um espetacular retorno às técnicas do asseio nas décadas de 1740-50, a água — quente, depois fria — torna-se sem dúvida o indício de novas distinções sociais; porém ao mesmo tempo insere-se numa nova imagem do corpo que ultrapassa o *savoir-vivre*: a higiene reabilita a intimidade corporal e legitima a procura de uma melhor utilização dos recursos orgânicos. Enfocada pela medicina e depois levada às escolas, logo se tornará, aliás, o dispositivo inédito de uma nova forma de controle coletivo dos comportamentos. Vemos que a socialização das técnicas do corpo, por mais que seja expressamente regulamentada, na verdade só consegue impor-se através de vários registros de representações e de práticas estabelecidas ao mesmo tempo e que ultrapassam o campo específico da civilidade.

A história do asseio sugere, enfim, uma última prudência. No silêncio e no segredo para os quais tantos comportamentos cotidianos foram deportados na época clássica, puderam ocorrer experiências inesperadas, inéditas. A roupa-branca metonimicamente revela em público a limpeza da pessoa. Exibe-a ao mesmo tempo que tem por função esconder a superfície do corpo. Distingue um fora e um dentro, separa um em cima e um embaixo. Mas também faz da intimidade corporal o objeto de investimentos autônomos. Ainda que não se fale a respeito, ainda que esteja excluída das esferas da civilidade, sua gestão no dia-a-dia requer técnicas específicas, uma atenção própria, enfim, uma nova sensibilidade que, em meados do século XVIII, permitirá novas ideias sobre a água e a higiene. "A norma criou esse espaço" no qual se realiza um longo trabalho que levará ao questionamento da norma. A história do asseio não é isolada: em todo caso convida a reconhecer no mundo dos gestos reprovados a silenciosa evolução de outra forma de intimidade.

PRIVILÉGIOS ARISTOCRÁTICOS: O INATO CONTRA O ADQUIRIDO

As civilidades que se inscrevem na tradição erasmiana repousam, pelo menos implicitamente, num duplo postulado: os bons comportamentos podem ser ensinados e aprendidos de maneira útil e são os mesmos para todos. A partir do final do século XVI, a aplicação de tais princípios sem dúvida conhece variações e remanejamentos. Sobretudo a do segundo: em sociedades nas quais as hierarquias se recompõem e constituem objeto de uma codificação mais exata, os manuais de *savoir-vivre* se mostram mais empenhados em respeitar os status sociais e as distâncias que os separam. É especificamente o caso das *Règles de la bienséance et de la civilité chrétienne*, que enfatizam o reconhecimento das diferenças sociais e dos gestos que devem expressá-las. Para La Salle, também os princípios gerais valem para todos.

Ora, na mesma época outra série de textos aborda os mesmos problemas de uma perspectiva bem diversa. Encontram sua origem menos nos livros de cortesia dos séculos XIII ao XV do que numa nova literatura cortesã que inicialmente se difundiu pela Itália nos dois primeiros terços do século XVI e na qual predomina *O cortesão*, de Baldassare Castiglione.[21] Publicado em 1528, portanto dois anos antes de *A civilidade pueril*, o livro teve uma trajetória impressionante. Traduzido para todas as línguas da Europa, é, como o tratado de Erasmo, adaptado, deformado, plagiado. Em sua esteira outros textos conhecem um sucesso semelhante: é o caso do *Galateo*, de Giovanni della Casa (1558), ou de *La civil conversazione*, de Stefano Guazzo (1574). *O cortesão*, que durante dois séculos constitui a "gramática fundamental da sociedade cortesã" (A. Quondam), propõe a seus leitores, contudo, um modelo muito diferente da civilidade erasmiana.

Ele apresenta um diálogo privado entre aristocratas que pertencem à corte do duque de Urbino e prazerosamente conversam sobre os valores e as normas da vida social. Primeira novidade: a obra apresenta-se, portanto, não como um manual pedagógico, e sim como a livre improvisação de uma elite imediatamente reconhecida como tal, que não precisa molestar-se com "nenhuma ordem, regra ou distinção de preceitos". Mas não é só isso. No retrato coletivo que se empenham em traçar, os personagens do livro não procuram identificar uma conformidade suscetível de ser enunciada, mensurada. Só dois tipos de critérios podem permitir o reconhecimento das qualidades do perfeito cortesão. Os primeiros são totalmente exteriorizados e podem basear-se num simples cálculo social: são sobretudo o favor do príncipe, o sucesso a ele ligado e, ademais, a estima dos pares que sancionam de modo visível a virtude cortesã. Os segundos, ao contrário, são indizíveis, salvo na forma da afirmação pura e simples: situam-se no âmbito da "graça", do dom íntimo que exprime a dupla eleição do berço e do talento. Do que decorre logicamente uma terceira consequência: a excelência cortesã não se aprende, reconhece-se em todos os comportamentos como uma evidência partilhada. E o verdadeiro gentil-homem demonstra seu mérito, ao contrário, proibindo-se tudo que aos olhos dos outros poderia revelar que ele é o produto de um trabalho sobre si mesmo ou que guarda os vestígios de um esforço. A "graça" consiste precisamente em "usar em todas as coisas certo desdém [*sprezzatura*] que oculta o artificial e mostra o que se faz como se viesse sem esforço e quase sem pensar [...]. A verdadeira arte é aquela que não parece arte, e deve-se sobretudo envidar todos os esforços para escondê-la, pois, uma vez descoberta, perde-se inteiramente o crédito e passa-se a ser pouco estimado".

Percebemos em que o modelo cortesão se opõe ponto por ponto à civilidade erasmiana e a seu sonho de transparência social. Em Castiglione e seus sucessores, a norma é distintiva; as boas maneiras repousam na conivência de um grupo fechado que é o único dono dos critérios da perfeição. O cortesão se identifica com a construção de um personagem social capaz de agradar pela quantidade e pela eminência de seus talentos (na conversação, nas armas, na dança, no jogo, mas também nas atitudes cotidianas). Apenas essa imagem importa e tudo que lembra o homem interior, sua tensão, seu esforço, deve ser sufocado. É o papel da "dissimulação honesta" disciplinar o indivíduo e manifestar nos gestos, na postura e nas atitudes o primado absoluto das formas da vida social. Parecer deve tornar-se um modo de ser.

A influência dessa literatura cortesã foi imensa, como dissemos, e perdurou por muito tempo. Inseriu-se também em contextos sociais e culturais diferentes. Na Itália, o *Galateo*, que em vários aspectos se inspira em Castiglione, acabou tornando-se um manual de boas maneiras largamente difundido, contra sua própria lógica inicial; na França, logo foi identificado com um livro de civilidade e editado como tal.[22] De uma tradição nacional a outra, de uma destinação social a outra, a doutrina que ao mesmo tempo afirma o privilégio do dom aristocrático e a primazia das aparências constitui objeto de recepções e interpretações diversas. É o que gostaríamos de mostrar aqui a partir do exemplo francês. Pois ele propõe talvez a gama mais complexa dessas interpretações e, portanto, a que permite compreender melhor os objetivos sociais que estão associados à definição de um código de comportamentos.[23]

O modelo cortesão é adotado inicialmente pelos meios aristocráticos e mundanos nos quais, a partir das décadas de 1620-30, se elaboram a teoria e a prática da *honestidade*. Em oposição à corte do rei, criticada por sua rudeza, sua ostentação e seus excessos, uma sociabilidade restrita e policiada se define nas elites fechadas que se reúnem em algumas das grandes casas nobres de Paris, a mais célebre das quais é a mansão de Rambouillet. A corte é um espaço público, fortemente hierarquizado e regulamentado sob a autoridade cada vez maior do soberano; os cortesãos são profissionais da frequentação mundana. Ao contrário, a mansão de Rambouillet abriga uma elite que se seleciona, ou melhor, se reconhece. Ao monsieur de Saint-Chartres, que deseja ser recebido, Chapelain pede em 1637 que respeite pacientemente a regra do jogo: "Eu terei muito prazer em arranjar as coisas, de modo que possam conhecer o que valeis e não ansiar menos por vós do que vós por eles". É também um espaço privado, íntimo, governado por uma mulher, e no qual a presença feminina desempenha papel fundamental na civilização dos costumes. Não se cogita de ostentação, e a civilidade não comanda os gestos cotidianos; as pessoas escrevem, principalmente conversam, e a construção coletiva do gosto passa pelo exercício sacralizado da conversação. Ali representam e leem também *L'Astrée*, depois sobretudo os grandes romances históricos de La Calprenède ou de mademoiselle de Scudéry, que devolvem a essa microssociedade sua própria imagem e que o comentário coletivo transforma em verdadeiras representações teatrais.

A civilidade (ou, como se diz cada vez mais, a honestidade) é, assim, a tradução de uma virtude individual e de uma vontade social. Portanto, não se cogita ensiná-la ou aprendê-la fora dos círculos fechados em que é praticada pelas mesmas pessoas que ela já distingue. Por conseguinte, ela não poderia ser codificada nas páginas de um tratado. É o indefinido comentário do grupo sobre si mesmo na conversação, na correspondência, nas margens da *Cléopâtre* ou do *Grand Cyrus* que estabelece as normas da vida em comum. Aliás, existem outras regras além do exercício do julgamento, que constitui um dom e sozinho confere a inteligência das situações sociais? Como os heróis dos romances que leem, os seletos membros dos grandes salões parisienses não cessam de inquirir-se sobre os fundamentos das leis da civilidade e do prazer de estar juntos. Intermináveis discussões levam ao reconhecimento do indizível. É o "não-sei-quê": "É preciso que o berço confira esse talento, sendo certo que a arte não poderia conferi-lo [...] e que o julgamento o conduza [...]. É preciso ainda que haja um não-sei-quê de retoque na expressão que acaba de torná-la agradável [...]". O ciclo da cumplicidade se fecha. A civilidade é um dom particular que só desabrocha nas práticas privadas.

No entanto, esse modelo não tem futuro. Na segunda metade do século XVII, ele é suplantado pela sociabilidade regulamentada que se impõe maciçamente à corte de Luís XIV. Aliás, seu triunfo fora longamente preparado pela submissão da nobreza e de seus comportamentos públicos que se instala a partir da década de 1630 sob a égide dos agentes da monarquia absoluta.[24] Com efeito, esta vê na repressão dos excessos e na instituição de uma norma civil o meio de conter os exageros, de ridicularizar as pretensões nobiliárias à excepcionalidade moral e política, de neutralizar as solidariedades particulares. A corte é a culminância desse processo, ao qual confere uma forma estável.[25] Consente aos nobres o privilégio visível da eminência social, porém em troca lhes cobra uma submissão irrestrita à autoridade supereminente do rei. Assim se compreende que institua duplamente o império do olhar. Do topo à base, a ordem curial determina os comportamentos segundo a posição de cada indivíduo numa hierarquia rigorosa, e a etiqueta tem por função regulamentar no detalhe essa disciplina inigualitária porém imposta igualmente a todos. Da base ao topo, é a sociedade inteira que contempla o espetáculo da corte, modelo exposto à admiração e à imitação.

A partir desse momento, os estilos de vida da sociedade cortesã já não poderiam confinar-se à intimidade de um reconhecimento cúmplice. Para todos são os sinais eloquentes de sua perfeição e devem ser vistos e ouvidos por toda parte. "Nada falta a um rei, a não ser as doçuras de uma vida privada", diz La Bruyère. Constatação ainda mais verdadeira para os cortesãos, que o soberano obstinadamente vigia nos detalhes de sua vida e que exercem uns sobre os outros e mais ainda sobre si mesmos um controle incessante. A corte faz da aparência sua regra social. O respeito à etiqueta, à vestimenta, à palavra, à apresentação do corpo obedece a essa mesma exigência de um reconhecimento coletivo. O perfume, o pó, a peruca produzem um corpo enfim conforme às expectativas do olhar social. A dança talvez seja a técnica corporal que melhor exprime essa exteriorização absoluta dos comportamentos. Codificando uma retórica dos gestos, essa arte social por excelência visa a fazer o século XVII esquecer a existência de um corpo próprio para impor uma autoapresentação que satisfaça às normas do grupo. Essa exteriorização absoluta não precisa de justificativa. Os cortesãos não têm de fingir que se interrogam, como os mundanos da geração anterior, sobre a natureza e as modalidades de sua eleição. Eles são perfeitos porque estão ali e porque a corte assim exige.

Entre a conivência mundana e a ostentação curial, entre o dom e a qualidade, existe um meio-termo difícil. Na sociedade absolutista, os modelos da perfeição aristocrática são propostos como ideais aos grupos que aspiram a reproduzi-los: à nobreza de condição ou fortuna medianas, aos provincianos, às elites que uniram seu destino ao da monarquia. Desde o final do século XVI, multiplicam-se na França tratados que ensinam a "felicidade da corte e verdadeira beatitude do homem" (Dampmartin, 1592), "a arte de bem educar a nobreza na virtude, nas ciências e em todos os exercícios adequados a sua condição" (Grenaille, 1642), ou "o espírito de corte" (Bary, 1662). Tais obras se dirigem menos aos que efetivamente vivem na proximidade do soberano que aos que sonham ter acesso a ele e para os quais *La guide des courtisans* [O guia dos cortesãos; Nervèze, 1606] ou o *Traité de la cour* [Tratado da corte; Refuge, 1616] propõem, entre tantos outros, um primeiro reconhecimento. A maioria desses textos nutre-se das referências italianas do século anterior. Contudo, insere-se num sistema de relações sociais muito diferentes. Ao cortesão de Castiglione oferecia-se a possibilidade de procurar o reconhecimento de seus talentos em outro centro da rede curial, se não encontrava satisfação onde estava. Na França, ao contrário, a concentração do poder num local e o monopólio simbólico da corte requerem uma aprendizagem mais severa, pois o sucesso social cada vez mais se identifica com o acesso às graças do rei. Todavia, esses aspirantes a cortesão tampouco têm muita coisa em comum com os *happy few* da mansão de Rambouillet e com aqueles que, já designados pela eleição real, povoam a corte. Contrariamente aos primeiros, devem poder pensar que o dom não é tudo e que tudo se pode aprender, exceto renunciar às próprias ambições. Contrariamente aos segundos, devem inventar uma forma de excelência que contrabalance as insuficiências do berço e, respeitando a norma da aparência, reabilite os méritos da pessoa.

Vejamos dois marcos nessa difícil procura. Em 1630, Nicolas Faret publica *L'honnête homme ou l'art de plaire à la cour* [O honesto homem ou a arte de agradar à corte]. O autor é um exemplo vivo: filho de um artesão provinciano, galgou as mais altas posições no círculo do rei e ao mesmo tempo ocupa um posto respeitado na sociedade literária. Como o critica asperamente Sorel, é um cortesão profissional. Assim também seu tratado, dedicado a "monsieur, único irmão do rei", é em primeiro lugar um longo elogio do ideal curial (numa época em que ele ainda não impôs sua absoluta legitimidade, convém lembrar): antes de Norbert Elias, Faret vê na corte o paradigma de uma sociabilidade que ao mesmo tempo organiza a coletividade e controla as pessoas. Assim, faz dela um espelho das virtudes e indissoluvelmente o lugar onde se confirmam os êxitos individuais. Pois retoma a máxima de Castiglione e a abranda: o sucesso na corte sanciona os únicos méritos que importam. Onde se adquirem tais méritos? "Direi inicialmente que me parece muito necessário que quem deseja entrar nesse grande comércio do mundo tenha nascido gentil-homem." Porém, logo corrige: "Não que eu queira banir aqueles aos quais a natureza negou tal felicidade. A virtude não tem condição preestabelecida e são bastante comuns os exemplos dos que, [nascidos] em berço humilde, elevaram-se a atos heroicos e a grandezas". A *virtude*: é ela que como último recurso vem igualar as oportunidades injustamente distribuídas pelos acasos do nascimento. Assim, em oposição aos privilégios inatos, ela reabilita os poderes do que é adquirido e atribui um papel ao homem privado: "Quem se sente munido desse tesouro e das qualidades que apresentamos pode ousadamente expor-se à corte e pretender ser ali considerado com estima e aprovação".

Quarenta anos depois, o *Nouveau traité de la civilité qui se pratique en France parmi les honnêtes gens* [Novo tratado da civilidade que é praticado na França entre as pessoas honestas, 1671], de Antoine de Courtin, insere-se na mesma perspectiva. Entretanto, as coisas mudaram. A corte de Luís XIV tornou-se o único modelo legítimo e como tal se impõe a um público que cresceu desmesuradamente. O *Traité* o registra: com seu título, que doravante situa na ordem da civilidade práticas até então reservadas às elites; com seu formato, que o assimila aos livros de civilidade, de grande difusão; com seu sucesso, enfim: até meados do século XVIII contam-se mais de vinte edições francesas e estrangeiras desse pequeno volume. Tal fusão de dois gêneros literários até então separados mostra que o ensinamento de Courtin se dirige a leitores que não aspiram necessariamente a conquistar sucesso na corte, mas que devem adotar suas maneiras: os jovens, sim, mas também todos que não têm a "facilidade nem o meio de vir a Paris e à corte para aprender o fino da polidez". Esse texto misto assinala um momento decisivo na divulgação da exemplaridade curial.

Portanto, Courtin submete seu aluno ao ritual de uma sociedade hierárquica. Os preceitos da civilidade são enunciados de maneira diversa, segundo as relações entre as pessoas, a posição, o prestígio, a autoridade: "Toda a conversação dos homens ocorre ou de igual para igual, ou de inferior para superior, ou de superior para inferior". Não existe regra absoluta, e a primeira lição da civilidade consiste em reconhecer o próprio lugar e o gradiente específico de cada relação social. Portanto, Courtin se curva sem hesitação às formas que a corte apresenta como exemplo para toda a sociedade. Não obstante, deve poder pensar — e seus leitores com ele — que os privilégios do berço não bastam para garantir a excelência social. Como Faret, esse moralista atribui um papel específico à virtude e à religião.[26] O discernimento e o respeito das maneiras honestas nada mais são que a demonstração visível de disposições caridosas. Ademais, Courtin é pedagogo; parte do princípio de que tudo se aprende — e aqui reencontra o fio da tradição erasmiana. Assim, insuportável tensão percorre o texto. O otimismo pedagógico que o fundamenta confia nos recursos íntimos de cada indivíduo, porém sua submissão às regras do parecer denuncia a rigidez de uma hierarquia que é dada por adquirida. A resposta sugerida por Courtin se esgueira por entre suas convicções contrárias: em matéria de civilidade é preciso converter o adquirido em inato, a lição em dom. As marcas da aprendizagem devem esfumar-se para deixar lugar a uma natureza enfim revelada: "A civilidade deve ser livre, natural, e não construída nem supersticiosa [...]". O *Traité* assim termina apagando até seus próprios traços.

Três anos antes, Molière apresentara uma leitura nitidamente mais sombria dessa contradição entre as normas e a pessoa. Encenado na corte e depois na cidade em 1668, *George Dandin* conta, à maneira da farsa, a história de uma aprendizagem malograda.[27] O herói é um camponês enriquecido que se casou com uma jovem da pequena nobreza provinciana e empobrecida. Tal promoção social é duplamente enganosa: no casamento, exposto ao ridículo pela infiel Angélique, e nas esperanças de integração e reconhecimento depositadas na união. De sua nova família (que não obstante se atém a um código de comportamentos doravante arcaicos), Dandin nada recebe exceto uma obstinada recusa de suas desajeitadas tentativas de adaptação (ato I, cena III). Pois nada supera a distância social e, "embora sejais nosso genro, há uma grande diferença entre vós e nós, e deveis vos conhecer". Portanto, Dandin falha sempre com uma norma feita para frustrar seus esforços. Esse constante quiproquó sobre as regras da civilidade visa a provocar o riso. Ao mesmo tempo, porém, passa por uma destruição do homem íntimo. Dandin é negado por todos os protagonistas da peça; termina por não acreditar mais no que vê, por não saber mais o que diz nem o que é, e a farsa se encerra com um devaneio de aniquilação que contrasta com o tom geral da peça. Contra a pessoa, no sentido mais carnal do termo, a regra do jogo teve a última palavra.

No último terço do século XVII, os valores da civilidade se impõem na França a um público maior e também mais diversificado. Dirigem-se então a meios muito diferentes entre si. E só conquistaram essa vasta audiência à custa de sensíveis alterações na fórmula inicial que permitiram redefinir a cada vez o estilo e os tópicos de um código de sociabilidade. Doravante existe uma família de civilidades, para as pequenas escolas e para os colégios burgueses, para a corte e para a cidade, para a alta aristocracia, a pequena nobreza da província e os "burgueses gentis-homens". Porém, a força da palavra e da coisa talvez se deva ao fato de que além da diversidade das práticas particulares a civilidade continua a sugerir a todos que partilhem uma referência comum. O impressionante sucesso das *Règles de la bienséance et de la civilité chrétienne*, de La Salle, pode bem servir de símbolo desse triunfo ambíguo: o texto que no começo do século XVIII estabelece a versão canônica da civilidade não é aquele que, sem se abalar, inscreve no próprio centro de sua demonstração a contradição entre o universalismo erasmiano e o respeito a uma discriminação social dos comportamentos? Em todo caso, a acolhida do livro prova que conseguiu reunir esses públicos diversos em torno de uma fórmula intermediária.

Contudo, no momento em que seu êxito parece assegurado, a noção conhece os primeiros abalos que em algumas décadas levarão a um profundo requestionamento.[28] Inicia-se então um longo processo de desintegração. A ordem da civilidade se decompõe pouco a pouco. As fendas tornam visível uma reorganização da sociedade do Antigo Regime e das imagens que ela constrói de si mesma. Bom observador, Louis Sébastien Mercier só pode zombar dessas "práticas tolas e ridículas, tão familiares a nossos ancestrais, infelizes prosélitos de um costume incômodo e coercivo", quando escreve no *Tableau de Paris* [Quadro de Paris, II, LXII]: "Somente entre os pequeno-burgueses empregam-se ainda essas cerimônias fastidiosas e essas maneiras inúteis e eternas que ainda passam por *civilidades* e que fatigam ao extremo as pessoas habituadas ao trato social". No fim do século XVIII, a norma civil aparece, portanto, como um formalismo obsoleto e desacreditado. Detenhamo-nos um pouco nessa trajetória inversa.

À primeira vista, ela pode surpreender. No século XVIII e, talvez ainda, na primeira metade do XIX, a civilidade conheceu sua mais ampla divulgação social. Doravante é maciçamente difundida até os confins dos campos pelos impressores especializados nas produções de grande circulação e ali se fixa, inalterada ou quase, por 150 anos. Em que se transforma? Seus usos escolares são atestados, porém não devem ter deixado de colocar problemas crescentes. Ainda no século XVII, os caracteres de civilidade podiam servir para a aprendizagem das escrituras cursivas. Todavia, à medida que estas últimas evoluíam para formas simplificadas, mais semelhantes às atuais, a velha "letra francesa de arte manual" tornava-se mais difícil de ler e sua decifração ficava mais inútil. No melhor dos casos, foi mantida como uma propedêutica inseparável da aquisição das normas do *savoir-vivre*. É provável que pouco a pouco se tenha deixado de ler efetivamente páginas que para o maior número de pessoas se tornaram inacessíveis. A menina que Grimoux pintou com um livrinho de civilidade na mão realmente lê? Ou exibe a marca de uma conformidade social?[29] Nada nos permite responder. Seja qual for a resposta, tudo indica que, enquanto sua forma se fixa, o ensino da civilidade cada vez mais se distancia dos usos estabelecidos e se torna arcaico. Na melhor das hipóteses supõe um esforço afetado; na pior, denota uma postura convencional. De qualquer modo, pouco a pouco deixou de passar por "natural", ao menos entre aqueles que decidem o que é natural.

Há mais. É seu próprio sucesso que mais radicalmente abala a posição da civilidade. Como dissemos, ela hesita entre duas definições: um modelo válido para todos e um sistema de coniviências que distingue o pequeno número. No final do século XVII, alguns começam a distanciar-se de um código que se revela demasiado acessível e pode submergir os privilégios da elite.

Preocupado em ajudar a distinguir melhor as formas sociais, em 1693 F. de Callières elabora um tratado, *Du bon et du mauvais usage dans les manières de s'exprimer. Des façons de parler bourgeoises; en quoy elles sont différentes de celles de la cour* [Do bom e do mau uso nas maneiras de expressar-se. Dos modos de falar burgueses; em que diferem daqueles da corte]: "Apresentar-vos suas civilidades é um modo de falar burguês que nunca deve ser empregado em nenhuma ocasião". Ainda alude apenas a uma expressão que está se tornando trivial. Contudo, quase no mesmo momento, o abade de Bellegarde, autor de *Réflexions sur le ridicule et sur le moyen de l'éviter* [Reflexões sobre o ridículo e sobre o modo de evitá-lo, 1696], apresenta uma constatação mais geral: "Os burgueses, os provincianos, os pedantes são grandes fazedores de reverências: atormentam as pessoas com seus eternos cumprimentos e com civilidades incômodas; atravancam todas as portas; e é preciso discutir uma hora [para saber] quem passará por último: pouco a pouco os franceses se desfizeram de tudo que tem a aparência de imposição". A crítica denota uma série de círculos de exclusões: os estrangeiros com relação aos franceses; os plebeus, os provincianos e os pedantes com relação a uma aristocracia que em tal ocasião redescobre a irredutível vantagem proporcionada pelo dom do nascimento: todos têm algo de menos com relação aos eleitos, e a civilidade é sua marca vulgar. Ante o perigo que representa um eventual nivelamento das condutas sob a norma comum, o estilo — a liberdade das aparências emancipadas de toda autoridade — volta a ser o árbitro do verdadeiro decoro. A isso Mercier acrescenta pouca coisa, quase um século depois. Embora burguês, teve o cuidado de excluir o "pequeno-burguês" do círculo daqueles "que têm o trato social". Mais algumas décadas e a mácula imperdoável permanecerá associada apenas aos rústicos: aos que ainda acreditam que o exterior equivale ao interior, que se aprendem as maneiras nos livros e que o bom comportamento é a recompensa de um esforço assíduo. Só eles doravante mantêm, sob o olhar irônico dos sabichões, essa convicção herdada de épocas remotas. Contudo, entre os sabichões outros regimes de distinção atuam há muito tempo.

A depreciação social que afeta um código amplamente aceito não basta, porém, para justificar a crise que abala os fundamentos da civilidade. Ela se exprime numa crítica que contesta os próprios valores sobre os quais repousava o trabalho de uma civilização dos costumes. Tal crítica se modula segundo registros bem diversos. Desde muito existe uma versão que se limita a questionar as pretensões antropológicas de uma imposição de comportamentos. Não se trata, afinal, de um sistema de convenções entre outros possíveis? E em que se fundamentam a crença no gesto justo, a fé na existência de uma semiologia geral dos comportamentos, unívoca e válida para todos? É em Montaigne, naturalmente, que encontramos a mais forte expressão dessa dúvida: "Não só cada país, mas cada cidade tem sua civilidade particular, e cada ocupação. Nisso fui cuidadosamente educado em minha infância e vivi em ótima sociedade para não ignorar as leis da nossa [civilidade] francesa; e poderia fundar escola. Gosto de observá-las, mas não tão covardemente que dominem minha vida" (*Ensaios*, I, XIII). Uma reflexão relativista está, pois, na origem de uma distância em relação às evidências da civilidade erasmiana, que logo é reduzida a um sistema de polidez entre outros possíveis. O movimento é tanto mais profundo quanto se deve à necessidade, cada vez mais sensível, de reforçar os sinais exteriores da distinção social. Courtin e depois La Salle podem tentar salvar a ideia de uma norma geral arrancando a civilidade de sua dimensão "puramente humana e mundana" e reformulando-a "como uma virtude que se refere a Deus, ao próximo e a nós mesmos". Malgrado seu imenso sucesso, travam um combate de retaguarda, pois, embora difundindo sua lição civil e cristã junto à maioria das pessoas, não atingem as verdadeiras elites às quais está reservado o privilégio de decidir o bom costume. Já na língua clássica, civilidade cada vez mais se torna sinônimo de polidez. Na melhor das hipóteses, continuará sendo vista como um exercício estritamente social, que só se justifica por facilitar o comércio dos homens. Diz ainda Mercier: "Sem essa mentira engenhosa, um círculo seria uma arena onde as pequenas e vis paixões surgiriam com todas as suas deformidades". Muitas vezes, porém, as críticas não param aí. Em meados do século XVIII, a civilidade é vista apenas como uma polidez empobrecida. Voltaire acaba opondo os dois termos na dedicatória de *Zaïre* (1736): "Essa polidez não é uma coisa arbitrária como o que se chama civilidade, é uma lei da natureza". Sem chegar a tanto, a *Encyclopédie* reduz a regra civil ao registro mais exterior dos comportamentos sociáveis e considera que ela só interessa "às pessoas de condição inferior".[30] Ou mais exatamente: porque se dirige a todos, a civilidade se vê destituída de profundidade.

Contudo, ao lado dessa deriva progressiva, faz-se ouvir outra crítica muito mais radical, que denuncia no adestramento dos gestos e das maneiras os logros de uma paródia social. É no momento em que o reinado do parecer se impõe às elites francesas que ela naturalmente encontra suas formulações mais duras. Retz apresenta uma lição cínica; no auge da Fronda, depois do atentado contra Condé: "Conversávamos uns com os outros, fazíamo-nos civilidades, e oito ou dez vezes todas as manhãs estávamos a ponto de nos estrangular...". Num tom mais sombrio, seu contemporâneo Pascal denuncia as vaidades puramente mundanas que fazem dos costumes sociais um sistema enganoso de más ilusões. Assim, a civilidade "só deve ser observada porque é um costume, e não porque é razoável ou justa". Conquanto leve mais longe que ninguém a denúncia das mentiras do mundo, Pascal não está sozinho; todos os grandes moralistas do século XVII, de La Rochefoucauld a Saint-Évremond, retomam o refrão, cada qual a sua maneira. Até Courtin, zeloso propagandista da nova civilidade, dedica longas passagens de seu *Traité* à necessária distinção entre uma verdadeira civilidade — que traduz naturalmente as disposições caridosas de uma alma cristã — e a falsa, carregada de afetação e calculismo, que visa a enganar as pessoas.[31]

Sem surpresa, reencontramos esse radicalismo antimundano em Rousseau, no século seguinte. Todavia, a crítica prossegue num contexto intelectual e sensível bem diverso. Seu núcleo continua sendo uma denúncia das convenções abusivas que limitam e deformam as relações entre os homens. Mas a ordem dos valores doravante está invertida. Enquanto Pascal via no coração humano apenas inconstância e mentira, Jean-Jacques Rousseau pleiteia no *Émile* as virtudes reencontradas de uma natureza moral e boa. Contra a tirania dos costumes, apela ao coração e à razão, aos recursos esquecidos da intimidade. Tampouco está isolado, ainda que incomode com a incivilidade que recomenda e pratica agressivamente. Emile será educado à margem da sociedade a fim de estar mais bem preparado para a sociedade. No mesmo momento o ideal educativo muda nas elites francesas. Afasta-se da educação coletiva, da instrução no colégio, para reservar ao foro íntimo a formação das sensibilidades, a aprendizagem dos valores e comportamentos morais. Na família ou em suas extensões (o preceptor particular), impõe-se um novo modo de gerir a infância e a educação. Estabelece como princípio que é no seio de relações naturais e privadas — do sangue — que as lições são mais bem aprendidas, que a natureza e a personalidade da criança se expressam e desabrocham da melhor forma.

De certo modo, essa revanche da intimidade assinala o fim da civilidade, ainda que pelo impulso inicial esta prossiga em sua carreira visível. Contudo, impregna a tal ponto a forma editorial e didática que, nos anos da Revolução Francesa, civilidades republicanas tentam o impossível casamento da educação rousseauniana com uma fórmula erasmiana revista e corrigida. Disso resultam estranhos monstros que procuram reunir os velhos gestos e os valores novos no quadro quase inalterado dos livretos tradicionais. As máximas de Voltaire substituíram os *Quatrains* de Pibrac, porém as "ideias simples sobre Deus e a religião", bem como os "preceitos da razão", continuam sendo impressos nos velhos caracteres herdados do século XVI. Seu ensinamento é colocado sob a égide de Rousseau e adapta-se às novas condições políticas: "Na época em que os homens só se estimavam e eram estimados segundo seu berço, sua posição e suas riquezas, havia necessidade de muito estudo para conhecer todos os matizes de atenções e polidez a observar na sociedade. Hoje existe apenas uma regra a seguir no comércio da vida: ser com todos livre, franco e leal".[32] Assim, reencontramos, reformulado, o velho sonho de uma perfeita legibilidade do social. À parte essas declarações preliminares, o dispositivo pedagógico, da manhã à noite, permanece sensivelmente idêntico — ainda que o respeito devido ao Ser Supremo substitua os piedosos exercícios lassallianos. Pois a fórmula em si está fossilizada e, vítima de seu sucesso, já não é suscetível de reelaborações ou adaptações. Após a ruptura revolucionária, voltar-se-á, sem surpresa, às versões canônicas da civilidade.

No momento em que se difunde por toda parte, ela já não passa de um vestígio. Enrijecido, empobrecido, desacreditado, desgastado por suas próprias contradições, o projeto de um sistema de reconhecimento que deveria permitir a construção de uma sociabilidade regulamentada já não evoca senão normas autoritárias e uma comédia das aparências à qual as pessoas humildes ainda têm a fraqueza de conceder algum crédito. Antes que novos códigos de comportamentos coletivos se imponham, a civilidade faz um triste papel em face do triunfo provisório do indivíduo e de sua irredutível espontaneidade. A bem dizer a verdade, reduzida a pura exterioridade, ela provoca risos. O miserável preceptor que Stanislas David evoca em meados do século XIX não sabe nada. Nada estudou e não sabe viver. A única referência desse plebeu perdido nas casas ricas é o pequeno tratado que ainda governa toda a sua sabedoria: "*A civilidade!...* Ah, sim, é seu estudo de todos os dias; é seu código, sua norma de conduta, seu estoque de coisas belas. Ele reflete na maneira de apresentar-se; estuda-se, maquina mil posições, mil torneios de frases. Retarda o quanto pode o momento de aparecer, pois teme singularmente as novas figuras".[33] O texto que durante três séculos pretendeu ensinar regras sociais às crianças tornou-se o símbolo por excelência de uma desadaptação; o sonho de um governo da alma se dissolve numa gesticulação derrisória. A civilidade é o que sobra quando não se aprendeu nada.

NOTAS

1. P. Ariès, *L'enfant et la vie familiale sous l'Ancien Régime*, Paris, Ed. du Seuil, 1961.

2. N. Elias, *La civilization des moeurs*, tradução francesa, Paris, 1973. Um estudo das variações da noção de civilidade e de seus valores em R. Chartier, "Civilité", a ser publicado em *Handbuch politisch-sozialer Grundbegriffe in Frankreich, 1680-1820*, R. Reichardt e E. Schmitt ed., Heft II, Munique e Viena.

3. *De civilitate morum puerilium libellus*, Froben, Basileia, 1530. A mais recente tradução francesa é a de A. Bonneau (1877), relançada com uma apresentação de P. Ariès, Paris, 1977. É a que utilizo aqui.

4. Cf. J.-C. Schmitt, apresentação de "Gestures", *History and Anthropology*, 1, I, 1984, pp. 1-18.

5. H. de La Fontaine Verwey, "The first 'book of etiquette' for children", *Quaerando*, 1, 1971, pp. 19-30; sobre as edições do século XVI, R. Chartier, D. Julia, M. M. Compère, *L'éducation en France du XVI*[e] *au XVIII*[e] *siècle*, Paris, 1976, pp. 139-40.

6. G. Strauss, *Luther's house of learning*, Baltimore, 1979; St. Ozment, *When fathers ruled. Family life in Reformation Europe*, Cambridge, Massachusetts, 1983.

7. F. Bierliaire, "Erasmus at school: the *De civilitate morum puerilium libellus*", em *Essays on the works of Erasmus*, R. L. de Malen ed., Yale, 1978, pp. 239-51.

8. H. Carter e H. Vervliet, *Civilité types*, Oxford, 1966; H. de La Fontaine Verwey, "Les caracteres de civilité et la propagande religieuse", *Bibliothèque d'humanisme et Renaissance*, trabalhos e documentos, t. XVI, 1, 1964, pp. 7-27.

9. A. de Rohan-Chabot, *Les écoles de campagne en Lorraine au XVIII*[e] *siècle*, Paris, 1967, p. 167.

10. Apresentação das *Règles de la bienséance et de la civilité chrétienne* pelo irmão Maurice-Auguste, *Cahiers lassalliens*, 19, Roma, s. d. (1964). Em 1722 já existe uma edição para uso das escolas cristãs femininas.

11. R. Peter, "L'abécédaire genevois ou catéchisme élémentaire de Calvin", *Revue d'Histoire et Philosophie Religieuses*, 1965, pp. 11-45.

12. D. Julia, "Livres de classe et usages pédagogiques", em *Histoire de l'édition française*, t. II, op. cit., pp. 468-97.

13. *Praeceptiones ad vitam inter homines ex decoro eoque christiano instituendam*, Paris, 1863. O texto é de Jacques Carborand de la Fosse. Devo esse documento à amizade de D. Julia.

14. Cf. C. Lanette-Claverie, "La librairie française en 1700", *Revue Française d'Histoire du Livre*, 1972, pp. 3-44.

15. G. Vigarello, *Le corps redressé*, Paris, 1978.

16. N. Elias, *La civilisation des moeurs*, op. cit., cap. IV; J.-C. Bonnet, "La table dans les civilités", em *La qualité de la vie au XVII*[e] *siècle*, edição especial da revista *Marseille*, 1977, pp. 99-104.

17. A. de Courtin, *Nouveau traité de la civilité qui se pratique en France et ailleurs, parmy les honnestes gens*, Paris, 1671 (aqui cito da edição de Bruxelas, 1675, p. 87).

18. M. Foucault, *Surveiller et punir. Naissance de la prison*, Paris, 1975.

19. A. Vicent, "*Histoire des larmes. Études sur les transformations des signes de l'émotion* (*XVII*e-*XIX*e *siècle*)", tese (inédita) defendida na Universidade de Paris--VII, Paris, 1985, 2 vols.

20. G. Vigarello, *Le propre et le sale. L'hygiène du corps depuis le Moyen Âge*, Paris, Ed. du Seuil, 1985.

21. *Il libro del cortegiano*, Veneza, 1528. Sobre esse texto essencial, cf. a recente coletânea dirigida por A. Prosperi, *La corte et il cortegiano*, Roma, Centro di Studi sull'Europa delle Corti, 1980.

22. A tradução francesa de Jean de Tourny, de 1598, é publicada em caracteres de civilidade.

23. A obra de referência continua sendo a de M. Magendie, *La politesse mondaine. Les théories de l'honnêteté en France au XVII*e *siècle, de 1600 a 1650*, Paris, 1925, 2 vols.

24. O. Ranum, "Courtesy, absolutism and the rise of the French state, 1630-1660", *Journal of Modern History*, 52, 1980, pp. 426-51. Mesmo sendo extremo, o caso francês não é o único: cf. J. A. Vann, *The making of a state. Württemberg*, 1593-1793, Cornell, 1984, pp. 128-32.

25. N. Elias, *La société de cour*, tradução francesa, Paris, 1974, nova ed., 1985.

26. Toda uma série de tratados, muitas vezes de sensibilidade jansenista, "cristianizam" no mesmo momento a civilidade, em particular Pierre Nicole, cuja *Civilité chrétienne* (1668) Courtin menciona. Esses textos preparam a síntese lassalliana que une "o decoro e a civilidade cristã".

27. Cf. R. Chartier, *Le social en représentation. Lectures de George Dandin*, no prelo.

28. Sobre esse requestionamento ver N. Elias, *La civilisation des moeurs*, op. cit.; *La société de cour*, op. cit., cap. VI; e em R. Chartier, "Civilité", op. cit.

29. O quadro de Grimoux encontra-se no Museu dos Augustinianos, em Toulouse. Foi assinalado por P. Ariès, *L'enfant et la vie familiale* (...), op. cit., p. 432.

30. *Encyclopédie ou dictionnaire raisonné des sciences, des arts et des métiers*, t. III, Paris, 1753; o artigo "Civilité, politesse, affabilité" deve-se ao chevalier de Jaucourt.

31. A. de Courtin, *Nouveau traité* (...), op. cit., cap. XXI.

32. Chemin, *Civilité républicaine contenant les principes de la morale, de la bienséance et autres instructions utiles à la jeunesse. Imprimé en différentes sortes de caractères, propres à accoutumer les enfants à lire tous les genres d'écritures*, Paris, ano III, pp. 14-5.

33. Citado em *Les enseignants vus au XIX*e *siècle*, Paris, 1984.

OS REFÚGIOS DA INTIMIDADE

Orest Ranum

Como ir além dessas histórias heroicas do indivíduo e do individualismo caras à historiografia clássica?[1] Os historiadores de nossa época se esforçaram para vasculhar com minúcia o social, mas no estudo dos espaços privados — espaço do imaginário de si mesmo, espaço das relações entre duas interioridades, que constituem as intimidades dos tempos modernos — não ultrapassaram o estágio da biografia edificante. Na história do eu e do íntimo, tudo ou quase tudo ainda está por fazer.

Comparadas com as nossas, as sociedades europeias do século XVI ao XVIII, tão diferentes entre si, parecem assemelhar-se num aspecto: sufocaram o indivíduo sob o peso dos comportamentos familiares, comunitários, cívicos e rurais. Nas velhas sociedades, o íntimo nunca é um dado: é preciso procurá-lo além dos comportamentos codificados e das palavras. O que pertencia à esfera do íntimo está em todos os lugares e em todos os objetos que encarnam as emoções e os afetos humanos. Assim, impõe-se uma arqueologia dos locais privilegiados do íntimo e dos objetos-relíquia que povoaram esses locais.

UMA ARQUEOLOGIA DO ÍNTIMO

A hipótese é a seguinte: no passado, através de emoções, gestos, preces e sonhos, o indivíduo associou determinados espaços e certos objetos a seu ser, quer dizer, ao íntimo de seu ser. A lembrança-espaço (em especial o jardim fechado, o quarto, a *ruelle*, o gabinete ou o oratório) e a lembrança-objeto (o livro, a flor, a roupa, o anel, a fita, o retrato ou a carta) são muito particulares, pertenceram a alguém único no tempo e no espaço; todavia, seu sentido é codificado e perfeitamente compreensível para os outros. O social dotou de potencialidades tais lugares e objetos. O pente de buxo (século XV) recoberto de corações e setas e com a inscrição "Que vos apraza" (Metropolitan Museum) é um objeto-relíquia oferecido ao amado como um *presente*. Milhares de objetos semelhantes devem ter existido ao longo dos séculos. O historiador não pode reconstituir a reflexão interior; em contrapartida, tem a possibilidade de recensear os espaços e os objetos em que ela normalmente se encarnou. Ter suas próprias roupas, seu leito e seu terço significa mais que a simples posse de uma coisa. A posse de um objeto partilhado não exclui a possibilidade de, graças a ele, penetrar em uma intimidade particular.

Naturalmente, o íntimo também é revelado pelo retrato visual ou escrito. Esses objetos-relíquia têm um poder especial. Falam não só através de seus sorrisos, seus trejeitos, seus olhos, mas também com suas palavras, capazes de reatar um diálogo ao infinito. Inscrevendo as palavras *leal souvenir* em seu *Timotheos* (Londres, National Gallery), Van Eyck expressou verbalmente para os séculos modernos o significado íntimo do retrato. À primeira vista, parece que esses objetos tão eloquentes traem segredos; todavia, à força de ouvi-los falar, percebemos que nem sempre revelam mais sobre o íntimo que as iniciais gravadas numa espada ou o coraçãozinho de prata num anel barato. A ausência do privado em alguns grandes autores de memórias — Turenne, D'Argenson ou os Richelieu, por exemplo — constitui um bom indício de que não encontraremos necessariamente o íntimo num retrato de Nanteuil ou nas cartas de madame de Sévigné.

É evidente que o eu pode exprimir-se por meio de um parágrafo, de uma assinatura, de um lema ou até mesmo do *x* traçado na presença do notário. Como os apelidos e a escolha de um animal com que as pessoas se identificam, os sinais secretos gravados nos anéis, nas escrivaninhas decoradas, nas vigas pintadas, nas lápides sepulcrais e nas encadernações constituem poderosos objetos-relíquia, ainda que seus signos nem sempre sejam decifráveis. Aliás, parece que o gosto pelo signo secreto foi favorecido por determinadas seitas político-religiosas que transformam em objetos de culto o segredo e o mistério enquanto tais. Petrarca tinha profunda afeição por santo Agostinho e, um pouco como um estudante, adquirira o hábito de *registrar* num caderno especial — seu *Secreto* — o diálogo que teria com seu venerável e santo amigo. E zelosamente guardou para si esse caderno. A amizade é uma força divina encarnada no espírito e no corpo; cria um verdadeiro discurso amistoso com um homem que morrera quase mil anos antes. O caderno é um objeto-relíquia na vida íntima de Petrarca. Os diários privados dos tempos modernos em geral são menos religiosos que o *Secreto* de Petrarca, mas também revelam essa vontade de exprimir-se de maneira íntima.

Por volta de 1660, Samuel Pepys se recupera de uma grave enfermidade — sofria de cálculos — num momento crítico de sua vida familiar e política. Ao longo dos nove anos seguintes escreverá, em linguagem cifrada, 1 250 000 palavras sobre sua vida íntima.[2] Outros compatriotas seus expressam-se em latim para que a esposa ou os parentes não possam ler. Pepys sente profunda necessidade de guardar a lembrança do funcionamento de seu corpo e dos prazeres da vida. Como se quisesse reter para sempre os detalhes de sua vida interior, registra uma canção, um momento feliz no decorrer de um passeio, os odores do campo na primavera, os festins de ostras e vinho, a visão de uma bela mulher no templo. Diverte-se escrevendo; suas próprias paixões amorosas, que ultrapassam o poder evocativo das palavras, levam-no a deixar lacunas e reticências quando não lhe bastam frases em italiano — já um acréscimo ao inglês.

A evocação do inexprimível não é rara nas memórias íntimas. Os relatos de experiências místicas, de êxtases ante as ruínas antigas ou a floresta profunda, dos momentos sublimes em que o corpo e o espírito se unem pelo amor ou pela amizade manifestam a necessidade de expressar para o outro ou para si mesmo essa transcendência interior.

O autorretrato dos artistas possui numerosas características do diário íntimo. É um objeto-relíquia que seu criador guarda para si ou dá a um amigo. Em 1484, quando tinha treze anos,

Dürer desenha seu retrato com a ajuda de um espelho.[3] Algo prodigioso para um menino dessa idade. Mesmo na Alemanha, onde irá florescer no século XVI, o autorretrato ainda não é um gênero. Segundo Panofsky, a inspiração vinha de Dürer pai, um ourives, que elaborara o próprio retrato.[4]

Rembrandt irá mais longe na utilização e na simbologia do autorretrato. A procura de si mesmo em vestes um tanto exóticas e com uma cabeleira bem penteada já se manifestara nos autorretratos de Dürer; contudo, Rembrandt ultrapassará essa etapa exótica e exibicionista para concentrar-se no rosto e no olhar, como se expressassem todo o seu eu. Em inumeráveis autorretratos registra seus pensamentos íntimos através do próprio olhar que o olha. Essa concentração nas coisas do espírito é muito rara entre os artistas-artesãos dos tempos modernos, que se exprimem ainda mais com suas mãos criadoras. Rembrandt anuncia, assim, os pintores narcisistas do século XX, porém nessa busca visual do eu não tem discípulo imediato.

Portanto, podemos recensear as intimidades sob três rubricas: a dos lugares privilegiados, propícios às relações com o outro; a dos objetos-relíquia, dotados do poder de lembrar os amores e as amizades; e a dos registros da existência íntima conservados pela imagem ou pela escrita. Evidentemente, os autorretratos, os retratos, bem como as cartas, as autobiografias, os diários e as memórias, são objetos-relíquia tanto quanto os pentes e os anéis. Cada objeto fala a sua maneira. Num recenseamento tão breve como este, não podemos dar a palavra mais a um que a outro. O fenômeno que nos cabe observar é a difusão e a extensão das *imagines* íntimas. O fato de aparecerem nas obras de elevado nível estético jamais constitui prova de sua origem. Os objetos-relíquia "sem valor artístico" não sobreviveram para povoar os museus de hoje. Os "terços de botões de rosas" das rainhas das *bachelleries* [grupos de jovens] do Centro-Oeste da França no século XVI não se conservam tão bem quanto as rosas pintadas que coroam as Virgens.[5]

OS LUGARES DO ÍNTIMO

No imaginário europeu do íntimo e do eu em fins da Idade Média, determinados lugares ou certos espaços são considerados particularmente propícios à busca de si mesmo e ao encontro de dois seres. Pouquíssimos sobreviveram até nossos dias, mas podemos conhecê-los graças a uma vasta documentação iconográfica. Pequenos jardins privados subsistem ainda ao lado dos apartamentos "privados" de alguns castelos ingleses do século XVI (Hampton Court). Os *closes*, ou pequenos jardins murados das universidades de Oxford e Cambridge, bem como os jardins das escolas anexas às catedrais inglesas e, por toda parte, os jardins das cartuxas, servem ainda de locais de contemplação e conversação. Seu aspecto se alterou entre 1500 e 1800, mas eles nada perderam de seus significados íntimos. O jardim clássico parece substituir para sempre o pequeno jardim privado; na realidade, porém, o bosque, com o portão aberto na sebe, e seu banco único, escondido na sombra, assumem uma função idêntica à do jardim fechado.

Os arquitetos dos séculos modernos criaram novos espaços privados nas casas da elite, ou melhor, ampliaram seus espaços, transformando em cômodos o que antes era sobretudo peças de mobiliário. Nas diferentes línguas europeias, palavras como gabinete, biblioteca, escritório podem designar um móvel; pouco a pouco, no entanto, passam a indicar também um aposento dotado de uma função específica e em geral de caráter privado. Até a cozinha, quando separada da sala, participa da mesma ambiguidade: nem sempre se sabe se o termo refere-se ao local onde se cozem os alimentos ou simplesmente aos alimentos cozidos. Assim, essa diferenciação dos espaços dentro da casa não constitui prova absoluta de privatização, a não ser na medida em que quem tinha antes um escritório-móvel provido de fechaduras agora pode entrar num escritório-cômodo e trancar a porta à chave. Está aberto o caminho para a habitação burguesa do século XIX, com seu acúmulo de objetos de arte, papéis, livros e curiosidades sempre dispostos e organizados atrás de vitrines e de portas providas de fechadura e chave.[6] Aumento do número de objetos, dispersão pelos espaços, banalização, mas não necessariamente privatização, pois em sua essência esta continua pertencendo à esfera do pensamento ou do secreto. Tanto quem possui um cofre como quem tem uma casa ampla, onde cada aposento cumpre uma função particular, pode muito bem estar no mesmo nível de privatização.

O JARDIM FECHADO

Graças aos quadros, às xilogravuras e às tapeçarias do século XV, podemos não só descrever o jardim fechado, como quase sentir o perfume de suas flores e desfrutar de seu ar saudável. Pequenas cercas de madeira, muretas acompanhando renques de árvores frutíferas ou ainda sebes entrelaçadas de vime encerram canteiros de flores ou relvados floridos com pequenas elevações onde se pode sentar. Fontes e tanques, caminhos estreitos e latadas de rosas ou vinhas: esse é o jardim fechado, o local propício a um encontro amoroso, cortês ou religioso. Raramente o jardim é apresentado sem jovens casais sentados a um lado, falando ou tocando um instrumento musical. Um indivíduo solitário segura um livro; a Virgem comparece sentada num trono de pedra ou de madeira, rodeada de árvores em flor ou de guirlandas de rosas. A sociabilidade do jardim fechado sempre é íntima, a não ser nos desenhos de Brueghel, em que figuram jardineiros trabalhando. A presença da Virgem, sozinha ou com um santo patrono, convida o observador do quadro a ajoelhar-se a sua frente, no jardim.

O ar do jardim fechado não é o mesmo da rua ou do campo. Está impregnado de odores de uma natureza superior — de rosa, água pura e santidade —, sendo capaz de não só curar o corpo, como de dar repouso à alma. Os humanistas e os eruditos da era clássica, cada qual a seu turno, vão tirar desse jardim tudo que é rústico e gótico e ali colocar colunas e bancos antigos, bem como bustos de filósofos capazes de edificar os visitantes, porém não reduzirão as potencialidades íntimas do local. As flores e a relva aparada sempre continuarão sendo mensagens providenciais, como na *Parthenia sacra* (1633), de Henry Hawkins. Malgrado uma torre de Babel de símbolos erigida pelos poetas, a flor sempre terá o poder de induzir a reflexão sobre si mesmo:

O lírio de impecável e imaculada castidade,
A rosa de acanhamento e tímida modéstia,
A violeta de humildade, o goivo de paciência,
A calêndula de caridade, o jacinto de esperança,
O girassol de contemplação, a tulipa de beleza
E graça

Henry Hawkins[7]

E leva a refletir ainda mais profundamente no amor e na morte. O ambiente do jardim inspira o poeta; a amada parece mais próxima; o jogo cruel de sua aparição e de sua ausência é conduzido pelo próprio poeta.

Em Tasso, o último encontro de Armida com Rinaldo ocorre num jardim florido. A ópera francesa transformará tal jardim num lugar mágico, capaz de derreter corações e confundir o mais sincero. Nos quadros de Watteau, Boucher e Fragonard, o mesmo jardim torna-se parque, sem no entanto perder sua força quase mágica. Os encontros das duplas de mascarados que habitam a casa do conde Almaviva têm lugar num jardim particularmente sensualizado pela noite.

A solidão do jardim, o tempo que passa, as estações e as flores fanadas levam a pensar não só na fragilidade da vida como na morte de Cristo: "*Percorro o jardim e ali vejo/ Ideias de sua agonia* [...]" (Henry Vaughan).[8]

Na gravura de Martin Schongauer, elaborada por volta de 1480, que focaliza a aparição de Cristo diante de santa Madalena, o jardim fechado impressiona por sua qualidade desértica. Há apenas uma árvore sem folhas e montículos de terra nua. Com ou sem folhas, a árvore solitária não perde a capacidade de evocar a morte.

A partir de 1640, surgem na Holanda os retratos de casais idosos: o cenário preferido em geral é o jardim. Os quadros de Hoogstraten ajudam o viúvo ou a viúva a situar num local de felicidade o cônjuge falecido, pois mostram o casal junto no jardim. Esse gênero de retrato concretiza um momento de reflexão e talvez até de prece e de expressão amorosa. No quadro de Steen, que focaliza um casal de velhos jogando xadrez, o caramanchão evoca não só as tardes de repouso sob sua sombra, mas também as comemorações de bodas e batismos tantas vezes realizadas nesse tipo de local.

Se ao longo dos séculos XVII e XVIII o casamento por amor e por amizade pouco a pouco substitui o casamento por interesse e por dinheiro, é no jardim que esse amor se expressa e isto está registrado nos retratos de jovens casais, sozinhos ou com os filhos. Afinal, doadores de ambos os sexos, com os filhos e os antepassados, de início figuravam nos quadros ao lado da Virgem ou de seu santo padroeiro, muitas vezes num jardim ou num oratório com vista para um jardim. Ali ficarão por muito tempo depois que o santo intercessor desaparecer desses quadros. Nos séculos XVII e XVIII, os retratos duplos na mesma tela tornam-se cada vez mais frequentes nos países protestantes. Na Inglaterra e em suas colônias, os casais refugiam-se na intimidade do jardim e do parque. Às vezes, os mais modestos registram por escrito essas mesmas atividades que os mais ricos imortalizam na pintura. Alojado no Almirantado de Londres, Samuel Pepys praticamente não dispõe de jardim, porém os *leads* lhe proporcionam o mesmo prazer. É ali que ele se senta com a esposa para tomar um trago nos dias quentes ou tocar sua tiorba à luz do luar. Somente a ameaça de uma invasão holandesa o impele para sua casa de campo, onde enterra seu dinheiro no jardim.

Os pintores holandeses banalizaram o jardim fechado, transformando-o em quintal, porém não lhe tiraram as conotações de intimidade. A Virgem e os santos desapareceram, mas a conversação a dois permanece, bem como a leitura, sem dúvida ligada à devoção ou ao amor. Em resposta às representações convencionais do amor e da fé, também são evocados alguns sentimentos íntimos mais simples e crus, porém não menos íntimos. Casais de jovens jogam xadrez ou tomam um trago (sempre no mesmo copo), ou uma mãe cata piolhos nos cabelos da filha (Terborch, Berlim) — um ato que durante séculos é carregado de reflexões amorosas.[9] A velha sentada sozinha em seu pequeno quintal despojado de verde — um tema repetido nos cantos escuros da casa — literalmente interioriza essas intimidades e incita o observador a refletir sobre seu próprio fim.

Contudo, o jardim fechado não é nem o deserto, nem seu equivalente, a cela. Na cela, o eremita se vê sozinho, como Cristo ou são Jerônimo. A floresta selvagem, com suas altas frondes, continuará sendo o lugar ascético para os encontros com o demônio e para a contemplação estoica.

Os jardins com canteiros e areias coloridas perturbam a mente e a alma dos temperamentos melancólicos. O verdadeiro repouso encontra-se na natureza que o homem não manipulou. A revolução puritana condenou o jardim geométrico de árvores e arbustos modelados — produtos humanos da Razão e portanto suscetíveis de prejudicar o desenvolvimento interior. Os puritanos suprimiram sistematicamente os labirintos de arbustos.[10] Todavia, admitiam a presença de ruínas, que ajudam a alma a concentrar-se no além. Assim, uma sensibilidade interiorizante que toma o artifício pelo artificial prefigura o jardim inglês e suas mistificações, os bosques selvagens, os lagos profundos e as ruínas antigas do século XVIII.

O QUARTO

O espaço primordial do hábitat — sala, *Stube*, *hall* — é o cenário de múltiplas atividades. A lareira ou o fogão encontram-se na sala, bem como os utensílios de cozinha, mesa, cavaletes, bancos, tonéis vazios e sacos de comestíveis — mais algumas *literies*, ou seja, todo o material da cama sem o móvel e sem cortinados. Se as pessoas que vivem juntas dispõem de um único aposento, é na sala que realizam todas as suas atividades, exceto as funções naturais reservadas aos campos ou ao monturo. Se dispõem de mais um cômodo, situado no mesmo andar e provido de uma porta que se abre para a sala, esse espaço é designado pela palavra "quarto" — *chambre*, *camera* e, em inglês, *inner room*, *chamber* ou até *borning room*. Em alemão, o termo *Zimmer* lembra os painéis de madeira fixados na parede, porém a disposição continua a mesma. O quarto é um aposento onde se encontra uma vasta cama de cortinados, localizado além da sala e separado desta por uma porta provida de fechadura e ferrolho. Na Florença do século XIV-XV, *camera* é uma palavra investida de dignidade — talvez seja o caso também do francês *chambre*. A matrona das estampas do século XV leva sempre várias chaves presas no cinto. Nos casarões urbanos das famílias numerosas, o quarto é trancado à chave. Os quadros holandeses do século XVII mostram a disposição do quarto e da sala, separados por uma parede, e ao longe a rua.

Em *Da família* (1430), Alberti, um rico mercador florentino que estava então com seus trinta anos de idade, descreve o quarto no momento em que o recém-casado mostra a casa à esposa. A visita termina no quarto, onde, depois de trancar a porta à chave, ele exibe suas riquezas — prataria, tapeçarias, roupas e joias —, zelosamente guardadas nesse local íntimo, onde pode ter o prazer de contemplá-las sozinho. Seus livros, os *ricordi* (registros de contas e memórias) e os papéis de seus ancestrais são guardados à parte, no gabinete trancado à chave, longe dos olhos da esposa. O gabinete de que Alberti fala é tanto um pequeno aposento separado, o *studiolo*, quanto um móvel do quarto fechado à chave. Esses *ricordi* são guardados "quase como objetos sagrados e religiosos", diz ele.

Essa fronteira entre as coisas que dão prazer e são secretas e as atividades que se realizam na sala é típica da classe dos grandes mercadores no final da Idade Média. Reveladora de determinados fechamentos íntimos dos espaços e dos objetos, ela indica também os papéis atribuídos à esposa. Tais fechamentos e tais papéis se estenderão aos outros meios sociais no decorrer dos tempos modernos.

Tendo mostrado seus tesouros, Alberti ordena à esposa que nunca partilhe o leito com outro homem nem admita no quarto outra pessoa que não ele. Insiste para que se conduza com modéstia, evitando cosméticos e coqueteria. Depois dessas palavras, o casal se ajoelha e reza para que Deus o ajude e lhe dê muitos filhos. Eles contemplam a imagem de um santo "de prata, com a cabeça e as mãos de marfim". Alberti, contudo, não menciona o nome do santo, preocupa-se apenas com sua qualidade de objeto precioso. Nas mentalidades modernas bem pouco influenciadas pelas teologias da palavra que emanam da Sorbonne, uma matéria nobre e preciosa encarna o divino enquanto tal e sem associação específica além da forma. Alberti talvez tenha herdado essa escultura de um parente, que levou para o túmulo o nome do santo. Se possuía quadros (Alberti não os inclui na relação de seus objetos preciosos), há grandes possibilidades de que abordassem temas religiosos e estivessem expostos no quarto, não na sala.[11]

Se as pessoas que vivem juntas podem se dar o luxo de um segundo aposento, é ali que transcorre a vida afetiva e íntima do casal. O retrato do *Casal Arnolfini* (1439), de Van Eyck, parece confirmar a intimidade cerimoniosa dos recém-casados no quarto. E, ao retratar um casal sentado na cama, por volta de 1480, Israhel van Meckenem apresenta um quarto cujo mobiliário consiste num grande leito de colunas e cortinados, bem como numa mesinha coberta por uma toalha na qual se veem um castiçal com duas velas, caixas de pó e uma escova. Uma faca trava o ferrolho da porta, impedindo a abertura. O homem tirou a espada e depositou-a no estrado; sua mão esquerda sob o braço da mulher evidencia o desejo de beijá-la. Ela mantém os braços cruzados, mas parece tirar o cinto e as chaves. As cortinas do leito estão abertas. Nada na gravura evoca o religioso; essas intimidades não são as mesmas que Van Eyck apresenta em seu quadro.

O quarto serve de local íntimo para os homens ricos que procuram os favores das "cortesãs". A estampa de Meckenem é a visualização do pesadelo que Alberti tenta evitar mostrando suas riquezas à esposa, rezando com ela e de algum modo encerrando-a entre seus objetos preciosos. A mesinha cheia de caixas de pó, escovas, pentes e frascos de perfume manifesta as intimidades sexuais fora do casamento. Boucher e Fragonard procurarão tornar o toucador digno e moralmente neutro numa época em que o casamento por amor ganha terreno entre a elite. Em *O ferrolho*, de Fragonard, o quarto é o lugar onde as paixões se expressam. O homem fecha a porta sem interromper a sedução da mulher. A pressa e a brutalidade do ato sexual íntimo tornam fluida a imagem do leito, cujos lençóis estão estendidos entre os móveis e os corpos. Em contrapartida, *O armário*, do mesmo artista, é uma tentativa de síntese moral que se exprime num academicismo evidente. O quadro passa do íntimo ao teatral e assim permanece fora da realidade social. Não é revelador de intimidades.

Os quadros holandeses do século XVII confirmam o caráter íntimo do quarto mostrando com mais precisão o comportamento físico focalizado. É ali que as mulheres se vestem e se despem, amamentam os filhos, recebem a visita de parentas e amigas após o parto. Os quadros de Hooch e Steen que mostram camas desfeitas e mulheres sozinhas ocupadas em vestir-se atestam que na época moderna o quarto continua sendo o cenário do sonho erótico do homem abastado. Isenta de qualquer ambiguidade, a gravura *Het Ledekaut* (1646, British Museum), de Rembrandt, apresenta um grande leito encortinado no qual um homem está deitado sobre uma mulher. Os espaços circundantes são obscuros, como de hábito nesse artista, porém o tipo de leito com colunas só se encontra nos meios sociais abastados e capazes de ter um quarto.

A *RUELLE* E A ALCOVA

Na França dos séculos XVI e XVII, a *ruelle* — ou seja, o espaço entre a parede e o leito — era conhecido como um local particularmente íntimo. Não esqueçamos *La ruelle mal assortie* [A *ruelle* mal arrumada], de Marguerite de Valois. E o lugar onde o apaixonado do *Page disgracié* [Pagem desventurado], de Tristan L'Hermite, sente tremores nos membros e outras perturbações físicas que ameaçam o decoro. Em suas *Mémoires*, Dumont de Bostaquet conta que, tendo-se iniciado um incêndio em sua casa, "toda a minha preocupação foi no sentido de salvar meus papéis: eu mandara fazer uma alcova muito própria em meu quarto, e tinha grandes armários na *ruelle* de meu leito, onde estavam minhas vestes e o que eu possuía de mais considerável, títulos de minha casa".[12]

Como as *ruelles*, as alcovas são espaços além do leito, longe da porta que dá acesso à sala (ou à antecâmara, nas casas da elite). Thomas Jefferson, tecnólogo do estilo século XVIII, mandou construir uma parede em torno de sua cama a fim de fechar completamente o pequeno cômodo além do leito — cômodo no qual só ele podia entrar, descendo da cama do lado da *ruelle*.

Uma privatização do espaço maior do que aquela proporcionada pelo quarto evidencia-se cada vez mais nos séculos XVII e XVIII. Após a morte do erudito jansenista Le Nain de Tillemont, encontrou-se na *ruelle* de sua cama um "cinto coberto de botões metálicos". Os velhos hábitos da mortificação eram praticados na intimidade.

No século XVIII, o quarto nada perde como espaço íntimo. Ao contrário, os pintores intensificam as representações dos signos íntimos e das atividades que só se realizam no quarto. No século XVII, Abraham Bosse limitava-se a mostrar uma jovem vestida sob as cobertas da cama aguardando o clister do jovem e belo médico e a cadeira-retrete trazida por uma criada. No século XVIII, o mesmo tema mostra a mulher nua em sua cama de alcova posicionada para receber o clister, desta vez ministrado pela criada, é bem verdade. Watteau, Boucher e Greuze retomam quase todos os temas íntimos e eróticos dos pintores holandeses do século anterior para torná-los mais explícitos.[13] Watteau vai além das convenções em *A toalete íntima*. Uma jovem de camisola aberta está sentada na cama, preparando-se para o banho. Uma criada segura uma bacia e passa-lhe uma esponja. O tema é banal, porém o quadro é tão explícito que o observador — mesmo no século XX — sente-se um intruso. Com efeito, toda a educação contemporânea nos leva a desviar o olhar desses atos privados. As dimensões do quadro são bastante reduzidas; para vê-lo bem é preciso aproximar-se e transformar-se imediatamente em voyeur. A mulher banhada nada faz de indecente, mas o espectador que contempla o quadro é levado à indecência.[14] As estatuetas e quadros de belas mulheres nuas brincando com um cão que se esconde entre suas pernas obrigam a deixar de lado a civilidade: quem vê essas obras sempre resvala no impudor do privado.

Já no século XV, os cuidados com o corpo feminino tornaram-se um lugar-comum do erotismo. Muitos desses cuidados de algum modo se passam "em público". Dürer fez o voyeur olhar por um pequeno orifício entreaberto para ver seis mulheres nuas num banho público. As intimidades põem em cena uma ou duas pessoas. O tema dos banhos públicos femininos, bem como o das cortesãs que se vestem sozinhas, será retomado ao longo dos séculos, porém — exceto no imaginário do observador — raramente evoca vidas interiores. E, naturalmente, ser obrigado a ficar muito perto de alguém ou a participar das toaletes de outrem impede as intimidades. No século XVIII, a jovem de Rodez evocada por Prion d'Aubais em sua *Autobiographie* queixa-se das exigências de sua parenta, para a qual trabalha:

> "Ai de mim", diz-me ela, "não creio que exista mulher mais difícil de servir. Ela ama tanto sua cara pessoa que vive ocupada com suas comodidades e confortos. O menor distúrbio em sua saúde alarma-a de tal modo que fica transtornada quando lhe ocorre algum; a menor corrente de ar que lhe sopra na orelha a descontrola; ela chega quase às lágrimas, tanto teme as consequências. Entretanto não deixa de pregar contra a delicadeza dos que nada querem sofrer. [...] Sempre sou injuriada antes de fazer-lhe uma lavagem, pois ela suspeita que será fria demais; enquanto a faço, finge que é quente demais. [...] Como quer que eu experimente seus medicamentos e todas as outras drogas que toma, quase

sempre estou com o intestino solto; ela queria até que eu experimentasse suas lavagens."

As Vênus de Ticiano são ao mesmo tempo uma idealização do corpo feminino e pornografia de elite. As damas no banho, pintadas pela escola de Fontainebleau, encarnam certa sensibilidade humana. Não saem das águas miraculosamente nem descansam como deusas na floresta. Estão num quarto, rodeadas de criadas, de lareiras e de móveis. Como verdadeiros retratos, esses quadros fazem parte do autoerotismo feminino e masculino, pois essas damas parecem muito felizes por ser pintadas nuas, usando apenas suas joias.

Dotada da mesma sensibilidade feminina, porém visivelmente modesta em sua coqueteria, madame Boucher olha para o marido, o pintor (Nova York, Frick Museum). Acomodada em sua *chaise longue*, vestida, rodeada de objetos da vida cotidiana dispostos sobre esses pequenos móveis que o século XVIII inventou, não está num quarto. Boucher evita a iconografia da cortesã; sua mulher tem os pés calçados e usa uma touca. Ele insiste numa simpatia de alma e corpo existente entre o casal. Uma carta e um livro estão sobre a mesinha; uma bolsa pende da chave da gaveta. Não há o menor indício de devoção, porém isso não quer dizer que esteja em curso uma laicização dos espaços privados. Ao longo de toda a era moderna existe um discurso amoroso sem as sublimidades da religião, e ele se adaptará às exigências de uma sociedade de consumo para reforçar a definição da mulher como um objeto precioso possuído por aquele que a ama. Nunca saberemos o que havia nas paredes do quarto dos Boucher, mas não é absurdo imaginar, sobre a lareira do escritório, um busto de Voltaire ou de um chinês — típico da Paris do século XVIII — e, no quarto, um crucifixo preso ao cortinado da cama.

Daniel Roche observou que a localização do leito mudou no decorrer do século XVIII.[15] Ele é empurrado para o canto ou se esconde numa alcova. O quarto se torna um local repleto de minúsculas bibliotecas, mesinhas, aparadores e biombos. A partir de 1760, o acúmulo se agrava nas cidades. É possível, portanto, que, malgrado a instalação de inumeráveis corredores, portas, antecâmaras e divisórias nas velhas habitações, a privatização no sentido em que os sociólogos a entendem não tenha feito progressos até 1860. Os ricos naturalmente ampliaram seu espaço privado, mas para os outros, ou seja, para o conjunto da população, o imaginário íntimo continuará sendo o quarto ou mesmo o leito encortinado.

O GABINETE

Um cômodo minúsculo, sem lareira nem ampla janela, conhecido como *studiolo*, surge nos palácios italianos da Renascença. Sua origem sem dúvida é monástica. O duplo significado do termo, que designa tanto o móvel usado para a leitura como o local adequado a essa atividade, revela-nos algo sobre o processo de invenção de novos espaços privados.[16]

Refúgio do dono da casa, o gabinete às vezes tem portas sólidas, providas de fechaduras e ferrolhos. A leitura, a contabilidade e a oração não exigem grande mobiliário, bastam uma mesinha e uma cadeira. Entre os menos ricos, o gabinete é substituído por escrivaninhas e por pequenas caixas ou cofres onde se guardam cartas, papéis, contas. A decoração das escrivaninhas é individualizada por iniciais, brasões e divisas. Como na cela ou na ermida, os nichos na parede do gabinete abrigam os livros. Os ratos não podem alcançá-los.

Se os retratos de são Jerônimo elaborados entre os séculos XIV e XVI atestam as transformações do gabinete, é evidente que esse cômodo se torna uma espécie de móvel no qual se pode viver. As paredes são cobertas por painéis de madeira e por pequenas portas que escondem estantes. A decoração dos gabinetes que sobreviveram, notadamente em Urbino, no Norte da Itália, é edificante. A iconografia dos painéis de madeira e marchetaria apresenta os conhecimentos humanos e divinos, entremeados de brasões, lemas e iniciais do proprietário. O gabinete é o local onde os advogados colocam lado a lado seus papéis de trabalho e obras de sua juventude — versos ou traduções de autores antigos. Como os celibatários são muito mais numerosos entre os profissionais liberais que entre outros grupos da elite social, frequentemente um médico coloca em seu gabinete a cama, o material para as experiências científicas e os livros.[17] O pequeno desenho de Lorenzo Lotto que focaliza um clérigo em seu gabinete sem dúvida possui um valor documental mais seguro que os retratos de são Jerônimo.

As cartas de amor também podem ser guardadas no gabinete, sobretudo se são objetos-relíquia de uma intimidade extraconjugal. Sozinho ou com um amigo íntimo (às vezes seu filho ou sobrinho), o dono da casa ali se refugia para falar "confidencialmente" dos assuntos da família, como os projetos matrimoniais. A síntese humanista da vida ativa dos negócios e da política, do amor às letras e da solidão devota tem seu *locus* no gabinete. É ali também que se conservam as coleções de moedas, medalhas, pedras e esmaltes. Os retratos de homens ilustres, medalhas ou gravuras de algum modo permitem ao colecionador — Pepys, por exemplo — viver entre eles no gabinete.

Na França, os castelos e os casarões urbanos do século XVI contêm um gabinete, geralmente situado numa torre ou em outro local um pouco afastado das grandes salas da vida coletiva, mas quase sempre contíguo ao quarto do dono da casa. Em Tanlay, o resultado é principesco e muito original em seu programa iconográfico, atestando a possível síntese entre a vida política do reino e os heróis da mitologia.

O ESCRITÓRIO

O termo "escritório" pode designar tanto um pequeno móvel com gavetas ou portas que se fecham à chave, como um restrito aposento revestido de madeira. Ambos são decorados com quadrinhos, em geral de cunho religioso, porém com frequência ainda maior erótico-religiosos. Em sua sobriedade, o do castelo de Beauregard convém perfeitamente a um dedicado servidor do Estado. Em Vaux-le-Vicomte, o arquiteto Le Vau e o decorador-pintor Le Brun fizeram do escritório de Fouquet uma verdadeira joia; seu dono pode viver ali e contemplar-se nos vários espelhos. No grande escritório de Luís XIV em Versalhes (destruído), os espelhos permitiam mirar-se com um olhar que não deixava de ter um significado religioso e narcisista. Ao longo dos séculos XVII e XVIII, evidencia-se uma certa laicização, até mesmo uma erotização desses espaços, com o indivíduo desfazendo-se dos laços que o vinculavam aos grandes sistemas de valores morais e religiosos.

Na Inglaterra, os *studies* e os *cabinets* têm as mesmas funções que na Itália e na França. Robert Burton, autor de *A anatomia da melancolia* (1621), informa que escreveu este livro em seu *study* de Christ Church, em Oxford. No entanto, o termo *closet* (*clausum*, *clos*, *closed*, quer dizer, fechado), ou gabinete, se tornará cada vez mais usual no século XVII. No *Rei Lear*, Shakespeare expressa a razão de ser do *closet*: "*I have locked the letter in my closet*" [Tranquei a carta em meu gabinete, III, III][12]. Imitando as novas modas dos ricos, procedentes da Itália, Pepys e a esposa terão um quarto e um *closet* à disposição de cada um. Por um serviço prestado a um particular, ele recebe de presente um escritório-móvel. Depois de examinar minuciosamente o funcionamento das gavetas secretas, instala-o no *closet* da esposa. Seu exemplo nos faz hesitar: devemos concluir que a posse de um móvel provido de chave indica o progresso da privatização? Pepys sempre terá um jeito de vasculhar as gavetas secretas de sua mulher.

No século XVIII, os romancistas atribuirão ao escritório da mulher poderes cada vez mais explicitamente eróticos. Rousseau, incapaz de um olhar irônico, descreve o espaço íntimo de Julie servindo-se de todos os lugares-comuns do discurso amoroso herdado do século XVI. Tal descrição constitui um belo inventário dos objetos-relíquia amorosos:

> Como é encantador esse local misterioso! Tudo ali estimula e nutre o ardor que me devora. Ó Julie, ele está pleno de ti, e a chama de meus desejos se estende sobre todos os

vestígios [de tua presença]. Sim, ali todos os meus sentidos inebriam-se ao mesmo tempo. Não sei que perfume quase insensível, mais doce que a rosa e mais leve que a íris, exala-se de todas as partes. Creio ouvir o som delicioso de tua voz. Todas as peças esparsas de tua vestimenta apresentam a minha ardente imaginação as partes de ti mesma que elas escondem. Essa touca leve adornada pelos densos cabelos loiros que finge cobrir; esse adorável fichu junto ao qual, pelo menos uma vez, não terei de murmurar; esse *deshabillé* elegante e simples que tão bem revela o gosto de quem o usa; essas chinelas tão mimosas que um pezinho flexível preenche sem dificuldade; esse espartilho tão delicado que toca e abraça [...] que cintura encantadora [...] na frente, dois leves contornos [...] ó espetáculo de volúpia [...] as barbatanas [do espartilho] cederam à força da impressão [...] marcas deliciosas, beijo-vos mil vezes! [...] Deuses! Deuses! o que será quando [...] Ah, creio já sentir esse terno coração batendo sob uma venturosa mão! Julie! Minha encantadora Julie! Vejo-te, sinto-te por toda parte, respiro-te com o ar que respiraste; penetras toda a minha substância; como tua morada é ardente e dolorosa para mim! (*La nouvelle Héloïse*, parte I, carta LIV).

DO MANTO NEGRO AO ROUPÃO

Se as vestes femininas são erotizadas de modo cada vez mais explícito ao longo dos séculos modernos, cabe notar que algumas não são mencionadas.

O significado das roupas masculinas continua ligado sobretudo às primeiras funções do gabinete. Os trajes clericais — um verdadeiro labirinto de significados para as ordens religiosas, as universidades e as profissões da justiça e da medicina — sem dúvida são os mais usados por um homem em seu gabinete nos séculos XVI e XVII. Nos retratos italianos da Renascença, muitos jovens estudantes estão vestidos com um manto negro. Pouco a pouco o traje da corte substitui o manto nos retratos íntimos dos que não são eruditos. No estágio atual das pesquisas, não se pode fazer um inventário da vestimenta masculina que é de algum modo "original", quer dizer, em certa medida inventada por quem a usa. Maquiavel, por exemplo, tinha o hábito de usar toga quando redigia suas obras político-históricas, pois inspirava-o o "modelo" republicano de Roma. Montaigne refletiu tão profundamente sobre o significado da roupa que se limitou a permanecer "modesto" no trajar, mesmo nessa "livraria"-torre que lhe serviu de refúgio íntimo para meditar na solidão.

A partir de 1650, o roupão se torna moda entre os homens. De cetim e marrom, bordado de flores na Europa setentrional, expressa uma nova alegria de viver ao mesmo tempo íntima e religiosa. Pepys foi retratado usando seu roupão. Os pintores holandeses representarão um par de amigos jogando xadrez vestidos de roupão. No século XVIII, Diderot ainda ecoa os filósofos antigos quando canta a glória do velho roupão que tomou a forma de seu corpo e combinava às mil maravilhas com todos os objetos do quarto, acumulados ao longo dos anos. O belo roupão novo exige um remanejamento total do quarto. O velho mobiliário é substituído, os papéis e os livros são colocados numa "escrivaninha preciosa". As esculturas e os quadros, antes dispersos ou fixados sem moldura na parede, cedem lugar a outros a fim de criar um conjunto harmonioso, em conformidade com o gosto da época. Apesar dessa grande transformação, Diderot jura que continuará sendo o mesmo, sempre disposto a receber a todos. A revolução em seus hábitos e em seu espaço íntimo não mudará o homem.

O filósofo reconhece que está ligado às coisas que o rodeiam, sobretudo às obras que recebeu de seus amigos artistas, mas também que não se pode amar nem a si mesmo, nem ao outro sem evocar o próprio ambiente. Em seu epitáfio, transfere essa filosofia para sua prole: "Ele morreu há muito tempo, e os filhos ainda o procuram em sua poltrona". Os gabinetes e os escritórios tornam-se cada vez mais a expressão do indivíduo como criador e como intelectual, porém nunca perderão inteiramente sua origem de espaço para o estudo, a oração e os encontros amorosos.

AS COISAS DO CORAÇÃO

O corpo humano é quente. Para o homem da época moderna, o comportamento é determinado pela qualidade e pela quantidade do calor do corpo. Não havia dúvida sobre as origens desse calor. Ele não vem do fígado, nem do baço, nem do cérebro, e sim do coração. A ideia do eu centraliza-se, pois, no coração.

AS AMBIGUIDADES DO CORAÇÃO

As paixões do coração conferem ao homem sua identidade particular. São elas que o induzem aos crimes mais funestos, às ações mais heroicas, aos amores mais violentos e aos atos sexuais mais humanos ou desumanos. Malgrado a boa educação, a fé religiosa e o medo da punição ou do ostracismo, a razão nem sempre consegue dominar esses calores que vêm do coração. O homem das sociedades antigas tem grandes dificuldades para mantê-las dentro das normas estabelecidas. Em tudo é preciso evitar os excessos; se o homem nada é sem suas paixões, sem controlá-las pela razão ele está perdido.

Para facilitar o processo de decifração do próprio comportamento, cada indivíduo criava seu vocabulário interior, chegava a manter até uma pequena contabilidade de seus atos passionais. No século XIV, os sinais da existência dessas contabilidades encontram-se nos *ricordi*. Se estabelece relações de amizade, o indivíduo sente-se obrigado, por esta mesma amizade, a confiar ao amigo o pequeno inventário de seus atos ou de seus pensamentos intensamente apaixonados provocados pelos calores do corpo. Afinal, a amizade também é uma coisa do coração.

Nas sociedades sempre um pouco cavaleirescas, se o indivíduo vence um inimigo famoso pela coragem, tal ato não passa despercebido. Se, por meio da oração, chega a ver a Virgem ou a sentir o corpo de Cristo no seu, mais cedo ou mais tarde esse fato se torna público, pois as grandes paixões no tocante à religião não podem permanecer secretas. Se sente o coração agitar-se graças ao olhar poderoso de uma mulher, provocando alterações em seu comportamento, ou se cai doente ou fica abatido, os íntimos perguntam-lhe o que aconteceu. Em cada uma dessas situações e em muitas outras, os efeitos físicos das paixões são visíveis. Como a intensidade dos calores varia imensamente, as ações desses calores também podem variar.[18]

LEMBRANÇAS

As paixões deixam na memória fortes impressões. No vocabulário íntimo, a palavra "lembrança" certamente não é exclusiva da memória das paixões, porém ao longo do século XVII torna-se sua designação favorita. A palavra "lembrança" adquire até um duplo sentido, indicando um fato da memória e/ou um objeto banal — uma fita ou um pente da amada —, ou um presente que expressa a identidade de quem o dá ou de quem o recebe. É pela troca de lembranças que o eu se torna o outro e vice-versa. Todas as lembranças são intimidades únicas, porém quase sempre a sociedade as reconhece como tais. O segredo é isso, uma lembrança que, podendo ser decifrada por outrem, é zelosamente guardada.

Na longa história das intimidades, o símbolo do coração desempenha um papel primordial. Gravado, esculpido, desenhado, pintado, encontra-se em toda parte como o signo da interioridade. Tal símbolo revela muita coisa sobre as ambiguidades profundas das intimidades. Lembrança da fé religiosa? Da coragem? Do amor? Nos objetos de origem aristocrática, muitas vezes é mais explicitamente definido como o signo de um amor sagrado ou profano, porém sempre permanece como a expressão de um "interior" que se manifestou através da paixão ou que ouviu ou sentiu o outro graças a uma afeição particular. Nem sempre os que levavam um coração inscrito nas espadas, anéis, vestes ou livros, ou os que viviam sob um coração toscamente talhado no dintel da porta — o talismã protetor da casa —, estavam preocupados com os significados simbólicos do objeto. Para eles, o importante era ter uma lembrança ao mesmo tempo histórica e presente, capaz de evocar uma ação ou uma paixão íntimas. Essa busca do eu e do outro através da contemplação e do toque de uma lembrança se tornará cada vez mais frequente, cada vez mais complexa e rica no decorrer dos séculos modernos.

RELÍQUIAS

A banalização dos signos íntimos e a coleção de lembranças são contemporâneas da possibilidade, proporcionada por uma "tecnologia de ponta", de literalmente guardar a pessoa da qual se foi íntimo. A intimidade assegurada pelas lembranças do corpo — chamadas "relíquias" — sempre definiu o ato religioso privado. As casas de Deus foram povoadas de relíquias nas quais os fiéis descobriam relações entre interioridades. Até cerca de 1700 ainda se mantém entre os príncipes e nas famílias importantes o hábito de arrancar o coração do cadáver e depositá-lo no local favorito do morto e de seus íntimos.

Tal deposição observava uma estrita hierarquia da santidade dos corpos. Sob esse aspecto, a família real dos Bourbon era inflexível: em 1677, faleceu o conde de La Marche com a idade de três anos, três meses e doze dias; seu coração foi encerrado numa "caixinha de chumbo com formato de coração" e depositado no esquife. Já o coração de mademoiselle de Clermont, que morreu em 1680 aos catorze meses de idade e sem ter recebido o batismo solene, não foi colocado "num pequeno coração de chumbo, como era o hábito".[19]

A estima pelo corpo do defunto se manifesta com muito maior frequência do que nos permitem imaginar os tabus da Igreja, que sempre lutou contra isso, a não ser quando os mortos eram seus membros. Madame de La Guette conta que, por ocasião do falecimento de sua mãe,

> eu estava inconsolável; e no transporte de minha dor ainda lhe soprei na boca por meio quarto de hora, crendo que lhe

> devolveria a vida. Derramei tantas lágrimas sobre seu rosto e toquei-o tantas vezes que ele ficou liso como vidro. [...] Tive vontade de separar sua cabeça do corpo a fim de colocá-la em meu gabinete e contemplá-la à vontade; não tive a oportunidade, pois os religiosos que a velavam disseram-me que nunca o consentiriam.[20]

Sem dúvida, o hábito de guardar uma mecha de cabelos como lembrança tornara-se mais frequente, e madame de Sévigné lamentará não ter nem cabelos, nem retrato de seu falecido esposo (embora seu casamento não fosse o de um amor perfeito); no decorrer dos séculos modernos, os limites entre o corpo literalmente conservado e seu signo ou lembrança são de uma fragilidade impressionante. Sem dúvida, Norbert Elias tem razão de insistir na distância observada com relação ao corpo, porém este se mantém presente na lembrança das intimidades.

Um inventário sucinto das coisas do coração servirá para demonstrar não só as ambiguidades como também a elaboração e a exteriorização desses atos passionais nas relações entre as interioridades e os corpos. Nos séculos XIV e XV, a casa não é mobiliada, exceto, talvez, em algumas famílias de elevada condição. Há bem poucos objetos legados pelos ancestrais, e essas raras lembranças têm um valor no mercado. Só nas igrejas encontram-se lembranças de intimidades, amontoadas umas sobre as outras. No século XIX, a casa está cheia de móveis e de pequenas lembranças, em geral sem valor, que só encontram lugar porque são capazes de evocar para a família um ancestral ou um incidente particularmente emocionante. Entre os séculos do despojamento do espaço doméstico e o do acúmulo das lembranças, ocorreram uma elaboração e uma extensão do poder do objeto como depositário da lembrança do outro e das próprias paixões.

Os atos passionais mais públicos — em especial os atos de coragem ou de valor — não serão inventariados. É evidente que a espada sempre permaneceu como sua principal lembrança. Assim, não surpreende que porte todo tipo de signo para melhor evocar um ato passional. À simples cor, ao brasão, às cifras, aos logogrifos, às iniciais, aos lemas, aos votos, às imagens de santos padroeiros ou da Virgem, e a outros signos que nunca conseguiremos decifrar — pois os que os criaram guardaram o segredo para si —, acrescentaram-se motivos arcaizantes, os nomes de companheiros de batalha, os números e nomes dos regimentos, as datas dos combates. O coração com frequência está presente, mas de todos os atos passionais os de coragem são, talvez, os que comportam o mínimo de ambiguidade, por serem públicos. Contudo, isso não quer dizer que não propiciassem as reflexões sobre si mesmos.

OS CORPOS SANTOS

As intimidades religiosas sempre giram em torno dos corpos santos. Como alcançar esse estado de repouso ante o Ser todo-poderoso, universal e eterno? Os séculos XIV e XV nos fazem assistir a uma evidente humanização das imagens não só da Virgem e dos santos, mas ainda do próprio Cristo, como bem observou É. Mâle. Essa humanização se manifestou de duas maneiras diferentes. Os artistas dos Países Baixos precederam seus colegas italianos e espanhóis na precisão sempre crescente com que representaram os detalhes físicos do corpo divino. As chagas e a morte de Cristo são pintadas com realismo nos pequenos quadros, encomendados geralmente pelas confrarias, e nos livros de horas. O imaginário dos sofrimentos e da morte é expresso com minúcias para favorecer a experiência enriquecedora da intimidade com Deus. É pelo corpo, graças à identidade e às ambiguidades das paixões humanas, que Cristo entra na interioridade do fiel. Este último sente as chagas em si mesmo e partilha de tudo que é humilhante, vergonhoso, doloroso — o íntimo do íntimo —, sem discursos teológicos. Em determinados casos, raros porém bem conhecidos, realmente saiu sangue das mãos, dos pés e do flanco de quem procurou a união íntima com Deus. De quando em quando, esse realismo do passional do homem transgride a convenção — como por exemplo no pequeno quadro da *Crucifixão de Cristo*, de Van Eyck (Berlim): sob o véu que lhe envolve os quadris aparecem as "partes pudendas" de Jesus. Isso não nos surpreende se lembramos os elementos que na mesma época figuravam nas coleções de relíquias de diferentes igrejas. As cinco chagas de Cristo frequentemente são representadas, sem o corpo, numa única folha de pergaminho para melhor evocar as dores da Paixão (livro de horas, Baltimore Walters Art Gallery). No século XVII, os sete gládios cravados no coração da Virgem (Saint-Amans-d'Escoudournac, Aveyron) expressam um desejo de contabilizar as feridas e as dores, como ocorre com as estações da via-sacra e os terços que ajudam os fiéis a compreender a intensidade de sua busca individual de Deus. Do século XV ao XVIII, esta é, sem dúvida, a tendência predominante da religião popular ou da religião em geral.

O segundo aspecto é mais social. Mantém-se a venerável tradição de unir o próprio anel à relíquia de um santo (como em Conques, por exemplo) para revesti-lo de maior dignidade, porém ao mesmo tempo acrescentam-se-lhe pequenos detalhes repletos de significado. O mais importante é o pequeno donativo para a "luminária" da confraria. A devoção das confrarias é muito mais íntima que a das missas semanais. Rezar o terço diante da imagem da Virgem, iluminada por uma vela,[21] lembra a exortação bíblica de rezar no quarto, em vez de chamar atenção durante um culto solene. Os livros de horas, feitos sobretudo para as mulheres de ricos comerciantes, possibilitam, por meio da leitura e da contemplação, uma devoção individualista e íntima. As cenas de gênero holandesas encarnam essa piedade feminina, por exemplo, no quadro popularíssimo intitulado *Velha lendo a sós*.

Os quadros religiosos enchem-se de objetos que estimulam a devoção: não só livros de orações, mas ainda crucifixos e caveiras por toda parte. Tais objetos se escondem entre as "assinaturas" dos santos — como o leão de são Jerônimo, por exemplo. O *São Francisco* (Ottawa, Canadá), de El Greco, mostra o santo segurando uma caveira e contemplando-a com carinho e atenção. O corpo do outro suscita emoções. Como diz Hamlet ao coveiro, segurando o crânio: "*Ai, pobre Yorick, eu o conheci* [...] *mil vezes carregou-me nas costas; e agora como é detestável em minha imaginação! Meu estômago revira-se. Aqui pendiam aqueles lábios que beijei não sei quantas vezes*" (V, I).

Pequenos detalhes da vida cotidiana acrescentam-se à iconografia religiosa. Deus sai de sua casa para ser recebido na casa de todos. Na imagem do nascimento de são João Batista, os anjos parecem preparar-se para fazer a cama de santa Ana. Bouts pinta a Virgem dando mingau ao Menino Jesus. Por certo, os quadros mais doutrinários são aqueles que representam visualmente o que de início era apenas textual. Muitas vezes, porém, os resultados têm o mesmo espírito dos quadros "passionais". Através de uma imagem dourada, o Mestre de Erfurt (meados do século XV) mostra a presença do feto divino no ventre da Virgem (Berlim), e um quadro atribuído a Witz incorpora toda uma teologia, situando os santos meninos João Batista e Jesus no lugar do coração de suas santas mães. Bastará só mais um passo (como vimos no caso das chagas) para que o artista "tire" de seus corpos o coração da Virgem ou de Cristo e o apresente sozinho, envolto numa coroa de espinhos, coroado, inflamado, derramando o sangue da Redenção.

Alain da La Roche (c. 1465) pregava que o Rosário fora fundado pela Virgem. Os confrades recebem certas proteções contra "o fogo, o trovão, os ladrões, os assassinos, a pestilência, a morte súbita e os maus assaltos do inimigo infernal" desde que rezem determinado número de *Ave* e *Pater*. Além dessas proteções, há a possibilidade de sentir a presença de Deus: "Por meio deste saltério com o qual servia a Virgem Maria, ela o esposa com um anel de ouro; e ademais o fez sentir com vivo sentimento seu bendito filho Jesus Cristo, cabeça junto a cabeça, braço junto a braço, pé junto a pé".[22]

A Virgem e Cristo aparecem expondo o coração num jardim fechado; e *Les quinze joies de Notre-Dame* [As quinze alegrias de Nossa Senhora] conferem significados íntimos e populares às flores, aos livros, aos terços, aos crucifixos e aos quadros religiosos: "Doce Senhora, rogai [a Cristo] que leve consigo meu coração e todos os meus pensamentos". No *Roman de la rose moralisé* [Romance da rosa moralizado, 1483], de Jean Molinet, há um terço composto de pais-nossos. Em 1545, Jean-Baptiste Anyès publica um "pequeno ofício" para uso privado em homenagem ao Sagrado Coração. As confrarias do Sagrado Coração difundem-se pelo mundo inteiro. A primeira igreja dedicada ao Sagrado Coração de Jesus na diocese do Espírito Santo, no Brasil, data de 1585. Essa devoção chegará aos meios protestantes, notadamente aos pietistas alemães nos séculos XVII e XVIII, cuja interiorização da fé religiosa foi além das convenções eclesiásticas para retomar a grande tradição mística.

AS PAIXÕES ESPIRITUAIS

Graças ao relato da vida interior conhecemos os encontros entre o indivíduo e o divino. Alguns desses textos se inspiraram em outros — entre as religiosas a imitação era particularmente grande. Os relatos de Catarina de Siena e de Tereza de Ávila levaram milhares de religiosas a seguirem seu exemplo. Cabe notar que em tais textos o cenário exterior é praticamente despido de objetos de devoção. Em compensação, entre as religiosas que cultuam essas duas santas proliferam os objetos de piedade providos de uma associação específica.

A intimidade entre Deus e quem o procura não está apenas ao redor do corpo do fiel e das imagens divinas. Na época barroca, há inumeráveis diretores espirituais e confessores, ou seja, homens que a Igreja investiu de certos poderes para ajudar o fiel a alcançar sua plenitude particular em Deus, mas também para mantê-lo dentro das normas estabelecidas. O amor sagrado e o amor profano manifestam-se fisicamente da mesma forma, tornando-se necessário o concurso de uma autoridade religiosa para distinguirem-se as vias espirituais das vias carnais. A grande tradição virgiliana da procura da união com Deus através de uma mulher idealizada — tradição enriquecida por Dante e Petrarca — não esclareceu a diferença entre esses dois amores. Ouvindo os sinos repicarem à meia-noite — ou seja, a *Ave Maria* —, uma "cortesã" de Roma salta da cama de seu companheiro, ajoelha-se e recita suas preces; a "mãe" da casa irrompe furiosa no quarto de outra cortesã e arranca-lhe do pescoço a medalhinha da Madona, para que o pecado não macule esse talismã: foi Montaigne que, como bom etnógrafo, registrou tais fatos durante uma estadia na capital da Igreja. E, por acreditar profundamente nos signos do amor divino, Montaigne deposita na casinha rústica de Loreto um ex-voto contendo figuras de prata nas quais estão representados ele próprio, sua esposa e sua filha, os três ajoelhados aos pés da Virgem. O amor puro é a relação pessoal que buscou num elo íntimo com a mãe de Deus.

Além da simples posse dos objetos-relíquia religiosos, naturalmente há os milagres que eles realizaram. Em 1659, madame de Beauvau conta, por exemplo, que uma queda de cavalo ameaça a vida do príncipe Charles, filho único do duque François da Lorena:

> Ao fim de seis horas, Mandra, seu primeiro camarista, resolveu ir buscar Nossa Senhora de Foix, que o falecido príncipe Ferdinand, seu irmão, costumava levar entre as vestes e que lhe fora ofertada pelo padre de Véroncourt, jesuíta, por distinguirem-na diversos milagres. Tão logo aplicou-se [a imagem] sobre o coração do príncipe, ele respirou e renovou a esperança em sua vida.[23]

A procedência da relíquia é registrada com precisão para tornar seu poder mais irresistível e mais individualizante.[24]

As relações entre madame de Mondonville e seu diretor espiritual, Ciron, demonstram que a procura de Deus através do coração pode levar a paixões bem carnais. Quando Ciron parte a serviço de Deus, madame de Mondonville é acometida de febre. Ela tem uma necessidade constante de prestar contas de sua vida interior e receber o alimento celeste por meio de sua correspondência com Ciron: "Vossas cartas para mim são uma tocha que me faz conhecer em meu coração coisas que eu ignorava".[25] A ausência de seu diretor espiritual muitas vezes lhe permite expressar seus pensamentos íntimos com uma intensidade passional ainda maior:

> Sim, meu senhor, podeis falar a meu coração, que disso muito precisa, e, não sei por que, mas ele não entende outra linguagem. [...] Tendo sofrido grande aridez na oração, pareceu-me de repente que eu tinha um conhecimento secreto do que Deus queria de vós e de mim. [...] Quando isso passou, fiquei em certo langor que torna a vida tediosa. Olhamos sem ver, comemos sem gosto, vivemos como em sonho e amamos o que não sabemos; gostaríamos de ter alguém para dizer nossas mágoas e dar alento a um fogo sufocado que parece nos consumir.

Madame de Mondonville sabe que nada será escondido no dia do Juízo Final. Tem segredos, desejos secretos, preocupações com a saúde de Ciron, "pensamentos horríveis". A necessidade de saber de Deus o que deve ser "circuncidado" de seu coração a leva aos jejuns, às orações e às humilhações de caridades mortificantes. Sua boa ação habitual é fazer a cama das enfermas no hospital Saint-Jacques, mas, quando falta mão de obra, atende também aos homens doentes. Um jovem soldado ferido "sofria muito, pois tinha a cabeça repleta de vermes". Ela lhe corta os cabelos, "o que a princípio me deu náuseas; contudo o pensamento que tive de que é [a] Jesus Cristo que presto este serviço [...] fez-me tomar as madeixas mais carregadas [de vermes] e colocá-las na boca". Ciron continua orientando-a, através de cartas, e envia-lhe um retrato de santa Teresa. Madame de Mondonville parece ver nele não só o rosto da santa, como sua alma. E escreve a Ciron, dizendo que reza durante muito tempo: "Olhando Deus em Si mesmo para descobrir Sua vontade, pareceu-me dizerem-me que Ele queria que fizésseis surgir este fogo escondido que vi em vós então, como me pareceu, e nunca pude ter outro pensamento".

Ela usa uma cruz "exterior, mas que penetra bem o interior". À noite, amedrontada com seus sonhos, entra no gabinete para desfrutar a paz proporcionada pelo crucifixo que tem ali. Nos momentos em que, sozinha, respira com dificuldade e teme a morte, sente que está no coração de Jesus ou acredita ver Deus em sua solidão. Não pode mais exprimir o que está em seu coração.

Madame de Mondonville envia a Ciron um pequeno relicário que ele pode usar com um escapulário. Curiosamente, como no caso de Alberti, o nome do santo parece esquecido, é omitido na carta. Escritos como atas teológico-notariais, seguem-se depoimentos atestando seu encaminhamento rumo à paz divina. Nas orações ela se esquece de seus deveres e em 1660 se macula, porém seu diretor espiritual a encoraja e apoia: "Depois que o amor se avilta tornando-se carne, não há mais por que mortificar-se [...]".

São os objetos de devoção — a cruz que ela usa, o crucifixo no gabinete, o retrato de santa Teresa ofertado por seu diretor espiritual e sobretudo as cartas que Ciron lhe envia — que a ajudam a compreender e a dominar suas paixões através do amor divino. Esses objetos sempre terão em sua vida um grande poder-lembrança. Um caso aberrante? Com certeza madame de Mondonville não era uma mulher comum. O que tem de interessante é a perene consciência de si mesma. Dama da alta sociedade, nascida no seio de uma família devota e rica, interioriza sua sensibilidade graças à fé e à renúncia à vida social. Não podemos compreender essa procura de intimidade com Deus por intermédio de seu diretor espiritual a não ser como caso particularmente intenso e bem documentado de um vasto movimento sócio-religioso. Nas *Mémoires* que escreveu bem depois, ela relata o primeiro encontro com seu futuro diretor espiritual:

> Vi de passagem que monsieur de Ciron dava a comunhão. [...] Mandei dizer-lhe que queria confessar-me. [...] Então fui até ele com uma atração extraordinária. [...] Eu estava

> vestida segundo a moda daquela época e tinha sempre as mais belas roupas [...] porém desde que me confessei com o padre Lejeune [...] não havia mostrado o colo e tinha a reputação de ser muito modesta [...].

Ciron começou sua direção espiritual ordenando-lhe que usasse "esses punhos então chamados jansenistas, que cobriam os braços". O caminho rumo à razão e ao amor divino é assim pontilhado de exortações e de objetos que ajudam a dominar as paixões do coração.

Numa obra erudita de Joseph de Gallifet sobre a vida de Marguerite Alacoque (Lyon, 1743), encontramos não só uma etnologia da devoção ao Sagrado Coração de Jesus, como ainda uma ciência de sua prática. O histórico reduz-se às origens do culto do Sagrado Coração e às diferentes meditações das grandes figuras da Igreja sobre "Criai em mim, meu Deus, um coração novo". Os sofrimentos interiores de Cristo — os sofrimentos do coração — foram muito mais cruéis que as humilhações e as chagas externas. Marguerite conta:

> Eu o via e o sentia muito perto de mim; ouvia sua voz; e muito melhor que se fosse pelos sentidos corporais; pois eu poderia distrair-me da impressão destes e desviar-me, porém não podia colocar empecilhos a essas outras sensações. [...] Depois de tais palavras, Ele [Jesus Cristo] pediu meu coração: supliquei-Lhe que o tomasse: o que Ele fez e o colocou no seio adorável onde me fez vê-lo como um pequeno átomo que se consumia naquela ardente fornalha. Depois, retirando-o dali como uma chama ardente em formato de coração, recolocou-o no lugar de onde o tomara. [...] O ardor [do coração inflamado] não se extinguirá e não poderias encontrar algum alívio senão na sangria [...].[26]

Estamos ainda na física de Lucrécio; são estreitas as relações entre a perfeita luz divina e os calores primordiais não só do cosmo, mas do corpo humano. Ao mesmo tempo, o coração gravado e impresso no livro é aquele da anatomia do século.

O AMOR-PODER

A beleza física pode suscitar paixões num corpo jovem ou velho. Basta um olhar, e o rosto ruboriza-se, os olhos se enegrecem, as pálpebras pesam, o coração bate mais depressa ou para. E as pernas podem fraquejar. O amor é um poder, como diz o provérbio no *Roman des deduis* [Romance dos divertimentos, 1375]: "Amor tem tão grande poder/ E sobretudo tão grande domínio/ Que a tudo vence". O amor pode perturbar a mente de tal forma que acaba provocando afecções violentas, doença e até a morte. Quem recebeu um olhar apaixonado tende a saltar, chorar, delirar, escrever versos. O poder amoroso vem de fora do indivíduo, emana de locais celestes ou funestos e abala o equilíbrio dos líquidos corporais. Todos os seres humanos estão sujeitos ao amor, mas os homens e as mulheres reagem a ele diferentemente em função das diferenças entre seus órgãos. O homem é por natureza mais frio que a mulher, portanto menos sujeito às grandes paixões do amor. Rabelais escreveu a propósito das mulheres: "[A] Natureza colocou-lhes dentro do corpo, em local secreto e intestino, um animal, um membro, o qual não existe nos homens [...]". As funções do útero, considerando que são determinadas pela lua, podem provocar terríveis desordens no comportamento feminino; em consequência, os homens são perturbados pelo olhar amoroso das mulheres. Naturalmente, há diferenças e contradições entre o discurso dos teólogos sobre os efeitos do amor e o discurso dos médicos e juristas sobre o mesmo tema, porém no fundo há um amplo consenso.

O direito francês reconhece que o homem sofre os efeitos da paixão mais que a mulher, ainda que esta os encarne. O jurista Jean Chenu observa:

> A experiência, senhora das coisas, mostra que há mais maridos apaixonados por suas esposas [...] e nas segundas núpcias

> as segundas esposas são mais comumente favorecidas pelos maridos que os segundos maridos por suas esposas [...] e isso se deve ao fato de que o homem, como dizia o Cômico, *cum ratione amare non potest* [não pode amar com a razão], de modo que para chegar aonde quer nada poupa.[27]

O olhar amoroso e as reflexões decorrentes provocam uma nova atitude com relação ao próprio corpo e às roupas. O apaixonado, que já fazia sua toalete com cuidado, torna-se ainda mais meticuloso. Quando se apaixonou pela jovem Charlotte, o rei Henrique IV, já então um homem maduro, negligenciava os cabelos e a barba, usava roupas surradas e sujas. De repente se penteia, faz sua toalete com muito cuidado, veste roupas novas e reluzentes.[28] Antes mesmo de espalhar-se a notícia, a corte inteira sabe que o rei está apaixonado. Os cuidados que dispensa ao corpo e aos trajes são as consequências de uma renovada consciência de seu aspecto exterior. Em contrapartida, a ausência da amada pode provocar uma negligência do corpo, acompanhada de falta de apetite. Os efeitos interiores da paixão estimulam a introspecção. A presença da amada, seu olhar, seus gestos, seu sorriso, suas palavras e sobretudo os objetos que lhe tocam o corpo tornam-se sagrados para quem ama. No amor profano, assim como no amor sagrado, os corações se confundem graças a uma força misteriosa e divina. Todos esses discursos amorosos que vêm de Ovídio, Virgílio, Dante, Petrarca e dos trovadores se banalizam e se materializam um pouco — um fenômeno que no século XVI sem dúvida é aristocrático, porém nos séculos seguintes já não o é.

Os discursos poéticos, com todas as suas nuances e contradições, sempre focalizam os locais do encontro amoroso e a beleza do corpo feminino. Os ecos cavaleirescos e pastorais se encontram nas cartas de amor íntimas. Palavras como "a coisa" e signos secretos como as estrelas, que designam uma parte do corpo ou um ato sexual, estão presentes em cartas de amor banais ao lado de êxtases sobre cupidos. Nem mesmo a documentação escrita mais secreta e íntima dos séculos modernos — os diários cifrados dos ingleses, que lançavam mão de códigos para que suas esposas não pudessem lê-los — está inteiramente isenta de grandes discursos poéticos.[29] Em Londres, Pepys utiliza termos italianos para registrar seus encontros amorosos com as londrinas. Durante uma campanha militar, Henrique IV — esse rei que pela linguagem e pelo comportamento não é nem da elite, nem do povo — descreve para Corisande (a condessa de Gramont) umas ilhas perto de Marans como ninhos de amor. Seu erotismo muitas vezes se expressa na evocação de locais silvestres, em especial os "deliciosos desertos" de Fontainebleau. Os retratos de jovens nuas, posando como Vênus ou Diana, quase sempre têm por cenário um bosque com um curso de água para o banho ou um montículo de terra como os do jardim fechado.

A TROCA DE OBJETOS

Na vida íntima, os discursos amorosos se concretizam nos objetos-relíquia: o bilhete, a carta, até uma única palavra escrita pela amada. Se uma velha lendo um livro nas cenas de gênero dos pintores holandeses sempre significa devoção e morte, uma jovem ou um homem lendo uma carta significa amor. A dama que recebe uma carta do amante coloca-o no seio, junto ao coração, e assim o amante fica intimamente presente em seu espírito. As cartas de amor são portadas como talismãs, numa bolsinha de couro pendurada ao pescoço. Estão repletas de códigos secretos e de sinais facilmente inteligíveis para todos: por exemplo, o $, esse signo enigmático de fidelidade e amor conhecido desde o século XIV mas que se difunde a partir de 1550 e que Henrique IV tanto usa em suas cartas de amor.[30]

Pentes, fitas, anéis, braceletes, lenços, pequenos espelhos, colares de pérolas, cintos e ligas são presentes de amor. O homem apaixonado oferece à amada seu anel ou uma de suas fitas e em troca recebe um laço ou um lenço. O hábito de mandar elaborar pequenos retratos difunde-se no século XVI, e grandes artistas como Holbein ou Hilliard os pintaram para atender ao que podemos chamar de "mercado dos artigos de intimidade".[31]

Os romances da época descrevem a troca de objetos carregados de lembranças amorosas, utilizando muitas vezes um estilo de intimidade quase religiosa. Alguns textos de natureza privada e pública ao mesmo tempo — a autobiografia e o romance — oferecem o exemplo do discurso íntimo do amor e dos objetos-relíquia que dele fazem parte. Apesar de afetado e inspirado na picaresca, *Le page disgracié*, de Tristan L'Hermite, testifica o discurso amoroso, seus locais de intimidade e os objetos que se trocam.

A inglesa de Tristan é sensível, rica e generosa. Encarna para o francês um fantasma secular: o da bela inglesa. Tristan observa: "Senti grande agitação a sua chegada, e se naquele instante alguém tivesse colocado a mão em meu flanco teria reconhecido nas palpitações de meu coração o quanto o emocionara esse objeto". Quando a amada está ausente, ele beija-lhe as vestes e visita seus lugares secretos, em especial o gabinete. A inglesa toca-lhe o braço e pede-lhe que, por seu amor, guarde "um pequeno diamante [...] em troca de um pequeno anel de ouro que ele usava. A amada presenteia pinturas sobre mármore com bordas enriquecidas de lápis-lazúli e prata dourada [...], candelabros para o gabinete de estudos, plaquetas de prata para colocar na *ruelle* de minha cama".

Os encontros têm lugar em seu gabinete, onde "primeiro ela me toma o braço e, sentando-se em sua cadeira, [...] pergunta-me como passei a noite [...]". Falam de romances de amor, de música, de ciúme, do abandono e da morte. Seguem-se votos de fidelidade, com "o coração abalado por soluços e os olhos desmanchados em lágrimas [...]". A amada lhe dá um bracelete feito com seus cabelos e tendo como fecho "uma belíssima esmeralda". Essas cenas do encontro amoroso descritas por Tristan L'Hermite literalmente traduzem em palavras os casais de apaixonados pintados por Vermeer. Tristan recebe o último presente:

> Um medalhão de diamante com um retrato [...] e recobria o retrato um papel fino, dobrado em quatro, no qual encontrei estas palavras [...] "Portai estas coisas por amor a mim, pois quero sempre portar vossa imagem em minha alma." Não havia assinatura, mas uma letra [... que ela] com a ponta de um diamante cem vezes em minha presença gravou nos vidros da janela.[32]

Até o fim do século XIX, a expressão íntima gravada na vidraça significará perfeitamente essas ambiguidades do amor e da morte.

Tristan coloca o retrato sobre o coração. A amada se encaminha para ele vestida num penhoar, o que muito o emociona. Para evitar os calores do clima inglês, ela entra numa gruta, ou seja, num desses locais onde são bastante fluidos os limites entre o divino, o humano e o animal.

Não obstante a fiel paixão dos enamorados, a família da heroína interfere para separá-los. Tristan manterá em segredo o nome de sua bela inglesa, mas nunca a esquecerá. Suas memórias são as relíquias de uma intimidade real ou imaginada. Num delírio provocado pela peste, ele se lembra de "que me aplicaram um epitema no local do coração, a fim de fortificar-me, e, como eu tinha a vista tão turva quanto o juízo, imaginei que esse grande emplastro, que era negro, era uma abertura em meu corpo, por onde a bela inglesa que eu havia amado me arrancara o coração...".[33]

MINIATURAS E JOIAS

Na Inglaterra de Elizabeth I, tornou-se moda posar para um quadro "solitário e lânguido" no fundo de um bosque. Herbert of Cherbury, que Tristan provavelmente conheceu, mandou Isaac Oliver pintá-lo deitado num bosque. A ausência da amada ou a recusa do amor inspiravam esses retratos do deserto. Uma bela dama da corte procura o pintor que elaborou o retrato de Herbert e encomenda-lhe uma versão em miniatura. Passando por entre os aposentos do palácio, Herbert viu com os próprios olhos, através das cortinas entreabertas, essa mesma dama, que, sozinha no leito, contemplava seu retrato à luz de uma vela.

Milhares de retratos "em miniatura", como aquele que a bela inglesa ofereceu a Tristan, sobreviveram às peripécias do tempo. Sobre eles ainda não se fez nenhum estudo geral, mas é evidente que a partir de 1500 a necessidade de mandar pintar o próprio retrato se difunde entre mercadores, profissionais e nobres de toda a Europa. Cerca de 60% dos exemplares que sobreviveram não trazem nome e permanecerão anônimos para sempre — prova evidente da intimidade que aqueles que os encomendaram procuravam através de tais objetos.

Essa arte do retrato em miniatura teve especial sucesso na Alemanha e na Inglaterra. Depois dos retratos em "efígie" sobre fundo azul do século XVI, encontra-se em Nicolas Hilliard uma progressiva interiorização que por volta de 1660 culmina nas miniaturas de Samuel Cooper, com personagens que contemplam o vazio. O jovem cortesão anônimo que Hilliard retratou entre roseiras (Londres, Victoria and Albert Museum), a mão direita sobre o coração, expressa pelo olhar e pelo corpo toda a sensibilidade do amor e da melancolia. Não conhece nem tempo, nem espaço. Os retratos de jovens rodeados de chamas não são raros; as chamas evidenciam as paixões do coração aos olhos da amada, que deve pensar em tais sofrimentos ao contemplar o retrato.

Emolduradas por joias, as miniaturas são presas a correntes que pendem do pescoço. Os *lockets* — medalhões com fecho que mantêm em segredo seu conteúdo — popularizaram-se no século XVIII, assim como os *diaries* fechados à chave no século XIX. Muitas vezes uma mecha de cabelos circunda o retrato, unindo o corpo e a imagem do ser amado. Um exemplo particularmente notável é um *locket* de dois por 2,5 centímetros contendo as miniaturas de mãe e filha (ou de duas irmãs?), com os cabelos trançados e presos por estrelas de ouro. Miniaturas representando só o olho da amada estão em voga no século XVIII. Em geral, guardados num *locket* ou no fecho de um bracelete, estes olhos alimentam as paixões quando os amantes estão separados.

Há nisso um evidente desejo de intimidade, corpos unidos, não menos significativo que o desejo de ser sepultado com o ente querido.

Um grande camafeu representando uma dama "como Diana caçadora" (Paris, Biblioteca Nacional) foi elaborado para evocar a presença da amada não só através da visão, mas também por meio do tato; o decote em relevo permitiu ao amante mesclar todos os prazeres. Mais banais e sem dúvida mais populares eram os anéis com mãos entrelaçadas ou, ainda mais difundidos, corações dos quais saíam nós ou guirlandas de flores. O livro de desenhos de Gilles Legaré, de 1663, mostra os modelos mais usuais: cordas atadas, que, como as imagens de plantas floridas e entrelaçadas num jardim fechado, significam a união, a fidelidade e a lembrança entre dois amantes ou cônjuges. As caveiras reproduzidas com tanta frequência nesses anéis populares naturalmente lembram a morte a seus portadores, porém evocam sobretudo a fidelidade — até à morte — de um amante, de um esposo, de um amigo.

No século XVIII, na bijuteria popular, o coração cede lugar a duas rolas ou a guirlandas entretecidas de folhas de carvalho. O hábito de gravar uma pequena frase (*posy*, em inglês) no lado interno ou externo do anel se mantém ao longo de toda a era moderna. A análise dessas frases pode fornecer uma espécie de *adagia* dos temas primordiais do amor, da amizade, da fidelidade e da morte.

As relações frequentemente íntimas dos artistas e artesãos com seus clientes ricos encorajam a expressão de si mesmo nas roupas, nos presentes, no mobiliário do espaço privado. O quadro de Petrus Christus em que santo Elói aparece como ourives mostra um jovem casal que muito provavelmente encomenda alianças de casamento. Uma caixinha expõe anéis à venda. O santo pesa um deles, a jovem faz um gesto de assentimento e o noivo a encoraja com um "abraço".

Os motivos eróticos provavelmente eram mais frequentes do que permitem supor os poucos remanescentes do gênero que sobreviveram às sucessivas vagas de pudor. O "disfarce" de deusa não enganava ninguém; artistas dispostos a elaborar máscaras mortuárias sem dúvida se dispunham também a empregar todos os seus talentos para realizar o sonho erótico de seu mecenas. As grandes dimensões de tais quadros — por exemplo, *A mulher com o lírio vermelho* (Escola de Fontainebleau, Atlanta), a *Vênus* de Ticiano (Prado) e a pretensa *Diana no banho*, de Clouet (Washington) — levantam a questão de sua colocação no espaço doméstico. São grandes demais para ficar escondidos numa *ruelle* de leito, mesmo numa residência principesca, ou pendurados num gabinete atrás de uma porta secreta. Henrique IV guarda em segredo um retrato da bela Charlotte, sem moldura e enrolado. Tudo leva a supor que esses grandes retratos de damas que celebram as belezas do corpo feminino eram expostos em pequenos aposentos secretos, onde nem confessor, nem parente devoto podiam entrar. Confirma tal hipótese o fato de que alguns desses armários com portinhas e gavetas são decorados com cenas eróticas. Tais quadros tinham "fechos" ou "custódias", quer dizer, portas e cortinas, para preservar o segredo de suas imagens?

AMOR E AMIZADE NO CASAMENTO

O amor no casamento exprime-se no discurso da "perfeita amizade", ou seja, do amor divino que une duas almas na Terra. A sexualidade muitas vezes é evocada, porém na amizade a razão domina o corpo e tal razão é divina. No século XVII, a família de Vacherolles vivia nobremente a quarenta quilômetros de Le Puy. As cartas que a jovem esposa escreve ao marido são verdadeiras cartas de amor e amizade:

> Coração querido, estou feliz por encontrar esta oportunidade de, neste primeiro dia do ano, renovar o voto que fiz de amar-vos por toda a minha vida e não querer ninguém no mundo senão a vós. Peço-vos, meu caro amigo, que vos lembreis de mim, pois sempre que pensardes em mim descobrireis que meu pensamento está em vós, de modo que,

> se nossos corpos estão separados, nossos espíritos estejam sempre juntos.[34]

O indivíduo e o casal desabrocham nessa união das almas. O caráter do esposo-amigo adapta-se ao da esposa e reciprocamente. Cada qual encontra o eu no outro, e já não há contradição entre as paixões e a razão. Em outra carta, as origens romanescas do discurso de madame de Vacherolles são mais evidentes, porém isso em nada diminui a autenticidade de seu pensamento íntimo: "Meu coração, não vos peço testemunhos mais poderosos de vosso amor que aqueles que me destes no passado. E não há necessidade de sangue para assinar, pois nisso confio o bastante e seria duvidar de que me amais querer exigir de vós coisas dessa natureza".

Madame de La Guette, uma espécie de amazona filha de uma família da alta magistratura, conta de modo prosaico como se enamorou: "Vi no quarto dessa princesa um homem muito bem-feito que me olhou longamente. Voltei para a casa de meu pai, porém não tão livre como havia saído, porque esse homem tão bem-feito acalentava-me os pensamentos e inquietava-me sem que eu soubesse a razão. Soube-a mais tarde, pois amei-o o bastante para torná-lo meu marido".[35] O homem que a olhava também se enamorou. Após algumas visitas, "ele me disse as palavras mais gratas e assegurou-me [...] sua fidelidade, que foi inviolável". A guerra interfere e os separa, mas "era um grande alívio para mim receber suas cartas, e mesmo nessa época a grande tristeza que me devorava começou a dissipar-se". Parece que seu pai se opôs a esse projeto matrimonial pela simples razão de não poder escolher o genro. Com o apoio de alguns amigos aristocratas, os apaixonados se casam, não obstante a oposição paterna. Uma herança agrava a situação. Num encontro perante alguns magistrados, o pai e o marido

> inflamaram-se de tal modo um contra o outro [...] que me surpreendi ao ver os pratos voarem contra a tapeçaria [...].

> Todos os magistrados fugiram, pois esses senhores temem a luta e em geral só sabem bater-se a golpes de pena. [...] Vi meu pai e meu marido a dois passos da morte. [... e] posteime diante de meu pai para servir-lhe de escudo e descobri meu peito; depois disse a meu marido, que tinha a espada nua: "Cravai-a aqui. Deves matar-me antes de causar o menor dano a meu pai".

Madame de La Guette julgava que seu gesto fosse natural, porém certamente comportava reminiscências da literatura romanesca e teatral. O modo como o corpo "fala" entre os apaixonados ultrapassa a razão.[36]

As visitas de seu marido a uma dama de alta condição suscitam o ciúme de madame de La Guette:

> Eu não tinha mais descanso; não podia parar num lugar; tudo me era insuportável, até meu próprio leito. Uma noite, estando ao lado de meu marido, virava-me e revirava-me mil vezes, e ele me disse: "O que tendes? Não parais de agitar-vos, durmamos, eu vos peço". "Não consigo dormir... Dói-me demais a cabeça... e só vós podeis curar essa dor." Ele me disse: "Explicai-vos melhor...". "Pois bem, expliquemo-nos então... É que tenho a dizer-vos que, se voltardes a ver uma certa dama, estou decidida a arruinar a ambos; acautelai-vos."

Tal discurso amoroso e cifrado em geral se situava fora do casamento.

Contudo, Pepys, o londrino, sem dúvida está apaixonado pela jovem francesa com a qual se casou e que o deixa crer que ela é uma huguenote refugiada. Uma vigilância obcecada das roupas e do penteado da esposa acompanha-se de um real prazer quando o escritor vai com ela à cidade, ao templo ou ao teatro. A dimensão quase religiosa de seu amor se evidencia quando ele faz o possível para só ver a rainha da Inglaterra acompanhado de mrs. Pepys. A *visão* da rainha será para o casal um ato íntimo cheio de significados amorosos, sexuais, religiosos e políticos.

MR. E MRS. PEPYS

Pepys chega em casa e ouve a mulher e o professor de dança treinando no quarto *dela*. Quando cessa o ruído dos passos, o ciúme provoca-lhe suores frios. Não há por que duvidar da fidelidade da esposa, *mas*, como o atraem tanto todas as saias de Londres, ele não pode deixar de pensar que sua esposa o trai.

Na cidade, Pepys depara-se com mulheres de todas as condições e sempre procura tocá-las, enfiando a mão na blusa ou sob a saia delas. O número de mulheres que lhe permitem tal gesto é notavelmente grande — um indício de que esse tipo de comportamento fazia parte do papel de taberneira e de camareira. No templo, ele sempre procura um lugar de onde possa ver uma bela dama durante o sermão; e, durante a semana, excita-se ao pensar que domingo verá no templo essa ou aquela mulher. Com algumas tem o hábito de "fazer amor", porém tais encontros são irregulares, talvez porque essas mulheres não sejam particularmente "viçosas" ou belas. Em contrapartida, as criadas de sua própria casa despertam-lhe paixões fatais. A bela Deb penteia os cabelos do patrão, que não pode deixar de deslizar as mãos sob sua saia. A esposa descobre e obriga-o a despedi-la. Ele sai pelas ruas na esperança de um encontro fortuito. Escrava do ciúme e da fúria que lhe provoca essa paixão do marido por Deb, mrs. Pepys aproxima-se do leito com um atiçador em brasa a fim de intimidá-lo, mas ele se mantém intrépido, totalmente fora de si em virtude de sua paixão culposa. O escritor argumenta e desatina. Os efeitos do amor e da amizade são ambíguos e, para espicaçá-lo, ela confessa que não é huguenote, e sim católica! A revelação o abala, não na alma, porém nas ambições políticas, pois na década de 1660 a intolerância com relação aos católicos é muito intensa. Todavia, como bom observador científico, Pepys registra em seu diário que sua mulher parece ter maior prazer no ato sexual quando está furiosa do que quando está calma.

A casa de Pepys não parece cheia de lembranças de parentes nem de móveis deixados por eles. O casal a mobiliou cuidadosamente e com peças novas. Mrs. Pepys não opina com relação às escolhas fundamentais, mas aparentemente é todo-poderosa quando se trata de escolher roupa-branca e cortinas. O casal prevê uma *nursery*, que ao cabo de alguns anos se transforma no quarto de mrs. Pepys. Há um momento em que o escritor cogita em comprar uma criança, porém mais tarde se felicitará por não ter feito isso.

Pepys encomenda retratos de seu protetor político, da esposa, do pai e de si mesmo. Neste último, em vez da paisagem convencional, pede ao pintor que faça um fundo escuro. E posa vestido de roupão, segurando uma partitura de seu próprio punho. O retrato foi elaborado para registrar com minúcia a fisionomia de um virtuose e nada tem a ver com a reflexão sobre a morte. A música é uma canção de amor — banal em comparação com as grandes criações do gênero, mas que Pepys considera bela, pois é obra sua. Ele realmente ama a esposa e é seu sincero amigo, porém o amor sempre pode perturbá-lo e levá-lo ao deboche. O retrato de sua mulher e seu diário são os objetos-relíquia mais caros de sua vida.

Alguns protestantes radicais propuseram uma síntese perfeita do amor e da amizade num discurso religioso mais amplo. Os luteranos e alguns protestantes britânicos sacralizaram o casamento como o amor divino e amical, o elo "natural" entre homem e mulher. Para eles, o celibato não é mais o estado superior do homem e neste mundo o amor divino só se encarna poderosamente no matrimônio.

Os Vacherolles podem se sentir sempre unidos pelo espírito, mesmo depois da morte; porém, a ameaça de uma ruptura desse elo é mais forte entre os protestantes, que não acreditam nem na eficácia da oração por um cônjuge falecido, nem na capacidade de o cônjuge que se salvou interceder por aquele que ainda vive. Esse individualismo revolucionário deixou marcas profundas na ambiguidade existente entre o amor e a amizade. Em *Conjugal lewdness or matrimonial whoredom* [Lascívia conjugal ou prostituição matrimonial, 1727], Daniel Defoe expõe uma filosofia do casamento de amor amistoso centralizado em Deus e enumera os egoísmos que os amantes-esposos devem evitar. Como exemplo desse discurso amoroso e amical no casamento, ouçamos a palavra de Sarah Goodhue, uma americana que escreve: "Ó querido Esposo, de todos os meus amigos do peito o mais caro, se a Morte repentina me afastar de ti, não deixes que tuas aflições e teus cuidados te afastem do caminho correto. Ó meu coração, se eu precisar deixar-te, de minha natural afeição eis aqui meu coração e minha mão".[37] Sarah Goodhue escreveu o que não podia dizer ao marido, que velava a seu lado mesmo antes de começarem as dores do parto. Ela não demonstra a menor preocupação com o destino da própria alma, se vier a morrer; aparentemente, o que a levou a escrever esse bilhete íntimo foi a possibilidade de o marido perder sua alma. A palavra *bosom* [peito] é usada no sentido bíblico — no seio de Abraão, um lugar seguro. A oferenda de seu coração — ou seja, do que existe nela de mais íntimo — e de sua mão — ou seja, o gesto da fidelidade amical — corresponde perfeitamente aos votos matrimoniais. A forma de tratamento — *thee* [tu] — também indica a busca da intimidade com o outro e com Deus na língua inglesa da época.

AS AMIZADES ÍNTIMAS

As relações sociais e profissionais da era moderna são, antes de tudo, relações de amizade. Em toda a Europa, os meios políticos das cidades, as hierarquias cavaleirescas, as comunidades religiosas, as confrarias, as famílias da alta sociedade e até as associações de eruditos mantêm relações de amizade e consideram-nas a base afetiva de seu ser. Essas amizades de grupos expressam-se por meio de comportamentos extremamente codificados. O emprego do termo "amigo" para designar um indivíduo do mesmo corpo social não constitui raridade no século XVI.

Os contemporâneos entendiam que um indivíduo era levado a manter relações cada vez mais íntimas com outro em função dos afetos do corpo, que se originam no coração e no equilíbrio entre os humores e os espíritos. A amizade íntima é uma forma de amor, de um amor cujas afeições e paixões são contidas pela razão, ou seja, pela mente. O indivíduo da era moderna não concebia a verdadeira amizade íntima sem essa afeição de um corpo por outro. A iconografia da amizade celebra tal união de corpos e mentes.

Os amigos íntimos guardam a lembrança de seu primeiro encontro; trocam presentes, menos em função de competição social do que para homenagear ou dar prazer. O que determina a troca de joias, roupas, livros, pentes, espelhos, objetos de devoção não é o calendário das estações, e sim a intensidade crescente da própria amizade. Um amigo enfermo é objeto de numerosas preocupações, até de profundas inquietações. Na grande amizade filo-religiosa uma parte do eu morre com o amigo, como se um de seus membros tivesse sido arrancado. Os amigos trocam retratos. Alberti gostava de desenhar o rosto dos amigos. Seu autorretrato em bronze mostra um olho alado — sua *impresa* —, indicando que a amizade se nutre pelo olhar. E o amigo não hesita em emprestar ao outro roupas e dinheiro.

Entre amigos do mesmo sexo, a razão afasta a grande afeição do corpo, ou seja, a sexualidade; mas no interior da própria amizade são possíveis um discurso e um olhar eróticos. Os segredos funestos são partilhados com os amigos, bem como os medos mais terríveis.

O casamento incluía a partilha dos corpos, se não por desejo passional, ao menos por dever; todavia, não era necessariamente íntima ou amistosa. O ato sexual não exige intimidade, apenas o isolamento fora da comunidade. Assim, nos casamentos por interesse o coito era uma espécie de masturbação a dois, não havendo intimidade espiritual. Se os cônjuges não confiam um no outro, se o desejo de expressar o íntimo do ser se esgotou ou nunca se manifestou, o discurso da amizade está ausente da correspondência do casal. A esposa é designada como "amiga", pois seria quase uma afronta não lhe dar esse título. No entanto, não é desconhecido o tratamento "senhora" reservado à esposa. Se o casal não tem intimidade, suas relações são civis.

PAI E FILHO

Lawrence Stone observou que, se existem relações íntimas numa família da aristocracia inglesa, elas se desenvolvem entre o pai e o filho mais velho. Isso talvez seja verdadeiro para todos os meios aristocráticos da Europa. A leitura dos antigos revelou um discurso íntimo entre amigos, sobretudo homens. Na França, as relações entre pais e filhos — como os Pasquier, Talon, Arnauld d'Andilly e Lefebvre d'Ormesson, para citar apenas alguns exemplos — eram tão íntimas que o tabu masculino contra os gestos afetivos e a expressão de emoções intensas suscitou uma espécie de gênero literário, epistolar ou testamentário: pai e filho escrevem um para o outro mesmo quando vivem sob o mesmo teto.

É sem dúvida com muita nostalgia — mas, afinal, os juristas sabiam sondar as profundezas do coração — que Olivier Lefebvre d'Ormesson escreve sobre seu filho André, que acaba de falecer:

> Ele me amava e eu o amava com muita ternura, e entre nós os nomes de pai e filho só faziam aumentar nossa amizade recíproca e torná-la mais legítima e forte. Essa amizade, que durante toda a sua vida foi minha alegria, desde sua morte tem sido minha aflição [...]. Perco um filho, isso não basta para expressar minha dor, nem sempre a perda de um filho é uma grande aflição para um pai, mas perco um filho amável [...].[38]

Nas inevitáveis rebeliões filiais podia desaparecer toda possibilidade de uma amizade íntima. Arnauld d'Andilly elaborou toda uma filosofia da amizade em torno de suas calorosas relações com o pai e o sogro — talvez para compensar a ruptura violenta com o filho mais velho.

Entre mulheres cultas raramente se encontra semelhante conceito de amizade com relação às filhas. A documentação é muito mais rara, talvez por haver menos mulheres cultas. Pode ser, porém, que as mães superassem suas inibições emocionais e falassem de tudo com as filhas queridas. A amizade de madame de Sévigné por sua filha certamente constitui o grande exemplo. Separada da filha por uma grande distância e por longos anos, a marquesa se dedica a ela. Sabe que através dos amigos vive como filósofa da amizade íntima e criativa, pois o que a impele para essas intimidades é não só o calor procedente do coração, mas também o espírito, essa força humana e religiosa que mantém os amigos juntos por toda a eternidade.

Ainda mais reveladoras das amizades paternas são as autobiografias de artistas e artesãos. Embora distantes no tempo e no espaço, as autobiografias de Cellini, Dupont de Nemours e Ménétra[39] têm em comum a mesma vontade de contar a outros rapazes a vida íntima de um rapaz que envelhece. No início de sua obra, Ménétra insiste que escreve exclusivamente para seu prazer, mas do começo ao fim seu relato expressa essas relações de mestre e aprendiz sentados numa taberna escura diante de um copo e uma garrafa.

A emoção o invade, pois seu próprio filho pode ter morrido na guerra. Os artesãos e os artistas não separam as *imagines* do aprendiz-amigo e as do filho-amigo. Ménétra é derrotado pela esposa, que o obriga a vender a oficina antes de ele ter a convicção de que o filho realmente não deseja exercer a profissão de vidraceiro. Seu próprio pai nunca foi amável para com ele, mas ensinou-lhe o ofício e assegurou-lhe a oficina. No fim da vida, Ménétra não pode fazer a mesma coisa pelo filho.

Ainda que tenham brigado com o pai por causa da profissão escolhida, tais filhos não duvidavam de que haviam herdado o talento paterno. Os autobiógrafos populares se vangloriam: todos descrevem a imagem de um pai que sabia apreciar seus trabalhos de aprendiz. Após vários anos de conflito com o pai, Dupont de Nemours provou que podia realmente se disciplinar segundo as normas paternas; fez um relógio magnífico e nele gravou o nome do pai. Trata-se de um rito de passagem pelo qual Dupont escapa enfim a esse olhar paterno sempre fixo em suas mãos. Para esses artistas-artesãos, as mãos têm dons — e até poderes — que não são nem inteiramente herdados, nem inteiramente divinos, mas que — acreditam — pouco têm a ver com o cérebro.

Cellini sentia apaixonada afeição por um jovem aprendiz — afeição que dizia ser semelhante à que se nutre por um filho. Toca música com o rapaz. Na época da peste, arrisca a vida, pois não pode abandonar outro amigo-artista moribundo. A ambiguidade dos comportamentos adulto-menino é mantida pela hierarquia que todos reconhecem: a dos talentos e da habilidade profissional. Para medir um objeto, Cellini anota que tem o "comprimento da mão de um menino de doze anos". Esses "homens-meninos" querem preservar sua "liberdade", o que, na vida cotidiana, traduz-se na recusa total ou parcial à vida regular e conjugal com uma mulher. Mesmo depois que resolve se casar, Ménétra preferirá sempre essa sociabilidade intensa da oficina, as aventuras amorosas e as viagens, os passeios e as refeições em comum — sem se preocupar demais com dinheiro nem com estabilidade profissional.

AMIGOS VERSUS ESPOSA

A moça que Cellini mantém para "seus prazeres" não parece fazer parte de sua vida íntima. Aparentemente, suas relações com ela foram apenas carnais. Nem Cellini nem Ménétra conhecerão o amor no casamento, porém tinham perfeita consciência de que podia existir tal amor. Durante sua viagem a Languedoc, Ménétra se apaixona por uma viúva huguenote, a quem ama com ternura. Ela é sensível e corresponde inteiramente a seu ideal de mulher amorosa. No entanto, os pais da viúva procuram-lhe um marido que possa manter não só uma oficina, como ainda a posição do falecido na sociedade e na vida civil. Por fim, Ménétra decide que não pode renunciar a sua vida aventureira nem à companhia masculina. Por toda a vida lamentará essa intimidade perdida com a viúva huguenote. Quando se casa, sua esposa não faz senão retomar o papel odioso de sua madrasta; toma-lhe dinheiro alegando necessidades domésticas e o dá aos próprios sobrinhos. No casamento de Ménétra não há nem amor, nem amizade.

Os amigos é que são importantes para ele. Cada um lhe dá um pouco de dinheiro para partilhar os prazeres de uma mulher pública. Com um deles, Ménétra comete o que deveria ser considerado a violação de uma pobre moça. Outro promove um encontro com uma mulher que é amante de seu pai — o que ele só descobre no dia seguinte. Afirma que a mulher declarou ter tido "mais prazer do que nunca tivera com [seu] pai". Contudo, respeita a amante de um amigo e se abstém de passar uma noite com ela.

Lendo romances e frequentando a ópera e outros espetáculos, Ménétra, simples vidraceiro de fins do século XVIII, aprendeu o grande discurso do amor e da amizade. Uma mulher que queria se casar lhe disse: "Pelo que acabas de me dizer, vejo que nunca me amaste". Ménétra constata: "Tinha razão, pois mulher nenhuma tocou-me o coração, senão pelo prazer dos sentidos, e não por outra coisa".

Ele aluga quartos baratos para ter um local de encontro e num desses quartos, no sétimo andar do claustro Saint-Germain, instala pequenos espelhos nas paredes de modo que "ao dormir eu me via de todos os lados". Esse lugar íntimo e secreto não parece reservado apenas aos prazeres carnais, mas obviamente era necessário para fazer "novas conquistas".

Também para ele, as intimidades em forma de amizade entre homens — sempre jovens, pais ou filhos — parecem primordiais.

NOTAS

1. Agradeço encarecidamente a Roger Chartier, Georges Dethan, Gérard Defaux, Robert e Elborg Forster, Josué Harari, Pierre Lançon, ao conde de Panat, a Patricia M. Ranum e Mack Walker pela ajuda na redação deste capítulo, que sempre me recusei a escrever quando Philippe Ariès era vivo.

2. *The diary of Samuel Pepys*, R. Latham e W. Matthews ed., Berkeley, 1970-6, 9 vols.

3. O ato em si não é muito original. Para os autorretratos de Marcia (*c.* 1400), M. Meiss, *French painting in the time of Jean de Berry*, Londres, 1967, ilustrações, p. 287 ss.

4. Erwin Panofsky, *Albrecht Dürer*, Princeton, 1948, I, 3ª ed.

5. N. Pellegrin, *Les bachelleries.* Organisation et fêtes de la jeunesse dans le Centre-Ouest, 1982, p. 94.

6. O livro indispensável é Peter Thornton, *Seventeenth century interior decoration in England, France and Holland*, New Haven, 1978.

7. R. Strong, *The Renaissance garden in England*, Londres, 1979, p. 210.

8. Ibid., p. 206.

9. Emmanuel Le Roy Ladurie, *Montaillou, village occitan de 1294 à 1324*, Paris, Gallimard, 1975, p. 204.

10. Janet Bord, *Mazes and labyrinths of the world*, Nova York, 1975, p. 46.

11. K. Lydecker, "*Domestic setting of the arts in Renaissance Florence*", tese de doutoramento, Johns Hopkins University, 1987; Robert Wheaton, "Iconography of the family portrait", *Journal of Family History* (no prelo).

12. *Mémoires*, M. Richard ed., Paris, 1968, p. 77.

13. Elise Goodman-Soellner, "Poetic interpretations of the 'Lady at her toilette'", *Sixteenth Century Journal*, 14, 1983, p. 426.

14. O próprio Watteau confirma essa hipótese. Trata-se do voyeur que se aproxima de joelhos para ver as mulheres nuas em *A loja de Gersaint*, Berlim, Charlottenburg. Para a problemática do íntimo nos quadros do século XVIII, ver M. Fried, *Absorption and theatricality, painting and the beholder in the age of Diderot*, Berkeley, 1980.

15. D. Roche, *Le peuple de Paris*, Paris, 1981, p. 135.

16. W. Liebenwein, *Studiolo: Die Entstehung eines Raumtyps und seine Entwicklung bis zum 1600*, Berlim, 1977.

17. F. Lehoux, *Le cadre de vie des médecins parisiens au XVIe et au XVIIe siècle*, Paris, 1978, p. 135.

18. Janet Todd, *Women's friendship in literature*, Nova York, 1980, p. 109. Não concordo com as interpretações de Todd, que vê no sangramento do nariz em *Clarissa* um "*simulacrum for the rape*". Como os homens também sangram pelo nariz (inclusive a estátua em *The castle of Otranto*, IV), trata-se de "efeitos das paixões".

19. Sainctot, Chantilly, ms. 113 B 27, fª 26.

20. *Mémoires*, Paris, 1982, p. 67.

21. P. Lançon, "*L'ordre des dominicains dans la ville de Rodez depuis leur fondation à la Révolution*", tese de mestrado, datilografada.

22. A. Wilmart, "Comment Alain de La Roche prêchait le rosaire", *La Vie et les Arts Liturgiques*, 11, 1924, p. 112.

23. *Mémoires*, Colônia, 1688, p. 170.

24. K. Pomian, "Entre le visible et l'invisible: la collection", *Libre*, 3, 1978, pp. 3-56.

25. *Lettres inédites...*, Léon Dutil ed., Paris, 1911, passim. Ver também A. Auguste, "Gabriel de Ciron et mme. de Mondonville", *Revue Historique de Toulouse* (1914).

26. *L'excellence de la dévotion au coeur adorable de Jésus-Christ*, Lyon, 1743, p. 43.

27. *Cent notables et singulières questions de droit*, Paris, 1611, 4ª ed., p. 268.

28. André Lamandé ed., *Les lettres d'amour d'Henri IV*, Paris, 1932.

29. Élisabeth Bourcier, *Les journaux privés en Angleterre de 1600 à 1660*, Paris, 1976.

30. Claude Dulong, "Les signes cryptiques dans la correspondance d'Anne d'Autriche avec Mazarin", *Bibliothèque de l'École des Chartes*, 140, 1982, pp. 61-83.

31. J. Murdoch et al., *The English miniature*, New Haven, 1981; Anne Ward et al., *Rings through the ages*, Nova York, 1981.

32. *Le page disgracié*, M. Arland ed., Paris, 1946, p. 147.

33. Ibid., p. 38.

34. Jean Torrilhon ed., *Le maître de Craponne*, Nonette (Puy-de-Dôme), 1980, p. 75.

35. *Mémoires*, M. Cuénin ed., Paris, 1982, p. 44.

36. Cabe registrar também seu comportamento na noite seguinte à morte do marido: "Quando todos se retiraram e os eclesiásticos saíram para comer alguma coisa [...], levantei-me devagar para ir pegar o corpo de meu querido marido com a intenção de escondê-lo em minha cama. Ao colocá-lo em meus ombros, no que tive grande dificuldade, pois ele já estava frio, fiz um pouco de barulho e aqueles bons eclesiásticos que ceavam no aposento sob seu quarto ouviram [...]", p. 159. Tendo uma vez impedido madame de La Guette de fazer o que queria com o cadáver de sua mãe, os eclesiásticos interferem novamente após a morte de seu esposo.

37. G. Geddes, *Welcome joy: death in puritan New England*, Ann Arbor, 1981, p. 51.

38. *Réflexions d'un père sur la mort de son fils*, A. Chéruel ed., Paris, 1860--1861, I, p. LVII.

39. *Journal de ma vie*, apresentado por Daniel Roche, Paris, 1982, p. 197.

A DISTINÇÃO PELO GOSTO

Jean-Louis Flandrin

> *Procurarão eles a quadratura do círculo encarapitados sobre suas mulheres! Detesto que nos ordenem ter a cabeça nas nuvens quando estamos à mesa.* (*Montaigne*, Ensaios, III, XIII)

A primeira *Histoire de la vie privée des français* [História da vida privada dos franceses], publicada em 1782 por Le Grand d'Aussy, abordava, em três volumes, somente hábitos alimentares e maneiras à mesa. O presente trabalho, mais equilibrado, não poderá dedicar tão grande atenção a esse assunto e deixará de lado muitos aspectos, tratados com frequência e ainda recentemente por Barbara Wheaton.[1] O que procuraremos analisar neste capítulo são sobretudo as transformações do gosto alimentar nos séculos XVII e XVIII e o lugar do gosto nas relações sociais dessa época. Com efeito, embora não fosse desconhecido na Idade Média, o prazer de comer e beber juntos parece ter se transformado ao longo dos tempos modernos em função da procura mais insistente de uma afinidade de maneiras e gostos entre os convivas.

O REFINAMENTO DAS MANEIRAS À MESA

Quando tratavam de maneiras à mesa, os manuais de civilidade medievais — ou talvez devamos dizer "manuais de cortesia", tendo em vista a época — condenavam as manifestações de gula, a agitação, a sujeira, a falta de consideração pelos outros convivas. Tudo isso persiste nos séculos XVII e XVIII, porém novas prescrições se acrescentam às antigas.

Em geral, elas desenvolvem a ideia de limpeza — já presente na Idade Média —, ordenando que se usem os novos utensílios de mesa: pratos, copos, facas, colheres e garfos individuais. O emprego dos dedos é cada vez mais proscrito, bem como a transferência dos alimentos diretamente da travessa comum para a boca.

LIMPEZA E INDIVIDUALIDADE: OS UTENSÍLIOS DE MESA

Isso evidencia não só uma obsessão pela limpeza, como ainda um progresso do individualismo: o prato, o copo, a faca, a colher e o garfo individuais na verdade erguem paredes invisíveis entre os comensais. Na Idade Média, levava-se a mão ao prato comum, duas ou três pessoas tomavam a sopa numa só escudela, todos comiam a carne na mesma travessa e bebiam de uma única taça que circulava pela mesa; facas e colheres, ainda inadequadas, passavam de um conviva a outro; e cada qual mergulhava seu pedaço de pão ou de carne em saleiros e molheiras comuns. Nos séculos XVII e XVIII, ao contrário, cada comensal é dono de um prato, um copo, uma faca, uma colher, um garfo, um guardanapo e um pedaço de pão. Tudo que é retirado das travessas, molheiras e saleiros comuns deve ser pego com os utensílios adequados e depositado no prato antes de ser tocado com os próprios talheres e levado à boca. Cada conviva é encerrado numa espécie de gaiola imaterial. Por que tais precauções, dois séculos antes de Pasteur descobrir a existência dos micróbios? O que vem a ser essa sujeira que tanto se teme? Não será principalmente o medo do contato com o outro?

A abundância das referências à limpeza no século XVII sem dúvida é impressionante, especialmente nos textos relativos à cozinha e à mesa; e Georges Vigarello[2] acaba de mostrar tudo que nossa atual concepção de higiene corporal deve a esse século que na verdade foi o mais sujo de nossa história. No entanto, caberia enfatizar ainda mais a ambiguidade do conceito de limpeza nessa época. O sentido mais corrente hoje em dia — o que faz de "limpo" o antônimo de "sujo" — dataria de 1640, segundo o dicionário *Petit Robert*. Porém, ainda em 1704, o *Dictionnaire de Trévoux* considerava *propre* [limpo] equivalente aos termos latinos *ornatus*, *compositus* ou *comptus*, e *propreté* [limpeza] equivalente a *elegantia* ou *concinnitas*. E quando se dizia, por exemplo, que "as mulheres muitas vezes têm uma *propreté* afetada e ridícula", pensava-se mais em elegância que em limpeza.

Registremos, pois, que o franceses do século XVII davam muita importância à "limpeza" da cozinha, do serviço de mesa e da maneira de comer; e denunciavam as "sujeiras", "vilanias" e outras "repugnantes maneiras de preparar as coisas e servi-las", correntes na França em épocas anteriores e ainda usuais em outros países, particularmente fora da Europa; mas não entendamos "limpeza" e "sujeira" no sentido exato que tais palavras têm atualmente para nós.

Algumas das novas maneiras à mesa não tinham razões de ser evidentes. Não se devia espetar o alimento na ponta da faca para levá-lo à boca, mas era na ponta da faca que se espetavam os pedaços de queijo para passá-los aos vizinhos; o garfo, recomendado para a maioria dos alimentos, era substituído pela colher no caso das azeitonas e pelas mãos no caso das nozes; o guardanapo não devia ser preso ao pescoço e sim colocado sobre o peito etc. Naturalmente foram propostas explicações engenhosas para a maioria dessas prescrições.[3] No entanto, seja qual for seu valor, tais explicações sem dúvida importam menos do que a função de distinção social dos costumes em pauta. Isso é particularmente evidente com relação aos que se inverteram no decorrer dos séculos: do século XV ao XVII, todos os manuais recomendavam cortar o pão com a faca e não parti-lo com a mão; do século XVIII até nossos dias, estabeleceu-se o uso inverso; não se deve cortar o pão, e sim parti-lo. Parece que as modas afetavam as maneiras à mesa, não sendo essencial a manutenção de práticas racionais e morais, mas sim o ajustamento aos procedimentos das elites.

Obviamente, tais modas eram lançadas pelo círculo do rei e dos grandes senhores. Mas sua aceitação não ocorria sem resistências e algumas nunca chegaram a ser aceitas. Atitudes displicentes, por exemplo. Em 1545, Guillaume Durand escreveu em sua adaptação francesa do livro de civilidade de Jean Sulpice (1483): "Os ricos têm o hábito de fazer todas as coisas a seu bel-prazer e ser mais insolentes que o razoável. Assim, ocorre que à mesa são cheios de insolência. Se, servindo-se dela [da insolência], colocam os cotovelos na mesa, não os imitarás nisso".[4] Em 1613, Claude Hardy mostra a mesma reticência com relação à maneira como certos cortesãos partem o pão: "Apertar o pão com uma das mãos e parti-lo com as unhas e as pontas dos dedos é um prazer que deves deixar para algumas pessoas da corte. A ti convém cortá-lo honestamente com a faca".[5] E foi assim que, no começo do século XVII, Arthus Thomas, sieur d'Embry, em sua *Description de l'isle des hermaphrodites* [Descrição da ilha dos hermafroditas], caricaturou as maneiras afetadas do séquito de Henrique III. Zomba, por exemplo, da relutância dos cortesãos em comer com as mãos e do uso que fazem do garfo:

> Nunca tocavam a vianda com as mãos: porém com garfos levavam-na à boca, esticando o pescoço [...]. Pegavam [a salada] com garfos, pois nesse país é proibido tocar o alimento com as mãos, por mais difícil que seja de pegar-se, e preferem que, em vez de seus dedos, esse pequeno instrumento forquilhoso toque-lhes a boca [...]. Trouxeram alcachofras, aspargos, ervilhas e favas debulhadas e então foi um prazer vê-los comer isso com seus garfos; pois os que não eram tão hábeis quanto os outros deixavam cair na travessa, em seus pratos e pelo caminho o mesmo tanto que metiam na boca.[6]

No decorrer do século XVII, porém, tais resistências desapareceram, e os costumes mais distintos pouco a pouco ganharam força de lei para todos os meios sociais.

No outro extremo da hierarquia social, a figura do rústico, com suas maneiras contrastantes, não era desconhecida da literatura medieval, particularmente na Itália.[7] Todavia, na série dos tratados de civilidades franceses reunidos por Alfred Franklin, tal figura só aparece no final do século XV. E, a partir do XVI, é mencionada a todo instante. A justificativa essencial de uma prática está em sua utilização pelas pessoas de bem; e o simples fato de ser característica dos camponeses e de outras camadas populares basta para condená-la.

Sem dúvida, não foi por acaso que essas distinções sociológicas se multiplicaram no momento em que os utensílios de mesa se tornavam mais complexos. Não só se procura a distinção de modo mais sistemático que na Idade Média, como é possível obtê-la sem maiores esforços, adotando-se utensílios aos quais os pobres dificilmente tinham acesso. Assim, da mesma forma que a depuração da língua ou os progressos da cultura escrita, as novas maneiras de comportar-se à mesa sem dúvida ampliaram o fosso entre as elites sociais e as massas populares.

A SEGREGAÇÃO DOS COMENSAIS

Parece que essa ampliação do fosso entre as maneiras populares e as das elites foi acompanhada de uma maior segregação social dos comensais, com a qual sem dúvida tem estreitas relações. É o que sugere, por exemplo, a multiplicidade de recomendações sobre o que podia desgostar ou repugnar os convivas. Assim *La civilité nouvelle* [A civilidade nova, 1667] instrui os que retiram os pratos da mesa para que não despejem as eventuais sobras de uns nos outros diante dos olhos dos convivas, pois "isto dá náuseas a quem vê".[8] Alguns anos depois, Antoine de Courtin adverte que, ao servir-se de trufas cobertas de cinzas, "nunca se deve soprá-las", pois "o sopro da boca às vezes repugna as pessoas".[9] Por outro lado, recomenda que sempre se limpe a colher usada antes de servir-se de alguma coisa, "havendo pessoas tão delicadas que não gostariam de tomar da sopa onde a colocastes depois de tê-la levado a vossa boca".[10] E enfatiza que se deve cuidar de não sujar o guardanapo a tal ponto que pareça um esfregão de cozinha, pois isso "enoja aqueles que vos veem levá-lo à boca para limpar-vos".[11]

Estudos recentes nos informam que no século XVI os grandes nobres romanos já não alimentavam seus criados, ou seja, não mais os admitiam à mesa.[12] Sabemos também que os ricos fidalgos ingleses do século XVII deixavam cada vez mais de convidar os vizinhos modestos e pobres para comerem em suas *country houses* por ocasião das grandes festas.[13]

Com relação à França, é mais difícil encontrar provas da heterogeneidade social dos convivas na Idade Média. Nos banquetes, as pessoas importantes comiam em mesas separadas daquelas dos domésticos; quanto às refeições comuns, faltam-nos descrições. Mas tudo indica que, tanto à mesa quanto em outros lugares da vida cotidiana, aumentou a segregação social.

Pelo menos até o início do século XVII nem todas as pessoas sentadas à mesma mesa comiam os mesmos alimentos ou tomavam as mesmas bebidas. Olivier de Serre, por exemplo, aconselhava a seu gentil-homem provinciano que estocasse vinho de qualidade inferior para os eventuais convivas "de pouca monta" e guardasse o bom vinho para si mesmo e para seus convidados de alta condição. Ainda em pleno século XVII, os tratados de civilidade — como os livros de culinária, manuais de trincho e outras obras relativas à alimentação — estavam repletos de recomendações sobre os pratos que se devia servir ao dono da casas e às altas personalidades que honravam a mesa com sua presença. Essa estrutura hierárquica da sociedade convivial permitia admitir membros das classes inferiores mais facilmente que a estrutura igualitária que pouco a pouco a substituiu.

A segregação se acentua no século XVIII, ao mesmo tempo que crescem a liberdade dos comportamentos à mesa e a igualdade dos convivas em sua relação de convívio. As pequenas ceias libertinas que se realizam sem o serviço de criados constituem um exemplo significativo, conquanto extremo, pois estão em pauta outros prazeres que não os da boa mesa e da conversação. Para sentir-se livres e ter prazer com a própria companhia, os convivas dessa época precisam formar um grupo homogêneo.

Homogêneo não necessariamente no tocante a fortuna ou posição: embora este último tipo de homogeneidade pudesse reforçar-se, as mesas e os salões dos séculos XVII e XVIII misturavam nobres e plebeus, milionários e homens sem fortuna. Como hoje, o que se procurava era sobretudo uma afinidade de cultura, de maneiras e de gostos. De gostos em todos os campos, inclusive na alimentação. Naturalmente, isso ocorria nos casos em que a preocupação era com o convívio, pois as boas maneiras bastavam para as refeições de cerimônia, que não desapareceram.

Como as maneiras à mesa, os gostos alimentares mudaram ao longo dos séculos XVII e XVIII. E, ainda mais do que as boas maneiras, o bom gosto tornou-se objeto de modas criadoras de distinções sociais e de novas sociabilidades. Aliás, a partir do século XVII, a própria noção de gosto adquiriu nova importância, não só no tocante à mesa como em todos os setores.

A TRANSFORMAÇÃO DO GOSTO ALIMENTAR

O gosto alimentar mudou — é o que atestam ao mesmo tempo os relatos de viagem e os livros de culinária. À primeira vista, esta mudança é paradoxal em relação ao que acabamos de dizer sobre a transformação das maneiras à mesa, pois, em vez de ampliar o fosso entre as elites sociais e as classes inferiores, parece aterrá-lo em larga medida.

Na França, assim como nos outros países da Europa, o uso das especiarias orientais havia sido um dos principais traços de distinção da culinária aristocrática nos séculos XIV, XV e XVI. A partir do século XVII, os viajantes franceses começam a criticar sistematicamente os pratos condimentados ainda consumidos no resto da Europa. Aliás, se nos séculos XVII e XVIII os cozinheiros franceses ainda utilizam pimenta, cravo e noz-moscada — até com maior frequência que antes —, parecem usá-los em quantidades bem menores e praticamente deixaram de lado outras especiarias: açafrão, gengibre, canela, pimenta-malagueta, galanga, macis etc.[14]

O RECUO DAS ESPECIARIAS

Relativamente pouco empregados na culinária aristocrática medieval, as especiarias e os condimentos nativos são muito mais utilizados na cozinha dos séculos XVII e XVIII: ervas, entre as quais a menta e o hissopo, cedem lugar ao cerefólio, ao estragão, ao manjericão e, sobretudo, ao tomilho, ao louro e à cebolinha — a salsa, frequentemente mencionada já na Idade Média, torna-se ainda mais importante; bulbos, entre os quais a chalota, a cebolinha e o alho da Espanha, juntam-se à cebola medieval, enquanto o alho, sempre tido como vulgar, é rejeitado por certos cozinheiros como L. S. R., mas apreciado por outros, como Menon (inclusive em seus *Soupers de la cour* [Ceias da corte]); condimentos provençais como alcaparras, anchovas, azeitonas, limões e laranjas amargas; e, mais característicos ainda da cozinha francesa dessa época, as trufas e os cogumelos de todo tipo. Tudo isso era bem mais acessível ao povo que as especiarias exóticas, pelo menos nas províncias de origem. De modo que, também nesse aspecto, as distinções entre as classes parecem reduzir-se.

A ESCOLHA DAS CARNES

O mesmo ocorria em relação às carnes. Na Idade Média, os assados nobres consistiam essencialmente em aves domésticas e caças, enquanto as carnes de açougue só eram utilizadas para caldo (neste caso a bovina era preferida) ou para picadinhos e "sopas" (chamava-se assim todo alimento cozido em caldeirão, sobretudo as carnes com molho), sendo tais pratos de demorada cocção. Os cozinheiros aristocráticos davam pouca atenção às características dos diferentes cortes de carne de açougue e só excepcionalmente os mencionavam. Ora, do século XV ao XVIII empregaram-nos cada vez mais em assados e caldos, sopas e carnes de panela, e distinguiram um número cada vez maior de peças.

O mais surpreendente é que a maioria desses cortes era conhecida dos açougueiros do século XIV e vários deles são mencionados por um livro destinado às donas de casa burguesas: *Le ménagier de Paris* [O morador de Paris]. Como se as casas burguesas, menos providas de caças e aves que as cortes principescas, fossem obrigadas a aproveitar melhor as carnes de açougue. Também neste caso os cozinheiros aristocráticos parecem ter seguido as pegadas das cozinheiras burguesas — o que, aliás, não se poderia explicar por um aprimoramento da qualidade das "carnes de talho".[15]

Quanto a isso, a fronteira social essencial já não é entre aristocratas que comem caça e aves e burgueses que consomem carnes de açougue, e sim entre as elites nobres e burguesas que comem bons cortes de carne e o povo, que fica com as peças "de segunda". Muito poderia ser dito sobre uns e outros, tendo as apreciações variado bastante conforme a época e o local. O importante é notar que houve, por um lado, uma adaptação das técnicas de cocção às qualidades específicas dos cortes — a menos que se escolhessem as peças em função dos pratos que se desejava preparar — e, por outro lado, uma rejeição dos cortes que não tinham nenhuma qualidade específica. Esse segundo tipo de seleção assume o aspecto de uma seleção social, separando o vulgar do distinto, e pode comparar-se ao trabalho das Preciosas de Molière com relação à língua francesa. Citaremos em especial o exemplo do porco — "carne grosseira", de um animal impuro —, colhido na série dos "contratos de aprovisionamento" que os administradores dos príncipes e dos grandes senhores faziam com fornecedores autorizados: exceto nos contratos do duque de Orléans — que parece manifestar gostos peculiares tanto neste como em outros campos —, vemos desaparecerem de tais documentos as seguintes partes do porco: as orelhas em 1659; as costeletas em 1660; a fressura e a banha em 1667; os pés, o focinho, a barriga, as vísceras, o lombo e até a simples "carne de porco" a partir de 1670. Os outros poderosos, a começar pelo rei, só compram do porco o toucinho — que durante muito tempo ainda continua sendo indispensável a toda cozinha rica em gordura, apesar do consumo crescente da manteiga —, leitõezinhos e presunto. Confirma essa nova atitude em relação ao porco a série de livros de culinária em que o presunto ocupa um espaço cada vez maior em detrimento das outras peças, que praticamente desaparecem na segunda metade do século. Sabemos, aliás, que isso não era o efeito de uma moda passageira: os cronistas gastronômicos do século XX ainda terão de reagir contra o desprezo burguês pelas outras partes do porco.

Assim, a preocupação com a qualidade dos cortes cada vez mais constitui um traço do comportamento das elites sociais, e agora é o povo que recorre aos condimentos fortes para poder engolir as peças inferiores que lhe restam. Menon atesta isso em 1746, no começo do capítulo de *La cuisinière bourgeoise* [A cozinheira burguesa] dedicado ao boi: "Ao explicar as principais partes do boi, não entrarei no detalhe do que chamamos 'carne inferior', utilizada apenas pelo baixo vulgo; [essa gente] a prepara com muito sal, pimenta, vinagre, alho, chalota, para melhorar seu gosto insípido".

Em contrapartida, os bons cozinheiros dos séculos XVII e XVIII reagem contra numerosas práticas antigas que deturpariam o gosto dos alimentos: cocções excessivas e ingredientes supérfluos. Em suas *Délices de la campagne* [Delícias do campo, 1654], Nicolas de Bonnefons escreve:

> Este terceiro livro [...] tem por assunto o verdadeiro gosto que se deve dar a cada vianda [...]. Procurai o mais que puderdes diversificar e distinguir pelo gosto e pela forma o que mandardes preparar: que uma sopa saudável seja uma boa sopa de burguês, bem fornida de boas carnes bem selecionadas e reduzida a pouco caldo, sem picadinho, cogumelos, especiarias nem outros ingredientes, mas que seja simples, pois se diz saudável; que a [sopa] de repolho rescenda totalmente a repolho; a de alho-poró, a alho-poró; a de nabo, a nabo, e assim as outras, [...] e vereis que vossos amos se sentirão melhor, sempre terão bom apetite e vós e esses cozinheiros recebereis elogios. O que digo das sopas creio que seja comum e sirva de lei para tudo que se come [...].

Para melhor conservar o sabor específico dos alimentos, as cozinhas aristocráticas adquiriram o hábito de cozer à parte os ingredientes dos pratos compostos. Assim, para o "guisado de carneiro", Menon nos fornece uma receita burguesa em que os nabos são cozidos com a carne e uma receita de "guisado distinto" em que são cozidos à parte e só no fim adicionados às costeletas de carneiro.[16]

Outro cuidado dos bons cozinheiros da era clássica: cozer as carnes ao ponto e servir os assados ainda sangrentos, sem acrescentar molhos supérfluos. Em 1660, Pierre de Lune escreveu em seu *Nouveau cuisinier* [Novo cozinheiro, p. 83]: "Os patos ou aves dos rios devem ser limpos e colocados no espeto sem lardeá-los, e quando estiverem semicozidos deve-se flambá-los, juntamente com o lardo e comê-los sangrentos, com sal, pimenta-branca e suco de laranja ou *poivrade** natural". Em 1674, L. S. R., autor de *L'art de bien traiter* [A arte de banquetear], dá um passo à frente nesse caminho. Escreve ele sobre o cordeiro gordo no espeto (p. 54): "Quando estiver quase cozido, colocai por cima apenas sal bem fino e não atenteis para essas máximas vulgares do pequeno-burguês com seu miolo de pão que apenas suga a substância e o suco das carnes ou com uma infinidade de salsa picada que costuma adicionar tanto à vitela como ao cordeiro". E com relação aos pombos domésticos (pp. 55-6): "[...] tal carne exige uma vinagrete, uma *poivrade*, depende só do gosto; mas, para falar a verdade, a maneira melhor e mais saudável que possa existir de comer o assado é devorá-lo ao sair do espeto, em seu suco natural, sem estar inteiramente cozido e sem lhe adicionar tantas precauções desagradáveis, que com sua natureza estranha destroem o verdadeiro gosto das coisas [...]". Em seguida, apresenta um exemplo abominável de práticas antigas que ainda sobreviveriam na burguesia de sua época (p. 56):

* Molho feito com pimenta, sal, vinagre e, em geral, azeite; também indica simples mistura de sal e pimenta. (N. T.)

Como aqueles que, querendo preparar um bom lombo de vaca, depois de tirá-lo do espeto o cortam em pedaços e acrescentam água, vinagre, caldo, pimenta e sal, tudo misturado, alho, chalotas, cascas de limão ou de laranja, noz-moscada, alcaparras e uma infinidade de outras coisas que após uma ebulição de um quarto de hora mudam a natureza dessa carne, que destarte se resseca e torna-se mais dura e mais insípida que [um pedaço de] madeira. Por mim, sustento que este [corte] deve ser cozido de acordo com sua espessura e de início em fogo brando [...] e deve ser ingerido pronta e gulosamente em seu suco apenas com sal e um pouco de pimenta-branca.

Aliás, prescrevia-se o cozimento rápido não só para as carnes assadas, mas também para legumes como aspargos. Sobre isso escreveu L. S. R. (p. 141): "Lembrai-vos de que o aspargo deve estalar nos dentes e conservar todo o seu verdor, de outro modo se torna uma filaça [...] o que verificareis facilmente se, pegando-os pela base, se curvarem de imediato ou não, pois quando se dobrarem em dois será sinal de que cozeram demais, o que é desagradável e muito repulsivo ao paladar". De maneira mais sucinta, *Le cuisinier français* [O cozinheiro francês] observava já em 1651: "Não os deixeis cozer demais" (p. 192) e "retirai-os [o] menos cozidos possível, é melhor" (p. 272). E Menon escreveu em *La cuisinière bourgeoise* (p. 236): "Meio quarto de hora basta para cozê-los adequadamente; eles devem ficar um pouco crocantes".

Naturalmente não devemos pensar que os séculos XVII e XVIII se empenharam a fundo nessa busca do natural e dos cozimentos exatos: cozinheiros famosos como Massialot não tiveram a menor preocupação com isso; e tal tendência se evidencia por comparação com a cozinha medieval, e não com a *nouvelle cuisine* do século XX.

Caberia destacar muitas outras tendências, se pretendêssemos fazer a história da culinária e do gosto alimentar na época clássica: surgimento dos molhos à base de carne e considerável desenvolvimento do uso da manteiga (importante já no século XVI), embora o toucinho continuasse empregado na grande culinária; tendência a separar doce e salgado, ainda tímida porém significativa; moderação do gosto pelos sabores ácidos, que não deixa de ter relação com a moderação no tocante a especiarias etc. Todavia, o propósito deste trabalho é destacar o que atuou na transformação das relações sociais.

REFINAMENTO E VALORIZAÇÃO DO GOSTO ALIMENTAR

Duas ideias complementares circulam entre os historiadores da gastronomia francesa. Por um lado, todos afirmam que nossos ancestrais da Idade Média eram glutões mas não gastrônomos: "a quantidade ostensiva predomina sobre a qualidade"[17] nessa época. A outra ideia é que "para o conviva da Idade Média o efeito visual é tão importante quanto o sabor, ou mais".[18] Essas duas ideias indicam que os comensais dos séculos XVII e XVIII se preocupam mais com o gosto do alimento que os convivas medievais. Nenhuma delas, porém, foi suficientemente demonstrada.

Já no século XVII expressava-se a ideia de que houve uma passagem dos festins medievais fartos porém grosseiros para as refeições modernas, mais discretas na quantidade e mais refinadas na qualidade. No prefácio de sua *Art de bien traiter* (p. 2), L. S. R. escreveu:

> Hoje não é essa prodigiosa profusão de pratos, a abundância de guisados e chanfanas, a reunião extraordinária das viandas que compõem a boa mesa, não é essa pilha confusa de diversas espécies, essas montanhas de assados [...] que constituem o objeto mais sensível da delicadeza de nosso gosto, antes é a escolha impecável das viandas, o requinte do tempero, a polidez e a propriedade do serviço, a quantidade proporcional ao número das pessoas e enfim a ordem geral das coisas que contribuem essencialmente para a excelência

e a beleza de uma refeição em que se deliciam de igual forma a boca e os olhos [...].

Cabe no entanto assinalar um fato que não se coaduna muito bem com essa visão das coisas: nenhuma representação medieval da refeição mostra uma mesa abarrotada de alimentos. Sem dúvida, a mesa do duque de Berry em suas *Très riches heures* [Riquíssimas horas] é bem provida de pratos de todo tipo. Mas é sobretudo nos séculos XVII e XVIII que as mesas desaparecem sob uma esteira de pratos ou que se encontram travessas repletas de assados de toda espécie. Consideremos por exemplo a gravura de Abraham Bosse que focaliza o banquete oferecido por Luís XIII aos cavaleiros do Espírito Santo em 14 de maio de 1633, ou o que a prefeitura de Paris preparou para o rei Luís XIV em 30 de janeiro de 1687. Consideremos também as pirâmides de frutas ou doces que figuram em todas as sobremesas e nos bufês. Comparadas com essas imagens dos séculos XVII e XVIII, as mesas medievais em geral nos parecem vazias. Por menos realista que fosse a arte dessa época, é claro que o conceito de banquete aristocrático nos séculos XIV e XV não coincidia com o de empanzinamento.

Os poucos cardápios medievais franceses que conhecemos — entre eles os 25 registrados por *Le ménagier de Paris* — certamente são fartos. Todavia, os que Massialot publicou no início de seu *Cuisinier royal et bourgeois* [Cozinheiro real e burguês], em 1691, não são menos extensos, ao contrário. Assim, o do festim oferecido em 27 de dezembro de 1690 pelo duque d'Aumont incluía dezesseis sopas, treze entradas e 28 *hors-d'oeuvre* no primeiro serviço, dezesseis assados, treze *entremets** e mais 28 *hors-d'oeuvre* no segundo. Se a isso acrescentamos 57 sobremesas diferentes, temos um total de 171 pratos — alguns bem fartos — para 42 convivas, enquanto os cardápios mais extensos do *Ménagier de Paris* não ultrapassavam 36 pratos.

* Prato secundário servido entre o assado e a sobremesa; também pode designar a sobremesa em si. (N. T.)

É verdade que na Idade Média houve festins realmente pantagruélicos, conforme demonstram certos documentos. Por exemplo, o banquete oferecido por ocasião da sagração do arcebispo de York, George Neuville, chanceler da Inglaterra, no sexto ano do reinado de Eduardo IV (1466-67). Foram consumidos cerca de quatro toneladas de trigo (trezentos *quarters*), trezentos tonéis de cerveja e cem de vinho, um barril de hipocraz, 104 bois, seis touros selvagens, mil carneiros, 304 vitelas, 304 porcos, quatrocentos cisnes, 2 mil gansos, mil capões, 2 mil leitões, quatrocentas tarambolas, 1200 codornas, 2400 aves chamadas *rees*, 104 pavões, quatrocentos patos selvagens e cercetas, 204 grous, 204 cabritos, 2 mil frangos, 4 mil pombos, 4 mil coelhos, 204 alcaravões, quatrocentas garças, duzentos faisões, quinhentas perdizes, quatrocentos tetrazes, cem maçaricos, mil garçotas, quinhentos cervos, gamos e cabritos monteses, aos quais se acrescentaram 4 mil patês frios de veação, mil pratos de gelatina multicor e 3 mil de gelatina de uma só cor, 4 mil tortas frias, 3 mil pratos de creme, seiscentos lúcios e oitocentas bremas, doze marsuínos e focas, e ainda uma quantidade de especiarias, doces e *waffles*.

Sem dúvida é uma quantidade impressionante. E há notícias de muitos outros festins tão grandiosos quanto esse ou até mais. Trata-se, no entanto, de festins públicos, comparáveis aos banquetes cívicos da Revolução, nos quais não se deviam consumir menores quantidades de alimentos. Ao festim do arcebispo de York compareceram a maioria dos grandes senhores e grandes damas da Inglaterra, o alto clero, os principais funcionários e magistrados, os notáveis leigos e religiosos da cidade, inclusive monges, os 412 fidalgos, pequenos nobres rurais e agricultores ricos da região, 69 escudeiros com as cores do rei, mais de quatrocentos lacaios acompanhando os mais ilustres convidados, mais de mil criados servindo a mesa e no mínimo 177 pessoas encarregadas da cozinha. No total cerca de 2500 comensais apinhados ao redor de mesas incontáveis nas salas e nos salões, nas galerias e nas cozinhas do castelo; a esses devemos sem dúvida acrescentar a arraia-miúda da cidade e das vizinhanças, que não encontrou lugar no interior, mas certamente se empanturrou com o que os 2500 convidados e domésticos não consumiram.

Os festins desse tipo informam-nos menos sobre o requinte ou a vulgaridade do gosto das elites medievais que sobre a maneira como se estabelecia o prestígio social na Idade Média. Em tal ocasião uma personalidade importante como o arcebispo de York devia alimentar multidões imensas, na medida do possível distribuídas hierarquicamente por salas e mesas, enquanto nos séculos XVII e XVIII interessa menos o prazer das multidões que a satisfação das elites sociais — doravante mais isoladas do povo no ato de comer, conforme nos sugeriu o estudo das maneiras à mesa. A oposição entre qualitativo e quantitativo remete essencialmente a essa transformação das relações sociais.

Obviamente, é possível que na Idade Média tais exageros quantitativos levassem os mais modestos dos convivas a cometer excessos. Porém nada nos diz que tais excessos ocorriam também nas mesas de honra ou mesmo nas salas onde estavam as personalidades mais notáveis — mesas e salas que a pintura medieval nos mostra envoltas num clima tão sério que chega a ser triste. É a conduta desses notáveis que nos interessa para estabelecer um paralelo com os festins das elites sociais nos séculos XVII e XVIII.

OS TRATADOS DE CULINÁRIA: DO ESPETÁCULO AO GOSTO?

Outros tipos de documentos, em especial os tratados de culinária, dizem-nos o que pretendiam os organizadores de festins medievais e modernos.

É inútil insistir nos *entremets* espetaculares dos quais já falaram muito os historiadores dos festins medievais: "patês-gaiola" que quando cortados desprendiam uma nuvem de pássaros vivos; "pratos-cenário" como os que propõe, por exemplo, a segunda parte do *Viandier de Taillevent* [Viandeiro de Taillevent], da Biblioteca Vaticana, e que representam "o cavaleiro do cisne" num barquinho flutuando sobre a água, ou uma torre sarracena atacada por um homem selvagem, ou são Jorge libertando uma donzela das garras de um dragão, ou ainda santa Marta com um dragão atrelado etc. Tais espetáculos são característicos dos séculos XIV e XV; todavia, encontraremos outros nos festins do século XVII, até mesmo do XVIII ou do XIX. Aliás, como ninguém era obrigado a comer essas figuras feitas de alimentos picados ou de massa nem esses cenários pintados em tela sobre estruturas de madeira, e como os convivas já haviam se saciado com outros pratos, o prazer que tais espetáculos lhes proporcionavam não implicava nenhum sacrifício de seu prazer gastronômico.

Nessa série de tratados culinários é mais significativo o fato de que já não se levavam à mesa grandes aves emplumadas. Era uma dificuldade enorme tirar a pele da ave sem cortá-la, assá-la em fogo lento, recolocá-la na pele e só então levá-la à mesa; ademais isso não devia melhorar em nada o já discutível valor gastronômico dos cisnes, cegonhas, corvos-marinhos, grous, garças, pavões etc. Pois, ao contrário dos "pratos-cenário", tais aves se destinavam à deglutição.

Não só esse hábito caiu de moda — dele restou a prática de decorar os patês de faisão e outras belas aves com a cabeça emplumada e a cauda do animal —, como os espécimes mencionados pouco a pouco desapareceram dos livros de culinária: o corvo-marinho no início do século XVI; o cisne, a cegonha, o grou e o pavão entre 1555 e 1650; a garça, que *Le cuisinier français* ainda propunha em sua lista de assados em 1651, é omitida nos livros posteriores. No lugar dessas aves multiplicam-se pequenos pássaros que, em sua maioria, gozam hoje de grande prestígio gastronômico: narcejas, toutinegras da Provença, os *bénaris* ou *vénaris* da Gasconha, trigueirões, tordos, cotovias etc. Sem dúvida, na Idade Média, tais pássaros já eram consumidos em algumas regiões da França e chegavam até a mesa do rei ou dos poderosos. Todavia, os livros de culinária os mencionavam raramente, sem ênfase especial e sob a vaga designação de "pássaros pequenos". Admitir-se-á, portanto, que essa substituição de grandes aves decorativas por pequenos pássaros deliciosos reforça a ideia de que na Idade Média predominava o espetáculo, enquanto o gosto prevalece a partir do século XVII. E poderíamos tirar a mesma conclusão a respeito do desaparecimento das baleias, marsuínos e focas a partir do século XVII.

Todavia, nessa abordagem há um risco de etnocentrismo — ou deveríamos dizer cronocentrismo? —, pois é impossível provar de modo objetivo que o corvo-marinho, o cisne, a cegonha, o grou, o pavão, a garça e os grandes mamíferos do mar são gastronomicamente inferiores à narceja, ao trigueirão, à toutinegra, ao tordo etc.

O LÉXICO DOS SABORES

Procuremos, pois, outros argumentos, outros procedimentos menos ligados a nossos preconceitos. E, para começar, tentemos fazer uma análise lexicográfica comparada dos tratados de culinária medievais e modernos.

Primeira constatação (três manuscritos do *Viandier de Taillevent* e do *Ménagier de Paris*): os tratados medievais se preocupavam com o valor gastronômico das receitas que apresentavam. Evocam-no através de palavras como "bom", "boa", "bondade" (que ocorrem 29 vezes), "melhor" (dezenove vezes), "saboroso" (três vezes) e "agradável ao paladar" (uma vez).

Entretanto, os quatro tratados dos séculos XVII e XVIII analisados comparativamente (*Le cuisinier français*, *Les délices de la campagne*, *L'art de bien traiter* e *La cuisinière bourgeoise*) referem-se ao valor gastronômico dos alimentos com maior frequência e num vocabulário mais rico: "bom", "boa" e "bondade" (mais de 56 vezes), "mau" (quatro vezes), "melhor" (mais de 22 vezes), "delicado" e "delicadeza" (catorze vezes), "delicioso" (duas vezes), "excelente" (dez vezes), "primoroso" (duas vezes), "fino", "refinamento", "refinado" (sete vezes), "insosso" (uma vez), "insípido" (três vezes) e "saboroso" (três vezes). No total, dezesseis palavras contra seis e 124 vezes contra 52.

Em contrapartida, esse discurso mais rico e valorativo no

plano gastronômico não é tão exato no tocante à diversidade dos sabores. O termo "gosto" no sentido de "sabor" aparece com muito maior frequência nos tratados modernos. Todavia, é um termo vago, quando não qualificado, e o mais das vezes refere-se à valoração gastronômica ("bom gosto" etc.).

Na Idade Média, o termo "sabor", mais técnico, ocorria com maior frequência. E, sobretudo, evocava-se a gama de sabores de modo mais completo. Para o sabor ácido — particularmente em voga nessa época — os tratados medievais tinham os termos "acre", "acídulo", "agro", "acidular", "verde", "verdor", e expressões como "sabor acérrimo", "gosto de agraço", "gosto de vinagre" etc., enquanto nossos quatro tratados modernos usam "azedar" (uma vez), "pungente" (uma vez) e "picante" (cinco vezes ou mais, em *La cuisinière bourgeoise*). Os tratados medievais também se referiam com frequência ao sabor salgado — com palavras ou expressões como "dessalgar", "salgado demais", "sentir o sal em demasia", "sal no ponto" etc. —, ao passo que os tratados modernos não parecem preocupados com isso. A mesma coisa ocorre com relação ao sabor condimentado, evocado na Idade Média pelas palavras e expressões "condimentado", "muito condimentado", "rico em condimentos", e omitido pelos tratados modernos. O gosto amargo chama a atenção no século XVII — é mencionado uma vez em *Les délices de la campagne* —, mas não é diretamente citado nos tratados medievais. Estes, porém, evocavam-no indiretamente, falando de "verde" (mistura de ácido e um pouco amargo) e "queimado" (*arsure*). Quanto ao "doce", é mencionado nas duas épocas: o termo ocorre dez vezes nos tratados medievais e no mínimo com a mesma frequência nos tratados modernos. Contudo, na Idade Média, o termo era usado para indicar tanto ausência de sabor salgado (*sain doux* [banha de porco]) como gosto adocicado.

No conjunto, parece que o gosto e os sabores foram mais valorizados nos séculos XVII e XVIII e mais bem analisados nos XIV e XV. Os partidários da cozinha medieval poderiam argumentar que no discurso dos cozinheiros modernos havia mais retórica que verdadeira sensibilidade; e os partidários da cozinha clássica poderiam dizer que ela era complexa e refinada demais para ser analisada à luz de conceitos tão simples como ácido, salgado, condimentado, amargo e doce.

Também discernimos evoluções no tocante à atenção dos cozinheiros com as consistências e cocções, a limpeza dos alimentos ou dos utensílios e a saúde dos comensais; todavia, não atestam com maior evidência um refinamento da culinária entre os séculos XIV-XV e XVII-XVIII. Tampouco há transformações fundamentais no que se refere às preocupações estéticas em geral: manifestaram-nas os cozinheiros dos séculos XVII e XVIII como os dos XIV e XV.

O VALOR DAS CORES

É no detalhe, e sobretudo no tocante a cores, que percebemos mudanças realmente significativas. O essencial aqui não é o fato de os livros medievais mencionarem mais cores diferentes e com maior frequência que os livros modernos, e sim seu interesse pelas cores em si — ou pelo prazer dos olhos —, enquanto os cozinheiros dos séculos XVII e XVIII em geral estavam mais preocupados com o que as cores revelavam sobre a natureza e o gosto dos alimentos.

Na Idade Média, a identidade de numerosos pratos devia-se à cor tanto ou mais que aos ingredientes que os compunham. É o caso do "manjar branco",[19] do "molho verde", da "alhada branca", dos "alhos verdes" ou "verdelets", do "molho amarelo", da "pimenta amarela", da "pimenta preta", do "caldo vermelho", do "caldo verde", do "caldo verde de enguias", "caldo branco da Alemanha" etc. Ademais, exceto o caso do branco, essas cores em geral eram acrescentadas aos ingredientes da receita que hoje consideramos essenciais.

De fato encontramos recomendações como: "colocai açafrão para colorir" ou "para dar cor", "friccionai açafrão para avermelhar", "e verdura para [obter] tom verde", ou "um pouco de açafrão à verdura [...] para [obter] tom verde", ou "pão queimado para dar cor" etc. Algumas receitas, como a de "ave recheada" — que encontramos na maioria desses tratados —, ocupam-se basicamente da apresentação dos pratos e concedem à cor um papel fundamental:

> E para os dourar ou cobrir de verde ou de amarelo: para o amarelo tomai uma grande quantidade de gemas de ovo e batei-as bem, e com um pouco de açafrão, e colocai numa travessa ou em outra vasilha. E quem desejar cobrir de verde, que misture aos ovos verdura picada. E depois que a ave estiver cozida [...] espalhai por cima vossa mistura e recolocai no fogo duas ou três vezes para que ela se impregne; e tomai cuidado para que não queime em fogo forte [...] (*Taillevent*, ms. do Vaticano, pp. 92-3).

Havia, portanto, toda uma gama de métodos e produtos para colorir os pratos: em primeiro lugar, todo tipo de ervas para dar um tom verde; o *Viandier* do Vaticano fornece uma lista no final da primeira parte, depois de enumerar as especiarias: "Salsa. Salmonda. Azeda-miúda. Folhas ou brotos de videira. Groselhas. Trigo verde no inverno". Outros corantes mais ou menos comestíveis: o açafrão para dar um tom amarelo ou vermelho; o girassol para colorir de azul, violeta ou vermelho; a orcaneta para o vermelho-escuro; o cedro vermelho para outros tons de vermelho e para os rosas etc. Contudo, também se utilizavam corantes ou processos cujos efeitos sobre a comestibilidade dos alimentos são mais problemáticos, como aqueles que encontramos na segunda parte do *Viandier* do Vaticano: azul fino, — ou seja, pó de lápis-lazúli —, folhas de ouro e de prata e, para os anfitriões menos nobres, "folhas de estanho branco, vermelho ou verde". Ora, não se tratava de "pratos-cenário", e sim de alimentos a serem ingeridos.

O hábito medieval de escolher os ingredientes de um prato em função da cor que se queria dar-lhe não desapareceu de repente: algumas receitas, como a do "manjar branco" ou do "molho verde", perpetuaram-se pelos séculos modernos. Nos tratados dos séculos XVII e XVIII, ainda encontramos chouriço branco e pratos coloridos artificialmente como "macarrão verde" e "macarrão vermelho" ou as gelatinas "verde", "vermelha", "azul", "amarela" e "violeta", obtidas graças a corantes comprados "ao especieiro", e um "creme verde" que Pierre de Lune colore com um suco de ervas.

Em geral, porém, as cores mencionadas nesses tratados não eram adicionadas artificialmente. Trata-se das cores "naturais" dos alimentos ou resultantes de uma boa cocção. Quando se falava de "cenouras amarelas" e "cenouras vermelhas", "chicória branca" e "chicória verde", "ervilhas verdes" e "ervilhas amarelas", "feijões verdes", "groselhas verdes", "amêndoas verdes", "abricós verdes" etc., era para distinguir variedades desses alimentos dotadas de específicas propriedades gustativas e culinárias. Assim também do ponto de vista culinário o "branco do alho-poró" não era igual ao verde; nem o "branco do capão" (peito) à coxa; nem o "branco do ovo" (clara) ao "amarelo do ovo" (gema) etc. É evidente.

Na perspectiva de uma história do gosto e da arte culinária são mais interessantes as cores decorrentes da cocção. Assim, se havia um "caldo branco" e um "caldo marrom", era porque um fora feito com carne crua e o outro com carne previamente cozida a seco. O primeiro servia para as "sopas brancas" e para o preparo das "viandas brancas", enquanto o segundo era utilizado para as "sopas marrons", as "entradas marrons" e as "viandas marrons". Todas essas categorias são eminentemente culturais. Mas estruturavam a tal ponto a culinária francesa clássica que tinham a evidência do natural.

Outros exemplos de alimentos coloridos "naturalmente" em função do tipo de preparo e não de corantes artificiais: a "manteiga branca", levemente aquecida, e a "manteiga vermelha", cozida por mais tempo e em fogo mais forte. Aromatizadas com diversos ingredientes, essas duas manteigas forneciam os dois grandes molhos do século XVII: o "branco" e o "vermelho".

Na língua culinária do século XVII, assim como na nossa, vários termos relativos a cor designam procedimentos de cocção. "Branquear" não significa "tornar branco", e sim tratar um alimento através da água ou do fogo numa perspectiva mais gastronômica que estética; "dourar" não significa "acrescentar corante dourado", e sim cozer, a seco ou na gordura, até que o alimento — carne ou legume — ganhe uma cor avermelhada; fala-se também de "belo colorido" ou "bonita cor" para indicar que se deve prolongar a cocção de um assado ou de uma fritura; e quando Nicolas de Bonnefons diz que um lombo de boi deve ser consumido "sangrento e vermelho", isso não significa que se deva colori-lo com orcaneta ou cedro vermelho, mas indica o momento em que se deve retirar a carne do fogo.

As cores abordadas nos tratados dos séculos XVII e XVIII diziam tanto sobre o ponto de cocção ideal e a qualidade do produto que recebiam grande atenção de cozinheiros e comensais. Falando do "lúcio *au bleu*",* Bonnefons explica que se deve "polvilhá-lo com bastante sal e derramar-lhe um bom vinagre por cima" e que "isso lhe confere um belo tom de azul, muito aprazível à vista". Seria um vestígio do gosto que levava a acrescentar "azul fino" a determinados pratos medievais? Contudo, notemos também que, "se o peixe está vivo, adquire um azul bem mais bonito do que quando morto". O que obviamente constitui uma razão não desprezível para apreciar o azul dos peixes cozidos e sem dúvida explica o sucesso do preparo *au bleu*, mais que uma predileção por essa cor em si.

Para concluir essa pesquisa sobre a vista e o paladar, é claro que os cozinheiros modernos não foram os primeiros a preocupar-se com a qualidade gastronômica dos pratos que preparavam: os cozinheiros medievais também tinham tal preocupação. Uns e outros ainda consideravam importante a apresentação dos pratos e manifestavam isso em palavras e atos. Todavia, as relações entre estética e gastronomia se transformaram. É difícil dizer até que ponto os cozinheiros dos séculos XIV e XV sacrifica-

* Maneira de cozer determinados peixes, como a truta, jogando-os vivos numa mistura de água, vinho branco e especiarias. (N. T.)

ram o prazer gastronômico ao prazer estético — pois sabemos bem pouco sobre o gosto das elites dessa época —, mas parece evidente que tal escolha era possível porque em matéria de alimentação seus valores estéticos independiam dos valores gastronômicos. Já a partir do século XVII — e ainda mais no XVIII — a estética alimentar está indissociavelmente ligada à gastronomia: a cor de um prato só pode ser considerada bonita se anuncia sua qualidade gastronômica e os indícios do alimento fresco atraem mais do que os simulacros da vida.

Agora deixemos de lado os cozinheiros e focalizemos os comensais; como não temos seus próprios depoimentos sobre os prazeres da mesa, vejamos ao menos o que seus contemporâneos escreveram.

O *De institutione novitiarum* — escrito em latim por Hughes de Saint-Victor no século XII e traduzido para o francês no XIV — criticava os *gourmands* muito mais por sua excessiva delicadeza que pela gulodice. Dizia ele que não se deve procurar um alimento "demasiado precioso e deleitável", nem "raro demais e incomum". Repreendia os que não podiam "deglutir senão coisas gordas e deliciosas" e recusavam pratos mais banais pretextando estômago fraco ou peito seco; ou aqueles que evitavam totalmente "o uso das comuns viandas" e, para satisfazer seus caprichos alimentares, mandavam multidões de criados percorrer "todas as encruzilhadas" ou procurar em "montanhas ignotas e desertas" determinadas raízes, arbustos ou peixes. Condenava igualmente os orgulhosos que procuravam valorizar-se pela excelência de sua alimentação — proclamando-se tão "distintos no mérito quanto são distintos na vianda" — e os *gourmets* "que muito se esforçam em vão para preparar as viandas", inventam "infinitos gêneros de decocções, frituras e sabores", ou que, como as mulheres grávidas, têm desejo de pratos "ora tenros, ora rijos, ora frios, ora quentes, ora cozidos, ora assados, ora com pimenta, ora com alhos, ora com cominho, ora com sal temperados". Para encerrar esse capítulo sobre os paladares muito delicados, zomba dos apreciadores de vinho que, "como taberneiros, estalam a língua no céu da boca a cada gole de vinho para saborear o gosto".

GLUTÕES E GASTRÔNOMOS

Diante de tal texto, como acreditar que só nos séculos XVII e XVIII surgiram comensais mais preocupados com a qualidade do que com a quantidade dos pratos e das bebidas? Ao ler certos textos modernos sobre a *gourmandise*, o que nos impressiona é o fato de não denunciarem com tanta clareza os requintes do paladar, que abordam com uma espécie de indulgência, reservando toda a sua severidade para a glutonaria.

Nos grandes dicionários dos séculos XVII e XVIII, *gourmand* é simplesmente sinônimo de "glutão" ou "guloso". O *Dictionnaire de Richelet* define *gourmand* com uma só palavra: "guloso". O de Furetière é um pouco mais explícito: "Guloso, aquele que come com avidez e em excesso". De 1694 a 1798, a Academia não diz muito mais que isso: "Glutão, guloso, que come com avidez e em excesso". E já em 1611 o dicionário francês-inglês de Cotgrave traduzia *gourmand* por *glutton*, vindo *gormand* em segundo lugar.

Muitas vezes utilizando as mesmas definições, os mesmos sinônimos e os mesmos exemplos, os dicionários franceses nos deram uma imagem de *gourmand* e *gourmandise* bem menos complexa que os textos medievais. A *Encyclopédie* é o único dos grandes dicionários que veio confundir com um verbete *gourmandise* extraordinariamente longo e radicalmente diverso. Começa com esta definição: "Amor refinado e incontrolado à boa mesa", e estende-se por duas colunas com exemplos tomados da Antiguidade, sobretudo de Roma e dos sibaritas, opondo seus excessivos requintes aos simples prazeres gastronômicos dos heróis de Homero, à frugalidade dos primeiros romanos, dos espartanos ou dos antigos persas. A *gourmandise* é apresentada como uma decorrência do luxo; acarreta a decadência dos impérios, e a denúncia dos refinados *gourmands* da Antiguidade parece uma espécie de advertência para a sociedade do século XVIII.

O que nos surpreende é a reação do *Dictionnaire de Trévoux*, publicado pelos jesuítas, em sua edição de 1771: "GOURMANDISE, s. f. *Gula*. Ao contrário do que nos diz a *Encyclopédie*, não é o amor refinado e incontrolado à boa mesa. Na verdade, esta palavra encerra e apresenta a ideia de excesso, porém não a de refinamento na alimentação. A *gourmandise* é o vício de quem come com avidez e em excesso. A *gourmandise* é um dos sete pecados capitais". O que provavelmente explica esta reação, além do consenso de todos os dicionários ao longo de quase dois séculos, é a existência de outra palavra em francês para designar o amor refinado à boa mesa: *friandise*.

Richelet define o *friand* como aquele "que gosta de comer algo de bom"; a Academia, de 1694 a 1798, como aquele "que aprecia os bocados delicados e bem condimentados". Quanto à *friandise*, Furetière e o *Dictionnaire de Trévoux* dizem que significa "paixão, amor às viandas delicadas ou de bom gosto"; já a Academia define o termo como "o amor que se tem aos bons pratos".

Naturalmente, essa paixão sensual inquietava os moralistas. Richelet anotou que é um "apetite um tanto incontrolado pelas coisas delicadas e boas de se comer". Todavia, inquietava bem menos que a *gourmandise* ou a gula. Os jesuítas autores do *Dictionnaire de Trévoux* são muito claros: "A *friandise* é um defeito; porém não é tão vergonhosa quanto a *gourmandise*". A Academia e Furetière dizem mais ou menos a mesma coisa.

Por que essa indulgência? Se o paladar requintado era tradicionalmente um ramo do pecado da gula, por que considerá-lo menos vergonhoso que a glutonaria? Furetière e o *Dictionnaire de Trévoux* dizem que "*friandise* aplica-se também às coisas que se comem apenas por prazer e não para alimentar-se". Isto sugere que o *friand* come mais por prazer que por necessidade natural e assim se parece com aqueles que usam de seus direitos conjugais "para o prazer" e não para a procriação. Uma tradição milenar condenava estes últimos mais severamente que os casais que, com uma espécie de glutonaria, recorriam ao amplexo conjugal com demasiada frequência. Por que não é a mesma coisa — ou não é mais — quando se trata de conduta alimentar? Uma das interpretações possíveis é que, nessa época, eclesiásticos e leigos enalteciam demais o requinte do gosto, em todos os aspectos, para condenar mais o *friand* que o glutão.

Se, por um lado, a *friandise* era um defeito, por outro era uma qualidade. Dizem os autores do *Dictionnaire de Trévoux*: "Um bom *gourmet* deve ter um gosto refinado [*un goût friand*]". No início do século XVII, *o gourmet* era uma espécie de corretor ou degustador empregado pelos mercadores de vinho (Cotgrave, 1611). Em 1679, Richelet o define como "aquele que prova o vinho no porto de Paris e verifica se [este] é legal e adequado para o comércio". Mas o sentido da palavra está em evolução: alguns anos depois, segundo Furetière e o *Dictionnaire de Trévoux*, chamam-se *gourmets* não mais os profissionais porém todos os que sabem distinguir entre bons e maus vinhos. Essa alteração de sentido sugere que antes do final do século XVII sentiu-se a necessidade de um novo termo para designar tais conhecedores. Sem dúvida porque existiam fora dos círculos dos profissionais; porque os apreciadores se orgulhavam de conhecer vinhos assim como os *friands* com relação aos "bons pratos".

A palavra "*friand*" podia designar também esses conhecedores de vinho. De acordo com a Academia (1694 e 1717): "Diz-se que um homem é *friand* em vinho para dizer que nisso é refinado e conhece o bom vinho". Entre *gourmet* e "*friand* em vinho" havia certas nuances. Porém, a existência de duas palavras para designar coisas tão parecidas constitui mais um sinal do interesse da época pelo paladar requintado.

GOSTOS E HUMORES

A tolerância com relação à diversidade de gostos era a regra tradicional, como atesta o provérbio latino *De gustibus non est disputandum*, citado em 1674 por *L'art de bien traiter* e em 1694 traduzido para o francês pela Academia: "*Il ne faut point disputer des goûts*" [Gosto não se discute]. Aliás, manifestava-se diariamente no serviço de mesa — conhecido no século XIX como "serviço à francesa". No "serviço à russa", que o sucedeu e ainda é usado, os pratos são servidos um após o outro a cada conviva, que normalmente deve provar de todos. Já no antigo "serviço à francesa", os diferentes pratos eram colocados na mesa ao mesmo tempo, como nos bufês atuais. Em 1742, *Le nouveau cuisinier royal et bourgeois* [O novo cozinheiro real e burguês] propunha para uma refeição de seis a oito talheres um cardápio de sete pratos por serviço, o que, numa refeição de três serviços — mínimo habitual nas boas casas — totalizava 21 pratos; e, para uma mesa de vinte a 25 talheres, recomendava 27 pratos por serviço, num total de 81 pratos para os três serviços.

Não que os franceses de outrora comessem desenfreadamente: a maioria dos convivas se contentava com um dos pratos colocados a seu alcance. No entanto, tinha uma liberdade de escolha muito maior que a nossa, podendo, sem faltar com as boas maneiras, passar pratos colocados na outra extremidade da mesa. Assim como hoje em dia, no restaurante, temos maior liberdade de escolha quando comemos à la carte do que quando nos cabe decidir com relação aos pratos do dia.

Os antigos livros de culinária e manuais de *maîtres* diziam claramente que essa multiplicidade de pratos tinha como função atender aos diferentes gostos. *Le nouveau cuisinier royal et bourgeois* recomendava dispor os pratos em tal ordem que "cada um possa tomar o que convier a seu apetite". E dizia que era preciso "evitar a proximidade de dois pratos de um mesmo estilo sem interpor entre eles um de outra espécie; pois [agir] de outro modo [...] seria deselegante e poderia *constranger o gosto* de alguns comensais, pois *nem todos apreciam a mesma coisa*".

Essa indulgência com relação à diversidade de gostos — que não existe mais entre os particulares de hoje em dia — tinha estreitas relações com a dietética antiga, que atribuía a maior importância à diversidade dos temperamentos e das necessidades de cada um. É o que sugere, por exemplo, *L'art de bien traiter* (1674):

> Encontram-se com frequência pessoas que rejeitam e condenam uma quantidade de coisas boas a cujo gosto conseguiram habituar-se; e assim como raramente se encontra numa companhia alguém que não se levante contra o que é mais *antipático à suave propensão de sua natureza*, assim há justo motivo para servir sempre mais de uma espécie, *a fim de que o humor predominante* encontre a que tem mais relação e afinidade com seu desejo.

A diversidade de apetites realmente parecia ter fundamentos naturais. Concebiam-se os gostos como simpatias da natureza de cada indivíduo por determinados alimentos e as aversões eram explicadas como antipatias fisiológicas. Tais simpatias ou antipatias podiam ser decorrências do hábito — segunda natureza —, porém constituíam sobretudo características do temperamento de cada um, quer dizer, da predominância mais ou menos acentuada de um dos quatro humores em cada indivíduo: sangue, cólera, fleuma e melancolia. Assim como tais temperamentos não podiam mudar, não se podia contrariar os gostos.

No início dos tempos modernos, contudo, esse liberalismo começou a ser minado pelas transformações da dietética e pela ascensão da gastronomia. Na Idade Média, os médicos faziam uma distinção muito nítida entre o regime dos doentes e o regime dos sadios. Devia-se dar aos doentes alimentos capazes de corrigir o excesso de calor ou de frio, de sequidão ou de umidade em que consistiam suas doenças, e, sendo necessário, "medicinas" que para os sadios eram venenos. Já o "regime de saúde" visava a manter e fortalecer a compleição específica de cada indivíduo. Os que eram de natureza quente deviam ingerir alimentos quentes, alimentos que os atraíam; os de natureza fria deviam comer coisas frias etc. É o que podemos ler, por exemplo, em *O regime do corpo*, de Aldebrandino de Siena, no século XIII, e no começo do XVI no *Platine en françoys* [Eloquência em francês].

Ora, os princípios do regime saudável que encontramos nos tratados de dietética do final do século XVI e início do XVII são diametralmente opostos. Em 1607, por exemplo, *Le trésor de santé* [O tesouro de saúde] afirma que os alimentos e bebidas "que são de qualidade úmida e quente" convêm "aos que têm humor melancólico" (isto é, seco e frio); "[as bebidas] que são frias e úmidas, aos coléricos" (de natureza quente e seca); "as quentes e secas, aos fleumáticos" (de natureza fria e úmida) etc. Quer dizer, a partir da segunda metade do século XVI, os médicos-dieteticistas tratam como doenças a diversidade dos temperamentos. Acreditam que a verdadeira saúde se baseia num equilíbrio perfeito dos humores, sem predomínio de um sobre os outros, e que para atingir tal equilíbrio cada indivíduo deve comer o que corrige seu humor predominante, deve combater suas tendências específicas, e não segui-las.

Por outro lado, a partir do século XVII os cozinheiros parecem observar, mais do que antes, o que podemos chamar de princípios gastronômicos. Já citamos o texto de Nicolas de Bonnefons sobre "o verdadeiro gosto que se deve dar a cada vianda"; ele insiste para que os cozinheiros preservem o gosto natural das coisas e não o mascarem com uma infinidade de "picadinhos, cogumelos, especiarias" e outros ingredientes supérfluos; e significativamente termina com estas palavras: "O que digo com relação às sopas entendo que seja comum e sirva de lei para tudo que se come". Quer dizer, além das receitas específicas, ele procura estabelecer princípios culinários e gastronômicos.

De maneira menos geral, porém igualmente significativa, em *L'art de bien traiter*, L. S. R. também estabelece tais princípios. Por exemplo, quando escreve, a propósito de pombos assados: "A maneira melhor e mais saudável que possa existir de comer o assado é devorá-lo ao sair do espeto, em seu suco natural, sem estar inteiramente cozido e sem lhe adicionar tantas precauções [...] que [...] destroem o verdadeiro gosto das coisas".

Não mais que os outros artistas de seu tempo, os cozinheiros não tinham meios de impor seus gostos às pessoas para as quais trabalhavam. No entanto, já não têm no século XVII a atitude íntima de submissão aos gostos do patrão e dos convidados, como era o caso dos cozinheiros medievais. No século XV, o excelente Martino muitas vezes terminava suas receitas dizendo: "Faze-a doce ou ácida, segundo o gosto comum ou como agradar ao patrão". E nunca se permitia uma crítica ao gosto de uns e outros. Já não é o caso de L. S. R., em 1674. Se muitas vezes deixa ao leitor a liberdade de acrescentar ou não determinado ingrediente ou de servir este ou aquele molho com um prato, considera certos hábitos, como o de temperar uma carne com molho doce, manifestações de um gosto inteiramente depravado. Sobre lebres assadas, por exemplo, escreve (p. 58): "E servi-as com *poivrade* à parte; se alguém aprecia e pede um molho doce, *o que me parece muito impertinente e ridículo*, podereis satisfazê-lo mandando ferver numa pequena panela vinho tinto com açúcar, cravo, canela e apurar tudo até a consistência de xarope".

O BOM GOSTO

A partir de meados do século XVII, portanto, os autores de livros de culinária discutem sua arte; e o fazem em termos de um "bom gosto" que parece independente do tempo e do espaço. De fato, opõem esse bom gosto às mudanças gastronômicas de povos inteiros e de indivíduos.

Em 1674, L. S. R. confirma isso no prefácio de *L'art de bien traiter* quando, ao destacar as receitas de La Varenne, seu predecessor e afortunado concorrente, que considera ridículas, trata-as de "bagatelas que se suportariam melhor entre os árabes e os levantinos do que num clima puro como o nosso, onde a limpeza, a delicadeza e *o bom gosto* são objeto e matéria de nossos mais sólidos empenhos" (p. 7). O mesmo ocorre com Massialot, fazendo a apologia da arte culinária no prefácio do *Cuisinier royal et bourgeois* (1691):

> O homem não é em toda parte capaz desse discernimento, que não obstante constitui uma radiação de sua razão e de seu espírito. [...] Só na Europa reinam a limpeza, *o bom gosto* e a destreza no tempero das viandas [...] e ao mesmo

tempo se faz justiça aos dons maravilhosos oferecidos pela afortunada situação dos outros climas; e podemos nos orgulhar, sobretudo na França, por superar nisso todas as outras nações, como fazemos na polidez e em mil outras vantagens muito conhecidas.

Não que o bom gosto fosse um eterno privilégio dos franceses: já nos séculos XVII e XVIII eles tinham consciência de possuí-lo desde algumas gerações apenas. Sobre isso, vejamos o que dizem os padres Guillaume-Hyacinthe Bougeant e Pierre Brumoy, jesuítas e autores do prefácio de *Dons de Comus* [Dons de Como, 1739]: "Os italianos poliram toda a Europa e foram eles que incontestavelmente nos ensinaram a comer [...]. Entretanto, há mais de dois séculos se conhece na França *a boa cozinha*, e podemos assegurar, sem prevenção, que ela nunca foi tão requintada e que nunca dantes se trabalhou tão bem nem com um gosto tão apurado" (pp. XII-XIII). Sabem, aliás, que o paladar refinado dos comensais é um fator indispensável para a eclosão de uma culinária sofisticada e felizmente a cozinha francesa do século XVIII pode contar com ele: "Temos na França vários grandes senhores que, para divertir-se, não desdenham [a ocasião] de algumas vezes falar sobre cozinha e cujo gosto apuradíssimo muito contribui para formar excelentes oficiais" (p. XVII).

Sem dúvida, foi por isso que a arte culinária progrediu no mesmo ritmo que as outras, junto com a civilização: "A cozinha, como todas as outras artes inventadas por necessidade ou por prazer, aprimorou-se com o gênio dos povos e tornou-se mais requintada à medida que eles se poliram [...]. Os progressos da cozinha [...] acompanharam nas nações civilizadas os progressos de todas as outras artes" (p. I). E se nossos dois prefaciadores se sentem obrigados a chamar o gosto alimentar de "gosto corporal", em oposição a um "gosto espiritual" relativo às artes plásticas, à música e à literatura, consideram todavia que se deve poder "elevar-se do gosto corporal a um princípio muito delicado que de algum modo tem em comum com o gosto puramente espiritual". Seu discurso — embaraçado, a bem dizer — sobre esse assunto segue-se a uma reflexão sobre o gosto que havia mais de um século estava nas melhores cabeças.

Os dicionários atestam o ardor dessa reflexão coletiva. No começo do século XVII, os de Nicot (1607) e de Cotgrave (1611) dedicavam ao gosto verbetes pequenos e não forneciam mais que um exemplo, tirado do campo da alimentação. Já a partir de 1679, Richelet, Furetière, a Academia e o *Dictionnaire de Trévoux* apresentam verbetes extensos, predominando em mais da metade deles o sentido figurado.

Durante muito tempo houve a consciência de que falar em "gosto" fora do campo alimentar constituía uma metáfora. Voltaire ainda tem consciência disso em 1764, quando publica seu *Dicionário filosófico*:

> O gosto, esse sentido, esse dom de distinguir nossos alimentos, produziu em todas as línguas conhecidas a metáfora que com o termo gosto expressa o sentimento das belezas e dos defeitos em todas as artes: é um discernimento pronto, como o da língua e do palato, e que como ele antecede a reflexão; como ele, é sensível e voluptuoso com relação ao bom; como ele, rejeita o mau com revolta.

Ao mesmo tempo, contudo, atribuía-se a esse "gosto" intelectual uma existência tão certa quanto a que se conferia ao gosto físico. Todos admitiam que seus julgamentos eram tão rápidos quanto os deste último, pois afinal foi para designar tal tipo de juízo intuitivo e imediato que se recorreu à metáfora.

Por morais e espirituais que fossem, essas reflexões atestam a importância do gosto alimentar na cultura dos séculos XVII e XVIII. De fato, como imaginar que essa metáfora pudesse ter sido criada e cultivada a tal ponto por uma sociedade indiferente ao requinte da culinária e à delicadeza das percepções alimentares?

Aliás, é possível que, em troca, o emprego metafórico tenha favorecido o surgimento da ideia de bom gosto no campo da alimentação. Pois essa ideia domina a reflexão sobre o gosto literário e artístico na segunda metade do século XVII. O padre Bouhours escreveu: "O bom gosto é um sentimento natural que se deve à alma: é uma espécie de instinto da razão correta". Em vários de seus textos, Voltaire desenvolveu um paralelo entre o bom gosto alimentar e o bom gosto literário e artístico: "Como o mau gosto, no [plano] físico, consiste em apreciar tão somente temperos demasiado picantes e rebuscados, assim o mau gosto nas artes consiste em comprazer-se apenas com os ornamentos estudados e não sentir a bela natureza" (*Dicionário filosófico*, ed. 1826, t. V, p. 398).

Restaria saber se a noção de bom gosto — ou a de mau gosto, que é seu contrário — surgiu primeiro no campo da alimentação ou no domínio artístico e literário. O certo é que no começo do século XVII ela não existia nem em um, nem em outro. Certo também é que, no último quartel do século, era utilizada por quem falava de cozinha e de gastronomia. Ora, se o padre Bouhours e Saint-Évremond falaram de bom gosto literário ou artístico mais ou menos na mesma época, Madeleine de Scudéry e o chevalier de Méré haviam falado antes.

Mas o gosto clássico, que para Voltaire constituía o bom gosto, surgiu primeiro nas letras e nas artes ou no setor da alimentação? A tendência natural seria pensar que os autores de livros de culinária seguiram na esteira dos grandes escritores e artistas que expressaram o gosto clássico. No entanto, encontramos esse gosto depurado, esse gosto do natural que Voltaire reclama, já em 1654, em *Les délices de la campagne*, de Nicolas de Bonnefons, numa época em que o classicismo estava longe de constituir-se nas artes e na literatura. Isso basta para adotar a hipótese materialista de um classicismo literário e artístico nascido das correntes que se manifestavam no campo da culinária?

Outra noção estreitamente ligada à do bom gosto: a de "homem de gosto". Ela só se desenvolveu bem mais tarde, porém não tão tarde que não possamos considerá-la neste contexto. Com efeito, se o *Dictionnaire de l'Académie* a registra apenas em sua edição de 1932, Voltaire já a utilizava em 1764 em seu *Dicionário filosófico* (p. 398): "O *gourmet* sente e reconhece prontamente a mistura de dois licores; *o homem de gosto*, o *connaisseur* verá num rápido relance a mistura de dois estilos; verá o defeito ao lado do ornamento". Mais ainda que a anterior, essa noção nos obriga a examinar a função do gosto no jogo social.

O FAUSTO E O GOSTO

Sabemos que no século XVII as antigas famílias aristocráticas sentiram-se ameaçadas pela ascensão dos *parvenus* e que essa ameaça era real. Sabemos das lutas que elas travaram no plano político para conservar um pouco de seu poder: seu programa de reação nobiliária, enunciado em meados do século XVII, concretizou-se em grande parte no XVIII. Todavia, essa rivalidade com os burgueses enriquecidos ocorria também no plano mais simbólico do fausto. *L'histoire comique de Francion* [A história cômica de Francion] fornece um exemplo disso no livro V, quando o herói constitui o grupo "dos bravos e generosos" para humilhar os filhos de comerciantes orgulhosos do luxo de suas vestes. Desde alguns séculos os reis editavam leis suntuárias para combater a insolência dos burgueses enriquecidos. De nada serviam. Não impediram esses burgueses de vestir-se como grandes fidalgos, comprar cargos e títulos de nobreza, terras, castelos, construir mansões luxuosas e realizar faustosos festins. Em tais circunstâncias, o bom gosto não seria a arma forjada pela aristocracia para conservar um pouco de sua preeminência simbólica?

Assim como a erudição dos pedantes era dominada pela nova cultura aristocrática que se elaborava nos salões, o fausto dos novos ricos se pautaria pelas novas maneiras e pelo novo gosto, cujos árbitros continuavam sendo os grandes senhores.

Na literatura do século XVII há constantes ataques aos burgueses: fosse para zombar de seu modo de ser específico e natural, como Furetière em *Le romant comique* [O romance cômico], ou de seus esforços para imitar a aristocracia, como Molière em *O burguês fidalgo* ou *As preciosas ridículas*, só se falava deles para rir a suas custas.

Essa é também a atitude dos livros de culinária aristocráticos.

L'art de bien traiter, em especial, atribui à burguesia ou a outras classes inferiores as práticas e os gostos que o autor procura desacreditar. Já na primeira página denuncia a "rusticidade" da antiga maneira de cozinhar e servir, que a seu ver se caracteriza não por grande simplicidade ou pobreza, e sim por acarretar tão somente "despesas inúteis e desmesuradas, profusões excessivas e desordenadas e, enfim, superfluidades incômodas, sem proveito e sem honra". Mais adiante destaca as "vilezas" e "indigências" do *Cuisinier français* e se aflige ao pensar que suas "repulsivas lições" tenham "engodado e iludido o populacho tolo e ignorante" — que depois ele chama de "a plebe" — bem como "pessoas bastante esclarecidas". No capítulo dos assados, ele zomba das "torpes máximas do pequeno-burguês" que polvilha o cordeiro no espeto com migalhas de pão e salsa picada (p. 54). No capítulo das sopas (pp. 86-7), indigna-se, de modo mais tradicional, com a avareza dos burgueses: "Pois servir uma sopa despida, sem guarnição nem ornato nenhum, para [fazer] uma pequenina economia, meu Deus, que vileza! Longe daqui com esses temperos burgueses! Gemas de ovo diluídas em agraço para embelezar uma sopa importante e outros ingredientes do mesmo naipe: existe algo mais mecânico e rasteiro que esse método?". Quando admite (p. 105) para um "cozido de pombos" o que denunciava com tanta veemência numa sopa, a referência à burguesia não é mais honrosa: "Se não tendes o acima [mencionado] [...] usai a ligação mais comum e burguesa, que fareis com gemas de ovo e agraço [...]".

Se, no século XVII, a grande culinária se renovou seguindo orientações que na Idade Média eram eivadas de vulgaridades, obviamente não desistiu de diferenciar-se das cozinhas populares e burguesas!

Partir o pão com as mãos e não com a faca denotava uma elegância aristocrática de afetada simplicidade. Assim também, tratando-se de escolher alimentos, preterir as especiarias do Oriente pelas ervas e por outros condimentos nativos, apreciar muito a manteiga — tradicionalmente camponesa —, abandonar a magnificência das grandes aves emplumadas e acima de tudo venerar a delicadeza do gosto. Era uma forma de opor-se aos *parvenus* no momento em que estes acreditavam equiparar-se com seu fausto aos fidalgos da velha cepa. Mais ou menos como havia feito Bussy d'Amboise em matéria de indumentária quando foi ao Louvre "trajado com simplicidade e modéstia, porém acompanhado de seis pajens vestidos de dourado e proclamando alto e bom som que havia chegado a hora em que os mais insignificantes seriam os mais bravos", ou seja, os mais ricamente adornados.[20]

Nem todas as modas culinárias foram tão paradoxais e provocativas, pois muitos dos produtos que passaram a ser altamente apreciados — como as trufas e todas as primícias — continuavam sendo raros e caros. Mas o essencial era a cozinha renovar-se constantemente, cabendo aos grandes senhores — e a seus cozinheiros — o poder de ditar as modas, nesse campo como nos outros.

No prefácio de seu *Cuisinier moderne* [Cozinheiro moderno], Vincent de La Chapelle — cozinheiro de lorde Chesterfield e depois do príncipe de Orange — atesta essa renovação sistemática:

> As artes têm regras gerais; os que querem praticá-las devem conformar-se a elas. Todavia, tais regras não bastam, e a perfeição exige que se trabalhe sem cessar para sobressair-se numa prática constante e sem embargo sujeita, como qualquer outra coisa, à vicissitude dos tempos; e para isso é absolutamente necessário obedecer às regras de hoje em dia. A mesa de um grande senhor, servida atualmente como há vinte anos, não satisfaria os convidados.

Mas a ideologia do progresso rapidamente veio mascarar a futilidade dessas modas e a brutalidade dessa mecânica do prestígio social. O autor da *London art of cookery* [Arte da culinária londrina], por exemplo, escreveu em 1785: "A culinária, como qualquer outra arte, tem evoluído rumo à perfeição através de lentos estágios; e embora os cozinheiros do século passado se vangloriassem de tê-la levado ao mais alto grau que poderia alcançar, constatamos que ainda se realizam aprimoramentos diários, como deve ocorrer com toda arte que depende da imaginação e do gosto [...]". E vimos que já em 1739 os prefaciadores dos *Dons de Comus* também explicavam as transformações da culinária em função dos progressos da civilização, tendo especial consciência do que a arte dos cozinheiros devia ao gosto dos grandes senhores que os empregavam.

Assim, a mecânica da distinção social e as rivalidades de classes no interior das elites parecem contribuir para a elaboração da noção de gosto e a ideologia do progresso das artes. No entanto, não poderiam explicar tudo.

Nem todo homem de gosto saiu das velhas famílias aristocráticas e nem todos os aristocratas de velha cepa primavam pelo bom gosto. Ademais, se os ricos eram detestáveis enquanto tais e se os burgueses eram personagens de comédia, a pequena nobreza rural tampouco recebia melhor tratamento: basta ver monsieur de Pourceaugnac* e vários outros personagens literários dos séculos XVII e XVIII.

Podemos ir mais longe: não é evidente que a noção de gosto tenha surgido de uma crítica ao fausto dos novos-ricos. Só em 1932 o *Dictionnaire de l'Académie* contrapõe "gosto" a "riqueza", como em 1835 o opusera a "luxo" e "magnificência". Nos dicionários dos séculos XVII e XVIII, não encontramos vestígios de tais antagonismos ou associações.

É bem verdade que o gosto pertencia a um pequeno número de indivíduos. Segundo La Bruyère, "existem poucos homens a cujo espírito se alia um gosto seguro"; e, depois de observar "que tocam apenas as almas sensíveis", a *Encyclopédie* conclui: "Esse tipo de belezas criadas para um pequeno número constitui o objeto do gosto propriamente dito".

Por outro lado, vários autores achavam que o bom gosto era inato. Para Saint-Évremond, "o gosto é um sentimento que não se pode aprender nem ensinar: precisa nascer conosco". Richelet também escreveu que "é uma parte de nós mesmos

* Provinciano protagonista da peça homônima de Molière, de 1669. (N. T.)

que nasceu conosco". E, em 1752, o *Dictionnaire de Trévoux* desenvolveu mais a ideia:

> O gosto não advém do saber: pode-se ter muitos conhecimentos, grande inteligência e péssimo gosto. O gosto é um sentimento natural que se deve à alma e que é independente de todas as ciências que se pode adquirir. É bem verdade que às vezes pode aperfeiçoar-se graças aos conhecimentos, mas estes por vezes também o deturpam [...]. De modo que se pode dizer que o gosto é o julgamento da natureza [...].

Entretanto, nessas reflexões sobre o gosto ninguém expressou a ideia de que pudesse ser hereditário e pertencer apenas a pessoas bem-nascidas. Nessa sociedade do Antigo Regime, em que os nobres se atribuíam a exclusividade da coragem e reivindicavam o monopólio das armas, tal silêncio parece significativo: outros que não eles podiam ter bom gosto.

Já no século XVII não só os salões literários estavam cheios de intelectuais de origem plebeia, como nem todos os aficionados e mecenas que encorajavam os mais célebres literatos e artistas, que os mantinham ou lhes encomendavam trabalhos, eram nobres da velha cepa, longe disso. Fouquet, que acumulara sua imensa fortuna malversando as finanças do reino, depois da Fronda descobriu a maioria dos escritores, pintores, arquitetos, paisagistas etc., que abrilhantaram o século de Luís XIV. Pouco depois, o banqueiro Lambert construiu na ilha Saint-Louis um palacete comparável ao do duque de Lauzun. E diversos anfitriões célebres pelo requinte de sua mesa eram burgueses enriquecidos ou nobres de data recente: Grimod de La Reynière, inventor da literatura gastronômica, e antes dele seu pai, o contratador geral, são os mais conhecidos; porém, no século XVII poderíamos citar o financista Béchameil, que deu nome ao molho bechamel, ou Jacques Amelot, a quem Pierre de Lune dedicou seu *Nouveau cuisinier* (1660) a fim de agradecer-lhe por havê-lo ensinado a "contentar um gosto difícil". Primeiro presidente da

Cour des Aides, Jacques Amelot, marquês de Mauregard, não era nobre de velha estirpe: sua família fora nobilitada em 1580. Será preciso acrescentar também que a marquesa de Pompadour, filha de um fornecedor do exército chamado Poisson, mostrou-se particularmente sábia na escolha dos escritores e artistas que protegeu e que muitas das grandes receitas da cozinha francesa devem o nome a seu castelo de Bellevue?

Mas deixemos um pouco de lado o século XVII e retomemos a *Histoire comique de Francion* (1623). O herói pertence à pequena nobreza bretã e detesta funcionários e negociantes. Ao tornar-se íntimo de um grande senhor que o protege, expressa com violência essa aversão: "Homens ligados à justiça, às finanças e ao tráfico diariamente passavam por minhas mãos, e não poderíeis imaginar quanto prazer me dava desferir bastonadas sobre o cetim negro; os que se diziam nobres e não o eram tampouco estavam isentos de experimentar os justos efeitos de meu furor". Ainda antes de conhecer esse grande senhor, Francion formara um grupo de jovens para impedir que os filhos dos burgueses enriquecidos detivessem grandes privilégios. Quem são os membros desse grupo? "Todos que queriam observar essas ordenações [...] foram recebidos [...] e não importava ser filho de mercador nem de financista, desde que condenasse o tráfico e as finanças. Não considerávamos a raça, víamos tão somente o mérito."

Portanto, são jovens de diferentes condições sociais que se dispuseram a servir ao ideal aristocrático de Francion. Os "bravos e generosos" não defendiam seus interesses de classe ou um ideal religioso, e sim um estilo de vida mundano livremente escolhido. Isso no começo do século XVII. Nas décadas seguintes, uma afinidade de maneiras e gostos também reunirá nos festins ou nos salões indivíduos muito diferentes pelo berço, pela fortuna e pela profissão. Gostos em matéria de língua, literatura, música, pintura, arquitetura, jardinagem, mobiliário, vestimenta, cozinha etc. Nestes campos diferentes, a função das artes não era apenas — nem talvez principalmente — tornar mais confortável ou prazerosa a vida das elites, e sim permitir-lhes manifestar seu bom gosto, novo critério de distinção social.

Tais critérios continuaram numerosos, como os próprios aspectos da vida social: um poder superior no âmbito político, militar ou econômico não implicava necessariamente uma situação mais destacada no quadro das relações mundanas. E, neste último, o berço, a riqueza, o brilho etc. constituíam critérios de distinção independentes entre si. Contudo, cabe observar que foi no âmbito da vida mundana que os critérios de distinção se multiplicaram ao longo dos séculos. A Idade Média privilegiou a cortesia, que subsistiu nos períodos subsequentes com os nomes de "civilidade", "urbanidade", "polidez"; a Renascença insistiu na eloquência, que nunca mais deixou de ser valorizada; e o século XVII inventou o bom gosto.

Essa noção, que participa do ser e do ter, é a primeira de todas que acabamos de mencionar que se refere ao indivíduo como consumidor. Sem dúvida, isso tem alguma relação com o fato de que os grandes senhores, que a partir do século XVII definitivamente perderam a maioria de seus antigos poderes políticos e militares, passam a ser sobretudo grandes consumidores; e também está ligado ao fato de que o campo do consumo e do luxo é aquele em que as diversas classes componentes das elites sociais nos séculos XVII e XVIII podem comunicar-se com maior facilidade.

O bom gosto é a primeira virtude social que, no âmbito da vida mundana, refere-se tanto à interioridade quanto à aparência dos indivíduos. A polidez ou a eloquência se relacionavam com o comportamento dos indivíduos diante de outrem. O gosto refere-se ao que os indivíduos são, ao que sentem em sua relação com as coisas. O século XVII preocupou-se muito com as aparências, porém é talvez menos frio e solene do que se imagina, pois foi nessa época que surgiu a preocupação com o que os indivíduos sentem e são em seu foro íntimo.

NOTAS

1. B. K. Wheaton, *L'office et la bouche. Histoire des moeurs de la table en France, 1300-1789*, Paris, Calmann-Lévy, 1984.

2. G. Vigarello, *Le propre et le sale. L'hygiène du corps depuis le Moyen Âge*, Paris, Ed. du Seuil, 1985.

3. N. Elias, *La civilisation des moeurs*, Paris, Calmann-Lévy, 1973, pp. 173-83.

4. A. Franklin, *La vie privée d'autrefois. Arts et métiers, modes, moeurs, usages des parisiens du XVII*[e] *au XVIII*[e] *siècle*, t. VI, *Les repas*, Paris, Plon, 1889, p. 181.

5. Ibid., p. 206.

6. Ibid., pp. 104-5, 107.

7. J. Dauphiné, "Bonsevin de la Riva: De quinquaginta curialitatibus ad mensam", *Manger et boire au Moyen Âge*, atas do colóquio de Nice, 15-17 de outubro de 1982, Publicações da Faculdade de Letras e Ciências Humanas de Nice, Paris, Les Belles Lettres, 1984, t. II, pp. 7-20.

8. A. Franklin, op. cit., p. 218.

9. Ibid., p. 231.

10. Ibid., pp. 232-3.

11. Ibid., p. 234.

12. Cf. F. Priscianese, *Il governo delle corte di un signore in Roma*, 1543, e Cesare Evitascandolo, *Il dialogo del maestro di casa*, Roma, 1598, citados por Lucinda Byatt num seminário no Instituto Universitário Europeu.

13. Felicity Heal, "The idea of hospitality in early modern England", *Past and Present*, 102, 1984, pp. 66-93.

14. P. Gillet, *Par mets et par vins. Voyages et gastronomie en Europe, XVI*[e]*-XVIII*[e] *siècle*, Paris, Payot, 1985, pp. 157-67; J.-L. Flandrin, "La diversité des goûts et des pratiques alimentaires en Europe du XVIe au XVIIe siècle", *Revue d'Histoire Moderne et Contemporaine*, t. XXX, janeiro-março de 1983, pp. 66-83; J.-L. Flandrin, M. e P. Hyman, *Le cuisinier françois*, Paris, Montalba, 1983, pp. 14-7.

15. O vulgo, é bem verdade, geralmente consumia bois e vacas velhos. Contudo, os monges de La Charité-sur-Loire consumiam boi jovem na Idade Média. Cf. F. Audouin, "Les ossements animaux dans les fouilles médiévales de La Charité-sur-Loire", *Comptes Rendus de l'Académie des Inscriptions et Belles-Lettres*, janeiro-março de 1984, p. 213.

16. Menon, *La cuisinière bourgeoise*, ed. de Bruxelas, 1777, p. 62.

17. F. Braudel, *Civilisation matérielle et capitalisme*, Paris, Armand Colin, 1966, p. 139.

18. B. Wheaton, *Savoring the past*, The University of Pennsylvania Press, 1983, p. 15.

19. Nas 37 receitas estudadas não foi encontrado nenhum dos ingredientes do manjar branco. Cf. J.-L. Flandrin, "Internationalisme, nationalisme et régionalisme dans la cuisine des XIVe et XVe siècles", *Manger et boire au Moyen Âge*, t. II, pp. 75-91.

20. *Journal de l'Estoile pour le règne d'Henri III*, 6 de janeiro de 1578.

A INDIVIDUALIZAÇÃO DA CRIANÇA

Jacques Gélis

UM CORPO "PRÓPRIO", UM CORPO "DOS OUTROS"

Durante séculos, e apesar dos esforços da Igreja para aboli-la, predominou na Europa ocidental o que podemos chamar de consciência "naturalista" da vida e da passagem do tempo. Numa sociedade que até o século XIX continuou sendo basicamente rural a terra-mãe estava na origem de toda forma de vida: era um viveiro inesgotável que assegurava a renovação das espécies e particularmente da espécie humana. Ano após ano a natureza representava a mesma peça; as estações se sucediam sem cessar e o mundo seguia esse movimento sem fim. Nesse universo em constante renovação nada era mais grave que a esterilidade do casal, pois interrompia o ciclo e rompia a solidariedade da linhagem. Cada membro da família dependia dos outros; sem estes não era nada. Os adultos em idade de procriar estabeleciam o elo entre passado e futuro, entre uma humanidade que se fora e uma que estava por vir. Romper a corrente era uma responsabilidade absurda. E porque trazia a criança no ventre, dava-a à luz, alimentava-a, a mulher estava investida de um papel fundamental: era a depositária da família e da espécie. Donde os ritos de fertilidade aos quais se submetia nos "santuários da natureza", junto a pedras da fecundidade, a fontes e árvores fecundantes, como se a semente da criança estivesse na natureza, em certos lugares privilegiados.

Cada indivíduo descrevia um arco de vida, mais ou menos longo, segundo a duração de sua existência; saía da terra através da concepção e a ela voltava através da morte. Sob a terra estava a morada dos mortos, a reserva das almas à espera de uma reencarnação, essas almas dos ancestrais que "renderam o espírito" e um dia renasceriam num de seus netos. Aliás, não perdurou por muito tempo o hábito de dar às crianças o nome dos avós como que para melhor assegurar a continuidade da família?[1] Por trás dessas crenças e desses comportamentos revela-se a estrutura circular de um ciclo vital original e transparece a ideia de um mundo pleno, de uma grande família de vivos e mortos, sempre igual em número, perdendo aqui o que recupera lá.

Essa consciência da vida e essa imagem da sucessão das gerações remetem a uma consciência do corpo muito diversa da nossa. Tal imagem do corpo era ambivalente. Cada ser tinha seu próprio corpo, e no entanto a dependência em relação à linhagem, a solidariedade de sangue eram tais que o indivíduo não podia sentir o corpo como plenamente autônomo: esse corpo era o seu, mas também era um pouco "os outros", os da grande família dos vivos e dos ancestrais mortos.

Entre o destino coletivo ao qual toda criatura estava intimamente ligada e o gozo individual dos prazeres da existência — a aspiração de "viver a própria vida", que consideramos legítima — havia uma contradição, cabendo a prioridade ao corpo cuja continuidade se devia garantir a qualquer preço: o corpo da linhagem. O indivíduo dispunha do próprio corpo somente na medida em que não contrariasse os interesses da família. Em certo sentido, transmitia a vida sem realmente poder vivê-la a sua maneira. Todo o seu dever vital se resumia em dar a vida.

Nesse imaginário da vida e do corpo, a criança era considerada um rebento do tronco comunitário, uma parte do grande corpo coletivo que, pelo engaste das gerações, transcendia o tempo. Assim, pertencia à linhagem tanto quanto aos pais. Neste sentido, era uma criança "pública". Contudo, o estreito laço que a unia à mãe até o desmame parecia contradizer tal interpretação. Na realidade, essa relação privilegiada atendia a uma exigência: a criança é incapaz de satisfazer suas necessidades elementares, pois nasce "incompleta". Depois de alimentá-la com seu sangue durante a gestação, a mãe a nutria com seu leite, tido como sangue embranquecido.[2] Desmamada aos vinte, 24 ou trinta meses, a criança progressivamente entrava nesse período da primeira infância em que a parte pública de sua educação tendia a ampliar-se, ainda que os ensinamentos dos pais preponderassem durante muito tempo. É que, depois do nascimento, "público" e "privado" se interpenetravam, a situação da criança dependendo tanto de um como de outro. Seu nascimento ocorria num local privado, no cômodo onde seus pais viviam, porém na presença de um grupo de parentas e vizinhas que transformavam o acontecimento em ato público. Seus primeiros passos eram dados simbolicamente no lugar onde repousavam os ancestrais, no cemitério, ou ainda na igreja, durante a missa, no momento da elevação. Era ainda um ritual público que assinalava o início de uma relativa autonomia da criança. Esses primeiros passos tranquilizavam os pais e provavam aos olhos de todos a continuidade da linhagem.[3]

Ao mesmo tempo sacramento que elimina o pecado original e rito de socialização da criança, o batismo constituía também a oportunidade de assegurar-se, mediante procedimentos mágicos, da qualidade dos sentidos do bebê. Após a cerimônia e já na ausência do padre, rolava-se o corpo da criança sobre o altar a fim de fortificá-lo e evitar mais tarde o raquitismo e a claudicação. Para que a criança não fosse gaga ou muda, o padrinho e a madrinha deviam beijar-se sob o sino ao sair da igreja. Às vezes, os jovens desempenhavam um papel importante no ritual. Em Massiac, Auvergne, no começo do século XIX, tão logo o bebê recebia o sacramento, os meninos que haviam acompanhado o cortejo faziam um barulho terrível, com matracas e martelos: era a garantia de que mais tarde o menino teria voz e bons ouvidos e a menina falaria e cantaria bem.[4]

A primeira infância era a época das aprendizagens. Aprendizagem do espaço da casa, da aldeia, das redondezas. Aprendizagem do brinquedo, da relação com as outras crianças: crianças da mesma idade ou maiores, que sabiam mais e ousavam mais. Aprendizagem das técnicas do corpo, aprendizagem das regras de participação na comunidade local, aprendizagem das coisas da vida. Pai e mãe tinham um papel importante nessa primeira educação. Se, a partir de sete, oito anos, os meninos iam com o pai aos campos, antes de serem "colocados" junto a um vizinho ou parente, as meninas em geral ficavam com a mãe, com a qual aprendiam seu futuro papel de mulher. As aprendizagens da infância e da adolescência deviam, pois, ao mesmo tempo fortalecer o corpo, aguçar os sentidos, habilitar o indivíduo a superar os reveses da sorte e principalmente a transmitir também a vida, a fim de assegurar a continuidade da família. Havia nisso uma forma de educação em comum, um conjunto de influências que faziam de cada ser um produto da coletividade e preparavam cada indivíduo para o papel que dele se esperava. Em tal contexto existia pouca intimidade, porém dia após dia reforçava-se cada vez mais o sentimento de pertencer a uma grande família, à qual se estava unido para o melhor e para o pior.

No começo da década de 1580, quando ainda era bebê, caiu gravemente enfermo um dos filhos de Scevole de Sainte-Marthe, inspetor das finanças e prefeito de Loudun. Os médicos mais competentes foram chamados à cabeceira do menino, "porém seus cuidados foram inúteis; perderam a esperança de curá-lo". Scevole era um desses homens que não se conformavam com a perda prematura de um filho doente. "Como era excelente pai e muito erudito", assumiu o desafio, despachou os medicastros e "determinou-se a curá-lo. Para tanto pesquisou com grande aplicação tudo que havia de mais curioso e mais douto no tocante à natureza e à compleição das crianças. Pela sagacidade e pelo brilho de sua inteligência, penetrou até mesmo nos mais ocultos segredos da natureza e da física e deles se serviu tão afortunadamente que arrancou o filho dos braços da morte". Sem dúvida o caso de Scevole é exemplar. Se o conhecemos é porque, convidado a "preservar para a posteridade suas curiosas pesquisas", o venturoso pai encerrou-as num poema latino, a *Paedotrophia*, no qual chamava a atenção para a maneira de alimentar as crianças.[5]

No final do século XIV, sinais de uma nova relação com a criança surgem nos meios abastados das cidades. Trata-se menos de novas demonstrações de afetividade que de uma vontade cada vez mais reafirmada de preservar a vida da criança. Dois séculos depois, o exemplo de Scevole de Sainte-Marthe é bastante eloquente sobre a atitude das novas elites sociais da Renascença. Essa vontade de salvar a criança só aumenta ao longo do século XVII, e madame de Sévigné bem a expressa quando sua neta cai enferma: "Não quero que ela morra!", exclama.

Arrancar uma criança da doença e da morte prematura, recusar a desgraça tentando curá-la: esse passa a ser o objetivo de pais angustiados. Evidentemente, antes os pais tampouco aceitavam a perda de um ente querido, porém a consciência da vida, do ciclo vital, era diferente, e não lhes restava outro recurso senão ter mais um filho. Porque a vida era dura e porque era preciso perpetuar a linhagem... A recusa à doença da criança constitui apenas um aspecto — essencial, sem dúvida — do novo imaginário da vida e do tempo. Prolongar a própria vida, abreviar os sofrimentos graças aos cuidados prodigalizados por esse especialista do corpo que é o médico tampouco constituem novidade; no entanto, a partir do século XVI a vontade de tratar-se e sarar manifesta-se tão fortemente que não deixa dúvida quanto ao novo olhar que o homem agora lança sobre si mesmo. No final do século XVII, a classe médica, mal preparada para sua função, revela-se inteiramente incapaz de atender à demanda de cuidados que surge por toda parte. Molière mostra isso. E outros, como John Locke, cuja *Da educação das crianças*, publicada em Londres em 1693 e traduzida para o francês em 1695 por Pierre Coste, tornou-se um dos clássicos da pedagogia europeia no século XVIII. Já no início o autor chama a atenção dos pais para as virtudes da prevenção como o meio mais eficaz de preservar a saúde dos filhos: "Falando aqui da saúde, meu objetivo não é dizer-vos como um médico deve tratar uma criança enferma ou valetudinária, mas apenas indicar o que os pais devem fazer, sem o recurso da medicina, para conservar e aumentar a saúde de seus filhos ou pelo menos para dar-lhes uma constituição que não esteja sujeita a doenças".[6]

Não é fácil conciliar as exigências da linhagem, a necessidade sempre premente de sua perpetuação e o crescente desejo do indivíduo de viver plenamente a própria vida e dela dispor com liberdade. Empenhado em manter a linhagem, estabelecendo o elo entre passado e futuro, até então ele praticamente não tivera de preocupar-se consigo mesmo. E agora se põe a pensar em seus próprios interesses, imediatos e por vir; aprende a contar; sabe que seu tempo é contado — o tempo de viver.

A fim de resolver da melhor maneira a contradição entre o desejo de viver e a vontade de perpetuar-se, os comportamentos familiares começam a modificar-se. O espírito calculista não se restringe ao campo do comércio, mas insinua-se na estratégia familiar sob uma forma até então desconhecida, leva a estabelecer novas regras. A discussão sobre o empréstimo a juros e a usura levara a acordos com o Céu e à criação de novas estruturas comerciais; as contradições entre os interesses da linhagem e os do indivíduo vão se pautar por acordos sucessivos, à medida que o espírito da linhagem se enfraquece e os poderes do indivíduo aumentam.

A essa nova forma de relação entre o indivíduo e o grupo corresponde uma nova imagem do corpo. No passado, os vínculos de dependência com relação à parentela eram vividos carnalmente; agora, eles se distendem: "meu corpo é meu", e procuro poupá-lo da doença e do sofrimento; mas sei que ele é perecível e, assim, continuo a perpetuá-lo através da semente de outro corpo, do corpo de meu filho. Esse arrancar simbólico do corpo individual ao grande corpo coletivo sem dúvida constitui a chave de muitos comportamentos nos séculos clássicos. Tal modelo certamente permite compreender melhor por que a criança passa a ocupar um lugar tão importante entre as preocupações dos pais: é uma criança que amam por ela mesma e que constitui sua alegria de cada dia.

Uma consciência mais linear, mais segmentária da existência progressivamente sucede a consciência de um ciclo de vida circular — primeiro nas classes abastadas, depois nas categorias sociais menos favorecidas; primeiro nas grandes cidades, depois nos burgos e, mais lentamente, no campo. Neste contexto, o indivíduo tem seu próprio peso, e a sombra do grupo familiar, da parentela, já não apaga a personalidade.

Essa mudança de atitude com relação à criança, que é fundamentalmente uma mutação cultural, ocorre ao longo de um período extenso. Impossível estabelecer aqui uma cronologia precisa. Na falta de certezas, algumas referências, pois a evolução não se realizou em toda parte no mesmo ritmo, mas, sob o efeito das forças políticas e sociais, sofreu bruscas paradas num lugar, repentinas acelerações em outro. Sem dúvida, quem deu o tom foi a cidade, local por excelência da inovação. Não é na cidade que a partir do século XV progressivamente emerge a "família moderna", reduzida ao casal e aos filhos? Na cidade da Renascença, a relação estreita com a terra-mãe tende a desaparecer, já não se percebe tão nitidamente a sucessão das estações. Atenua-se a referência aos ancestrais, ainda ontem essencial: na cidade há cada vez menos lugar e tempo que se possa consagrar-lhes; quanto aos problemas de esterilidade do casal, evidentemente não se resolvem com recursos "naturais" e mágicos. Nesse meio reconstruído pelo homem, nessa cidade da Renascença cada vez mais "pensada como corpo",[7] o recolhimento junto à família nuclear acarreta o arranjo de um espaço doméstico mais íntimo. As cidades italianas — Florença em particular —[8] deram início a uma evolução nesse sentido já no século XIV; seguiram-nas a Inglaterra, a Flandres e a França no século XV e sobretudo no XVI.

A evolução do sentimento da infância não se manifesta de maneira linear. Na França, por exemplo, o século XVII é um momento se não de reação, pelo menos de contenção. As convulsões políticas e religiosas do século XVI constituem os sintomas de uma profunda crise dos valores, atestada também pela "epidemia de feitiçaria" que atinge boa parte da Europa e por sua repressão. Na primeira parte do século já se evidencia um novo sentimento da infância, e o discurso literário e médico aborda temas tidos muitas vezes como do século XVIII. As faixas, por exemplo. Tão logo chega ao mundo a criança entra num universo de coibições das quais as faixas se tornam o símbolo, pois lhe tolhem totalmente a liberdade corporal; e isso, dizem médicos do século XVI como Simon de Vallambert, só pode ser funesto a seu desenvolvimento e a sua saúde.[9] Do mesmo modo, as deformações do crânio resultantes do uso de gorros e toucas durante toda a primeira infância:[10] a criança é uma cera tenra sobre a qual se pode atuar a fim de adequar sua fisionomia a um modelo estético ideal. E também o aleitamento confiado a uma ama estranha à família. A prática é em geral desaconselhada e até condenada pelos moralistas: é perigoso para uma criança ainda "inacabada" ser nutrida por um "leite mercenário"; e como se acredita que o "alimento transmite a natureza", sua própria identidade não corre o risco de ser afetada por uma "transfusão" que concerne tanto o corpo como o espírito? Neste sentido, a questão da nutrição deve ser recolocada no debate mais geral entre natureza e cultura, entre inato e adquirido.[11]

Entregar um filho a uma nutriz não constitui uma novidade do século XVI: em Florença, tal prática é conhecida desde o final do século XIV e difunde-se no decorrer do XV. Essa separação, que sempre se pretende temporária e, como sabemos, muitas vezes termina com a morte do bebê, é severamente condenada por um discurso médico e erudito moralizador, que tende a culpar os pais: os animais nutrem bem seus filhotes...[12] Se os pais desprezam as críticas, é porque outros valores, diferentes daqueles do mundo rural em que as crianças vivem com suas amas, impõem-se ao mundo urbano.[13] Graças à nutriz, a esposa de um homem abastado se vê livre de uma das tarefas mais pesadas que em geral lhe cabem; e mesmo que em função disso engravide com maior frequência, ainda dispõe de tempo livre para dedicar-se à conversação, à leitura ou ao passeio. Trata-se de um modo distinto de encarar a vida, ainda que a mulher pague caro por essa liberdade: afastamento dos entes queridos, dependência cada vez mais acentuada com relação ao marido. De fato, o que está em jogo na separação entre a fecundidade e a criação do filho é ao mesmo tempo a imagem e a posição da mulher no ciclo vital. A separação de duas funções complementares e até então estreitamente ligadas vai contribuir para confinar a mulher ao papel de simples reprodutora: espera-se dela que seja fértil, que leve a criança no ventre e lhe dê a vida. Pois, na cidade, o filho procede em primeiro lugar do pai e da linhagem paterna.

Enquanto alguns pais entregam o filho a uma nutriz, outros encontram na companhia dele "divertimento e alegria".[14] As duas atitudes não são contraditórias; atestam que agora é possível escolher. Por certo, a "natureza" continua a falar em favor do filho criado pela mãe; porém esta tem apenas deveres; doravante pretende ter também o direito de viver e recebe a aprovação do marido quando manifesta o desejo de manter um corpo íntegro e atraente. Todavia, nem sempre a escolha é evidente! Não é fácil conciliar o interesse do filho e o da mãe. E assim não nos surpreenderá que tais questões recebam respostas variadas.

AFETIVIDADE E EDUCAÇÃO

Evidentemente, as novas relações que os "novos pais" estabelecem com os filhos influenciam os comportamentos destes últimos. Os textos dos séculos XVI e XVII enaltecem a "nova criança". Ela é mais esperta, mais madura, registra-se com espanto. No começo do século XVII, Louise Bourgeois, parteira da rainha Maria de Médici, anota em suas *Instructions* à filha que "as crianças de hoje são muito sagazes".[15] É então que os moralistas se põem a denunciar a complacência dos pais com relação aos filhos. E o discurso deles atravessa o século. Em 1693, Locke observa:

> Foi com muita sabedoria que a natureza inspirou aos pais o amor pelos filhos; todavia, se a Razão não modera com extrema circunspecção essa afeição natural, ela facilmente degenera em excessiva indulgência. Nada mais justo que os pais e as mães amem seus filhos; seu dever a isso os obriga. Mas sobretudo, não contentes com amar suas pessoas, chegam a amar-lhes os defeitos.

E, "apaixonados demais pelos filhos", não percebem o mal que lhes fazem, "pois quando os filhos crescem e seus maus hábitos também crescem na mesma proporção, os pais, que não podem mais mimá-los ou brincar com eles, começam a dizer que são pequenos velhacos [...] intratáveis e cheios de malícia". "Entretanto, se uma criança foi habituada a ter plena liberdade de fazer tudo que queria quando estava nas fraldas, por que acharíamos estranho que pretenda gozar do mesmo privilégio e lance mão de tudo para mantê-lo quando passa a usar calças?"[16]

Não se condena a privatização da educação; o que se teme é que, assim compreendida, ela tenha consequências nefastas para a criança. Os mimos são a causa de muitas fraquezas. Algumas mães não se entregam a comportamentos execráveis? Como aquelas que, logo após o parto, e portanto estando impuras, não conseguem "abster-se desse zelo indiscreto de abraçar e beijar o filho. Reconhecemos que, com sua indiscrição", ressalta o médico Jacques Duval, "elas expressam um amor de macaco, que, segundo se diz, levado por um ardente desejo de amizade, tanto aperta os filhotes que acaba por sufocá-los".[17]

É para combater tais "efusões" que, ao longo do século XVII, toda uma corrente pretende impor regras de comportamento conformes ao decoro... E talvez devamos ver nessa atitude repressiva com relação a uma educação privada, que concede demasiado espaço à afetividade, uma das razões pelas quais a Igreja e o Estado retomaram o encargo do sistema educativo. Na verdade, essa transferência do privado ao público coincide com a vontade do poder político e religioso de controlar o conjunto da sociedade. E as novas estruturas educativas, em particular as dos colégios, logo recebem a adesão dos pais, convencidos de que seu filho está sempre à mercê de instintos primários que devem ser reprimidos e de que é preciso "sujeitar seus desejos ao comando da Razão". Assim, colocar na escola equivale a tirar da natureza.[18] Entretanto, não é essa a causa essencial de tal adesão. A nova educação deve seu êxito ao fato de moldar as mentes segundo as exigências de um individualismo que cresce sem cessar. Não existe contradição entre a "privatização" da criança no âmbito da família nuclear e a educação pública que lhe é dada. Uma consciência da vida que já não implica o respeito às antigas solidariedades e pretende valorizar o indivíduo obriga a recorrer a terceiros, preceptores e orientadores de estudos, cuja missão consiste em abrir a criança para conhecimentos que seus pais não poderiam lhe dar. Na verdade, os pais compreendem que o isolamento no espaço privado poderia frustrar a criança, pois eles próprios são incapazes de dar-lhe uma formação alternativa como a que receberam outrora da comunidade.[19]

Assim se efetua uma dupla passagem: da família-tronco à família nuclear; de uma educação pública comunitária e aberta, destinada a integrar a criança na coletividade para que incorpore os interesses e os sistemas de representação da linhagem, a uma educação pública de tipo escolar, destinada também a integrá-la, facilitando o desenvolvimento de suas aptidões.[20]

DOS MODELOS PÚBLICOS AO USO PRIVADO

A modificação da situação da criança não resulta apenas das transformações que as estruturas familiares sofreram nos séculos clássicos. Nesta mudança, a Igreja e o Estado indiscutivelmente tiveram seu papel. Assim, a afirmação do sentimento da infância, por volta de 1550, se fez acompanhar de toda uma série de disposições legais que respondiam a preocupações de ordem religiosa e pública ao mesmo tempo.[21] Pouco aplicada então, essa legislação atesta os primeiros balbucios de uma política de proteção à infância, primícias de uma intervenção mais ampla do Estado nas questões demográficas.

Foi contudo na difusão de modelos ideológicos que a Igreja e o Estado tiveram seu papel mais importante. Tais modelos de crianças fugiam ao comum: não obstante, contribuíram para a "privatização" da imagem da criança. Modelos inacessíveis, vieram fortalecer a emergência da criança como indivíduo na sociedade ocidental.

Utilizando o suporte textual e iconográfico que a tipografia oferecia, a Igreja difundiu dois modelos: o da criança mística e o da Criança-Cristo. Exaltando as virtudes daqueles cuja fé é bastante forte para fazê-los suportar os piores tormentos do corpo, que podem conduzi-los à morte prematura, a corrente mística contribuiu para valorizar o indivíduo. Engendrou o modelo de santidade infantil: a imagem do homem-santo excepcional é também a do menino-santo excepcional, como Pierre de Luxemburgo ou Catarina de Siena. Desde a mais tenra idade, tais crianças não ambicionaram senão dedicar-se a Deus, e esse amor a Deus levou-as ao desapego das coisas deste mundo, à negligência para com os deveres mais elementares exigidos por um corpo ainda frágil, para com os cuidados de higiene e alimentação. A exaltação da infância mística é um processo que em tudo se opõe à concepção "naturalista" do corpo solidário. Este último não tolerava a ruptura do ciclo vital; já o corpo místico implica o celibato, postula a ausência de uma progênie, ou melhor, aspira a uma posteridade de um nível superior, espiritual.

Ao longo do século XVII desenvolve-se na França toda uma corrente de devoção à infância de Cristo: o cardeal de Bérulle e depois o Carmelo e o Oratório contribuem para conferir amplitude popular ao movimento. Manuais de devoção ressaltam os traços humanos do "Deus menino", cuja inocência e cuja doçura tanto comovem os fiéis reunidos ao redor do presépio. Em *Le saint Enfant-Jésus* [O santo Menino Jesus, 1665], Pierre Thureau, um padre de Orléans, diz que na escola de Châteauvieux, um burgo "desolado" da diocese, pode-se ver "um grande Menino Jesus de talho-doce, envolto em suas faixas, estendendo as mãos a todos os que querem ser simples e pequenos como ele e principalmente às crianças".[22] Numa sociedade em que, durante três séculos, uma pastoral do medo sensibiliza para os perigos da carne, do corpo-sede do pecado, a imagem dessas crianças exemplares vem reforçar novas formas de devoção interior.[23]

Na mesma época, todos esses "emblemas de amor divino" não impedem a difusão de um modelo laico de criança excepcional, em oposição à criança mística e à Criança-Cristo, pois é neste mundo que ele se realiza: a criança prodígio. No século XVII, livros e retratos mostram algumas dessas figuras. Assim, em 1613 publica-se *La civilité morale des enfans composée en latin par Érasme, traduicte en françois par Claude Hardy, parisien, âgé de neuf ans* [A civilidade moral das crianças, elaborada em latim por Erasmo, traduzida para o francês por Claude Hardy, parisiense, com a idade de nove anos]. Já o "infante de Beauchasteau", nascido por volta de 1630, aos sete anos fala várias línguas e aos doze publica uma coletânea poética.[24] Mas é bem verdade que com Mozart o século XVIII suporta muito bem a comparação...

A criança da realeza nada tem de provar: já de início é uma criança pública. Ainda mais se é o delfim. Nasce em público e na primeira infância não tem realmente vida privada; vive sob constante vigilância, o menor de seus gestos é observado e até registrado, como demonstra o texto deixado por Héroard, o médico do pequeno Luís XIII. O menino vive sob os olhares da corte. No entanto, futuro pai de seus súditos, não tem contato com eles. Mais que a gravura, é a moeda que o torna conhecido, pelo menos a uma parte dos súditos. Na segunda metade do século XVII, e mais ainda no XVIII, os nascimentos de príncipes ocupam um lugar essencial na moedagem, transformada em privilégio real. Nessa época favorável às teorias populacionistas, eis um meio seguro de imprimir nas consciências a imagem de um casal real rodeado pelos filhos e de convidar cada casal a seguir o augusto exemplo.

INTERESSE E INDIFERENÇA COM RELAÇÃO À INFÂNCIA

Para fazer suas aprendizagens essenciais, a criança sempre dependeu ao mesmo tempo do "público", do exterior, e do "privado", dos pais. Muitas vezes, tais influências eram complementares: o que mudou ao longo dos séculos clássicos foi a parte respectiva de um e de outro.

O estudo da situação da criança remete, pois, constantemente a vários níveis de representações e de práticas. No entanto, o sentido da evolução é aparentemente claro: cada vez mais se atribui à criança a posição que hoje ocupa no seio da família. Mas que criança é essa? Qual é essa família?

É difícil acreditar que a um período de indiferença com relação à criança se teria sucedido outro durante o qual, com a ajuda do "progresso" e da "civilização", teria prevalecido o interesse... O interesse ou a indiferença com relação à criança não são realmente a característica desse ou daquele período da história. As duas atitudes coexistem no seio de uma mesma sociedade, uma prevalecendo sobre a outra em determinado momento por motivos culturais e sociais que nem sempre é fácil distinguir.[25] A indiferença medieval pela criança é uma fábula; e no século XVI, como vimos, os pais se preocupam com a saúde e a cura de seu filho.

Assim, devemos interpretar a afirmação do "sentimento da infância" no século XVIII — quer dizer, *nosso* sentimento da infância — como o sintoma de uma profunda convulsão das crenças e das estruturas de pensamento, como o indício de uma mutação sem precedente da atitude ocidental com relação à vida e ao corpo. A um imaginário da vida que era aquele da linhagem e da comunidade seguiu-se o da família nuclear. A uma situação em que "público" e "privado" desempenhavam seu papel na formação da criança sucedeu outra, que amplia os direitos da mãe e sobretudo os do pai sobre o filho. Contudo, num clima de crescente individualismo, disposto a favorecer o desenvolvimento da criança e encorajado pela Igreja e pelo Estado, o casal delegou uma parte de seus poderes e de suas responsabilidades ao educador. Ao modelo rural sucedeu-se um modelo urbano, o desejo de ter filhos não para assegurar a continuidade do ciclo, mas simplesmente para amá-los e ser amado por eles.

NOTAS

1. Era para garantir a continuidade do prenome, um bem simbólico ao qual a família atribuía grande valor, que na Inglaterra às vezes se dava aos três primeiros filhos varões do casal o mesmo prenome: se o mais velho morresse, seu homônimo de algum modo o substituiria, cf. Lawrence Stone, *The family, sex and marriage in England, 1500-1800*, Londres, 1973, p. 409.

2. A teoria é antiga, sem dúvida remonta a Hipócrates. Cf. Marie-France Morel, "Théories et pratiques de l'allaitement en France au XVIIIe siècle", *Annales de démographie historique*, 1976, p. 395.

3. Os folcloristas apresentam depoimentos do final do século XIX sobre esse

ritual dos primeiros passos; cf. J. Gélis, *L'arbre et le fruit*, Paris, Fayard, 1984, pp. 472-3.

4. A. Van Gennep, *Le folklore de l'Auvergne et du Velay*, Paris, 1942, p. 22.

5. Scevole de Sainte-Marthe, *Paedotrophia ou la manière de nourrir les enfans à la mamelle*, tradução do latim, Paris, 1698.

6. J. Locke, *De l'éducation des enfants*, Paris, 1695, p. 2.

7. Françoise Choay, "La ville et le domaine bâti comme corps dans les textes des architectes-théoriciens de la première Renaissance italienne", *Nouvelle Revue de Psychanalyse*, "Le dehors et le dedans", nº 9, primavera de 1974, pp. 239-51.

8. Christiane Klapisch-Zuber, "Parents de sang, parents de lait: la mise en nourrice à Florence, 1300-1530", *Annales de démographie historique*, 1983, pp. 33-64.

9. Simon de Vallambert, *De la manière de nourrir et gouverner les enfans*, Paris, 1565, cap. X. E Scevole de Sainte-Marthe, op. cit.

10. J. Gélis, op. cit., pp. 434-57.

11. Cf. Scevole de Sainte-Marthe, cujos critérios para escolher uma boa nutriz anunciam os do século XVIII: nem jovem nem velha, nem gorda nem magra, alegre, tez corada, peito largo, seios redondos e bem proeminentes. Essa mulher não deve ter sofrido nenhum aborto.

12. Christiane Klapisch-Zuber, art. cit., p. 60.

13. Não sabemos como as nutrizes rurais viam os pais que assim se livravam de suas responsabilidades no tocante à alimentação. Sua visão de mundo, a maneira como concebiam a sucessão das gerações sem dúvida deviam levá-las a considerar esses pais urbanos seres desnaturados, indiferentes à sorte de sua progênie. Assim, por que haveriam de se preocupar com o destino dos bebês renegados pelos próprios pais?

14. Sobre isso, ver as páginas esclarecedoras de Philippe Ariès, "Les deux sentiments de l'enfance", *L'enfant et la vie familiale sous l'Ancien Régime*, Paris, Ed. du Seuil, reed. 1973, pp. 134-42.

15. Louise Bourgeois, *Instructions à ma fille*, Paris, 1626, pp. 218-9.

16. J. Locke, op. cit., pp. 49-51.

17. Jacques Duval, *Des hermaphrodits, accouchemens des femmes* [...], Rouen, 1612, pp. 260-2.

18. Sobre esse debate, cf. conversação de J.-B. Pontalis com Philippe Ariès, *Nouvelle Revue de Psychanalyse*, "L'enfant", nº 19, primavera de 1979, pp. 13-25. Cf. também o excelente estudo das doutrinas educacionais dos séculos XVI e XVII de Jean Molino, "L'éducation vue à travers l'examen des esprits du dr. Huarte", *Marseille*, "Le XVIIe siècle et l'éducation", primavera de 1971, pp. 105-15.

19. Sobre determinadas formas dessa tomada de consciência na Renascença, cf. Eugenio Garin, *L'éducation de l'homme moderne, 1400-1600*, Paris, Fayard, 1968.

20. Philippe Ariès estabelece uma relação entre a maior atenção dirigida à criança e a escolarização (cf. "L'enfant à travers les siècles", *L'Histoire*, nº 19,

janeiro de 1980). Já Lawrence Stone acha que a escola nasceu do desmantelamento da antiga família, passando algumas funções desta última para as instituições públicas.

21. Exemplos citados em François Lebrun, *La vie conjugale sous l'Ancien Régime*, Paris, A. Colin, 1975, pp. 153-4.

22. Ibid., pp. 66-7.

23. Cf. Jean Delumeau, *Le péché et la peur*, Paris, Fayard, 1983.

24. François-Mathieu Chastelet, dito de Beauchasteau, *La lyre du jeune Apollon ou la Muse naissante du petit de Beauchasteau*, Paris, 1657.

25. Daniel Teysseyre, *Pédiatrie des Lumières*, Paris, Vrin, 1982, pp. 7-8.

A ESCRITURA DO FORO PRIVADO

Madeleine Foisil

Não é fácil penetrar na vida privada nem na vida íntima situada no interior da vida cotidiana, ou porque se confundem com a vida pública, ou porque, ao contrário, escondem-se atrás do próprio pudor em revelá-las. Pesquisá-las em memórias, diários e *livres de raison* visa não a construir, a partir de incidentes e fatos curiosos, uma vida privada contida no relato — muitas vezes brilhante — de numerosas vidas cotidianas, e sim a entender como as mentalidades a perceberam: portanto, menos a vida privada que a atitude ante a vida privada, e não só a narrativa, mas também os silêncios; não só o discurso, mas igualmente sua aridez ou até sua ausência. Os resultados que aqui apresentamos são puramente a título de ensaio; não são nem homogêneos, nem exaustivos; baseiam-se apenas numa amostragem de textos; mais colocam perguntas que fornecem respostas autênticas. Nossa intenção é mostrar com eles a riqueza da problemática proposta por Philippe Ariès.

DEFINIÇÃO DE UM GÊNERO

Em suas formas muito diferenciadas, memórias, diários, *livres de raison* constituíram as expressões essenciais da escritura privada no final do século XVII e durante o XVIII. Convém retomar a definição que lhes davam os contemporâneos, pois o que uns e outros transmitem e contêm não é da mesma natureza.

Para defini-los podemos recorrer ao insubstituível *Dictionnaire* (1690) de Furetière:[1] "Memórias, no plural, diz-se dos livros dos historiadores escritos por aqueles que participaram dos fatos ou foram suas testemunhas oculares ou que contêm sua vida e suas principais ações. Corresponde ao que os latinos chamam de 'comentários'". E seguem-se exemplos: Sully, Villeroy, o cardeal Richelieu, os marechais Thémines e Bassompierre, Brantôme, Montrésor, La Rochefoucauld, Pontis.

"*Livre de raison* é um livro no qual um bom chefe de família ou um comerciante anota tudo que recebe e gasta a fim de manter um controle de todos os seus negócios."

Assim, as próprias palavras se opõem. Autores de memórias, os historiadores ou as testemunhas oculares de acontecimentos políticos; autores de *livres de raison*, os bons chefes de família ou comerciantes; objeto das memórias, as principais ações; objeto dos *livres de raison*, o que se recebe e o que se gasta.

MEMÓRIAS HISTÓRICAS

Segundo acepção corrente no século XVII, memórias são o produto da escritura individual de personalidades públicas sobre a repercussão de seus atos, o brilho da própria glória, ou sobre homens ou fatos dos quais foram testemunhas privilegiadas; destinam-se a ser lidas. Sem Luís XIV não haveria as *Mémoires* de Saint-Simon ou o *Journal* [Diário] de Dangeau; sem Henrique IV, Luís XIII e os grandes feitos da vida militar não haveria as *Mémoires* de Bassompierre; sem a rainha Ana da Áustria não haveria as *Mémoires* de madame de Motteville; sem sua fama nos campos de batalha não haveria as *Mémoires* de Villars.

Sobre essas memórias, vejamos o que dizem três de seus melhores estudiosos. Marc Fumaroli observa que as memórias do final do século XVI e as do XVII, obras de testemunhas de eventos do reino e de homens de ação, assemelham-se deliberadamente à narrativa histórica.[2] Seus autores, "que dedicaram muito tempo a construir, a representar uma 'personagem' pública", no pouco tempo que lhes resta empenham-se em conferir-lhe uma forma definitiva. Há vida pública nesses textos, mas nenhuma ou pouca vida privada.

Baseando-se especialmente no caso de Bassompierre, Margaret Mac Gowan definiu o conteúdo das grandes memórias ou memórias históricas. O memorialista escreve como observador ou espectador da própria vida ou da vida de alguém de quem foi amigo, servidor, companheiro.[3] Não escreve como testemunha, confidente ou confessor, como analista de si mesmo, mas relata o que todos podem ver. Nesses textos manifesta-se o eu atuante, o eu que não dispõe de tempo para refletir. "É um ser surpreendido nos momentos mais intensos e mais notáveis da ação", diz Margaret Mac Gowan a propósito de Bassompierre; e acrescenta: "Ele se apresenta a seus simpatizantes em tecnicolor, ocupado nos afazeres da guerra".

Não há nesses autores do século XVII uma consciência do eu privado tal como o entendemos hoje em dia. São mais autores de retratos quase oficiais que autobiográficos. "Estamos habituados a memórias mais íntimas, a confissões intensas e indiscretas [...], a autobiografias e autorretratos em *déshabillé*", escreve Yves Coirault em seu prefácio à edição das *Mémoires* de Saint-Simon. E com relação a um eventual estudo do homem privado, do homem íntimo, distingue entre egocentrismo e egotismo:

> A extrema complacência de Saint-Simon para com o duque de Saint-Simon, seu egocentrismo excessivo não comunicam a suas *Mémoires* esse sabor de egotismo que [...] nos parece tão deleitável nas memórias de nossos contemporâneos [...]. O leitor pode lamentar que Saint-Simon nunca se mostre de roupão [...], que as cenas de intimidade interior quase sempre sejam da intimidade dos outros.[4]

Análises que seriam confirmadas e matizadas por um estudo sistemático sobre a série de memórias levantadas por Louis André[5] e mais recentemente por Cioranescu.[6] Já a análise dos títulos é sugestiva. Títulos curtos, naturalmente, reduzidos ao termo "memórias", porém seguidos de uma preposição que delimita o objeto do texto; e sobretudo títulos longos, o mais das vezes de natureza política, diplomática ou militar, que justificam sua elaboração e as transformam em memórias de vida pública. *Memórias de, dos, para; Memórias contendo; referentes a;*

para servir a; do que ocorreu; para expor, nas quais se vê: assim se constroem numerosos títulos. Títulos de vinte, trinta palavras, que inserem a obra na história do reino e lhe conferem sua razão de ser e sua justificativa. Nunca há tal profusão para as memórias da vida privada. Isso significa que algumas memórias históricas não se incluem na categoria das memórias de vida privada, se não em seu conjunto, pelo menos em determinadas páginas? Toda sistematização desse tipo de documento tão profundamente marcado pela individualidade de seu autor é arriscada.

Henri de Campion entrega-se à confidência ao discorrer sobre a pequena Louise-Anne, sua filha[7] — *livre de raison, livre de retraite*, escreve Bernard Beugnot sobre esse texto de fim de vida; o abade de Marolles narra sua infância;[8] Fontenay Mareuil[9] dedica aos filhos o relato de sua vida pública, inserindo-o assim no âmbito do privado.

Memórias históricas, autobiografia: não se pode confundir os dois gêneros. A autobiografia, que surge muito mais tarde, obedece a uma definição estrita que a distingue das memórias e até a contrapõe a estas: no ensaio que dedicou ao tema, Philippe Lejeune[10] define a autobiografia como "o relato retrospectivo em prosa que alguém faz da própria existência quando coloca a ênfase principal em sua vida individual, sobretudo na história de sua personalidade". Relato da própria existência, ênfase na vida individual, história da personalidade do autor: são aspectos essenciais em oposição às memórias históricas, que privilegiam o faro histórico e a ele subordinam a pessoa.

DIÁRIOS E *LIVRES DE RAISON*

Ao mesmo tempo que as memórias históricas proliferam nos séculos XVII e XVIII, há também os diários e os *livres de raison*. Inumeráveis, depreciados, dispersos até recentemente, situam-se num nível e numa perspectiva diferente e bastante modesta. Em seu aspecto primeiro e mais elementar são, em geral, um livro de contas; e mesmo quando são mais desenvolvidos, mais elaborados e mais ricos de informações, ainda assim articulam-se e elaboram-se em torno da contabilidade. Escritos no dia a dia, na imediata transcrição cotidiana, baseiam-se num esquema simples: o da vida de cada dia em seu ritmo, seus mais prosaicos aspectos materiais, suas atividades mais comuns, registradas numa escritura elementar, em fórmulas que se repetem.

O diário, o *livre de raison* (dissemos isso sobre o *Journal* de Gouberville,[11] e a fórmula se aplica ao conjunto de textos da mesma natureza) dividem o tempo e a ação numa sequência de instantes imediatos cuja unidade máxima é o dia que passou. Esse tratamento do tempo fragmenta toda ação, tira-lhe a unidade numa justaposição de notas que não são ligadas por nenhuma forma literária. Essa forma elementar de escritura exclui a narração, a descrição, as outras qualidades do estilo. Assim, a literatura não reconhece diários nem *livres de raison*: "Em nenhum momento aqueles que praticaram a escritura cotidiana no século XVII se defrontaram com o problema da criação literária", escreveu Élisabeth Bourcier,

> e seus autores nunca foram solicitados a apresentar à curiosidade de um público mais amplo a leitura de suas notas ingratas e monótonas. Ao passo que as memórias históricas e, mais tarde, as confissões e os diários autobiográficos escritos para publicação foram editados, em alguns casos de imediato, em outros mais tardiamente, porém de qualquer modo não permaneceram no anonimato; diários e *livres de raison* foram relegados à maior indiferença até o dia em que se transformaram em fonte de informação para o historiador e até para o etnólogo.

Qual é a contribuição do *livre de raison*? Em geral uma riqueza de detalhes, maiores ou menores, que reconstitui um modo de vida: assim, o fogo crepita na cozinha, e Gilles de Gouberville está sentado a seu lado; o quarto não é um local de intimidade, mas de sociabilidade, desde o amanhecer, ainda antes de o sire levantar-se; o livro não está na biblioteca, e sim na mão do sire, que lê em voz alta numa noite de fevereiro. Vida de dentro, mas também vida de fora; gestos do interior, mas também gestos do exterior que pertencem igualmente à vida privada. Livro do espaço privado, mas também livro do tempo privado, registrado em horas e quartos de hora, e também em função do calendário litúrgico — santo do dia, grandes festas do ano — e da duração do movimento solar. Livro da vivência sensorial, da audição, do tato, ainda que figurem em notas fragmentadas e raras. Enfim, livro da experiência vivida, da saúde e da doença, escrito não no discurso cheio de considerações do erudito, mas na linguagem direta.

Riqueza, mas também pobreza do *livre de raison*. A densidade, o volume, a extensão dos exemplares mais excepcionais não devem nos iludir: são numerosos os que se reduzem a folhetos que logo deixamos de lado; outros se assemelham mais à crônica local, com registro de batismos, casamentos, óbitos e pequenos fatos da vida da comunidade, mantendo em total segredo o âmbito privado. Denso ou breve, o documento é seco até na estrutura: seco na forma, seco na expressão sensível, não contém narração nem confidências. São características notáveis dos diários franceses que se tornam ainda mais evidentes, como veremos, quando comparados com os diários ingleses da mesma época.

É delicada a abordagem dessa literatura que, para ser bem lida, para ser corretamente reconstituída, exige muita cautela e, como se quiséssemos revelar um ser a si mesmo, requer uma solicitude vigilante, uma análise de cada um dos textos. Como disse Christian Jouhaud sobre uma série muito diferente desta,[12] cada *livre de raison* é uma obra autônoma, embora pertença ao conjunto de um gênero. Assim, não nos propomos aqui a apresentar um estudo global (ainda está por fazer-se um imenso trabalho de simples levantamento), mas estudar o problema da vida privada através de algumas testemunhas mais representativas: Gilles de Gouberville e o fidalgo Paul de Vendée, que a ele se assemelhava pelo estilo de vida e pela maneira como elaborou seu *livre de raison.* Charles Demaillasson, o notável cidadão de Montmorillon, no Poitou; Pierre Bourut, sieur des Pascauds, advogado do Parlamento, notável de Angoumois; dois nobres provincianos e citadinos de Nîmes e Avignon, Trophime de Mandon e François de Merles. Raro exemplo de livro feminino, o registro de contas de Marguerite Mercier foi preservado do esquecimento. Por fim, a vida privada de um notável de Reims, contemporâneo e parente de Colbert, é revelada pelo livro de Jean Maillefer, comerciante da mesma cidade, cujo texto, conhecido e comentado, nunca foi analisado nesta perspectiva.[13] Na mesma época, multiplicaram-se os diários privados ingleses, brilhantemente estudados por Élisabeth Bourcier.

Os autores de memórias que mais se aproximam da vida privada fornecem, assim, um depoimento insubstituível. É o caso de Jean Migault, pequeno mestre-escola de Mauzé, que, atingido profundamente pelas *dragonnades** do Poitou, escreveu no exílio a memória dolorosa das provações da família e copiou-a para cada um de seus filhos. É o caso de Dumont de Bostaquet,[14] que também sofreu um longo exílio, cuja memória se ilumina ao reviver o passado. É o caso de Henri de Campion, o fidalgo lutador, que, após a morte de sua filha Louise-Anne, abandona a carreira e escreve suas "memórias do retiro", como diria Bernard Beugnot. É o caso também de madame de La Guette, autora rara nesse século em que a escritura é essencialmente masculina.

Mas o escrito privado também pode referir-se a outrem, em diversos níveis, e abordar sua vida privada, sua intimidade, em graus excepcionais: é o que ocorre com o diário do médico, preocupado com higiene e saúde, e com o diário do doméstico, dedicado ao serviço do patrão.

Até o presente são muito raros os exemplos conhecidos do primeiro desses documentos relativos ao período moderno, mas

* Nome dado às perseguições aos protestantes em determinadas regiões da França; organizadas pelo marquês de Louvois, ocorreram entre 1681 e 1685, durante o reinado de Luís XIV. (N. T.)

ainda não se realizou uma pesquisa sistemática. Os que chegaram até nós situam-se no mais alto nível: o *Journal de santé* [Diário de saúde] de Luís XIII, elaborado por seu médico, Jean Héroard, durante 27 anos de sua vida,[15] e o *Journal de santé* de Luís XIV, que, escrito por seus primeiros médicos, Vallot, Daquin e Fagon,[16] construído de maneira mais descontínua, constitui mais um balanço do que uma análise cotidiana do comportamento privado do príncipe enfermo e nos fornece textos que não têm equivalente nas memórias da época. Os diários de familiares e domésticos são ainda mais raros; citaremos apenas dois exemplos: o *Journal* de Dubois, camarista de Luís XIII e de Luís XIV,[17] copiado pelos Antoine, também camaristas; e o de madame de Motteville, dama de honra e confidente de Ana da Áustria.[18]

O *JOURNAL* DE HÉROARD

No entanto cabe insistir e definir antes o mais excepcional, o mais fascinante e também o menos conhecido deles todos: o *Jour*nal de Jean Héroard.[19] Inclui-se na categoria dos *livres de raison*, pois como estes é escrito dia a dia numa sequência de anotações repetitivas e monótonas que giram em torno da saúde, tal qual o *livre de raison* em torno da conta. Por paradoxal que possa parecer, o diário do pequeno gentil-homem Gouberville e o de Jean Héroard, médico do rei, obedecem à mesma estrutura e podem ser abordados com o mesmo método.

Nomeado primeiro médico de Luís XIII, Héroard não largou da pena desde que o príncipe nasceu até quando completou 27 anos de idade. Registrou a sucessão monótona dos dias na banalidade de uma informação tediosa porém insubstituível em sua unicidade: sobre a higiene do jovem delfim, tanto na saúde como na doença, sobre os exercícios prescritos para fortalecê-lo, sobre as refeições que lhe são servidas quatro vezes ao dia — almoço, jantar, merenda, ceia —, mas também sobre os atos e a linguagem do pequeno príncipe em transcrição imediata. Tudo isso se articula em torno do horário cotidiano: horas, meias horas, quartos de hora. Com um mínimo de quatro anotações por dia, o conjunto do diário totaliza cerca de 100 mil anotações, cobrindo quase 10 mil dias. A vida pública está praticamente ausente desse texto: às vezes há algumas alusões, porém nunca um relato contínuo como os que encontramos nas memórias contemporâneas. Tudo que o diário contém refere-se essencialmente à vida privada do príncipe.

No rigor pontual e científico do diário de saúde, elaborado com a profissionalidade de médico, Héroard contempla o menino com olhos de pai e com essa ternura que vibra em cada página dá calor ao texto, dá vida ao pequeno príncipe, registra e fotografa seu gestual: o menino corre, brinca, dança, fala.

A grande contribuição do *Journal* de Jean Héroard refere-se aos dez primeiros anos da vida de Luís XIII, transcorridos sob o olhar atento do médico. Já pela manhã Héroard está à cabeceira do príncipe para assistir a seu despertar; está a seu lado durante as refeições, como exige a função de primeiro médico; observa-o enquanto brinca; tem-no junto a si quando redige o diário, no qual a presença do menino se manifesta por meio de rabiscos e desenhos que permaneceram intatos. Também é seu companheiro de passeio no parque, participando eventualmente de suas brincadeiras e acompanhando-o nas caçadas.

Repetitivo e quantitativo, riquíssimo com relação à vida privada, esse texto ultrapassa em muito o diário médico. Detalha o ritmo e o transcorrer cotidiano da vida do delfim, os espaços interiores do velho castelo de Saint-Germain, os espaços exteriores do parque circundante e o castelo novo do qual é o ator essencial e que em função de sua presença o *Journal* nos permite reconstituir. O *entourage* que Héroard põe em cena diariamente não é o mesmo dessas listas despojadas de vida que encontramos nos manuscritos e nos documentos da casa real, e sim o que vive na conversação, no jogo, na disputa, no conflito. O mesmo faz com o círculo familiar: o rei e a rainha; podemos calcular com precisão o tempo que passaram com o filho (de 1602 a 1606 o rei esteve com o príncipe um total de 366 dias e a rainha, 346 dias, cerca de um ano) e analisar com detalhes seu comportamento parental; há ainda o pequeno grupo dos infantes da França e dos bastardos que figuram no plano de fundo e nas entrelinhas do *Journal*, cujo protagonista é acima de tudo o delfim. E também com o círculo responsável pelo infante, o mais assíduo e íntimo: seus primeiros educadores — a governanta, o médico, a nutriz. E o círculo doméstico dos camaristas e camareiras, e o círculo militar dos oficiais e simples soldados; e ainda o círculo dos aldeões, operários e artesãos — umas cinquenta pessoas, verdadeiro caleidoscópio social e pequeno reino com o qual o menino faz a aprendizagem da sociabilidade em meio ao respeito devido ao futuro rei e ao mesmo tempo na familiaridade de uma criança como qualquer outra.

O *Journal* nos fala, enfim, da educação cotidiana do príncipe real: aprender a viver, aprender a dominar as próprias paixões. Se conhecemos o método de madame de Montglat — pulso firme, austeridade, ameaça do chicote mais frequente que a chicotada em si —, o *Journal* nos revela, sem nunca o dizer claramente, o método da educação através do carinho, que é o de Héroard.

Como vemos, o *Journal* desse médico é, por definição, uma fonte sobre a vida privada. As poucas páginas de que dispomos no presente livro são insuficientes para explorá-lo em sua inesgotável dimensão. Limitar-me-ei ao aspecto que é o de sua natureza específica e sua razão de ser fundamental: a vida íntima do corpo do príncipe.

O ESPAÇO PRIVADO

No final da Idade Média vive-se num mundo que não é nem privado, nem público, observa Philippe Ariès ao perguntar se é possível uma história da vida privada. A comunidade rural dos *livres de raison* também vive assim: não conhece distinções nítidas entre o espaço privado e o público, não vê fronteira entre um e outro. É o que revela com particular riqueza nossa melhor testemunha, Gilles de Gouberville.

Cabe dizer que, embora forneça registros inéditos e preciosos, o *livre de raison* não constitui o grande documento de tal pesquisa, que tem suas fontes próprias e infinitamente ricas. Não há comparação entre o registro breve e isolado de um diário íntimo e o que a imagem, a gravura, a estampa, o quadro informam ao pesquisador, como têm mostrado numerosos estudos. Tampouco há comparação com a abundante e inexaurível riqueza do inventário após a morte, que fornece a descrição dos lugares, dos móveis, dos objetos, das tapeçarias, dos tecidos, que permite vivenciar o espaço interior em sua verdade, com seu acúmulo ou seu despojamento, em sua claridade ou em sua ausência de luz, na falta absoluta de conforto ou no progresso de suas comodidades mais íntimas.[20]

Podemos aplicar aos autores de *livres de raison* o que Élisabeth Bourcier disse dos autobiógrafos: "Parece que não têm habitação, quarto, cama; não veem nada do que acontece na rua". A observação que podemos fazer sobre os diários franceses cabe também aos diários ingleses da mesma época. Ainda no dizer de Élisabeth Bourcier: "O quadro em que vive a família não é descrito, as casas se ampliam, modernizam-se, e só são mencionados os arranjos recentes [...]".[21] Tampouco há descrições da paisagem em que elas se situam.

O espaço privado aparece tão somente em sua relação imediata com a experiência vivida: segundo a correta expressão de Vincent Boyenval, está nas entrelinhas do texto, é alusivo, sugerido ao leitor. Cabe a este captar sua menor expressão e fazê-lo reviver.

Alusão é um fato da vida cotidiana que, situado com maior precisão, lança algumas luzes sobre o espaço interior de Charles Demaillasson: o nascimento de uma filha na "sala de baixo", o de outra no quarto "bege".

Alusões ainda são os reparos realizados, as transformações efetuadas — registradas com a designação dos locais: sala, cozinha, despensa, quartos de cima, escada — na casa de Paul de Vendée. O aprimoramento do conforto traduz-se no texto através de algumas palavras: as paredes recebem uma camada de cal, o piso é ladrilhado, as lareiras tornam-se mais eficazes — é o que ainda lemos em Paul de Vendée. Gouberville nos fornece o mesmo tipo de informação: o teto do porão cedeu e é reparado; a cozinha (fogão e piso) passa por reformas, o moinho é reconstruído com carregamentos de madeira e pedra, trabalhos de pedreiros, telhadores, britadores. Não há descrição, mas durante três meses as anotações justapostas nos permitem imaginar o edifício de madeira e pedra. A reconstrução do moinho de Gouberville é o exemplo típico da expressão e da forma do *livre de raison.*[22]

Alusão ainda é o fato inesperado que revela o espaço onde ocorreu. Dumont de Bostaquet, o protestante exilado que relata suas lembranças, concede pouco à descrição do espaço privado.[23] O incêndio de 31 de agosto de 1673 o leva a mostrá-lo: então menciona o quarto separado por uma tapeçaria onde dormem seus filhos pequenos e a criada; o quarto "de minhas filhas mais velhas, cheio de camas e móveis"; o quarto do dono, com alcovas muito limpas e grandes armários na cabeceira da cama, ornado pelos retratos de suas esposas e pelo seu próprio; a escada de madeira, lindíssima; e o belo telhado de ardósia e chumbo. Descrição que um inventário após a morte teria feito melhor e mais detalhada. Mas aqui está a vivência do espaço em função de um incêndio: o pavor, os gritos de socorro, a louca escalada até o quarto cheio de fumaça, os móveis jogados pelas janelas, as crianças nuas levadas para a aldeia. Relato extremo, mas que mostra bem a estreita relação entre o espaço privado mencionado e a experiência imediata: o gesto, o movimento, a sociabilidade.

Quanto a esse aspecto, destacam-se dois grandes textos exemplares: o *Journal* de Héroard e o *Journal* de Gouberville. No primeiro, o espaço de Saint-Germain, com o castelo novo, o castelo velho, os terraços, as grutas e as fontes (sobre o qual dispomos de documentos descritivos de primeira ordem),[24] aparece em rápidas pinceladas, divide-se em espaços imediatos ligados aos percursos do príncipe, os espaços interiores e os exteriores. Espaços interiores mencionados porém não descritos: o quarto do delfim, o quarto da ama, o de madame de Montglat, o gabinete de Héroard.

Espaços que são os do delfim em determinadas horas do dia: a capela, o oratório, o salão de baile, os apartamentos do rei e da rainha, onde o menino fica quando os pais estão em Saint-Germain. Espaços exteriores: os terraços, os jardins, onde o menino brinca e passeia, diligentemente seguido por seu médico, em itinerários que com atenção e minúcia podemos reconstituir através dos canteiros, das aleias, das grutas — de Orfeu, Netuno, Mercúrio —, ao som do murmúrio das fontes. Assim, é a presença do príncipe que torna presente o espaço.

O *Journal* de Gouberville nunca descreve o espaço que podemos percorrer hoje, com o solar, a igreja, as plantações nos arredores, as pastagens cercadas, as pequenas áreas cultivadas. Tal espaço insere-se no *Journal* em função da sociabilidade de Gouberville. E seu universo. No *livre de raison*, o espaço privado é indissociável do gesto privado.

FAMILIARIDADE E HOSPITALIDADE

É a Gouberville que podemos pedir um depoimento, pois nesse campo seu grande texto possui uma riqueza inigualada. Nem sequer por um dia ele deixou de registrar os gestos mais simples da vida do homem sociável, captados na vivência imediata, compondo um texto factual e gestual ao mesmo tempo.

Primeiramente nos mostra a familiaridade rural entre patrão e empregado, vivendo muito perto um do outro, em constante relação na família doméstica, nas atividades do campo: as ordens dadas para a realização das tarefas do dia, o salário pago diretamente pelo dono, o universo do trabalho em comum nos prados, nos campos e nos bosques.

As conversas são frequentes: expressões como “falei, palestrei” ocorrem sem cessar. Só excepcionalmente o *Journal* nos informa sobre o conteúdo de tais conversas, mas podemos imaginá-lo: preocupações com o tempo, trabalhos agrícolas, notícias da vila. A sociabilidade são ainda as idas e vindas de uma casa a outra, os encontros casuais pelos caminhos e pelos campos, dos quais Gilles de Gouberville nos fornece inumeráveis instantâneos. E entre as circunstâncias favoráveis aos encontros a missa dominical ocupa um lugar privilegiado; podemos imaginá-los nos locais ainda preservados do vilarejo de Mesnil-au-Val. Ao redor da igreja, no cemitério, na entrada e na saída do templo, nos caminhos que para ali conduzem, ocorre o encontro dos camponeses, que durante a semana inteira viveram isolados em suas aldeias, ocupados nos trabalhos da terra. É na hora da missa que o fidalgo regularmente convida o cura para que jante no solar. No *Journal* de Gouberville, o culto de domingo e das grandes festas aparece como uma das circunstâncias privilegiadas, uma das melhores formas da sociabilidade.

A sociabilidade é ainda a da hospitalidade. Todo homem sociável abre a porta de sua casa, convida a sentar-se a sua mesa, oferece o abrigo de seu teto. O grande mérito de Gouberville é ter escrito não sobre a hospitalidade dos grandes dias, e sim sobre a que faz parte integrante da vida cotidiana praticada em sua forma mais espontânea.

No solar, os espaços da hospitalidade estão sobretudo na cozinha, às vezes na sala, raramente no quarto do dono — e o texto diz isso em muitas ocasiões: "antes de levantar-me", "ao surgir do sol", "de manhãzinha", "antes que eu saísse da cama", "antes de deixar o quarto". Assim se revela um aspecto essencial dos costumes rurais. A vida privada não dispõe de lugar e tempo preservados. Não importa chegar a uma hora que consideramos inoportuna e invadir a própria sede da intimidade.

A refeição — almoço, jantar, ceia — frequentemente é oferecida num gesto natural da vida cotidiana, após uma entrada inesperada na cozinha do solar; o visitante é convidado a sentar-se à mesa já posta. Porém, maior que a hospitalidade da refeição é a da pousada e da ceia. Na hora em que o dia termina em Mesnil-au-Val — "era sol posto", "morria o sol" —, Gilles de Gouberville retém o visitante sob o teto protetor, ao abrigo da sombra noturna, dos perigos do trajeto na escuridão, do medo ancestral da noite. Os visitantes assim acolhidos no solar são espantosamente diversos: camponeses, aldeões, artesãos, magistrados, fidalgos.

O ápice da sociabilidade, seu momento por excelência, está

no comportamento ante a doença e a morte, quando se confundem vida privada e vida pública. A doença e a morte não são vistas em termos de dor, emoção, tristeza. Tais sentimentos nunca se exprimem, porém o que torna admirável o livro de Gouberville é que não os mostra no âmbito do privado, e sim como pertencentes à vida comum da aldeia. A maneira como a informação sobre a morte entra no *Journal* atesta sua estreita relação com a sociabilidade. Nesses momentos essenciais, o sadio corre para o enfermo, o vivo para o moribundo. Daí esses gestos enumerados ao longo dos anos: a assistência espontânea ao doente, a solidariedade que lhe prestam os aldeões; as atenções que a comunidade lhe prodigaliza; os presentes que visam a reconfortá-lo; os cuidados de quem tem maior competência para substituir médicos e barbeiros residentes na cidade, a vários quilômetros de distância; a dedicação de todos. O doente não está sozinho, como não está o que vai morrer.

Vida pública no centro da vida privada. Morte em família. O leito do moribundo está no centro de uma convivialidade em que se apinha o mundo dos vivos para uma última visita, para últimas palavras, na presença do padre, antes do momento derradeiro. Com suas breves anotações, Gilles de Gouberville nos faz viver tudo isso no coração do distante século XVI, na modesta comunidade paroquial do Mesnil-au-Val, no pudor das palavras e na autenticidade do gesto.

FAMÍLIAS

No centro da vida social e em primeiríssimo lugar está a família: a mulher, os filhos. Gilles de Gouberville não se casou: "a família daqui", desse seu *livre de raison*, são os irmãos e os domésticos. Também é preciso consultar outros documentos. Segundo o próprio gênero, no *livre de raison* não há narração e é quase total a ausência de depoimentos sobre o que chamamos de vida em família.

Assim, devemos prestar muita atenção, reunir as anotações descontínuas, ler o que está nas entrelinhas. Discrição que está na própria natureza do documento; discrição que também faz parte da sensibilidade de uma época, que muitos outros textos permitiriam delimitar, que evita as efusões e a confidência e determina a economia das palavras.

Tal discrição também está ligada à ausência quase absoluta do depoimento feminino. A visão masculina nos priva de uma dimensão essencial: a esposa e mãe vista por si mesma. Em suma, econômicos em palavras e detalhes, os *livres de raison* são limitados no tocante a esse aspecto fundamental da vida privada.

A ESPOSA

Por exemplo, o que o *Journal* de Pierre Bourut, sieur des Pascauds, nos informa sobre Élisabeth Delavau, companheira de dez anos de existência, administradora da vida doméstica (o texto permite entrever isso várias vezes), mãe de uma prole numerosa? Como era o entendimento com ela? Quais eram os eventuais conflitos? "Ah, bom Deus, como era doce nossa união!", escreve ele ao morrer sua segunda mulher, Jeanne Preverault, a quem esposara quatro anos após a morte de Élisabeth e que desempenhou o mesmo papel de dona de casa e esposa fértil. Uma foi mais amada que a outra? Uma foi mais dedicada e competente que a outra nos deveres domésticos? Nenhuma palavra permite estabelecer qualquer distinção entre as duas.

Charles Demaillasson, o pequeno notável de Montmorillon, fala bem pouco de sua mulher. Ao longo de 39 anos menciona-a particularmente não mais que umas vinte vezes. Sobre essa boa esposa, o autor não se detém mais que sobre si mesmo. Ela não aparece entre as paredes da morada familiar e nunca em seu papel de dona da casa: quando muito são feitas algumas alusões ao governo da criadagem feminina. É na hora do nascimento-drama que vemos revelar-se pudicamente a angústia do pai: "No mesmo dia, às dez horas da noite, chegou minha irmã de Lairat, que veio por causa da doença de minha mulher, que passou muito mal nesses partos". A preocupação transparece no fato de que Charles Demaillasson, grande viajante, não deixa a mulher no mês que se segue. Igualmente o ritmo da informação se intensifica por ocasião da segunda gravidez da esposa.

É na hora da morte que se revela a unidade do casal que acaba de ser separado: "Sexta-feira faleceu damoiselle Anne Clavetier, minha querida esposa, às duas horas da manhã. Era uma pessoa mui digna e virtuosa e com a qual eu vivera feliz durante nosso casamento".

No outro extremo da França, em Arles, Trophime de Mandon não fala muito mais sobre a esposa, que faz parte de seu universo cotidiano. "As raras ocasiões em que menciona sua esposa Marguerite", escreve Sylvie Fabarez, "é quando ela põe um filho no mundo, quando ele precisa de seus serviços ou quando ela o ajuda nos assuntos domésticos." Intendente da casa, a esposa administra sua fortuna, gere seus negócios, cria seus filhos. Não há rosto, não há retrato. Mas nesse caso também a dor da morte traduz o sentimento único, o respeito pela mulher. Poucas palavras bastam para dizê-lo. O carinho nunca expresso, mas que o leitor atento sentia no texto, aflora no momento da morte: "Na quarta-feira 5 de janeiro de 1666, pela manhã, minha caríssima, virtuosa, honrada e mui pranteada esposa entregou sua bela alma às mãos de Deus".

Assim, a partir desses textos, diversos pela origem social e geográfica, podemos estabelecer um esquema válido para numerosos *livres de raison.* Não faltam anotações sobre a presença e a vida da esposa, mas são sempre breves e elementares, apenas a revelam: nada informam sobre sua aparência, o tipo de entendimento existente com ela, os conflitos, seu comportamento como mãe. Há menção dos nascimentos, de uma frequência quase anual em cada família, e que às vezes se tornam um drama no qual se revela a vibração do afeto, porém o parto e os dias seguintes a um nascimento bem-sucedido nunca são descritos. É por ocasião da morte que se avalia o benefício de uma longa união, a insubstituível presença que fazia parte da felicidade cotidiana, a profunda afeição do marido pela boa esposa que o precedeu no túmulo e cuja lembrança é exaltada e sublimada. Um dos belos textos que podemos citar aqui é o de Jean Migault, o pequeno mestre-escola huguenote que viu sua primeira mulher morrer nos sofrimentos das *dragonnades* do Poitou, que escreve e copia para cada um de seus filhos as memórias nas quais a boa mãe, a boa esposa é insubstituível: "Dezesseis ou dezoito anos de prosperidade que desfrutei em vida e na feliz companhia de Élisabeth Fourestier, minha mui amada mulher, vossa boa mãe. É por essa razão que, mesmo pouco tempo depois que Deus a chamou para seu repouso, experimentei um singular prazer em escrever os sofrimentos pelos quais ela passou comigo no início da perseguição [...]"; e acrescenta: "Assim os menores dentre vós podeis conhecer aquela que vos trouxe ao mundo". Linguagem patética de um homem marcado pela perseguição, que escreve muito tempo depois dos fatos.

A CRIANÇA

Em seus primeiros anos, na fase mais frágil da vida, a criança se situa no próprio centro da vida privada; é seu centro. Como se situa no *livre de raison*?

Poucos indícios da presença das crianças, ausência de narrativas e retratos, raridade do discurso afetivo caracterizam o *livre de raison*, que não obstante é ao mesmo tempo livro de família e da gestão doméstica — um documento essencial, embora muitas vezes elíptico. Quando a criança aparece, é em anotações breves, que devemos considerar com particular cuidado para dar-lhes vida. Os nascimentos sempre são registrados, como num livro oficial, sem nenhum discurso de felicitação. Anota-se a retransmissão da vida. E com o mesmo cuidado registra-se o batismo, sinal do sentimento cristão da infância, realizado prontamente. A criança que vem ao mundo é vista como uma criatura de Deus, na qual já está presente seu futuro de cristão. "Que Deus conceda a esta criança a graça de receber o Espírito Santo, conservar sua inocência batismal, viver segundo os mandamentos de Deus e morrer em seu santo temor e em seu santo amor" — é a fórmula que, com variações mais ou menos longas, Pierre Bourut, sieur de Pascauds, repete cada vez que lhe nasce um filho. "Que Deus o abençoe em sua santa graça", "Que Deus abençoe a menina", escreve Trophime de Mandon no outro extremo do reino e na mesma época.

As preocupações materiais com a criança nos primeiros anos de vida resumem-se essencialmente às despesas com nutriz e, chegada a época da educação escolar, com colégio e pensão. Mas nada se diz sobre a graça ou a turbulência da criança, sobre seus progressos físicos, seus traços de caráter. Não há discurso afetivo. Seria isso prova de indiferença? No entanto, alguns textos se iluminam com a ternura dos diminutivos: "Margot", "Fanchon; nossa pequena Togne", escreve Trophime de Mandon, enquanto François, o filho mais velho, já é severamente chamado pelo sobrenome, a fim de se conscientizar de suas responsabilidades familiares. A linguagem afetiva dos apelidos é a de Eusèbe Renaudot, médico parisiense, filho do célebre Théophraste, que fala de "Manon", de "Cathaut" e do "pequeno François", chamado "Pépé". Porém, com orgulho e austeridade ao mesmo tempo, trata o primogênito de "meu caro confrade".

Amor à criança, mas não sentimento da infância: é o que constatamos várias vezes. E por ocasião de uma morte as palavras são breves, quase nada se fala sobre a criança falecida. Não se trata de insensibilidade, mas de uma sensibilidade diferente da nossa, que o historiador pode avaliar através do medo de Jean Migault por ocasião da enfermidade mortal do "pequeno René" ou através do desespero de Charles Demaillasson ao perder dois netos na idade de cinco e sete anos. Porém, sua dor é contida, pudica: "Tinha cinco anos, quatro meses e 22 dias, e era bem-feito de mente e de corpo tanto quanto se podia desejar", escreve com relação ao primeiro. "Tinha a mente sem igual", diz do segundo. E ao morrer François, "o pequeno François", apelidado "Pépé", a criança predestinada desde o nascimento, Eusèbe Renaudot anota: "Ele ficara de mãos postas" desde que viera ao mundo; a morte o torna santo. O amor terno, a dor intensa pela morte de outra criança são confiadas ao diário em frases breves: "Sentiremos saudade dele, por sua beleza e por sua doçura, que nos faziam considerá-lo como outro querido Pépé".

Os *livres de raison* são quase sempre escritos pelo chefe da família, como dissemos; assim, o depoimento feminino, tão essencial e insubstituível, é extremamente raro. Temos, contudo, o da burguesa parisiense Marguerite Mercier, mãe da pequena Nanette. Um mês antes do nascimento da criança, compra-se um cesto, um berço, uma coberta e um colchãozinho; pouco após o nascimento, talvez antes que se esperasse, compra-se "uma vara de sarja para o berço da menina". Depois a criança é confiada a uma nutriz, mas está sempre presente nas contas: aos oito meses, um par de sapatinhos e dois pares de meias; depois, outro par de sapatos e "um par de luvas de camurça" quando tem um ano; aos nove meses, uma "cadeira para a menina"; a um ano, "brinquedos de criança"; aos dezoito meses, "um brinquedo".

Com quase dois anos ela volta para a casa dos pais. A criança que Marguerite Mercier designara como "nossa filha", "a menina" (quando ela estava com a nutriz), torna-se "Nanette". Entre mãe e filha desenvolve-se então um novo relacionamento, mais afetuoso. Contudo, Nanette adoece: há registro de sangrias, visita do médico, porém nenhuma informação sobre seu mal. Parece que ela melhora, pois ainda ganha sapatos e meias. Depois faz-se silêncio: uma única frase alude a sua morte: "seis libras para enterrar minha pobre filha". "Pobre": é a única palavra que revela a tristeza; contudo, devemos examinar de perto o texto manuscrito para perceber a aflição no nervosismo, na irregularidade da caligrafia e também na expressão "esqueci-me de escrever", que se repete três vezes durante a enfermidade da criança e antes nunca havia aparecido.

Texto ambíguo, de interpretação delicada. Indica a frieza de Marguerite Mercier, sua ausência de *tendreté*, como se dizia na época? É o que leva a crer a leitura literal: a morte da filha a comove porém não a abala. No entanto, o *livre de raison* é um livro de contas, inadequado a expressões de tristeza e de luto, que não obstante ali transparecem, como que contra sua vontade. Talvez em outro escrito — uma carta, um bilhete — Marguerite tenha expressado sua dor e seu afeto, que no diário se traduzem apenas por uma palavra e pelo tremor da pena.

O discurso mais longo das memórias confirma a perturbação afetiva. É assim com o amor de Henri de Campion por sua filha Louise-Anne: "Eu a amava com um carinho que não sei exprimir", escreve após a morte da menina. E conta que "em casa eu passava o tempo com grande alegria [...] a brincar com minha filha, que malgrado sua tenra idade tanto divertia os que a viam" — confissão rara numa época em que as pessoas não se permitem falar "dessas coisas que muitos consideram indignas". Mas a menina morre aos quatro anos de idade, no dia 10 de maio de 1653. Apesar do decoro da época, o pai não consegue silenciar sua imensa dor: "Diz-se que podem ser desculpáveis esses afetos intensos por pessoas feitas e não por crianças". Porém não lhe importa o que se diz: "Eu a amava com um carinho que não sei exprimir". Através da morte, a criança entrou na memória, marcando-a com "sua presença luminosa e dolorosa". "Na sequência de lutos e tristezas sofri a dor de perder um filho [...] esse menino era uma linda criança", escreve por sua vez o fidalgo protestante Dumont de Bostaquet.

OS DIÁRIOS PRIVADOS INGLESES

Como na França, a noção de intimidade familiar que aparece nos diários ingleses da mesma época analisados por Élisabeth Bourcier é muito diferente da que temos hoje em dia e até da que está presente nos textos privados de algumas décadas depois. Não se descreve tal intimidade por si mesma. Contudo, a discrição dos ingleses parece menor: enquanto o *livre de raison* omite qualquer dificuldade conjugal, o diário inglês deixa transparecer as diferenças de caráter, os conflitos do casal. Adam Eyre registra o mau humor, os furores, as imprecações de sua companheira. O reverendo Newcome, que enaltece o afeto recíproco, a harmonia conjugal, não consegue esconder os rancores da esposa, e sir Humphrey Midmay confia ao diário as mudanças de humor de sua mulher.[25]

Outras diferenças entre o diário francês e o inglês: este último descreve melhor as atividades femininas e também os diários de mulheres são mais numerosos na Inglaterra. As mulheres falam sobre si mesmas. "No século XVI, a castelã, assim como a esposa do agricultor, leva uma vida ativa e bem preenchida." É lady Clifford que se levanta às três ou quatro horas da manhã e cavalga por suas terras: "Passei a maior parte do tempo trabalhando", escreve. A administração da propriedade, que ela assume em sua viuvez, a supervisão da criadagem, os bordados, os doces, a decoração dos aposentos constituem sua atividade. Nenhum diário francês conhecido nos relata com tantos detalhes a atividade de uma dona de casa como o diário de lady Hoby: a costura, a manutenção das roupas, a cozinha, as conservas de frutas e carnes, a fabricação de velas nos levam ao centro da vida privada doméstica. Elizabeth Isham, a celibatária, descreve minuciosamente em seu diário os trabalhos de agulha aos quais dedica grande parte de seu tempo. Também é atividade feminina a benfazeja sociabilidade do campo. São as mulheres que assistem os enfermos — caridade praticada com tanto zelo por Gilles de Gouberville —, sobretudo as parturientes indefesas ante o medo, a dor e o perigo. Alguns textos escritos por homens também nos fornecem descrições pungentes desses partos intermináveis e angustiantes.

Com menor pudor e reserva, o diário dos ingleses nem sempre silencia sobre os defeitos da esposa, porém, como no *livre de raison*, é por ocasião da doença e da morte que se revela sua presença insubstituível. Sir Thomas Mainwaring registra diariamente a evolução da doença de sua mulher e manda celebrar uma missa de ação de graças quando por fim ela se restabelece. Não obstante o caráter insuportável da esposa, Adam Eyre a leva para Londres a fim de tratá-la. Como Demaillasson, como Des Pascauds, como Jean Migault e tantos outros franceses, na hora do luto Anthony Ashley desabafa em seu diário: bela, casta, afetuosa, eficiente dona de casa, assim era a companheira que acabara de falecer. E, ao enviuvar depois de onze anos de casado, sir Henry Slingsby pinta em seu diário o retrato da mulher por quem chora, sua piedade, sua extrema meiguice, sua grande bondade. Neste ponto, os diários franceses e os ingleses se igualam.

A infância é mais bem descrita nos diários ingleses, pois há menor pudor ou reserva em dizer como são as crianças, em relatar as alegrias e as preocupações que suscitam. Encantado com o pequeno Thomas, o reverendo Josselin nos fala de seus gestos: com um ano sobe escada sozinho; um mês depois procura fechar as portas também sozinho. John Greene está preocupado com seu filho Alexandre: o menino tem um ombro maior que o outro e está demorando muito para andar, pois aos dois anos de idade ainda precisa de andadeiras. Lady Clifford registra as sucessivas quedas da pequena Margaret, que ensaia seus primeiros passos. Mas a infância é curta; escolas e internatos aguardam as crianças, arrancam-nas do calor da família e rigorosamente as preparam para entrar no mundo dos adultos.

O DIÁRIO DE SAMUEL PEPYS

Os diários ingleses são, portanto, mais pródigos em confidências sobre o foro privado e a vida conjugal, como demonstram os exemplos citados e, mais ainda, um texto modelar: o de Samuel Pepys. Se entre 1553 e 1563 a França tem o insubstituível Gouberville, um século depois, entre 1660 e 1669, a Inglaterra tem o insubstituível Samuel Pepys, funcionário da Marinha em Londres.[26] A riqueza das abundantes anotações que se justapõem num estilo mais bem elaborado e mais narrativo que o de Gilles de Gouberville nos oferece um documento excepcional sobre a vida cotidiana da *middle class* inglesa. Mas, principalmente, o diário de Pepys nos leva ao foro privado. Trata-se já de um diário íntimo e autobiográfico, muito à frente do similar francês da mesma época. Samuel Pepys fala de sua intimidade conjugal, de suas infidelidades, de seus amores fortuitos e de seu próprio corpo. Compraz-se em descrever o que Gilles de Gouberville silenciara. Podemos fazer aqui um breve apanhado, a começar pela intimidade conjugal desse irrequieto personagem de trinta anos com sua jovem esposa de forte personalidade, Élisabeth Marchand, filha de um huguenote francês emigrado. "Para a cama", "antes de ir para a cama", "fomos cedo para a cama", "cear e depois cama", escreve ele quase todos os dias; "ficamos bastante tempo na cama"; ou ainda: "Fiquei na cama com minha mulher e tendo meu prazer com ela"; "na cama, onde tive meu prazer com ela e com grande contentamento"; "fiquei na cama, acariciando minha mulher e tagarelando"; "fizemos as pazes e fomos para a cama juntos pela primeira vez em quatro ou cinco dias". Porém, a serenidade conjugal não perdura, minada pelo ciúme, pelos conflitos, pelas reconciliações, por verdadeiras brigas, malgrado o afeto mútuo. As cenas no quarto e na cama se alternam com as reconciliações. "Despertei hoje de manhã trocando ternas palavras com minha mulher [...] ambos acordamos com o coração pleno de alegria." Mas, ciumenta, enganada, Élisabeth Marchand se encoleriza. Em 20 de novembro de 1668: "Quando cheguei em casa [...] minha mulher estava na cama, em nova crise de terrível fúria. Chamou-me dos nomes mais ultrajantes e pôs-se a injuriar-me de maneira horrível. Por fim não conseguiu controlar-se e bateu-me e puxou-me os cabelos". Nova cena no dia 12 de janeiro de 1669, mais violenta que a anterior: "Fui para a cama julgando que minha mulher me seguiria"; mas Élisabeth não o segue: "Ela, muda; eu, pedindo-lhe de quando em quando para que viesse deitar-se. Depois sua fúria explodiu: eu era um canalha, eu a traíra". Às duas da madrugada, a fúria atinge o auge: "Ela se aproximou do leito, puxou a cortina e, munida de tenazes em brasa, fez menção de agarrar-me; apavorado, levantei-me, e sem discutir ela as largou". Que terá acontecido com esse casal abalado em sua unidade, porém ainda sólido? O diário, que se encerra em 31 de maio de 1669, nada diz.

O CORPO

O corpo pode aparecer no escrito de várias maneiras: o corpo com saúde, o corpo em exercício, o corpo em público, o corpo como espetáculo — o corpo do parecer. Então é o triunfo do corpo, segundo a expressão de Lucien Clare[27] em seu estudo sobre *L'idée des spectacles* [A ideia dos espetáculos], do abade de Pure. Todavia, existe ainda o corpo mais íntimo, impudico, enfermo, que pode ser revelado, consciente ou inconscientemente, no escrito privado, *livre de raison* ou diário de saúde.

No *livre de raison*, o corpo é o da pessoa sadia, para quem a doença não passa de um episódio registrado sem detalhes. É também um corpo que não tem segredos sexuais e, se um deles aparece, é tão dissimulado que não se pode lê-lo claramente. Inconscientemente, porém com alguns autores, o *livre de raison* pôde evoluir para outra maneira de dizer os elementos do diário íntimo: a má saúde ou a enfermidade crônica o levaram a isso. De Gouberville a Jean Maillefer o comportamento é bem diverso.

SILÊNCIOS E SEGREDOS DE GILLES DE GOUBERVILLE

Estar doente: essa vaga expressão em geral basta para Gilles de Gouberville;[28] às vezes, porém, ele nomeia a doença: indisposições passageiras, resfriados frequentes, dores de cabeça, peso no estômago seguido de vômitos, distúrbios intestinais, cólicas. Doenças mais longas o afetam em várias ocasiões: “Fiquei muito doente, não saí do leito”, “violentíssima dor de dentes”, “apanhei um resfriado, fui obrigado a vomitar, o resto do dia passei muito mal do coração, da cabeça e do estômago”. Não analisa o mal, não o relata. Sifilítico, nunca pronunciará o nome da doença; são os cuidados, banhos, fumigações e compras de mercúrio que permitem ao leitor identificá-la. No entanto, o *Journal* revela maior atenção de Gouberville para consigo mesmo do que para com os outros; num balanço da frequência das palavras referentes à doença, os mais doentes são ele e as pessoas de quem mais gosta, como sua irmã de Saint-Naser, cujos males o fazem deixar tudo e correr para assisti-la em pleno inverno. A frequência da enfermidade designa o nível social: os que adoecem mais vezes são os que dispõem de tempo para ficar na cama. Criados ou camponeses devem ter melhor compleição; assim, aparecem pouco no *Journal*. Todavia, quando um deles “jaz no leito”, Gouberville cerca-o de cuidados.

Não há confidências sobre o corpo nem na doença, nem na sexualidade. Guarda-se segredo sobre a intimidade conjugal, os amores fortuitos, as "conjunturas passageiras". Os *livres de raison* transmitem a imagem de uma vida conjugal unida, secreta, sem tentações outras, sem transgressões. Somente o celibatário Gilles de Gouberville rompe esse silêncio numas dez anotações que é preciso procurar com paciência e que o indiscreto tem de decifrar, pois estão registradas em grafia grega.

Caberia analisar mais a fundo a origem dessa curiosa maneira. Seria um procedimento comum? Na mesma época, na Inglaterra, o alquimista e filósofo John Dee age da mesma forma: "Sem dúvida a fim de preservar o segredo do diário", escreve Élisabeth Bourcier, "ele recorreu até aos caracteres gregos para registrar determinados detalhes de sua vida conjugal". Sabemos que Gouberville não foi totalmente indiferente nem ao mundo dos alquimistas, nem ao mundo dos ingleses.

Essa ausência de confidências sobre a enfermidade ou a sexualidade encontra-se entre os camponeses e os notáveis que escrevem na mesma época ou mais tarde e na burguesa parisiense Marguerite Mercier, apesar da aflição que lhe provoca a moléstia grave e mortal de sua filhinha. O autor do *livre de raison* não se compraz em descrever ou narrar, é econômico com as palavras. Não obstante, Jean Maillefer, o burguês de Reims,[29] mostra que às vezes o *livre de raison* podia evoluir para outra forma de dizer e tornar-se um esboço do diário íntimo.

A ENFERMIDADE DE JEAN MAILLEFER

Tudo separa Jean Maillefer de Gilles de Gouberville. Há uma distância considerável entre o universo rural de Gilles de Gouberville e o meio urbano de Jean Maillefer, notável da indústria têxtil, primo distante de Colbert. A ética e a cultura são abordadas de maneira totalmente distinta. Gilles de Gouberville lê, porém não se identifica com seus autores; Jean Maillefer, leitor assíduo de Montaigne, faz dele seu mestre de pensamento e de vida: "Tenho muito da disposição de De Montaigne para a uniformidade de uma vida pacata e comum", escreve nas páginas em que se compara com ele (*Parallèle avec Montaigne*). "O conhecimento sobre nós mesmos", declara, "nos é muito necessário para comandar nossas ações durante o curso desta vida." Jean Maillefer acrescenta dois novos elementos ao *livre de raison*, que todavia o aparenta a seus discretos predecessores: a autobiografia e reflexões à maneira de Montaigne. Assim, o ideal de um grande modelo, uma pena mais hábil, mais flexível criam um texto que tem as formas do *livre de raison*, mas também a modernidade do diário íntimo.

Jean Maillefer procura traçar um retrato de si mesmo. *Parallèle avec Montaigne* é como o intitula, e na comparação com esse modelo prestigioso ele se situa, com sua aversão ao sono demasiado longo e à mesa demasiado farta, com sua vontade de "deixar a natureza agir na enfermidade", com sua coragem na adversidade. As misérias do corpo se tornam objeto de escritura, e é por elas que passamos do *journal de raison* ao escrito íntimo, com o que pode ter de complacente e de impudico. Com as dores de ouvido, as dores de dentes, as quedas frequentes, a informação, curta e descontínua, é superficial. Mas uma hérnia no intestino instala a doença e revela o corpo em sua intimidade. A frequência dos sintomas acarreta a frequência das anotações, o vocabulário da escuta do corpo, a enumeração dos males que o afligem: "minha hérnia, minhas retenções de urina, meus intestinos, minhas escoriações, minhas bandagens [todas descritas], meus médicos". O espaço desses elementos se amplia até que dois capítulos lhes são inteiramente dedicados; em 1673, dez anos após o início da doença, Maillefer escreve sobre ela quatro páginas inteiras: "Redigirei este capítulo para servir a meus filhos se forem assim afligidos". E anos depois faz o balanço dessas enfermidades: "Falarei das minhas até este dia 21 de outubro de 1678. Terei 67 anos [...] há dezesseis anos tenho uma hérnia que irrompeu há 27 meses". Isolado em sua época, na qual praticamente não encontramos um texto dessa natureza, Jean Maillefer mostra de maneira notável a orientação do diário íntimo.

Outro exemplo bem posterior, inédito, é a correspondência do monsenhor de Saint-Simon, bispo de Agde,[30] debruçado de modo muito particular sobre si mesmo e sobre o estado de seu corpo, atormentado desde a infância pela asma, depois pelo paludismo, efeito dos miasmas do Languedoc. É a miséria do corpo que o prelado descreve numa parte de suas missivas: as disfunções, os problemas íntimos que o perseguem e nos quais se detém longamente, o medo do verão que o sufoca e o obriga a sair do quarto em plena noite, o estado de seus nervos — "Por minha escritura julgareis que meus nervos não estão bem" —, a autopiedade, a dor nas pernas, as insônias cruéis, as indisposições íntimas (num vocabulário cru), a atenção com o preparo das refeições, o regime conforme às melhores receitas da farmacopeia.

Assim, foi a longa enfermidade que conferiu à correspondência do monsenhor de Saint-Simon, assim como ao *Journal* de Jean Maillefer, esse grau de intimidade que nem um nem outro teriam registrado em textos que não são literários, porém aos quais a literatura, nos séculos seguintes, iria conceder foros de nobreza.

Rara nos escritos privados franceses, a consciência do corpo enfermo aparece mais nos diários ingleses.[31] O corpo recebe uma atenção extrema, é examinado com complacência, nos detalhes das menores indisposições. É Geoffroy Starkey que durante meses anota sua tosse, seus escarros de sangue, sua febre. É Thomas Mainwaring que não só anota como vigia as dores de dentes que o afligem. É Adam Smith que registra a duração das cólicas que o atormentam. São as revelações íntimas de John Greene: o menor resfriado oferece-lhe a oportunidade de anotar com espantosa minúcia a evolução do mal, de passar em revista seus diferentes órgãos, nariz, boca, garganta, orelhas, cabeça, estômago. É o espantoso balanço de saúde que Justinien Pagitt elabora em toda primavera, atento a tudo que lhe perturba o corpo: gripes, dores de garganta, fluxos de sangue pelo nariz. Esse olhar lançado sobre o corpo doente ainda não é o olhar complacente e narcisista dos autores de diários íntimos, e sim o da incerteza, da preocupação com a enfermidade e a morte que espreita.[32] Quanto a Samuel Pepys, não está essencialmente preocupado com a própria saúde, não obstante a fragilidade decorrente da operação de cálculos a que se submeteu em 1658, com 25 anos de idade. Todavia, não deixa de mencionar as indisposições que o acometem: as dores de barriga, as evacuações difíceis, a extrema sensibilidade ao frio, as cólicas que se tornam insuportáveis; em 14 de maio de 1664, sofre a ponto de urrar: a anotação é breve, realista, e, tão logo passa o mal, Pepys enaltece o retorno da boa saúde.

Mas onde encontrar melhor descrição do corpo do que no diário de um médico? Não só o diagnóstico de um mal, como também a atitude, a vida, a imagem do corpo íntimo. Primeiro Héroard, depois Fagon, médicos de Luís XIII, fornecem-nos um depoimento único sobre o corpo do príncipe.

O CORPO DO PRÍNCIPE NA PRIMEIRA IDADE: LUÍS XIII

O corpo da criança e o corpo do adolescente estão por definição no centro do texto de Héroard, pois constituem seu objeto. São descritos excepcionalmente na aparência e essencialmente em seus estados e em suas funções. Por sua natureza, trata-se de um documento da vida íntima.

Com a exatidão do clínico, diariamente Héroard registra aquelas funções do corpo que cabe à higiene observar e cuidar: pulso, temperatura, urina, fezes; procede da mesma forma com as refeições, cuja composição descreve todos os dias, sem falta, e cujo conjunto, de uma dimensão considerável, uma vez selecionado e classificado, fornecerá uma informação sem igual sobre a alimentação do príncipe e a de sua época.[33]

A única descrição contínua que Héroard fez do infante Luís XIII é o exame minucioso e profissional do recém-nascido que Maria de Médici acaba de pôr no mundo: "Grande de corpo, sólido de ossatura, muito musculoso, bem nutrido, muito liso, de cor avermelhada, vigoroso". O menino em sua primeira idade é essa coisinha que dorme e solta vagidos no berço, morde os punhos, mama na nutriz.

Mas é também o que nenhum outro texto ousaria dizer com a sinceridade do médico: um corpo, mas sobretudo a cabeça e o rosto, alterados pela má higiene alimentar, pelo leite fraco da ama, pela ingestão prematura de mingau (o primeiro em 14 de outubro, quando tinha dezessete dias de vida), pela insuficiência, pelos inadequados cuidados de limpeza. Um bebê muito pouco atraente ao olhar e ao toque, assim aparece na verdade cotidiana diretamente transmitida por Héroard o pequeno Luís XIII, com suas pálpebras inchadas, "vermelhões na pele" e "pitiríases" por todo o rosto, "ressudações" atrás da orelha, "*eschauboulures*" (pústulas), a "sarna" que em janeiro afeta-lhe a cabeça inteira, "a sarna que lhe cingia a cabeça como uma coroa". As mesmas palavras que definem o mau estado, a má aparência, repetem-se de maneira quase contínua ao longo de sete meses, depois tornam-se mais raras e, em agosto, Héroard por fim escreve: "A cabeça está se limpando". O menino cresce, fortifica-se, apresenta-se melhor, põe-se a andar: em 19 de setembro de 1602, "começa a caminhar com firmeza, com as andadeiras sob os braços".[34] É então que se revela a verdadeira graça da infância. Porém, a higiene corporal sempre será insuficiente. Ele está limpo, mas quando o lavam? Quando lhe dão banho? No primeiro ano de sua vida, a palavra "lavar" aparece uma só vez, bem como "banhar"; em 4 de julho "ele é penteado, pela primeira vez tem prazer com isso e [consente] em arrumar os cabelos". Nos anos seguintes, à parte a menção "penteado, vestido", feita todas as manhãs, não há referência a uma toalete mais completa. O príncipe lava as mãos após cada refeição, como indicam as palavras "mãos limpas", regularmente registradas. "Uma orgulhosa sujeira reinava na corte", escreve Philippe Erlanger. Nada do que se refere à vida corporal do príncipe no *Journal* de Héroard contradiz essa afirmação.

Essa é a primeira imagem pouco lisonjeira que o médico registrou por exigência profissional. Ela se desfaz à medida que viramos as páginas e se revelam a graça infantil do príncipe, sua vivacidade, sua boa saúde. Seu corpo é saudável, e as palavras que exprimem isso são breves, sempre as mesmas: "rosto risonho, muito gentil, rosto bom, alegre". O *Journal* nos permite acompanhar seus progressos, que encantam a todos que o rodeiam: o primeiro dente aos seis meses e meio, no dia 15 de abril; o olhar vivo que a todos reconhece; os balbucios quase ininteligíveis que Héroard recolhe deslumbrado e interpreta com espantosa ingenuidade. O menino tem um mês e doze dias: "Quem é aquele homem?", perguntam-lhe; "Responde de maneira pouco compreensível e com facilidade: '*Eoua*'", o médico escreve seriamente. Os cabelos do delfim crescem e se tornam mais bonitos: "seus cabelos clareiam, aloirando-se" (seis meses, 27 de março); "os cabelos passam do castanho-escuro ao castanho-claro" (sete meses e meio, 4 de maio); "seus cabelos clareiam ainda mais para o loiro" (quase dez meses, 13 de julho).

Héroard está encantado, e, além das anotações de higiene cotidiana, o que o ocupa são os gestos e o comportamento do menino, que conferem ao *Journal* sua vida única. O texto seguinte, datado de 11 de dezembro de 1602, escolhido dentre muitos outros semelhantes, resume admiravelmente o vigor, a boa saúde, a exuberância do pequeno príncipe de catorze meses e o estilo de Héroard:

> Dia XI, quarta-feira, às oito horas e três quartos; ações enraivecidas, coléricas, rápidas, impacientes. Bate nos dedos de madame de Montglat com um bastão de ferro; ela tenta tirar-lhe o bastão; ele grita, bate, desvia o corpo flexível como uma serpente, diverte-se com a guerra, vai ao ataque, desfere o golpe rudemente, atinge a testa de La Berge, seu pajem, na qual se forma um grande tumor. Decidido, alegre, balbuciante, sai a passear.

Sobre a iniciação e o comportamento sexuais do menino, Héroard nos fornece uma informação inédita e sem equivalente. Assim, seu *Journal*, que não é um diário íntimo, leva-nos ao próprio âmago da vida privada e da vida íntima do príncipe em seus primeiros anos. Gestos e discursos de adultos, reflexões que o incitam a expressar-se, perguntas que lhe fazem sabendo de antemão quais serão as respostas que ele dará, gestos sexuais, brincadeiras impudicas — o assunto é conhecido, constitui um dos capítulos mais originais do livro de Philippe Ariès.[35] Hélène Himmelfarb, exímia conhecedora dos comportamentos principescos do século XVII, comentou-os;[36] Pierre Debray-Ritzen[37] situou-os num contexto médico e pediátrico mais geral. Podemos lembrar suas observações e acrescentar algumas novas reflexões.

Não devemos exagerar a importância de tais anotações no *Journal* e pensar que ocupem páginas e páginas. Elas se confundem com o restante da informação, sendo escritas entre outras notas com a mesma banalidade, a mesma descontinuidade. De 1601 a 1610, anos da infância do príncipe, cerca de 3285 dias de vida, há um total de 101 anotações desse tipo, com um número de termos restrito.[38] Portanto, Héroard não privilegiou o detalhe de comportamentos cuja frequência real — não podemos duvidar disso — foi muito maior. Sua primeira observação sobre esse tema data de 24 de julho de 1602. O menino está com dez meses de idade, ri "a plenos pulmões" com o contato da ama. Numerosas desde os primeiros anos até 1606 (o delfim tem então de dois a cinco anos), as notas desaparecem quase totalmente a partir de 1607, ocorrendo apenas duas vezes em 1609 e 1610. Assim, foi na primeira infância que Héroard dedicou atenção especial aos comportamentos sexuais do pequeno príncipe.

O menino não é a testemunha inadvertida de atitudes e conversas que presencia, é o ator principal, incitado por um *entourage* que valoriza o sexo procriador. Esses jogos não são nem escondidos, nem vergonhosos. "Faz com que lhe beijem o pênis", "brinca com o pênis", escreve Héroard. Não há proibição nem repressão.

Esse *entourage* não é apenas o círculo da baixa criadagem, dos lacaios e das criadas, mas também o que participa da educação do pequeno príncipe. O rei, a rainha e sobretudo Héroard exigem "que nosso pequeno príncipe, designado pelo céu para comandar [...], comece por si mesmo, sabendo que é do dever de um rei não se tornar escravo do desejo e do prazer e sim dominar sob o poder da razão suas loucuras, vãs e excessivas [...] e que não julgue que o perfeito contentamento resida na ociosidade e em suas volúpias [...]": Héroard, que sentiu e respeitou excepcionalmente a infância na pessoa do pequeno rei que lhe foi confiado, é conivente com ele. Chama a atenção do menino para o próprio sexo, provoca o gesto (12 de dezembro de 1602, 12 de agosto de 1604, 27 de agosto de 1604, 2 de abril de 1605, 1º de julho de 1605, 19 de agosto de 1605, 17 de outubro de 1605) e as reações (17 de setembro de 1605, 21 de julho de 1606, 30 de novembro de 1606). Observa o que ocorre, registra escrupulosamente a atitude do menino, insiste no riso que acompanha os jogos sexuais. Em 15 de maio de 1606, após uma verdadeira exibição, anota à margem: "Por sua natureza amará o prazer".

O CORPO SOFREDOR DO REI: LUÍS XIV

As imagens íntimas do corpo enfermo e do corpo sofredor são as que nos fornecem os médicos de Luís XIV no *Journal* que elaboraram e que chegou até nós em sua forma manuscrita e original. Nesse texto não há brilho, e sim a miséria do corpo doente, os cuidados mais íntimos que lhe são prodigalizados e seus efeitos triviais, oferecidos ao leitor: estamos aí no centro da intimidade física do ser.

As grandes doenças que acometeram o rei ao longo de sua vida nos são descritas: a varíola em 1647, a *maladie de Calais* em 1658, o sarampo em 1663, os problemas com os dentes em 1684, a grande operação (da fístula) em 1686. A repercussão é pública, mas há também todas as indisposições menos espetaculares que se sucedem: vapores, fluxo de ventre, resfriados, dores de estômago etc. A descrição do médico retira o rei da cena pública e instala-o no foro privado, tendo por companhia a farmacopeia; apresenta os gestos do corpo enfermo de um modo que nenhum outro texto permitiria. Vejamos algumas das numerosas imagens, relatadas por Fagon.

Sofrimentos do corpo paralisado pela gota, noites de insônia: "A gota no pé direito impediu-o um pouco de dormir" (21 de novembro de 1688); "A dor [...] interrompeu-lhe o sono por algumas horas da noite"; "As noites foram péssimas, quase insones" (26 de setembro de 1694); "A dor [...] tornou-se muito violenta e quase insuportável entre onze horas e meia-noite" (3 de outubro de 1694). Insônias devidas a um furúnculo no pescoço: "Ao colocar a peruca de manhã, o rei sentiu dor na nuca [...] o rei passou a noite do sábado para o domingo sem pregar o olho". Tais dores e sofrimentos não o eximem de seus deveres, porém o obrigam a cumpri-los em condições incomuns. Fagon registra sua impossibilidade de se calçar: "A gota impede o rei [...] de usar seu sapato habitual" (maio de 1696); necessidade de usar "galochas" para o passeio a Marly em 6 de maio de 1699 sob uma chuva muito fria ou de ser transportado em liteira. Quando a dor se torna insuportável demais, o soberano guarda o leito, onde continua a tratar dos assuntos de Estado. Em janeiro de 1705 é o catarro gotoso: "A dor que o rei sentiu ao mover-se esta manhã quando saía do leito aumentou-lhe de tal modo o sofrimento [...] o rei não pôde deixar o leito [...] ali ouviu a missa e permaneceu todos os dias, reunindo seu conselho sem poder levantar-se por causa da dor".

Os efeitos da doença sobre a condução dos negócios, a repercussão do privado e do íntimo sobre o público não aparecem no balanço de 1685? Os anos de 1685, ano da revogação do Edito de Nantes, e 1686 são marcados pelo estado atroz da mandíbula do rei, seus sofrimentos indizíveis após a extração radical de 1684, depois a operação da fístula corajosamente decidida e corajosamente suportada. Essa conjunção do estado de saúde e do erro na condução do Estado sugere a comparação com outras situações dramáticas bem mais próximas de nossa época.[39]

Em contrapartida, o evento público exerce seus efeitos sobre a saúde do rei: um exemplo são as fadigas das campanhas militares; "o rei não poupou, nem de dia nem de noite, suas dores e suas fadigas em Mardick, tanto para o cerco de Dunquerque quanto para o de Bergues", escreve Vallot em 1658, quando o monarca está com vinte anos. E em 1691 é Fagon quem registra: "Após o longo e penoso trabalho que se deu no cerco de Mons [...] teve gota no pé".

Os excessos da vida sedentária são atribuídos à dedicação aos assuntos de Estado. Em 1670: "Muitas vezes, quando Sua Majestade saía do Conselho, à noite, a cabeça pesava-lhe e doía-lhe e estava cheia de vapores". Em 1674: "O ar e o movimento fazem-lhe um bem notável para essa incomodidade renovada em todas as coisas pela vida sedentária e pela dedicação aos assuntos [de Estado]".

A provação privada inelutavelmente provoca o desequilíbrio do corpo, "malgrado a coragem inabalável na dor, nos perigos", segundo as palavras de Fagon, malgrado o autodomínio. Citaremos aqui apenas um exemplo, o maior do texto. Em 1711, é a "catástrofe", como diz Fagon, "da morte de monsenhor", o abalo de todo o ser físico: "Chegando essa noite a Marly, Sua Majestade caiu num tremor geral de vapores causados pelo choque violento no coração [...] e desde tal dia a renovação contínua do triste estado doloroso, mantido por todas as ordens que o rei foi obrigado a dar sobre esse assunto aflitivo, tornou a tristeza sempre presente, sustentando assim os maus efeitos". Depoimento inestimável, mas o *Journal* de Fagon, por motivos que desconhecemos, interrompe-se definitivamente alguns dias depois. Que teria escrito sobre as provações de 1712, sobre a repentina morte do duque e da duquesa de Borgonha, que colocou em risco a continuidade da Coroa?

Mais ainda que os elementos da vida privada material e afetiva, é portanto a consciência desta, o lugar que ela ocupa na sensibilidade da época que nossa pesquisa permitiu abordar. O privado constitutivo da vida cotidiana, o íntimo constitutivo da vida privada, nos sentidos que hoje lhes damos ("a que o público não tem acesso, não é admitido"), não constituem tema de escritos antes da segunda metade do século XVII. Os raros exemplos que possuímos não devem mascarar essa realidade. Assim, a densidade de informações sobre a vida privada do sire de Gouberville: o autor não se compraz em relatá-la, enuncia os fatos com total indiferença pelo assunto. E isso é característico:

sequidão das palavras, pudor das situações, silêncios, ausência de narrativa — tudo é de uma extrema reserva. Esses traços singulares dos diários franceses, tanto dos mais desenvolvidos como dos mais curtos, revelam-se melhor na comparação com os *diaries* ingleses, pois o discurso do diário privado na Inglaterra é infinitamente mais rico, livre, abundante, precursor.

Na França, portanto, muitas vezes é a figura pública que está na origem dos textos mais ricos sobre o privado, não como objeto de sua própria escritura (mais tarde isto não estará excluído, basta lembrar Luís II da Baviera), mas como objeto da escritura do outro: parente, médico ou servidor. Não se trata de indiscrição; a própria função que exercem os leva a revelar a vida, os atos, o ser físico do príncipe, seu ser íntimo: Héroard, Fagon, Dubois, madame de Motteville não têm rival na escritura privada do século XVII.

A partir daí devemos concluir que não existe vida íntima no século XVII? Se esta não foi objeto de memórias, a vida da alma foi objeto de escritura. Exames de consciência, diários religiosos tiveram um lugar importante no século XVII: evolução espiritual, retrato interior. No entanto, não se incluem na escritura do foro privado que procuramos abordar aqui.

NOTAS

1. Furetière, *Dictionnaire universel*, 1690. Publicada em 1690, essa obra constitui o melhor repertório que existe do vocabulário da língua francesa e das definições do século XVII.

2. Sobre este assunto, devem-se reler as atas do colóquio de Estrasburgo de 18-20 de maio de 1978, *Les valeurs chez les mémorialistes français du XVII*e *siècle avant la Fronde*, Klincksieck, 1979; Marc Fumaroli, *Mémoires et histoire: le dilemme de l'historiographie humaniste au XVI*e *siècle*, pp. 21-45.

3. Margaret Mac Gowan, *Gloire et recherche de soi*, pp. 221-3.

4. Yves Coirault, *Mémoires de Saint-Simon*, Gallimard, "Bibl. de la Pléiade", 1983, introdução.

5. Émile Bourgeois e Louis André, *Sources historiques*, 1610-1715, 8 vols., t. II, *Mémoires et lettres*, Paris, 1913.

6. A. Cioranescu, *Bibliographie de la littérature française du XVII*e *siècle*, CNRS, 1969, 3 vols.

7. Henri de Campion, *Mémoires*, Mercure de France, 1967; atas do colóquio de Estrasburgo, op. cit.; Bernard Beugnot, *Livre de raison, livre de retraite.*

8. Michel de Marolles, *Mémoires*, Paris, 1656-7, 2 vols.

9. Fontenay-Mareuil, *Mémoires*, Paris, Michaud e Poujoulat, 1837.

10. Philippe Lejeune, *L'autobiographie en France*, Paris, Armand Colin, 1971.

11. Madeleine Foisil, *Le sire de Gouberville, un gentilhomme normand au XVIe siècle*, Paris, Aubier, 1981.

12. Christian Jouhaud, *Mazarinades, la Fronde des mots*, Paris, Aubier, 1985. Um estudo notável e muito sugestivo do ponto de vista da metodologia da leitura.

13. Os textos abordados foram objeto de estudos específicos: Sylvie Fontaine, *Le livre de raison de Paul de Vendée d'après le Journal de Messire Paul de Vendée, seigneur de Vendée et de Bois-Chapeleau, publié par l'abbé Drochon, Société de Statistique des Deux--Sèvres, 1879*, tese de mestrado, Paris-Sorbonne, 1981; Vincent Boyenval, *Le livre de raison de Charles Damaillasson, 1643-1694, publié par V. Baldet, Archives Historiques du Poitou*, t. XXXV-XXXVI, 1907-1908, tese de mestrado, Paris-Sorbonne, 1981; *Pierre Bourut, sieur des Pascauds, papier de raison publié par A. Mazière, Bulletin de la Société Archéologique de la Charente*, 1902-3, t. III, 1-177; Sylvie Noëlle Fabarez, *Les livres de raison de Trophime Mandon d'après les manuscrits conservés aux Archives Nationales*, tese de mestrado, Paris-Sorbonne, 1983-4; Corine Bouquin, *Beauchamp, vie d'une seigneurie du comtat Venaissin au XVIIe siècle, d'après le livre de raison de François du Merles, seigneur de Beauchamp*, tese de mestrado, Paris-Sorbonne, 1983-4; Patricia Moutet, *Le vécu quotidien professionnel, familial et social du XVIIe siècle d'après les livres de raison d'Eusèbe Renaudot, médecin parisien, 1646-1679, et de Mathieu François-Geoffroy, maître apothicaire parisien, 1670-1702*, tese de mestrado, Paris-Sorbonne, 1984; Christine Wautier, *Le foyer et la sociabilité au XVIIe siècle, d'après le livre de raison de Marguerite Mercier conservé à la Bibliothèque d'Histoire du Protestantisme Français*, tese de mestrado, Paris-Sorbonne, 1981; Florence Terrien-Duquesne, *Mémoires, oeuvres morales et Journal de Jean Maillefer d'après les Mémoires de Jean Maillefer, marchand bourgeois de Reims (1611-1684), publiés par Jadart, Reims*, tese de mestrado, 1979-80; Nadine Meaupoux, *Étude structurelle thématique de journaux et Mémoires protestants: le foyer et la famille*, Paris, 1981, em especial segundo o *Journal* de Jean Migault, publicado conforme o texto original por N. Weiss, reimpressão, 1978, 307 pp., tese de mestrado, 1982.

14. Dumont de Bostaquet, *Mémoires*, Paris, Mercure de France, 1968.

15. Jean Héroard, *Journal de Louis XIII*, Bibliothèque Nationale, ms. fr. 4022-4027. A única edição do texto, bastante medíocre, só pode dar uma ideia falsa do texto: Soulié e Barthélemy, *Le Journal de J. Héroard*, Paris, 1868, 2 vols.

16. Vallot, Daquin, Fagon, *Journal de la santé du roi Louis XIV de l'année 1647 à l'année 1711*, publicado por J. A. Le Roi, Paris, 1862, in-8º, 441 pp.

17. Dubois de Lestourmière, *Mémoires publiés par L. de Grandmaison*, Boletim da Sociedade Arqueológica, Científica e Literária do Vendômois, 1932-5.

18. Madame de Motteville, *Mémoires*, Michaud et Poujoulat, 1838.

19. Madeleine Foisil, "Le *Journal* d'Héroard, médecin de Louis XIII", *Études sur l'Hérault* 15, 1984, n°s 5-6, pp. 47-51. "Et soudain Louis, neuf ans,

devint roi", *Historama*, abril de 1985. Esses breves artigos são a síntese de numerosos trabalhos, teses de terceiro ciclo, teses de mestrado, feitos sobre o *Journal* de Héroard no decorrer de uma edição crítica empreendida pelo Centre de Recherche sur la Civilization de l'Europe Moderne. Devem-se a Monique Beynes-Jauffret, Sylvain Bihoreau, Thierry Bornet, Pascal Busson, Marie-Christine Cecillon, Patrick Coville, Valérie Desnoyers, Catherine Dufils, Christian Dupin, Michel Flament, Isabelle Flandrois, Didier Lamy, Laurence Leport, Francis Montécot, Bruno Nguyen, Marie-Christine Varachaud.

20. Pierre Chaunu, Annick Pardailhé-Galabrun, *La chaleur du foyer, étude du foyer parisien d'après les inventaires après decès, XVIIIe siècle*, obra no prelo; Daniel Roche, *Le peuple de Paris*, Paris, Aubier, 1981.

21. Élisabeth Bourcier, *Le journaux privés en Angleterre*, Paris, 1976.

22. Madeleine Foisil, *Le sire de Gouberville* [...], op. cit., "Bâtir et réparer", pp. 128-35.

23. Ver o que diz sobre isso Jean-Marie Constant, *La vie quotidienne de la noblesse française au XVIIe siècle*, Paris, Hachette, 1985, pp. 222-3.

24. Houdard, *Les châteaux royaux de Saint-Germain-en-Laye*, Paris, 1911.

25. Élisabeth Bourcier, op. cit., pp. 221 ss.

26. Samuel Pepys, *Journal*, Mercure de France, 1985.

27. Lucien Clare, "Les triomphes du corps ou la noblesse dans la paix, XVIIe siècle", *Histoire, Economie, Société*, 1984, nº 3.

28. Madeleine Foisil, *Le sire de Gouberville* [...], op. cit., t. IV, parte II, "Maladie et mort", pp. 209-18.

29. Jean Maillefer, op. cit., pp. 270 ss.

30. Xavier Azema, "Un prélat valétudinaire, Mgr de Saint-Simon, évêque d'Agde, *Études sur l'Hérault*, 1985.

31. Élisabeth Bourcier, op. cit., parte II, cap. IV.

32. Ibid. Os exemplos que se seguem foram extraídos do cap. IV, op. cit.

33. Este estudo baseia-se em trabalhos inéditos feitos sobre o *Journal* no Centre de Recherche sur la Civilization de l'Europe Moderne.

34. Jacques Gélis, Mireille Laget, M. F. Morel, *Entrer dans la vie: naissance et enfance dans la France traditionnelle*, Paris, col. "Archives", 1978. O *Journal* de Héroard confirma de maneira exemplar as observações feitas por esses autores sobre a criança de pouca idade, estabelecidas a partir de textos muito mais teóricos.

35. Philippe Ariès, *L'enfant et la vie familiale sous l'Ancien Régime*, Paris, Ed. du Seuil, 1973.

36. Hélène Himmelfarb, "Un journal peu ordinaire", *Nouvelle Revue de Psychanalyse*, "L'Enfant", nº 19, primavera de 1979.

37. Pierre Debray-Ritzen, *La sexualité infantile*, Paris, 1982.

38. Pesquisa feita por Isabelle Flandrois no contexto da introdução à publicação crítica *do Journal* de Jean Héroard.

39. Sugestões feitas por Pierre Chaunu, seminário de pesquisa de 26 de março de 1985.

AS PRÁTICAS LITERÁRIAS OU A PUBLICIDADE DO PRIVADO

Jean Marie Goulemot

Das reflexões tão sugestivas de Philippe Ariès sobre a vida privada, reterei aqui o que guiará minha análise, disposto a discutir evidências ou a examinar suas implicações. E, para começar, o que se apresenta como uma oposição muito simples. Por um lado, a vida comunitária do Ocidente cristão na Idade Média, que, segundo a lição de Philippe Ariès, exclui a razão de ser e por conseguinte as práticas da vida privada. E não é errado mencionar em conjunto a família ampliada, os ritos comunitários, a rede de relações e obrigações que colocam o homem numa ligação pública com o outro. Podemos ficar no mais geral — a organização do grupo — e descer ao mais particular — a casa, a exibição da vida orgânica, a oração em comum, a religião aberta e até mesmo, por espantoso que pareça a nossa mente habituada a outros costumes, a dança conventual das freiras. A essa vida essencialmente pública, a essas práticas e a essa ideologia que recusam o secreto, o ato individual, para favorecer a transparência dos corações e dos corpos e colocam todas as vidas sob o olhar da comunidade é fácil opor as práticas próprias da era clássica. Nesse período de constituição do Estado e de profunda mutação da sociedade civil, em que o poder político visa a assegurar-se o monopólio da violência e a controlar as pessoas e seus corpos, bem como a produção de bens e signos culturais, ao mesmo tempo que surge um novo espaço público — que não é minha intenção descrever aqui — aparece também um espaço privado no qual, longe dos olhares e do controle da comunidade e do poder, definem-se novas práticas. Ou, para ser mais exato, em cada uma das áreas da prática social ou cultural muitas vezes se avizinham dois espaços unidos: o público e o privado. Paralelamente ao ritual público da Igreja surgem a oração mental e o exame de consciência, enquanto o protestantismo define a possibilidade de uma relação individual com as Escrituras. Às atividades sociais abertas acrescenta-se, no meio urbano, a constituição do espaço fechado de habitação marcado com seu sinal por quem o ocupa: as pessoas organizam sua casa, a intimidade do lar. O quarto de dormir como sede do recolhimento e da intimidade data dessa época. A casa se opõe então à organização do espaço urbano (praças, logradouros públicos), que tende a colocar sob o olhar da autoridade e da comunidade toda uma parte das atividades do indivíduo que se tornou sujeito. Dessa época data também a dissimulação do orgânico: novas regras determinam os hábitos à mesa, novos comportamentos sexuais instalam a sexualidade no segredo das alcovas e das consciências. Os manuais de civilidade servem ao mesmo tempo para impor novas condutas através dos modelos altamente valorizados e para excluir necessariamente do espaço público comportamentos que outrora lhe pertenciam. A vontade de mutação e de homogeneização veiculada pelos códigos de civilidade, seu projeto de modificar hábitos de vida considerados grosseiros ou arcaicos levam forçosamente a excluir do espaço social público comportamentos que não obstante são naturais. As novas civilidades acarretam o secreto na falta da renúncia: abstinência ou jejum.

Examinando atentamente essa oposição de duas épocas, tenderíamos a dizer que haveria um antes, no qual todas as atividades do indivíduo encontrariam lugar num espaço público, e um depois, no qual estariam submetidas ao controle do poder público, sucinto e esquemático, ou inseridas num espaço privado, doravante necessário e que se apresentaria como defesa, recurso ou preservação. Podemos admitir que o espaço privado constituído durante a era clássica (e as ideologias que dele se encarregam) é, ao mesmo tempo, uma necessidade ditada pelas novas formas de organização do intercâmbio social e um meio de proteger-se de um conjunto de normas e controles. Assim, parece-me conveniente ler aí uma dialética da recusa e da imposição.

Tal abordagem da evolução dos sistemas de representações, da organização do intercâmbio social e das práticas culturais implica tentarmos avaliar avanços e recuos, acelerações e morosidades, sem no entanto procurarmos investigar o porquê das mutações ou das estabilidades discerníveis. Mas também, no campo que aqui é o meu, implica tentarmos definir aquilo a que podia corresponder, numa primeira fase, a literatura de uma época que ignorava o espaço privado, a intimidade e talvez até mesmo o particular. Sem entrar no detalhe de um período particularmente prolífico em sua expressão cultural, caberia lembrar o caráter oral e público da literatura medieval: canções de gesta, *chansons de toile*,* *fabliaux*,** obras teatrais, para citar apenas esses gêneros, mostram bem que a apreensão da literatura ainda não é concebida como um ato estritamente individual. Sem dúvida, isso se deve às condições da própria produção literária e às práticas contemporâneas da leitura. Parece evidente também que a temática das obras refere-se prioritariamente ao coletivo, quer se trate do mundo feudal engajado na defesa da cristandade ou nas lutas fratricidas, quer se trate da corporação dos clérigos que se reconhece no simbolismo do *Roman de la rose* [Romance da rosa]. A meu ver a celebérrima *Table ronde* [Távola redonda] dos romances bretões, os laços que unem os heróis traduzem, cada qual a sua maneira, o aspecto basicamente coletivo das obras, além da leitura que delas podemos fazer hoje. Veremos uma prova suplementar no caráter essencialmente religioso da maioria das obras medievais, e é através dele que com certeza se exprime melhor a fusão do particular no geral. O lirismo de François Villon, ainda que a partir do século XIX toda uma tradição queira transformá-lo no fundador da lírica moderna, remete não tanto à intimidade da pessoa, mas à consciência infeliz de se ver apartado das re-

* Histórias contadas por mulheres enquanto cosiam ou teciam. (N. T.)

** Narrativa curta, em versos octossílabos, típica da literatura francesa nos séculos XII a XIV. (N. T.)

gras da comunidade. A infelicidade nasce da separação e, apesar da escritura de paródia, o *Testament* vale-se de uma prática social que insere cada indivíduo numa rede de filiações e de intercâmbios. A tristeza pelo tempo que passa, tão intensa em Villon, expressa-se através da experiência geral, e sempre caracteriza seus poemas a vontade de reencontrar uma comunicação com o outro comunitário: "Irmãos humanos que depois de nós viveis [...]", ou ainda "Dizei-me onde, em que país [...]". A abertura retórica das baladas traduz esse apelo angustiado, essa vontade de reencontros. Se fosse preciso acrescentar um traço suplementar, deveríamos mencionar aqui o anonimato largamente majoritário das obras, acrescentando-lhes os vínculos do escritor com a comunidade medieval: o jogral, o clérigo, o autor de mistérios ou de teatro profano só existem através da comunidade que os "comandita": universidade, convento, confraria, cidade... É ela, como portadora de práticas culturais, que justifica sua existência e fornece a razão de ser de uma obra que deve servi-la e ilustrá-la.

ESPAÇO PRIVADO E LITERATURA NA ERA CLÁSSICA

Nossa proposta de identificar nas obras literárias da era clássica deslocamentos, tensões e conflitos é problemática. Um sociologismo muito ativo levaria a analisar os conteúdos das obras. Procuraria nas aventuras deste ou daquele herói, no ambiente em que transcorre a intriga, num ou noutro detalhe referente aos costumes e aos hábitos a prova da existência de um espaço privado. Por tal óptica, a literatura nada teria a dizer por si mesma, pelo que lhe é específico. Estaria reduzida a mero documento. Por certo, é interessante observar que o romance libertino de um Crébillon ou de um Nerciat tradicionalmente situa sua intriga no quarto, no *boudoir* ou na alcova, mas isso basta para deduzir daí um depoimento sobre o espaço privado numa época em que o romance dos grandes espaços, da viagem intercontinental ou urbana continua sendo muito importante? A *Sopha*, aos *Égarements* [Descaminhos], a *La nuit et le moment* [A noite e o momento] de Crébillon filho poderemos contrapor o caráter errático de *Jacques le fataliste*, de Diderot, ou dos heróis de *Manon Lescaut*, do abade Prévost. Enumerar os romances de grandes espaços e os romances de âmbito íntimo poderia, na melhor das hipóteses, indicar tendências, porém ainda faltaria interpretá-las. Se o romance libertino atesta a existência de um local privado dos prazeres (essas célebres "*petites maisons*", essas "loucuras" que farão as delícias noturnas das elites urbanas), o paradoxo não consiste justamente em sua exposição romanesca? Enquanto as formas novas do intercâmbio social conduzem a uma privatização e a uma ocultação da vida amorosa, não introduz o romance libertino uma transgressão que consiste em falar do que deve ser silenciado e em transformar, para o leitor atento, em ato público o que doravante pertence ao espaço íntimo e privado? Não iremos ao ponto de fazer dessa revelação das atividades que pedem sigilo a expressão de uma nostalgia ou de uma recusa. A ambiguidade reina soberana, tudo nos incita a trocar o certo pelo duvidoso. Uma leitura superficial nos levaria a interpretar a exposição do privado como uma transgressão radical, porém isso seria esquecer que a posição de voyeur que o romance libertino impõe ao leitor por sua vez privatiza a própria apreensão do privado por um terceiro. Assim, mais vale ser cauteloso e manter-se atento às ilusões de perspectiva.

Portanto, mais que os conteúdos narrativos (encenações romanescas ou depoimentos sobre a constituição do espaço privado pelo viés do texto literário), minha análise enfocará a presença de um espaço privado entrevisto nas novas formas de narração, nas ideologias e nas novas práticas da literatura. Minha reflexão será centrada basicamente no surgimento de diários íntimos, memórias, romances na primeira pessoa, relatos utópicos que pouco a pouco se elaboram como gêneros ou pelo menos como categorias, mas também se voltará para a constituição de novos processos de legitimação da escritura literária: doravante, o escritor fundamenta apenas em si mesmo, por sua pessoa moral, a verdade de sua obra, como Jean-Jacques Rousseau faz com brilhantismo nos *Dialogues de Rousseau avec Jean-Jacques* [Diálogos de Rousseau com Jean-Jacques], sem no entanto esquecer os objetos novos que a literatura adquire: o conhecimento do eu (*Les confessions*) pela autobiografia, ou a pornografia, que se torna uma parte importante da produção literária na segunda metade do século XVIII. Pensando bem, tudo isso faz sentido: novos temas, novas formas narrativas, novas legitimações do ato de escrever (ideologia outra do escritor e da escritura) reúnem-se num complexo emaranhado. Se aí podemos ler um trabalho — e quantas formas de penetração sob esse único vocábulo! — do espaço privado numa prática cultural privilegiada que, no crepúsculo do Século das Luzes, se chamará literatura, mais uma vez devemos evitar um sociologismo redutor e significações aparentes, que se evidenciam de modo imediato demais para avaliar tensões contraditórias. O erro seria crer que a situação particular do íntimo condenado ao silêncio sob pena de se negar — margem necessária e recurso assumido nem sempre sendo possível distinguir com precisão — forneça os meios para uma reinterpretação da literatura da era clássica. No entanto, pode nos ajudar a compreender melhor as novas questões que se apresentam aos escritores e a seu público. E, tudo somado, talvez devamos em parte a ela essa comunicação perversa feita de nossos desejos, nossos sonhos, nossos mitos e nossos fantasmas que chamamos "literatura".

AS TENSÕES CONTRADITÓRIAS DA RENASCENÇA

MONTAIGNE OU A MUTAÇÃO DO CONHECIMENTO

Nisto também o século XVI evidentemente é um período de transição que, sob muitos aspectos, prolonga as mutações e as fraturas das práticas literárias de fins da Idade Média. Sem pretender expor aqui a inesgotável riqueza da literatura da Renascença, parece-me necessário apresentar três figuras capazes de ilustrar o "trabalho" dos hábitos culturais por esse espaço privado em constituição que já mencionei. Em primeiro lugar, Montaigne. Não pretendemos analisá-lo exaustivamente, nem tampouco a Rabelais ou a Ronsard. A obra desses três escritores excede em muito o ponto de vista extremamente limitado que adotei no presente trabalho. Ler Montaigne, Rabelais ou Ronsard ultrapassa de longe nosso escopo. Eu gostaria simplesmente de lembrar a mutação do conhecimento (e em especial de sua posição) que os *Ensaios* representam. Nada neles remonta à suma medieval ou ao comentário escolástico. À suma, os *Ensaios* contrapõem uma escritura do fragmentário. Ao comentário, que remete a uma obra única por ele glosada, contrapõe um florilégio infinito de fontes e leituras variadas. O que confere coerência aos *Ensaios* é em primeiro lugar Montaigne, único senhor de suas referências e de suas questões, numa palavra, inventor de sua biblioteca. Conhecendo as frases célebres nas quais Montaigne definiu sua arte de ler (vontade de pilhar, de friccionar o cérebro no de outrem...), podemos preferir esta passagem de "A ociosidade" (I, VIII):

> Há pouco tempo retirei-me a minha casa, decidido, na medida do possível, a não fazer outra coisa senão passar em repouso, e no isolamento, o pouco de vida que me resta: parecia-me impossível fazer maior favor a meu espírito que deixá-lo em plena ociosidade, conversando consigo mesmo [...]. Mas percebo que, ao contrário, como o cavalo que escapa, ele dá a si mesmo cem vezes mais trabalho do que assumia em relação a outrem; e me engendra tantas quimeras e monstros fantásticos, uns após outros, sem ordem e sem propósito, que para contemplar à vontade sua inépcia e sua estranheza comecei a arrolá-las, esperando com o tempo infundir-lhes vergonha.

Por trás do tom zombeteiro reconhecemos uma liberdade que quer ser plena, a afirmação dos poderes do eu e da atenção que se deve dar-lhe. Os *Ensaios* não se cansam de repetir que o conhecimento, e mesmo a sabedoria, em última análise nunca é exterior ao sujeito que o procura, escolhe e ordena. É ele que o constitui, e com isso Montaigne recusa todo conhecimento pré-constituído. Só admite sua existência no processo através do qual o eu interroga as evidências, os conhecimentos estabelecidos, as sabedorias institucionais ou reveladas. Nada é adquirido. Indo ainda mais longe, não só faz de seu eu que lê e pensa o fundador de todo conhecimento, como o transforma em objeto privilegiado de sua reflexão. Aí também não faltam citações. "Aqui estão minhas fantasias, pelas quais não procuro dar a conhecer as coisas, e sim a mim" (II, XX, "Dos livros"), e também: "Ouso não só falar de mim, como falar só de mim" (III, VIII, "Da arte de conversar"). A afirmação se repete sem cessar e parece uma provocação. Não que lhe seja proibido falar de si mesmo, mas porque ainda se considera que o eu não é fonte nem de sabedoria, nem de conhecimento. Ele existe de fato? O interesse pelo eu é, no melhor dos casos, ridículo e inútil; no pior dos casos é pecado. Lembremo-nos de santo Agostinho. Montaigne tem perfeita consciência de alterar o ato de escrever, mas não se culpa por isso. "Este é um livro de boa-fé, leitor. Desde o início ele te adverte de que não me propus objetivo nenhum, quer doméstico, quer privado: nele não tive nenhuma consideração em servir a ti ou a minha glória." A advertência "Ao leitor" é de uma clareza exemplar, pois nela se definem o caráter privado da escritura *e* um uso privado da literatura num surpreendente efeito de espelho.

RABELAIS DIVIDIDO

Em seguida Rabelais. A célebre análise de Mikhail Bakhtin mostrou a situação particular de François Rabelais e de sua obra nesta Renascença. Rabelais seria o herdeiro desse burlesco que definiria a cultura popular medieval. *Gargântua* e *Pantagruel*, parcialmente engajados nos combates do humanismo, veiculariam na essência toda a cultura do povo da Idade Média. A linguagem, o que Bakhtin chama "o vocabulário da praça pública", feita de invenções e de hábitos, mas também as formas e as imagens da festa medieval com seus mecanismos de inversão, seus gigantes e seus loucos. Mais amplamente, ela erigiria em filosofia da existência a concepção grotesca do corpo e valorizaria o "vil" material e corporal contra uma visão ao mesmo tempo aristocrática, cristã, humanista e cortesã do homem. Segundo Bakhtin, portanto, Rabelais não seria esse homem do Renascimento, como pretende a tradição da história literária. *L'oeuvre de François Rabelais et la culture populaire du Moyen Âge et de la Renaissance* [A obra de François Rabelais e a cultura popular da Idade Média e da Renascença] mostra que esse Rabelais desajustado, tido muitas vezes como contrário aos "cânones e às normas da arte literária", só pode ser explicado como um produto da cultura carnavalesca popular da Idade Média inserido na Renascença.

O que pretendo aqui não é mostrar a riqueza da análise de Mikhail Bakhtin ou discutir algumas de suas proposições, e sim tentar compreender de outra forma a obra de Rabelais. O que para Bakhtin é a expressão mais exata da cultura carnavalesca também pode remeter a um estado de sociedade que, por sua natureza, exclui a possibilidade de um espaço privado. É o que ocorre com tudo que em Rabelais remete ao orgânico: em *Gargântua*, o capítulo XIII, dos *torcheculs** ("Como Grandgousier reconhece o espírito maravilhoso de Gargântua pela invenção de um *torchecul*"), ou ainda o XVII, em que o protagonista urina em cima dos parisienses que vão admirá-lo ("Como Gargântua deu as boas-vindas aos parisienses e como pegou os grandes sinos da igreja de Nossa Senhora"), seriam apenas a transcrição verbal de uma prática social admitida e reconhecida. Ela só seria chocante nessa segunda metade do século XVI porque novos códigos de civilidade começam a impor-se, excluindo, como já disse, a exibição do orgânico. O mesmo anacronismo é válido para a incontinência verbal, a referência aos gigantes, ao parto de Gargamel e a mil outros episódios da tetralogia rabelaisiana.

Assim, nada nos impede de interpretar a obra de Rabelais como um espaço de tensões contraditórias: de um lado, a presença da festa, do carnaval, do que na verdade melhor encarna a sociabilidade aberta da comunidade medieval; do outro, através do projeto educativo, a crítica das autoridades religiosas e políticas, a adesão

* Termo chulo que designa pedaço de pano ou de papel usado para limpar-se após a evacuação. (N. T.)

a formas do intercâmbio social que as contradizem. Até o enciclopedismo rabelaisiano é questionável. Como em Montaigne, representa uma escolha, uma afirmação da liberdade de constituir-se um conhecimento próprio, sem ideias prontas, sem crenças estabelecidas; sob muitos aspectos, no entanto, o anseio de totalidade que lhe é implícito sob novas roupagens remete à suma medieval.

RONSARD: A EXIBIÇÃO DO SINGULAR

Por fim Ronsard. Cabe atribuir-lhe, e também à Plêiade, o surgimento do lirismo poético, no sentido em que será definido pelos românticos: expressão de sentimentos e experiências pessoais. Com efeito, se a poesia de Ronsard continua sendo amplamente um gênero cantado (em sua época muitos de seus poemas serão musicados), se Ronsard não escapa totalmente a formas coletivas (e não mais comunitárias) de intercâmbio social e cultural que resultarão nos *Discours de misères de ce temps* [Discursos das misérias desta época] e em *La franciade* [A francíada], ele no entanto não é mais o homem que, como François Villon, sofre com sua separação da comunidade de crentes e cuja inspiração é definida pela consciência infeliz do afastamento. O lirismo de Ronsard, além de adotar formas novas (ode e soneto, entre outras), expressa-se unicamente pelo viés de um destino próprio. A reflexão sobre a efemeridade do tempo encarna-se numa exaltação do sujeito, de seu desejo, de suas angústias e de seus amores. Os poemas que Ronsard escreve às vésperas de sua morte ilustram perfeitamente essa apropriação do tema geral pelo discurso particular.

Je n'ay plus que les os, un squelette je semble,
Decharné, denervé, demusclé, depoulpé,
Que le trait de la Mort sans pardon a frappé;
Je n'ose voir mes bras de peur que je ne tremble.
Apollon et son filz, deux grans maistres ensemble,
Ne me sçauroient guerir; leur mestier m'a trompé,
Adieu, plaisant Soleil! mon oeil est estoupé,
Mon corps s'en va descendre où tout se desassemble.

Quel amy me voyant en ce point despouillé
Ne remporte au logis un oeil triste et mouillé,
Me consolant au lict et me baisant la face,
En essuiant mes yeux par la Mort endormis?
Adieu, chers compaignons, adieu, mes chers amis!
*Je m'en vay le premier vous preparer la place.**

Nesses versos, ao contrário dos de Villon, percebemos uma ausência absoluta de referência à comunidade cristã, ausência que modifica radicalmente a forma de interpelação. A solidão é vivenciada como desgraça, a aproximação da morte como uma decadência física do indivíduo. Contudo, ao mesmo tempo o singular, o pessoal, o íntimo se expõem. A descrição realista do sofrimento, da ruína do corpo pertencia ao espaço público da comunidade medieval: povoava a escultura das igrejas e a estatuária dos ossários. Aqui, inscrita num destino pessoal, enunciada na forma do "eu", continua proferindo-se no espaço público literário. Situação paradoxal, pois — assim determina a nova civilidade — tudo a destina ao mundo do silêncio e do sigilo.

Esse exame de três obras mestras do século XVI permite definir uma zona de transição em que se afirmam constantes e surgem novidades: Rabelais contraditório e Ronsard às vésperas de uma mutação do discurso poético que a era clássica ocultará. Com Montaigne e os poetas da Plêiade definem-se novas relações do sujeito com a literatura. É o íntimo do sujeito que justifica e legitima sua expressão, quer se trate do lirismo, quer se trate des-

* Já não tenho senão os ossos, pareço um esqueleto,/ Sem carne, sem nervos, sem músculos, sem polpa,/ Atingido implacavelmente pela seta da Morte;/ Não ouso olhar meus braços temendo tremer./ Apolo e seu filho, ambos grandes mestres,/ Não me poderiam curar, seu ofício traiu-me./ Adeus, amável Sol! meu olho se embaça,/ Meu corpo vai descer para onde tudo se desmantela./ Que amigo, vendo-me a tal ponto combalido,/ Não traz à casa um olho triste e molhado,/ Consolando-me no leito e beijando-me a face,/ Enxugando-me os olhos adormecidos pela Morte?/ Adeus, caros companheiros, adeus, meus amigos queridos!/ Vou na frente preparar-vos o lugar. (N. T.)

se conhecimento em formação proposto pelos *Ensaios*. O essencial é menos identificar uma literatura do sujeito que mostrar que o eu, sua liberdade e sua história legitimam o ato de escrever. Esses novos processos da escritura filosófica ou poética revelam a sua maneira o sintoma opaco da constituição de um espaço privado que ainda não é marcado pelo selo do secreto nem atingido por nenhuma proibição de discurso nessa época transitória.

A ERA CLÁSSICA: OCULTAÇÃO E VERDADE DO PRIVADO

O PRIMADO DO UNIVERSAL

A lógica gostaria que correspondessem à era clássica uma depuração e um aprofundamento das tendências surgidas na Renascença. Nada é menos evidente. Embora seja possível assinalar a permanência de uma tradição — essencialmente nos romances barrocos de Scarron, Sorel e Furetière —, que cabe relacionar com a tradição rabelaisiana, guardadas as devidas proporções, o que define a era clássica é em primeiro lugar o processo de ocultação do privado e do íntimo. Quer na poesia lírica, quer no teatro, o movimento é o mesmo. Assim, não seria correto ver na paixão da era clássica pelo teatro a prova de uma persistência dos intercâmbios comunitários. Nada é menos verdadeiro. O teatro que nasce com o século XVII não tem a mesma função do teatro medieval. Entre eles há diferenças de natureza, é óbvio, e acima de tudo diferem radicalmente no modo como se inserem na vida da cidade. Ao contrário dos mistérios ou das comédias medievais, o teatro clássico não pertence a um ritual civil ou religioso. Portanto não envolve nem a comunidade cristã, nem o grupo ao qual se dirige, ainda que represente o lazer privilegiado das elites da cidade e dos letrados da corte. É visto como uma arte, esteticamente codificada — ou seja, só de modo acessório remete a outra coisa que não a si mesmo —, e em sua essência nada tem a ver com o cotidiano e a organização do tempo vivido. Seu objetivo é estético e, malgrado as declarações dos doutos, secundariamente moral ou religioso. A tragédia sacra torna-se um gênero à parte com seus autores — Boyer (*Judith*, 1696), Duché (*Jonathan*, 1699; *Absalon*, 1702), Nadal (*Saül*, 1705; *Hérode*, 1709) — e na carreira de Racine distingue-se meticulosamente o teatro sacro do profano. Religioso ou não, o teatro agrada ou não agrada, e a relação que se estabelece entre o palco e a plateia obedece essencialmente a essa ordem do prazer. Assim, desconfiemos das analogias enganosas, ainda que o "teatro da feira" (peças muito animadas representadas em italiano por ocasião das grandes feiras parisienses), catalogado por Lesage e D'Orneval entre 1721 e 1737 (*Le théâtre de la foire ou l'opéra comique, contenant les meilleures pièces qui ont été représentées aux foires Saint-Germain et Saint-Laurent*) [O teatro da feira ou ópera cômica, contendo as melhores peças que foram representadas nas feiras de Saint-Germain e Saint-Laurent, 10 volumes], as fantasias verbais e populares de um Piron (1719-30), as *parades* (peças em jargão escatológico, elaboradas para os prazeres ocultos dos grandes das finanças ou do Parlamento) possam parecer traços nostálgicos de outra função do ato teatral, cabendo destacar seus limites e considerar seu caráter de produção lúdica.

Se nos atemos apenas ao teatro clássico, cômico e trágico, devemos reconhecer que todo um conjunto de regras visa a afastá-lo das tentações de um discurso sobre o espaço privado. Sem dúvida, lendo os doutos teóricos do teatro — a *Poétique* de La Mesnardière (1639), a *Pratique du théâtre* de D'Aubignac (1657), o *Discours sur Sarrazin*, de Pellisson (1656), ou ainda as *Réflexions sur la poétique* [Reflexões sobre a poética], de Rapin (1674) — logo aprendemos que, através das situações particulares, dos destinos individuais, o teatro fala do homem (da célebre natureza humana) e que o particular não passa de um meio para chegar ao geral. Não há um autor que em seus prefácios não torne sua essa vontade. Tal procedimento é possível porque a época acredita num universal e num intemporal das paixões. Mas não nos iludamos quanto ao sentido dessas intimidades reveladas: antes de tudo têm valor de exemplo. O uso de temas antigos ou orientais, como *Bajazet*, de Racine, confirma uma vontade de distanciamento exemplar. Os corações postos a nu são apenas o meio de abordar uma verdade geral abstrata. Toda uma série de proibições referentes à linguagem (a exclusão de termos vulgares ou crus), o conjunto das normas que constituem o decoro acentuam a tendência. Trata-se da dignidade da função do teatro. Nada deve permitir que o espectador se instale na posição indiscreta e voluptuosa do voyeur. Nada pode deixá-lo apropriar-se desses destinos, desses debates íntimos, desses descaminhos. Cabe-lhe reportar-se a um modelo impessoal. Apesar das aparências, a comédia não escolhe outro caminho. Os vícios que Molière e Regnard fustigam são focalizados essencialmente em sua extensão social. A hipocrisia religiosa, a avareza, a pretensão social, a paixão pelo jogo, a misantropia são descritas como fatores de uma relação social desnaturada e perversa.

É inútil procurar uma poesia lírica específica da era clássica; excluindo alguns versos de La Fontaine, confidências muito bem dissimuladas de Racine, este ou aquele verso que pertence antes à pura musicalidade tal como a definiu o abade Bremond, ela não existe. Nesse aspecto devemos admitir uma ausência, resultado de uma ruptura com o lirismo praticado pela Plêiade. Basta comparar os versos que Ronsard dedicou à morte de Helena ou a sua própria expectativa da morte com a *Consolation à m. Du Perier, gentilhomme d'Aix-en-Provence, sur la morte de sa fille* [Consolação a m. Du Perier, fidalgo de Aix-en-Provence, sobre a morte de sua filha], de Malherbe. Ao lirismo fundamentado numa experiência vivida e expresso através de uma intimidade descoberta que circunscreve a lição humana ao poeta sucede o recurso imediato ao universal, à generalidade do discurso que constituem o que chamamos de lirismo impessoal. O processo de ocultação do privado, da dor, do sofrimento, sob a capa da dignidade e da resignação, recusa a exposição do que a época quer ver assumido não mais pela comunidade, e sim pelo indivíduo em seu foro interior e em sua intimidade, e ao mesmo tempo exalta o universal e o geral. Não é por acaso que o poeta deixa de ser um maldito ou um inspirado para tornar-se uma figura ridícula. "Não é mais útil ao Estado que um jogador de bolas", zombava Malherbe. O poeta se transforma num pedante grotesco (Molière) ou num rústico incapaz de submeter-se às regras da nova civilidade. Mathurin Régnier o descreve como um tagarela (*Satire*, II), Boileau e outros o caricaturam. Sua imagem se degrada a ponto de impossibilitar a legitimação do enunciado lírico através de sua pessoa e de sua história. E não são algumas centelhas do barroco ou as poesias eróticas de Malherbe ("Isso, isso, como sobremesa levantai vossa saia [...]") que modificam a orientação geral do discurso poético da era clássica.

RESISTÊNCIAS: A OSTENTAÇÃO DO ORGÂNICO

Sob formas diversas impõe-se como regra essa dura crítica de Pascal aos *Ensaios* de Montaigne: "O eu é detestável" e é um "tolo projeto pintar a si mesmo". A literatura se curva, pois, às novas civilidades que fazem da discrição, do recolhimento, da obediência à norma um ideal de convivialidade. No entanto, seria errôneo pensar que nesse campo as civilidades triunfaram sem luta e não encontraram resistência. Sem dúvida, o lirismo pessoal continuou sem descendência imediata, porém a sobrevivência da farsa, seu sucesso até nas primeiras peças de Molière — como *La jalousie du Barbouillé* [O ciúme do Porcalhão], *L'étourdi ou les contretemps* [O estouvado ou os contratempos], *Le dépit amoureux* [O despeito amoroso], *Le docteur amoureux* [O doutor apaixonado] —, a presença crescente do obsceno, do orgânico e do escatológico no romance barroco mostram com vigor os limites desse aparente triunfo das novas sociabilidades. Com sua narrativa heterogênea, com sua utilização maciça de uma comicidade do tipo escatológico contrária ao decoro, *Le romant comique* [O romance cômico], de Scarron, publicado em 1651 e 1657, desafia as proibições impostas à sociedade francesa no tocante aos costumes e aos discursos. O excrementício, relegado ao privado, doravante pertence ao âmbito do escondido, do vergonhoso, do que não é dito. A insistência de Scarron em usar os verbos mais grosseiros, em mostrar o corpo em suas funções orgânicas, urinárias, defecatórias e masticatórias, em preferir o urinol e as latrinas, o suor dos jogadores de péla aos refinamentos estéticos dos discursos de salão, em exaltar a cama, a mesa, a embriaguez e os vômitos deve-se tanto a uma provocação quanto a uma nostalgia. O vocabulário é adequado às situações: as personagens se insultam com toda a criatividade de uma língua que recusa a palmatória do gramático Vaugelas ("barba de cornudo", "filha de uma cadela"); a denominação grosseira das partes anatômicas, a figura ridícula do poeta, o recurso encantatório à comida, ao vinho, ao vômito, aos detalhes macabros colocam o *Romant comique* à margem das práticas literárias predominantes. Faz da obra de Scarron, de Sorel (*Francion*, 1623) e, em menor escala, do *Roman bourgeois* [Romance burguês, 1666], de Furetière, a prova de uma permanência, já arcaica porém real, de uma sociabilidade antiga. Porque a ocultação do corpo orgânico, máquina de produzir secreções, ruídos e odores, sede de prazeres, acompanha a do íntimo, que por isso mesmo se torna privado, o romance barroco pode ser visto como uma sobrevivência nostálgica.

RESISTÊNCIAS: A NOSTALGIA DO INTERCÂMBIO COMUNITÁRIO

Mais amplamente, percorre todo o século XVIII uma saudade do espaço comunitário em suas manifestações mais alegres do intercâmbio. Rousseau não cessou de expressá-la ao evocar os encantos da festa popular ou em forma de ficção na *Nouvelle Heloïse*, ou em termos mais filosóficos na *Lettre à D'Alembert* [Carta a D'Alembert].

> A que povos mais convém reunir-se com frequência e formar entre si os doces laços do prazer e da alegria que àqueles que tantas razões têm de amar-se e de permanecer para sempre unidos? [...] não adotemos esses espetáculos exclusivos que tristemente encerram um pequeno número de pes-

soas num antro escuro [...] Não, povos felizes, essas não são vossas festas! É ao ar livre, sob o céu aberto que deveis reunir-vos e entregar-vos aos doces sentimentos de vossa felicidade [...] Mas quais serão enfim os objetos desses espetáculos? O que hão de mostrar? Nada, se quiserdes. Com a liberdade, onde reina a afluência reina o bem-estar. Plantai no meio de uma praça uma haste coroada de flores, reuni o povo e tereis uma festa. Fazei melhor ainda: dai os espectadores em espetáculo; transformai-os em atores; fazei com que cada um se veja e se ame nos outros a fim de que todos estejam unidos (*Lettre à m. D'Alembert sur son article "Genève"* [...] *particulièrement sur le projet d'établir un théâtre de comédie en cette ville* [Carta a m. D'Alembert sobre seu artigo "Genebra" [...] particularmente sobre o projeto de criar nessa cidade um teatro de comédia, 1758]).

Essa ideia de uma transparência dos cidadãos diante de si mesmos, além de seu projeto filosófico ou político, não cessou de afligir Rousseau na angústia de sua solidão final (*Les rêveries du promeneur solitaire*, "Cinquième promenade" [Os devaneios do passante solitário, "Quinto passeio"]). Excede a nostalgia de um primitivismo a que teríamos a tentação de reduzi-la. Tampouco é exclusiva de Jean-Jacques Rousseau e das teses do *Discours sur le sciences et les arts* [Discurso sobre as ciências e as artes] e do *Discours sur les fondements de l'inégalité entre les hommes* [Discurso sobre os fundamentos da desigualdade entre os homens], ainda que aí se expresse com muita clareza, quando, ao analisar a situação do homem natural, Rousseau mostra que ele não pode ser o objeto de paixões sociais e prova que no estado pré-social a sociedade das famílias favorece o intercâmbio comunitário. O chamado "mito do bom selvagem" não é apenas um meio cômodo, literário e filosófico, que permite julgar pelo viés de um olhar estranho a sociedade contemporânea; muitas vezes constitui a figura nostálgica de uma organização comunitária que excluía o secreto, o isolamento, a constituição do espaço privado. Neste aspecto, não há nada de ambíguo no diálogo dos dois europeus que acabam de enumerar as vantagens da sociedade taitiana ao término do *Supplément au voyage de Bougainville* [Suplemento à viagem de Bougainville], de Diderot. O autor aí mostra que o pudor e todas as práticas relativas ao sigilo dos amores são institucionais, não naturais, e que existiu um estado anterior feito de liberdade.

> O homem não quer ser perturbado nem distraído em seus prazeres. Os do amor são seguidos de uma fraqueza que o abandonaria à mercê de seu inimigo. Eis tudo que poderia haver de natural no pudor: o resto é institucional [...]. Tão logo a mulher se tornou a propriedade do homem e o prazer furtivo foi visto como um roubo, surgiram os termos *pudor*, *contenção*, *decoro*, virtudes e vícios imaginários; numa palavra, entre os dois sexos [surgiriam] barreiras que [os] impedissem de convidar-se reciprocamente à violação das leis que lhes foram impostas e que produzem um efeito contrário, aquecendo a imaginação e exacerbando os desejos. Quando vejo árvores plantadas em torno de nossos palácios e uma vestimenta de gola que esconde e mostra uma parte do colo de uma mulher, parece-me reconhecer um retorno secreto à floresta e um apelo à liberdade primeira de nossa antiga morada.

Não nos iludamos com a referência à floresta: o que está em pauta aqui é a nostalgia de uma transparência. A mesma coisa é válida para *Jacques le fataliste* — essa insistência do amo em interrogar Jacques sobre seus amores, ignorando todo o respeito que se deve à vida privada de outrem, a longa tirada do narrador contra as hipocrisias da linguagem, do amor ("E o que vos fez a ação genital, tão natural, tão necessária e tão justa, para excluirdes seu sinal de vossas conversas e para imaginardes que vossa boca, vossos olhos e vossos ouvidos por ela seriam maculados?") —, porém, talvez ainda mais, para a *Lettre sur les aveugles à l'usage de ceux qui voient* [Carta sobre os cegos para uso dos que veem], onde Diderot propõe uma explicação materialista do pudor. Não negaremos que as civilidades amorosas muitas vezes foram questionadas pelo discurso do Iluminismo e devemos tomar por uma reflexão problemática sobre as formas sociais do intercâmbio a pintura paradisíaca das sociedades primitivas — excetuando Voltaire.

O debate pedagógico, tão importante na época, não foge ao problema do pudor e da contenção. Encontramos seus vestígios no *Émile*, sem esquecer que nas *Confessions* Rousseau se reconhecerá culpado de exibicionismo. Apreciam-se as educações experimentais, reais ou imaginárias, que permitem discutir a existência ou não de uma intimidade natural. Por um lado, *Imirce, fille de la nature* [Imirce, filha da natureza, 1766], de Du Laurens, e, por outro, *Histoire d'une jeune fille sauvage trouvée dans les bois à l'âge de dix ans, publiée par Mme H...t* [História de uma menina selvagem encontrada nos bosques com a idade de dez anos, publicada por madame H...t, 1765], atribuída a La Condamine. A discussão sobre os fundamentos dos ritos amorosos é interminável.

A UTOPIA OU A TRANSPARÊNCIA DO PÚBLICO

Em outra perspectiva, a utopia — que, como sabemos, fez sucesso no século XVIII (cerca de oitenta títulos novos do começo do século até a Revolução) — também traduz nostalgias muito reais. Sabemos que, nos espaços do imaginário, ela é uma resposta para essa angústia do tempo destruidor das formas políticas que domina a era clássica. A utopia corresponde ao projeto absolutista que ela ilustra e reforça. Pelo ato da instauração que a cria, a cidade utópica se instala fora do tempo e da história. Se nos recusamos a projetar na utopia o messianismo dos socialistas do século XIX e os sonhos de uma terra prometida que se propagaram pelo Ocidente, a utopia aparece como um discurso sobre o passado e suas origens. O futuro do passado, como foi definida. Pois sua especificidade reside no ato que a cria — a de Utopus na *Utopia* (1516) de More, de Sévarius em *L'histoire des Sévarambes*, de Vairasse d'Alais (1702), ou de Victorin em *La découverte australe* [A descoberta austral], de Rétif de La Bretonne (1781) — e a instala num tempo sem história. Como signo secundário de sua perfeição, a sociedade utópica organiza as relações de seus membros conforme as regras de uma vida comunitária: refeição tomada em conjunto, educação coletiva, festas comunitárias. Ninguém está sozinho nunca e todos vivem sob os olhos da comunidade inteira. Os jovens do Taiti do *Supplément au voyage de Bougainville* chegam a copular em público, vivamente estimulados em seus embates pelos espectadores. As casas da *Utopia* não têm porta nem janela para que nada se esconda aos olhares dos outros. Em *L'île inconnue* [A ilha desconhecida, 1783], de Grivel, o incesto primitivo e multiplicado (um casal de irmãos naufraga e sua descendência povoa a sociedade utópica por eles fundada) conta a sua maneira essa proximidade que os habitantes do mundo novo desejam. Poderíamos multiplicar os exemplos, alguns literais, outros bastante metafóricos. Mostrariam que a utopia se alimenta de um estranho paradoxo. É o Estado, extraordinariamente poderoso na maioria das utopias, até mesmo onipresente — a ponto de podermos acusá-las de totalitaristas —, que organiza as formas do intercâmbio comunitário. O habitante da utopia vive sob tutela, e é no espaço público, delimitado e controlado pelo Estado, que se exprime a transparência dos corações. Mais ou menos como se o imaginário social tentasse na utopia reconciliar o inconciliável: os sonhos de liberdade e de intercâmbio de um tempo passado e as coerções institucionais do presente. A ausência do espaço privado deve-se não à rede múltipla de relações que tece a comunidade, a uma invasão de cada qual pelo outro, mas a uma vontade organizadora do próprio Estado, o que constitui, talvez, a única e verdadeira prova do caráter totalitário da sociedade utópica. No entanto, longe de definir-se como um local de liberdade conquistada ou preservada (à maneira dos amores clandestinos em *1984*), o espaço privado é visto como o que separa o indivíduo de seu semelhante. Pensando talvez em Rousseau, que se tornara seu adversário, Diderot escreveu que "o mau está sempre só". Uma forma de dizer que a vontade de isolar-se não era encarada como um modo de opor-se aos controles do poder público, e sim como uma patologia moral. Estranho paradoxo de uma época que cria politicamente o indivíduo como unidade política e, moral e socialmente, o julga por sua abertura ao outro.

Veremos a ilustração disso na nova prática do teatro que um homem como Diderot tenta elaborar (*De la poésie dramatique*, 1758; *Entretiens sur le fils naturel* [Conversações sobre o filho natural], 1757). O drama burguês (de Diderot, mas também de Sedaine, Louis Sébastien Mercier ou até de Beaumarchais) pretende criar um teatro de condições e não mais de caracteres e, por conseguinte, de indivíduos. O homem nele se define não por sua natureza específica, mas por sua inserção num conjunto de papéis, funções e práticas sociais. Mais ainda que o teatro clássico e por outro processo, o drama burguês recusa o íntimo, o eu secreto. O herói é apresentado no que tem de mais exterior. Em certo sentido, reencontramos aí Pascal, que, para melhor destacar a inutilidade da roupa, da função e das aparências, mostrava sua importância. Porém, no drama burguês já não há nada de irônico. O hábito realmente faz o monge. A condição, e só ela, determina a moralidade e o modo de ser. Nesse debate da era clássica, nesse surdo confronto que percebe quem sabe interpretar a constituição do espaço privado como direito e como valor, com suas práticas e suas teorias, o teatro funciona como um lugar excepcional e muitas vezes paradoxal de experimentação. Sabemos que, em sua *Lettre à D'Alembert* (1758), Jean-Jacques Rousseau denunciava o local da representação teatral como eminentemente corruptor. Ali as mulheres eram exibidas e as virtudes ridicularizadas. A seus olhos, tal lugar simbolizava a degradação dos costumes familiares e dos intercâmbios comunitários. O teatro é uma caricatura (talvez nostálgica) dos paraísos perdidos, pois ali estamos juntos e todavia separados. E, como vimos, Rousseau lhe opõe a festa popular, onde o povo é ao mesmo tempo ator e espectador. Equivale a dizer que, além das aparências, a afirmação de um espaço privado não é vista de imediato como uma evolução e um progresso.

MEMÓRIAS E DIÁRIOS: UMA ESCRITURA DA AMBIGUIDADE

A partir do século XVI tornou-se moda escrever memórias. Qualquer fato, por menor convulsão ou ruptura que provocasse (guerras de religião, regência de Ana da Áustria, Fronda, guerras de Luís XIV), produziu sua safra de memórias. Em geral, quem as escreve são os representantes mais eminentes da elite social, como é normal numa sociedade aristocrática: marechais, chefes de facção, parlamentares. Raros são os humildes ou os medianos que, mesmo possuindo os recursos culturais, conseguem redigir suas memórias. Numa lista impressionante de dignitários e notáveis, é sempre surpreendente encontrar o nome de madame de La Guette, esposa de um modesto fidalgo-soldado, ou as *Mémoires d'un protestant condamné aux galères de France pour cause de la religion, écrits par lui-même* [Memórias de um protestante condenado às galés da França por causa da religião, escritas por ele mesmo, 1757], de Jean Marteilhe, que as redigiu guiado por uma autêntica preocupação apostólica.

Essa emergência das memórias sem dúvida constitui um sinal. Excetuando-se alguns casos marginais, elas representam um gênero implicitamente codificado. Restritas a pessoas que participaram da história pública, conhecida e reconhecida, nelas seus autores assumem e justificam o próprio papel de testemunhas ou de atores. Nisso, portanto, trata-se de um gênero aristocrático, mas o que aqui nos interessa é que as memórias procuram reduzir a pessoa a seus atos públicos. Em certo sentido se detêm onde começam o privado e o íntimo. Excluem de sua escritura tudo que não se refira à vida pública. Ou mais: dão a entender que o privado e o íntimo não existem ou são desprovidos de interesse e impróprios ao discurso. O leitor não saberá nada sobre a infância de Paul Gondi de Retz ou a de Saint-Simon, que, depois de apresentar a genealogia de sua casa, começa suas *Mémoi-*

res pelo próprio nascimento. É impossível ser ao mesmo tempo mais discreto e mais prolixo. E mais interessante é que Saint-Simon não economiza confidências sobre as torpezas de uns e outros. Equivale a dizer que em seu próprio movimento as memórias reforçam a ideia de que o dizível se restringe ao espaço público. Ou mais exatamente, tudo se situa na ambiguidade: as memórias dão a entender que ou não há nada a dizer, nem mesmo fora do âmbito público, ou existe uma intimidade que não pertence à esfera do dizível e do escrito. Em ambos os casos, a vida pública, e só ela, é valorizada. É o que indica claramente uma primeira abordagem do conjunto de memórias. Contudo, o mais das vezes a própria noção de vida pública é seriamente distorcida. Por trás dos atos conhecidos desvendam-se as motivações mais obscuras, ou no mínimo aquelas que os leitores ignoram, os cálculos, o que em geral se cala ou se esconde. Podemos interpretar esse excedente de informação ou como a ampliação do campo do público, ou como a prova de seus limites. A relação que se estabelece entre o memorialista e seus leitores é problemática. Como em geral representam uma apologia ou uma exibição satisfeita de ações empreendidas, as memórias, se provam a importância da vida pública para a valorização e o desenvolvimento do indivíduo — ninguém existe fora da vida pública —, mostram ao mesmo tempo a importância do sujeito individual aumentada à custa do coletivo. O reino dos heróis, atestado pela produção de memórias, produz um efeito contraditório. Neste caso, também a prática literária é um espaço de tensões.

Esta ênfase no sujeito à custa do coletivo aparece ainda com mais força no diário, na medida em que, se não visa absolutamente a engrandecer o autor ou a defender sua causa, manifesta sua consciência de ali expor o que escapa às personagens principais, sua visão privilegiada por ser comum e exterior aos fatos, sua vontade de salvar do esquecimento o que viu, escutou ou ouviu dizer. Reconheceremos aí o engrandecimento do testemunho de alguém que decide isolar-se a fim de elaborar seu depoimento individual sobre o coletivo. Outra posição contraditória. Porém, menos do que poderíamos imaginar se admitimos que o diário não se destina à publicação. Quando esta ocorre é bem mais tarde e quase por acidente. Ao contrário das memórias, que desde o início visam a um público e a ele se destinam.

A prática do diário não para de crescer durante toda a era clássica: diário de depoimento urbano, diário de viagens, forma amplificada do *livre de raison*. De repente, a visão do sujeito adquire importância. Contra a opinião pública, sua visão, sua palavra são apresentadas como garantias da verdade do que é dito. Na realidade, o desenvolvimento da escritura íntima (não destinada à publicação) não traduz diretamente, por seu próprio objeto, a constituição de um espaço privado. Ainda não estamos no diário íntimo, que faz do sujeito que escreve o objeto de sua escritura (como acontecerá com Benjamin Constant ou Amiel no século XIX). O essencial para nosso propósito é que, na própria prática da escritura, o sujeito que escreve se coloca como o fundamento da verdade daquilo que enuncia. O que garante a veracidade do conteúdo do diário paradoxalmente pertence ao não-público, ao privado e ao íntimo. A verdade não tem de ser demonstrada, provada, ela não se refere aos atos públicos do sujeito, não pertence ao grupo, aos depoimentos majoritários, pertence inteiramente a esse olhar individual, à margem, quase secreto, lançado sobre as coisas e o mundo. E é desse privilégio que o autor do diário está consciente quando se põe a redigi-lo.

A NOVA LEGITIMIDADE DA ESCRITURA

CREDIBILIDADE DO ROMANESCO

Cabe, portanto, relacionar o diário a um conjunto mais amplo: aquele pelo qual se constituem os novos sistemas de credibilidade da escritura romanesca. No decorrer do século XVIII, veremos instalar-se no romance toda uma mise-en-scène com o objetivo de criar o efeito de verdade do texto literário. Evocam-se o manuscrito encontrado num sótão ou num baú (*Robinson*

Crusoe, *La vie de Marianne*), as cartas remetidas ou descobertas (*La nouvelle Heloïse*, *Les liaisons dangereuses* [As relações perigosas]), que definem o autor como um simples escriba e negam ao livro o caráter de romance. O que equivale a dizer que é por se apresentar como discurso espontâneo, como ato sob forma de discurso, produzido por um não-escritor, não destinado à publicação, que o romance pode tentar passar por verdadeiro. É esse caráter privado, íntimo, que prólogos e advertências ao leitor colocam em cena durante todo o século. A partir desses elementos compreendemos melhor o processo movido contra o romance quando, como Lenglet Dufresnoy, o comparamos à história ou quando denunciamos seus efeitos corruptores sobre as mentes fracas que o entendem ao pé da letra.

O processo é o mesmo que leva à proliferação dos romances na primeira pessoa. René Démoris mostrou seu crescimento a partir do final do século XVII. Podemos analisar o fato em termos de ideologia política e tentar compreender como essa ênfase, que o próprio processo de enunciação coloca no sujeito romanesco, situa-se nos conflitos ideológicos do século. O que nos interessa aqui é a apropriação narrativa da nova prática romanesca por um sujeito que cria um efeito de verdade. Porque um sujeito fala com sua própria voz aceitamos como verdadeiro o que ele nos conta sobre seu destino. O que fundamenta a verdade de seu relato é o íntimo, o privado, o que está além do público. Assim, cabe repensar numa nova óptica a voga dos romances na primeira pessoa. Sem dúvida, podemos ler neles a afirmação de um sujeito que participa de uma ideologia do mérito tão nova no século. Porém, devemos reconhecer paralelamente o movimento pelo qual a verdade se fundamenta numa palavra individualizada. O efeito de verdade deve-se então a esse reconhecimento íntimo de um sujeito que escreve por um sujeito que lê. Assim compreenderemos melhor o sucesso da novela picaresca ao mesmo tempo em suas traduções — não traduziram a *Historia de Guzmán de Alfarache*, a *Pícara Justina*, a *Vida del Buscón*, e não se elaborou uma versão "popular" desse mesmo *Buscón, el grantacaño* na "Biblioteca azul" de Troyes, analisada por Roger Chartier? — e nas imitações e adaptações francesas, que se difundem graças ao *Gil Blas de Santillane*, de Lesage. Podemos até nos perguntar se a adaptação popular não se deve, entre outros, ao fato de que o romance na primeira pessoa parece formalmente próximo da oralidade e de que esse relato na primeira pessoa pode criar a ilusão de uma comunicação imediata, sem as mediações culturais de praxe.

Em termos mais amplos, toda a literatura da virada do século XVII traz a marca dessa afirmação do privado, que, cabe repetir mais uma vez, não é fácil de analisar. A isso se deve obviamente a moda das "histórias secretas", como se diz então. Elas postulam que existe uma face oculta — e portanto mais verdadeira — dos acontecimentos públicos. Por exemplo, toda revolução, além das causas políticas que aparentemente a explicam, o mais das vezes se deve a razões estritamente privadas: ciúme, desejo amoroso, paixão incontrolada e incontrolável. Veremos exemplos em madame Caumont de La Force, na *Histoire secrette de Marie de Bourgogne* [História secreta de Maria de Borgonha, 1694] ou na *Histoire secrette d'Henri IV de Castille* [História secreta de Henrique IV de Castela, 1695], mas também em Eustache Lenoble, em *Idelgerte, reine de Norvège ou l'amour magnanime* [Idelgerte, rainha da Noruega ou O amor magnânimo] ou em *Abra Mulé ou l'histoire du detrônement de Mahomet V* [Abra Mulé ou A história da deposição de Maomé V], ou ainda em Lesconvel, em seu *Sire d'Aubigny* (1698). Se aceitamos a explicação de Lenoble, o propósito é simples:

> Trata-se de duas maneiras diferentes as coisas que se decide dar a conhecer aos que sobre elas desejam instruir-se. A mais simples e mais comum é reduzi-la a preceitos em ordem didática [...]. No entanto, a mais sublime é emprestar a delicadeza da Arte para envolver esses preceitos em relatos de histórias ou de fatos que oferecem lições sem parecer oferecê-las e, divertindo o espírito, insensivelmente o conduzem ao que queremos que saiba (Lenoble, *Histoire secrette des plus fameuses conjurations, de la conjuration des Pazzi contre*

les Médicis [História secreta das mais famosas conjurações, da conjuração dos Pazzi contra os Médici]).

Sem dúvida, o propósito é moralizar, mas introduzindo na história as razões do coração que a razão não quer conhecer.

Portanto, é necessário pensar a evolução do romance nesse final do século XVII como um todo, pelo qual o privado se afirma como essencial: fundamento da verdade do que é contado ou causalidade verdadeira da história.

Terminadas essas análises, tenderíamos a crer que se trata de uma evolução relativamente simples e muito nítida: a afirmação de um espaço privado, ao mesmo tempo resistência e sede de transferência e de investimento de valores novos. Ora, tudo prova que o movimento é complexo e a constituição de um espaço privado e a valorização do íntimo acompanham a exaltação do homem público e do espaço social de comunicação. Pascal não é o único a denunciar o divertimento como o que nos afastaria da verdade íntima de nosso ser e a condenar, ao mesmo tempo, o projeto introspectivo de Montaigne. Sem dúvida as duas objeções não pertencem ao mesmo plano, porém há uma discordância. A denúncia das aparências, dos signos sociais do poder, da busca obstinada do intercâmbio público não implica a aceitação global do íntimo. Se Pascal pede ao crente que se debruce sobre si mesmo, se o reprova por evadir-se ao confronto solitário com seu próprio ser e por preferir o aturdimento nos jogos mundanos, tampouco aceita legitimar uma escritura que tem o eu como objeto. Temendo uma complacência narcisista que afaste o homem de Deus, criticará a Montaigne "o tolo projeto de pintar-se". Não estamos muito longe, em outra ordem, das contradições do Iluminismo, que constitui o indivíduo como sujeito e condena o solitário e a introspecção.

O romance epistolar, que conhece o apogeu no século XVIII, deve ser inserido nessa evolução do gênero que fundamenta no íntimo seus efeitos de verdade. Assim como o romance na primeira pessoa passa por verdadeiro porque um sujeito próprio assume o relato romanesco e o eu é apresentado como garantia da verdade, assim também o romance epistolar se autentica por seu caráter íntimo. Sua verdade (seu efeito de verdade, deveríamos dizer) deve-se não só ao fato de que se apresenta como não-fictício (os autores das cartas não tinham como objetivo escrever um romance), mas também ao caráter estritamente privado, íntimo, da correspondência. Jean-Jacques Rousseau em *La nouvelle Heloïse*, Rétif de la Bretonne em *La paysanne pervertie* [A camponesa pervertida], Crébillon filho nas *Lettres de la marquise de M. au comte de R.* [Cartas da marquesa de M. ao conde de R.], Choderlos de Laclos em *Les liaisons dangereuses* insistem na autenticidade das cartas. Segundo afirmam, seriam meros editores depois de terem sido seus depositários. Nenhum deles apresenta-se como autor, ainda que Rousseau dedique um longo prólogo a uma "Conversação sobre os romances". É evidente que a estruturação do romance epistolar não só permite jogar com o tempo romanesco, elaborar uma construção em eco, não só delega ao leitor os poderes de onisciência e onipresença do romancista, como ainda permite dar uma nova credibilidade à escritura romanesca. Em seu "Prefácio do redator", Laclos declara: "Esta obra, ou melhor, esta coletânea, que o público achará talvez muito volumosa ainda, não contém, entretanto, senão um número muito reduzido das cartas que constituíam a totalidade da correspondência da qual foi extraída". Se, paralelamente, a "Advertência do editor" destaca com ironia o caráter romanesco da correspondência, apresentada mais adiante como autêntica ("Não garantimos a autenticidade da coletânea e [...] temos mesmo fortes razões para pensar que se trata apenas de um romance"), é para indicar que se trata de um procedimento literário para simular a verdade, cujo significado profundo temos o dever de analisar. O efeito de verdade baseia-se na mise-en-scène de uma prática privada, não há como discordar. No entanto, aqui também, tal procedimento coloca a prática narrativa numa situação paradoxal. O íntimo simula o verdadeiro, mas para tanto se torna público. A literatura se apresenta como uma violação. É porque se tornou público que o privado pode servir de garantia. Contrariamente às atitudes públicas de um Valmont ou de uma Merteuil, a correspondência nos revela o segredo de seu ser singular. A correspondência diz a verdade: nela as pessoas se entregam. Ainda que o autor da carta minta para enganar seu destinatário, o leitor sabe a que deve se ater. Não é tolo. Quando muito, cúmplice. A leitura o coloca na situação do voyeur que surpreende as intimidades e os segredos. A violação do espaço privado faz o leitor saber sobre ele mais que cada um dos protagonistas que se abrem em suas cartas. Aí está o paradoxo que faz com que o sigilo do espaço privado só encontre sua eficácia deixando de existir. Reencontramos aí as contradições e as reviravoltas comuns a todo o século.

Poderíamos reduzir o Iluminismo a sua invenção pedagógica. No sentido em que, para atingir seu público, o discurso iluminista inventa formas novas: cartas, dicionários, contos filosóficos. Talvez seja este o traço predominante da época. Essa invenção narrativa e enunciativa é acompanhada de uma busca da legitimidade. O homem do Iluminismo não para de se questionar sobre seu direito à palavra e suas relações com a verdade. Sabemos que ele não escapou à tentação de substituir o padre. As alusões de Voltaire à "nova Igreja" não são tão inocentes como pretendem alguns. Não se trata de ver em Voltaire um crente que se ignoraria, mas, antes, de avaliar o peso dos modelos e das representações predominantes na ideologia do Iluminismo e na imagem de si mesmos que os iluministas criam para legitimar seu combate. Sob este aspecto, é esclarecedora a definição que o filósofo dá de si mesmo. Ele quer estar no mundo. "A sociedade civil é, por assim dizer, uma divindade na terra para ele", afirma a *Encyclopédie* no verbete "Filósofo". Ele fundamenta a verdade de suas proposições na razão, na demonstração e na observação. Nele se aliam um dom da natureza, um método e um trabalho, diz ainda a *Encyclopédie*. Cabe reter aqui duas coisas: por um lado o envolvimento total do filósofo no espaço público ("Nosso filósofo não se julga exilado neste mundo; não se julga em país inimigo; ele quer usufruir [...]", ou ainda: "A razão exige dele que conheça, estude e trabalhe para adquirir as qualidades sociáveis", *Encyclopédie*) e sua participação nos debates da cidade — conhecemos o sucesso da frase do imperador Antonino sobre a felicidade dos povos quando os filósofos forem reis —, e, por outro lado, o papel restrito atribuído ao sujeito filosófico no estabelecimento da verdade ("o dom da natureza"). Equivale a dizer que sob muitos aspectos e com uma formulação que lhe é específica, o filósofo do Iluminismo continua muito dependente de uma visão religiosa da relação com a verdade. Indo além de suas afirmações, às vezes temos a impressão de que esse filósofo se vê como um inspirado. Lembraremos aqui o paralelo que Diderot estabelecia no *Essai de M. S... sur le mérite et la vertu* [Ensaio de M. S... sobre o mérito e a virtude] entre seu irmão, o cônego, e ele mesmo, o filósofo, considerando um e outro investidos de missões comparáveis.

O EU COMO FUNDAMENTO DE VERDADE

Será preciso surgir Jean-Jacques Rousseau e sua contestação radical para que a filosofia transforme essa imagem de suas relações com a verdade. Longe de afirmar que a verdade é encontrada pela razão ou inspirada por Deus, Rousseau procura definir moralmente a posição do enunciado filosófico. Contrapõe o filósofo aos que chama de "livrescos", "letrados" ou até "pequenos intrigantes". O filósofo escreve impelido por uma necessidade interior — para convencer-se disso basta reler a descrição, incessantemente retomada por Rousseau, de sua "iluminação" de Vincennes, que devia revelar-lhe o sistema filosófico, moral e político exposto nos dois *Discours* [Discursos] e no *Contrat social* [Contrato social] ("[...] de repente sinto o espírito ofuscado por mil luzes; miríades de ideias vivas apresentaram-se ao mesmo tempo com tamanha força e confusão que me lançaram em inexplicável agitação", *Lettre a m. de Malesherbes* [Carta a m. de Malesherbes, 12 de janeiro de 1762]). Os "fazedores de livros" procuram o sucesso mundano. Agem levados pela vaidade, pelo gosto da glória. Cedem à moda e lisonjeiam a opinião comum. Tornam-se os servis lacaios dos poderosos.

Vivem e atuam tão somente para o mundo. O espaço público os determina e os aliena. Já o filósofo, no sentido em que o entende Jean-Jacques Rousseau, só existe porque é um ser livre e independente. Sua liberdade é fundamental, pois constitui a condição de seu acesso à verdade. É através dela que se estabelece sua exterioridade com relação aos interesses do mundo — e mais especialmente os dos grandes e dos ricos — que lhe permite inventar a posição de sua palavra. Devemos compreender a reforma de Rousseau (a recusa às meias, à peruca e à espada, a vontade de ganhar a vida com seu trabalho de copista, o afastamento do mundo parisiense, a quase ruptura com o meio enciclopedista) como um processo deliberado que estabelece seu engajamento filosófico. A verdade está no fim de uma procura que é uma ascese social e moral. É por ser uma criatura moral, livre de qualquer compromisso, que Jean-Jacques Rousseau pode chegar ao conhecimento da verdade. A recusa ao vínculo social constitui, portanto, a condição necessária para chegar à verdade. Podemos sorrir quando Rousseau passeia na floresta de Saint-Germain para reencontrar a vida dos homens no estado natural, e todavia essa caminhada é significativa de seu imaginário filosófico. Seguir-se-ão as rupturas que conhecemos, o ódio que o clã filosófico nutrirá pelo misantropo genebrino. Seria demasiado simples, mas talvez tranquilizador, ler na altiva solidão de Rousseau a prova de sua neurose. Cabe ver nela a exaltação do privado como fundamento do discurso de verdade da filosofia. Só se pode dizer a verdade ao mundo apartando-se dele.

Muitas vezes se comparou a iluminação de Vincennes a um êxtase místico. Tudo convida a isso: o vocabulário empregado por Rousseau para descrevê-la e essa revelação repentina, inesperada e ofuscante da verdade. A relação com a verdade pertence à ordem da visão e da revelação. A verdade procede do íntimo, que garante seu reconhecimento por parte do sujeito. Não há diferença entre essa percepção íntima da verdade e esse conhecimento de Deus baseado no coração, desenvolvido em *La profession de foi du vicaire savoyard* [A profissão de fé do vigário de Savoia]. Uma e outro são estranhos ao raciocínio. A filosofia fala mais ao coração que à mente. E compreendemos melhor essa escritura particular de Rousseau que sem dúvida toca mais a sensibilidade do leitor que sua inteligência (excetuando-se o *Contrat social*).

Enfrentando seus detratores, Rousseau não cessa de opor-lhes a moralidade de sua conduta. Acaba por afirmar que sozinha, ou pelo menos em amplo aspecto, ela fundamenta a verdade de seu sistema filosófico. Nos diálogos de *Rousseau juge de Jean-Jacques* [Rousseau juiz de Jean-Jacques] apresenta um inquérito que tende a demonstrar pela mediação de sua retidão moral a verdade de sua filosofia. Equivale a dizer que a moralidade é para a verdade filosófica o que o raciocínio é para a exatidão filosófica. Passou-se do privado para o íntimo. O inquérito dos diálogos tem por objetivo a vida privada do filósofo, seus atos, sem dúvida, mas também seus pensamentos. Pelo viés das testemunhas e dos inquiridores, a escritura revela a intimidade do ser. A moral é então concebida menos como uma codificação das relações entre os indivíduos que como um sentimento de inocência do eu.

Tal processo, que consiste em transferir o critério de verdade de normas exteriores (validade do raciocínio, conformidade à razão...) para uma convicção íntima e uma intuição do eu, conhecerá o sucesso no século XIX. No XVIII, permanece minoritário, estritamente ligado ao nome de Jean-Jacques Rousseau. No entanto, introduz uma ruptura importante na coerência do Iluminismo e numa ideologia do escritor e da escritura predominante nos séculos XVII e XVII. A partir desse eu que fundamenta a verdade dos enunciados que profere, podemos perceber como vão se elaborar uma ideologia e uma imagem do escritor-pensador em total contradição com o ideal clássico.

A AUTOBIOGRAFIA NECESSÁRIA

Essa legitimação da escritura e da verdade pelo eu íntimo e privado que desde a origem fundamenta a obra filosófica de Jean-Jacques Rousseau permite examinar o que se convencionou chamar de seus escritos autobiográficos. Além do papel das *Confessions* na luta do cidadão de Genebra contra seus adversários, a análise do eu íntimo decorre naturalmente da perspectiva filosófica que ele adotou. A autobiografia não se atém a acidentes biográficos: procede de uma lógica inerente à trajetória de Rousseau. Existe uma necessidade da análise do eu — das *Confessions* às *Rêveries du promeneur solitaire* — que, indo além da consciência infeliz de Jean-Jacques, é preciso situar na própria origem de seu engajamento filosófico.

Lembramos a ambição de Rousseau quando começa a redigir *Les confessions*: "Eis o único retrato de homem pintado exatamente de acordo com a natureza e em toda a sua verdade, [o único] que existe e que provavelmente jamais existirá". Análise de si mesmo, portanto, sem maquilagem e sem pudor, na qual decidirá falar tudo: tanto as grandezas como as torpezas. A opção pela verdade e pela sinceridade é formulada como um absoluto que não admite restrições ("Quero mostrar [...] um homem em toda a verdade da natureza; e esse homem serei eu [...]. Mostrei-me tal como fui, às vezes desprezível e vil, às vezes bom, generoso, sublime: desvendei meu interior [...]", *Les confessions*, livro I). Escolherá falar do que precisou calar e esconder no mais profundo de seu ser. Rousseau confessa seu gosto pelas palmadas, seus amores com madame de Warens, suas tentações diversas. Não só o eu e sua história constituem o tema do relato autobiográfico, como a ênfase recai no eu íntimo e secreto. A barreira entre vida pública e vida privada já não é real. O privado se exibe. Trata-se até mesmo de compreender a razão de ser do eu profundo, indo além da veste social e dos hábitos. Rousseau procura os fatos constitutivos que explicam o porquê de uma personalidade. Tira as máscaras, descarta as mentiras. Identifica atos de fundação, registra constantes. Como observa Philippe Lejeune, "já nessa época" e "hoje ainda" são as palavras-chave da escritura autobiográfica. Num confronto de saber, Rousseau reúne passado e presente para se conhecer e neles se reconhecer. Essa cronologia interrompida e destruída incessantemente é o preço a pagar pelo conhecimento de seu eu íntimo.

Cabe avaliar a mutação que a autobiografia representa. Sem questionar o desajustamento social dos que a praticam nesse século XVIII — seja Rousseau e parcialmente, antes dele, Valentin Jamerey-Duval, ex-camponês que se tornou bibliotecário do imperador em Viena e nos deixou as *Mémoires* de sua vida rural —, convém assinalar que a autobiografia se constitui contra a escritura aristocrática das memórias tradicionais. Às memórias, o espaço público; à autobiografia, o íntimo e o privado. De um lado, o campo do ter; do outro, o do ser.

Não acabaríamos de contrapor a autobiografia às memórias a partir da oposição público e privado. Para terminar, lembremos que é preciso conceder à coerência da escritura das memórias — discurso do público, constituição do indivíduo pelo espaço social, exibição das ações — o paradoxo da autobiografia que revela o íntimo e leva o privado à praça pública. O leitor tomado como testemunha representa como que a negação do secreto que valoriza e define o privado e o íntimo. O *pacto autobiográfico*, tão corretamente analisado por Philippe Lejeune, pelo qual o leitor aceita a autobiografia como verdadeira, sob palavra (duvidar disso seria negá-la como relato autobiográfico), coloca a necessidade do leitor. Contudo, o laço que se estabelece com o autor — o leitor recusa as provas, confia na sinceridade de quem escreve — não vem a ser a imagem anódina e não obstante real dessa transparência dos corações que para Rousseau caracteriza as sociedades primitivas e ainda não corrompidas? Devemos admitir que a leitura a que a autobiografia incita aparece como uma privatização excessiva do próprio ato de ler. E nisso talvez resida sua mais profunda razão de ser.

A LITERATURA ERÓTICA OU A PUBLICIDADE DO ÍNTIMO

Ao romance na primeira pessoa, a essa posição do leitor como voyeur, criada pelo romance epistolar, a todo esse conjunto formal da ficção narrativa que inscreve problematicamente o espaço privado no trabalho da escritura cabe acrescentar, enfim, o romance pornográfico. A proposição pode parecer inesperada se confundimos moral e literatura e se continuamos acreditando que só a grande literatura tem direito de cidadania numa historiografia das mentalidades e das representações. Devemos lembrar que a literatura pornográfica, por mais mal definida que seja — usa-se pouco "obsceno", "pornográfico" designa "aquele que escreve sobre a prostituição", e confunde-se "galante", "erótico", "libertino" —, conhece então extraordinário sucesso. É na era clássica que se publicam os clássicos do gênero: *Histoire de Dom Bougre, portier des chartreux, écrite par lui-même* [História de Dom Bougre, porteiro dos cartuxos, escrita por ele mesmo, 1718], de Gervaise de La Touche; *Thérèse philosophe* [Thérèse filósofa, 1748], do marquês d'Argens; *Erotika Biblion* (1783), de Mirabeau; *Anti-Justine* (1793), de Rétif de la Bretonne — todas com múltiplas reedições. Não há um dos grandes autores do século XVIII que escape à tentação erótica. Diderot elabora *Les bijoux indiscrets* [As joias indiscretas]; Montesquieu, *Le temple de Cnide* [O templo de Cnido]; Voltaire entremeia seus contos de historietas eróticas, como a da velha, em *Candide;* até Rousseau, o virtuoso Rousseau, evocou suas febris leituras da juventude "feitas com uma só mão". Aceita ou não, denegrida — às vezes com razão — ou exaltada em sua qualidade, a literatura erótica tem seu papel no movimento do século. Dominará o panfleto revolucionário e constitui um fato de civilização essencial. A galanteria comanda em larga escala o movimento iconográfico. Segundo Louis Sébastien Mercier, a literatura pornográfica está em toda parte, não havendo lugar que lhe seja interdito. Circula na praça pública, nas oficinas, nos *boudoirs* e nos salões.

Por seu objeto, ela constitui uma mise-en-scène do espaço privado. Enquanto as práticas sexuais pertencem ao âmbito do secreto, os corpos se escondem sob fitas e vestes amplas, as proibições relativas ao discurso se multiplicam, a literatura pornográfica exibe o íntimo com um gestual que é só seu. Neste aspecto, como o restante da produção romanesca, ela situa o leitor na posição do voyeur. Mais ainda que os outros romances, o livro erótico incita a uma leitura por violação. Se o herói em início de carreira muitas vezes surpreende os gestos do amor, é para lembrar que existe um protocolo de leitura obrigatório.

Devemos ler no sucesso do romance pornográfico a nostalgia de uma transparência dos corpos e de uma exibição menos pudica dos gestos do amor? Ou, mais simplesmente, a expressão clara de uma individualização da leitura? Devemos admitir que no romance pornográfico as questões são múltiplas e tentam expressar tanto os fatos de escritura como as tensões engendradas por novas práticas sociais. É com essa condição que ele se torna compreensível e escapa ao desprezo em que costuma ser tido.

Nele reencontraremos naturalmente as formas específicas do romance contemporâneo pelas quais se constituem os novos sistemas de credibilidade: romances epistolares, romances na primeira pessoa, romances sob forma de diálogos, formas de que Sade fará amplo uso. Com o romance pornográfico, o paradoxo da publicidade dada ao privado e ao íntimo é gritante e sua resolução ainda mais evidente do que na escritura autobiográfica, pois a leitura do texto pornográfico constitui, por natureza, uma prática individual e oculta.

Não se pode reduzir o romance de Sade ao pornográfico ou ao obsceno. Ele excede essas categorias. Evidentemente, não pode confundir-se com a produção erótica do século. As próprias interdições que pesam sobre ele assinalam a diferença. Podemos nos perguntar se não se devem à exibição orgânica que apresenta. Sade prolonga o discurso sexual até o intolerável do orgânico e do visceral. Todo o discurso do prazer no paroxismo da escritura de Sade expõe o interno anatômico. Sem dúvida, esta era uma das proibições intransponíveis.

PROCESSOS DE ESCRITURA, MODOS DE LEITURA

Ao término desta análise parece inútil estabelecer o quadro das transcrições evidentes, das equivalências e das tensões que a constituição de um espaço privado consegue significar mediante e na literatura. Não quis fazer um trabalho sociológico e transformar a temática romanesca em depoimento histórico. O que abordei aqui foram as formas e as práticas literárias. Criticar-me-ão por ter confundido privado e íntimo, público e comunitário, por havê-los associado ao individual e ao coletivo, dirão alguns indevidamente. Pensando bem, não é presunção responder que tais imprecisões necessárias mostram exatamente a posição particular da literatura. Se acompanha o movimento da história social — quem duvidaria disso? —, é de uma forma específica e nunca por simples imitação ou reflexo. O que realmente lhe pertence são esses efeitos de interferência, de superposição que nos impedem de subordiná-la estreitamente às evoluções sociais e de reduzi-la ao papel de ilustração ou de prova.

É verdade também que devemos nos perguntar sobre a produção dos modos de leitura pelos próprios textos. Com seu processo de escritura, cada texto inventa um leitor fictício ao qual interpela e convoca. É uma evidência que essas sociabilidades de leitura inscritas nos livros dependem do debate entre privado e público nas práticas literárias. Mencionei-as incidentalmente, elas mereceriam um estudo sistemático. Nesse aspecto a evolução da escritura de Jean-Jacques Rousseau pode ser exemplar. Primeiro, social e público nos *Discours* e no *Contrato social*, misturando num mesmo propósito um objeto e um público. Em seguida, contraditório, pois dissocia seu objeto (o eu íntimo de Rousseau) e seu público (todos os franceses). Reencontrando por fim uma unidade em *Les rêveries du promeneur solitaire* ao estabelecer como única finalidade da escritura o autoconhecimento e o prazer da comemoração:

> Realizo a mesma obra que Montaigne, porém com um objetivo contrário: pois ele escreveu seus ensaios só para os outros, e eu escrevo meus devaneios apenas para mim. Se na velhice, às vésperas da partida, eu permanecer, conforme espero, na mesma disposição em que me encontro, sua leitura me lembrará o prazer que experimento em escrevê-los, e, assim, fazendo renascer para mim o tempo passado, de certa forma duplicará minha existência ("Primeiro passeio").

Novamente, esta evolução rumo a uma escritura que elimina a comunicação é uma miragem. Desejo de um solitário, revanche também, *Les rêveries* não constituem uma realização exemplar. Quando muito, um traço individual. Não marcaram o futuro da literatura, ainda que o discurso do privado e do íntimo defina, após Rousseau, a prática literária dos homens do século XIX. Reteremos disso uma das vias possíveis de uma escritura do íntimo e do sujeito privado cuja herança cabe ao diário íntimo, tão frequente após a Revolução. Em suas formas majoritárias, a prática literária evoluirá primeiro para um discurso do sujeito dirigido a um leitor designado como pessoa única e privilegiado na ilusão de um intercâmbio que imita a confidência, para em seguida reencontrar, ao sabor das evoluções sociais e ideológicas e de sua dinâmica própria, as contradições e os status diferenciados cuja extraordinária e problemática diversidade a era clássica pressentira a seu modo.

3

A COMUNIDADE, O ESTADO E A FAMÍLIA. TRAJETÓRIAS E TENSÕES

Nicole Castan
Maurice Aymard
Alain Collomp
Daniel Fabre
Arlette Farge

O processo que, entre os séculos XVI e XVIII, define uma nova forma de conceber, viver e preservar a existência privada nada tem de uma evolução linear, regular e unívoca. Philippe Ariès havia proposto uma periodização, assinalando não sequências estritamente sucessivas, e sim formas de afirmação do privado progressivamente superpostas ou dissociadas, sendo umas mais precoces, outras mais tardias. Deste modo, três "fases" se encaixariam, três figuras fundamentais da exigência de privatização: primeiro, a busca de um individualismo de costumes, separando o indivíduo do coletivo; em seguida, a multiplicação dos grupos de convivialidade que permitem escapar tanto à multidão como à solidão, mais restritos que a comunidade de existência em seu conjunto, a da vila ou do bairro, da condição ou do ofício, porém mais amplas que a família; por fim, a redução da esfera do privado à célula familiar, que se torna sede privilegiada, se não única, do investimento afetivo e do recolhimento íntimo. As análises reunidas nesta última parte de nosso livro basearam-se nesse esboço prévio para assinalar algumas das oposições ou tensões fundamentais constitutivas das modalidades diversas do que podemos qualificar como a vida privada na era moderna. Reconhecê-las exigiu às vezes que se deixasse de lado a perspectiva comparativa para estudar cada caso em sua situação particular e assim poder observar, como que através de uma lupa, conflitos e contradições. Não obstante, qualquer que seja o método adotado, o objetivo se mantém: compreender em sua complexidade a trajetória que, por ruptura ou por acordo, dentro ou fora da família, contra a autoridade pública ou graças a seu apoio, organiza a esfera da existência privada.

Para firmar-se, a esfera do privado deve derrubar vários obstáculos. Em primeiro lugar, pressupõe uma nítida divisão entre a função de representação pública e o recolhimento na intimidade do particular. Estabelece-se assim uma divisão dos tempos e dos espaços, dos papéis e das práticas, que se impõe a todos os numerosos indivíduos que na sociedade antiga detêm cargos e autoridade, inclusive ao soberano. Tal divisão é possibilitada pela própria transformação do Estado, que impõe suas leis e seus controles a setores até então regidos, através de contratos ou conflitos, pelos indivíduos, pelas famílias, pelas clientelas. Em compensação, o cuidado em distinguir entre o que o cargo público exige e o que pertence à vida privada, protegida e secreta, leva a desprivatizar o exercício da autoridade pública — embora tardiamente subsista a indecisão que confere aos arquivos dos administradores do Antigo Regime uma condição ao mesmo tempo pública e pessoal. Essa vida parcialmente dupla dos servidores do Estado — acentuada e generalizada pela Revolução, que obriga a uma ostentação cívica nem sempre acompanhada de idênticos sentimentos no foro íntimo — é como que a prefiguração da divisão ulterior, aquela do século XIX, que instituirá como dois polos antagonistas o espaço do trabalho e o espaço doméstico, as condutas profissionais e os comportamentos familiares. Ela vale não só para os homens públicos, mas também para os indivíduos numa sociedade que exige de cada um que, por meio dos gestos adequados e das aparências codificadas, identifique seu ser social.

Essa oposição entre a intimidade e a representação adquire, talvez, toda a sua força no momento em que, pelo menos em determinados países, o Estado se dispõe a dirigir o conjunto da existência social — a controlar os que lhe obedecem e mais ainda os que o administram ou aquele que o encarna. Foi o que ocorreu, por exemplo, na França em meados do século XVII. Mais duradouro, sem dúvida, é o esforço de constituição da existência privada por subtração às coerções familiares. Transformada no século XIX praticamente em sinônimo da noção de privado, a família pôde ser antes um dos obstáculos erguidos a uma vida individual entre amigos e aliados. Daí, paradoxalmente, a possível privatização da existência individual no próprio seio de convivialidades escolhidas, de sociabilidades restritas. Os amigos fiéis, os encontros repetidos, as associações, obrigatórias ou voluntárias, forte ou fracamente regulamentadas, oferecem oportunidades de se estabelecer vínculos privilegiados, desejados, que, contrastando com as formalidades exigidas pelo cargo público ou pela disciplina familiar, permitem um comércio livre e agradável. "Privé, privée: *referindo-se a pessoas, essa palavra pode significar também familiar, porém não é tão usada quanto familiar. (Ele é muito* privé *aqui. Ele é muito* privé *com o senhor fulano.)": a definição de Richelet em 1679 mostra bem a relação existente entre a familiaridade de frequentações decididas em comum, pelo prazer de estar junto, sem obrigatoriedade de estado ou condição, e o conceito de privado. Aqui não há necessidade de espaços separados, de recolhimento solitário, de muros protetores: o que faz o privado é acima de tudo a escolha de companhias com as quais se pode viver uma existência que não é aquela das tarefas usuais. Femininas ou eruditas, amicais ou juvenis, secretas ou abertas, todas essas sociedades têm em comum o fato de permitir uma intimidade convivial que a vida familiar parece proibir.*

O privado moderno afirma-se na distância tomada com relação à res publica *ou à ordem familiar e na oposição às coerções coletivas do costume. É este, com efeito, que dá suas formas concretas à "sociabilidade anônima" que, para Philippe Ariès, foi lentamente destruída entre os séculos XVI e XVIII pelo processo de privatização. Anonimato aqui significa não que as pessoas se reuniam sem se conhecer, na indistinção das relações estabelecidas no âmbito da vila ou do bairro, mas que instituições, ritos, penalidades fixadas pelo costume verificavam a conformidade das condutas individuais com as normas aceitas, socializavam e interiorizavam regras e papéis sociais, puniam infrações e desvios. Por isso, toda decisão pessoal era submetida a um controle social rigoroso, confiado a determinados grupos particulares (por exemplo, as abadias da juventude), enunciado através dos ritos espetaculares, exercido em nome da comunidade em seu conjunto. Ora, progressivamente, na cidade e na vila, os compactos dispositivos dessa vigilância por parte do coletivo vão sendo recusados, desacreditados, denunciados. Pouco a pouco se mostram como uma insuportável violação das livres escolhas do indivíduo ou da soberania da família, como uma intolerável intrusão num setor da existência doravante visto como privado — portanto subtraído à jurisdição comunitária. Na França meridional, é durante o século XVIII que se manifesta com vigor tal rejeição dos entraves impostos à vontade de cada indivíduo. Mas sem dúvida alhures (especialmente nas grandes cidades, nos meios burgueses, nas áreas de individualismo precoce) é mais antigo o movimento que visa a libertar das censuras da comunidade os ajustes do privado.*

Ora, esses ajustes são os que estabelecem as alianças, organizam as relações entre marido e mulher, governam a vida doméstica. Assim a família se torna a sede por excelência do privado. Por um lado, identifica-se com um espaço próprio, distinto: o da habitação doméstica. Para a maioria das sociedades antigas, esta consiste numa casa que abriga os recém-casados, depois as crianças resultantes da união; todavia, mesmo onde persiste a coabitação de vários casais de uma só família, cada um possui um espaço protegido que esconde sua intimidade. Mesmo na cidade, na promiscuidade obrigatória dos imóveis urbanos, o quarto, o cômodo mobiliado ou o sótão constituem frágeis refúgios para o indivíduo sozinho, o casal ou a família estrita. Por outro lado, a família concentra os afetos, capta a afetividade, une o indivíduo. Por certo, a identificação da honra pessoal com a de cada membro do grupo familiar não constitui uma novidade do século XVIII, como demonstram as intrigas das comédias do Século de Ouro, e, já foi dito, as amizades profissionais, juvenis ou casuais competem com os afetos conjugais ou familiares. No entanto, conforme atestam a afirmação de uma nova visão da criança ou a emergência de um culto familiar dos mortos, é no decorrer do século XVIII que o essencial da existência privada se recolhe ao foro familiar, sem discórdias entre o indivíduo e os seus.

Todavia, esse privado familiar sempre pode ser ameaçado, assaltado pelas ingerências da comunidade próxima ou solapado pelas imprudências de seus próprios membros. Protegê-lo do escândalo constitui, portanto, tarefa difícil, que exige aliados certos e poderosos. Daí o necessário recurso à autoridade pública e em primeiro lugar à do soberano. Só ela pode preservar o secreto que a honra familiar reclama, reduzindo as desordens que o fissuram; só ela pode garantir a liberdade de cada um em seu particular contra as coerções coletivas do costume. As formas desse socorro prestado às famílias em perigo podem variar e implicar magistrados ou eclesiásticos, porém seu princípio é idêntico, fazendo da revelação dos problemas domésticos ao detentor supremo da autoridade pública a condição para resolvê-los de modo discreto, privado, sem as censuras costumeiras. Assim, a construção do Estado em suas formas modernas não só permitiu a delimitação, por diferença, do que doravante já não pertencia ao público, como ainda — e muito mais — ofereceu garantia e proteção ao privado então constituído e cada vez mais reconhecido no interior da vida da família.

R. C.

O PÚBLICO E O PARTICULAR

Nicole Castan

DA DIVISÃO DOS TERRITÓRIOS

Formulada em temos lapidares, a divisão público/privado fatalmente esbarra numa fronteira. Talleyrand já dizia: "A vida do cidadão deve ser murada": o muro da vida privada, evidentemente.[1] Mas o que tal muro demarca? Para quem vive atualmente não existe ambiguidade: de um lado, um porto de paz, refúgio familiar na essência, mas também local de eleição das amizades e das liberdades. Do lado de fora, as coerções da vida pública, a disciplina do trabalho globalmente hierarquizado, o rigor dos envolvimentos de todo tipo. Por certo, tal dicotomia valoriza os encantos do domínio privado, incansavelmente ameaçado pela usurpação fatal das exigências públicas.

Tal leitura na verdade não se adapta à época moderna (séculos XVII-XVIII). Constatar-se-ia antes uma interpenetração constante dos espaços, uma ambivalência dos papéis e todavia uma aspiração obstinada, ao longo destes séculos, de melhor delimitar uns e outros. Por certo, à primeira vista a vida das pessoas é inteiramente pública ou exclusivamente doméstica. Quem melhor do que Luís XIV pode encarnar uma existência totalmente dominada e dedicada à ocupação real (nobre e deliciosa)? O rei devorou o homem, despojado de sua vida privada até a morte e também na morte: é fácil morrer em público! Assim também ocorreu com os grandes até o século XVII: "Nada é privado na vida dos grandes", constata Teresa de Ávila; sua amiga, senhora de La Cerda, dama ilustre, "vive de acordo com sua condição e não como gosta, num estado de servidão que a faz escrava de mil coisas".[2] Em contrapartida, e nos níveis mais modestos, o privado parece reinar sozinho: burgueses que vivem de rendas ou pequenos nobres da província, com pouca fortuna, dedicam-se quase que exclusivamente aos prazeres da caça, às delícias da mesa, sem outra ocupação, declara um deles na Gasconha, que alimentar "licenciosas fantasias com relação às meninas, satisfeitas tão logo concebidas". Poder-se-ia deduzir daí que a alternância dos papéis e dos espaços de vida reflete a posição social. Mas então o que pensar do populacho de Nápoles, por exemplo, que o presidente de Brosses descreve sem a menor complacência? "Essa gente não tem casa, passa a vida no meio das ruas..."[3]

Assim, pois, do rei ao miserável a unicidade de vida parece ser a regra. Todavia, numerosos casos sugerem mais: um remanejamento das funções que distribuem tempos e locais menos convencionais.

A FAMÍLIA DOMESTICADA

A liberdade, assim como a independência, conquista-se em primeiro lugar com relação à família. A do Antigo Regime está longe de ser afetuosa: para todos que a compõem, e pouco importa a posição de cada um, é um lugar de dominação, de divisão autoritária de tarefas. A estrita disciplina do chefe de família assegura a coesão indispensável à salvaguarda do patrimônio e da honra familiar; as solidariedades imperiosas não prendem os indivíduos. Pode-se escapar ao grupo, naturalmente e sem revolta.

A INFÂNCIA

Atesta-o a infância. Tão logo deixam a barra das saias, os meninos entre quatro e catorze ou quinze anos podem dispor à vontade de boa parte do tempo. À primeira vista, pareceria mais comum o contrário: crianças trabalhando no campo, aprendendo um ofício, frequentando a escola. Um fidalgo do baixo Languedoc não hesita em atribuir a morte sucessiva de seus três filhos ao fato de tê-los enviado cedo demais para um internato em La Flèche; e, mais tarde, Balzac também conhecerá o internato no colégio de Vendôme. Porém, muitos escapam a tal destino, graças ao regime de externato complementado por aulas particulares a domicílio. A ida da casa para o colégio proporciona oportunidades que não se devem desprezar. É o que se evidencia nas memórias do *Page disgracié*[4] — autobiografia do poeta Tristan L'Hermite, criado na corte de Henrique IV — ou nos relatos de infância do chevalier de Fonvielle, nascido em 1760 numa família de burgueses fidalgos e originária de Toulouse, ou ainda nas memórias de Guillaume Hérail, neto de um rico comerciante estabelecido nas terras de Sérignac, no Agenais.[5] Tudo os separa — a época, o meio, a educação —, mas os três têm em comum as aventuras pueris bem pouco honestas, pois levam uma vida dupla: exibem uma face adequada à imagem desejada de bom aluno e criança piedosa e escondem outra, que revelam num mundo só seu. O pajem é "nutrido" junto a um pequeno príncipe de sua idade (cinco anos), com o qual partilha a educação, os brinquedos, os exercícios e as viagens de um castelo a outro; em troca, deve servi-lo "do abrir dos olhos ao fechar dos olhos", distraí-lo, animá-lo quando cai doente. O pajem vale-se de todos os seus talentos de narrador maravilhoso; sua imaginação exuberante capta rapidamente o humor do príncipe: "Ah! pequeno pajem, percebo que direis que o lobo comeu o cordeiro, peço-vos dizer que não o comeu!". Daí uma afeição assídua, garantia de liberdade num serviço constante. Fonvielle e Hérail são criados com a família; objeto de cuidados e atenções, pois são os primogênitos, recebem uma educação ambiciosa e muito vigiada; em casa, primeiro sob a palmatória de professores particulares, depois com repetidores que se alternam com a escola. Os dois saúdam felizes a idade (cinco ou seis anos) em que escaparam a cuidados tão assíduos; ainda que ao preço do desentendimento entre os pais: o pai na caça e nos negócios, a mãe no "turbilhão do mundo".[6]

Sem dúvida, é preciso conhecer a arte da dissimulação. Hérail e Fonvielle mostram-se devotos no confessionário, sempre têm no bolso um livro piedoso quando estão em casa. Sabichões, exibem com orgulho seus progressos: sem perigo discorrem sobre latim, aritmética, letras para mulheres ignorantes.

Hábeis, copiam aulas e exercícios com toda a rapidez. Prudentes, sempre comparecem às composições e às atribuições de notas. Asseguram-se a cobertura que lhes permite ser tão "libertinos" quanto possível aos dez anos de idade, apreciadores de divertimentos, jogos e boa mesa.

O essencial é aproveitar as passagens de uma autoridade a outra para contornar a disciplina familiar. O pajem se vale das exigências, nunca definidas, de sua função para circular pelos corredores e pelas galerias do palácio. Junta-se a familiares, criados, guardas, jovens senhores, comediantes que acabam de apresentar um espetáculo. Deve distrair seu amo — bom pretexto para percorrer Paris em busca de um pintarroxo domesticado, de um jovem urso e outros animais da arca de Noé; excelente oportunidade também de levar uma vida de ocioso, à cata de espetáculo, de encontro, de jogos. No final do século XVIII, Fonvielle e Hérail aproveitam-se das mesmas brechas; entre a escola e a casa, multiplicam as escapadas, na cidade e no campo, com um bando de meninos desocupados que recrutam cá e lá. Mas os três dedicam a "suas paixões" o tempo subtraído à vida escolar e familiar: a leitura (novelas de cavalaria, peças de teatro ou Buffon), os animais (aves e gatos), as flores; e, mais ainda, o dedicam ao frenesi dos jogos de baralho e de dados. O que predomina, sem embargo, é a "gulodice": pequenos patês aos cinco anos e a garrafa "saboreada sozinho" aos onze anos (Hérail). É preciso pagar por isso; a vida privada evidentemente começa com a livre disposição do dinheiro. Nossos três heróis afirmam que dinheiro não lhes falta e sobre sua procedência não fazem mistério. O pajem consegue as pistolas necessárias dos passarinheiros e de outros fornecedores do príncipe. Hérail e Fonvielle optam francamente pelo roubo: primeiro, grãos, que roubam de casa e vendem abaixo do preço; depois, espécies sonantes — "suas mãos tinham visco" (Hérail), quando se convenceu de que "o dinheiro não era roubado, pois não saía da família". Graças a pequenos roubos diários (de doze a quinze *sous*), ele consegue uma pequena soma que utiliza livremente; contudo nunca lhe falta dinheiro; o pai e o avô lhe dão luíses "reluzentes e novos" para exibir em público; mas deve prestar contas: trata-se de demonstrar a fortuna da família, e não de esbanjá-la.

Uma vida assim, tranquila e ainda em tão tenra idade (cerca de dez anos), deveria acarretar a ruptura ou no mínimo um nítido relaxamento dos vínculos familiares. Absolutamente: desde que se organize uma rede de proteção e cumplicidade. Os jovens senhores ou os comediantes do rei escondem o pajem e o furtam ao controle do preceptor; na pior das hipóteses, ele encontra refúgio seguro nos braços do príncipe: "Não lhe custa senão uma lágrima ou duas para obter sua graça". Os estudantes Fonvielle e Hérail aproveitam-se sem pudor da predileção de uma mãe pelo primogênito. Na verdade, é ainda mais seguro para eles ter a cumplicidade dos criados; Fanchon, cujo leito Fonvielle partilha, acoberta suas ausências; sem contar que lhe facilita a venda dos grãos ou a troca dos escudos roubados, sempre com prejuízo.

Também Hérail declara preferir a companhia dos criados à dos pais. Achava-os mais amáveis porque estavam sempre dispostos a favorecer suas traquinagens e jubilar-se com elas maliciosamente.

Mais tarde, Hérail os julgará nefastos e corruptores, sem dúvida para melhor enaltecer a bondade da natureza que por fim lhe devolveu sua primitiva inocência. Essas três infâncias, privilegiadas aqui pelas memórias que deixaram, não nos autorizam a deduzir que a liberdade se restringisse aos meninos ricos. Depoimentos oriundos de níveis mais modestos provam que filhos de comerciantes e artesãos, de aldeões ou de um notário de Rouergue também podem dispor à vontade de amplos setores de sua vida. Forçosa e prioritariamente, eles devem dedicar-se à empresa familiar; isso não os impede de aproveitar as horas de folga e explorar ao máximo a relação familiar com a criada, os aprendizes ou os empregados, até mesmo com os clientes. Em suma, de levar uma vida própria, mais ou menos declarada e conhecida, a despeito das coerções habituais.[7]

A expressão "vida privada no feminino" pode parecer paradoxal, a tal ponto a mulher dessas sociedades se vê confinada ao lar. Com certeza e de modo geral, ela é excluída dos papéis públicos e das responsabilidades exteriores (políticas, administrativas, municipais, corporativas).[8] Comprova-o o exemplo de Lyon no século XVI analisado por Natalie Davis. Cabe à mulher o papel oficioso — reconhecido não sem acrimônia, aliás —, porém não oficial.[9]

Pois sua ocupação é prioritariamente doméstica; o cenário: a casa; sua vocação: encarnar a imagem de esposa e mãe, arraigada pela Igreja e pela sociedade civil. A exigência de honra — feita de aparência, fidelidade aos seus e a sua boa reputação — resume-o muito bem; portanto, uma dedicação constante a todos que vivem sob seu teto a destina a servir, ou seja, a cuidar: alimentar, criar, atender na doença, assistir na morte — essa é a ocupação das mulheres, que a ela se devotam gratuitamente; aliás, não se costuma reconhecer sua participação, tão frequente, na produção para melhor enaltecê-las ou gratificá-las em testamento. Por exemplo, a dedicação de madame Acarie, a futura fundadora do Carmelo na França, à casa e às filhas: dirige-as com firmeza, fazendo com que se alternem a seu lado a fim de estabelecer "uma comunicação amical que as instrui e lhes conquista o coração". Equivale a dizer que é solicitada para um serviço incessante, pois esse é seu papel reconhecido.[10] Assim também ocorre com madame d'Ayne, sogra do barão d'Holbach; todo verão hospeda no castelo de Grandval numerosos convidados, além de seus filhos; a casa é considerável. Diderot, frequentador assíduo na década de 1760, reconhece-lhe toda a virtude de uma perfeita dona de casa, sempre atenta ao bem-estar e ao divertimento dos outros. "Mostrava-se interesse por um prato, no dia seguinte ela o servia, e assim quanto ao resto."[11]

Serva, portanto, mas também senhora, e esta última condição lhe confere a autoridade necessária para desempenhar suas tarefas, exigindo as virtudes correspondentes de modéstia, dedicação e economia. Isso leva a rever a ideia de uma subordinação rigorosa ao chefe de família; impõe-se mais uma divisão de poderes e tarefas. Madame Phlipon, mãe de madame Roland, foi casada com um conhecido mestre gravador parisiense. Nesta condição, ela comanda a casa, enquanto o marido reina na oficina, onde se misturam artesãos e clientes. Além de cuidar da economia doméstica e orientar a criada, madame Phlipon dirige a educação da filha; quer fazer dela uma jovem refinada, porém a seu lado, segundo a tradição; escolhe e supervisiona os professores particulares que se sucedem junto à menina; instrui a filha em todas as artes menores e a veste com toda a elegância, acima de sua posição; naturalmente, controla todas as suas saídas, ao mercado, aos familiares, à igreja; e há o passeio dominical ao jardim do rei, à tarde, ou o verão em Soucy ou Meudon.[12]

Na verdade, madame Phlipon vive momentos frequentes de intimidade afetuosa com a filha, no seio do grupo familiar, sem por isso descuidar da ordem constante do lar. Pois todo o problema com relação à vida doméstica consiste em delimitar bem as liberdades e os isolamentos possíveis. Cabe assinalar que, acima do limite da miséria, a mulher não é desprovida de recursos: os que lhe conferem precisamente a liberdade de testar e o contrato de casamento. Esse pacto fundador da família (tanto quanto o sacramento), obrigatório nas classes ricas, é largamente praticado em todos os níveis nas províncias meridionais. Juntamente com a garantia de seu dote e a liberdade de dispor dos próprios bens, tal pacto proporciona à mulher a possibilidade de uma estratégia pessoal, em geral conforme à política familiar, é bem verdade: até uma modesta dona de casa do Nîmois, Jeanne Fabre, conseguiu casar a filha com uma doação de 36 libras e algumas peças de roupa. A marquesa de Lacapelle, aparentada com os Losse-Valence, através de um legado consegue mudar a condição da neta, cuja educação confia às religiosas maltesas de Toulouse; todavia, espera que “ela a corteje”. A liberdade de dispor dos próprios bens subsiste, mesmo com risco de causar escândalo. Madame de Pollastron, esposa de um fidalgo gascão, dona de uma fortuna condizente com sua posição, herdou bens de família. Tanto por predileção como pela vaidade de uma aliança lisonjeira, acrescenta 3 mil escudos ao dote de uma jovem prima, quando duzentos escudos em roupas bastariam;[13] dupla traição: ao marido, deixado de fora, e aos filhos, privados de um quinhão da herança; mas, no plano jurídico, seu gesto é inatacável.

OS LOCAIS DE PRIVATIZAÇÃO

Lendo cartas da época ou depoimentos registrados na justiça, temos a impressão de que as mulheres dispõem de margens de manobra bastante flexíveis; o que lhes permite eventualmente retirar a máscara e infringir as normas de seu papel. Por exemplo, o costume determina que a mulher escolha as criadas. Nos meios abastados, como o de uma burguesa que em 1770 leva uma vida de nobre no alto Languedoc, cabe-lhe escolher, além das criadas, seu lacaio particular, que deve ser "de bela aparência e celibatário"; não obstante, impõe a condição "de controlar exatamente suas despesas e não lhes abrir demais a bolsa". Naturalmente, ela tem o direito da correção privada: "pressionar" a criada desleal para obrigá-la a confessar e devolver a touca roubada parece algo normal para a esposa de um procurador do Velay. É assim que ela dirige seus trabalhos e vive com a criadagem numa familiaridade que pode chegar à cumplicidade. Por intermédio de sua dedicada criada, Sophie Volland consegue comunicar-se com Diderot sem que sua mãe saiba (tem então uns quarenta anos). Em seu castelo no campo ou em sua casa de Auch, madame de Pollastron não constitui exceção: vive à vontade com as criadas, de um modo que segundo seu diretor espiritual é demasiado íntimo. Prefere as criadas à família; com elas zomba das maneiras rústicas do marido e fala mal dos parentes afins.

GERIR NO COTIDIANO

É bem verdade que a gestão da casa se presta a evidentes formas de privatização. Naturalmente, a menos que pertença às classes superiores ou seja viúva, a mulher não participa da economia externa, mercantil; não a vemos concluir contratos nas feiras; a administração do patrimônio, a manipulação do dinheiro e do crédito não são de sua competência ostensiva. Uma mulher de Toulouse confessa ter vergonha de pedir dinheiro ao marido comerciante.

Contudo, vemos no interior do mundo feminino toda uma circulação subterrânea de dinheiro, de víveres, de roupas ou de serviços, muitas vezes realizada sem o conhecimento dos homens. São iniciativas particulares, mínimas, é bem verdade, porém significativas: a mulher de um trabalhador de Montauban empresta alguns *sous* à vizinha para comprar fitas para a filha que precisa tentar a sorte no jogo da sedução; em grupos de três ou quatro, as camponesas partem para o mercado vizinho às três horas da manhã e ali vendem ovos ou produtos de seu quintal, com o que mantêm um cofre pessoal — contar isso a uma vizinha (no caso são cinco moedas de doze *sous*, escondidas num saquinho no fundo de um buraco da lareira) constitui uma bela prova de confiança para uma mulher pobre de Lavaur. Como na infância, o dinheiro não transita forçosamente pelos canais familiares; só então pode ser causa e condição de liberdade: foi o que ocorreu com uma criada de Montpellier, igual a muitas outras, que confiou a uma amiga seus três anos de salário; juntara o dinheiro para se estabelecer e não queria entregar seu tesouro à família.

OS CÍRCULOS DE VIDA

Vemos, pois, que em geral as mulheres vivem num mundo todo seu, aberto para o exterior. Tanto numa casa rica como numa fazendola, a porta aberta ou fechada constitui ao mesmo tempo símbolo e realidade. No campo, pesa sobre os homens uma proibição moral de entrar numa casa onde as mulheres estão sozinhas. Em geral, a porta fechada durante o dia suspende as idas e vindas habituais: é um fato espantoso, notado e comentado. Não há uma reclusão no espaço doméstico, o que proporciona a oportunidade de estabelecer relações mais independentes.[14] A sociabilidade amical não é um termo vazio. Diderot diz isso do Grandval, e com bastante ironia, a Sophie Volland, a amiga muito querida, homem e mulher ao mesmo tempo, segundo a expressão de Grimm: "Após o jantar, elas se recolheram, nós as deixamos entregues a suas pequenas confidências; é uma necessidade que sentem quando passaram algum tempo sem se ver [...] como os carinhos que habitualmente se fazem".

Para as mulheres que não tiveram acesso à vida de sociedade no sentido convencional do termo, tais vínculos se estabelecem necessariamente no interior da parentela ou da vizinhança, sendo reforçados nos bairros urbanos pela promiscuidade de praxe (num subúrbio de Toulouse uma casa de três andares abriga dezesseis famílias de artesãos, uma em cada quarto). A exiguidade do espaço, a ausência de comodidades obrigam a sair de casa para providenciar água, fogo, luz; sem falar nesses lugares coletivos mas de vocação feminina que são o lavadouro, a fonte, o forno ou o moinho; no Midi, as mulheres para ali se dirigem em grupos de três ou quatro vizinhas e ficam horas conversando. De modo geral, a vida e o trabalho, depois qualificados como interiores, transbordam:[15] as mulheres se apoderam da soleira da porta, da rua, até mesmo da praça pública; nesses espaços, elas reúnem-se em "pequenos pelotões" na Toulouse do século XVIII para escolher ervas e alimentar os filhos; e uma taberneira, também de Toulouse, lava seus copos com toda a naturalidade — em suma, trata-se de um setor inteiro que já não é propriamente dito doméstico, porém ainda não foi reconquistado pela autoridade pública. Serão necessárias uma regulamentação constante e uma organização do hábitat para restringir os usos privados à casa e a suas dependências específicas (o pátio, o jardim, a escada); entrementes, é aí que podemos perceber as fronteiras do público e do particular, fronteiras móveis nos séculos XVII e XVIII; a privatização se revela através de gestos significativos; por exemplo, a comida que duas vizinhas "por boa amizade" levam na rua à mulher de um lavrador do Bigorre que fora espancada pelo marido violento. Melhor ainda: ao saber da morte repentina do filho, em vez de refugiar-se no seio da família, a mãe corre para a rua e, aos prantos, lança-se nos braços da vizinha.

A LIBERDADE DA FESTA

As festas e celebrações religiosas certamente ajudam a contornar o bastião familiar; sabemos que as moças, sobretudo no Midi, são excluídas das instituições e das algazarras juvenis, porém é costume conceder-lhes algumas liberdades, quando mais não seja para favorecer suas oportunidades de casar-se; com o mínimo risco, todavia, cuidando-se de nunca deixá-las sozinhas; em Saint-Antonin, em Quercy, amigas passeiam aos domingos na praça pública, católicas e protestantes misturadas; no verão, dançam sob um velho olmo, "em grupos tão belos, tão vivazes, tão alegres", e no entanto tão pouco acessíveis, suspira Fonvielle, então um funcionário dos depósitos de sal. Sendo os jovens os principais participantes da festa e dos ritos coletivos, as moças também aproveitam a ocasião. Todavia, sabemos da ruptura decisiva que o casamento provoca nas sociedades antigas; ele muda os papéis e as maneiras impostas à mulher; a festa já não é para sua idade; mas há a compensação proporcionada pela religião, que, como as tarefas domésticas, facilita-lhe as saídas e os encontros, sob o olhar aprovador da família e da comunidade; ainda durante muito tempo a prática tradicional lhe propicia tais facilidades, com a assistência obrigatória aos ofícios, às missões pregadas pelos religiosos e às peregrinações sazonais, que marcam o ritmo da vida com a vantagem de legitimar escapadas muito desejadas; no subúrbio do Bout-du-Pont, em Albi, as mulheres dos cardadores dizem em maio de 1709 que por nada no mundo perderiam as orações que os franciscanos em missão organizaram após a ceia (nesse momento os maridos estão na taberna).

UMA NOVA BUSCA: A INTIMIDADE

Embora não tivesse tal intenção, a Contrarreforma ampliou o campo da vida privada feminina. São Francisco de Sales soubera conciliar as exigências da salvação e da sociedade para uso das mulheres.[16] A influência da *Introduction à la vie dévote* foi profunda; a partir dessa obra e especialmente por intermédio das missões, ao longo dos séculos XVII e XVIII uma pastoral desenvolveu até no âmbito popular um novo modelo de devoção feminina, que levasse a viver mais intensamente as grandes verdades da religião cristã. Assim, estimuladas por uma missão ou por seu confessor, as mulheres providenciam retiros cotidianos; por volta de 1750, a esposa de um cirurgião de Toulouse tem esse cuidado ao organizar seu dia: muito dedicada ao lar, excetuando-se algumas refeições com casais amigos, sai apenas para ir aos ofícios com as vizinhas; o mais das vezes só, porém eventualmente com uma ou outra vizinha, às quatro da tarde vai à igreja de sua paróquia fazer suas devoções particulares e "cumprimentar" o Menino Jesus.

Por trás desses novos hábitos está a influência da educação, que na época moderna já não é tão rigorosamente familiar. Nesse aspecto, os dois ou três anos passados no convento — prática que se difunde na pequena burguesia urbana — são decisivos; abrem perspectivas inéditas para as moças: em Auch, em meados do século XVIII, madame Hérail conhece a amizade graças ao convento: a fome de viver de sua querida Vavarette, filha de um magistrado, a seduz; a amizade sobrevive ao casamento; elas se convidam para longas estadas no campo; as confidências, as intrigas e uma ativa correspondência as ocupam durante anos, a ponto de invadir a vida familiar e agastar os maridos. Manon Phlipon passa pela mesma experiência; aos doze anos exige dos pais dois anos num convento do subúrbio Saint-Marcel a fim de preparar-se para a comunhão na atmosfera espiritual adequada. Imprevistamente, faz amizades com pessoas estranhas à família, começando por duas religiosas que lhe oferecem o recolhimento de suas celas para ler em paz e falar com inteira liberdade. E mais ainda Sophie Cannet, interna como ela, a quem será leal até a morte: "Tudo partilho com minha Sophie" — gostos, leituras, reflexões —; afinal, o convento oferece às moças, assim como o colégio aos rapazes, a possibilidade de viver e conhecer-se fora de um mundo familiar que necessariamente pouco se renova.[17]

Assim, definem-se confluências e clivagens no quadro de vida habitual; o processo raramente leva à busca da solidão ou à intimidade; exige liberdades e um nível cultural pouco difundidos. Manon, o exemplo que sempre cabe citar, já na infância criou para si um porto de paz, "sua alcova", onde, sem contar a ninguém, lê à noite livros tomados aos empregados do pai. A mãe vê, não diz nada, porém vigia à distância. Mas não é o que ocorre com a grande maioria das mulheres, mesmo com aquelas que receberam um verniz cultural; quando muito, em famílias de comerciantes de Toulouse ou de Montpellier, algumas partilham um gosto comum pela leitura, encontrando bastante liberdade nos interstícios da vida doméstica para trocar livros e reunir-se no final da tarde para discuti-los.

DO "MURMÚRIO" AO RUMOR PÚBLICO

Apesar de tudo, temos de admitir a permanência dos estilos de vida femininos; aliás, pesa uma contradição sobre o papel reservado às mulheres: rainhas do lar, obrigadas a preservar a privacidade da família, todavia formam a opinião e o rumor público. Tal é sua reputação: só sabem falar; e obviamente dos assuntos privados que conhecem melhor que ninguém graças às conversas na soleira da porta ou no lavadouro; graças também a uma curiosidade assumida sem pudor nos meios populares; fulana foi "obrigada" a ver alguém que passava, a ouvir uma conversa ou a espreitar um vizinho; informações colhidas cá e lá para alimentar as conversas. Nada, nem mesmo os roubos ou os partos clandestinos, é ignorado nessas sociedades onde tudo se vê e o anonimato praticamente inexiste. Em Pézenas, basta que o empregado de uma loja se mostre um tanto assíduo com relação a uma jovem para que um bando de mulheres vá logo informar a mãe; antes, porém, avaliam as possibilidades de casamento e maliciosamente perguntam à moça: "Quando são os doces?". Tais mexericos são inconsequentes, em virtude de uma irresponsabilidade pública em geral admitida; enquanto os homens responsáveis (em especial os que lidam com a justiça) são obrigados a maior sobriedade.

Passar do "murmúrio" ao rumor público é muito diferente; trata-se de expor em praça pública o segredo das famílias, sendo a vítima obrigada a obter reparação sob pena de perder a boa reputação. O coro das mulheres é decisivo para desencadear o escândalo em caso de infrações graves das normas da vida privada. Por exemplo, em Bédarieux, em 1780, uma moça conhecida como "pública" mora no único aposento da residência familiar com o médico local. Partos e abortos se sucedem; enquanto a jovem se mantém reclusa durante a gravidez há apenas um murmúrio surdo. O rumor explode quando a criatura se instala *publicamente* como casada numa casa alugada e servida por uma criada: "Não há mais normas, nem decência, nem pudor!".

Na verdade, as mulheres desempenham enorme papel no exercício do controle social; e muitas vezes em seu detrimento, pois são os alvos privilegiados; mas, afinal, com isso apenas exercem sua prerrogativa de guardiã do lar e/ou da moral familiar. Para tanto, dispõem de armas poderosas: levantar a opinião pública desvendando-lhe com fragor o escândalo privado e depois romper a lei do silêncio, obrigatória quando o caso transcorre no âmbito doméstico; equivale a afirmar a gravidade da situação; basta-lhes então testemunhar para introduzir a justiça no espaço móvel do mundo que governam.

UMA REDEFINIÇÃO DOS PAPÉIS

Foi longo o reinado do Grande Rei: 54 anos; mais ainda se nos atemos às datas: 1643-1715. Luís XIV se instala com magnificência em Versalhes em 1683; a corte jovem acabou-se; começam os anos difíceis e a crise da consciência europeia; a visão do mundo, a concepção da vida se transformaram. Duas tendências se afirmam: a do Estado de ampliar seu domínio através dos aparelhos de justiça, polícia e finanças; e o desejo dos cidadãos esclarecidos de participar da coisa pública. Donde a vontade de distinguir melhor os diferentes espaços de vida: público, familiar, privado. O afastamento já não é necessariamente isolamento, "sábio e santo intervalo entre a vida e a morte", como ocorreu com o chanceler de Pontchartrain segundo Saint-Simon; ele havia dado a vida ao rei, ao mundo e à família; velho e viúvo, deixa a corte para sempre.[18] No século XVIII, isso já não ocorre forçosamente por devoção, e sim para mergulhar nas "delícias da vida privada" (o conde de Brienne).

O CERIMONIAL E O LAZER

O reinado de Luís XIV já apresenta os sinais de mudança. Em Versalhes e em primeiro plano estão o príncipe e o cortesão, em seus papéis complementares de soberano e servidor do culto monárquico. No faustoso cenário da câmara real, dos salões e do parque, dos lugares abertos a todos, o monarca vive em público, impenetrável, senhor de si mesmo como do reino. Há pouca intimidade, ainda menos de vida familiar, porém uma representação quase constante. O rei, diz-se, absorveu o homem; em troca, exigiu muito dos grandes e dos nobres fixados na corte, porque reputados, a justo título, *frondeurs* [participantes da Fronda]. A nobreza perdeu então todo o poder político e a vida pessoal; ganhou as graças de um amo onipresente que sabe tudo sobre a intimidade das famílias, da qual se faz o guardião; é a ele, com efeito, que no decorrer de uma audiência secreta uma dama nobre confia sua honra, comprometida por uma gravidez inoportuna; e cabe ao soberano protegê-la, mandando o marido para o exército.[19]

Portanto, tudo é graça para esses aristocratas apinhados nos cubículos malcheirosos dos entressolhos e no sótão. A possibilidade de uma vida de família ou de amizades inexiste quando é preciso vigiar-se para não ser ouvido. Um século depois, Manon Phlipon expressa sua indignação ao saber que ali reside o arcebispo de Paris, "podendo rastejar todas as manhãs para [assistir] ao despertar dessas majestades"; é verdade que não se vê muita coisa, tornando obrigatória a assiduidade à cerimônia.

Nos bastidores, os atores têm alguma folga. A começar pelo monarca, que todos os dias se recolhe a um ambiente mais íntimo: os gabinetes particulares, cujo acesso é feito pela parte posterior e reservado a poucos, pois se todos podem dirigir-se ao rei em público, a audiência particular no gabinete constitui um favor insigne. Aliás, nesses locais fechados o soberano tira a máscara. Primo Visconti, embaixador de Veneza, observa que, transposta a soleira, "ele assume outra expressão, como se fosse aparecer num palco". Ali o rei vive com seus familiares e com seus invejados lacaios; recebe os filhos e os arquitetos, cujos planos estuda apaixonadamente. Por certo, os jogos do poder não cessam, nem mesmo no apartamento de madame de Maintenon, onde há anos Luís XIV leva uma vida conjugal, para a fúria de Saint-Simon, de resto já irritado com esse privilégio de entrada nos gabinetes particulares; quando o rei ali trabalha com um ou dois ministros ou concede audiência, ela está presente, confidente atenta, a "solidez" do monarca, como declara Luís XIV. Madame de Maintenon soube assim atraí-lo para um universo doméstico, onde ele se distrai e se diverte com as representações teatrais e os pequenos concertos realizados num círculo estrito que o isola da corte; como nas viagens a Marly (que Luís XIV planejou como um local pequeno, feito para a solidão), onde as normas da etiqueta são mais brandas, para indignação da princesa Palatine: "Vê-se pouco o rei, tudo é desorganizado, a corte está dispersa".

Com efeito, nas brechas do cerimonial instala-se uma predisposição ao lazer. O cortesão literalmente refaz sua vida; não como no início do século, pois está desarraigado e assim permanecerá; cabe-lhe criar para si outro papel, outra liberdade.[20]

O APOGEU DE UM *SAVOIR-VIVRE*

No século XVIII, instituiu-se entre a aristocracia uma nova arte de viver, que atinge o apogeu nos anos de 1750-60. A corte dá o tom; o rei dá o exemplo tanto no exercício do poder como em sua determinação de não se deixar absorver inteiramente por ele.

Longe de saborear as delícias de sua posição, como ocorrera com seu predecessor, afasta-se e fala dos assuntos de Estado como se não fosse o soberano: "Julgaram que era melhor assim [...]". Numa monarquia administrativa, seu papel evolui e pode se tornar mais distante. Naturalmente, o monarca se submete ao cerimonial regido por uma etiqueta inalterada, mas em compensação decide reservar para si um setor próprio, onde vive livre das obrigações esmagadoras, em seus gabinetes particulares e, mais tarde, em seus apartamentos secretos nos altos do palácio: o santuário, com seus salões, suas galerias, sua biblioteca e até, num terraço, um jardim aéreo repleto de viveiros de pássaros; ninhos de ratos ou refúgios deliciosos, segundo se entre ou não, e entrar constitui um privilégio inestimável. Ora, o rei se aborrece junto à família, e seu século não enalteceu as alegrias do lar. É com a amante e os amigos ou mesmo na solidão de sua biblioteca que ele leva uma vida doméstica. Suas pequenas ceias são célebres, reunindo, longe dos olhares dos criados, uma dúzia de convivas assíduos; o tom é livre; tristonho e silencioso em público, o rei se mostra alegre, afável e simples. Depõe os deveres de seu cargo num ambiente a seu gosto: o luxo requintado dos pequenos salões de cores discretas, cinza e verde, elegantemente confortáveis; ali o monarca vive como um grande senhor, libertino, sem dúvida, mas também sedentário, apaixonado por cartas e gravuras, amigo dos gatos, apreciador de doces e café.

Seguindo seu exemplo, a corte também se emancipa, com um pé em Versalhes, palco das manobras das *coteries*, mas também fonte de todo favor e de todo poder, e outro em Paris; é a nova articulação que na época de Luís XV se introduz no estilo de vida. A aristocracia leva sua vida pessoal no cenário renovado de suas mansões e de suas casas de Passy ou Auteuil; ou no anonimato, às vezes procurado, que só Paris pode oferecer. A cidade se desforra da corte; é ela que doravante molda a opinião pública, e é por ela, graças a ela, que as maneiras de viver se comunicam e se transformam.[21] Numa pluralidade de direções, algumas das quais são interessantes: a intimidade crescente, por exemplo, indispensável à observação e à análise do eu — um eu que já não é intolerável e ao qual numerosos epistológrafos, sem esperar *Les confessions* de Rousseau, dedicaram-se com uma complacência muitas vezes lúcida. Todavia, o Iluminismo também tem suas faces ocultas, e a da volúpia não é a menor delas. Não se concebe procurá-la fora do jardim secreto. O mais conhecido, o convento caro a Sade, universo secreto, fechado para o mundo porém aberto para os iniciados. A seu exemplo, os romances eróticos — que na segunda metade do século XVIII proliferam na Europa — descrevem com uma pena tão ágil quanto minuciosa uma nova topografia do secreto. Vejamos, por exemplo, *Félicia ou mes fredaines* [Felicia ou minhas estroinices], de Andréa de Nerciat, contemporâneo de Choderlos de Laclos;[22] nesse itinerário de uma carreira libertina, a arquitetura desempenha papel considerável, pois cabe-lhe garantir o segredo do prazer; um verdadeiro labirinto galante une os dois andares de apartamentos através de um corredor acolchoado, escondido entre os dois níveis. Através de um mecanismo de contrapeso, conduz a entressolhos secretos; assim, cada cavalheiro, munido de uma chave, desce pelo corredor e, graças a painéis movediços, chega ao quarto escolhido, cujas saídas clássicas obviamente foram interditadas; sem que ninguém saiba de nada, comenta Felicia. Absolutamente não: sir Sydney, o organizador do local, exige outra coisa para seu prazer: ver tudo que se passa no labirinto; assim, seu arquiteto construiu-lhe um esconderijo no entressolho, ligado aos quartos por meio de invisíveis tubos acústicos e orifícios nas paredes. As sombras em que se oculta o voyeur implicam a ilusória segurança do sigilo reservado aos atores. Uma forma extrema de privatização, não a mais difundida nos meios parisienses, mais ou menos próximos da aristocracia e inclinados a separar bem as coisas: a parte que cabe à família, a que é dedicada aos negócios e, por fim, o setor específico da liberdade desejada.

UM MODELO ARISTOCRÁTICO SEDUTOR

Diderot é um bom representante disso; oriundo de uma pequena burguesia provinciana (o pai era cuteleiro em Langres), com mais de cinquenta anos, na década de 1760, tornou-se um dos príncipes da República das Letras (os filósofos não tinham apóstolos mais benevolentes que os grandes nobres), com direito de ingresso nos salões conhecidos, sobretudo o do barão d'Holbach;[23] portanto, um *homo novus*, de alguma forma, o que lhe dá a lucidez necessária para avaliar a evolução dos modos de vida.

> Antigamente as pessoas viviam em família, tinham *coteries*, frequentavam a taberna, não admitiam os jovens na boa sociedade; as moças eram quase reclusas; as mães mal apareciam; os homens ficavam de um lado, as mulheres do outro; hoje em dia, as pessoas vivem numa confusão, admitem no círculo um jovem de dezoito anos, entediam-se, vivem separadas; as crianças têm camas gêmeas, os adultos apartamentos distintos; a vida se divide entre duas ocupações, a galanteria e os negócios; está-se no gabinete ou em sua *petite maison*, com os clientes ou com a amante.

Portanto, uma confusão de idades, sexos e condições, porém a divisão dos papéis se aprofundou. O próprio Diderot conformou-se a isso; uma vida familiar das mais intermitentes, que não lhe oferece um refúgio de paz; um casamento malogrado (com uma fanqueira), que ele não suportará, une-o a uma esposa intratável: temperamental, brigona, lamurienta. Contudo, há Angélique, sua filha de uns dez anos, entregue indefesa à megera: "Que saúde resistiria?". Então ele volta para casa a fim de ocupar-se de sua educação e reconfortá-la. Porém, sua verdadeira vida está alhures; primeiro, na obra a escrever e durante esses anos na publicação da *Encyclopédie*; Diderot passa as manhãs com os autores, impressores, livreiros e gravadores: "Esfalfando-me a escrever e a trabalhar [...]. Gastando a vida sobre pranchas crivadas de números e letras". Resta o fim do dia, dedicado aos amigos, às distrações ou às aulas a Angélique; um dia ele janta com Grimm nas Tulherias e depois "conversamos" durante um longo passeio por Paris; às vezes vai ao teatro e com frequência passa a noite num salão. Por mais cansativas que sejam essas tarefas, a vida privada claramente retoma seus direitos, deveres e liberdades.

Um período privilegiado é o que Diderot passa junto ao barão d'Holbach, no Grandval, para onde parte no outono, sozinho com suas malas, feliz por encontrar o que dá gosto à vida: conforto e liberdade; ali se instala num pequeno apartamento, tranquilo, alegre e bem aquecido, o mais aconchegante da casa, pois gosta de suas comodidades, sobretudo no campo. Seus anfitriões nada lhe exigem e o deixam à vontade para ler, escrever ou repousar, em geral de manhã e às vezes à tarde. Pois o Grandval não é um ermitério: ali se desfrutam integralmente os prazeres do espírito e os da mesa, "sorvetes, ah, meus amigos, que sorvetes! Devíeis estar aqui [Sophie] para tomar bons [sorvetes], já que os apreciais [...] é impossível ficar sóbrio aqui, estou redondo como uma bola, barriga à mesa, costas [voltadas] para o fogo". Tal é o encanto da liberdade no campo; longe das obrigações, passa-se dos trabalhos de escrever ao trato social; à tarde ou à noite, durante a ceia, um grupo de amigos — frequentadores assíduos do barão, que vêm de Paris ou moram nas vizinhanças, como madame d'Épinay — reúnem-se animados para, meio brincando, meio a sério, falar do cão Pouf ou especular sobre todas as coisas, pois um espírito esclarecido consegue compreender a totalidade do conhecimento humano; pode-se dizer tudo, mas com inteligência e decoro; e respirar de alegria e saborear o prazer da intimidade depois que os convidados se vão. Diderot aprecia os longos passeios com o padre d'Hoop pelas colinas do Marne ou as conversas ao pé do fogo; às vezes até de touca de dormir e roupão, quando as mulheres resolvem cear no salão; pois abomina-se a solidão exagerada, na qual espreita "*le spline*" [o *spleen*, o tédio], segundo Diderot. Relato encantador de um período de férias e de uma sociedade de festas, por certo, mas não está justamente aí o sinal de uma época que se recusa a conceber o foro pessoal em termos demasiado exclusivos de exílio, devoção ou velhice?

DA PLURALIDADE DOS PAPÉIS: A PROVÍNCIA

A corte e a cidade, portanto, dão o tom. Na década de 1750, o marquês Joseph Gaspard de Maniban, nascido em Toulouse em 1686, reflete bem a evolução dos modos de vida da aristocracia provinciana.[24] Aparentemente, dedica toda a sua existência ao serviço do rei, pois é primeiro presidente do Parlamento de Toulouse, o segundo do reino; os deveres de seu cargo e de sua posição prevalecem. É notório que sua família, da alta magistratura, constitui a nata da província; um rico patrimônio prudentemente salvaguardado pelo jogo das substituições (avaliado em cerca de 1 milhão de libras em meados do século XVII). Tudo o destina às mais altas funções, e ele parte para Paris, onde vive dez anos. Rompendo com a endogamia da aristocracia de Toulouse, faz um casamento excepcional, parisiense: em 1707, esposa a filha dos Lamoignon e recebe um dote de 240 mil libras, sem falar na rede de relações de uma das mais brilhantes famílias parlamentares de Paris; com isso torna-se cunhado do chanceler de Lamoignon e tio do diretor da Livraria, monsieur de Malesherbes. Frequentes estadas em Paris estreitam os laços de família e entrementes se inicia uma correspondência contínua com o chanceler; nessas cartas, escritas "só para vós", ele se abre e fala muito sobre suas opiniões, seus estados de espírito e suas desilusões. Mais tarde, em 1722, o regente o nomeia primeiro presidente do Parlamento de Toulouse, cargo que ocupará até morrer, em 1762; um homem do rei, animado por um espírito de justiça e paz; mas também um defensor dos interesses do Parlamento, agitado por dissensões internas (religiosas e políticas). As pesadas responsabilidades da função o afastam das ligações de interesse ou de amizade, confessa Maniban, não permitindo que os prazeres perturbem a disciplina dos hábitos nem a ordem de seus exercícios. Assim foi ele, seguindo o exemplo do rei, um presidente inimitável, que defendeu em Versalhes os interesses de Toulouse e em sua jurisdição fez respeitar a autoridade do monarca. Por exemplo: em setembro de 1727 está em Paris e toma conhecimento da repentina inundação do subúrbio Saint-Cyprien, em Toulouse; volta de imediato; percorre o local; incansável, apressa-se em organizar o abastecimento e encaminhar os socorros, graças a uma doação de 95 mil libras feita pelo rei; a ordem pública está garantida, o monarca será informado.

Sua vida está colocada sob o signo da representação. O bem do serviço não pode dispensar o cerimonial; com firmeza, Maniban impõe as regras aos jovens magistrados, o rosto petrificado, o passo lento: "Conta os passos e sabe perfeitamente até onde devia avançar e retirar-se [...]. Pensava que os músculos do rosto que produzem o riso nunca deviam mover-se na fisionomia de um magistrado". Assim, compenetrado de seu papel, mostra-o seu retrato de magistrado; mas com o olhar arguto. O fato de pertencer à confraria aristocrática dos Penitentes azuis ou o de servir de padrinho para um judeu convertido (seus sucessores serão da loja da Perfeita Amizade) também se devem ao cargo de primeiro presidente.[25] Como o mecenato; proteção aos eruditos, apoio à Academia das Ciências. Suas abundantes prodigalidades com os pobres, que o veem como "o pai do povo", ou a maneira amável como recebe a todos em seu palacete também fazem parte do serviço de sua majestade, pois ele não gosta de ciências, nem dos salões de Toulouse, nem da comédia; disso espera, em troca, o respeito, a veneração do povo, que não a regateia quando ele aparece em público. Impõe-se um faustoso estilo de vida. Monsieur de Maniban o sustenta com um luxo sem par; recebe a sua mesa todas as pessoas importantes da província; são ceias todas as noites no palacete de Pins; são recepções magníficas para convidados de prestígio: em 1754 o marechal de Richelieu, comandante-em-chefe no Languedoc, preside uma ceia de quatro mesas com 25 talheres em cada uma; são festas para celebrar os eventos felizes da monarquia com fogos de artifício, iluminação do palacete, fontes de vinho etc. — em 1725 pelo casamento do rei, em 1744 por seu restabelecimento, depois pelas bodas do delfim.

Tudo isso é normal; uma grande personalidade, ainda mais sendo representante do rei, tem de viver em alto estilo. Sua função não lhe bastaria para tanto: rende-lhe cerca de 15 mil libras por ano. É notoriamente insuficiente, mas suas rendas pessoais, estimadas em 60 mil libras, cobrem as despesas. Despesas que são ainda mais pesadas por romper com a prática habitual da aristocracia agrária de consumir a produção de suas propriedades. A representação exige as compras em Paris: as roupas de luxo, as librés dos criados, as luminárias, os fogos de artifício, uma berlinda de quatro lugares, os cavalos de carruagem (em 1751 são adquiridos seis a alto custo); um cozinheiro é contratado por 120 libras anuais; de Bordeaux vêm os barris de açúcar e especiarias (331 libras em novembro de 1741); da Borgonha, vinhos de dois anos, transportados em navio, comprados a partir de amostras e que iguais não se bebem em Paris: 525 libras em 1730, embora Maniban fosse grande proprietário de vinhedos em Armagnac. Acrescentemos uma criadagem numerosa: dezessete servidores, enquanto a média nas famílias parlamentares é seis; e três coches, enquanto seus confrades se contentam com uma carruagem e uma liteira. E, para coroar, um secretário de confiança, encarregado de responder às solicitações e às felicitações. Assim, ao fazer suas contas em 1752, o marquês conclui que não lhe resta muito de suas 60 mil libras de rendas: "Não há grande fortuna senão pública". Enfim, custa-lhe caro ser o primeiro presidente do Parlamento. A função pública não se distingue claramente da vida particular; o serviço do rei pode absorver tudo, mas também redundar em favores e pensões, proporcionais à dedicação ao bem público; assim, Maniban espera muito do rei, porém se decepciona e o diz com amargura nessas cartas dirigidas ao cunhado, o chanceler. Pois não tem como desabafar com a família; o casamento moderno exclui a intimidade conjugal, e a correspondência de Diderot com Sophie ou de Maniban com Lamoignon faz as vezes de substituto parcial.

Pois Maniban vive sozinho em seu palacete aberto a todos; não tem vida de família, consequência provável de seu elegante casamento parisiense. Apesar de uma cláusula do contrato, mademoiselle de Lamoignon se recusa a morar na província: não pode ficar sem a corte e Paris, onde a vida é tão cara, constata o marquês, aborrecido. Com a prole é a mesma decepção: apenas duas filhas, que fazem do primo Campistron o herdeiro do cargo e do patrimônio do pai; evidentemente, foram criadas em Paris antes de casar-se muito bem na corte (com os marqueses de Malauze e de Livry), com contrato assinado pelo rei e dotes de 450 mil e 500 mil libras, sendo 50 mil entregues em moeda sonante — Maniban deve tê-las obtido de amigos, pois a esposa se recusara a ajudá-lo: "É preciso ter muita paciência", exclama, aliviado, depois de concluída a negociação. E todavia o une às filhas uma afeição autêntica.

Em suma: responsabilidades incessantes, uma vida familiar das mais esporádicas, uma vida privada à primeira vista inexistente. Em compensação, porém somente em 1748, ele adquire uma propriedade, um lugar de paz e de prazer, que lhe custa 48 mil libras no ato da compra e mais 23 mil libras para arrumá-lo a seu gosto; a propriedade não produz nada, mas permite-lhe usufruir a calma dos campos em seus momentos de desânimo. É Blagnac, a uma légua (cinco quilômetros) de Toulouse, adquirido sem necessidade (ele já tem vários castelos), mas para o prazer e segundo seu gosto. Tudo ali é novo, até os galões da cama, e arrumado sem luxo inútil; aos Gobelins e outras tapeçarias prefere simples paredes caiadas, móveis sólidos; em suma, uma gestão prudente a serviço de um conforto de boa qualidade. Em contraste com o palacete de Pins, uma vida modesta, sem o brilho da representação; uma criadagem reduzida e dedicada, que não obstante inclui um secretário particular e dois jardineiros, pois, se renunciou a qualquer perspectiva de rentabilidade, fez questão de conservar dois espaços que lhe permitiriam apreciar melhor os prazeres do campo: uma horta de um hectare, destinada a abastecer sua mesa de frutas e legumes da estação (aspargos, alcachofras, morangos) — o consumo local retoma seus direitos —, e um parque de dez hectares, inteiramente fechado, porém projetado sem rigor e vazio de esculturas; ali Maniban saboreia a calma e o frescor que vêm das margens do Garonne.

Ali vive sem ostentação, até frugalmente, vestido com negligência, num isolamento relativo, pois teme a solidão. Ao contrário, gosta de receber os amigos, o que o faz apreciar sua escolha: "Eu morreria de tédio, se estivesse sozinho, mas sempre tenho um grande número de visitas, dada a proximidade da cidade". Enfim, uma vida muito representativa de sua condição e de sua época: deveres constantes, compensados com o isolamento junto à família, ou melhor, a um círculo seleto. É seu caso: velho e doente, mais deseja tal isolamento; os Lamoignon providenciam-lhe os cuidados do célebre Fizes, que tratou de Rousseau, e a presença de sua filha Livry (em seus três últimos anos de vida ela chegou a instalar-se em Toulouse). Contudo, na morte o magistrado prevaleceu sobre Joseph Gaspard de Maniban: apesar de uma cláusula formal de seu testamento — "Quero ser enterrado no cemitério da paróquia onde eu morrer, sem nenhum tipo de pompa nem oração fúnebre, que proíbo expressamente" —, teve em todo o seu ritual magnífico os funerais grandiosos do presidente do Parlamento que ele foi mais que ninguém; vinte anos depois, seu sucessor, o presidente de Puyvert, foi sepultado com toda a simplicidade que recomendara em seu testamento. Mas a óptica havia mudado.

O FIM DE UMA ALEGRIA DE VIVER[26]

É evidente que o final do século se cansa de um estilo espiritualmente incisivo e do racionalismo seco que inibe a sensibilidade espontânea do homem civilizado; dá lugar aos impulsos do coração: "Volta, pois, criança trânsfuga, volta à natureza" (d'Holbach). Depois de Bougainville, as narrativas de viagem no Pacífico ou as descrições de sociedades primitivas, no paraíso do Taiti ou alhures, prometem ao homem reconduzido ao seio da natureza a felicidade e a inocência. A alta nobreza transformara em moda essas "loucuras", lugares agradáveis, próximos porém fora de Paris, abertos para uma natureza ilusoriamente respeitada; é o que faz o conde d'Artois em Bagatelle. Que melhores exemplos desses refúgios encantados que o Petit Trianon e Saint-Cloud, propriedades privadas no sentido exato do termo, presentes do rei, arranjadas para o isolamento de uma rainha de vinte anos?[27] Uma propriedade fechada: até o rei precisa de convite para entrar. Simples casa de campo, de dimensões modestas, mas de proporções e decorações requintadas; sobretudo o Hameau, onde a rainha pode brincar de camponesa no meio de um parque habilmente construído sob sua aparente simplicidade; tudo atesta o desejo de viver, mesmo no trono, sem o peso da corte: "Ali não tenho corte, vivo como particular". Uma vida colocada sob o signo da liberdade, nas alegrias da amizade e dos gostos partilhados; o serviço e o protocolo reduzidos ao mínimo; cada qual faz o que quer, e a rainha passeia num vestido de musseline branca, sem séquito: "Não é mais uma rainha, é uma mulher da moda!", exclamam seus inimigos em Paris; não concluamos, todavia, que o papel real é representado em Versalhes de acordo com as normas, pois sempre que pode a rainha se recolhe com as aias e amigos a seus apartamentos pessoais; sua modista, a Bertin, seu cabeleireiro Léonard são instados a manter uma clientela privada para não perder a habilidade profissional. No fundo, em toda parte e sempre, o desejo de viver no dia-a-dia e limitar as imposições do cargo soberano. Com isso, ela isolou a monarquia de seu meio natural; as velhas duquesas desistem de visitá-la, pois nunca sabem se poderão saudá-la; a rainha chega ao ponto de tornar-se prisioneira de seu círculo favorito, tolerando-lhe a espantosa liberdade, exatamente a de sua amiga Polignac: "Não é porque deseja vir a meu salão que vossa majestade tem motivo para querer excluir meus amigos". A rainha cede; já é reconhecer um limite ao poder soberano, o da vida privada dos outros, tão respeitável quanto a sua. A opinião pública considerou escandalosa essa privatização excessiva, e ao mesmo tempo os súditos mais esclarecidos só aspiravam a sair do confinamento da sociedade civil e participar enfim da decisão política.

A RENOVAÇÃO REVOLUCIONÁRIA

Chegam o ano de 1789 e a última geração do Iluminismo, com tantos projetos e tantas críticas; como madame Roland, muitos adquiriram o hábito "de considerar as relações do homem e da sociedade"; é um problema primordial numa perspectiva de reformulação do sistema político e de proclamação dos direitos do homem. Tratava-se a priori de atingir, se não os estatutos em vigor, depois abolidos com as ordens, pelo menos o setor de iniciativa privada; com isso, muitos sonharam mais com a ampliação das prerrogativas do cidàdão do que com o possível transbordamento do Estado em seu próprio território.[28]

Podemos verificar isso acompanhando ao vivo (graças a seus documentos privados) o itinerário de uma família de notáveis provincianos: os Gounon. Em 1789, o chefe dessa linhagem é Joseph, rico comerciante; nascido em Toulouse em 1725, ascendeu à nobreza através do *capitoulat* [magistratura municipal] e da compra de uma senhoria. Após o casamento ritual com uma jovem de uma família de magistrados que também haviam ocupado cargos municipais, tem o direito de chamar-se monsieur de Gounon, senhor de Loubens; uma trajetória clássica na sociedade do Antigo Regime. Ainda que se destaque a origem mercantil numa cidade onde predominam o Parlamento e a riqueza essencialmente agrária, o mais comum é chegar às honrarias através do cargo público e da posse de terras.[29]

Dois centros de interesses e de responsabilidades dominam essa carreira, de modo geral tranquila: a família e a gestão municipal. Nisso nada há de original, dir-se-á; realmente os Gounon não inovam nas maneiras de viver, nem o primogênito, nem seus irmãos, tendo o caçula ido a Paris munido de uma procuração da cidade para defender os interesses de Toulouse perante funcionários arrogantes; sem grande originalidade, adotam as ideias difundidas pelo Iluminismo nas elites urbanas, porém nunca representarão o modelo aristocrático. Suas cartas, escritas mês após mês, algumas para serem "mantidas em segredo", nada têm do tom de liberdade despreocupada de uma Julie de Lespinasse ou de um Diderot; tampouco têm algo de muito íntimo; simplesmente exprimem uma sólida afeição, uma solidariedade familiar a toda prova (mesmo a dos processos) — que Joseph destaca com uma breve frase: "Sou sempre por nosso nome" —, mas cabe assinalar, como bem mostrou Philippe Ariès, uma sensibilidade especial com relação à criança, objeto de cuidados atentos e de um carinho que se expressa sem exageros;

assim, tendo enviuvado muito cedo, Joseph de Gounon não se casa de novo e dedica boa parte de seu tempo livre à educação dos três filhos. Quanto ao indivíduo, mostra-se menos do que o chefe de família ou o pai zeloso; contudo, manifesta gostos esclarecidos (que partilha e discute com os irmãos e os amigos) pelas ciências naturais — encomenda de Paris a *Histoire naturelle* [História natural] de Buffon e assina gazetas; também demonstra autêntica curiosidade científica por agronomia, meteorologia e economia, matérias relacionadas com a minuciosa gestão de seu patrimônio e com suas funções oficiais.

Como resultado previsível do desenvolvimento intelectual e de uma comprovada competência como administrador, Gounon revela um interesse sempre renovado pelos negócios públicos, em grande parte resolvidos em Versalhes; graças ao irmão, está bem posicionado para conhecê-los; como deputado da cidade, havia participado em Narbonne da Assembleia dos Estados de Languedoc; assim, sabe melhor que ninguém que a gestão de uma capital provinciana como Toulouse depende em muito de uma medida tomada pelo intendente em Montpellier, de um decreto do Conselho do rei ou da carta de um ministro; constata isso com impaciência; no entanto, os dois irmãos não se apresentam como reformadores dispostos a fornecer um programa preciso que ampliaria o acesso de seus pares à decisão. Classicamente, enunciam um inventário de queixas que logo os *cahiers de doléances* repetirão à saciedade; é sem surpresa que lemos suas críticas aos enormes esbanjamentos da corte, fútil a ponto de desaprovar o almirante d'Estaing e exigir a demissão de Necker; a mesma irritação com os parlamentares, "esses grandes anacrônicos", e muito mais com uma burocracia despótica, atravancada por funcionários muito bem pagos (mil escudos por ano, e eles só aparecem para receber o salário); nada de muito original, enfim, nem na denúncia de um sistema fiscal que esmaga os pobres, nem nos protestos de lealdade monárquica ou de apoio a Necker e a seu programa de reformas. Em suma, um reformismo razoável que não os restringiria mais a um meio exclusivamente familiar e a atividades dirigidas de cima sem grande participação de sua parte. Enfim, nem otimismo exagerado, nem sensibilidade lírica para chamar a sociedade nova.

É bem verdade que Joseph de Gounon não deixa de ser um *ex-capitoul* e um senhor obstinado que acaba de renovar seus direitos senhoriais através de um especialista em direito feudal e de lutar na justiça para impor o respeito a seu direito de caça; equivale a dizer que encara a primeira Revolução numa expectativa repleta de curiosidade, mas também na continuidade de seu ser; percebemos todavia e já nessa época um estreitamento dos laços familiares, comum nos períodos de incerteza. Revela-se a preocupação dos proprietários ameaçados em várias frentes pela abolição dos direitos feudais, seguindo-se a circulação de *assignats* e a reforma do sistema fiscal. Como não assumem os novos poderes resultantes da eleição, reagem, enquanto podem, mantendo sua política de bons ofícios através de intervenções ou de memorandos dirigidos à Assembleia; e depois, como sempre, informam-se em Paris e informam seus correspondentes de Toulouse; pois é bom poder reagir a fatos que se precipitam; por exemplo, no outono de 1790, não hesitam em subscrever uma moção de lealdade para com o rei e a Assembleia, ameaçados "pelos inimigos do povo". Na verdade, pouco a pouco se retiram da vida pública; observadores atentos, por certo, mas distantes e desejosos principalmente de que a Revolução logo chegue ao fim.

A RUPTURA: O CIDADÃO, PRESA DO PÚBLICO

Em 1792, tudo muda e se inverte; com a guerra e a queda da monarquia, a Revolução se radicaliza. A República proclamada pretende fundar uma nova sociedade baseada no contrato social; ela será a comunidade de todos os cidadãos, querendo cada um o bem de todos; o sol se levanta sobre um mundo transparente e harmonioso no âmbito da lei e da adesão unânime.[30] Enquanto aguarda a realização da promessa, a República está em perigo, assaltada pelos inimigos externos e pelos traidores internos; cabe aos cidadãos, a todos os cidadãos, correr a defender a nação una e indivisível num combate incessante que envolve a totalidade da vida!

Para os Gounon ou seus pares, que ignoram o pensamento político de Rousseau, é a ruptura. A construção da cidade ideal, que só pode concretizar-se com a destruição do Antigo Regime, não os transforma em insurgentes inatos? "Temos no corpo três manchas indeléveis, a ex-nobreza, uma exagerada reputação de ricos, um moderantismo inerente a nossa época [...]. O povo é de um furor cego contra o simples nome de ex-nobre ou até de ex-enobrecido." Cabe-lhes merecer a cidadania e, assim, reintegrar-se ao seio da nação, ou seja, demonstrar seu civismo mediante a obtenção do certificado: um novo *savonnette à vilain*,* indispensável a seu reconhecimento, a fim de converter o suspeito em patriota. Na verdade, desfaz-se o equilíbrio de vida dos Gounon; até então habituados a dar a César o que usualmente é de César, encontram-se em posição invertida, obrigados a afrontar as exigências do Estado, "revolucionário até na paz". É uma tarefa difícil junto aos comitês de subsistências e aos escritórios para obter o certificado de civismo e de residência; para satisfazer exatamente às requisições de grãos e de feno (sob pena de morte, em 1794), sem falar nas contribuições e nos empréstimos compulsórios, nunca devolvidos. Refugiado em sua propriedade de Fourquevaux, perto de Toulouse, o cidadão Gounon ali passa boa parte de seus dias: cumprir seus deveres de cidadão torna-se um verdadeiro ofício, e dos mais árduos quando o que consagrou a ascensão de uma família do Antigo Regime passa a ser alvo para o novo; nas cartas que troca com um primo que ficou em Toulouse, exprimem-se as amarguras e os estupores de pessoas bem-nascidas confrontadas com uma sociedade igualitária; muito concretamente, a constante exigência de passaportes e outros documentos para qualquer locomoção, ou de certificado ("É preciso ter os papéis perfeitamente

* Termo pejorativo para designar os cargos que os plebeus compravam para tornar-se nobres. (N. T.)

em ordem"), os rebaixa à condição que no Antigo Regime era a dos vagabundos e a dos miseráveis sem eira nem beira. Mais dura ainda foi a conscrição em massa de 1793: evidentemente se inseria na lógica do serviço nacional e do sagrado amor à pátria; Jean Mathias Gounon, o primogênito, foi logo despachado para o exército dos Pireneus orientais, onde se horrorizou com a brutalidade dos generais e as agruras da guerra (o alimento infecto, as noites de inverno a céu aberto, os dias a cavar, as epidemias...); só os camponeses podem suportar isso, escreve, admirando-lhes a resistência ("Para nós, contudo, é demais [...]. Como será bom voltar para casa!") — mesmo que na volta tenha de traçar um quadro de sua vida política.[31]

Diante de situações tão imprevisíveis, não basta respeitar rigorosamente prescrições e regulamentos: urge oferecer garantias. Nesse aspecto, os Gounon tiraram da experiência uma lição de moral pública: "As virtudes cristãs são boas, mas não podem aplicar-se no atual momento". De fato, impõe-se como imperativa a reputação de patriota; para tanto é preciso ostentar gestos de adesão, tomando o cuidado de registrá-los legalmente: doar, aconselha o primo de Toulouse, que recomenda uma doação (um *assignat* de quatrocentas libras em 1794) à municipalidade para retirar um recibo, ou melhor, um atestado da comuna "que vos declara republicano autêntico, bom e útil". Quanto ao primo, no inverno de 1793 enviou ao clube, "incógnito e através de um carregador de liteira anônimo, 130 libras em roupas de cama e mesa, acompanhadas de um pronunciamento" (que remete a Joseph como modelo, porém lhe pede pronta devolução, para o caso de...), certo de que seria reconhecido pela marca da roupa e por suas expressões científicas.

Em 1794, intensifica-se a pressão revolucionária; o primo multiplica as recomendações: mostrar-se no templo da Razão, mas evitar as duas únicas igrejas que ainda estão abertas, pois, murmura, a municipalidade decidiu "observar os pretensos bons patriotas que vão à missa paroquial [...] por mim, agirei como se estivesse na China, ouvirei minha missa de colação e não irei perturbar a ordem e a paz para querer ver o padre no altar". Ao contrário, mostrar-se resoluto com relação às festas populares, organizadas na unanimidade, bairro por bairro; na hora da ceia, cada qual coloca sua mesa no meio da rua, leva seus pratos, todos entoam canções patrióticas e depois vão dançar a farândula na place de la Liberté: "Imagina como nos divertiremos, todos em família (as crianças também, apesar do frio), não queremos privá-las dessa festa linda e brilhante"; uma primeira tentativa de comunhão coletiva destinada a dominar os conflitos e os ressentimentos particulares e habituais.

O REFÚGIO

Evidentemente os Gounon não estão convencidos, não obstante suas públicas profissões de fé, que não passam de gestos propiciatórios. Ao contrário, nunca se encerraram tão decididamente no seio da família; um em Fourquevaux, num campo isolado; outro, escondido no quarto, em Toulouse, tendo como único prazer a visita de alguns familiares fiéis e a observação pluviométrica, mas sem desfrutar o encanto do comentário com seus amigos eruditos; na verdade, vive na mais estrita intimidade doméstica, reduzido a olhar pela janela com a luneta: "Que vida triste!".

Na realidade, uma vida dupla: uma, de ritual obrigatório, confere segurança; a outra, de circulação subterrânea, confere a sobrevivência. As pessoas voltam, ou melhor, confinam-se aos laços de solidariedade comprovados da família, das relações e das clientelas. Os Gounon acionam um notável do comitê de subsistências, "nosso conhecido íntimo", para evitar uma requisição ou isentar Jean Mathias, alegando vista fraca. Pelo menos é a família que, em Roussillon, aluga um quarto para o jovem na casa de um habitante local e providencia-lhe refeições no albergue, poupando-o, assim, da promiscuidade trivial do exército em campanha. As pessoas sobrevivem e vivem graças a relações mais assíduas que nunca. O abastecimento constitui um bom teste; é difícil nas cidades, por vários motivos (o descontrole monetário, a lei do preço máximo e as requisições para o exército, denunciam os Gounon). Toulouse conhece a penúria;

no inverno de 1793, a partir das seis horas da manhã, formam-se filas diante dos açougues, em geral para nada. Desdentado em função de idade, o primo *gourmet* e glutão sonha com carnes gordas, feijões macios, tudo regado com vinho velho, inencontrável desde que o povo impôs a venda em copo e a preço fixo; assim, resmunga ante o vinho ácido e novo, o pão preto e a carne magra. Então, arranja uma solução: graças à habilidade de seu jovem criado, particularmente esperto, e sobretudo graças às remessas de Fourquevaux, pois aproveita as carroças de meeiros que vêm à cidade entregar provisões ao comitê de subsistências, Joseph envia-lhe lenha e legumes secos, recebidos com imensa alegria: "Com isso me pões no paraíso"; aliás, anota tudo minuciosamente para um futuro acerto de contas. Ele mesmo trabalha por vias ocultas e através de amigos de confiança: a exemplo de muitos, atua como intermediário nas trocas de produtos inencontráveis: tabaco (e do melhor) ou chocolate procedentes de Bayonne contra capões e escarpins.

Na verdade, não é preciso nos estendermos mais sobre essa dualidade; basta saber que, sendo suspeitos inatos, os Gounon com isso esperam preservar a vida e os bens; em público, adotam uma conduta adequada e uma linguagem patriótica. Por exemplo, o anúncio do 9 Termidor: "A terrível notícia que tão prontamente eliminou os mais famosos membros do Comitê de Salvação Pública. [...] todos estão estupefatos e na expectativa". Eles a recebem em termos republicanos que em nada os comprometem: "Nunca a pátria teve mais necessidade da concórdia e da paz no interior e de uma guerra até a morte em suas fronteiras [...] é preciso manter-se firme na via do *sans-culottisme*". O fim do Terror não acaba com suas preocupações; demonstra-o o que Joseph de Gounon escreve em agosto de 1797, num contexto de crise política e monetária e de prisões de suspeitos: "Parece, na verdade, que a Revolução apenas começou".

Afinal, sua estratégia funcionou, combinando um ostensivo patriotismo e uma política de anulação e afastamento da cena pública; espreitar as notícias e naturalmente os rumores que correm, mas calar-se, manter a boca fechada, exprimir-se só por escrito em cartas remetidas aos destinatários por intermédio de pessoas de confiança. Como constatava em 1794 um funcionário conhecido: "De que vos queixais? Todos os ex-nobres foram presos, ficai em vossa casa!". Para quem, com suas responsabilidades e suas ambições, havia partilhado a esperança de reformas tão justas quanto racionais, não era o ideal, a não ser para adotar a ascese rousseauniana. Para os outros, foi dura a redistribuição dos poderes e das liberdades; a construção da cidade ideal na igualdade e pelo envolvimento, até pelo sacrifício dos cidadãos, era-lhes incompreensível; uma nova distribuição das cartas do homem, da sociedade e do Estado; a seus olhos havia o grande risco de que ela eliminasse as fronteiras da vida privada.

Examinando esses fatos a dois séculos de distância, o que constatamos? Essencialmente uma defasagem; em todos os níveis de ser e de aspiração, a sociedade tradicional não é nem homogênea, nem unânime. No cume uma minoria privilegiada que pode repensar a divisão entre os dois campos essenciais, público e privado, da condição humana, uma vez apaziguada a angústia da salvação eterna, com suas contradições e suas dificuldades de viver no cotidiano. Não importa, pois para esses favorecidos, com a garantia da lei e das instituições, o acesso à vida privada constitui sinal de liberdade. No entanto, para as pessoas comuns do povo, que vivem modestamente, sobretudo para a grande massa dos camponeses, não há nada disso; as obrigações da família e do trabalho não lhes deixam grande liberdade para inovar, a menos que assumam o risco da ruptura, ou seja, de perder as raízes, com todas as precariedades e fracassos referentes; não se verifica quase sempre que fora dessas certezas não há salvação? Então, cabe-lhes contornar e aproveitar os relaxamentos da trama a fim de experimentar também a cumplicidade eletiva de trabalhos ou projetos comuns, a satisfação de gostos partilhados na dança, no jogo, na caça. Não faltam oportunidades em sociedades que sabem medir o tempo e enfrentar a necessidade. Contudo, é evidente que a vida privada não se concebe nem se realiza em termos individuais; é nos intervalos ou nos excessos das obrigações coletivas, o mais das vezes abertamente, que se deve situá-la; o que evidentemente não exclui a busca ocasional da intimidade (conjugal) ou do isolamento; é talvez no manuseio do dinheiro, entesourado, escondido, legado, e na meditação paciente dos negócios a realizar que nesse nível jaz o íntimo do indivíduo.

Quando estudava o sistema de vida camponesa em seu *Change in village* [Mudança na aldeia], atribuindo à vizinhança enquanto relação ativa regular o essencial de seus traços, Georges Sturt colocava para as formas tradicionais de sociedade o problema da própria existência da vida privada. Modos de pensamento, ritos, trocas de bens e de serviços eram tão ritualizados que as vidas particulares refletiam uma vida comum que animava a todas e as requeria sem cessar. Porém, cada qual tinha seus trabalhos, suas responsabilidades particulares, suas afeições próprias, evidentes a todos e parecidas com as dos outros, sim, porém havia as ligações pessoais no interior de uma familiaridade, modelada pelos consentimentos e pelas oportunidades: um setor de vida privada, mas não isolada da comunidade indispensável.[32]

NOTAS

1. A expressão foi retomada por Stendhal numa carta de 1823; quanto a isso, cf. as sucessivas definições apresentadas pelos dicionários de Furetière, Trévoux, Larousse e pela *Encyclopédie*.

2. Teresa de Ávila, *Autobiographie. Oeuvres complètes*, Biblioteca Europeia, 1964.

3. Carta do presidente de Brosses a monsieur de Neuilly, *Épistoliers du XVIIIe siècle*, La Renaissance du Livre, s. d.

4. Tristan L'Hermite, *Le page disgracié*, Presses Universitaires de Grenoble, 1980.

5. Chevalier de Fonvielle, *Mémoires historiques*, Paris, 1820.

6. G. Hérail, *Mémoires*, cópia manuscrita conservada na biblioteca municipal de Toulouse. Fonvielle e Hérail eram jovens nos últimos vinte anos do Antigo Regime, porém um descreveu suas lembranças no início da Restauração, o outro em 1793, num movimento inspirado pelas *Confessions* de Rousseau e por uma mudança de valores ligada à Revolução.

7. Comparar com as aventuras do jovem conde de Losse-Valence, que tinha doze anos de idade em 1778, quando foi encontrado nos braços de uma prostituta; soube aproveitar as férias escolares no colégio de Juilly para enganar a família e se dar liberdades. A. D., Haute-Garonne, série E, 182.

8. Processos criminais não catalogados.

9. N. Z. Davis, *Les cultures du peuple. Rituels, savoirs et résistances au XVI*[e] *siècle*, Paris, Aubier, 1979. Para a Languedoc, N. Castan, *Justice et répression en Languedoc à l'époque des Lumières*, Paris, Flammarion, 1980.

10. Madame de Maintenon, *Lettres, avis et entretiens sur l'éducation*, Paris, Hachette, 1885.

11. Diderot, *Lettres à Sophie Volland*, Paris, Gallimard, 1938; Madame de Charrière, *Caliste, lettres écrites de Lausanne*, Paris, Ed. des Femmes, 1979.

12. Madame Roland, *Mémoires*, Paris, 1821.

13. Documentos Pollastron, A. D., Haute-Garonne, série E.

14. G. Hérail, op. cit.: "Minha mãe teve muita sorte de ter uma amiga que lhe permitia sair algumas vezes para divertir-se".

15. A. Farge, *Vivre dans la rue à Paris au XVIII*[e] *siècle*, Gallimard, Julliard, Archives, 1979.

16. F. de Salles, *Oeuvres*, Paris, Gallimard, col. "Bibl. de la Pléiade", 1969.

17. Madame Roland, op. cit., e ver também George Sand, que na *Histoire de ma vie* conta que conheceu as mesmas alegrias da amizade no convento das inglesas em inícios do século XIX, lamentando que os níveis sociais não tivessem sido mais transgredidos.

18. É o caso de madame Louvois, citado por A. Corvisier, *Louvois*, Paris, Fayard, 1983.

19. Duque de Saint-Simon, *Mémoires*, Paris, Gallimard, col. "Bibl. de la Pléiade", 1983-5; Luís XIV, *Mémoires et lettres*, Paris, Taillandier, 1927; e G. Mongrédien, *Louis XIV*, Paris, Albin Michel, 1962.

20. N. Elias, *La société de cour*, Paris, Calmann-Lévy, 1974.

21. D. Roche, *Le peuple de Paris*, Paris, Aubier, 1981.

22. Quanto a isso, ver as numerosas produções de Mirabeau.

23. Ele que via na difusão dos móveis com segredos um sinal da corrupção do século; sem dúvida nenhuma, também da privatização de seu uso. Diderot, op. cit.

24. A. D., Haute-Garonne, subsérie J, documentos Maniban; S. Clair, *Joseph Gaspard de Maniban, premier président du parlement de Toulouse*, tese da École des Chartes, conservada nos A. D., Haute-Garonne, ms. 306.

25. M. Taillefer, La franc-maçonnerie toulousaine, 1741-1799, Comissão de História Econômica da Revolução Francesa, 1984; R. Forster, *The nobility of Toulouse in the XVIII*[th] *century. A social and economic history*, Baltimore, Johns Hopkins University Press, 1960.

26. Cf. J.-F. Marmontel, *Mémoires d'un père pour servir à l'instruction de ses enfants*, Paris, 1807, 4 vols.: "Não posso expressar os prazeres e os encantos que a vida e a sociedade nos deram até a época da Revolução".

27. Madame Campan, *Mémoires*, *J.* Chalon ed., 1979; príncipe de Ligne, *Mémoires et lettres*, Paris, 1923; conde de Tilly, *Mémoires*, Melchior-Bonnet ed., 1965.

28. "Logo os interesses da coisa pública e as inquietações sobre a sorte do Estado apoderaram-se de meu espírito, minha vida privada mudou necessariamente [...]", Marmontel, op. cit.

29. Aqui devo agradecer muito a monsieur C. L. d'Orgeix, que teve a gentileza de me deixar consultar seus arquivos pessoais: *livre de raison* e correspondência da família de Gounon-Loubens.

30. J. J. Rousseau, *Du contrat social*, Mignot ed., s. d., e Saint-Just, *L'esprit de la Révolution*, Plon, col. "10/18", 1963.

31. As cartas de J. M. de Gounon, do exército dos Pireneus orientais, estão repletas de observações pessoais sobre o desenrolar da guerra revolucionária vista por um soldado-cidadão pouco entusiasta, é bem verdade.

32. E. Goffman, *La mise en scène de la vie quotidienne*, t. II, *Les relations publiques*, Paris, Ed. de Minuit, 1973.

AMIZADE E CONVIVIALIDADE

Maurice Aymard

Ao longo dos últimos vinte ou trinta anos, os historiadores da época moderna, a exemplo dos antropólogos, têm prestigiado muito a família, talvez até demais. A abundância das fontes os levava a isso: elas não param de falar da família e de organizar a sua volta todo o espaço da vida cotidiana, da arquitetura doméstica, das relações sociais, das regras jurídicas, das obrigações e das decisões econômicas. No limite, uma história da vida privada poderia reduzir-se a uma história da família articulada em torno de três temas principais. Sua inserção nos círculos mais amplos do parentesco e das alianças. Suas relações, muitas vezes tensas, com outras famílias — com as quais passa incessantemente da competição ao compromisso —, com a comunidade e, sempre mais, com essas instituições ambiciosas, de pretensões abusivas, que se chamam Igreja e Estado e se dedicam a regulamentá-la e controlá-la. Por fim, a lenta emergência do indivíduo, que, em parte contra ela, em parte através dela, termina impondo direitos considerados novos com maior margem de autonomia. Segundo seu significado etimológico (*privatus* = limitado), o privado se definiria por determinado número de barreiras concêntricas, algumas das quais teriam perdurado, outras teriam se deslocado e adquirido maior importância. E isso à custa de conflitos sucessivos, datáveis e significativos, chegando à imposição feita ao indivíduo de "murar sua vida privada", segundo as palavras que numa carta de 31 de outubro de 1823 Stendhal atribui a Talleyrand.[1]

Todavia, nada é mais enganador que essa hierarquia demasiado simples e essa história que se organizaria em torno da afirmação e depois da desintegração do "monopólio familiar". Entre a família e o restante da sociedade, e para o indivíduo fora da família ou contra ela, nunca faltaram mediações, intermediários e recursos. Na época moderna, e sem dúvida nenhuma também antes, eles são múltiplos e mutáveis. A família não esgota a esfera do privado, nem a da afetividade, nem mesmo a da formação da personalidade. Pois o indivíduo não vive com ela todo o tempo que transcorre do nascimento à idade adulta: logo a família aprendeu a delegar um ou outro de seus papéis, até vários. Entregando a criança à nutriz: entre os séculos XVII e XVIII, essa velha prática urbana tende a "democratizar-se" nas grandes cidades, a ponto de as classes populares encontrarem no abandono, provisório ou definitivo, uma solução cujo custo recairá sobre as instituições de caridade.[2] Confiando-a a preceptores ou ao colégio, recorrendo à "colocação" (prática cuja "normalidade" na Inglaterra do século XVII tanto surpreende os viajantes italianos) ou a protetores, parentes ou não: a educação, a formação profissional e a socialização da criança ou do adolescente envolvem outras pessoas além da família e outros lugares além da casa. E isso não ocorre só com os meninos, a exemplo do Rousseau das *Confessions*: na Inglaterra de 1600, "um estágio como serviçais constituía o método habitual de preparar as meninas da aristocracia para a única vocação que lhes era permitida, o casamento"; e nisso determinadas casas adquiriram considerável reputação, como a da condessa de Huntingdon, "cuja capacidade de instruir [as meninas] era reconhecida tão amplamente quanto a de lorde Burghley de instruir-lhes os irmãos".[3]

Assim, o indivíduo acumula experiências e laços, que em parte serão esquecidos e desfeitos quando se estabelecer, em parte o acompanharão pela vida afora, estruturando ou animando seu espaço pessoal e social, mesmo que não haja cartas, lembranças ou escritos íntimos para atestá-los. Tais laços se conjugam com os da família e do parentesco para criar ao redor de cada indivíduo um conjunto de relações horizontais — com equivalência de idade, sexo ou situação social — ou verticais; em outras palavras, simétricas ou assimétricas, tranquilas ou conflituosas. Pois cada uma delas cria seu sistema de direitos e deveres, que uma casuística sempre mais sutil se empenha em colocar em ordem:

uma ordem hierárquica que forneça a solução racional e razoável para todos os casos. Sob esse aspecto o verbete "Amizade" da *Encyclopédie*, elaborado pelo chevalier de Jaucourt, constitui um modelo do gênero. Contrariamente à tradição estoica, que apreciava colocar os problemas em termos de tudo ou nada, não há definição nem código único, e sim "deveres da amizade" que variam "de acordo com seu grau e sua natureza; o que acarreta outros tantos graus e naturezas distintas de deveres".

Nesse novo "mapa dos Sentimentos", distinguem-se cuidadosamente "o amigo com o qual não se terá outro envolvimento além das meras diversões literárias", ou aquele "que se terá cultivado pelo prazer [...] de sua conversação", do "amigo homem de bom conselho", que não pode pretender essa "confiança concedida apenas a amigos [que fazem parte] da família e do parentesco". Por um lado, a lembrança dessa regra da desigualdade fundamental da troca baseada na doação — esperar ou exigir "sempre menos que mais", dar "sempre mais ou menos". Por outro lado, o desejo de uma igualdade que a amizade deveria "encontrar ou criar", mas que de fato "não estabelece mais [...] que a relação de sangue", pois entre pessoas "de posição muito diferente" não é mais admissível que no parentesco passar-se do "respeito" à "familiaridade": ora, ela deve permitir a "satisfação recíproca", "o prazer" que consiste em expor-se mutuamente pensamentos, gostos, dúvidas, dificuldades, porém sempre na esfera da natureza da *amizade* que se formou. Assim, esta se articula segundo as quatro atitudes elementares analisadas com relação ao parentesco por Alfred R. Radcliffe-Brown[4] — respeito, zombaria, desamor e familiaridade — e formalizadas por Claude Lévi-Strauss[5] — reciprocidade e mutualidade, dívida e crédito.

Apesar dessa casuística exemplar, os historiadores — como, aliás, a maioria dos antropólogos antes de Robert Brain,[6] salvo algumas exceções — não estudaram a amizade em si, enquanto o amor, por motivos evidentemente relacionados com preocupações contemporâneas, suscitava sua curiosidade. E contribuía para confundir, pois emprestava seu vocabulário: a Igreja preferia falar de amizade "carnal", e o pudor dizia amizade "terna", para reservar o amor somente a Deus. Mesmo regulamentada e codificada, a amizade não se identifica, é bem verdade, com nenhuma instituição estável e "visível" das sociedades da Europa moderna antes do surgimento, primeiro discreto, depois declarado, das "sociedades" baseadas numa adesão individual, "voluntária, opcional e flexível",[7] das quais a franco-maçonaria constituiu o modelo durante muito tempo. O que não a impede de interferir, secreta ou abertamente, no funcionamento efetivo da maior parte, se não da totalidade, das instituições sociais, a ponto de voltá-las contra si mesmas: por exemplo, quando um conflito divide uma família ou uma comunidade em dois grupos opostos cuja coesão repousa, total ou parcialmente, na amizade. Ou de esvaziá-las de seu conteúdo: como em todas as sociedades, contemporâneas ou não, em que os "amigos dos amigos" assumem os sindicatos e os partidos, a administração ou até o poder político, através de eleição ou não.[8]

A amizade foge à análise, pois oscila entre dois polos opostos e contraditórios. Um polo no qual, banalizada, confunde-se com as práticas gerais da sociabilidade, envolvendo tanto grupos quanto indivíduos. Outro em que, exaltada, preserva-se como uma constante universal que, a exemplo do amor, não teria outra história senão a do indivíduo e em seu confronto com o tempo dividiria com ele as ambições e a fragilidade do sentimento. Ora, nossos textos estão sempre passando de um a outro polo, sem dificuldade aparente.

PARENTES, VIZINHOS E AMIGOS

Sob certos aspectos, a amizade e a família formam o casamento perfeito da época moderna, o casamento racional, cujo sucesso é assegurado "do exterior" por tudo que não se inclui entre os sentimentos pessoais dos cônjuges: a igualdade de posição e fortuna, a decisão dos pais, o interesse das linhagens. Sem tentar competir com seu irmão Ricciardo, os primos Adovardo e Lionardo podem assim garantir a Lorenzo Alberti, pai de Leon Battista, doente e preocupado com o futuro de sua prole: "Queremos que todos nos reconheçam como teus bons e fidelíssimos parentes, e, se a amizade tem mais força que o parentesco, agiremos da mesma forma como amigos verdadeiros e corretos". E Lorenzo jura ter por eles a estima que deve dedicar a "parentes queridos e amigos verdadeiros", a pessoas "que estão ligadas a mim pelo sangue e às quais ao longo de minha vida empenhei-me em ligar-me ainda mais pela benevolência e pelo amor".[9]

Gostaríamos de relacionar essa estreita imbricação do parentesco e da amizade com a existência, consolidada pela lei nas regiões da França em que vigorava o direito romano ou em certas áreas da Itália, de um sistema de "casas" — *ostal ou casa* — reagrupando um conjunto variável de corresidentes sob a autoridade praticamente absoluta de um chefe único. É o caso da *mezzadria* na Toscana. É o caso também de Montaillou, onde Emmanuel Le Roy Ladurie nos apresenta a *domus* "no centro de um cruzamento de laços", que "incluem a parentela, mas também a aliança estabelecida entre duas *domus*", bem como "a amizade, nascida de animosidades comuns, eventualmente materializada pela concessão do título de compadre ou de comadre", e "por fim [...] a vizinhança".[10] A rede reforçará sua coerência através do exercício ativo da solidariedade: dificuldades financeiras, tutela de órfãos, aprendizagem e formação profissional, arbitragem dos conflitos de interesses e, obviamente, também a inevitável vendeta.[11]

Contudo, os dois termos — parentes e amigos — também se encontram associados na Normandia consuetudinária: não nos surpreendemos ao ver ali, por volta de 1700, o contrato de casamento entre os futuros cônjuges redigido "na presença e com o consentimento de seus parentes e amigos".[12] O terceiro termo — "vizinhos" — em geral não está longe. *Parenti, vicini* e *amici*, repetem as fontes italianas. Naturalmente, essa associação remete à frequência de uma endogamia paroquial que ainda hoje, em determinadas regiões da França, leva os habitantes de um mesmo vilarejo a considerarem-se a priori parentes.[13] Todavia, ela convida a ir mais longe, como sugerem as solicitações de dispensa de consanguinidade endereçadas à autoridade eclesiástica pelos camponeses dos vales alpinos da diocese de Como nos séculos XVI ou XVII.[14]

Tais petições enfatizam a necessidade de renovar uma aliança que se distancia no tempo e que parece obrigatória para a relação de vizinhança e de amizade. Pois esta última não é nem "um suplemento", nem um "luxo", mas um dos componentes dos laços sociais existentes — e necessários — entre as famílias. Nesse aspecto, ela é frágil, "requer verificações contínuas, embora escalonadas no tempo, que se concretizam pelo intercâmbio de mulheres". Envolve famílias inteiras mais que pessoas e estas através daquelas. Baseada em cálculo, confirma e reforça o parentesco e a aliança, que traduz no plano de fatos, comportamentos e, mais ainda, de deveres recíprocos ao longo de duas ou três gerações. E inspira uma verdadeira aceleração para conservar e aumentar esse capital essencial por meio da renovação e da acumulação: assim como um casamento consanguíneo permite "unir-se ainda mais através do parentesco", assim também permitirá "renovar" ou "ampliar" ainda mais a amizade entre "bons amigos de sempre", ou, ao contrário, acabar com uma inimizade, ou evitar um conflito, conforme ocorreu na Normandia.[15] Pois é preciso conjurar o perigo, sempre presente, e que poderia parecer paradoxal em vilarejos de algumas dezenas de casas onde o ideal é casar-se "entre si", pois "não se vai tomar mulher alhures, e os homens das vilas vizinhas que não venham tomar mulher aqui".[16] Entretanto, essa endogamia provoca cisões que só a amizade, fator de conhecimento e de intimidade, pode ajudar a superar. Também constitui objeto de múltiplas gradações, como para o chevalier de Jaucourt, que vão da "amizade de chapéu" (toca-se ou levanta-se o chapéu para cumprimentar) à "familiaridade estreita".

AMIZADE E AMIZADES

Assim, a amizade será ubíqua, banal e necessária, plural e inscrita na trama usual das relações sociais centradas na família que ela contribui para estruturar ou simplesmente para lubrificar, minimizando os custos. Mas também será excepcional e singular, envolvendo pessoas que se escolheram livremente e sem outra finalidade a não ser elas mesmas e isolando-as do resto dos homens. Tão rara que Montaigne, seguro do elo que o unia a La Boétie, pode afirmar "que é muito se tal sorte ocorre uma vez a cada três séculos". Pois há amizade e amizades, e a primeira se define por oposição às últimas, num contexto em que o modelo cultural de inspiração estoica, apreendido através da literatura latina, molda-se nas realidades da época, que regulamentam as relações entre os homens e entre homens e mulheres.[17]

A família, sede da "amizade natural"? "Dos filhos para os pais existe antes respeito" e "a máxima disparidade" que os separa impede que os pais comuniquem "seus secretos pensamentos" — exceto para "engendrar uma privacidade inconveniente" — e que os filhos formulem "conselhos e reprimendas, que é um dos primeiros deveres da amizade". Quanto às relações entre irmãos, malgrado a beleza do nome "pleno de dileção", resistem pouco a "essa mistura de bens, essas partilhas, e [ao fato de] que a riqueza de um seja a pobreza do outro". Hierárquica, a família repousa na desigualdade, nutre-a e a reproduz: exagera-a, procurando abrandá-la.

Com as mulheres ocorrem dois casos: o amor e o casamento. Conquanto nascido "de nossa livre escolha" — o que lhe confere uma vantagem decisiva sobre os laços familiares, que podem unir "seres de compleição inteiramente diversa" —, o amor está submetido ao ritmo do desejo, "fogo temerário e inconstante": ao contrário da amizade, "o gozo o destrói, pois tem uma finalidade corporal e sujeita à saciedade" e "ele se esvai e se enlanguesce" quando assume as formas da amizade (a menos que incite à vingança, como a de madame de La Pommeraye contra monsieur des Arcis em *Jacques le fataliste*). Já o casamento "é um negócio no qual só a entrada é livre [...] e [...] que em geral se realiza para outros fins" e sofre o contragolpe de demasiados elementos externos. Contudo, mesmo "podendo-se estabelecer tal relação, livre e voluntária, em que não apenas as almas tivessem total prazer, mas também os corpos participassem da aliança, na qual o homem estivesse inteiramente envolvido, é certo que a amizade seria mais plena e completa". Mas para Montaigne, que decididamente não acredita na igualdade entre os sexos, as mulheres é que são incapazes de tal relação: elas não têm nem a "suficiência", nem "a alma bastante firme para sustentar o enlace de um nó tão cerrado e tão duradouro".

Em suma, "a licença grega", ainda que "justamente abominada por nossos costumes", lhe pareceria mais rica de promessas, malgrado "a disparidade de idade e a diferença de papéis entre os amantes". Isso, porém, na medida em que se revela capaz de superar essas defasagens iniciais, de passar da "beleza exterior" à "beleza interior" e espiritual e, entre os corações "mais generosos", desembocar numa verdadeira relação de educação, de imitação e de aperfeiçoamento recíproco. Assim, ela pode tornar-se "um amor que termina em amizade".

No entanto, se é assim proposta como referência última no campo de uma afetividade que se identifica com o exercício de nossa "liberdade voluntária", é porque a amizade fala a linguagem do amor. Nasce de um deslumbramento, no primeiro encontro, "entre dois homens feitos", recusando "pautar-se pelo padrão das amizades frouxas e regulares, que demandam tantas precauções de longa e prévia conversação". Ela se basta a si mesma e, pela mistura íntima e total de duas vontades — "não nos deixando nada que nos fosse próprio, nem que fosse seu ou meu" —, cria a identidade de dois seres. É exclusiva e indivisível, pois superior a todas as outras obrigações: impossível "repartir" a amizade, pois caberia escolher. Mas ela continua pertencendo ao campo do indizível sem poder dar outras justificativas de si mesma além do clássico "porque era ele, porque era eu". E para que nada falte: "Nós nos buscávamos antes mesmo de nos ver".

Entre esses dois extremos seria tentador escolher, opor a "modernidade" de Montaigne à "tradição" dessas "amizades" estreitamente associadas ao parentesco e à vizinhança e determinadas pela escolha e pelos interesses do grupo familiar. E sugerir uma trajetória linear das segundas para a primeira. Na chegada, a liberdade do indivíduo, aleatória e desinteressada, reivindicada e praticada com um tempo de vantagem pela elite culta. Na partida, as coerções do grupo, às quais o indivíduo deverá curvar-se em todos os casos e das quais, se possível, tentará tirar proveito para si mesmo. Assim, a amizade teria se antecipado ao amor no exercício dessa liberdade, pois as escolhas que ela implica não envolvem necessariamente conflito e até podem conciliar-se sem maiores dificuldades com as obrigações em relação à família. Menos perigosa para esta, a livre escolha do amigo teria precedido a livre escolha do cônjuge, abrindo-lhe o caminho.

Mas isso seria falso: a amizade por La Boétie insere-se na mais pura e antiga tradição estoica, e a trama usual das "relações e familiaridades criadas por alguma oportunidade ou conveniência" às quais ela se opõe e que exigem "prudência e precaução", pois "a ligação não se estabelece de tal modo que não se tenha de que desconfiar", não se organiza em torno da família de Montaigne. Nasce também das preferências e das decisões do homem maduro, engajado na vida política de sua época. Leva a marca de um temperamento "muito capaz de adquirir e manter amizades raras e excelentes" e que se "agarra com tamanha fome às relações que correspondem a [seu] gosto", mas "às amizades comuns [...] [não é] absolutamente estéril e frio". O que não impede de apreciar também o "doce comércio [...] das belas e honestas mulheres".[18] Contudo, o modelo a que Montaigne se refere — o de uma "alma com diversos andares [...] que esteja bem onde o acaso a leve" e capaz de agir corretamente e sem esforço em todos os níveis da sociabilidade — em muitos aspectos prefigura essa dissolução da amizade na difusa e indiferenciada promiscuidade afetiva que, segundo o antropólogo, caracteriza a sociedade contemporânea, na qual se justapõem os egoísmos de uma "multiplicidade de indivíduos".[19]

Portanto, será melhor evitar a armadilha dos discursos sobre a amizade — modernizadores ou pessimistas, literários ou científicos. Cada época, cada sociedade armou a sua, na qual sem dúvida se encontraria essa tensão entre os dois polos da amizade, o singular e o plural. Mudanças e rupturas têm todas as probabilidades de situar-se em outro nível, o das práticas sociais precisas e concretas, que determinam os locais e as idades, os ritos e as regras, os direitos e os deveres da amizade e orientam os comportamentos e as estratégias eventuais dos indivíduos e dos grupos. Estas evoluem lentamente entre os séculos XVI e XVIII, e as verdadeiras fendas se situam mais acima: ali a família há muito tempo dita as regras. Através da persuasão, da domesticação ou da coerção, ela se empenha em formar seus membros nos papéis e nas tarefas que asseguram sua própria continuidade e suas relações com as outras famílias e os grupos maiores, como a comunidade ou o Estado.

Rurais e urbanas, as sociedades ocidentais fingem ignorar ou quando muito toleram qualquer amizade entre os indivíduos considerados como iguais que elas mesmas não teriam organizado. Concebida como uma relação de perfeita reciprocidade entre duas pessoas, a amizade é algo "a mais" e só pode se afirmar fora da família ou nas instituições que, com ela, assinalam uma ruptura temporária ou duradoura: a escola, os grupos de idade, o exército. Implica um espaço de liberdade: não reconhece amigos escolhidos desde o berço (como nas sociedades não europeias descritas pelos etnólogos) pelos pais, pelos parentes ou pelo acaso que faz duas crianças nascerem no mesmo dia. Dois pais podem prometer os filhos em casamento desde a mais tenra idade a fim de selar mais estreitamente sua amizade e depois concluir esse casamento, ainda que suas situações relativas tenham mudado, como ocorre em 1698 com Dreux e Chamillart, conselheiros do Parlamento e "amigos íntimos", cujas esposas, vinte anos antes, deram à luz "ao mesmo tempo um filho e uma filha". Nada podem fazer com relação ao afeto que os unirá. O filho de Dreux se revela "homem corajoso, porém tolo, embotado e violento [...] e sua mulher não foi feliz [...] com ele e [no entanto] merecia infinitamente [a felicidade]".[20]

SAINT-SIMON, POLIGLOTA, ESTRATEGISTA E HERÓI DA AMIZADE

Sem dúvida, o melhor depoimento sobre essas múltiplas faces da amizade e a diversidade de suas linguagens é o fornecido por Saint-Simon. Depoimento que se empobreceria se reduzido à malograda tentativa de casar-se com uma das filhas do duque de Beauvillier e a seu desabafo: "Não era a fortuna que me atraía para ele, nem sua filha, a qual nunca vi; era ele que me encantava e a quem eu queria esposar, com madame de Beauvillier" (I, p. 116). Não esqueçamos nem o ponto de partida, nem as consequências. Beauvillier "sempre lembrava que meu pai e o seu haviam sido amigos e ele próprio vivera em tais termos com meu pai, tanto quanto a diferença de idade, de situações e de vida o permitiu, e já me dispensara tanta atenção" (I, pp. 114-5). Casado com uma filha de Colbert, ele é já ministro de Estado, chefe do Conselho das Finanças e primeiro gentil-homem da Câmara. Para Saint-Simon, será como se o casamento tivesse de fato se realizado: "A entrevista encerrou-se com as mais carinhosas declarações de atenção e de uma amizade íntima e eterna e de servir-me em tudo e por tudo com seu conselho e seu crédito, em pequenas e grandes coisas, e de nos vermos sempre como sogro e genro na mais indissolúvel união" (I, p. 121). Essa aliança espiritual dará a Saint-Simon ainda todas as vantagens de outra aliança, bem real, com a filha do marechal de Lorge. O que entretanto não impedirá uma ruptura parcial com a sogra viúva, que nada fará para torná-lo amigo de seu cunhado.

Aos dezoito anos, logo após a morte de seu pai, Saint-Simon obtém uma dupla vitória, para a qual se preparara de longa data. Nascido em 1675 de um pai quase septuagenário e de uma mãe que ainda não tinha trinta anos, ouvira esta última

> repetir sem cessar [...] a necessidade premente com a qual se depararia, ao entrar sozinho na sociedade, um jovem filho de um favorito de Luís XIII, cujos amigos estavam todos mortos ou impossibilitados de ajudá-lo, e de uma mãe que, educada desde a juventude junto à velha duquesa d'Angoulême, sua parenta [...] e casada com um ancião, via apenas os velhos amigos e amigas [destes] e não pudera fazer amizade [com pessoas] de sua idade (I, p. 16)

e que ademais perdera todos os parentes, restando-lhe tão somente "dois irmãos obscuros, o mais velho arruinado". O patrimônio familiar pode ajudar determinadas carreiras — desde que seja suficiente para manter a ostentação —, porém a contribuição da amizade, combinada com parentesco e aliança, é muito importante. A amizade define um círculo mais amplo e complementar, com o qual se pode contar num sistema baseado no intercâmbio. E transmite-se como um bem: os amigos dos pais deverão continuar protegendo o filho que se torna órfão. Constituído ao longo de uma vida (e não adquirido de antemão) pelo próprio comportamento e pelas oportunidades de novos conhecimentos, esse capital será administrado e transmitido como tal aos sucessores.

Como todo capital, este também é cuidadosamente diversificado. É preciso haver iguais e superiores, mas ainda inferiores: os melhores amigos, pois são devedores eternos, por menos que se mostrem agradecidos. Praticamente arruinado, o avô de Saint-Simon colocara os dois filhos como pajens de Luís XIII, como faziam "então as pessoas de nomes mais ilustres" (I, p. 56): o caçula, muito esperto, tornou-se "favorito absoluto" e fez fortuna própria, sem esquecer seus deveres para com o primogênito. Mas igualmente foi "feliz com várias espécies de domésticos que fizeram fortunas consideráveis" (I, p. 63): Tourville, o pai do futuro marechal e homem do mar, "um de seus gentis-homens"; um secretário cujo filho, Du Fresnoy, tornou-se funcionário de Louvois; dois "cirurgiões domésticos" destinados a uma brilhante carreira, e dois camareiros "que [lhe] deviam sua fortuna", sendo um deles o pai do célebre Bontemps. Resultado: no dia seguinte à morte de seu pai, logo de manhã Saint-Simon vai procurar Bontemps e Beauvillier e por intermédio deles consegue ser recebido à tarde pelo rei, que o confirma como sucessor do pai no governo de Blaye, cobiçado pelo irmão de madame de Maintenon, e de Senlins, que o príncipe de Condé deseja. Era preciso agir depressa.

Cinco anos depois, em 1698, Saint-Simon corteja um segundo ministro de Estado, Pontchartrain, que no ano seguinte se torna chanceler. Se o resultado "o honra demais para não se constranger em relatá-lo", seu procedimento é de uma passividade exemplar, e assim deve ser: ao contrário de Beauvillier, Pontchartrain não era amigo pessoal de seu pai e qualquer iniciativa de sua parte o faria parecer um intrigante. Assim, tudo virá de Pontchartrain. Primeira etapa: o casamento, em 1697, de seu filho com uma prima-irmã de madame de Saint-Simon. Casamento que não desejaram "senão pela aliança [...] e tudo fizeram para aproveitá-la". Segunda etapa, igualmente bem-sucedida: unir as duas primas pela amizade. "A simpatia de virtudes, de gostos e de mentes logo criou [entre elas] uma amizade que se tornou a mais íntima, e a confiança mais irrestrita que pode haver entre duas irmãs": o mesmo estreitamento dos laços de parentesco se encontrará entre madame de Saint-Simon e a duquesa de Lesdiguières, que "viviam juntas menos como primas-irmãs que como irmãs" (II, p. 374). Terceira etapa: Pontchartrain solicita "insistentemente" a Saint-Simon "a honra de [sua] amizade". Passada a surpresa inicial, considerando-se "a desproporção de idade e de empregos", Saint-Simon compreende que deve tomar partido: "Disse-lhe que [...] eu tinha uma amizade que sempre passaria por cima de qualquer outra, que era a que me unia intimamente a monsieur de Beauvillier, do qual sabia que ele não era amigo, mas, que se quisesse ainda minha amizade com essa condição, ficaria encantado de conceder-lha e feliz por ter a sua". Emoção, abraços, troca de palavras: "Nós a prometemos um ao outro. Mantivemos a palavra plenamente: ela perdurou até sua morte, na maior intimidade e na mais inteira confiança". Tão logo informado, Beauvillier também o abraça "ternamente" e aprova. O segredo está guardado: "O extraordinário é que Pontchartrain não disse nada ao filho nem à nora, e eu tampouco, e ninguém na corte suspeitou de algo tão singular a não ser com o tempo, quer dizer, da amizade íntima entre dois homens tão desiguais em tudo" (I, pp. 559-60).

Segundo Montaigne, a amizade falava a linguagem da paixão; a de Saint-Simon fala a linguagem do casamento cuidadosamente calculado — casamento que, como em seu próprio caso, cria uma harmonia profunda e duradoura. O caso começou com a procura da aliança, prossegue por uma "amizade íntima" entre duas mulheres — que, de primas que eram, tornam-se irmãs — e desemboca num contrato não escrito, porém escrupulosamente respeitado entre dois homens. Contrato que coloca sua desigualdade entre parênteses, mas não interdita nem a intimidade, nem a confiança, nem o sigilo.

O mesmo esquema se repete em 1702 com outro ministro, Chamillart, há três anos encarregado das Finanças, que conquistou a amizade do rei através do bilhar (como o pai de Saint-Simon conquistara a de Luís XIII apresentando-lhe nas caçadas um cavalo de muda no qual o rei podia montar sem pisar o pé no chão), mas também a do duque de Chevreuse e de seu cunhado Beauvillier, graças a seu esforço no sentido de organizar permutas de propriedades. Primeira etapa: o casamento do cunhado de Saint-Simon com a terceira filha de Chamillart, cuja sogra, incitada por Lauzun, seu outro genro, negocia e conclui a união sem o conhecimento do ministro, que aconselhava outro casamento. Segunda etapa: a visita de felicitações a Chamillart, embora soubesse que lhe desagradava tal união e o conhecesse apenas "como se conhecem as pessoas de posição". Contudo, "não há exemplo de uma primeira conversação tão cheia de confiança recíproca [...] entre dois homens que se conhecem tão pouco e têm idades e empregos tão diferentes". Terceira etapa: Chamillart pede-lhe a amizade.

> Portei-me com ele como em caso semelhante me portara com o chanceler [Pontchartrain]: confessei-lhe naturalmente minha intimidade com o pai, minha relação com o filho, a de madame de Saint-Simon e de madame de Pontchartrain, primas-irmãs, porém mais estreitamente unidas que duas verdadeiras irmãs, e disse-lhe que, se com essa condição ele desejava minha amizade, eu lha daria de todo o coração. Tal franqueza o tocou [...]; nós no-la prometemos e nela nos mantivemos terna e fielmente unidos até sua morte.

Falta informar Pontchartrain e seu filho, que o recebem como Beauvillier quatro anos antes. O resultado corresponderá às expectativas: o fracasso do casamento e da carreira do cunhado, o despeito da marechala de Lorge, que se retira do mundo; mas Saint-Simon desfruta o "prazer da confiança de Chamillart, dos serviços que pude prestar a meus amigos e obter para mim", sem falar da quantidade de informações "sobre a corte e o Estado". Curioso impenitente e apaixonado, Saint-Simon se encontra no centro de uma rede prodigiosa, à qual acrescenta um amplo leque de amizades femininas: as filhas de Chamillart, as damas do palácio, a duquesa de Villeroy, e outras, que o "mantinham informado sobre mil bagatelas de mulheres em geral mais importantes do que elas mesmas pensavam" (II, pp. 146-50). Só lhe falta a amizade de Torcy, o quarto ministro, sobrinho de Colbert: apesar dos amigos comuns, dos Castries, a amizade terá de esperar até 1721, quando ocorre o conflito entre Torcy e o cardeal Dubois, que permite a Saint-Simon redimir, graças à elegância de sua mediação, sua antiga hostilidade com relação aos secretários de Estado. "Torcy apreciou muito meu procedimento e até sua morte vivemos na maior intimidade" (VI, pp. 714-8). Em troca, o ministro franqueou-lhe suas *Mémoires* e cópia das cartas abertas pelo correio sob suas ordens: um presente inestimável pela informação.

A prodigiosa eficácia dessa dialética da franqueza e da confiança para anular ou transcender as diferenças de idade e condição poderia levar a duvidar da "sinceridade" de Saint-Simon. Ao contrário, ela revela as normas precisas de um jogo social no mundo fechado e bastante hierarquizado da corte e das famílias e das redes de clientela que gravitam a seu redor. O cálculo é a chave do sucesso, porém a prudência às vezes aconselha arriscar tudo para tudo ganhar — é o sentido da franqueza —, e convém saber dizer não — como ante os avanços do duque du Maine. Saint-Simon demonstra notável coerência e devemos entender ao pé da letra o ritual minucioso dessas declarações apaixonadas, desses pedidos e desses cumprimentos, desses compromissos assumidos e mantidos pela vida afora: é o ritual exemplar da amizade.

Provas suplementares, caso sejam necessárias: essa rede pacientemente formada, que confere a Saint-Simon seu lugar na corte, não inclui todos os seus amigos. Um pouco na surdina, de qualquer modo longe dos rumores de Versalhes, ele conservou outros laços pessoais. Um amigo particular de seu pai que também foi amigo seu: o célebre Rancé, o reformador de La Trappe (a cinco léguas de sua terra de La Ferté-Vidame), onde periodicamente faz retiro. O bispo de Chartres, seu "diocesano", também vai visitá-lo "com um velho amigo de [seu] pai": "Pouco a pouco a amizade se estabelece entre nós, bem como a confiança". Ou ainda o conde du Charmel, que renunciara ao mundo para procurar a salvação e que ele encontrava na Trappe (I, pp. 560-1.)

No outro extremo, suas relações com o duque de Chartres, depois d'Orléans, o futuro regente, evidentemente ocupam um lugar à parte. Por sua origem, pois trata-se de uma amizade de infância, de jogos em comum no Palais-Royal: "Fui praticamente criado com ele, sendo oito meses mais novo, e, se a idade permite essa expressão entre jovens tão desiguais, a amizade nos unia". Porém uma amizade diferente, estremecida pela libertinagem do duque depois de seus respectivos casamentos ("minha vida não lhe convinha mais que a sua a mim: de tal modo a separação se tornara completa", II, p. 77): será preciso a mediação de amigos comuns, incumbidos de transmitir o pedido expresso do duque d'Orléans e a contínua insistência deste para reiniciar-se "a velha amizade da juventude". "O restabelecimento da antiga amizade foi, de minha parte, o fruto de tantos assédios com que ele me honrava, e a total confiança logo se tornou o selo [dessa amizade] e até o fim de sua vida perdurou sem lacunas [...]" (II, p. 78), não obstante um afrouxamento das relações no período do máximo poder do cardeal Dubois. Saint-Simon saberá fazer o gesto simbólico em 1712, quando seu "amigo", acusado pelo rumor público de ter envenenado o delfim e a delfina, vê-se abandonado por toda a corte: "[...] fui então o único, digo exatamente o único, que continuou a frequentar monsieur, o duque d'Orléans, como de hábito e em sua casa e [que] perante o rei continuou a abordá-lo, a sentar-se com ele num canto do salão [...]". Apesar dos conselhos de Beauvillier, Pontchartrain e de todos os outros "amigos e amigas" que lhe dizem que está provocando a própria ruína "com uma conduta tão contrária à universal [...] mantive-me firme: pensei que por ocasião de tão raros infortúnios devemos não só não abandonar os amigos, se não os julgamos culpados, como ainda aproximar-nos ainda mais deles [...]" (III, p. 1224).

Como Montaigne, Saint-Simon se afasta a sua maneira do modelo familiar da amizade, o do sistema parentes-vizinhos-amigos, que parece o mais generalizado. Naturalmente, recolheu e valorizou a herança paterna, porém a ampliou muito e a diversificou com aquisições pessoais feitas em função de objetivos próprios: a área da amizade coincide com a do parentesco e da aliança, mas não a engloba totalmente. Assim, dela está excluída, por motivos óbvios, a mulher de seu tio paterno, Louise de Crussol, "arrogante e malvada, que nunca conseguiu perdoar meu pai por ter-se casado de novo" (e ter tido um herdeiro varão), "que o separou do irmão o quanto pôde" (I, p. 232) e encontrara "o meio de fazer passar a maior parte dos bens de meu tio para os duques d'Uzès" (irmão e sobrinho dela) "e de fazer meu pai e eu pagarmos grande parte das dívidas e deixar as outras insolvíveis" (I, p. 56). Também está excluído seu cunhado, o duque de Brissac, que, sendo "demasiado italiano", logo se separou de sua meia-irmã; quando esta morreu, em 1684, sem deixar filhos, seu sobrinho tornou-se o legatário universal. Excluídos ainda, já vimos, seu cunhado de Lorge e sua sogra viúva. Nunca de fato incluído: Lauzun, seu cunhado. E seus laços com os dois genros de Colbert, Beauvillier e Chevreuse, não lhe dão acesso ao sobrinho do ministro, Torcy, embora fossem primos por afinidade. Até a amizade com Pontchartrain não parece ligada à mediação de Jérôme Bignon, conselheiro de Estado e muito "amigo de seu pai", que, "embora sem nenhum parentesco", aceitara ser seu tutor para o legado Brissac e se casara com a irmã do chanceler. A amizade pode apoiar-se no casamento ou passar por ele. Sempre envolve indivíduos que procuram suas vantagens e aceitam suas obrigações e deveres.

Essa estreita mistura de desinteresse ostensivo e proveitos esperados e acumulados não faz de Saint-Simon uma criatura ímpar na corte de Versalhes: desenvolver laços pessoais de confiança, de intimidade e privacidade constitui um dever para todos. Pois esse espaço experimental reúne constantes — as hierarquias de posição e fortuna, alianças e títulos, cuja estabilidade é sujeita apenas ao acaso dos nascimentos e mortes — e uma variável, o rei, dono do poder e de todos os riscos, do qual só é possível aproximar-se através de intermediários — seus filhos, legítimos ou não, seus ministros, seus "domésticos", seus favoritos ou favoritas. Na corte, o indivíduo se vê forçado, por si e pelos seus, a jogar o jogo da amizade em todas as formas. Porém, não inventa as regras, fixadas já de longa data: limita-se a aplicá-las num contexto novo com finalidades diversas.

Mude-se a variável — a presença obsedante e artificial do poder de um só —, e reencontramos essas mesmas regras e a mesma lógica de um controle do espaço social tão amplo e completo quanto possível. Um espaço que se estrutura então menos em torno do indivíduo que da família. Ampliada às dimensões da linhagem, nos séculos XI e XII a família pôde tentar adquirir esse controle, o parentesco e a aliança fornecendo os únicos amigos verdadeiros, os "amigos carnais":[21] fadada ao fracasso, a tentativa só foi levada a bom termo por um reduzido número de linhagens feudais. Logo, portanto, foi preciso compor, e, se a combinação de parentesco, vizinhança e amizade forneceu a resposta mais duradoura e geral, não deve mascarar um esforço sem dúvida mais antigo para estender o campo da aliança mediante o desenvolvimento sistemático dos "parentescos espirituais". Nesse aspecto, constitui um caso limite o exemplo dos *alberghi* de Gênova que do século XIV ao XVI reúnem as "famílias" num conjunto mais vasto, do qual elas tomam o nome e aceitam as obrigações, especificadas na presença do notário.

Sob o nome de parentescos espirituais, o antropólogo agrupa um conjunto de instituições e de práticas formalizadas que têm em comum o fato de modelar-se na família, com relação ao vocabulário e ao sistema de direitos e de obrigações, mas que, para complementá-la ou rivalizar com ela, normalmente incorporam indivíduos ou grupos externos a ela, mesmo que concebida no sentido mais amplo. Adoção, compadrio, pacto de sangue, irmanação etc. envolvem de fato um conjunto de elementos mais ou menos constantes. Um compromisso "voluntário", ou de qualquer modo decidido e ritualizado como tal (como o casamento, a partir do instante em que repousa no *consensus* dos cônjuges) por indivíduos isolados ou em grupo. Um sistema de obrigações recíprocas, ainda que não sejam iguais e possam até traduzir em suas definições diferenças devidas a idade, posição social, prestígio pessoal etc. Um campo de aplicação: tudo aquilo que a família não pode ou talvez não possa enfrentar — manutenção de filhos, órfãos ou não, sua educação religiosa ou profissional, seu ingresso na vida adulta —, mas também uma solidariedade defensiva que pode estender-se a todos os planos. Um conjunto de sanções, enfim, reais ou simbólicas, em caso de descumprimento dos compromissos assumidos. Para melhor ressaltar-lhes o caráter total, "na vida e na morte", sua escala será fixada no mais alto grau possível nas relações interpessoais — e, embora às vezes tolerada, nunca assumida pelo Estado.

Se a forma é comum, as finalidades são muito variáveis. Podem ser definidas com precisão ou inteiramente vagas. Podem conciliar-se com os interesses da família ou conflitar com esta, que tem dificuldade em aceitar que a vida ou os bens de um de seus membros sejam colocados à disposição do outro. Sua aparência variará com a igualdade ou a desigualdade dos parceiros. Embora sejam estudadas sobretudo fora da Europa, todas essas instituições, todas essas práticas são bem atestadas na Antiguidade e na Idade Média europeias. Mas, a partir do século XVI, elas têm em comum o fato de haver perdido o essencial de seu perfil institucional para restringir-se ao campo do oral e do privado e de aparecer cada vez mais como vestígios anormais, explicáveis pelo isolamento ou pela tradição e condenados a desaparecer ou a integrar-se na lógica das novas regras sociais e políticas. De fato, são submetidas à dupla pressão das famílias, que se empenham em recuperá-las para utilizá-las em seu proveito exclusivo, e das instituições como o Estado e a Igreja, que as controlam para melhor reduzi-las. Contudo, elas marcam profundamente a formulação e, parece, também o conteúdo dos comportamentos individuais e coletivos. Em tais condições, veem reforçar-se seu caráter simbólico, a ponto de seu vocabulário ("pacto de sangue" ou "amizade na vida e na morte") apartar-se cada vez mais de um objetivo imediato e de uma finalidade prática. Aquelas que resistem a essa banalização podem, ao contrário, carregar-se de uma afetividade maior e mais pessoal: o indivíduo as apreende para nelas se expressar mais livremente.

A adoção, por exemplo, havia desaparecido do direito francês, ao qual retorna só na Revolução, dessa vez no interesse do adotado e apenas em caso de morte legal dos pais: "tutores" se encarregarão dos órfãos. Todavia, continua usual a prática de confiar os cuidados e a educação de uma criança, órfã ou não, a outrem, normalmente um parente — avô, tio, tia ou primo —, e às vezes a uma pessoa ou um casal alheio à família: com esses "pais adotivos" ou "de criação", os laços de afeto e gratidão prescindem da consagração legal de uma nova situação.

A fraternidade consagrada pelo pacto de sangue — sangue tomado no ferimento voluntário ou no copo —, que une "os que o concluem [...] de modo mais intenso que a própria consanguinidade", é atestada pelas lendas germânicas, escandinavas ou irlandesas da Alta Idade Média e retomada pela literatura cavaleiresca.[22] No entanto, parece que em seguida ela desapareceu, apesar ou por causa da referência à Santa Ceia e quando muito ainda se percebem seus vestígios cá ou lá, por exemplo, no oeste das Highlands escocesas no século XVII.[23] Será reencontrada só no final do século XIX, nos Bálcãs: na Bulgária, onde o irmão de sangue é "não apenas um irmão, porém mais que um irmão",[24] na Albânia, na Sérvia ou em Montenegro, onde levaria a formas de comunidade total dos bens e das mulheres.[25]

Outras práticas resistiram melhor. A irmanação, base tradicional da solidariedade da linhagem tanto para os camponeses como para os fidalgos, marca pontos a favor da crise demográfica entre os séculos XIV e XV: "A fraternidade na Cévenne do século XV [...] acabou por tornar-se uma dimensão essencial da vida social".[26] E multiplicam-se ali os contratos entre parentes próximos, cônjuges, amigos. Regredirão lentamente, sob a pressão das exigências da família nuclear. Igualmente a vendeta, a guerra particular, legal e até obrigatória[27] nos séculos XIII e XIV: resistirá durante muito tempo às novas pretensões do Estado ao monopólio da violência. E ainda mais talvez o compadrio, que estabelece laços de parentesco espiritual, com a correspondente interdição de casamento entre as famílias da criança, as dos padrinhos e madrinhas e até a do padre que celebrou o batismo. Da Espanha (*compadrazgo*) à Inglaterra (*godsib* [*ling*], de que derivou *gossip*, mexerico), da Itália (*compare*, *commare*) à Alemanha (*Gevatter*, *Gevatterin*) e ao mundo eslavo (*Kum*, *Kuma*), recobriu toda a Europa. Porém, as etapas de sua evolução e de sua regressão são significativas.[28]

A primeira ruptura coincide com a Reforma. Lutero rejeita essas "relações espirituais" como "superstições [...] que limitam a liberdade do cristão" e "armadilhas que visam a enriquecer o papa".[29] A Igreja católica segue a mesma linha: o dogma tridentino não irá tão longe, limitando o parentesco espiritual ao grupo restrito formado pelos pais, pela criança e pelos padrinhos e madrinhas. Por sua vez, as autoridades políticas da Europa central, dos príncipes alemães a José II, estabelecem regulamentações que, modeladas nas leis suntuárias, limitam o número desses padrinhos e madrinhas e impõem restrições quanto a sua origem geográfica e social. Na mesma época, o *compadrazgo* conhece na América espanhola excepcional desenvolvimento, enquanto na Europa só se mantém no sul, na Espanha, na Itália e nos Bálcãs. Missionários jesuítas o reencontram na Albânia por volta de 1890, levado ao extremo: o parentesco espiritual contratado no momento do batismo estende-se ao infinito (enquanto a Igreja nunca exigiu mais que os quatro graus e se contenta agora com muito menos!), e o padrinho não pode em nenhum caso ser escolhido na parentela. Em "tribos" que praticam a exogamia sistemática, tudo parece pretexto para multiplicar os parentescos espirituais: o pacto de sangue, o batismo, mas também esse outro rito de passagem que acompanha o primeiro corte de cabelo de uma criança e para o qual "escolhem a pessoa com quem têm maior amizade ou com a qual desejam estabelecer uma relação mais estreita; com ela e seus pais têm em seguida total confiança, como se fossem da família". As testemunhas de casamento também "entram na grande categoria dos *kumar* com os quais estabelecem uma fraternidade e uma amizade particular, que servirá de defesa em caso de sangue [vendeta] ou de ajuda em outras circunstâncias". Não nos surpreendamos que, em caso de vendeta, o amigo assim comprometido não possa tomar a iniciativa do perdão ou da compensação financeira... E nossos jesuítas desiludidos concluem que "esses falsos parentescos [...] são bem mais estimados do que a Igreja admite" e não adiantará "condenar incessantemente tais preconceitos, será preciso tempo para que desapareçam".[30]

Nessa época, o missionário e o etnólogo tomam suas distâncias com relação a uma realidade que deixou de ser a deles. Evidentemente, compreendem e justificam a "necessidade" ou a "utilidade" de tais práticas, ainda que excessivas. Porém, evitam perguntar-se sobre o declínio paralelo, nas sociedades que lhes servem de referências, do papel do padrinho como educador religioso, em proveito de outros papéis, notadamente de protetor e dotador; mais tarde, o padrinho servirá de modelo para a organização de associações criminosas que também exigem iniciação, instrução, respeito e obediência. A relação privilegiada do afilhado com os padrinhos e madrinhas não desaparece. Pode até reforçar-se, tornando-se mais pessoal, tendendo mesmo a excluir os pais da criança. Todavia, ainda por volta de 1845, no Franche-Comté, os habitantes de Broye formavam "uma espécie de parentesco religioso pelo batismo das crianças. Todo mundo era compadre e comadre [...]".[31] O enfraquecimento das solidariedades que, multiplicando os laços entre as famílias e entre os indivíduos, esforçavam-se para estruturar do modo mais amplo possível o espaço social já se processa nos séculos XV e XVI. Insere-se num lento movimento de redução da linhagem a definições mais restritas da família — movimento tradicionalmente apoiado pela Igreja, mas também encorajado pelo crescente poder do Estado. Esse processo precede e permite menos a afirmação que uma nova definição do indivíduo, mais interior e autônoma. Deixa-lhe um vocabulário, modelos de comportamento e uma mágoa: o espaço está aberto para novas formulações e, mais ainda, para novas práticas de amizade.

AS VIAS DE ASSOCIAÇÃO: DA FRATERNIDADE À CONVIVIALIDADE

As associações foram as primeiras a ocupar o terreno recém-abandonado. Baseadas na adesão voluntária em princípio, mostram o que a família deveria ser e o que não é ou apenas é de modo muito imperfeito. Mas podem esbarrar nas limitações e conhecer o mesmo fracasso.

Desde o início, a associação de artesãos dá o exemplo. Empresta seu vocabulário da família (a "mãe", a solidariedade exigida em oposição aos mestres e, com ou sem eles, em oposição a outras profissões) e seu ritual da amizade (iniciação, juramento e segredo) a fim de organizar esse período-chave da aprendizagem e do acesso a uma posição profissional por vias que não são as da estrita sucessão hereditária e, portanto, muitas vezes implicam transpor uma barreira. No entanto, ela determina também a manutenção numa posição inferior de artesãos qualificados, para os quais o acesso à condição de mestre é vedado por muito tempo ou em definitivo. Afastados de sua família de origem e sem possibilidade de estabelecer uma nova, integrados na melhor das hipóteses à família do mestre que lhes dá casa e comida e reivindica sobre eles a autoridade hierárquica do pai, os artesãos devem criar uma família para si, colocando-a sob o signo da perfeita igualdade. Numa petição publicada em Lyon em 1572 que retoma "frases inteiras das queixas operárias que circulavam em Lyon em 1539-1540", os artesãos impressores podem assim escrever que, na profissão do livro, "acima de todas as outras artes, os mestres e artesãos não constituem ou não devem constituir senão um corpo unido, como uma família e fraternidade".[32]

Constante na linguagem das associações — religiosas ou não, profissionais ou não, ou as duas coisas ao mesmo tempo —, essa referência à "fraternidade", à "confiaria", à *brotherhood*, perpetuou-se até na linguagem e nos programas dos sindicatos e dos partidos do século XX, com o sonho de uma fraternidade universal que serviria de base para a reconstrução do mundo. Mais uma vez, é a vertente igualitária da terminologia da família que essas associações voluntárias privilegiam. Contudo, essa escolha se revela ao mesmo tempo frágil e fictícia, pois tais palavras mascaram uma competição no interior de grupos hierárquicos (mestres e artesãos) ou entre indivíduos ("meu caro confrade e entretanto amigo"), conflitos que podem referir-se ou ao objeto da própria associação que tem como finalidade resolvê-los (problemas de salário ou de clientelas, por exemplo), ou a seu funcionamento (acesso aos cargos, por exemplo). Todavia, ela assinala a necessidade bem real de identidade, pessoal e profissional, de celibatários dotados de um sentimento muito forte de sua dignidade e de sua competência. Sentimento exacerbado nos artesãos impressores de Lyon: o domínio da leitura e da escrita (ainda que os mestres os considerem *levissime literis tinti*, "levemente tingidos de letras") leva-os a definir-se, e cada palavra tem seu peso, "como pessoas livres voluntariamente dedicadas a um ofício tão excelente e nobre". Ainda desse ponto de vista, a associação de artesãos se reveste de expectativas as quais ela só pode frustrar.

Dois séculos depois, a multiplicação das lojas maçônicas muitas vezes é apresentada como um marco do surgimento de uma nova forma de associação que visa a estruturar a sociedade civil na base da livre adesão dos indivíduos e fora do controle do Estado: o "sigilo" que elas exigem é precisamente o de "assembleias" não oficiais, "portanto privadas" — um privado que se opõe ao público. Tal multiplicação assinalaria uma ruptura com "um conjunto de solidariedades seculares e inalteráveis — a família, a paróquia, a corporação, a ordem".[33] As lojas maçônicas repousam, assim, no princípio da igualdade social e pretendem que toda posição e toda promoção em sua hierarquia resultem apenas do "genuíno mérito pessoal" — da conjugação de "virtude" e "talento". No entanto, se constituem mais uma novidade que uma ruptura, é porque têm como único objetivo declarado uma fé e uma moral, suas pretensões são universais e elas constituem o local de uma sensibilidade e não o instrumento de interesses particulares. O que sem dúvida explica que um Estado tão severo quanto a monarquia francesa não tenha visto na maçonaria um "corpo" a ser enquadrado ou proibido. Em contrapartida, é evidente — e anterior — seu controle sobre instituições como a família, a comunidade rural ou a corporação: mais perigosas para ele, pois são mais fundamentais, mais bem integradas no tecido social cuja reprodução asseguram, justamente perseguindo finalidades concretas, materiais e particulares.

Espaços neutros que não justificam a intervenção do Estado, conquanto não se transformem em "academias políticas", as lojas congregam tanto celibatários — militares e até eclesiásticos — como homens casados: o papel essencial que funcionários e negociantes desempenham em sua constituição sugere que elas atendem ao desejo de escapar ao âmbito estritamente local, às necessidades de categorias sociais mais móveis e chamadas a deslocar-se. Porém, não se apresentam nem como um substitutivo da família, nem como um complemento da família, a serviço dos interesses desta. São exteriores, estranhas, indiferentes à família. Não impõem nenhuma ruptura, nenhuma escolha entre outras solidariedades anteriores ou externas e preferem situar-se num plano distinto. Uma ideologia bastante vaga cria uma sociabilidade razoável e restrita entre indivíduos que se "escolheram" e não teriam se encontrado caso não tivessem se procurado. Tal ideologia retoma as formulações e determinadas práticas e obrigações da amizade a fim de melhor banalizá-las e fundir na harmonia das relações interpessoais e igualitárias a liberdade que o indivíduo acabou de conquistar ou de afirmar. A amizade — uma "amizade fraternal", que nivela todos os confrades no mesmo plano, esperando os "amigos de [todo o] gênero humano" — é funcional: será não só procurada, como imposta e estatutária. A organização ganha mais em identidade que seus próprios membros: o que lhe permitirá evoluir tranquilamente com eles, sem maiores conflitos nem rupturas decisivas.

Seja qual for sua originalidade e sua relação com o Iluminismo, a franco-maçonaria insere-se num movimento mais duradouro, que assinala uma progressiva mutação da sociabilidade, pelo menos da sociabilidade masculina. Pois exclui as mulheres, "no interesse da pureza de nossas máximas e de nossos costumes", segundo os termos do *Discours* [Discurso] de Ramsay (1736-7).[34] O fato novo é a multiplicação, a manifestação visível e, pelo menos em alguns casos, a institucionalização de assembleias regulares de amigos, reunidos em torno de um interesse comum, científico ou intelectual, religioso ou laico, às vezes político, ou mais simplesmente pelo prazer de um "honesto comércio" ou da mera conversação.

Os príncipes da Renascença, Médici ou Farnese, haviam dado o exemplo dessas reuniões restritas a um pequeno grupo de humanistas, de artistas, de bajuladores ou de simples amigos, assim diferenciados de seu círculo e admitidos em sua intimidade. Luís XIV faz do convite para Marly um instrumento de controle sobre a nobreza que se apinha em Versalhes. Mas a multiplicação dos lugares públicos nas cidades dos séculos XVII e XVIII, a começar pelas maiores, cria uma situação nova. Fora da residência familiar, as tabernas e as "casas de café" ou de "chocolate" oferecem espaços de reunião que não tardam a ser utilizados. Ainda que inocente, a generalização dessas novas práticas suscita a desconfiança de todos os poderes. A Igreja se mantém atenta e multiplica as confrarias de penitentes que pode vigiar.[35] O Estado se mostra sempre disposto a prestar seu apoio, desde que exerça seu controle: assim Richelieu transforma na Academia Francesa o cenáculo de escritores que por volta de 1629 adquiriram o hábito de reunir-se uma vez por semana na casa de Conrart; Napoleão será mais discreto com a Sociedade d'Arcueil, formada em torno de Berthollet e de Laplace.[36] Com seu procedimento, Richelieu situa-se no encontro de duas tradições. A do controle que o poder monárquico exerce sobre as "assembleias" e os "corpos", reservando-se o direito de autorizá-los através de "cartas patentes", a fim de melhor vigiá-los e utilizá-los para seus próprios fins. Colbert sistematizará esse sonho de uma cultura dirigida para a maior glória do rei.[37] E a tradição do patrocínio aristocrático, que tem um bom exemplo na tutela exercida pelo jovem Federico Cesi sobre a Academia dos Lincei, desde sua criação em Roma no começo do século XVII: "Os laços de parentesco e os objetivos diplomáticos pesam mais no recrutamento de seus membros que os critérios estritamente científicos".[38] E, no século XVIII, as autoridades municipais da Provença exercem sobre o público de teatro uma vigilância tão desconfiada quanto a das mães sobre os jovens que se valem da penumbra para namorar.

No entanto, o verdadeiro modelo das associações livres partirá não da Itália, e sim da Inglaterra, com os clubes, cuja origem remontaria ao século XV (com o *Court de Bone Compagnie*), e ao XVI (com o *Friday Street*, ou *Bread Street*, fundado por W. Raleigh e que se reúne na taberna Mermaid), mas que se difundem entre os séculos XVII e XVIII. Samuel Pepys e seus amigos vão ao Wood's, em Pall Mall, "*for clubbing*" [para reunir-se]. A França do Iluminismo segue o exemplo, porém a experiência da Revolução a obrigará, depois de 1815, a criar um substituto, com o nome de "círculo", a fim de destacar a natureza apolítica das reuniões. Logo se estabelecem regras muito simples. O recrutamento é exclusivamente masculino e decidido pelos próprios membros segundo critérios de homogeneidade social e cultural. A sede é sempre exterior à residência familiar — em oposição aos "salões" —, situando-se de início num lugar público, em geral uma taberna ou um café, e a partir do começo do século XIX num local fechado a que só os membros do grupo têm acesso. O objetivo é o de uma sociabilidade muito genérica que tenderá a restringir-se para especializar-se na reflexão política ou nas discussões literárias, ou mais ainda nos lazeres das classes mais abastadas. Associação livre de qualquer obrigação e sem outro objetivo além de si mesma, o clube decide ignorar os laços com a família e estabelece no estado puro um novo modelo de sociabilidade restrita. Não há sigilo, nem iniciação, nem programa. Tampouco há referência à fraternidade. Nem compromisso com relação a pessoas, e sim a adesão a um simples código de conduta idêntico para todos os membros, que não proíbe nem impõe nenhuma relação preferencial com nenhum deles. A convivialidade libera-se das obrigações da amizade e da família: "A vida inglesa — essa morte do coração —, a vida dos clubes e dos círculos", dirá Baudelaire.[39]

MASCULINO-FEMININO

Num aspecto, contudo, essas novas formas de sociabilidade trazem suas marcas de origem: sua natureza quase que exclusivamente masculina, em nome de uma estrita separação dos sexos, mostra que, ao contrário dos "salões", por exemplo, elas não são apenas microssociedades. Pressupõem uma opção pelo isolamento, pela segregação, ao preço de uma dupla ruptura: com a família, mas também com essa mistura de sexos e idades — homens e mulheres, crianças e adultos —, que não obstante compõe o quadro da experiência cotidiana. As crianças estão excluídas, bem como os adolescentes — ser admitido no clube ou na taberna significa que o jovem se tornou homem feito, dono de suas decisões e de seus meios de vida. As mulheres foram despojadas do termo "círculo", que haviam animado na corte desde Maria de Médici até "madame Bonaparte"[40] — Saint-Simon (II, p. 412) diz que Luís XIII tinha saudade da "majestade dos círculos da rainha sua mãe, entre os quais se nutrira"; Luís XIV os "reconstitui" em torno da "delfina" e depois ao redor da duquesa de Borgonha. Naturalmente, elas terão suas lojas ou seus clubes, mas sempre à parte, e essa exclusão sistemática sugere outra dimensão de tais associações.

Não faltam motivos para explicar ou justificar essa situação: a proteção dos bons costumes contra a tentação (era o motivo alegado pela maçonaria, que na época congregava numerosos celibatários e homens que viajavam sozinhos);[41] a estrita divisão de tarefas e espaços, que confina as mulheres ao lar e lhes interdita o acesso aos lugares "públicos" onde os homens se reúnem; a menor liberdade de que elas dispõem na prática, pois estão submetidas à autoridade e à tutela do pai ou do esposo; a falta de qualificação profissional, que, no caso de mulheres trabalhadoras, veda-lhes o acesso às profissões suscetíveis de organizar-se em associações. No entanto, todos esses bons motivos valeriam realmente para as classes abastadas, em que as mulheres, servidas por uma vasta criadagem, gozam de relativa liberdade de movimento e até de costumes, pelo menos no século XVIII? Madame de Saint-Simon é frequentemente convidada a Marly sem seu minucioso marido, que nem pensa em se queixar, ao contrário. A zombaria sobre essa exclusão das mulheres confirma que se trata de um princípio básico, percebido como tal: assim o compreendeu o presidente de Maniban ao escrever de Toulouse ao cardeal de Fleury em 18 de abril de 1742:

> No dia 8 deste mês, durante uma ceia de algumas damas e alguns homens de idade madura, estabeleceu-se uma ordem que se queria a princípio chamar de Franca Amizade, mas que se acabou batizando com o nome de Bravos Cavaleiros [...], como uma brincadeira [...] para contrapor à [ordem] dos franco-maçons, cujo segredo é ignorado e os quais não admitem mulheres.[42]

Mais ainda que uma sociabilidade feminina paralela, até contestatária, a mistura dos sexos constitui o perigo por excelência. É evidente a vontade dos homens de encontrar-se a sós, tanto para o lazer (que, com o jogo, é e sempre será cada vez mais o objeto principal dessas associações, incluindo as discussões políticas, literárias ou científicas), quanto para o trabalho. Este último continua separando os sexos, enquanto a ampliação do lazer poderia aproximá-los. A mesma vontade, uma constante de longa duração, está presente na grande maioria das sociedades de jovens — "reinos", "abadias" ou "corpos da juventude" — que a partir dos séculos XII e XIII, fora da Igreja porém em certos pontos a sua imagem, constituíram a forma mais antiga e generalizada das associações — apesar de algumas incertezas com relação à Inglaterra e à Espanha.[43] Em todos os outros aspectos, a diferença seria total: a idade dos participantes, a liberdade de adesão, o período de participação no grupo e até a base geográfica do recrutamento. As sociedades de juventude funcionam como solidariedades "temporárias"[44] e obrigatórias ao mesmo tempo e formam-se no âmbito da vila ou do bairro. Porém, continuam sendo exclusivamente masculinas, limitando-se quando muito a associar as moças a atividades que requerem sua presença e sempre sem lhes dar importância.

Tradicionalmente, reconhecem-se quatro setores de atividades desses agrupamentos de jovens. O primeiro é a polícia dos costumes, e sobretudo dos casamentos, exercida especialmente através do charivari: suas vítimas são os adúlteros de ambos os sexos, os maridos e depois as mulheres surradas, os viúvos e viúvas que se casam com jovens celibatários. O segundo setor situa-se no limite do policial e do militar: na Provença do século XVIII, o amálgama da confraria de jovens com a milícia municipal pode desembocar numa "folclorização" de tropas medíocres, que se tornaram inúteis diante da milícia real, infinitamente mais bem armada.[45] Mas em Nivelles, no Brabante percorrido por tropas de todos os campos no século XVII, jovens e companhias burguesas, ou "juramentos", vivem em conflito entre si e com as autoridades, e no dia de Saint-Michel desfilam lado a lado na praça; em outubro de 1695, quando alguns bêbados "erguem" seus fuzis contra os burgueses, correu-se a chamar os jovens, que prenderam dois dos agressores.[46] Nada que deva surpreender: os "jovens" são numerosos — por vezes quase tanto quanto os chefes de família válidos —, organizados e disciplinados, mais habituados a lutar e sempre dispostos a entrar numa briga.

Dos dois últimos setores, um — a organização das festas — parece progredir no século XVIII com a multiplicação, a banalização e a laicização dos festejos; já o outro — a expressão de uma contestação política que, pelo viés do carnaval e de outros rituais ou práticas de inversão, assume a forma da derrisão — parece sujeito a uma vigilância cada vez mais estrita a partir do século XVI. Em todos os casos, a "abadia da juventude" interfere como a voz e o braço da comunidade inteira.[47] Tem toda a aparência — se não os poderes — de uma instituição. E aqui nos interessaria só indiretamente se sua estrutura de grupo etário — mais que de classe etária stricto sensu — não a levasse a procurar outras funções, essenciais para a formação e a afirmação da personalidade.

Por um lado, ela enquadra as duas etapas da passagem da infância à idade adulta. No começo, a puberdade, anterior à admissão em suas fileiras. No fim, o "estabelecimento" através do casamento — ou da emigração —, que assinala a saída. A maior demora em casar-se, mais acentuada entre os homens que entre as mulheres, permite-lhe cobrir um período que tende a alongar-se e pode incluir bem uns dez anos, entre quinze e 25 anos. Assim ela se encarrega da ruptura com o grupo de origem — a família — e prepara a reintegração de pleno direito na sociedade dos adultos, que é a dos chefes de família: encontramos as duas etapas clássicas de todo rito de passagem.[48] Enquanto aguarda essa reintegração, ela constitui um refúgio reconhecido pelos pares — os "jovens" — e admitido ou tolerado pelos "superiores" — os adultos.

Essa função segue as práticas educativas mais usuais. As crianças de ambos os sexos são criadas juntas pelas mulheres até a idade de nove ou dez anos. Depois, os meninos passam das "mãos das mulheres" para as dos homens — o pai ou outros adultos aos quais este delegou sua autoridade —, enquanto as meninas prosseguem no lar — ou em outra casa escolhida para tal fim — com o aprendizado progressivo das tarefas e das responsabilidades domésticas. A máxima separação dos sexos coincide com esse longo período intermediário compreendido entre os dez e os vinte ou 25 anos.

Sejam quais forem as funções que a comunidade lhe reconhece ou tolera, a "juventude" se vê levada a interferir e, portanto, a socializar o comportamento de seus membros em dois grandes grupos de conflitos. O primeiro contrapõe os jovens — excluídos do poder, do casamento e dos bens — a seus pais, que são os donos (e, na França do direito escrito, donos absolutos) de seu estabelecimento, de suas condições materiais, da escolha de sua parceira: os papéis reconhecidos da "juventude" organizada sugerem que os pais preferem associá-la à vida da coletividade a ceder em todos esses planos. O segundo grupo de conflitos é o que contrapõe e divide as famílias, e para enfrentá-lo os jovens dispõem de um potencial de mediação ou de recusa: a seu exercício a dois (pelo amor como pela amizade), valorizado pela literatura e classicamente fadado ao fracasso (de Romeu e Julieta à fuga de Jacques e Daniel em *Les Thibault*), pôde corresponder o polo oposto, até aqui deixado de lado: seu exercício coletivo.

Na realidade, a organização da juventude está investida — aparentemente com o acordo dos adultos, ainda que tácito — de um último papel, essencial: ensinar aos jovens seu papel sexual na sociedade onde devem viver e que lhes apresenta "um status masculino definido e institucionalizado".[49] Por isso, a ênfase na diferença e até na agressividade com relação ao sexo oposto. Agressividade que o indivíduo isolado também pode expressar: aos quinze anos, Valentin Jamerey-Duval pede a seus sucessivos patrões — agricultores, pastores, moleiros etc. — para obedecer apenas a eles, e não a suas esposas. Gesto inútil, que o obriga a mudar de emprego constantemente: "Sem o conhecer [o sexo oposto], imaginara que uma liga defensiva da proteção de um homem me colocaria ao abrigo desses ataques".[50] Mas o grupo que canaliza e às vezes desencadeia essa agressividade dispõe, para exprimi-la, de um registro mais amplo e eficaz, mais mobilizador e coercivo para os membros que tenham a tentação de hesitar. E a escolha das vítimas dos charivaris indica as intenções subjacentes. Por que se voltar contra a viúva ou o viúvo que se casa com uma pessoa solteira, se esposar uma viúva mais rica que eles — a começar pela viúva do mestre, no caso dos artesãos — é a via de ascensão social mais procurada pela maioria dos jovens? Por que atacar sem nenhuma distinção o adultério, que, sendo masculino, não afeta os "jovens", a não ser que envolva uma moça solteira, e sendo feminino pode render-lhes vantagem? Por que essa atenção especial pelos casais em que as mulheres batem nos maridos? É provável que se quisesse condenar qualquer pretensão feminina ao uso de calças,[51] porém essa ênfase na hierarquia dos sexos e dos papéis que lhes correspondem também implica uma denúncia da "demissão" do homem e — por que não? — do prazer perverso que pode sentir ao apanhar. As gravuras que mostram maridos fustigados, as calças abaixadas, lembram muito as palmadas ministradas por mademoiselle Lambercier em Jean-Jacques Rousseau menino:

> Após a execução, achei a prova menos terrível do que fora a expectativa, e o mais bizarro é que esse castigo afeiçoou-me ainda mais àquela que mo impusera [...]: pois encontrei na dor, na própria vergonha, um *misto* de sensualidade que me despertara mais desejo que medo de prová-lo uma segunda vez pela mesma mão [...]. Mademoiselle Lambercier sem dúvida percebeu por algum indício que o castigo não atingia o objetivo e declarou que desistia. [...] Até então dormíamos em seu quarto. [...] Dois dias depois, passaram-nos para outro quarto, e tive então a honra, que dispensaria de bom grado, de ser tratado como um menino crescido. Quem acreditaria que esse castigo de criança recebido aos oito anos de uma moça de trinta decidiu meus gostos, meus desejos, minhas paixões, meu eu pelo resto da vida [...]?[52]

Jamerey-Duval, Rousseau: os indivíduos — e em ambos os casos indivíduos à parte, que reivindicam sua posição excepcional de "bastardos sociais"[53] para melhor assumi-la — aprendem no século XVIII a dizer em voz alta — ou antes a escrever, o que ao mesmo tempo é mais e menos — o que pertencia e ainda pertence ao domínio do não-dito, do que não se expressa pela palavra, mas quando muito pelo gesto, sobretudo no âmbito de grupos conservadores por definição. A "abadia da juventude" se dispersa com "o estabelecimento" de seus membros, e não sabemos se conseguiu ou tentou criar entre eles laços duradouros. Sua organização, sua hierarquia, a descontinuidade e até a brutalidade de suas intervenções não a tornavam muito favorável ao desenvolvimento de relações de intimidade afetiva a dois ou a vários. Na verdade, ela funciona como um instrumento de socialização. E como tal se verá contestada, marginalizada ou folclorizada pela ação dos adultos.

Equipadas com suas próprias forças policiais, as autoridades não precisam mais que a "juventude" as auxilie em casos de maior gravidade. Da milícia do final do reinado de Luís XIV à generalização da conscrição, elas monopolizam o controle exclusivo de sua utilização militar — não sem resistência dos interessados e das respectivas famílias — e impõem-lhes seus processos de recrutamento, organização e enquadramento. Municipais ou eclesiásticas, as mesmas autoridades toleram cada vez menos os charivaris e "outras mascaradas" que consideram "desordens": na melhor das hipóteses, só a organização das festas escapa a suas proibições. Novos grupos de base profissional ou social ou ainda formados por vizinhos retomam ou imitam na cidade a estrutura das sociedades de juventude e até acabam admitindo homens casados. Num nível mais profundo, entretanto, pouco a pouco perdem suas funções de educação e socialização, assumidas por novas instituições que se desenvolvem paralelamente e têm por objetivo declarado a "disciplina": ou seja, por ordem de surgimento, a aprendizagem profissional, o colégio, o exército. A parte deixada à espontaneidade, à autonomia do grupo etário restringe-se sob o efeito de um controle maior dos adultos sobre a formação das crianças e dos adolescentes: um controle que tem a vantagem não só da força e da coerção, como ainda da eficácia e da técnica. Os locais, as idades, as práticas e até os objetivos da amizade se modificarão profundamente.

A ÉPOCA DA ADOLESCÊNCIA

Respondendo às críticas de Natalie Davis sobre as relações entre "abadias da juventude" e uma "adolescência" na qual via uma descoberta ou uma criação do século XVIII, Philippe Ariès ressaltou a mudança que detectara na "educação, isto é, a transmissão do conhecimento e dos valores", e isso ocorre desde a Idade Média, com uma aprendizagem cuja generalização "tende [...] a destruir [...] o sistema das classes etárias" e "obriga as crianças a viver no meio dos adultos, que assim lhes comunicam o *savoir-faire* e o *savoir-vivre*".[54] Por seu turno, Alan MacFarlane explicou o que considera a fragilidade do sentimento da continuidade familiar e dos laços afetivos entre pais e filhos na Inglaterra medieval e moderna pelo hábito, comprovado em todos os níveis da sociedade, dos camponeses aos aristocratas, da "colocação" precoce do filho como doméstico, trabalhador agrícola, aprendiz, "aluno" ou pajem em outra família.[55]

Nos dois casos, todavia, a "educação" continua a efetuar-se no quadro de uma família cujo caráter hierárquico se reforça — a autoridade do pai — à custa dos sentimentos e dos laços horizontais entre "iguais", membros da mesma geração: não basta, porém, para eliminar certa margem de liberdade e a possibilidade de reconstituir tais laços com outros jovens da mesma idade, em grupo ou isoladamente. A igualdade de situação e o afastamento da família de origem podem até facilitá-los e torná-los mais necessários: do período que passaram como pensionistas junto aos Lambercier data a amizade de Jean-Jacques Rousseau com seu primo-irmão Bernard, "que não abusava demais da predileção que se tinha por ele na casa como filho de meu tutor": "Em pouco tempo nutri por ele sentimentos mais afetuosos que os que tivera por meu irmão e que nunca cessaram de existir".[56]

O colégio assinala uma ruptura de outra profundidade, cuja história domina a época moderna. Seu surgimento — na verdade seu aprimoramento, por aproximações sucessivas, a partir de uma inovação inicial, num clima de grande demanda por parte das famílias e de acirrada competição entre as cidades, os Estados, as confissões, as ordens religiosas e os laicos —, sua implantação em escala nacional e internacional, seu recrutamento, a organização, o ambiente e a finalidade dos estudos que propõe, a imitação por parte de outras instituições educativas especializadas têm sido bem estudados ao longo de uns trinta anos.[57] O essencial, que aqui nos importa, refere-se ao novo enquadramento da infância e da adolescência em lugares separados e se possível fechados, colocados sob a autoridade exclusiva de uma pequena equipe coesa de especialistas adultos, que se apresenta como modelo educativo ao mesmo tempo tranquilizador e fascinante para as famílias. O agrupamento dos alunos num só estabelecimento onde poderão seguir a totalidade do ciclo do atual ensino secundário francês, da sexta série à lógica e à física. Sua divisão em classes, segundo as exigências racionalmente explicitadas de um programa de estudos e de uma aprendizagem progressiva dos conhecimentos. Uma disciplina que pretende ser total e constante — dia e noite —, cujo exemplo, definido pelo internato, serve de referência adotada ou imposta entre os "hospedeiros" e outros "pedagogos" que alojam os externos. Enfim, uma pedagogia que enfatiza a modernidade dos conteúdos, a eficácia dos métodos e a qualidade sob todos os aspectos — religioso, moral e intelectual — do resultado final, que permite aos jovens fazer bonito papel na sociedade e exercer os cargos e profissões que as famílias desejam e aos quais lhe asseguram o acesso sua posição, fortuna, rede de relações ou o simples acaso.

Dos princípios à realidade, a distância continuará sendo grande, sobretudo quando nos afastamos dos estabelecimentos mais prestigiosos. Só os maiores oferecem o ciclo de estudos completo; até o século XVIII a diferença de idades no interior da mesma classe é bem pronunciada e só lentamente a disciplina consegue banir uma violência que todos os dias se expressa nas brigas, porém às vezes chega à revolta — e na Inglaterra durante mais tempo que na França —, sendo necessária a intervenção do exército.[58]

Contudo, por sua própria ambição, o colégio repousa numa ambiguidade, geradora de fortes tensões. Por um lado, tende a instituir classes de idade homogênea e, excluindo os laços de família e até as desigualdade sociais, a dar às classes uma coesão que nunca tiveram na vida comum. Nesse aspecto, repete a experiência da formação guerreira da cavalaria, porém em escala bem maior e lidando com um leque muito mais amplo de grupos sociais e carreiras posteriores. Ao mesmo tempo, contudo, através da competição, da vigilância constante, da delação encorajada, dos castigos corporais (sempre administrados por um deles), procura romper a solidariedade entre os alunos para estabelecer um único elo — vertical dessa vez — entre cada aluno e o mestre: uma ambição que o novo e "moderno" sistema penitenciário retomará na virada do século XVIII e do XIX, com efeitos da mesma ordem.

Como sempre as famílias assumem uma posição intermediária, preocupadas com o imediato, interessadas no porvir. Apoiam a disciplina escolar, que a seu ver garante a rentabilidade do investimento, sempre grande, que fizeram. Mas esperam que no interior do colégio se formem laços duradouros. Verdade francesa: no colégio, as crianças estabelecem "conhecimentos e amizades vantajosas que com frequência perduram até o fim de sua vida", escreve P. Coustel em 1687.[59] Verdade italiana também, com o acréscimo da indiferença, normal num país politicamente fragmentado, quanto ao local da carreira futura, como demonstra a seguinte carta, datada de 7 de outubro de 1705, endereçada por um senador de Bolonha, Vincenzo Ferdinando Ranuzzi Cospi, a seu filho Marco Antonio, matriculado no colégio de Parma: "Pensa que se nesse colégio fizeres amizades com colegas que sairão na mesma época que tu, se Deus te conceder a longa vida que desejo para ti [...] que sairão, digo, prelados, cardeais, embaixadores, generais de exército, e homens de tal importância que, graças à amizade que poderás ter feito com eles, poderão ser a fortuna da casa em que Deus te fez nascer".[60]

O compromisso entre a solidariedade contestadora dos jovens e a obediência ao professor que esse pai de família sugere (ele assimilara a mensagem publicitária dos responsáveis pelo colégio) prefigura o fenômeno das promoções. Isto é, de classes de idade no sentido próprio do termo, que não terminarão com o fim da adolescência, porém, sem ter existência institucional reconhecida, acompanharão o indivíduo pelo resto da vida. E assumirão um conteúdo mais preciso ainda com a multiplicação de escolas religiosas e laicas que prolongam o colégio, mas para garantir uma formação profissional em carreiras precisas: noviciados e seminários (a partir do final do século XVI), "colégios de marinha" e "companhias de cadetes" a partir do final do XVII, "escolas militares" a partir de meados do XVIII: a Escola Militar de Paris é fundada em 1751, segundo o modelo das academias de São Petersburgo e de Berlim, após a Escola do Gênio de Mézières (1748) e antes da de Artilharia de La Fère (1756). Conjugando a educação escolar e técnica e a fusão num mesmo molde de jovens oriundos de meios diferentes, a multiplicação desses estabelecimentos anuncia um programa de formação ao mesmo tempo comum e seletiva dos quadros do Estado.

Só uma elite é afetada. Pois, mesmo nas camadas mais abastadas, os métodos tradicionais ou reformulados no século XVIII, como o preceptor ou a formação no trabalho, conservam seus partidários. Ora, os números de que dispomos — os 48 mil alunos do conjunto dos colégios franceses em 1789 ou os 40 mil dos colégios jesuítas em 1627-9 — podem nos induzir ao erro. Pois, como as universidades inglesas no começo do século XVII,[61] esses colégios recebem duas categorias de alunos: primogênitos e filhos mais novos. Os primeiros poderão fazer uma parte dos cursos, não concluir os estudos ou limitar-se a uma formação humanista geral: salvo excepcional acaso, sua carreira será aquela mais conveniente à família, cuja continuidade lhes cabe assegurar. Na França, os filhos mais novos só poderão esperar sucesso profissional na Igreja, no exército, no governo; na Inglaterra, podem ingressar também nas profissões liberais e nos negócios. Em geral, permanecerão solteiros, e suas carreiras lhes permitirão manter as amizades de juventude com seus pares que seguem o mesmo caminho. Se tiverem sorte, elas lhes permitirão também tirar proveito das amizades que eventualmente fizerem com os primogênitos e com os filhos mais novos de famílias mais ricas que as suas.

Por sua própria disciplina, o colégio cria um espaço favorável à eclosão de amizades totais e apaixonadas. Isolando a adolescência, ele a transforma na idade por excelência de um sentimento cujos conteúdo e linguagem talvez permaneçam os mesmos (como saber?), mas cujo ambiente social, espacial e temporal tende a mudar profundamente: pelo menos no início, esse sentimento nada mais deve à família; seu desinteresse absoluto poderá ser, e às vezes continuar sendo, seu verdadeiro rosto, mas poderá mascarar também atrações que os professores consideram ambíguas; tem, se não a garantia, pelo menos a possibilidade de perdurar; cronologicamente anterior ao amor, sua experiência representa a primeira descoberta do "outro" e como tal pode desempenhar um papel central na definição da identidade pessoal.

Novidade suplementar: a utilização, bastante difundida entre as mesmas categorias sociais, dos conventos, depois das novas congregações de ensino criadas entre os séculos XVI e XVII (ursulinas, visitandinas, damas de Saint-Louis de Saint-Cyr) para a educação feminina, pela primeira vez coloca ambos os sexos no mesmo plano: "A condessa de La Mark [...] filha do duque de Rohan [...] era amiga íntima de madame de Saint-Simon e também de madame de Lauzum [ambas irmãs], ex-colegas de convento". As lágrimas das duas irmãs por ocasião da morte da condessa, em 1706, bem uns doze anos depois que saíram do convento, não agradarão ao rei, "que conhecia pouco as leis da natureza e os movimentos do coração", enquanto Saint-Simon fica "muito comovido" com as lágrimas amargas de sua esposa... (II, pp. 554-5).

Obviamente, todas essas mudanças apenas se iniciaram, e, com relação às amizades de colégio ou convento, o século XIX se mostrará bem mais loquaz que o XVIII. Todavia, elas indicam uma direção, a de uma redistribuição das cartas em favor de uma ampliação dos horizontes da vida social. Pela amizade livremente travada, "reconhecida" por Montaigne e La Boétie, procurada e mutuamente prometida por Saint-Simon e seus parceiros da corte, o adulto afirmava sua autonomia com relação à rede pacientemente construída ao redor da família e aos laços superficiais e necessários que acompanham toda sociabilidade. Ora, é exatamente essa sociabilidade que, a partir do século XVII na Inglaterra e do XVIII na França e no resto da Europa, os mesmos homens adultos se empenham em organizar, codificar, institucionalizar, tornar confortável e apaziguante: um quadro que, fora de sua família, lhes permitirá sentir-se eles mesmos em igualdade com outros. É a escolha da convivialidade.

As redes familiares não desaparecem com isso. Continuam sendo a norma necessária para a maioria da população, sobretudo no campo. Não obstante a criatividade, a força de expansão dos parentescos espirituais parece em via de extinção: quanto a isso a hora é de moderação e prudência. Pois doravante a família tem como principal parceiro não mais outras famílias, e sim o Estado, que, em troca de sua proteção, obriga ou encoraja a família a isolar-se em si mesma e a cortar os múltiplos laços que a encerram. A época da amizade se torna então esse novo parêntese entre a infância e a idade adulta, que engloba uma adolescência prolongada: época de espera e de formação, de escolhas também e de compromissos pessoais. Livremente decididos, poderão revelar-se duradouros: cabe a cada um decidir.

Nada em seu caráter, em sua moral e em seu estilo de vida parece aproximar Boswell e o reverendo William Johnson Temple. Conheceram-se na universidade de Edimburgo, nunca deixarão de corresponder-se e confidenciar-se ao longo de trinta anos, e Boswell fará de Temple seu executor testamentário. Em 24 de junho de 1767, Temple escreveu-lhe: "Vossa amizade, creio, é a única felicidade de minha vida. Pois as pessoas de minha família são na verdade meus piores inimigos: um pai cruel, um irmão ingrato [...] Oh! Boswell, crede-me, amo-vos como a mim mesmo, e quando eu morrer agradecerei a Deus, acima de tudo, por haver-me dado vossa amizade".[62]

NOTAS

1. É. Littré, *Dictionnaire de la langue française*, verbete "*Privé*".

2. V. Hünecke, "Les enfants trouvés: contexte européen et cas milanais, XVIIIe-XIXe siècle", *Revue d'Histoire Moderne et Contemporaine*, XXXII, 1, janeiro-março de 1985, pp. 3-29. Sobre essa distinção dos papéis da família e sua delegação, E. Goody, *Parenthood social reproduction. Fostering and occupational roles in West Africa*, Cambridge University Press, 1982.

3. I. Pinchbeck e M. Hewitt, *Children in English society*, t. I, *From Tudor times to the eighteenth century*, Londres/Toronto, 1948, p. 28.

4. A. R. Radcliffe Brown, "La parenté à plaisanterie" (1940) e "Note conjointe sur les parentés à plaisanterie" (1949), *Structure et fonction dans la société primitive*, Paris, Éd. de Minuit, 1968, tradução francesa de *Structure and function in primitive society*, Londres, 1952.

5. C. Lévi-Strauss, "L'analyse structurale en linguistique et anthropologie" (1945), *Anthropologie structurale*, Paris, Plon, 1958, pp. 37-62.

6. R. Brain, *Amis et amants*, Paris, Stock, 1980, tradução francesa de *Friends and lovers*, Londres, Hart-Davis-Mac Gibbon, 1976.

7. M. Fortes, *Kinship and the social order*, Londres, 1969, p. 63, citado segundo N. Sindzingre, "Amis, parents et alliés: les formes de l'amitié chez les Senufo (Côte-d'Ivoire)", comunicação ao colóquio *L'amicizia e le amicizie*, Palermo, pp. 24-6, novembro de 1983, a ser publicado nas atas do colóquio e na revista *Cultures*.

8. J. Boissevain, *Friends of friends. Networks, manipulations and coalitions*, Oxford, Basil Blackwell, 1974.

9. L. B. Alberti, *I libri della famiglia*, apresentados por Ruggiero Romano e Alberto Tenenti, Turim, Einaudi, 1969.

10. E. Le Roy Ladurie, *Montaillou, village occitan, de 1294 à 1324*, Paris, Gallimard, 1975, p. 83.

11. Ibid., pp. 84-5, e C. de la Roncière, "Une famille florentine au XIVe siècle: les Velluti", *Famille et parenté dans l'Occident médiéval*, Roma, Escola Francesa de Roma, 1977, pp. 228-48.

12. J.-M. Gouesse, "Parenté, famille et mariage en Normandie aux XVIIe et XVIIIe siècles. Présentation d'une source et d'une enquête", *Annales ESC*, XXVII, 4-5, julho-outubro de 1972, p. 1145.

13. J.-L. Flandrin, *Familles, parenté, maison, sexualité dans l'ancienne société*, Paris, Éd. du Seuil, 1984, 2[a] ed., p. 40.

14. R. Merzario, *Il paese stretto. Strategie matrimoniali nella diocesi di Como. Secolli XVI-XVIII*, Turim, Einaudi, "Microstorie", 3, 1981, pp. 23-6.

15. J.-M. Gouesse, art. cit., p. 1146.

16. R. Merzario, op. cit., p. 105.

17. Montaigne, *Ensaios*, I, 28, "Da amizade".

18. Ibid., III, 3, "Dos três comércios".

19. R. Brain, op. cit., pp. 301-2.

20. Saint-Simon, *Mémoires*, edição realizada por Gonzague Truc, Paris, Gallimard, col. "Bibl. de la Pléiade", 1953-8, t. I, pp. 659-60. Todas as referências das citações de Saint-Simon estão indicadas entre parênteses no texto segundo essa edição.

21. M. Bloch, *La société feodale. La formation des liens de dépendance*, Paris, Albin Michel, col. "L'évolution de l'humanité", XXXIV, 1949, t. I, 2[a] ed., p. 192.

22. L. Hellmuth, *Die germanische Blutsbruderschaft*, Wiener Arbeiten zur Germanischen Altertumskunde und Philologie, 7, Viena, 1975.

23. H. Tegnaeus, *La fraternité de sang. Étude ethno-sociologique des rites de la fraternité de sang, notamment en Afrique*, Paris, Payot, 1954, p. 25.

24. S. Ciszewski, *Künstliche Verwandschaft bei den Südslaven*, Leipzig, 1981, p. 47.

25. L. Hellmuth, op. cit.

26. E. Le Roy Ladurie, *Les paysans de Languedoc*, Paris, SEVPEN, 1966, t. I, p. 166.

27. M. Bloch, op. cit., t. I, p. 215.

28. S. W. Mintz e E. R. Wolf, "An analysis of ritual co-parenthood (compadrazgo)", *Southwestern Journal of Anthropology*, VI, 4, 1950, pp. 341 ss; e S. N. Eisenstadt, "Ritualized personal relations. Blood brotherhood, best friends, compadre, etc.: some comparative hypotheses and suggestions", *Man*, 96, julho de 1958, pp. 90-5.

29. Lutero, "Tischreden: Anton Lautetbach's Tagebuch aufs Jahr 1539", *D. Martin Luther's Werke*, Kritische Gesambautausgabe, t. IV, 1916, Weimar, citado por S. W. Mintz e E. R. Wolf, art. cit., p. 349.

30. G. Valentini, *La legge delle montagne albanesi nelle relazioni della missione volante, 1880-1932*, Florença, "Studi Albanesi, Studi e Testi, 3", 1969, p. 25.

31. A. Van Gennep, *Manuel de folklore français contemporain*, t. I, *Du berceau à la tombe*, Paris, A. Picard, 1943, p. 233.

32. N. Z. Davis, *Les cultures du peuple. Rituels, savoirs et résistance au XVI*[e] *siècle*, Paris, Aubier, 1979, tradução francesa de *Society and culture in early modern France*, Stanford University Press, 1975, 4ª ed., p. 18.

33. R. Halevi, *Les loges maçonniques dans la France d'Ancien Régime. Aux origines de la sociabilité démocratique*, Paris, Armand Colin, "Cahiers des Annales", 40, 1984, p. 11.

34. G. Gayot, *La franc-maçonnerie française. Textes et pratiques*, Paris, Gallimard/Julliard, col. "Archives", 1980, p. 69.

35. M. Agulhon, *Pénitents et francs-maçons de l'ancienne Provence*, Paris, Fayard, 1968.

36. Id., *Le cercle dans la France bourgeoise, 1810-1848. Étude d'une mutation de sociabilité*, Paris, Armand Colin, "Cahiers des Annales", 36, 1977, pp. 19-20.

37. D. Roche, *Le siècle des Lumières en province. Académies et académiciens provinciaux, 1680-1789*, Paris-Haia, ehess-Mouton, "Civilisations et sociétés", 62, 1978, p. 18.

38. *J.*-M. Gardair, "I Lincei: i soggetti, i luoghi, le attività", *Quaderni Storici*, XVI (48), III, dezembro de 1981, p. 768.

39. Baudelaire, *Le fanfarlo*, 1847, citado por M. Agulhon, *Le cercle* [...], op. cit., p. 52.

40. M. Agulhon, *Le cercle* [...], op. cit., p. 23.

41. G. Gayot, op. cit., p. 69.

42. Ibid., p. 123.

43. N. Z. Davis, op. cit., pp. 166-72.

44. R. Mandrou, *Introduction à la France moderne. Essai de psychologie historique, 1500-1640*, Paris, Albin Michel, col. "L'évolution de l'humanité", 1961, pp. 184-7.

45. M. Agulhon, *Pénitents et francs-maçons* [...], op. cit., pp. 947-50.

46. X. Rousseaux, "Criminalité et répression en milieu rural et urbain. Le cas du Brabant wallon au XVIIe siècle", comunicação apresentada à reunião de 11 e 12 de janeiro de 1985 do Grupo Internacional de Pesquisas sobre a História da Justiça e da Criminalidade, Paris, Maison des Sciences de l'Homme, p. 13.

47. N. Z. Davis, op. cit., p. 171.

48. B. Bernardi, *I sistemi delle classi di età. Ordinamenti sociali e politici fondati sull'età*, Turim, Loescher, 1984, p. 20.

49. F. Young, *Initiation ceremonies: a cross-cultured society of status dramatization*, Indianapolis, Bobbs-Merrill Co., 1965, p. 30.

50. V. Jamerey-Duval, *Mémoires. Enfance et éducation d'un paysan au XVIIIe siècle*, apresentados por J. M. Goulemot, Paris, Le Sycomore, 1981, p. 150.

51. O. Niccoli, "Lotte per le brache. La donna indisciplinata nelle stampe popolari *d'Ancien Régime*", *Memoria*, 2 de outubro de 1981, pp. 49-63.

52. J.-J. Rousseau, *Les confessions, oeuvres complètes*, Paris, Gallimard, col. "Bibl. de la Pléiade", 1959, p. 15.

53. V. Jamerey-Duval, op. cit.

54. P. Ariès, *L'enfant et la vie familiale sous l'Ancien Régime*, Paris, Ed. du Seuil, nova ed., 1973, p. VIII.

55. A. MacFarlane, *The origin of English individualism; the family, property and social transition*, Oxford, Blackwell, 1978.

56. J.-J. Rousseau, op. cit., p. 13.

57. P. Ariès, op. cit.; G. P. Brizzi, *La formazione della classe dirigente nel Sei--Settecento. I seminaria nobilium nell'Italia centro-settentrionale*, Bolonha, Il Mulino, 1976; F. de Dainville, "Collèges et fréquentation scolaire au XVIIe siècle", *Population*, XII, 3, julho-setembro de 1957, pp. 467-94.

58. P. Ariès, op. cit., p. 356.

59. P. Coustel, *Règles de l'éducation des enfants*, Paris, 1687, citado por P. Ariès, op. cit., p. 422.

60. G. P. Brizzi, op. cit., p. 165.

61. L. Stone, *The crisis of the aristocracy, 1558-1641*, Oxford, Clarendon Press, 1965, p. 689.

62. *J.* Boswell, *Boswell veut se marier, 1766-1769*, Paris, Hachette, "Les papiers de Boswell", 1959.

FAMÍLIAS. HABITAÇÕES E COABITAÇÕES

Alain Collomp

O pintor Albrecht Dürer nos deixou determinado número de desenhos, muitos deles aquarelados, que mostram casas de vilarejos e de cidades da Alemanha, da Áustria, da Itália no final do século XV e inícios do XVI. Trata-se de imagens preciosas por suas qualidades artísticas, mas também pela acuidade da visão de Dürer, pelo detalhamento meticuloso, quer focalizem casas, arvoredos, uma lebre ou peônias prestes a murchar. Os desenhos de edifícios nos apresentam os materiais usados na construção: tijolos à vista ou rebocados nas belas casas com vigas aparentes e telhados inclinados do bairro da capela de São João em Nuremberg;[1] casarões isolados uns dos outros, de planta quadrada e imensos telhados de palha, mergulhados num vale à sombra de um arvoredo centenário no vilarejo de Kalchreut;[2] casas de pedra com telhados de ligeira inclinação, bem próximas umas das outras, no interior da vila fortificada de Arco, na Itália.[3] Esta última aquarela permite avaliar o deslumbramento de pintar uma vegetação em cores novas (essas frondes azuladas das oliveiras), de representar a luz do campo meridional descoberta pelo artista alemão. Algumas vezes Dürer reutilizará esses esboços de casas em determinadas gravuras, como *O filho pródigo* (cerca de 1498). A cena bíblica serve-lhe de pretexto para mostrar o pátio de uma fazendola alemã, rodeado de construções com raras janelas ou meras lucarnas, portas baixas no exíguo andar térreo, imensos telhados de palha.

REPRESENTAÇÕES. DA CASA AO INTERIOR DOMÉSTICO

Depoimento precioso sobre a construção das casas de burgueses ou de humildes camponeses do começo do século XVI, pela forma, pelos volumes, pelos materiais, as casas da região de Nuremberg assemelham-se muito às dos vilarejos germânicos e alsacianos construídas dois ou três séculos depois. As casas de aldeias italianas que Dürer desenhou por ocasião de sua primeira viagem a Veneza já apresentam as características das casas da Itália ou da França meridional construídas ainda no século XVIII. Os grandes tipos regionais de construção doméstica hoje recenseados na Itália, na França,[4] e na Inglaterra, também a partir do corpus de edifícios ainda existentes e muitas vezes de execução mais recente, já se encontram, portanto, na pintura alemã ou flamenga do início do século XVI. Verificam-se, assim, a constância multissecular das técnicas de construção de casas e de suas características, com algumas alterações e melhorias entre os séculos XVI e XIX, porém mais ainda aspectos estáveis de ordem cultural e material em determinada região. Contudo, os desenhos e aquarelas de Dürer que mostram habitações nos deixam do lado de fora, sendo-nos interdita a entrada nas casas.

BRUEGHEL OU A GRANJA FLAMENGA

Pouco depois de Dürer, Pieter Brueghel, o Velho, também pinta com precisão casas de vilarejos flamengos, construídas com madeira e barro (algumas casas raras e grandes são todas de tijolos, com frontão em degraus) e enormes telhados de palha. Mas por sorte Brueghel às vezes nos deixa penetrar em algumas delas. Conhecemos a *Visita à granja* através de duas cópias dos filhos do pintor: uma de Pieter Brueghel, o Jovem, pintura sobre madeira policromada, e outra de Jan Brueghel,[5] segundo um original do pai que se perdeu, sem dúvida um trabalho em grisalha. Nas duas versões, muito parecidas, encontramo-nos numa enorme sala de granja. Deparamo-nos com o inventário descritivo de um mobiliário rural da segunda metade do século XVI, com o enorme banco-baú de encosto e braços, a cadeira baixa e a poltrona de criança, o berço em primeiro plano — no qual dorme um cãozinho —, a mesa redonda com uma toalha branca (a mesma toalha que voltaremos a ver nos interiores rurais dos irmãos Le Nain), sobre a qual se encontram tigelas contendo uma sopa à base de leite (a família retratada possui vacas, pois um homem e uma mulher ao fundo estão fazendo manteiga). O mais surpreendente é o fogão central, no nível do solo, com o imenso caldeirão pendurado numa grande cremalheira. A jovem mãe que dá o seio ao bebê se aquece, a mão estendida junto às chamas, assim como a criança na poltrona, com as pernas e os pés nus. O pai, que parece ser o dono da casa (menos jovem que a mãe), recebe três visitantes. No segundo plano do quadro, atrás do que deve ser uma família formada por um casal e seus filhos, avistamos cinco outras pessoas que parecem morar na mesma casa: um homem sentado no banco, outro à mesa, tomando sua sopa, o jovem par ocupado na fabricação da manteiga e uma moça na soleira da porta de madeira maciça, encimada por uma bandeira de vidro e chumbo (não sabemos se ela vai entrar ou sair).

Estamos na sala de uma granja flamenga no momento da refeição. Os adultos estão absortos em suas ocupações, exceto o mais velho, que, como a criança maior (também de pernas nuas), volta-se para dois dos visitantes. Nada sabemos sobre os laços que podem unir os diferentes protagonistas dessa cena rural (serão parentes?). Provavelmente o quadro visava não a fornecer um inventário documental ou pitoresco de um interior rural, e sim um objetivo alegórico, a ilustração de um provérbio ou de uma cena bíblica, como é frequente na pintura flamenga do século XVI, com uma finalidade moralizante. Conforme indicam seus trajes, os visitantes são burgueses abastados. Estão visitando uma parturiente ou, como já se sugeriu, vieram ver a criança mais velha, a que parece conversar com a dama no primeiro plano e que seria seu filho ou parente entregue a uma nutriz camponesa?

Nas cenas de gênero dos pintores flamengos dos séculos XVI e XVII — muito procuradas pelos compradores da época —, o interesse puramente documental costuma situar-se em segundo plano. Por trás da pintura ao natural de aspectos cotidianos da vida rural ou burguesa, esconde-se o mais das vezes um significado gnômico de algum modo expresso numa linguagem mais ou menos codificada, que os aficionados conhecem — é o que ocorre nos interiores de Vermeer e nessa *Visita à granja* de Brueghel. Os objetos usuais que se encontram reunidos nessas cenas de interior não têm uma finalidade simbólica precisa, como nas naturezas-mortas da época, em geral pinturas de "vaidades". E o perigo seria ater-nos demais ao valor documental desses objetos e considerar tais representações de interiores rurais ou burgueses como documentos autênticos que nos reconstituiriam com exatidão a vida cotidiana dos camponeses ou dos comerciantes flamengos.

OS INTERIORES RURAIS DOS IRMÃOS LE NAIN

O mesmo risco de interpretação errônea existe na pintura francesa do século XVII, com os "interiores rurais" dos irmãos Le Nain. A célebre *Refeição de camponeses* de 1642 ou *A família de camponeses* do Louvre[6] não constituem reproduções fiéis de grupos familiares no recinto doméstico. Os irmãos Le Nain tinham ao mesmo tempo demasiada genialidade e uma noção muito clara da comercialização de suas obras para que possamos atribuir-lhes preocupações de ordem social (ou apenas sociológica) na figuração dos camponeses que focalizam. Na *Família de camponeses*, a reunião dessa velha magra de lábios cerrados, de homens no vigor da idade, com um homem mais jovem e crianças sérias que tocam violino e flauta evoca mais o tema das fases da vida — caro aos pintores italianos de Ticiano aos caravaggianos — que a representação de um grupo familiar sob o mesmo teto.

Nesses quadros, o desenrolar da refeição é apenas sugerido. Os irmãos Le Nain evitam a sobrecarga um tanto trivial de detalhes culinários e preferem arejar a composição e dar-lhe um sentido simbólico, quase irreal e fora do tempo. *A refeição de camponeses* nos mostra um banco coberto por uma toalha grande demais, sobre a qual vemos a jarra de vinho, um pão e a faca que começa a cortá-lo; em outro quadro, há uma tigela de estanho sobre um prato e uma só colher.

O cenário dos interiores rurais dos Le Nain é sempre o mesmo: um teto muito alto, uma lareira de grandes dimensões. O cômodo parece imenso, mais um cenário teatral que uma pintura verídica das choupanas enfumaçadas dos camponeses pobres. O mobiliário é escasso: um ou dois bancos, algumas cadeiras e tamboretes. A cama ou as camas, que sempre se situavam na sala das moradas rurais, raramente estão incluídas no quadro. No entanto, vemos num canto da *Refeição de camponeses* parte de um dossel de leito.

NA CIDADE

Os interiores flamengos e holandeses da mesma época apresentam reproduções mais exatas do mobiliário e da arquitetura das casas. Pieter de Hooch nos introduz na sala de famílias urbanas ou em séries de aposentos nas classes mais abastadas. Penetrando pelas altas janelas, a luz do norte reflete-se no xadrez de pisos reluzentes de limpeza e ressalta o brilho dos móveis. A alcova fechada situa-se no canto escuro. A abastança, a ordem tranquila, um certo senso do conforto são evidentes. Outros pintores flamengos — Adriaen Brouwer, David Teniers — dedicam-se ao gênero popular e pitoresco. Apresentam interiores sujos, desordenados, cujo mobiliário se limita a um tonel cortado ao meio que serve de mesa e cepos brutos que fazem as vezes de bancos.

Cenas de gênero populares elaboradas displicentemente por A. Brouwer, esboços de viagens de Dürer, provérbios ilustrados dos Brueghel, calmas composições dos Le Nain — que, como Vermeer em *A leiteira* ou *A ruela*, souberam captar o momento para a eternidade —, todas essas representações de pintores constituem depoimentos fascinantes para o historiador. Todavia, são insuficientes para conhecer as maneiras de morar dos agricultores flamengos e alemães dos séculos XVI e XVII ou desses camponeses do Laonnois retratados pelos irmãos Le Nain. De modo mais geral, apreender a composição do grupo de pessoas que viviam sob o mesmo teto nas aldeias e burgos da Europa ocidental, sobretudo da França rural, entre o século XVI e o início do XIX, saber em que tipo de casas se abrigavam essas famílias camponesas, segundo a época e o país, exige o recurso a outras fontes, basicamente escritas.

MANEIRAS DE MORAR

Quantas pessoas moram nessas casas baixas de madeira, barro e palha das aldeias de Auge ou de La Sologne? Quantas habitam esses casarões com vigas expostas, galeria e pátio interno dos vilarejos da planície da Alsácia? Quantas vivem nessas exíguas casas de pedra, altas, apertadas umas às outras, das vilas da Provença? Não se trata apenas de determinar o número de pessoas que compõem o grupo doméstico, variável no decorrer dos anos em função dos nascimentos e mortes, dos casamentos e das partidas, mas sobretudo de conhecer os laços de parentesco que as unem entre si. As famílias camponesas da França, da Inglaterra ou da Alemanha apresentavam sempre a mesma estrutura, do século XVI ao XVIII, "reduzidas" ao "núcleo" de pai, mãe e filhos, ou viviam em grandes grupos, à moda patriarcal?

Todavia, saber como os diferentes membros de um mesmo grupo familiar dividiam o espaço interior das casas para dormir, comer e trabalhar não basta para compreender o funcionamento de sistemas familiares que podem diferir de um país a outro, de uma região a outra, assim como a forma e a estrutura das construções podem variar no tempo e no espaço. Os diferentes sistemas familiares estão relacionados com condições não só econômicas, mas também jurídicas. O direito familiar e suas variações, essa "geografia dos costumes" estudada por Jean Yver,[7] as modalidades da transmissão do patrimônio dos pais aos filhos influem no tamanho e na estrutura das casas.

A casa rural não é apenas uma construção onde reside um grupo familiar. O mais das vezes abriga também os animais que lhe pertencem, as reservas alimentares e as colheitas armazenadas, os instrumentos de trabalho. É ao mesmo tempo uma unidade de residência e uma unidade econômica de produção, a *domus* de que fala Emmanuel Le Roy Ladurie com relação ao vilarejo de Montaillou,[8] a *ousta* ou *ostal* das regiões de *langue d'oc*, o *Hof* da Alsácia e dos países germânicos, entidades que englobam os edifícios e as terras cultivadas, mas ainda o patronímico ligado a ela e às vezes, como na Alsácia, o brasão da família que a ocupa. Nas divisões do espaço do vilarejo, a casa, *domus*, *ousta* ou *Hof* designa o conjunto dos bens privados da unidade familiar em oposição aos locais e bens comuns ao conjunto dos habitantes do vilarejo — caminhos, pastagens, até áreas de pisoagem, como existem na Provença ou no Languedoc, onde o espaço doméstico é restrito.

UM ESPAÇO MUTÁVEL

As superfícies construídas pertencentes a uma unidade familiar não eram imutáveis. A utilização de cada parte podia mudar ao longo das gerações e na medida das necessidades. No século XVII, como hoje, uma parte do celeiro transformava-se em quarto suplementar, que se somava aos já existentes. Uma unidade habitacional dividia-se em duas após partilha feita entre pais e filhos ou entre irmãos. Novas construções surgiam no mesmo pátio para abrigar os pais velhos que se afastavam do trabalho agrícola ou um filho que se casara. Em 1788, o filho mais velho dos Jargot, trabalhadores do vilarejo de Courcelles, na Borgonha, casou-se e continuou morando na casa dos pais. No contrato de casamento, eles preveem ainda a instalação do segundo filho, Jean, "numa casa recém-construída". Para o filho mais novo, Simon Jargot, os pais reservam "uma pequena área para construir um celeiro contígua a outra área, situada na dita Courcelles, atribuída a ele como dote e na qual pode construir uma casa".[9] Assim, à casa única dos pais vão juntar-se duas outras habitações, fazendo os três filhos dos Jargot viverem em vizinhança imediata.

Da mesma forma em Azereix, vilarejo pirenaico de grandes casas, Anne Zinck[10] notou o aumento do número de tetos, que passam de 116 em 1636 para 171 em 1792, sem o acréscimo do espaço global de casas construídas no território da aldeia: "O filho, o irmão, o genro construíram uma nova casa no terreno da família".

O aspecto dos vilarejos franceses ou alemães nada tinha de fixo. Várias razões concorrem para explicar esse incessante movimento de construção ou de abandono no interior dos espaços rurais. Algumas se devem a considerações de ordem econômica e demográfica. Ao sabor das fases de expansão e de estagnação (nas quais influem tanto as condições meteorológicas quanto eventos políticos, como as guerras de início do século XVII na Lorena), podem observar-se períodos de construção intensa, de abandono e de substituição das construções privadas. Causas menos aparentes, devidas não à conjuntura econômica, geral ou regional, e sim à própria evolução dos ciclos familiares no interior das casas, também acarretam sucessivas transformações do espaço construído. Estão relacionadas com as modalidades das partilhas familiares, geração após geração, e com as estratégias de estabelecimento dos filhos, e são responsáveis por essas divisões de casas e por essas construções reservadas para alguns filhos, saídos do lar paterno e que devem permanecer por perto, no seio da comunidade. Tais razões determinam que não se separe o estudo das condições habitacionais (as tipologias das construções, os planos dos espaços internos, o mobiliário e seu uso) do estudo do grupo das pessoas aparentadas que moram no interior das casas. Estabelecer as relações entre a habitação e o grupo familiar a fim de respeitar as realidades geográficas (escolhas dos materiais em função dos recursos locais, imposições de ordem climática), históricas (entre o começo do século XVI e o final do XVIII) e sociais (os agricultores abastados e os comerciantes não vivem da mesma forma que os operários) exige que se levem em conta os aspectos variados das estruturas familiares e das formas que a habitação rural assume na França e nos países vizinhos.

CASAS DE POBRES

No século XVII e ainda menos no XVIII, nem todas as casas de camponeses eram "choupanas enfumaçadas", precárias construções de madeira e barro com telhado de palha resultante dos vegetais existentes na região. Abrigo tosco, frágil ("como as paredes dessas construções são feitas de barro, há necessidade de trabalhos anuais; uma construção nova exige reparos já no ano seguinte"),[11] em poucas horas arrasado por um incêndio, é um edifício de dimensões reduzidas, com um cômodo único e pouco iluminado por pequenas aberturas para alojar as pessoas. Nos últimos anos do reinado de Luís XIV, o prior do vilarejo de Sennely, em Sologne, destaca o desconforto das casas de seus paroquianos, "que não apreciam os tetos altos [...]. Eles gostam de tocar com a cabeça as vigas de seus quartos". E quanto à luz o prior acrescenta: "Deveriam abrir suas casas com grandes janelas para dar-lhes ar, uma vez que são escuras e mais adequadas a servir de calabouço para criminosos que de moradas para pessoas livres".[12]

Nas casas de cômodo único podia morar apenas um grupo familiar, limitado a uma viúva ou a um casal com os filhos menores, devendo os mais velhos alojar-se alhures, em casas mais ricas, ou partir para longe a fim de buscar sua subsistência. Tais casebres não podiam abrigar uma família grande, de três gerações, nem uma prole numerosa, pois não havia como alimentar tanta gente: habitações tão modestas correspondiam à penúria de seus moradores. Não se restringiam a uma região específica da França ou de outro país, porém numa proporção variável de acordo com as províncias e as épocas (as guerras e as pilhagens, os anos de penúria as multiplicaram) encontravam-se em numerosos vilarejos do século XVI ao XVIII. Essa forma de moradia miserável coexistia no mesmo local com casas maiores, tradução materializada da desigualdade das condições socioeconômicas das famílias componentes de uma comunidade rural. Encontramos tais casebres isolados em vários pontos do território ou reunidos. No Auvergne, no século XVIII, as choupanas dos lavradores, "quando formam '*barriades*', dispõem-se em fileiras de habitações contíguas, cada qual tendo na fachada uma porta e uma janela estreita e nos fundos uma abertura para o celeiro".[13] Na Córsega, em fins do século XVIII, "alguns camponeses têm por moradia apenas uma cabana de cômodo único [construída] com pedra seca".[14]

Estudos arqueológicos realizados na Sicília, no vilarejo de Brucato (província de Palermo), revelaram que a habitação de um só cômodo persistiu do século XIV ao XIX, abrigando as famílias pobres dos assalariados agrícolas (os *bracciante*) — caso da vasta maioria dos aldeões sicilianos. Nessas casas contíguas, como as *barriades* do Auvergne, e térreas, o espaço do cômodo único é dividido em duas partes: na mais escura e mais afastada da abertura que dá para a rua dormem as pessoas e eventualmente os animais; na mais clara e mais próxima da rua, preparam-se e consomem-se os alimentos ao redor do fogão. Tanto as observações arqueológicas quanto os depoimentos escritos indicam que o espaço situado adiante de cada casa na rua da aldeia é utilizado para atividades domésticas.[15] Apesar de exíguas, as habitações de um só cômodo dos lavradores do Auvergne e da Córsega, dos *bracciante* sicilianos e dos pobres trabalhadores rurais do Languedoc ou de Sologne permitem o desenrolar do ciclo familiar por algumas gerações.

Em níveis de pobreza ainda mais baixos, nos campos ingleses dos séculos XVI e XVII ou na França, particularmente nas províncias do oeste, encontramos formas de moradia ainda mais modestas e precárias. Por ocasião da assembleia dos Estados Gerais de 1649, os habitantes de Saint-Christophe-en-Roc, perto de Saint-Maixent, no Poitou, redigiram petições em que expressam sua miséria e sua angústia: "São cerca de noventa lares apenas e a maioria mendiga [...] o pão [...]. De sorte que agora só se veem bandos de pobres [...] e todos comumente dormem na palha e foram obrigados a construir pequenas cabanas no meio dos campos, não tendo meios de encontrar alojamento".[16] Cabanas à beira dos bosques, pequenas choupanas no meio dos campos, casebres em ruínas nos arredores do vilarejo são abrigos que não podem mais cumprir a função de habitação para um grupo familiar de estruturas estáveis. A classe dos mendigos na composição dos grupos sociais dos vilarejos (e não só no período conturbado da Fronda, que é quando os habitantes de Saint--Christophe redigem suas queixas) tem um peso regular em muitas regiões e ainda no final do século XVIII, como demonstram os registros fiscais que chegaram até nós. Maridos mutilados e mulheres enfermiças, pai cego e mendigo e filho operário — famílias destroçadas vivem nessas choupanas na aldeia, em parte graças à caridade local. Quando a fome aumenta, muitos fogem, solitários ou em hordas, com ou sem vínculos familiares, põem-se a vagar por outros campos e principalmente rumam para as cidades, onde são aprisionados.

Se quisermos examinar em sua variedade e complexidade as diferentes maneiras de partilhar o espaço construído, a forma de viver sob o mesmo teto, aquecer-se ao mesmo fogo e comer à mesma mesa, em função das estruturas do grupo de residência, é indispensável subir na escala social até os agricultores das planícies da Île-de-France, da Flandres ou da Lorena, até os camponeses proprietários do Languedoc ou da Provença que sabem explorar suas terras, até os artesãos rurais que dominam seu ofício, até os viticultures da Borgonha ou do vale do Loire. O edifício que abriga sua família em geral é mais espaçoso, compreendendo vários aposentos, além de dependências, celeiros, estábulos e adegas.

CASAS DE RICOS

Um inventário de 1647 apresenta a composição da casa de um agricultor de Villejuif, nas proximidades de Paris. Consiste "em uma cozinha baixa [voltada para a] rua, tendo de um lado uma escada [...], do outro uma grande porta-cocheira, dois grandes quartos em cima, e um quartinho e sótão no alto, outra sala baixa depois da cozinha".[17] Sobrado com sótão feito de pedra, como é frequente na Île-de-France, casa e dependências cobertas de telhas, sinal evidente de certa abastança, pois os telhados de palha são muito mais comuns na maioria dos vilarejos do Norte da França, sobretudo no século XVII.

Quanto aos materiais de construção, convém atenuar o simplismo de uma dicotomia que opõe casas de barro ou madeira dos países do norte (França setentrional, Flandres, Inglaterra, Alemanha) e casas de pedra dos países do sul (províncias meridionais da França, Espanha, Itália). As casas da Bretanha e da

Cornualha são de pedra granítica; as de Borgonha, de pedra calcária; as da Île-de-France, de pedra de alvenaria. Determina a escolha a ausência ou a presença de tais materiais, madeira ou pedra. Tampouco podemos aplicar com muito rigor critérios hierárquicos que tendem a privilegiar os materiais pesados, a pedra em detrimento do barro e da madeira. Nem todas as casas rurais de pedra são opulentas; atestam-no os casebres de pedra da Córsega e da Sicília, já mencionados. Ao contrário, as casas de barro e enxaiméis, como as de Kochersberg, na Alsácia, ou determinados solares normandos, são espaçosas, até mesmo luxuosas, bem adequadas para abrigar a vasta família e toda a criadagem de um rico fazendeiro ou de um nobre.

Como viviam esses agricultores ou esses artesãos rurais no interior de sua casa? Guy Cabourdin nos leva a penetrar em três habitações de agricultores da vila de Anthelupt, perto de Lunéville. As casas das aldeias da Lorena são agrupadas, contíguas umas às outras em ambos os lados da longa rua do aglomerado urbano. As de nossos três camponeses são construções de duas "fileiras", ou seja, duas alas (as dos trabalhadores têm uma ala só) que abrigam sob o mesmo teto e no interior das mesmas paredes o espaço de habitação para os homens e o espaço que inclui o celeiro e o estábulo. Em meados do século XVIII, essas três famílias camponesas de Anthelupt dispunham de duas peças de habitação: "Na frente, uma peça que recebe claridade da rua, chamada *belle chambre*, *grande chambre* ou *poêle* (também se escrevia muitas vezes *poil* [fogão]) e, atrás, a cozinha".[18] Na Lorena, o termo francês *poêle* corresponde ao *Stüb* da Alsácia e dos países germânicos. Em seu *Journal de voyage en Italie* [Diário de viagem à Itália, 1580], ao percorrer a Lorena, uma parte da Alsácia e da Alemanha e os cantões suíços, Montaigne se encanta com o sistema de aquecimento das casas do Leste europeu, adaptado ao rigor dos invernos dessas regiões: "Existe algo mais aperfeiçoado que seus fogões, que são de cerâmica?". Sistema engenhoso, pois o fogão colocado entre as duas peças de habitação permite ao mesmo tempo aquecer a ambas e cozinhar os alimentos na cozinha — o que é o meio de utilizar plenamente as duas peças para dormir, enquanto em outras regiões, onde a única lareira se situa na sala, a tendência no inverno é as pessoas se apinharem para dormir nesse único aposento aquecido.

Nas três casas de agricultores de Anthelupt há camas na *belle chambre* e na cozinha. Podem localizar-se em alcovas. Na Alsácia, duas camas gêmeas ficam na grande alcova, quase um cômodo à parte, arrumado no vasto *Stüb*, onde dormem o dono da casa e sua esposa. Alhures, os leitos ocupam os cantos escuros da sala, mais raramente o meio da peça. Como os outros móveis da casa, mesas e assentos, o leito também evoluiu entre os séculos XVI e XVIII. Partindo de formas rudimentares, simples tábuas recobertas por um colchão de palha e que em geral se chama de estrado, progressivamente assume os aspectos mais elaborados e caros que conhecemos no final do século XVIII: leito com colunas de madeira torneada, cercado de cortinas de tapeçaria de Bérgamo ou sarja de cores vivas, em geral verdes, com dossel, um ou dois colchões de lã, travesseiros de penas, lençóis e cobertas.

Na segunda metade do século XVIII, a análise dos inventários após a morte atesta a importância que a população rural de várias regiões atribuía à boa qualidade da cama. Com relação aos vilarejos pobres de Sologne que estudou, Gérard Bouchard surpreende-se, com toda a razão, com o valor relativamente elevado do leito dos pobres: "Numa amostra de cinquenta lavradores, a cama sempre representa no mínimo 40% do valor total dos bens".[19] As diferentes maneiras de fabricar camas num país e em outro correspondem a necessidades e gostos variados. A persistência dos diferentes hábitos de dormir constitui um traço cultural próprio, com séculos de existência. Já Montaigne observou com divertida concisão (*Ensaios*, liv. III, cap. XIII, "Da experiência"): "Deixareis um alemão doente se o deitardes num colchão, como um italiano nas plumas e um francês sem cortina e sem fogo".

A PROMISCUIDADE DO SONO

Como se distribuem as camas na habitação rural? Nas casas de um só cômodo, a resposta é simples: a cama ou as camas ficam nesse cômodo único, onde todos os membros da família dormem, comem e vivem. Entre os camponeses pobres, muitas vezes o leito único serve para abrigar o sono da família inteira. Em 1683, o conde de Forbin, fidalgo provençal de alta condição, viaja de Blois para Poitiers: tendo se "desviado do caminho, à noite, sob nevoeiro", no pântano do Poitou, chega à casa de um camponês: "Perguntei-lhe ao entrar se não poderia fazer-nos um fogo e acolher-nos naquela noite. 'Que pena! Estais vendo, senhor, que tudo que tenho é esse leito miserável que serve para mim, minha mulher e meus filhos', respondeu ele".[20]

Mesmo nas casas maiores — com várias peças de habitação — de agricultores ou burgueses, no meio rural (e sem dúvida urbano), ainda no século XVIII, a cama ou as camas sempre se localizam no aposento onde as pessoas vivem, acendem fogo, preparam e consomem os alimentos, e isso ocorre tanto na Lorena como na alta Provença ou na Borgonha, e até nos casarões do Béarn ou dos vales pirenaicos no século XIX — F. Le Play o registra por volta de 1850 com relação a sua família Mélouga.[21] Numa hierarquia da ocupação dos diferentes cômodos da casa, é certo que dormir na sala junto ao fogão constitui privilégio do chefe da família e de sua mulher. Vemos isso tanto entre os abastados proprietários dos casarões do Kochersberg, na Alsácia, como nas casas de quatro aposentos das aldeias da alta Provença. Em Varzy, na Borgonha, os inventários das casas burguesas feitos após falecimento no século XVII mostram-no claramente: "Os utensílios usados no preparo e na cocção dos alimentos estão inventariados no quarto onde o defunto faleceu. Parece que era aquele em que a família habitualmente ficava, um quarto para todo uso, e correspondia ao *chauffoir* dos humildes".[22] Um viajante parisiense, inspetor dos impostos sobre o sal, registra em suas memórias de viagem pela Alsácia a impressão desagradável que lhe deu o *Stüb* alsaciano dos pobres: "É quase impossível permanecer ali, pois ali dormem, comem, secam a roupa e guardam frutas, o que provoca um odor detestável".[23]

A quantidade de camas na peça ou nas peças de habitação depende do número de pessoas que moram na casa. Na década de 1750, as três famílias de agricultores de Anthelupt compreendiam respectivamente três pessoas (pais e um filho pequeno), seis (pais e quatro filhos entre oito e 22 anos) e dez (pais e oito filhos entre dez meses e vinte anos). Tendo cada casa dois aposentos, podemos imaginar como se atravancava a de Jean Homand e sua esposa, Anne Damien; os filhos menores deviam dormir no quarto dos pais e os maiores na outra peça, não em leitos com colunas, e sim em estrados com colchão de palha.

Quando o cômodo único é amplo o bastante (o que ocorre com frequência), não se hesita em enchê-lo de móveis. Numa aldeia do Mâconnais, após a morte de um tanoeiro em 1674, o notário relaciona no inventário deste quatro camas com cortinados, cinco baús fechados à chave e duas gamelas de amassar o pão — tudo localizado na peça principal, a única peça de habitação, ou "casa baixa", provida de lareira.[24] Porém, não conhecemos a composição do grupo familiar que ocupava ou havia ocupado outrora esses quatro leitos no mesmo cômodo da casa do tanoeiro.

Ainda na região do Mâconnais, porém bem depois (1780) e num meio social burguês, faleceu a viúva de um inspetor militar; o inventário dos móveis nos mostra que ela dormia num dos quartos num leito de quatro colunas e no mesmo aposento havia uma segunda cama, "onde dorme a pastora". Talvez na ocasião a viúva estivesse muito velha e a presença da serviçal em seu quarto se devesse aos cuidados noturnos exigidos por uma enferma. As duas filhas da viúva, ainda solteiras, dormiam em outro quarto, cada qual num leito de quatro colunas. Não há cama na cozinha nem na sala — o que é característico da burguesia, mas também se deve ao fato de que vários filhos haviam se casado e deixado a morada familiar. No final do século XVIII, ainda não se concretizou o individualismo traduzido pelo isolamento noturno. Revela-se aqui, entre esses burgueses do Mâconnais e de maneira um tanto simbólica, pelo uso de outros móveis da casa. O notário que elaborou o inventário não deixa de esclarecer que um dos armários é da mãe, outro da filha mais velha e o terceiro da caçula. Ao longo do século XVII, ou só no XVIII, esses armários com chave substituíram as arcas com suas fechaduras e neles guardam-se objetos pessoais, vestidos, roupa íntima e de cama, mesa e banho, que compõem o enxoval das moças. Refúgio do individualismo feminino, menos sem dúvida que prática matrimonial: a arca (ou ou armário) pertencente à moça será transportada para a casa do marido no dia das bodas, constituindo uma boa parte de seu dote.

O acúmulo de leitos num mesmo quarto é frequente no caso de pensões ou albergues (persiste ainda hoje nos pequenos hotéis de província). Sem dúvida em contraposição aos que conhecera alhures, em sua *Voyage en Italie*, Montaigne elogia o conforto dos albergues alemães, alguns dos quais oferecem um "fogão" para um único leito e galerias dispostas de modo que se possa chegar ao quarto sem passar por outros. Em suas *Mémoires* (1677), o conde de Forbin relata uma de suas noites de albergue, em Montargis: "Tratou-se de dormir. Colocaram-nos os quatro num quarto com três leitos". Os quatro: o conde de Forbin e três companheiros de viagem — um cônego de Chartres, de origem provençal, e dois "cavalheiros" desconhecidos, com uniformes de oficiais, que se revelarão ladrões de estrada, sendo um deles mais tarde executado na place de Grève, em Paris.

Nas casas rurais, se muitos se veem obrigados a morar num mesmo cômodo, pelo menos são parentes. Na cidade, a promiscuidade entre pessoas estranhas é às vezes uma necessidade devido à pobreza e à dificuldade de encontrar habitação. No século XVIII, uma "dama" de Rouen precisou "colocar seu leito" no quarto já ocupado por um casal — no Antigo Regime "quarto" em geral tinha o sentido de peça de habitação, quaisquer que fossem suas finalidades.[25]

GRUPOS DE RESIDÊNCIA E ESTRUTURAS FAMILIARES

As três famílias de agricultores do vilarejo de Anthelupt, de três, seis ou dez pessoas, apresentavam a estrutura simples, nuclear, de um grupo composto por pais e filhos. Em outras regiões da França, da Itália e da Alemanha, encontramos grupos familiares de residência cuja estrutura é mais complexa. Do mesmo modo que na casa de Jean Homand, na Lorena, dez pessoas viviam juntas, na mesma época, na casa do administrador Joseph Baret, no vilarejo de Saint-Léger, no vale do Var, alta Provença. Contudo, a estrutura do grupo doméstico é diferente na alta Provença e na Lorena. Em 1782, Joseph Baret está com 53 anos; sua mulher é um pouco mais velha; seus cinco filhos, todos meninos, têm de catorze a trinta anos: essas sete pessoas formam o *nucleus* familial, pais e filhos. Agregam-se a esse núcleo três outros indivíduos: a mãe de Joseph Baret; a jovem Marianne Genesy, esposa de Claude Baret, o primogênito do dono da casa; e o filho de Claude e Marianne, Joseph Baret, um ano de idade, o mesmo nome do avô, e, como primogênito do herdeiro primogênito, destinado a tornar-se também o chefe da casa, se Deus lhe conceder vida suficiente.

DOIS SISTEMAS FAMILIARES

A variação de composição de grupo de residência na casa de Jean Homand, na Lorena, e na de Joseph Baret, na alta Provença, corresponde a dois sistemas familiares radicalmente distintos. Compreender as realidades de seu funcionamento, determinar o que os opõe ou os afasta um do outro exigem que se considerem diversos parâmetros. A diferença da estrutura do grupo familiar, simples e "nuclear" no primeiro caso, mais complexo no segundo, afeta em primeiro lugar as maneiras de ocupar o espaço habitado. A presença de um filho casado na residência dos pais acarreta uma divisão de papéis mais complicada, acompanhando-se de uma ritualização mais acentuada das relações sociais e de sua hierarquização. Relações de subordinação estabelecem-se entre o filho e o pai, entre a nora e a sogra, e não apenas entre a mulher e o marido, como ocorre na família "nuclear".

Além das modalidades da coabitação, os dois sistemas familiares diferem também nas maneiras de dividir as heranças.

As normas e as práticas jurídicas familiares não são as mesmas nas regiões em que predominam as famílias simples e naquelas em que são majoritárias as famílias complexas, com fases de três gerações: nas primeiras, a lei obriga a dividir os bens em partes iguais entre os filhos, pelo menos entre os filhos varões; nas segundas, o sistema de escolha de um herdeiro para ficar com os pais e sucedê-los é favorecido por disposições jurídicas inigualitárias, permitindo beneficiar o herdeiro em detrimento de seus irmãos e irmãs. Considerando-se a ausência de uniformização do direito no Antigo Regime (a instauração do Código Civil procurará realizá-la na França), as diferenças de ordem jurídica são bastante acentuadas de uma província ou de um grupo de províncias a outro para que possamos definir as características regionais dessa "geografia de costumes"[26] em matéria de partilhas familiares e transmissão de heranças. Aparentemente, na França a bipartição é clara: as províncias meridionais, ao sul do Loire, praticam em geral a partilha inigualitária com escolha de um herdeiro, enquanto as províncias do norte e do oeste se atêm a um direito igualitário. Na realidade, o mapa é infinitamente mais complicado, com áreas de transição nas províncias centrais e áreas inigualitárias em províncias ou "regiões" do norte e do leste do território francês. Impõe-se uma restrição na interpretação e no uso que possamos fazer de tal mapa: a geografia das heranças fundamenta-se numa análise de textos jurídicos consuetudinários das diferentes províncias francesas; apresenta apenas características diversas de direito familiar que nem sempre correspondem à realidade das práticas familiares das quais vão depender as estruturas do grupo residencial. Deparamos com a mesma complexidade e os mesmos problemas de interpretação do direito familiar nas diferentes províncias da Alemanha, Itália ou Espanha.

As estratégias familiares que orientam as modalidades da reprodução social e biológica das sociedades rurais antigas constituem respostas complexas a condições econômicas e materiais, culturais e ideológicas. Como na Grã-Bretanha, em determinadas regiões da França a partir do século XVI, em geral muito antes, na Normandia, em Anjou, nos vilarejos de *openfield* da bacia parisiense, os pais verão sair de sua casa todos os filhos que ali nasceram e viveram. Alguns deixam o lar paterno ainda muito jovens, sendo colocados em outras famílias ou saindo em busca de fortuna e independência. Outros, porém, ficarão com os pais, morando numa habitação construída para eles numa dependência da casa familiar. Talvez mantenham laços estreitos com os pais, trabalhem com eles e os ajudem. Contudo, não será conveniente que um filho casado leve sua jovem noiva para o lar paterno. Seria preferível adiar o casamento até poder estabelecer-se com independência. A sogra e a nora não hão de cozinhar no mesmo fogão.

Há outras regiões — na Itália, na França, na Alemanha, mais numerosas e extensas do que às vezes se diz — nas quais, se as condições econômicas permitem, um dos filhos, nascidos na casa paterna, não a deixa ao casar-se e continua vivendo com os pais até que estes morram. É um modo de assegurar a continuidade de pai para filho de um bem patrimonial — um feudo ancestral, um cargo parlamentar, um domínio agrícola, uma oficina de artesão. Esse sistema familial, ao mesmo tempo de corresidência e de transmissão dos patrimônios, leva o nome de "família-tronco", a *stem-family* dos autores anglo-saxões.

A FAMÍLIA-TRONCO. OS LUGARES E OS PAPÉIS

A chegada de uma nora que se agrega ao átomo de parentesco do marido (ou, o que é mais raro, a chegada de um genro na casa da esposa herdeira) cria problemas específicos de coabitação no seio do grupo familiar. Onde se há de colocar o leito nupcial do filho herdeiro e da nora? Com certeza não há de ser na sala, onde os pais dormem; tampouco no quarto ou nos quartos dos irmãos do noivo, cunhados da noiva. A permanência do filho casado na residência dos pais implica a existência de um quarto vago, à disposição da nora. Ali a jovem encontrará seu leito, colocará os baús que traz consigo e nos quais guarda seu enxoval.

A coabitação dos dois casais — pais e filho-nora — a rigor

é possível numa casa com dois cômodos de habitação e quando o filho que se casa é o único a continuar morando com os pais. Na verdade, na maioria das regiões onde se registra o modelo da família-tronco as casas são suficientemente grandes, com no mínimo três, em geral quatro peças de habitação.

Num vilarejo da alta Provença, Saint-André-les-Alpes, situado no vale do Verdun, acima de Castellane, mais da metade da centena de casas que compõem o aglomerado urbano tem quatro peças de habitação em meados do século XVIII.[27] São casas altas, de base estreita, contíguas, que em geral compreendem quatro andares: estábulo e celeiro térreo; dois andares de habitação — "sala e quarto no primeiro, sala e quarto no de cima", como dizem os notários —; depósito de feno no último andar. Quatro peças de habitação: é muito para modestos camponeses ou artesãos de aldeia. É um luxo nas fases do ciclo familiar em que o grupo se reduz a pais e filhos. Porém, é necessário quando, nas fases plenas, coabitam o dono da casa e sua esposa na alcova da sala do primeiro andar, onde se mantém o fogo; uma parte dos filhos, ainda solteiros, fica no quarto ao lado (às vezes as filhas e a avó viúva partilham os leitos de um mesmo aposento); os jovens casados em geral se instalam na sala situada acima daquela onde os pais dormem; e os filhos do jovem casal ocupam o quarto ao lado. Os inventários após a morte no século XVIII, bem como os depoimentos orais recentes, tendem a mostrar a aversão dos casais provençais a manter em seu próprio quarto os filhos crescidos. Contudo, o mais jovem continua no quarto dos pais até terminar o aleitamento — pelo menos na Provença, os inventários do século XVIII mencionam com frequência a presença do berço, com os lençóis e as cobertas do bebê.

Nessas casas contíguas dos vilarejos da alta Provença, bem como nos casarões isolados dos vales pirenaicos, a existência de grupos de residência complexos, de três ou até quatro gerações, cria uma ritualização, fortemente hierarquizada, na atribuição dos lugares de cada indivíduo ou de cada casal. O chefe da família e sua esposa têm o leito situado no cômodo considerado o melhor: em Saint-André-les-Alpes, por exemplo, no primeiro andar, onde se encontra a lareira sempre acesa e de onde se avista a rua. Isso ocorre tanto nos vilarejos da Provença ou do Languedoc como nos casarões da planície alsaciana.

No decorrer mais ou menos lento das fases do ciclo familiar, essa cama tão cobiçada na alcova da sala principal ou no *Stüb* alsaciano caberá ao filho herdeiro e a sua esposa, após a morte do pai. Realiza-se um movimento de rotação no interior da casa. Uma vez viúva, a mãe deve deixar seu leito para a nora e o filho e instalar-se em outro quarto, sozinha, com as filhas solteiras — o que ocorre frequentemente — ou com as netas. Morto o pai, o filho herda ao mesmo tempo a direção da casa e o melhor lugar para dormir.

O sistema de família-tronco provençal (ou italiano, ou japonês) implica uma divisão de papéis entre duas gerações adultas, tanto entre o pai e o filho como entre a sogra e a nora. Seja no interior da casa, seja nos campos ou na igreja, tal divisão obedece a atitudes ritualizadas, que de algum modo constituem uma forma de tornar a coabitação menos difícil e diminuir as ocasiões de conflito. Em cada casa, as tarefas femininas são hierarquizadas: a sogra cuida da cozinha, a nora se ocupa dos filhos pequenos e trabalha no campo. Na mesma sala onde dormem o chefe da família e sua esposa, o lugar de cada um à mesa e o desenrolar das refeições obedecem a uma ordem ritualizada.

Essa hierarquia dos lugares na sala onde se come é descrita nos seguintes termos com relação às casas alsacianas do Kochersberg: "O dono da casa tem o melhor lugar, que fica vazio em sua ausência; é o ângulo do banco do canto, que lhe permite vigiar ao mesmo tempo a rua, o pátio e os papéis da família fechados à chave no 'caminho do Bom Deus'". À refeição, "o dono da casa fica à cabeceira da mesa, tendo a esposa à direita, os filhos à esquerda, as filhas ao lado da mãe e depois os criados".[28] Encontramos uma descrição quase idêntica com relação às casas da Borgonha do Norte em *La paysanne pervertie* [A camponesa pervertida], de Rétif de la Bretonne, cujas primeiras edições, no final do século XVIII, trazem uma gravura com a cena da refeição familiar.

Visão idealizada, sem dúvida, levada ao extremo tanto em Nicolas Rétif de la Bretonne como nas descrições dos etnógrafos alsacianos de fins do século XIX, e que corresponde a um modelo de grandes propriedades familiares, raramente encontrado na prática. Quanto ao lugar das mulheres à mesa, diversos depoimentos atestam que mesmo nos meios rurais abastados elas raramente se sentavam com os homens. Elas os serviam. Como diz Lazare de La Salle de L'Hermine nas memórias de sua viagem pela Alsácia: "Seja qual for o festim, a mãe de família nunca vem à mesa antes da sobremesa, quer dizer que, quando se une ao grupo, acredita-se que não há nada mais a pedir ou a trazer da cozinha". O chefe da família corta o pão, serve o vinho, é o primeiro a escolher os melhores bocados e depois distribui o alimento para os outros convivas.

A CASA DO PAI

Lugares designados nos cômodos da casa, ritual de mesa, aprendizagem desde a mais tenra infância de atitudes, gestos e palavras no interior da casa e fora (em muitas regiões as crianças tratam os pais por "vós": assim se elaborava todo um sistema pedagógico que visava a incutir nas jovens gerações o respeito aos mais velhos, a fazer os dominados — filhos mais novos, nora — aceitarem as preferências com relação ao primogênito, as manifestações de deferência devidas aos pais. A correspondência privada de pequenos comerciantes rurais ou de agricultores provençais está repleta dessas demonstrações de respeito e deferência entre pais e filhos, entre o irmão mais velho e os mais jovens. Da mesma forma, nos recenseamentos de casa a casa de aldeias como Saint-Léger, a ordem de enumeração dos indivíduos que vivem sob o mesmo teto respeita as hierarquias, começando pelo chefe de família, que encabeça a lista até morrer, seguido de sua esposa e depois do primogênito. Se este último é casado, a nora que se agrega ao grupo familiar em geral vem depois dos irmãos mais novos do herdeiro; em seguida vêm as irmãs do herdeiro e, por fim, os netos.

As disposições legais no tocante à herança fornecem uma base sólida para a manutenção da autoridade paterna na Provença, no Languedoc, na Aquitânia. De posse do patrimônio familiar, o pai não só tem toda a liberdade de, através de testamento ou de doação entre vivos, beneficiar um de seus filhos em detrimento dos outros, como ainda pode conservar o usufruto dos bens cuja propriedade, conforme estipula o contrato de casamento, cabe ao filho que permanece com ele — com essa prática prudente e segura, preserva seu patrimônio, mantém a família em rédea curta e continua sendo respeitado. Por que esse herdeiro, que os pais "prometeram alimentar e manter", se queixaria por ter de trabalhar em prol de um patrimônio que mais tarde será seu, quando morrer seu genitor? "Não te queixes, terás todos os bens", diz o pai ao herdeiro que reclama. O pai só consente em emancipar os filhos que deixaram sua casa e se estabeleceram alhures, separados da *domus* paterna. O *fils de famille*, como em geral se designa o herdeiro, mesmo que seja casado e tenha quarenta anos, ainda não possui a liberdade de decidir, negociar, testar. Deve submeter-se ao pai.

A análise das práticas revela que, ainda no século XVIII, esses *fils de famille* suportavam a autoridade que o pai exercia sobre eles, sobre sua esposa e sobre seus filhos. O contrato de "comunidade" firmado por ocasião do casamento do herdeiro sempre previa uma ruptura: "no caso de as partes serem incompatíveis", ou não conseguirem "suportar-se", "em caso de convivência insuportável", como dizem as fórmulas dos notários. Em Saint-André-les-Alpes, na alta Provença, raramente o herdeiro casado deixa o lar paterno. Quando isso ocorre, quase sempre é nos meses seguintes ao casamento. No interior de uma casa, logo se percebe se a vida em comum de sogra e nora é suportável. Se não é, o filho querido se separa dos pais. Vai cultivar as terras que o pai prometera dar-lhe imediatamente em caso de ruptura da "comunidade". Junto com a mulher, ele vai morar ou num dos apartamentos da casa, dividida em dois níveis de habitação, ou numa residência vizinha que também fazia parte do patrimônio familiar. Se, depois de o primogênito receber sua parte da herança, as condições econômicas ainda o permitirem, o pai tentará conservar a seu lado um filho mais novo, que se casará para reconstruir a "comunidade" pais-filhos sobre as ruínas daquela que acaba de romper-se.

O bom funcionamento da família-tronco autoritária requer um mínimo de condições econômicas. A *domus* deve dispor não só de peças de habitação suficientes para abrigar o conjunto do grupo familiar extenso, como ainda de meios de produção e subsistência. A "força da herança", como dizem as fórmulas dos notários, deve ser bastante sólida para que, uma vez distribuídos os dotes das filhas que se casam e o quinhão dos filhos mais novos que se afastam, a propriedade agrícola (ou a oficina do artesão) possa manter a casa — de cinco a dez pessoas. O sistema de família-tronco floresce nas regiões em que os camponeses são proprietários de suas terras (com exceções notórias: as famílias extensas das áreas de meeiros do Limousin ou do Berry) e naquelas em que os mestres em seu ofício e os comerciantes do vilarejo dispõem de recursos suficientes em dinheiro, terras e gado. Viajando pela França no final do século XVIII, o inglês Arthur Young comenta: "Por toda parte encontramos na França pequenas propriedades agrícolas, num nível que sequer imaginamos na Inglaterra. Na Flandres, na Alsácia, nas margens do Garonne, em Béarn, os pequenos proprietários parecem tão prósperos que podemos chamá-los mais de sitiantes abastados [*farmers*] que de camponeses pobres". Ora, as regiões mencionadas por Arthur Young estão justamente entre aquelas onde encontramos o maior número de famílias-tronco.

A FAMÍLIA-TRONCO. UMA VARIANTE

Existe outro sistema de família-tronco no qual os pais renunciam à direção da casa por ocasião do casamento do herdeiro escolhido. No Leste da Europa, na Alemanha, na Áustria, sem dúvida na Irlanda, quando o filho herdeiro se casa, os pais abdicam de sua autoridade sobre ele. Ao mesmo tempo que se demitem da direção da propriedade agrícola (o *Hof* germânico, equivalente da *domus* meridional), instalam-se num lugar à parte, porém próximo, situado no terreno do *Hof*: pode ser um pequeno edifício construído para esse fim, contíguo à casa principal, como vemos nas aldeias de algumas regiões da Áustria no século XVIII, e pode ser um simples quarto, *Stüb* ou *Kleinstüb* nos casarões alsacianos, *west room* nos *cottages* irlandeses.

Habitação separada, orçamentos separados entre pais e filhos herdeiros. A fim de assegurar sua subsistência na velhice, ao ceder o essencial da propriedade e da habitação familiares, os pais estabelecem em contrato os pedaços de terra que reservam para si e os diversos elementos que compõem uma pensão anual "de sobrevivência": grãos e outras provisões, roupas, combustíveis, dinheiro que o herdeiro deverá lhes entregar.

Entre os dois grandes tipos de sistemas familiares — o da Lorena, da Normandia ou da Grã-Bretanha (casamento-instalação independente de cada filho, não ficando nenhum com os pais, e partilha igualitária das heranças, ao menos no caso dos varões) e o da alta Provença ou dos vales dos Pireneus (exclusão por doação de todos os filhos, exceto um, o herdeiro escolhido, que continuará vivendo com os pais sob o mesmo teto e sob sua autoridade) — a solução adotada nos países do Leste da Europa ou na Irlanda constitui uma posição intermediária: trata-se de um sistema inigualitário de família-tronco que tende a conservar o essencial do patrimônio nas mãos de um herdeiro único, em detrimento de seus irmãos e irmãs, porém com residência separada pais-filhos e perda da autoridade por parte dos pais, como no sistema igualitário.

SISTEMA IGUALITÁRIO E SOLIDARIEDADE DE LINHAGEM

A existência de soluções intermediárias entre os sistemas de família-tronco autoritária e os sistemas de partilha igualitária convida a desconfiar de uma interpretação esquemática que visaria a opô-los muito radicalmente. O perigo estaria em querer aplicar às sociedades agrícolas antigas critérios anacrônicos referentes a nossa experiência de observadores vivendo numa sociedade industrial ou pós-industrial do final do século XX. No Antigo Regime, a separação de pais e filhos por ocasião do casamento ou em geral muito antes nas camadas mais desfavorecidas da sociedade rural, que encontramos majoritariamente nas regiões de partilha igualitária, talvez não seja com muita frequência ditada pelo anseio de individualismo ou de independência dos interessados. Muitas vezes se deve a limitações econômicas. Os diferentes sistemas de partilhas familiares, as diferentes formas de estrutura do grupo residencial são, acima de tudo, respostas variadas para a mesma pergunta: como uma sociedade que retira do trabalho da terra o essencial de seus recursos e de sua subsistência assegura sua reprodução ao longo das gerações?

Em todos os casos, e não importam os modos de exploração do solo, os grupos territoriais de vilarejos, antigas *manses*, paróquias ou feudos são divididos em determinado número de unidades familiares que dispõem de um pedaço de terra, próprio ou arrendado, e de uma habitação comum aos diferentes membros do grupo familiar. No seio dessas unidades territoriais de vilarejos, por diferentes que sejam de uma região a outra (e suscetíveis de variações ao longo do tempo), as modalidades da sucessão, geração após geração, derivam todas do mesmo princípio comum. Os sistemas inigualitários, com escolha de um herdeiro único, tendem a privilegiar uma transmissão vertical no interior de unidades domésticas (casas, *oustals*, *domus*). Em contrapartida, os sistemas igualitários a cada geração suscitam uma divisão das propriedades ou dos direitos sobre a terra, divisão dificilmente compatível com as condições econômicas necessárias à sobrevivência das atividades agrícolas da família. Porém, essa perigosa divisão das terras a cada geração é compensada por um movimento inverso de remembramento dos terrenos fragmentados através de recompra ou troca. Nos países de campos abertos onde se exerce um modo de partilha igualitária, existe um conjunto de regras jurídicas e de práticas que atestam uma grande solidariedade da linhagem. Restrições jurídicas e morais limitam a dispersão das terras fora da parentela. Usos agrícolas comunitários particularmente desenvolvidos nas regiões de planícies reforçam ainda mais a coesão da linhagem.

Tais coesões no interior da linhagem não se limitam ao setor econômico. Impregnam também a vida social e afetiva. Ainda que nas regiões igualitárias as pessoas residam em pequenas unidades separadas em função do casamento, vizinhança, solidariedades, as relações no interior de um parentesco mais amplo não deixam de existir. As pequenas unidades residenciais são englobadas na rede de relações entre pais e filhos; entre irmãos e irmãs, entre cunhados que dividem ou permutam partes da propriedade familiar (áreas produtivas ou habitacionais). As famílias nucleares aparentadas continuam agrupadas nos pátios das casas da Île-de-France, na área dos sítios da Normandia, na longa rua das aldeias da Lorena. Entre os viticultores da bacia parisiense ou entre os artesãos dos vilarejos normandos, o campo da aliança matrimonial é percorrido pelas mesmas linhas de forças endogâmicas existentes em regiões inigualitárias. Nas aldeias de ceramistas de Auge, no século XVIII, "as estruturas familiares são encerradas num círculo muito fechado e endogâmico. Os filhos de ceramistas, que também são ceramistas, partilham o pátio central: as partilhas sucessoriais dão margem a múltiplas servidões e direitos".[29]

Uma vez divididos os bens entre os filhos, o destino do velho pai ou da mãe viúva é acabar seus dias tristemente, na solidão, vivendo de esmolas, quando os filhos se recusam a pagar-lhes a pensão de sobrevivência? Vemos pais velhos implorar ajuda aos filhos, como esta viúva de um trabalhador do vilarejo de Avenières, perto de Laval, que em 1730, "considerando-se sua idade avançada e sua enfermidade, roga a Jean Heaume, agricultor, seu filho, que a leve para a casa dele e aí a receba com seus poucos móveis, para que possa ter abrigo, sustento, leito e banho, visto não possuir condições de ganhar a vida".[30]

Esperamos que outras viúvas não tivessem necessidade de fazer publicamente esse tipo de pedido para despertar os bons sentimentos filiais. Examinando os recenseamentos do século XVIII em diversas regiões igualitárias podemos constatar que raramente alguém morava sozinho. Em 1778, entre os 66 lares de Longuenesse, em Artois, há apenas um morador solitário, enquanto as casas em que um dos pais ou ambos coabitam com o casal são em número de onze. Dois fatores demográficos aumentam a proporção das famílias restritas a pais e filhos jovens: a morte prematura dos pais, o casamento tardio dos filhos.

Nas regiões igualitárias, não mais que naquelas de família-tronco, é provável que não se questionasse a fundo a autoridade dos pais em matéria de escolha dos cônjuges ou decisões referentes à transmissão de bens. Mesmo nas regiões em que o casamento coincidia com a criação de uma nova unidade residencial e econômica, esta dependia da boa vontade dos pais. E se eles demoravam para partilhar seus bens, o filho devia esperar muito, em geral até os trinta anos, para se casar e se estabelecer. Nos meios de agricultores e vinhateiros, os filhos ficavam morando e trabalhando com os pais até essa idade.

OS SISTEMAS FAMILIARES: AS SEMELHANÇAS

Por trás das diferenças incontestáveis de uma região a outra, tanto nas maneiras de construir as casas e de repartir o espaço habitado como nos quadros jurídicos que regulamentam os modos de residência e de transmissão dos bens, talvez a vida cotidiana na casa de um agricultor da Île-de-France não fosse muito diversa da que se levava na casa de um camponês da Provença. A grande variedade das tipologias regionais da habitação rural que procuramos caracterizar deve ser interpretada acima de tudo como uma resposta adaptada a diferentes condições ambientais (solo, clima, modos de cultura). Assim também as múltiplas modalidades de corresidência familiar e de partilha do patrimônio, afora alguns grandes princípios jurídicos de origem antiquíssima, na verdade são respostas adaptadas às condições físicas e socioeconômicas das populações que as escolheram ou as aceitaram.

Desse modo podemos explicar a coexistência de sistemas familiares diferentes de residência e de transmissão de bens no interior de uma mesma província ou em duas regiões vizinhas. Por exemplo, na Galícia, província do noroeste da Espanha, encontramos três tipos de residência familiar e de transmissão de heranças: nas altas colinas, a transmissão inigualitária ao primogênito varão e a corresidência dos pais com o filho e a nora (família-tronco); nos vales próximos do mar e nas comunidades de pescadores da costa, o sistema inigualitário é outro: uma filha é designada herdeira da casa paterna — em várias partes do Sudoeste europeu é bem frequente essa ausência de "preferência masculina" —; por fim, nas planícies do Sul da Galícia, a herança dos pais é dividida igualmente entre todos os filhos e a corresidência pais-filhos é rara.[31]

Último ponto em comum entre as casas de camponeses tanto das regiões de família-tronco quanto daquelas de partilha igualitária: as normas de corresidência, não obstante as notáveis diferenças na estrutura das famílias, levam nos dois casos a uma dimensão relativamente modesta do grupo doméstico. Nos séculos XVII e XVIII, na França, na Itália ou na Grã-Bretanha, o número de indivíduos aparentados que vivem sob o mesmo teto nunca é muito elevado nas casas de camponeses. É evidente nas regiões igualitárias, onde o casamento-instalação independente reduz a família ao casal jovem, seus filhos e às vezes um ascendente. Do ponto de vista numérico, não é muito diferente nas *domus* de família-tronco. Pois as condições econômicas de subsistência do grupo exigem que os coabitantes da casa não ultrapassem determinado número. Retarda-se o casamento do primogênito para só receber a nora depois que determinado número de irmãos e irmãs do herdeiro tenham deixado a casa paterna; ou então, em algumas regiões, prefere-se instalar os filhos mais velhos fora de casa e ficar com o caçula como herdeiro, arrimo dos pais na velhice.

Nas regiões de família-tronco é excepcional dois irmãos casados morarem sob o mesmo teto, ainda que os pais já tenham falecido. Nos séculos XVII e XVIII não ocorre esse tipo de família — conhecido como *frérèche* — nem na Provença, nem nos vales dos Pireneus, nem na Alsácia. Tal coabitação seria contrária à ideologia da família-tronco, que privilegia um único herdeiro, e perigosa para o equilíbrio econômico e afetivo do lar. Os filhos mais novos raramente moram na casa dos pais até o fim de seus dias: no Antigo Regime, é raríssimo o celibato definitivo nos meios rurais, maior entre os rapazes que entre as moças.

UMA SOBREVIVÊNCIA: AS GRANDES COMUNIDADES FAMILIARES

Tais considerações explicam a dimensão relativamente modesta do grupo de residência, mesmo nas regiões de família-tronco. Muitos historiadores repetiram: a "grande família patriarcal", que agrupa sob o mesmo teto numerosos indivíduos — os avós, alguns de seus irmãos e irmãs, vários filhos casados, os netos —, seria um modelo mítico, sem correspondência com nenhuma realidade tangível na Europa ocidental a partir do século XVI. Durante muito tempo citou-se com prazer o único exemplo bem conhecido de família "patriarcal", a *zadruga* iugoslava, como uma aberração remanescente da era pré-diluviana. De fato, em muitas regiões da Europa central e oriental, na Hungria, na Romênia, mais ainda na Rússia, essas grandes comunidades familiares persistem nos séculos XVIII e XIX e são bastante difundidas.

Procurando melhor, não é impossível encontrar, ainda no século XVIII, grupos domésticos muito grandes no coração da França, nas províncias do Centro, como o Auvergne ou o Berry, algumas regiões da Borgonha ou do Jura, o Bourbonnais.

Relatos de viagens do século XVI ao XIX mencionam a existência na França dessas grandes comunidades de habitação rurais. Em 1575, escreve François de Belleforest, que em sua *Cosmographie* [Cosmografia] dedica algumas páginas ao Limousin:

> Os habitantes [...] são sadios, alegres, dispostos e fortes e ademais tão bons chefes de família que temem a ruína de sua casa [assim] vereis nas aldeias famílias em que um ancião acompanhará até a quarta geração seus descendentes [...] que sem dispensa podem casar-se uns com os outros,

> sem nunca partilhar nenhum de seus bens: e vi famílias nas quais havia mais de cem pessoas, todos parentes, vivendo em comum como num colégio.[32]

Dois séculos depois, em seu *Voyage dans le Jura* [Viagem pelo Jura], o bretão Le Quinio descreve comunidades familiares em termos pouco diversos:

> Pai, mãe, filhos, netos, bisnetos, primos [...], todos moram juntos. É uma árvore genealógica cujos ramos só se separam depois de muito tempo, e o patriarca venerável, que a pureza do ar e sua vida simples e frugal quase sempre o mantêm muito saudável até o fim de uma longa trajetória, durante muito tempo reinou sobre numerosos descendentes.[33]

Um número maior ou menor de indivíduos que "têm morada e vida em comum [partilhando] a mesma panela, o sal e a despensa", que formam uma sociedade de pessoas em geral aparentadas ou aliadas e que os textos da época chamam de *communs*, *communes*, *parsonniers*, *coparsonniers*: assim se definem as comunidades agrícolas do Antigo Regime. "Comunidades tácitas" ou "comunidades silenciosas", dizem ao mesmo tempo as coletâneas de normas consuetudinárias das províncias centrais da França e de parte do oeste e os comentários dos juristas dos séculos XVI-XVII, em especial o famoso Guy Coquille, de Nevers. O termo "silencioso" ou "tácito" alude à validade dessas sociedades familiares, mesmo na ausência de contrato escrito, simplesmente pelo fato da "residência e vida em comum durante um ano e um dia". Na realidade, se esse modo de constituição das comunidades pôde florescer até meados do século XVII, mais tarde, sob a pressão dos éditos reais que exigiam o registro dos atos, as sociedades familiares extensas tornaram-se objeto da redação de documentos notariais que regulamentavam sua constituição, suas modificações (entrada e saída de membros) e também sua dissolução.

Segundo a época e a região, as comunidades agrícolas extensas assumiram formas bastante variáveis nas dimensões (de quatro ou cinco pessoas a cerca de quarenta), nos fundamentos econômicos (comunidades de proprietários, mas também de meeiros), nas formas de habitação que abrigam seus membros. As comunidades de proprietários, as mais difundidas, levam o nome da família, o patronímico do ancestral que as fundou: comunidade dos Jault no Nivernais; comunidade dos Quittard-Pinon (celebrizada na segunda metade do século XVIII graças às atenções que lhe dedicaram os filósofos iluministas), na região de Thiers, no Auvergne; mas também, na mesma região, a dos Garnier, dos Pradel, dos Anglade-Tarenteix e muitas outras.

A CASA COMUM

A vida comunitária insere-se material e simbolicamente numa forma particular de habitação. A existência de uma "casa comum", a "grande casa comum", o *hostel* dos Quittard ou dos Pradel, é necessária ao funcionamento da comunidade familiar, como o refeitório e os dormitórios o são à comunidade monástica. Trata-se de um edifício grande, maciço, comportando uma sala comum de dimensões às vezes gigantescas: 24 por oito metros mede a dos Jault, no Nivernais; 25 por dez metros tem a dos Légaré, na mesma região — ou seja, dez vezes a área de uma sala comum da casa de um agricultor da Île-de-France. A sala abriga uma enorme lareira central ou várias lareiras laterais. É o *chauffoir*, o local onde todos os membros do grupo comem juntos, onde transcorre o essencial da vida social e onde habitualmente dormem o "senhor da comunidade", chefe eleito, e sua família, como ocorre com o líder da família-tronco. Esse "senhor" — *mouistre*, no Auvergne — tem extensos poderes e suas decisões não encontram oposição. Nos agrupamentos numericamente grandes, existe também uma "senhora de comunidade", que em geral não é a esposa do "senhor". Seu papel fundamental é ocupar-se dos filhos pequenos dos *parsonniers*.

Além da grande sala com lareiras monumentais, o casarão

abriga ainda quartos mais ou menos numerosos, de dimensões modestas, onde se instalam os *parsonniers* com suas mulheres e os filhos pequenos. Em alguns agrupamentos muito extensos, outras famílias que fazem parte da mesma comunidade podem habitar as construções vizinhas. As plantas de grandes casas revelam distribuições variáveis: ora um corredor se estende por todo o comprimento do edifício, dando acesso aos pequenos quartos; ora os quartos se abrem diretamente para o pátio.

Inteiramente de pedra ou com vigas expostas, essas casas das comunidades familiares do Centro e do Oeste da França lembram, por sua planta e por suas funções, os casarões de madeira das extensas comunidades familiares da Europa oriental — por exemplo, as que são descritas ainda no final do século XIX e abrigam os amplos agrupamentos familiares dos "Palots" e dos "Matyos" na Hungria.[34]

Na França, as formas de habitação das comunidades familiares podiam variar: grandes casas maciças de planta basilical, características das vastas comunidades do Nivernais; alhures, casas longas, com múltiplas divisões, que poderiam corresponder a formas de associação polinuclear; às vezes, como se observou em Quercy, casas altas. Como ocorria entre as famílias de agricultores da Île-de-France ou dos camponeses provençais, as formas da habitação das vastas comunidades rurais podiam transformar-se ao longo do tempo com acréscimos, subdivisões, abandonos ou reconstruções.

Mas, entre as comunidades familiares agrícolas, existem ainda outras formas de habitação que sem dúvida traduzem exigências menos rigorosas em relação às regras comunitárias. Em vez de um casarão comum, os *coparsonniers* ocupam diversos edifícios vizinhos porém separados entre si. "É o caso de Boischaut, no começo do século XVI, e La Chippaudière, onde reside a comunidade dos Chippault, com 33 pessoas, das quais 24 são crianças. Duas famílias instalaram-se nos edifícios antigos, outra numa casa 'recém-construída', a quarta numa casa e celeiro construídos 'para moradia'."[35]

CONSTITUIÇÃO E DISSOLUÇÃO DAS COMUNIDADES SILENCIOSAS

Essas formas menos fechadas da vida comunitária eram estáveis ou anunciavam a ruptura da sociedade familiar? A análise de documentos, como registros de terras, nas províncias centrais permitiu avaliar a importância relativa dos agrupamentos familiares de *coparsonniers*. Os resultados mostram que unidades agrícolas mais ou menos extensas, às vezes pequenas, entre irmãos, entre cunhados, entre pais e vários filhos, foram a forma de residência mais difundida em certas regiões, notadamente no Auvergne, podendo envolver de 60% a 90% dos habitantes na época em que essas *frérèches* estão mais em voga, no decorrer do século XV. O fenômeno se mantém no XVI. Então, como em todos os tempos, muitas comunidades se rompem por motivos sobretudo de ordem material (pobreza, confiscos), enquanto outras se formam. Parece provado que a célebre comunidade dos Quittard-Pinon, que segundo uma tradição mítica do final do século XVIII remonta "a tempos imemoriais" (cinco séculos, dizia-se), foi fundada de fato no final do século XVI por três irmãos, os filhos de Jean Quittard, agricultor do vilarejo de Pinon.

No século XVI, ou posteriormente, surgiram aldeias a partir de algumas comunidades familiares extintas. J. Chiffre fornece exemplos: "Em Autunois, a dissolução da comunidade da Chèze, entre 1500 e 1514, suscita a formação de duas aldeias, a do 'Bas de la Chèze" e a do 'Haut de la Chèze', que alguns anos depois tomarão os nomes dos Bonnard e dos Pelletier, conservados até nossa época".

A dissolução das comunidades familiares agrícolas nas regiões onde eram muito difundidas sem dúvida deixou vestígios nessas pequenas aldeias de denominação patronímica. Muitas vezes elas são designadas pelo patronímico do fundador precedido do prefixo "Chez": Chez-Fiataud, Chez-Blanchet, em Limousin; Chez-Piffetaud, Chez-Gentet, em Charente; Chez-Gagnat, Chez-Bariou, na região de Thiers. Em outros casos, e com frequência nas mesmas regiões, o patronímico é precedido do artigo plural "Les": Les Mondaniaux, Les Ferriers, Les Garniers são três nomes de aldeias da região de Thiers habitadas ainda hoje; no século XVIII, membros da comunidade dos Garnier e da comunidade vizinha dos Quittard costumavam casar-se entre si. Todavia, se traduz uma origem familiar a partir de um ancestral fundador, a existência de aldeias patronímicas, notadamente as da alta Provença, muito difundidas em determinados vales, não indica a existência de uma ampla estrutura residencial comunitária. Pois na alta Provença, como em muitas outras regiões meridionais, as pequenas *frérèches* e as grandes comunidades familiares nunca existiram. Foi a reunião de casas vizinhas, aparentadas mas separadas, que criou as aldeias patronímicas da Provença.

Seria tentador atribuir a ausência ou a existência de comunidades "silenciosas" a uma diferença de condição jurídica entre os camponeses do centro da França e os das províncias meridionais. No Midi, os camponeses souberam livrar-se logo de algumas imposições feudais que, mesmo no século XVIII, ainda pesavam em várias regiões do Auvergne, do Bourbonnais ou da Borgonha. Em tais lugares, os direitos dos camponeses sobre as áreas que cultivavam eram limitados, havendo o risco de o senhor retomar as terras na ausência de herdeiro direto, varão, residente na casa do pai. Evitava-se esse risco vivendo "em comum durante um ano e um dia" entre parentes, ainda que distantes. Daí o florescimento de comunidades "silenciosas" nessas regiões. Razão alegada por numerosos autores desde o século XVIII, mas sem dúvida apenas uma razão entre muitas outras — de ordem econômica, social, afetiva — que levaram à formação ou à manutenção dessas comunidades.

Como os sistemas de família-tronco e de família igualitária, as grandes comunidades agrícolas familiares constituem um modelo de organização social original. Sua complexa organização é rica de ensinamentos. Em alguns aspectos, elas participam do sistema da *stem family* e, em outros, inspiram-se em princípios mais igualitários. Por motivos econômicos e demográficos, as comunidades familiares, ainda que sejam imensas, não podem conservar o conjunto dos filhos de cada ramo. O *numerus clausus* impõe a exclusão de determinado número de indivíduos a cada geração. No verbete "Morávios ou irmãos unidos" da *Encyclopédie* (t. X), Faiguet escreve sobre as comunidades da região de Thiers: "Cada uma dessas famílias forma diferentes ramos que habitam uma casa comum e cujos filhos se casam entre si, porém de modo que cada um dos consortes estabeleça apenas um filho na comunidade para manter o ramo que esse filho deve representar um dia após a morte de seu pai". Os filhos que partem "são excluídos de direito" dos bens comuns mediante uma soma fixa. Isso lembra muito a exclusão dos filhos mais novos da casa paterna no regime de família-tronco meridional.

No entanto, contrariamente ao sistema da família-tronco, em que toda a organização depende da presença do herdeiro casado sob o teto familiar e da autoridade do pai, as comunidades familiares de tipo "tácito" baseiam-se em sociedades de *parsonniers* e de *parsonnières*, nas quais cada membro dispõe de certo número de "cotas" que trouxe ao entrar ou que herda de seus ascendentes. O ingresso de um novo membro através do casamento significa um acréscimo de "cotas" e pouco altera o funcionamento geral da comunidade. Pelo menos nas formas, há a aparência de um sistema igualitário. Na realidade, as coisas são mais complicadas: no caso de ingresso através do casamento existem ao mesmo tempo um dote de comunidade e um dote pessoal.

A autoridade no seio das grandes comunidades não se exerce de maneira patriarcal. Embora eleito em caráter vitalício, o "senhor" é escolhido por outros membros da comunidade. A análise dos documentos notariais referentes à eleição nos revela algo sobre a personalidade dos chefes da comunidade dos Quittard-Pinon no século XVIII. Em 1705, os eleitores designam Annet Quittard: ele tem apenas 37 anos e sucede não a seu pai, e sim a seu tio Blaise Quittard, embora este tivesse na comunidade filhos da mesma idade. Pelo menos entre os Quittard-Pinon, a autoridade suprema não é gerontocrática nem transmitida hereditariamente de pai para filho.

A descoberta das grandes comunidades familiares da região de Thiers — primeiro a dos Quittard-Pinon, apresentada por Joachim Faiguet de Villeneuve em 1755 no *Journal économique* [Diário econômico] e dez anos mais tarde em seu verbete "Morávios ou irmãos unidos" da *Encyclopédie* —, difundida pelo marquês de Mirabeau e por outros fisiocratas a partir do *Socrate rustique* [Sócrates rústico], do médico suíço H. C. Hirzel, contribuiu para fazer dessa forma de organização social e familiar o modelo dos projetos de associação que economistas e agrônomos franceses enalteciam. Uma imagem mítica de uma organização ao mesmo tempo patriarcal e democrática da exploração agrícola familiar difundiu-se nos últimos anos do século XVIII, resistindo ao choque revolucionário.

Os "Estatutos do burgo de Oudun composto pela família R. vivendo em comum", de Nicolas Rétif de La Bretonne, fazem parte do *Paysan perverti*, publicado em 1776. Trata-se de uma construção utópica, a de uma fazenda coletiva cujo modelo se refere explicitamente às "famílias unidas do Auvergne". Rétif de La Bretonne preconiza "a igualdade total entre nossos filhos", mas entendendo "que sejam submetidos aos filhos mais velhos do primogênito de nossa família". O autor de *La vie de mon père* [A vida de meu pai] imagina a construção de um edifício que contenha ao mesmo tempo o fogão comum e uma "grande sala capaz de abrigar mil pessoas: será o refeitório comum".

Vinte anos depois, em seu *Voyage fait en 1787 et 1788 dans la ci-devant Haute et Basse Auvergne* [Viagem realizada em 1787 e 1788 pela antiga Alta e Baixa Auvergne], publicado em 1795, Legrand d'Aussy liricamente descreve os Quittard-Pinon como os descendentes diretos, loiros e cabeludos, dos antigos *arvernes*.

Numa época de progresso em que se desenvolve o individualismo, economistas, filósofos, ensaístas dão um brilho artificial às estruturas coercivas e arcaicas das comunidades familiares, até mesmo no momento de seu declínio.

Nas regiões da França, Alemanha, Itália e Espanha onde estava solidamente implantada, a família-tronco resistirá melhor, no decorrer do século XIX, às tendências individualistas e às incitações à igualdade entre herdeiros. Porque correspondia muitas vezes a um modo de exploração agrícola de pequena propriedade familiar, que a ausência de partilha entre os filhos permite manter ainda por algumas gerações, o velho hábito de escolher um único filho como sucessor adaptou-se às disposições niveladoras do Código Civil nas províncias francesas que o observavam. Os filhos mais novos não reclamavam suas partes da herança e contentavam-se com as gratificações oferecidas pelo herdeiro. Os laços familiares no interior da casa entre gerações sucessivas, como as solidariedades de linhagem nos vilarejos das regiões de partilha igualitária, demoraram mais a desfazer-se. As mudanças nas estruturas familiares ao longo do século XIX devem ser atribuídas tanto a convulsões de ordem socioeconômica quanto a uma evolução de ordem cultural.

NOTAS

1. A. Dürer, *A capela São João em Nuremberg*, c. 1494, aquarela e guache, Bremen, Kunsthalle.

2. Id., *A aldeia de Kalchreut*, c. 1500, aquarela, Bremen, Kunsthalle.

3. Id., *Arco*, 1495, aquarela e guache, Paris, Louvre.

4. Uma série de volumes sobre a arquitetura rural francesa, classificada por regiões, está sendo publicada pelo Museu Nacional das Artes e Tradições Populares, Paris, Berger-Levrault.

5. P. Brueghel, o Jovem, *Visita à granja*, pintura sobre madeira, datada de 1620, coleção particular (reproduzida no *Catalogue de l'exposition Bruegel*, Bruxelas, 1980, nº 90); J. Brueghel, *A visita à granja*, gravura em cobre, Viena, Kunsthistorisches Museum (em *Catalogue Bruegel*, Bruxelas, 1980, nº 118).

6. Le Nain, *A refeição de camponeses* (chamado também *A mulher benfazeja* ou *Os bebedores*) e *A família de camponeses*, Paris, Louvre.

7. J. Yver, *Essai de géographie coutumière*, Paris, 1966.

8. E. Le Roy Ladurie, *Montaillou, village occitan, de 1294 à 1324*, Paris, Gallimard, 1975.

9. G. Gudin de Vallerin, "Habitat et communautés de famille en Bourgogne (XVIIe-XIXe siècle)", *Études Rurales*, janeiro-março de 1982, 85, pp. 33-47.

10. A. Zinck, *Azereix, une communauté rurale à la fin du XVIIIe siècle*, Paris, 1969.

11. G. Bouchard, *Le village immobile: Sennely-en-Sologne au XVIII*e *siècle*, Paris, 1972, p. 95, *cahier des doléances* dos habitantes de Vouzon em 1789.

12. Ibid., p. 94, nota 32.

13. A. Poitrineau, *La vie rurale en basse Auvergne au XVIII*e *siècle*, Paris, 1965.

14. P. Arrighi, *La vie quotidienne en Corse au XVIII*e *siècle*, Paris, 1970.

15. J.-M. Poisson, "La maison paysanne dans les bourgs siciliens (XIVe-XIXe siècle). Permanence d'un type?", *Archeologia Medievale*, VII, 1980, Gênova, pp. 83-94.

16. L. Merle, *La métairie et l'évolution de la gâtine poitevine, de la fin du Moyen Âge à la Révolution*, Paris, 1959.

17. J. Jacquart, "L'habitat rural en Île-de-France au XVIe siècle", atas do colóquio sobre a qualidade de vida no século XVI, *Marseille*, 1977, nº 109, pp. 69-73.

18. G. Cabourdin, *Quand Stanislas régnait en Lorraine*, Paris, 1980, p. 317.

19. G. Bouchard, op. cit., p. 98.

20. Conde de Forbin, *Mémoires*, 1729, 2 vols.

21. F. Le Play, *L'organisation de la famille selon le vrai modèle*, Tours, 1871; 5ª ed., 1907, p. 143.

22. R. Baron, "La bourgeoisie de Varzy au XVIIe siècle", *Annales de Bourgogne*, junho-setembro de 1964, pp. 161-208.

23. Lazare de La Salle de L'Hermine, *Mémoires de deux voyages et séjours en Alsace, 1674-1676 et 1681*, Mulhouse, 1886.

24. S. Tardieu, *La vie domestique dans le Mâconnais rural préindustriel*, Paris, 1964.

25. J.-P. Bardet, *Rouen aux XVII*e *et XVIII*e *siècles*, Paris, 1983.

26. J. Yver, op. cit.

27. A. Collomp, *La maison du père. Famille et village en haute Provence aux XVII*e *et XVIII*e *siècles*, Paris, 1983.

28. M.-N. Denis e M. C. Grohens, *L'architecture rurale française, Alsace*, Paris, 1978.

29. F. Colin-Goguel, "Les potiers et tuiliers de Manerbe et du Pré d'Auge au XVIIIe siècle", *Annales de Normandie*, junho de 1975, XXV, 2, pp. 99-111.

30. F. Lebrun, *La vie conjugale sous l'Ancien Régime*, Paris, 1975, p. 64.

31. C. Lison-Tolosana, "The ethics of inheritance", *Mediterranean family structure*, J. G. Peristiany ed., Cambridge, 1976.

32. F. de Belleforest, *Cosmographie universelle de tout le monde*, 1575.

33. J. Le Quinio de Kerblay, *Voyage dans le Jura*, Paris, ano IX (1800), 2 vols.

34. B. Gunda, "The ethnosociological structure of the Hungarian extended family", *Journal of Family History*, primavera de 1982, pp. 40-52.

35. J. Chiffre, "La maison commune et les différents bâtiments de la communauté familiale", edição especial "Avec les Parsonniers", colóquio de Clermont-Ferrand, 1981, *Revue d'Auvergne*, 1981, t. 95, nº 486, p. 273.

FAMÍLIAS. O PRIVADO CONTRA O COSTUME

Daniel Fabre

Durante muito tempo, tudo que se refere ao casamento esteve submetido a meticulosa vigilância tanto nos vilarejos como nos bairros urbanos. O momento da reprodução doméstica é assunto não só dos parentes próximos, mas também dos vizinhos e sobretudo dos jovens da mesma faixa de idade. Esse controle se exercerá a seguir sobre toda a vida dos cônjuges, tentando definir — e censurando sempre que necessário — "o que não se faz". O rumor, a denúncia, discreta ou espetacular, e os insultos constituem moeda corrente, porém até o último século do Antigo Regime, em meios muito diversos, a maneira mais comum de divulgar e punir a infração ao costume insere-se no centro dos rituais que constituem o próprio costume, os quais asseguram ao longo de um destino pessoal a transição de um estado social a outro. Nesses momentos da existência, a autodefinição do indivíduo depende inteiramente do reconhecimento coletivo. O rito atribui um papel e ao mesmo tempo formula um julgamento de conduta; é o inverso obrigatório de sua função agregativa. Assim, quem passa por ele sente a ansiedade do neófito, intensificada pela expectativa angustiada dos sinais que traduzem a opinião comum, pois o charivari acompanha o casamento como uma sombra.

Entre os séculos XIV e XVIII, tais práticas são submetidas à dupla censura dos poderes religiosos e civis, que depois de 1650 se unem para, em nome da "boa ordem" e da "decência", proibir as "algazarras injuriosas" provocadas às vezes por bodas ou brigas conjugais; mais significativamente na França, após 1740, o número das queixas e dos casos judiciários passa a aumentar, os alvos da zombaria se revoltam. Um modelo de controle social começa a ser recusado, porém essa recusa não suscita resistências e invenções? Em torno da dimensão crítica e punitiva dos ritos de passagem, inicia-se um debate que ainda não se encerrou; antes de apresentar seus termos e seus participantes, vejamos concretamente o que estava em jogo.

OS RITOS DE DESVELAMENTO

OS "MAIOS"

Tão logo se torna núbil, a moça é submetida a uma prova que, reconhecendo e celebrando essa mudança, tem lugar em cerimônias realizadas anualmente em datas fixas. Na noite de 30 de abril, "maios" individuais são plantados diante das casas das "moças casadoiras" — com isso os rapazes em grupo certamente prestam homenagem a cada uma das jovens, porém expressam ainda o juízo que fazem de sua conduta. Geralmente, um código vegetal oferece seu repertório de signos que todos conhecem: plantas com espinhos designam a qualidade, bastante ambígua, da "orgulhosa"; o sabugueiro, que exala um odor fétido e se "fura" facilmente, proclama o deboche. Mas basta uma tensão maior para que entre em cena todo o leque das matérias infamantes: óleo de zimbro malcheiroso, urina, estrume... E há pior; nas primeiras noites de maio de 1717, um quinquilheiro de Carcassonne encontra diante de sua loja "ossadas e carcaças de animais como cavalos e outros", e "chifres de boi" pregados na fachada. De manhã, os vizinhos se chocam ao ver a rua "cheia e empestada" com essas carniças. É a vingança de cinco ou seis rapazes do mesmo bairro e do mesmo meio — são filhos de artesãos — contra Catin, a filha do quinquilheiro. Toda noite, depois das nove horas, vão abastecer-se no monturo dos magarefes, fora das muralhas da cidade baixa, arrastam seu butim até as janelas da moça — "fazem-lhe uma *ramade*", dizem, utilizando o termo que no dialeto ocitano local designa o plantio do "maio" — e entoam canções cujas "palavras injuriosas e infamantes" estigmatizam um escândalo do qual nada mais sabemos.[1]

No início de maio, a linguagem olfativa das "oferendas" qualifica e classifica as moças. Durante o carnaval, sobretudo nas regiões mediterrâneas, o repertório da censura é mais vasto e mais espetacular; por exemplo, em Carcassonne, dessa vez na Ciré, a "virgem louca" do ano, representada por um fantoche grotesco que leva seu nome, é a heroína de uma canção que detalha cruamente suas aventuras. Meninos e adultos a ensaiaram numa cabana isolada, lugar habitual de suas reuniões no inverno, e a entoam em coro no adro da igreja, à saída da missa solene de domingo.

Nessa primeira fase da vida, a honra das moças constitui, pois, o único objeto da censura. Esta não se limita à virgindade; expressa, antes, uma opinião geral sobre seu modo de ser: a aparência, a linguagem e sobretudo a maneira de resistir às solicitações galantes, o tato nas demonstrações de amor, a constância na escolha. Por ocasião do casamento, a ênfase se desloca, a união dos noivos passa para o primeiro plano, inclui todo um conjunto de exigências.

CHARIVARIS

A primeira é a disponibilidade matrimonial dos cônjuges, que, apesar das recomendações da Igreja, evidentemente é contestada no caso de viúvos. Então explodem os concertos de sinos, trompas, tambores, tenazes e caldeirões, que, alternando-se com os apupos, compõem o charivari. Foi possível defender convincentemente a ideia de que essa algazarra ritual garante em primeiro lugar a separação entre o cônjuge sobrevivente e o falecido;[2] assim, ao preço dessa explosão sonora, que perverte a música harmoniosa das bodas e amplifica os gritos com que a juventude masculina pontua o cerimonial, torna-se possível a integração dos recém-casados. Entretanto, a dimensão de denúncia do charivari matrimonial continua presente. A união de um viúvo com uma celibatária infringe uma norma cuja essência o capitão de infantaria Deville expressa em 1818 com relação aos ritos de Bigorre:

> Procurando as causas que puderam originar tal uso, acreditamos dever nos deter na seguinte: numa época em que as mulheres sem dúvida eram menos numerosas que hoje, os homens estimulados pelo desejo de cada qual unir seu destino a uma delas deviam ver com tristeza que aquele que havia recebido seu tributo sobre o sexo queria recolher mais, em detrimento dos que se animavam com essa doce esperança. Como não poderiam opor-se a seu gesto sem violar as leis, quiseram pelo menos, expondo-o à chacota pública, deter com tal receio quem ousasse imitá-lo (*Annales de la Bigorre* [Anais de Bigorre], Tarbes, 1818).

Assim, cada geração "possui" coletivamente os parceiros de sua idade e todo segundo casamento rouba indevidamente um possível conjuge.[3] Todavia, essa infração primordial é amplificada ou substituída por outras discrepâncias que o costume bem pode considerar motivo de charivari: uma diferença de idade muito considerável; uma gritante desigualdade social; ou ainda o fato de o cônjuge pertencer à categoria dos "forasteiros", que, como sabemos, pode incluir alguém dos vilarejos ou bairros vizinhos com os quais existe inimizade. Por ocasião das bodas, o charivari vai estigmatizar as uniões que ultrapassam a distância adequada entre os noivos ou entre suas famílias.

Proclamando ruidosamente as disparidades da aliança, o rito de maneira implícita restaura a harmonia graças a sua eficácia típica, mas também oferece aos noivos a oportunidade de manifestar sua boa vontade ao propor-lhes que eles próprios modulem a intensidade do tumulto. Pode-se comprar qualquer charivari mediante uma contribuição, às vezes fixada pelo costume; porém, no século XVIII, esta contribuição em geral constitui objeto de uma negociação particular. A amplitude, a duração, a agressividade do rito dependem dessa transação. Em caso de evasivas, de avareza ou de recusa, o charivari pode chegar a extremos. A começar por um acúmulo de agressões simbólicas. No início de fevereiro de 1787, um pequeno grupo de jovens artesãos de Varages, um burgo ceramista da baixa Provença, atormenta Jean Eissautier, tecelão da mesma faixa de idade, e sua noiva, Victoire Roux, uma viúva de sessenta anos. No dia dos proclamas, os jovens percorrem as ruas em meio ao barulho de cincerros, apoderam-se da viúva e a fazem desfilar empoleirada numa carroça. Uma semana depois estão à porta do notário, à espreita dos noivos, que assinaram o contrato; divertem-se obrigando o casal a chapinhar na água e na lama. Por fim, no dia da bênção, entoam canções satíricas diante da igreja.[4] A espiral da derrisão às vezes mobiliza, como atores e espectadores, comunidades inteiras, que oferecem a si mesmas espetáculos extraordinários. Em sua *Chronologiette*, Prion, o notário senhorial de Aubais, um burgo da Vaunage, no Languedoc, descreve um charivari memorável:

> Quinta-feira, 4 de fevereiro de 1745. O sieur Baudran, curtidor da cidade de Sommières, 64 anos, esposou em Aubais a demoiselle Thérèse Batifort, 44 anos, somando suas idades um total de 109 anos [*sic*]. A demoiselle declara ter 22 dentes caninos e molares; o noivo tem apenas catorze, tendo-lhe a idade destruído os que poderiam ser passáveis. Nesse himeneu, o noivo é viúvo, e os jovens de Aubais lhe fizeram um charivari, o mais extraordinário do mundo. O noivo não mostrou a liberalidade que devia. Diante dessa mesquinharia que os ofendeu, os jovens, em número de 117, se reuniram e formaram barreiras a fim de que os noivos não pudessem sair do vilarejo; um desmontou as rodas [...] do carro de Vênus. O senhor juiz, auxiliado por seus pastores, trabalhou pessoalmente à frente de todos para retirar as barreiras colocadas no caminho do cortejo nupcial. Os mais velhos de Aubais garantiram que ali nunca se viu cometer tantas afrontas como as que esses velhos noivos receberam. Todo o povo de Aubais saiu de suas casas para divertir-se com esse espetáculo humilhante. Quando todos os membros do cortejo nupcial montaram em suas bestas de carga, foram advertidos de que todas as passagens de seu caminho

estavam bloqueadas. O ninfo [*sic*] e a ninfa e seu grupo tomaram uma estrada separada, os jovens e os meninos que faziam o charivari foram encontrar o casal no desvio. A algazarra assustou os cavalos, os cavaleiros limparam a lama que neles se jogava; a noiva e outra moça ou mulher estavam num carro [...], os descontentes subiram atrás do dito carro em número de dez ou doze; com esse contrapeso, o varal ergueu-se no ar e o cavalo da lança se encontrou entre dois vazios [...]. No caminho entre Sommières e Aubais, encontram-se [...] dois castelos chamados Gavernes e Grestin, os carreteiros também haviam bloqueado com as carroças o caminho e os pastores se reuniram, levando cincerros; com tais instrumentos e outros desse tipo, faziam um barulho que se ouvia desde Aubais. O povo os apupava com toda a força. Quando se aproximaram de Sommières, encontraram em seu caminho todo o populacho soltando gritos horríveis com o mesmo charivari; a sua passagem sucediam-se túmulos com círios acesos. Nessa cidade nunca se vira um tumulto tão violento, os soldados da guarnição dispararam tiros de fuzil sobre os autores da algazarra. Considerou-se que esses soldados agiram muito mal e imediatamente foram aprisionados para expiar seu crime [...]. Os participantes do charivari ataram com cordas os braços do sieur Baudran, futuro esposo, o qual puseram à frente da cavalgada e nessa postura fizeram entrar na cidade para ali ser exposto à chacota e aos apupos do povo.[5]

A *ASOUADE*

Quando chega a tais extremos, o charivari abandona seu aspecto furtivo, mascarado e noturno. Irrompe no trajeto nupcial, que desfaz e remaneja, apodera-se de um dos noivos e o transforma no grotesco herói de outra cavalgada. Nisso empresta o cerimonial de outra sanção simbólica, a que mais tarde na vida recai sobre certos casais em desarmonia. O marido submisso que apanha da mulher — às vezes o inverso, porém muito mais raramente — desencadeia o mais ostensivo dos castigos públicos: a *asouade*, o passeio no asno. Para que isso ocorra, a desavença conjugal precisa estender-se para fora da casa; tornando-se assunto da rua e da praça, oferece-se ao julgamento público. Acompanhemos as peripécias de um caso ocorrido em Béarn. No dia 19 de abril de 1762, Raymond Blasy, "encarregado de marcar os tecidos" fabricados no burgo têxtil de Coarraze, entra numa taberna local para tomar uma bebida e se põe a jogar cartas com três parceiros, um dos quais o taberneiro. Pouco depois chega Ménine, sua esposa, e, pretextando que alguém quer falar com ele, procura tirá-lo do jogo. Nada acontece, e Ménine se lança sobre os jogadores, rasga as cartas e arrasta o marido para casa. Escandalizados com a passividade de Raymond Blasy, os espectadores o ameaçam de "fazê-lo montar no asno", e a decisão é tomada rapidamente. Dois dias depois, o arauto de Coarraze anuncia a todos os cantos do vilarejo que "no dia 24, domingo próximo, far-se-á correr o asno para Labadie de Maugouber [Abadia do Mau Governo] e quem quiser assistir a esse espetáculo está convidado". O anúncio é repetido no dia seguinte e, no domingo à noite, inicia-se o desfile. Dois tambores e um grupo de meninos precedendo uma carroça com alguns cantores que entoam seus comentários rimados abrem o caminho para os dois figurantes do melodrama "cobertos com capas e chapéus [...], um montado num asno e o outro num cavalo". A pantomima se repetirá inalterada até a meia-noite: a mulher — representada por um rapaz, naturalmente — agarra o parceiro pelos cabelos e o arranca da garupa do asno, jogando-o no chão; depois o mói de pancadas com o fuso que empunha de modo ostensivo. Pouco adiante, outro episódio: há um jogo de cartas no lombo do asno; a esposa aparece, desmancha o jogo com seu fuso, agarra as cartas e as rasga.[6] Além da presença das máscaras e da farsa, um detalhe situa o rito de Béarn em seu contexto cerimonial. Se a Abadia do Mau Governo que o arauto menciona não corresponde a uma instituição real nessa época e nesse burgo, pelo menos vale como uma referência que coloca a *asouade* na obediência das confrarias ruidosas, que em algumas cidades, sobretudo no século XVI — Dijon, Mâcon, Lyon, Rouen —, controlam a organização oficial do carnaval. Entretanto, depois de 1750, na região de Toulouse e no Norte da Catalunha, as "cottes 'cornuais'", "sociedades asininas" e "tribunais carnívoros" governam esse rito de derrisão do marido ridicularizado ao redor do qual culmina o folguedo carnavalesco na quarta-feira de Cinzas.

RITUAIS DA MORTE

Acompanhando o curso da vida, chegamos ao último rito de passagem, o mais singular, sem dúvida, pois conduz o morto ao limiar do além. Desde a Idade Média, a Igreja se empenhou em controlá-lo, sendo os três momentos mais disputados: o velório, a expressão dos lamentos fúnebres e a refeição após o sepultamento. Alguns indícios, porém, garantem que no decorrer dos ritos o julgamento público achava como se exprimir. Os monólogos fúnebres da Europa meridional — o *aurost* de Béarn, o *vocero* da Córsega — comportavam um verdadeiro processo póstumo, formulado pelas mulheres especialistas em tais declamações.[7] Além disso, temos depoimentos orais, sobretudo do Oeste da França, que atestam verdadeiras irrupções de charivari no velório e ao longo do cortejo, afirmando uma condenação coletiva do defunto — sem dúvida em casos extremos.

Depois de 1640, ao proibir em bloco não só o charivari matrimonial, mas todas as "assembleias noturnas", "canções desonestas" e "ações indecentes" que se imiscuem nos ritos de passagem, os censores começam a pôr em prática a ideia ainda obscura de uma coerência, de uma homogeneidade das cerimônias cujo ciclo acabamos de percorrer rapidamente. O que as assemelha para nós, hoje, examinando-as a distância?

Em primeiro lugar, uma evidente comunhão de linguagem. Um mesmo código — olfativo, musical, teatral — articula rituais diferentes, porém em determinadas ocasiões sempre podem acrescentar-se oposições discriminantes: entre a noite do charivari e o dia da *asouade*, entre o silêncio das "oferendas" e todos os outros tumultos. Ademais, essa linguagem sem dúvida é um dos registros da festa: reforça os ritos de passagem, assinala o carnaval e os "maios", estabelece um elo entre o tempo linear da vida e o tempo cíclico do ano, inserindo os julgamentos particulares nos rituais do calendário.

Essa unidade sustenta uma mesma intenção e uma dinâmica semelhante. Tais rituais proclamam uma indignidade sobre a qual a população local está de acordo, ainda que nem todos participem ativamente da ação. Sua cumplicidade, atestada pela ausência quase total de confrontos internos com relação a esses assuntos, apoia-se na integral transparência que melhor define as relações nas sociedades dessa época. O rito designa, portanto, o que todos sabem; desse conhecimento implícito e discreto faz um espetáculo que não pretende mudar o curso dos acontecimentos, porém basta para estabelecer uma reputação duradoura. Vimos que há uma sutil gradação nos meios de que dispõe a derrisão: as matérias das "oferendas" de maio, a explosão do charivari, a duração e a repetição da *asouade*, a possibilidade de combinar essas formas dependem exatamente da extensão do escândalo e da recepção imediata do ritual. Cada um dos casos que chegaram até nós constitui um acontecimento em si; a partir das regras, num confronto parcialmente imprevisível, elabora-se sua singular evolução. A decisão nada tem de automático; não são todas as moças fáceis, todos os viúvos que se casam pela segunda vez, todos os maridos submissos que suscitam a cerimônia punitiva, longe disso. Apenas um conjunto de queixas referentes à história de um indivíduo e sua família merece julgamento; daí decorre a evidente discrepância entre o pretexto apresentado — por exemplo, um casamento demasiado exogâmico — e as acusações contidas nos apupos ou na canção composta para a circunstância, que, extrapolando a infração ao costume, fazem um desvelamento mais completo, mais agressivo. Em Montréal de Aude, em 1769, o violentíssimo charivari que arrebenta a porta e queima a cerca de um modesto camponês parece apenas denunciar seu futuro genro, um forasteiro natural de Lézignan, lugarejo a quinze léguas de distância. Mas os participantes aos berros contam outra história: o noivo "estrangeiro" engravidou uma jovem em sua cidade natal; despojou outra de uma quantia de oitenta libras; em Montréal, sua presença transformou a casa do sogro em nada menos que um "bordel público".[8] O charivari apresenta, portanto, uma caricatura de alguém que justifica a intervenção de seus participantes. Depois, ao divulgar-se a notícia de sua organização, a vítima sempre fica sabendo, às vezes até é oficialmente informada por uma delegação de seus "algozes". Ainda é possível abrandá-los: a vítima pode lhes pagar, convidá-los a tomar um trago e até entrar no jogo para se tornar o herói de seu burlesco triunfo: "Ninguém me relatou que o noivo tivesse se queixado"; "Os jovens fizeram um charivari que os noivos suportaram sem dificuldade", comentam as autoridades por volta de 1740. Em contrapartida, aqueles que, como o velho casal de Aubais, decidem desafiar os manifestantes, expõem-se a todos os excessos. Essa gradação negociável — componente do charivari, mas na verdade presente em toda parte — acrescenta-se ao medo que tais ritos de desvelamento suscitam para reforçar sua autoridade. Segundo o costume, os censores quase sempre são conciliadores, e então é a vítima que, recusando-se a negociar, escolhe, com conhecimento de causa, a zombaria que se abate sobre ela. Assim, ainda em pleno século XVIII, alguns tribunais, homologando essa habilidade persuasiva, discutiam menos a legitimidade de tais ritos que o justo preço a pagar para moderá-los.

OS ATORES DA DERRISÃO

Pela amplitude de seu campo de ação, por sua expressão proteiforme e pela eficácia de seu dispositivo de imposição, todos esses rituais nos parecem os meios e os momentos de um controle social rigoroso que, da honra das moças à autoridade dos maridos, dita a ordem no setor vasto e central da sexualidade instituída. Mas o que sabemos sobre a real extensão de tais práticas nas sociedades do Antigo Regime? Ao que indicam as interdições clericais e policiais, elas pertencem apenas à "arraia-miúda" das cidades e dos campos. Todavia, alguns indícios nos convidam a estabelecer certas diferenças. Um drama espetacular nos permite conhecer o "baile dos ardentes", esse charivari em que os cortesãos como selvagens se incendiaram sob os olhos desvairados do futuro Carlos VI; dois séculos depois, de acordo com Bassompierre, na corte de Luís XIII não se hesitou em armar um charivari para um oficial que esposara uma viúva, e diante de Gaston d'Orléans. Sem dúvida, essas cerimônias perdiam qualquer intenção punitiva para tornar-se brincadeiras agradáveis que davam às bodas um sabor picante. Assim foi também, durante muito tempo, nos meios urbanos mais refinados, que às vezes se veem importunados por uma polícia intempestiva. Em Toulouse, na noite de 27 de junho de 1750, dois jovens e dois oficiais fazem uma "serenata" sob a janela de um viúvo que acabara de casar-se de novo; ao som dos instrumentos alugados para esse fim acrescenta-se certa algazarra. O tenente da guarda passa, ameaçador, volta e agarra um dos rapazes pela gola. A cena tem lugar num bairro elegante. Logo o alarido atrai um magistrado, oficiais, damas que estavam na casa vizinha; todos se põem a vaiar o tenente. A situação se agrava e o comandante militar trata de abafar o caso:

> Tive a oportunidade de falar com o senhor procurador-geral, e ele me disse que, segundo os termos e o espírito das leis, a reunião dos instrumentos utilizados não constituía um charivari e assegurou-me que o tenente da guarda procedera mal e com sua imprudência provocara essa desordem. Não me consta que o recém-casado tivesse apresentado nenhuma queixa ou chamado esse oficial, o que caracteriza muito claramente sua imprudência.[9]

NA CIDADE E NA VILA

Portanto, no século XVIII, há na cidade charivaris e charivaris. Ainda que todos conheçam o rito e suas razões, a maneira de praticá-lo é nitidamente distinta e em geral só os executantes "populares" ocupam as praças e as ruas. Além disso, há diferenças entre o charivari rural e o urbano. É certo que nas mesmas ocasiões o vilarejo aciona um controle ritualizado idêntico, do qual o século XIX fornecerá numerosos exemplos; entretanto, se o charivari ou o julgamento fúnebre estão bem representados no campo, outros ritos se expressam com mais prudência ou de qualquer modo mais raramente. O julgamento carnavalesco das moças só alcança sua plenitude agressiva na cidade ou no grande burgo, onde é fácil designar uma criada submetida à dominação sexual do patrão ou uma fanqueira que paga com uma vigilância maior sua relativa independência. Na vila, a censura ritual se exerce sobre relações sociais mais igualitárias, mais permanentes e mais complexas; assim, como é raro que uma jovem solteira seja sozinha e indefesa, a reprovação assumirá uma aparência mais furtiva. De modo geral, no século XVIII, o domínio da gama completa dos ritos punitivos, a facilidade em levá-los ao paroxismo, a possibilidade de conferir-lhes a regularidade das festas públicas parecem constituir o apanágio do mundo urbanizado dos artesãos, dos comerciantes, dos pequenos funcionários.

Feitas essas distinções, resta determinar mais precisamente a utilização social de tais ritos. Se o acordo tácito de comunidades bastante extensas sempre é necessário, os detentores da expressão ritual são muito mais estritamente definidos. Quem são eles? Que relações podemos estabelecer entre seu papel de controladores da conduta pessoal e familiar e sua posição nas sociedades locais?

A EXCEÇÃO: GRUPOS DE MULHERES

Em 1735, um grupo de umas quinze mulheres de Castelnaudary persegue a dama Mélix, acusando-a de alcovitar a filha enquanto o genro serve nos hussardos: "Elas fizeram canções, que entoam pelas ruas, distribuindo cópias, nas quais tratam a mencionada Mélix de puta, bêbada e incapaz de resistir ao vinho [...]. Instigaram os filhos de Bourrel, habitante local, para irem insultá-la". As únicas estrofes — em ocitano — que a instrução recolheu descrevem o apego da dama à garrafa e apresentam seu marido como frequentador assíduo da taberna e dominado pela mulher. As seis acusadas são jovens — entre 25 e quarenta anos —, algumas possuem lojas e, exceto uma, todas sabem assinar o nome; interrogada a respeito das canções, a líder do grupo — suprema distinção — finge desconhecer *le patois*.[10] Casos semelhantes ocorrem na região de Vaud em inícios do século XIX: em geral, ajudadas pelas crianças, as mulheres lideram tumultos, colocam chifres nas portas e escrevem nas paredes dizeres infamantes contra um funcionário que engravidara a noiva de outro homem, contra a viúva e a filha de um médico acusadas de má conduta, contra a esposa de um velho que tem amantes. Excepcionalmente, grupos de mulheres se encarregam da censura simbólica, mas é por sua própria raridade que tais exemplos possuem tanto significado. Em primeiro lugar, atestam que nesses peculiares universos sociais que são as comunas de Vaud e as ruas comerciais do Languedoc urbano as mulheres gozam de relativa autonomia econômica e cultural, que pode chegar ao domínio total desses rituais, pois elas não se limitam a designar vítimas e apresentar acusações. Todavia, parece-nos que não é esse o ponto importante. Em todos os casos examinados há uma espécie de ostensiva adequação entre essas mulheres, seus princípios existenciais e suas intenções corretivas. Quer defendam uma moça grávida, quer censurem a devassidão de outra, elas agem como se, guardiãs da honra de todas as mulheres do local, se empenhassem em defender a si mesmas, ilustrando assim a própria integridade. Em tais circunstâncias o rito fala tanto da imoralidade do escândalo visado quanto da moralidade de quem o realiza, e esse juízo de valor é tão unânime que em 1817 um pastor de Mézières, em Vaud, pode numa carta à justiça declarar-se inteiramente favorável a tal tipo de charivari, conquanto em princípio fosse hostil a esse gênero de manifestações.[11]

A REGRA: A JUVENTUDE

Se consideramos agora a situação mais comum no século XVIII — aquela em que os jovens ocupam o primeiro plano —, o contraste é espantoso. Em seu caso a moralidade é impensável, pois eles opõem outras condutas à moral oficial; e, como são os principais agentes de um controle social espetacular cujo exercício defendem como propriedade sua, cabe-nos detalhar um pouco o que constitui a singularidade das maneiras desse grupo etário.

Para tanto vamos restringir o campo e focalizar a Juventude — com a maiúscula que a identifica nas penas da época — numa cidadezinha do Languedoc, Limoux, na extremidade do vale do Aude, um centro têxtil que em 1786 conta 6500 habitantes e está aberto para um campo de policultura. Sua sociedade é bastante numerosa, muito diversa e hierarquizada, principalmente industrial e mercantil, características que nessa época sugerem grande efervescência juvenil. De fato, entre 1740 e 1789, encontramos nos autos consulares, nas deliberações do conselho político, nas instruções ao senescal e nas queixas particulares ao comandante da província, em Montpellier, mais de uma centena de casos, de maior ou menor gravidade, envolvendo jovens.[12] Em 1746, o sieur Terrier, coletor de impostos, redige um *Mémoire en plainte contre la Jeunesse de Limoux* [Relatório de queixa contra a Juventude de Limoux], apresentando no vocabulário de praxe toda a gama de queixas:

> A cidade de Limoux compõe-se de uma Juventude muito libertina e sem educação, que dia e noite insulta nas ruas homens e mulheres. No espaço de oito anos em que estou aqui estabelecido vi cometer-se toda espécie de desordens, [perpetradas] sobretudo por um grupo de doze que se reúne numa casa particular onde decide os tumultos que fará à noite. São até de uma idade bastante madura e a maioria não tem pai nem mãe e consumiu todo o seu patrimônio, de modo que é perigoso deparar com eles, pois, além dos insultos que despejam, batem nas portas de modo a arrombá-las, não poupando sequer as das comunidades religiosas de ambos os sexos, já que não faz muito tempo arrombaram

> e despedaçaram a das religiosas hospitaleiras; arrancam as aldravas das portas, obstruem os condutos da fonte que fornece água para toda a cidade, o que faz os canos estourarem, escalam os muros dos pátios e quintais para roubar aves e tudo que encontram ao alcance da mão, destroem os bancos de pedra que estão ao lado das casas e ao redor da praça, quebram as vidraças e se entregam a toda sorte de excessos. Há cerca de dois anos sofro seus caprichos sem estar ligado a eles de modo nenhum. Não há insulto que não me façam, a mim, a minha mulher e a meus filhos com apupos contínuos, quebram-me as vidraças a pedradas, demoliram um banco de minha porta que nunca mais apareceu, obstruem a fechadura de minha porta da rua com pequenos pregos de ferro e continuamente batem em minha porta com violência, gritando que a cidade inteira está em chamas [...].

Terror do local, esses jovens não são enquadrados por uma instituição de Juventude como aquelas que, na mesma época, na Provença ou em Poitou, sobrevivem na alçada do poder consular ou senhorial.[13] Em Limoux, a identidade da Juventude como corpo hierarquizado ressuscita apenas por ocasião das entradas solenes, quando cabe compor os batalhões do desfile. Os habitantes apontam com o dedo "alguns jovens", "um bando de jovens", "jovens libertinos" cuja origem social é geralmente mista. O bando que persegue o coletor de impostos, num charivari cujo motivo desconhecemos, é manobrado por indivíduos "sem eira nem beira", diz o sieur Terrier. Entretanto, numa longa petição, um deles, Poulhariez, declara sua honorabilidade de negociante; por certo cometeu más ações, mas nada tem de um "celerado"; quanto a seus companheiros de "folguedos", pertencem às "melhores famílias desta cidade"; aliás, um comerciante-varejista une-se a Poulhariez para protestar contra a calúnia. Em 1757, "jovens de alta posição nesta cidade" lideram uma verdadeira revolta contra os cônsules que mandaram para a prisão duas prostitutas. Em 1772, um inspetor das obras públicas da diocese, ridicularizado como cornudo durante todo o carnaval, reconheceu no meio da noite "a voz [...] de jovens de família". De fato, não há bando sem alguns filhos de burgueses, celibatários bastante ricos que em sua esteira arrastam um mundo juvenil no qual encontramos, sem surpresa, o conjunto das solidariedades que constituem o tecido urbano: todas as especialidades imbricadas dos ofícios da lã e do couro, os vínculos da fábrica e do comércio. No início da década de 1770, enquanto a Juventude defende ferozmente suas liberdades carnavalescas, jovens carregadores reforçam com sua audácia extrema os bandos que movem a guerrilha contra os cônsules vaiados, insultados, escarnecidos. Naturalmente, de quando em quando se manifestam evidentes oposições sociais; por exemplo, o carnaval vê afrontarem-se populares mascarados, que dançam ao som de tambores e oboés, e a *Jeunesse dorée*, que dança ao som dos violinos; no entanto, outros laços, de clientela ou de bairro, contribuem para dissimular e dissolver tais oposições. De qualquer modo, para a sociedade é um estilo de comportamento, um conjunto de "costumes" comuns que realmente constituem a Juventude.

A VIOLAÇÃO DOS ESPAÇOS POLICIADOS

Primeiramente, ela está associada a um espaço. As margens da cidade lhe pertencem: a esplanada além dos muros, onde se realizam as partidas de choca, proibidas em 1765 e 1767 por gerarem violências frequentes; os fossos onde as prostitutas se entregam em pleno dia; e no interior das muralhas, a breve distância das portas, as ruas ao longo dos conventos dos agostinianos e dos franciscanos, que as paredes sem janelas protegem de qualquer curiosidade. E depois, impalpável, em perpétuo movimento, a geografia das casas de jogo e dos locais de encontro que, em função dos fechamentos, migram de um bairro a outro em "casas particulares". Mas, à noite, esse espaço furtivo explode, ganhando a cidade inteira. Ao voltar de uma recepção, um padeiro, uma parteira, um burguês testemunham reuniões que entreviram e tiveram o cuidado de evitar, de tal modo a

Juventude reina absoluta sobre o espaço noturno. Esse domínio lhe permite perturbar a ordem urbana que no século XVIII até as cidades menores conseguiram instaurar.

Pouco a pouco a rua tornou-se domínio público. Os cônsules de Limoux proíbem a circulação de aves domésticas e de carros de feno que obstruem o tráfego; os porcos são criados fora das muralhas; não se pode jogar o lixo diante da casa. Ao mesmo tempo, erigem-se no centro da cidade os monumentos da urbanidade. Em Limoux, o objeto dos cuidados zelosos dos edis é a praça central. Cingida de arcadas em três lados, coroada de balcões, ela fervilha com as atividades que se deslocam ao sabor das estações: no verão, sol e sombra as concentram em torno da fonte, no meio da praça; no inverno, as arcadas oferecem abrigo contra o mau tempo. Lojas a rodeiam; semanalmente se instala o mercado; na primavera e no verão, trabalhadores se reúnem todos os dias à procura de emprego; no domingo, os fiéis que saem da igreja Saint-Martin ali conversam um momento. Depois do terrível incêndio de 1693, a pedra pouco a pouco substitui a madeira dos pilares, dos soalhos e das fachadas, a fonte pública foi ampliada e reformada. Nesse lugar policiado por excelência, os jovens, com seus rituais, anualmente espalham o medo. Na noite de 28 de janeiro de 1771, o carnaval é aberto de acordo com as normas, e uma mulher apavorada testemunha o acontecimento: "A grande praça dessa cidade estava iluminada por chamas que ela julgou provirem das arcadas que rodeiam essa praça, aproximando-se da qual teria visto um fogo aceso e um braseiro disperso sob os dois abrigos que são construídos parte em pedra, parte em madeira, e cobertos sobretudo pelos soalhos de madeira das casas dos habitantes".

Em agosto de 1748, outro bando escandaliza um comerciante local derramando água:

> Temos no meio da praça pública desta cidade uma grande e bela fonte com um tanque considerável que recebe água e está sempre cheio a fim de prover socorro em caso de incêndio e do qual a água escoa [...] por um pequeno canal sem

incomodar ninguém, mas esses jovens libertinos se divertiram desviando o curso habitual e depois de [fazê-lo] passar por um pequeno terreno contíguo às arcadas da praça deram-lhe uma grande inclinação e conduziram-no para a porta de minha casa, onde há uma grade de ferro, a fim de clarear o pátio, e pela qual fizeram jorrar abundantemente a água da dita fonte, cavando um grande buraco entre duas pedras que formam o dito tanque.

A atividade noturna dos jovens tem como regra implícita que tudo que está fora, na rua, cai sob seu domínio. Destroem os bancos de madeira ou de pedra existentes ao longo das fachadas; no mercado, quebram as bancas dos comerciantes, viram as mesas dos açougueiros, vão buscar uma escada para tirar um vaso de cravos que orna uma janela ou uma gaiola de pássaros que jogam numa fogueira improvisada.

Essa turbulência banal contribui para reforçar os fechos das casas, dos espaços privados, estimulando ainda mais as incursões destruidoras. Primeiro, as portas, barreiras simbólicas e materiais, são abertas com brutalidade — um barbeiro se queixa de rapazes que se divertem abrindo sua porta de repente para quebrar a bilha de água colocada ali perto —, apedrejadas ou postas abaixo durante os passeios noturnos:

> O sieur Bernard Reverdy, mestre alfaiate, disse que por volta das onze horas da noite, estando ele a trabalhar em sua oficina, um grupo de jovens que apedrejavam todas as portas da rua chegaram até a sua e forçaram-na quebrando a fechadura [...] e os gonzos [...] quando quis sair à rua para descobrir os autores, o filho caçula do sieur Roques lançou-se sobre ele e disse: "Patife, como ousas enfrentar um bando tão grande! Pouco me importo contigo e com a cidade toda!". E pegando grandes pedras atirou-lhe várias, que ele só conseguiu evitar porque voltou depressa para sua loja (1747).

As hortas, os galinheiros, as coelheiras situadas nos limites das cidades, nos vilarejos e sobretudo nas residências senhoriais mais próximas são visitados periodicamente: "Suspeita-se que sejam autores de um roubo cometido durante o carnaval no mencionado castelo de La Tourzelle, em que foram pilhadas todas as aves [...], como [ocorreu] também em vários castelos das redondezas" (1760).

GASTOS SEM CONTA

A permanente derrisão da ordem solidária das ruas e das casas acompanha-se de paixões que, dos jovens burgueses aos jovens trabalhadores, têm em comum os gastos desmedidos. As festas — a começar pelo longuíssimo carnaval — fornecem as principais oportunidades de gastar. O carnaval se inicia em 1º de janeiro com um giro pelas casas e termina na quarta-feira de Cinzas à noite. O luxo das fantasias ainda não constitui uma exigência, mas é preciso pagar pela música que necessariamente conduz as danças de rua. Bandos rivais disputam os serviços de músicos trazidos de longe: em 1763, três oboístas — de Villardebelle, Saint-Hilaire e Espéraza — ganham juntos 27 libras pela noite do *Mardi Gras* [terça-feira gorda] e dezenove pelo dia da quarta-feira de Cinzas; naturalmente, é preciso duplicar essas quantias para os violinistas, mais prestigiosos. A despesa com música tornou-se ao longo do século característica obrigatória da festa juvenil; em todos os momentos do ano e em qualquer ocasião — uma serenata para prostitutas, um charivari, o assalto de mascarados a burgueses estranhos que passeiam pela rua, uma noite de ano-novo passada na prisão consular — contratam-se oboístas ou violinistas.

Outro esbanjamento no longo período de inverno: os jogos de azar. Sempre perseguidos e sempre renascentes, escondem-se na privacidade das casas ou em jardins isolados. Associadas à taberna e às vezes à prostituição, as mesas de carteado — como *brelan* ou lansquenê — devoram tanto o dinheiro dos "profissionais" como o dos "moços de família" que à noite se encontram a sua volta. No carnaval de 1769, uma carta anônima denuncia a situação aos cônsules:

> É vergonhoso para um homem honesto escrever sem assinar, porém sou forçado a tanto pelo medo de que me aconteça uma desgraça. Sou pai e tenho a honra de dirigir-me a vós para suplicar-vos que coloqueis um fim em um jogo de azar que há muito tempo reina em nossa cidade. Meus filhos me arruinam, sem contar outras famílias que estão arruinadas. Quem proporciona o jogo em nossa cidade é sieur Balada, forasteiro que foi expulso de Pamiers por dar cartas. Ele tem uma casa, perto dos franciscanos, que serve apenas para jogar. Sei que monsieur Andrieu [primeiro cônsul] o advertiu para não mais dar cartas, mas apesar disso continua a dá-las noite e dia; é uma coisa escandalosa perto de uma igreja [...] de onde os ouvimos gritar ou brigar [...].

Com muita frequência gerentes de casas de jogo são acusados de incitar os clientes ao roubo: "Os jovens se desonram para cobrir suas perdas consideráveis". E as investidas da força pública não surtem efeito: tão logo soam as intimações, apagam-se as luzes e na escuridão quebram-se a bastonadas as lanternas dos cônsules e de seus criados; depois, os jogadores os empurram e se dispersam. Segundo os vizinhos, que a investigação judicial torna loquazes, nesses locais proibidos os jovens "tramam a devastação das casas" e saem para vagar pela cidade com "um terrível tumulto".[14]

A mesma prodigalidade pauta as relações com as prostitutas. Na Limoux do século XVIII não se tolera bordel; a prostituição é assunto de família: uma viúva e sua filha, duas irmãs, filhas de um moleiro arruinado. Os burgueses e os homens casados as frequentam com discrição — os vizinhos dizem que os veem esgueirar-se junto às paredes, ao cair da noite, escondendo o rosto —; já os moços as festejam à vista de todos. Beijam-nas na rua, fazem-lhes serenatas, levam-nas na farândola do carnaval (são as únicas mulheres presentes) e sobretudo lhes oferecem presentes que elas exibem com orgulho. As irmãs Anne e Marguerite Pascal, que entre 1752 e 1758 são o assunto do dia, "usam vestes, chapéus e rendas muito próprias e de alto preço, acima até das senhoras e senhoritas desta cidade"; também têm "fivelas de prata nos sapatos". Pois jovens admiradores lhes demonstram um verdadeiro fervor de apaixonado: em 1754, um aprendiz de ourives rouba do patrão algumas lascas de prata e uma pistola da Espanha para oferecer à mais velha, Anne, e por conta do pai compra-lhe uma bela musselina com que ela faz um avental. A mesma devoção galante rende a outras jovens talheres de prata, um anel de ouro...

CONFORMIDADE SOCIAL E DESORDEM ORGANIZADA

Segundo os vizinhos e as vítimas que testemunharam e sofreram tantas cenas, a perversão noturna do espaço policiado e a despesa com o prazer constituem as normas de vida dos jovens, que no entanto não param de punir os outros. Pois na cidade dessa época, ainda que nem sempre percebamos as causas, os apupos, as canções, as carniças, as pedradas alvejam particulares, burgueses forasteiros e moças arredias que à noite mal distinguem as máscaras, a fogueira ou os acordes de violino que denunciam e protegem a Juventude. Em 1773, os jovens realizam um charivari completo contra uma viúva de boa família que insiste em casar-se apesar do luto recente pela morte do pai. Como o marido se recusa a pagar, desencadeia-se a espiral de clamores, detritos fétidos, apedrejamentos. Mas a partir de 1770, ao que parece, o julgamento juvenil atinge uma dimensão teatral, desenrola-se pelo ano inteiro para culminar no carnaval. Um processo de 1772 nos fornece todos os detalhes. Desde agosto do ano anterior, Jean-Pierre Amans Dufour, inspetor de obras públicas, é o herói de uma canção que já se ouviu da boca de mais de cem jovens. Eles a entoam ao cair da noite sob suas janelas e pelo menos uma vez tentam entrar na casa, sem dúvida para negociar com a vítima ou agarrá-la. Aproximando-se o carnaval, a Juventude acrescenta ao inspetor duas pessoas de posição mais modesta, os padeiros Fregoli e L'Auzino. Os jovens vão de uma casa a outra, dançando, "cantando as supracitadas canções, gritando de quando em quando: *Couïoul! Couïoul!*", ou seja, "cornudo". Tal é o infortúnio das personagens da farsa narrada por uma longa peça cantada — quinze canções feitas sobre quinze melodias conhecidas —, intitulada *Noubel opera de Cournanel* [Nova ópera de Cournanel]. Enganado pela mulher que aprecia os jovens, impotente — depois de cinco anos de casamento não tem filho —, o cornudo deve aceitar seu destino e com letras de ouro inscrever seu nome no livro mantido pelos "Arquivos de Cournanel". Ao que parece, o texto parodiado muda anualmente: ópera em 1772, torna-se constituição política em 1775, a julgar pelo título, que foi só o que chegou até nós: *Las leis del Grand Cornelius, ame le discours dal general das couïouls* [As leis do Grande Cornelius, com o discurso do general dos cornudos]. Todo o exército juvenil prepara, ensaia e encena — com uma intensidade crescente após o ano-novo — essa cerimônia cuja força satírica se deve em grande parte ao texto que a registra e divulga. Os rapazes mais instruídos o compõem e copiam; portanto, é um amanuense ou estudante que empunha a pena, e nisso a mescla social que compõe a Juventude encontra mais uma justificativa. A peça em questão é em ocitano, língua na qual não se escreve há dois séculos e que por seu uso oral admite a mais aberta crueza. Os jovens se apoderam dela e na música e na escritura a transformam em sua arma mais incisiva, mais temida.

Esse quadro dos costumes juvenis numa pequena cidade ao término do Antigo Regime revela um fecundo paradoxo. Aqueles que seriam definidos como o braço secular da ética comum, de tal modo parecia generalizada a reprovação dos casamentos desajustados, das moças impudentes e dos maridos complacentes, na verdade são acusados — pelos poderes que os julgam e por sua própria comunidade — de turbulentos, devassos, sempre dispostos a promover uma desordem incontrolável, a ponto de a intenção edificante de seus ritos reduzir-se a mero pretexto para o desregramento. Desconfiando das palavras que o estigmatizam — e às quais voltaremos —, não deveríamos antes restituir sua lógica ao papel juvenil?

Com efeito, parece que durante muito tempo a afirmação de certa conformidade social coube em nossas sociedades àqueles que, por sua situação transitória, encontravam-se às margens da ordem cujas regras exprimiam. Como neste caso preciso é o casamento, com suas múltiplas implicações, que constitui o objeto do controle, os que não se casaram, que não têm ainda o encargo de um lar, têm ao mesmo tempo o direito e o dever de conjurar as discordâncias fazendo-as eclodirem. Para tanto, utilizam uma linguagem feita de dissonâncias diversas: a dos barulhos que negam a harmonia musical, a das palavras que ofendem o decoro, a dos objetos que mudam de lugar. Mais amplamente, porém, a Juventude se impõe a obrigação de revelar a dissonância das regras sociais atuando constantemente nos limites do tolerável. No vilarejo, essas ações encontram espontaneamente um espaço — o das florestas e das landes — onde a selvageria perturbadora se mantém a certa distância; na cidade, as mesmas experiências têm lugar num espaço cujas zonas e fronteiras o século XVIII regulamenta, porém que a noite permite perverter. No campo como na cidade, através de doações voluntárias, de contribuições extorquidas ou de rapinas toleradas, cada casa participa das despesas juvenis que tomam a forma de jogos, apostas, festas, nas quais o desregramento, o abandono ao acaso, a negação da virtude da parcimônia são valores fundamentais. A vida dos rapazes exemplifica idealmente o fato de que essa desordem temporária e codificada possa originar uma ordem duradoura, pois abandonam a essência de tais maneiras quando "se assentam", tomando mulher e sobretudo tornando-se pais, momento em que no Languedoc do século XVIII os homens casados não deixam de fazer o novo chefe de família pagar por sua inexperiência.

Essa lógica implícita do controle social juvenil faz com que se tolere, reclamando porém sem lutar, o costume que também se praticou e que algumas autoridades do Antigo Regime às vezes admitem, "pois é preciso que a Juventude passe". Contudo, o paradoxo se evidencia cada vez mais; a ordem pela desordem se torna uma contradição insuportável; os ritos da derrisão revelam apenas a incivilidade de seus realizadores.

ORDEM PÚBLICA E ESFERA PRIVADA

Como compreender o progressivo vigor de uma exclusão que, além da repressão conjunta dos poderes religiosos e civis, pressupõe o apoio eficaz de minorias, suficientemente numerosas e ativas, das sociedades locais? Só uma longa história pôde produzir uma convergência cujos caminhos diversos tentaremos percorrer.

CONDENAÇÕES ECLESIÁSTICAS E PARLAMENTARES

A Igreja, por motivos de disciplina litúrgica, foi a primeira a denunciar o charivari aos viúvos. As segundas núpcias são tão sagradas quanto as primeiras; essas balbúrdias intempestivas as ridicularizam; portanto, são irreligiosas. Em 1329-30, o Concílio de Compiègne estabeleceu uma argumentação que, sobretudo na França e na Itália, dezenas de sínodos e rituais diocesanos retomarão até meados do século XVIII.[15] É verdade que durante muito tempo a própria Igreja privou o segundo casamento de qualquer solenidade. Como a primeira parentela por afinidade sobrevive à viuvez, muitas relações cômodas e sem dúvida banais — até o quarto grau canônico — caíam na imoralidade. Ademais, na pena dos moralistas a personagem da viúva adquiriu uma aparência nefasta que a torna bem pouco recomendável. Tudo isso ligado ao essencial: em grande número de dioceses, cuja distribuição ainda é pouco conhecida, a teologia do sacramento matrimonial excluía a bênção das segundas núpcias. Não obstante, a Igreja se opunha, com ineficaz veemência, a todos esses rituais — paralelos e concorrentes — que um estranho sacramento sem rito parecia atrair.

Embora numa primeira fase os poderes civis utilizem o vocabulário dos prelados, sua intenção é diversa. Primeiro, nos séculos XIV e XV a polícia e os tribunais nunca tratam desses rituais em si, mas apenas quando ocorrem fatos sangrentos, como um tumulto generalizado ou o assassínio de um jovem, ainda mais que às vezes os costumes locais, urbanos ou senhoriais, legitimam o controle das alianças por parte dos jovens solteiros — as autoridades desviam em seu proveito uma parcela das multas rituais. Quando a ordem se torna um fim em si mesma, tanto mais necessária em função dos antagonismos religiosos e sociais, aparece a proibição explícita: o catolicíssimo Parlamento de Toulouse o enuncia em 1538 e o reitera quatro vezes ao longo do século XVI. Depois o hábito se instala: os parlamentos da Borgonha em 1606, de Bordeaux em 1639, de Aix-en-Provence em 1640 etc. lembram a norma válida para todo o reino. Entretanto podemos nos surpreender por ver apenas o charivari citado nominalmente em todos esses textos regulamentares, já que seu objetivo não é mais a defesa de um sacramento, e sim a "tranquilidade pública". Por que esse longo silêncio sobre todos os outros ritos de derrisão que da mesma forma — e às vezes até mais, como no caso da *asouade* — perturbavam a ordem pública?

PENALIDADES RITUAIS E PUNIÇÕES JUDICIÁRIAS

A discrição das sanções indica, e ao mesmo tempo dissimula, uma tensão existente no universo jurídico entre os costumes locais e a prática penal que se forma nas cortes parlamentares. Em 1374, informa-nos um indulto, aplicava-se em Senlis a norma consuetudinária que estipula: "Os maridos que se deixarem espancar pelas esposas serão obrigados e condenados a cavalgar um asno com o rosto voltado para a cauda do referido asno"; em 1404, um artigo semelhante figura nos *Coutumes* [Costumes] de Saintonge; ainda em 1593, o bailio de Hombourg decide que, "segundo o antigo uso", uma mulher que surrou o marido monte de costas num asno que seu frágil esposo conduz pela rédea. Tribunais ingleses da época dos Tudor e dos Stuart ordenam que o réu ou a ré, vestido em trajes do sexo oposto, monte de costas num cavalo e dê um "passeio", às vezes com acompanhamento de *rough music.*[16] Três sentenças parisienses — entre 1729 e 1756 — e um costume de Toulouse descrito e atestado até

1775 determinam que a "alcoviteira pública" monte ao contrário numa burra e que seu marido, se acaso ela o tem, siga-a montado num asno; em Toulouse, os animais são providos de guizos. "Vão te fazer percorrer a cidade com penas e cesto" é uma ameaça bem comum no alto Languedoc durante todo o século XVIII — ao folhear processos, registramo-la três vezes —, lembrando o castigo aplicado a prostitutas e adúlteras: besuntavam-nas de mel, rolavam-nas sobre penas, colocavam-lhes um cesto na cabeça e as faziam desfilar em lombo de jumento; a Celestina, de Fernando de Rojas, conheceu essa infâmia. Outros castigos — destelhar a casa, quebrar portas e janelas, destruir a carroça, poluir o poço, mergulhar na água —, que em várias regiões da Europa românica e germânica figuram nos ritos "populares" de censura, também fizeram parte do arsenal punitivo oficial até a época clássica.[17]

Todos esses castigos pressupõem que o público era convidado a participar não como mero espectador a edificar-se pelo exemplo, e sim como ator, pois a pena será proporcional a seus ritos, suas zombarias, suas sátiras improvisadas. Além disso, os juízes que decidem e a multidão que participa desse teatro punitivo estão convencidos de que deve haver uma relação entre a falta e a sanção específica que a denuncia, a castiga, a elimina. Ora, toda a evolução da penalidade acaba por encerrar, controlar e especializar a cena do castigo — o espetáculo passa a exigir sempre uma balaustrada, barreiras e uma espécie de solenidade tensa — e romper o elo simbólico entre a falta e a pena até chegar à tarifa abstrata que, com o Código Penal francês e sua imitação em outros países, triunfará na Europa. Lento trabalho do Iluminismo: as fogueiras são prescritas no final do século XVII; as penalidades rituais caem em desuso, permitindo aos juízes que deparam com os ritos da derrisão afirmar sem equívoco, com maior precisão e firmeza, sua ilegalidade básica.

Em 1610, após um processo memorável em que o advogado defendeu passo a passo a legitimidade moral e jurídica do rito, o Parlamento de Bordeaux condena os autores de uma "cerimônia chamada corrida ou cavalgamento de asno, por causa do ódio a um homem [...] que se deixara espancar pela mulher".[18] Em 1655, os magistrados de Bayonne emitem um decreto contra particulares que "se vangloriam de fazer correr o animal que chamam de asno ou asna". Depurando sua descrição dos ritos proibidos — que compreenderão, por exemplo, os "versos difamatórios" (Bayonne, 1655), as "canções obscenas ou injuriosas" (Toulouse, 1762) — os juízes os inserem no mesmo conjunto das "assembleias ilícitas e noturnas", das "extorsões", dos "libelos" etc. Periodicamente, os regulamentos provinciais ou urbanos se empenham em descrever situações concretas, denunciando "os jovens de várias cidades e locais que [...] se reúnem com frequência, e sobretudo nas festas e aos domingos correm as ruas durante a noite, cantam toda sorte de canções abomináveis e fazem algazarras e desordens" (Montpellier, 173.7). A rede da repressão se estende e estreita suas malhas; perseguindo, afinal de contas, menos um delito particular que um estilo de conduta, partilha as preocupações dos clérigos da Contrarreforma, que adotaram essa mesma linguagem. Faltará informar, ao longo de todo o século XVIII, as jurisdições subalternas, sobretudo as das vilas, onde os cônsules às vezes se mostravam propensos demais (na opinião da elite) a pactuar com o costume ou, ao contrário, a ostentar um furor excessivo com relação a seus inimigos locais.

AS QUEIXAS DAS VÍTIMAS

Forjadas no contexto de uma evolução ampla e múltipla, essas possibilidades de recurso judiciário foram de encontro a uma expectativa que contribuiu para reforçá-las ainda mais. Se consideramos os detalhes dos processos, no século XVIII todas as formas e todos os usos da derrisão ritual são mencionados perante a justiça e cada vez com maior frequência. Entre 1700 e 1790, a câmara criminal do Parlamento de Navarre julga 47 charivaris, número modesto porém significativo do surgimento dessa causa perante a alta corte de Béarn. Só na segunda metade do século, a vastíssima jurisdição do Parlamento de Toulouse, reunidas todas as instâncias, apresenta na atual situação dos arquivos mais de quinhentos processos; a densidade provençal é sem dúvida equivalente, e as pesquisas regionais que ainda estão por fazer-se nas justiças ordinárias certamente confirmarão essa presença maciça.[19] Mesmo que a força pública atue espontaneamente, em sua esmagadora maioria esses casos se originam numa queixa particular. A força do costume instaurava entre os parceiros do ritual um acordo relativo, porém necessário; ele já não se impõe com a mesma uniformidade, e, com o risco de agravar-lhe os efeitos, alguns não hesitam em desafiá-lo. Sobre o que versam os litígios? O que fundamenta, em sua posição social, aquilo que devemos chamar a revolta das vítimas?

É evidente a maior resistência às extorsões praticadas pela Juventude, às quais os rituais de derrisão ofereciam a ocasião mais propícia. Os tributos sobre todos os casamentos — a *pelote* na França mediterrânea, o "vinho dos noivos" na região de Vaud —, elevados em caso de união exógama e, mais ainda, quando se trata de comprar um charivari, esbarram na recusa das mesmas pessoas que poderiam pagar sem dificuldade. Elas se revoltam com a engrenagem de exigências tanto mais insaciáveis quanto a vítima é um "monsieur" de posses: assim, no término de dois meses, um burguês de Saint-Victor, no Uzège, decide redigir uma petição ao comandante militar a propósito de um "tumulto horrível" e de "canções infames"; todavia, acrescenta, "a princípio empreguei os meios mais honestos para deter essa perseguição, convidando-os a beber e a comer e distribuindo-lhes uma considerável quantia em dinheiro". Para evitar tais abusos, em 1780 o primeiro cônsul de Paulhan heroicamente resolve fazer ouvidos moucos aos *toutoures*, cornos de barro que soam na noite de 1º de maio: "Como acabei de me casar em segundas núpcias", explica, "e como conheço as más intenções de certas pessoas com relação a mim, compreendi que se tratava de um charivari e fui prudente o bastante para não me levantar". Com maior frequência ainda ocorre o confronto. Quando os jovens de Saint-Hippolyte-du-Fort apresentam suas exigências durante o banquete nupcial de um viúvo, comerciante muito abastado, os pais da noiva se indignam e os expulsam; eles promovem então um charivari monstro e depois recusam uma oferta que chegou a cinquenta libras.[20] "Lembrai-vos de que me atacam e eu nada lhes devo!", exclama um jovem viúvo, casado em segundas núpcias, diante das testemunhas de um charivari que o ataca em pleno dia no caminho de seu vilarejo. Confrontado com o rito, ele afirma a lei que fundamenta sua recusa protegendo seu dinheiro. Por uma adaptação da qual teremos outros exemplos, em princípios do século XIX, nos vales do Vaud, por exemplo, o charivari punirá em primeiro lugar essa afronta dos noivos e de sua família à Juventude.

A DEFESA DOS PRÓPRIOS BENS

Durante o século XVIII, a belicosidade defensiva dos proprietários opõe-se mais comumente às extorsões dos jovens. Nas cidadezinhas do Languedoc, como Limoux, as contribuições — espontâneas ou mais ou menos forçadas — para as festas dos jovens se tornam raras depois de 1750. Quem quiser festejar, que pague com seu próprio dinheiro; assim fatalmente a Juventude de "melhor posição" com frequência conduz os ritos e os jogos que exigem música. A cata de dinheiro assume outras formas. Alguns bandos fazem do giro de ano-novo uma autêntica expedição de pilhagem: arrombam portas, invadem a casa de um artesão solitário, esvaziam-lhe o guarda-comida e a adega e ainda por cima lhe distribuem murros e ameaças. Os assaltos noturnos e astuciosos que o costume exige dos rapazes, desde que se mantenham em determinados limites, vão se multiplicar. Os saqueadores de hortas e quintais são condenados; em Pézenas, vitupera-se contra "os moços artesãos, lavradores e jardineiros [que] maldosamente se dedicam a colher uvas à noite e, não satisfeitos, promovem um estrago considerável destruindo troncos". Todo ritual de derrisão, da simples algazarra em torno de um casmurro até o grande charivari, torna-se uma falta considerável quando inclui "depredações". Todas as ações que quebram, desmantelam e deslocam são penalizadas; assim se tornam os signos do desafio por excelência: em outubro de 1729, para "desacatar" os burgueses de um bairro, jovens de Castelnaudary decidem pôr abaixo e quebrar todas as portas de uma rua. O apego quase físico aos "próprios bens" — que na cidade muitas vezes se reduzem ao perímetro de uma casa — e a certeza de estar em seu direito se afirmam tanto contra as agressões simbólicas que os atingem como contra todos os donativos forçados que os diminuem por ocasião de um rito de passagem. Furtar-se assim ao domínio das imposições coletivas — das quais os rapazes são, em primeiro lugar, os beneficiários e os porta-vozes — não equivale a contribuir para sua exaltação e para convertê-las em delitos comuns? Em todo caso, é essa a impressão que dá a multiplicidade de denúncias e depoimentos que no período pré-revolucionário, sobretudo nos grandes burgos e nas cidadezinhas, atestam uma guerra incessante em torno das maneiras aceitáveis de "viver a Juventude". Sob um mesmo rótulo — "libertino", usado com muita facilidade —, os burgueses comuns dessa época não hesitam em agrupar todos os atentados contra a ordem das famílias, atacada do exterior ou minada interiormente: a vadiagem, o aviltamento, a dilapidação do patrimônio nos jogos e no amor venal, a paixão frenética por festas de rua, o desprezo por todas as autoridades.[21]

A LIBERDADE DAS FAMÍLIAS

Todavia, os jovens que além disso manejam a arma da derrisão afetam mais gravemente ainda a ordem que se constitui. Mesmo que atentassem bem pouco contra os bens e a paz pública, não seriam menos odiosos, pois, controlando o casamento — esse nó por onde passa a história das famílias —, penetram no seio de um círculo que se reforça e se contrai. Portanto, o principal atentado já não é contra o "sacramento do matrimônio", nem contra a "tranquilidade pública", e sim, conforme escrevem os parlamentares de Navarre ao condenar o charivari em 1769, contra "a liberdade interior das famílias". Ante a multiplicação das vítimas que se rebelam, não devemos admitir que a partir de um período situado grosso modo em meados do século XVIII os juízes que debatem esses ritos questionam seu próprio fundamento? Vestígios — "dignos dos antigos selvagens do país", escreve no ano XII o prefeito dos Hautes-Pyrénées — de um modelo de controle social que institui a transparência e dispõe de um amplo leque de ações que desvelam e punem as más escolhas e os maus comportamentos familiares. Parece que doravante a burguesia proprietária, que julga e apresenta queixa, pouco a pouco se convence de que essa esfera pertence à família, que nenhuma entidade exterior poderia pesar sobre as decisões que ali se tomam; e as leis confirmam, sem equívoco, tal direito à opacidade de uma "vida privada".

Muitos fatos e mesmo as palavras — expressando como que uma consciência cada vez mais clara da mudança — tendem a mostrar esse avanço da "liberdade interior", porém na pilha dos casos que chegaram até nós há algumas recorrências interessantes que cabe interpretar. Vejamos primeiro os alvos mais visados da derrisão na Limoux do período 1740-90: um coletor de impostos, um especialista em direito feudal, um procurador do senescal, um inspetor das obras públicas da diocese. Todos opõem a mais viva resistência à censura que os atinge em sua história de marido ou de pai. Todos são proprietários, mas pertencem sobretudo ao mundo dos que manejam pena e papéis; encarnações da legalidade exterior do Estado, dominam todas as vias de recurso e antecipam o confronto, provocam o debate entre os ritos e uma certa modernidade jurídica e administrativa que, como o antigo charivari, mais cedo ou mais tarde acabam cruzando o caminho de cada família.

OS PODERES DO CURA

No vilarejo, a tensão se desloca de modo ainda mais esclarecedor para outra figura de grande importância: o cura. Formado nos seminários da Contrarreforma que unificaram as posições dos padres sobre a religião e os costumes, ele já se coloca como adversário de todas as formas tradicionais de derrisão. Em nome da "paz das famílias", ele vocifera contra a prática do charivari, do julgamento carnavalesco, e em Vivarais, por exemplo, dos "maios" fálicos colocados na porta de determinadas moças. Em 1780, em

Burzet, o cura chega a proteger um casal ameaçado com o charivari, dispensando-o de dois dos três proclamas antes de abençoá-lo secretamente na escuridão da noite. Lançando ao opróbrio o costume juvenil em sua íntegra, ele denuncia todas as formas de extorsão, como por ocasião do casamento, por exemplo: "Quando alguém se casa [os jovens] procuram [obter dinheiro] com que beber e comer. Se os noivos se recusam, eles imediatamente vão se plantar numa taberna para ali regalar-se por conta dos recém-casados, aos quais não param de perturbar e de insultar até que paguem suas despesas" (Saint-André, Lodève, 1749).

Mais amplamente, o cura elabora um minucioso catálogo das "extorsões", "escândalos", "desordens" e "impiedades" da Juventude:

> Parodiam as cerimônias e não dão atenção às reprimendas. Percorrem a vila fantasiados, dançando, brincando o carnaval no dia das Cinzas. Entram no santuário durante os ofícios, colocam-se nas procissões entre a cruz e o cura como se fossem do clero, voltam as costas para o altar, riem e conversam durante os ofícios, batem nos bancos, disparam tiros de pistola na igreja ou em frente a ela nos dias de festa ou de casamento, dançam defronte às portas da igreja sobre o pedestal da cruz, mesmo antes do catecismo e durante o Advento, e entoam canções obscenas (Neffiès, Béziers, 1769).

Naturalmente, agindo com essa convicção contra todas as práticas que escapam à ortodoxia por ele representada, o cura de aldeia traduz com fidelidade um ideal religioso, porém sua ambição social e o lugar que de fato ocupa não o levam a combater como prioridade o "direito de controle" que os jovens detêm em nome da comunidade?

Desde o final do século XVII, o cura de aldeia acumula duas funções de igual importância. Além de seu ministério — que exerce com sua nova competência cultural e que se estende cada vez mais com o controle da "escolinha" —, tem a incumbência de representar a monarquia.[22] A partir de 1667, ele registra os batismos, casamentos e enterros, e o regulamento que em 1737 o obriga a ter cópias desses registros consolida a prática. Nas regiões protestantes, ele é solicitado a enumerar os novos convertidos, aos quais vigia e às vezes denuncia. Substituindo-se aos cônsules, que na região ocitana em geral são analfabetos, estabelece a tributação e ao término da missa lê no púlpito os decretos e regulamentos que recebe do governador da província. Essa dupla missão — política e religiosa — permite-lhe velar por uma ordem familiar cuja norma exprime denunciando o adultério, o concubinato, a gravidez ilegítima; promovendo determinadas uniões, como um alcoviteiro; declarando de todo modo sua opinião sobre cada casamento. Seu julgamento pode cobrir alguém de infâmia: ele recusa a comunhão aos dissolutos, interdita o cemitério a um "libertino", ouve a confissão das moças que sofrem a tentação da dança ou da galantaria. Como pretende tornar-se o diretor espiritual da metade feminina do vilarejo — sobretudo a que pertence às famílias abastadas —, às vezes perscruta no mais profundo, no mais íntimo, informando-se, por exemplo, sobre a prática dos "funestos segredos" que permitem escapar à concepção; ou ainda "incita a partir à noite para o convento a filha de um castelão, sua penitente de dezoito anos (ela passa três horas no confessionário e acusa sua família), que considera ameaçada pela afeição excessiva de um pai velho e ciumento" (N. Castan).

Assim, as tensões existentes no vilarejo confirmam e esclarecem o que a presença notável das pessoas do "controle" e dos "papéis" entre as vítimas urbanas nos deixara pressentir. No século XVIII, a censura ritual decide cada vez mais afrontar seus adversários mais encarniçados — o cura em primeiro lugar. Estabelecido há muito tempo em sua paróquia, ele mesmo comanda toda uma família de irmãos e sobrinhos cuja educação supervisiona e para os quais procura boas colocações. Defende ferozmente a calma de sua vida cotidiana, reclusa e meditativa, que contrapõe às desordens do público e sobretudo dos rapazes:

> No domingo passado, festa de Pentecostes, apareceram como de hábito tocando tambor, fazendo sua farândola. Eu estava então ocupado em reler o breviário em minha casa, que se encontra precisamente ao rés do chão; não me foi possível fixar a atenção: para observá-los saio da santidade de minha ocupação e por toda resposta a meus pedidos e a meus conselhos, disseram-me para falar-lhes a seu traseiro, acompanharam as palavras de gestos com a mão [...] (Estesargues, Uzès, 1774).

Porém, através de seu apego à ordem pública e à liberdade das famílias, o cura garante para si um poder de controle discreto, usando tanto a dominação administrativa como a persuasão espiritual, delimitando uma esfera "privada", sim, mas também transparente apenas para seu olhar.

AS REVANCHES DO COSTUME

Essa evolução não ocorre sem resistências. Primeiro, famílias se opõem ao que parece um mal-entendido. De fato, nos meios burgueses e aburguesados, o desejo de uma autonomia mais bem defendida coexiste com a nostalgia de uma restauração da autoridade paterna. Sobretudo na França meridional, o pai de família conservou durante muito tempo um poder absoluto que se traduz de várias formas: na direção autocrática dos assuntos, na escolha do herdeiro, na solenidade do ritual de emancipação que os notários do Lodévois registram ainda em pleno século XVIII. Lutar contra a "libertinagem", chegar a ponto de internar por *lettre de cachet* um filho transviado, sem dúvida equivale a unir-se ao combate moral da Igreja sem por isso se curvar à autoridade do cura. Seu poder suscita frequentemente reações intensas, que dão lugar às lutas de facção das quais ele é o pivô, ou denúncias mais insidiosas que muitas vezes no século XVIII conduzem à presença da oficialidade diocesana padres de paróquia acusados de crimes sexuais.

A réplica da Juventude cujos ritos são condenados é muito mais ostensiva. Todas as figuras da derrisão se sucedem e se conjugam para perseguir o cura: pancadas em sua porta à noite, pilhagem da horta presbiteral, canções infamantes, apedrejamento da casa paroquial, às vezes acompanhados de ameaças mais graves. Em Aramon, na margem direita do Ródano, a Juventude da década de 1780 é particularmente turbulenta. Durante um carnaval, realiza um charivari contra um casal, prometendo numa canção fazer o noivo montar no asno; o cura no púlpito prega contra a desordem e os agitadores, mas, diante da reação deles, não insiste, pois o infortúnio de um confrade o incita à prudência. Um de seus predecessores repreendera a Juventude em plena taberna, "esse lugar nefasto", indestrutível: "Três ou quatro jovens foram pegá-lo, amarraram-no e o levaram nos ombros até o Ródano, onde pretendiam lançá-lo: um deles se comoveu com seus gritos e o soltou [...] fizeram-no jurar que não os nomearia nunca, e ele obedeceu".

Mas esse confronto não deixa de ter consequências sobre as razões e as formas dos ritos de desvelamento cuja mudança atesta sua força. O "direito de controle" habitual era estritamente limitado à relação entre os sexos por ocasião do casamento: antes, durante, depois, a indignidade era vigiada, julgada, proclamada e punida. Ademais, a infração só caía sob o golpe da censura coletiva quando se tornava pública: os deslizes anteriores ou posteriores ao casamento estavam protegidos por sua discrição; só as bodas se expunham necessariamente à vigilância e ao julgamento. O controle exercido pela Igreja vai muito mais longe, e, como se coloca na posição não só de adversário mas também de concorrente da censura costumeira, ela vai ampliar seu domínio e denunciar modos de ser que por princípio lhe escapavam. Em Aramon, no ano de 1781, ante a feroz resistência do marido e do cura associados, um charivari desemboca em revelações cada vez mais detalhadas. O marido "atentou contra a honra de várias mulheres que não se queixaram" ; uma canção relata com minúcias as desventuras de sua vizinha e de uma lavadeira. Sua esposa, uma criada que "não ganhou dinheiro cruzando as pernas", teve com seu falecido patrão uma criança natimorta e, dizem, desviou a herança. No mesmo ano, em Limoux, mais de cem pessoas lideradas por "oito ou nove jovens, ajudantes de procuradores, empregados de fabricantes e vendedores, de quinze a vinte anos", desde o carnaval até o alto verão, satirizam com suas canções a filha de um notário: a moça frequenta com demasiada exclusividade sua amiga, filha de um negociante.

Assim, a moral pública também mergulha cada vez mais fundo no segredo das existências, e o século XIX dará nova amplitude a essa mutação. Na Alemanha, o charivari — *Haberfeldtreiben* — também estende seu campo de intervenção: "Às censuras sempre predominantes de imoralidade, adultério e ligação amorosa proibida acrescentam-se agora a homossexualidade, o incesto, o concubinato e a poligamia; depois de 1870, esse catálogo se amplia com a sodomia" (E. Hinrichs). Na Gasconha — assim como na Alemanha —, as duas forças políticas e morais dos vilarejos da época, o cura e o mestre-escola, são espionados em sua vida sexual.[23] Para eles, principalmente, cria-se até um novo rito de derrisão: cobrir de hera, penas, serragem ou feijões carunchados o espaço entre as portas dos amantes proibidos. Prolongando as "oferendas" infamantes de maio, invertendo as oferendas nupciais e honoríficas, contornando as leis que não previram tal delito, o novo rito, realizado em silêncio por censores anônimos, revela o segredo dos que conhecem e regem os segredos de todos.

NOTAS

1. A. C. Carcassonne, FFl.

2. C. Karnoouh, "Le charivari et l'hypothèse de la monogamie", *Le charivari*, publicação sob a direção de J. Le Goff e J.-C. Schmitt, Mouton-EHESS, 1981, pp. 33-44.

3. Essa "economia matrimonial" constitui uma das dimensões da análise do charivari proposta por Lévi-Strauss em *Le cru et le cuit*, Paris, Plon, 1964, pp. 343-4.

4. A. D., Var, Justice Seigneuriale de Varages, maio de 1788.

5. Arquivos privados; excertos da *Chronologiette* foram publicados em E. G. Léonard, *Mon village sous Louis XV*, Paris, PUF, 1940.

6. C. Daugé, "Une azoade à Coarraze en 1762", *Bulletin de la Société de Borda*, t. XLV, Dax, 1921, pp. 107-15.

7. De Marie Blanque, *aurostèra* de Béarn do final do século XVIII, possuímos várias "orações fúnebres" (M. C. Salles, *La poésie populaire en vallée d'Aspe*,

Orthez, 1980, pp. 96-106); sobre o discurso fúnebre, ver E. de Martino, *Morte e pianto rituale*, Boringhieri, 1975.

8. A. D., Aude, B 1210.

9. A. D., Hérault, C 6851.

10. A. D., Aude, B 2641.

11. L. Junod, "Le charivari au pays de Vaud dans le premier tiers du XIXe siècle", *Schweizerisches Archiv für Volkskunde*, t. XLVII, Basileia, 1951, pp. 114-29.

12. Todos os casos que se seguem provêm dos arquivos comunais de Limoux — examinados na íntegra com relação ao período 1740-90 —, das queixas e petições endereçadas ao comando militar da província (A. D., Hérault) e de pesquisas intensas nos documentos não classificados da jurisdição do senescal (A. D., Aude).

13. M. Agulhon observou essa discrepância entre a Juventude como instituição municipal e a Juventude como conjunto de práticas após examinar os arquivos policiais de Toulon (1774-9) (*Pénitents et francs-maçons de l'ancienne Provence*, Paris, Fayard, 1968, p. 62). Para a Juventude do Poitou, muito integrada no quadro senhorial, ver N. Pellegrin, *Les bachelleries dans le Centre-Ouest*, Poitiers, 1983.

14. Ver *Le jeu au XVIIIe siècle*, Aix-en-Provence, Édisud, 1976.

15. Ver A. Burguière, "Pratique du charivari et répression religieuse [...]", *Le charivari*, op. cit., pp. 179-96. O inventário — capital — das condenações civis não foi feito, ver algumas anotações retrospectivas em J.-L. Sourioux, "Le charivari. Étude de sociologie criminelle", *L'année sociologique*, Paris, PUF, 1962, pp. 401-14.

16. M. Ingram, *Le charivari*, op. cit., p. 253.

17. Sobre esses ritos penais, P. Saintyves, "Le charivari de l'adultère et les courses à corps nus", *L'ethnographie*, Paris, 1935, pp. 7-36; e R. Pinon, "Qu'est-ce qu'un charivari?", *Kontakte und Grenzen*, Festschrift für Gerhard Heilfurth zum 60, Göttingen, 1969, pp. 393-405.

18. A defesa é retomada em *Plaidoyers et actions graves et éloquentes de plusieurs fameux avocats du parlement de Bordeaux* [...], Bordeaux, 1646, pp. 197-208.

19. Para o Béarn, C. Desplat, *Charivaris en Gascogne*, Paris, Berger--Levrault, 1982, p. 103; N. Castan abordou cinquenta casos do Languedoc em *Le charivari*, op. cit., pp. 197-206.

20. Para esses três casos, A. D., Hérault, C 6864 e 6666, 1778.

21. Sobre essa "libertinagem", C. Nicod, "Les 'séditieux' en Languedoc à la fin du XVIIIe siècle", *Droit pénal et société méridionale. Mémoires et travaux publiés par la Société d'Histoire du Droit* [...], Montpellier, 1971, pp. 145-65. Notáveis retratos de libertinos encarcerados por *lettre de cachet* no forte de Brescou, próximo de Agde, são fornecidos por G. Sarret de Coussetgues, *Une prison d'État au milieu du XVIIIe siècle*, Paris, Les Presses Continentales, 1950. O *Jean l'an prés* do abade Fabre (E. Le Roy Ladurie, *L'argent, l'amour, la mort en pays d'oc*, Paris, Ed. du Seuil, 1980) é um retrato literário de libertino rural.

22. Sobre o cura nesse final do Antigo Regime, ver N. Castan, *Les criminels de Languedoc*, Publicações da Universidade de Toulouse-Le Mirail, Toulouse, 1980, pp. 127-8, 146-58, e as pesquisas em curso de A. Molinier apresentadas

em "En Languedoc: le curé de village (XVII-XVIIIe siècle)", *Études sur Pézenas et l'Hérault*, XI, 1980-3, pp. 59-65.

23. Essa redefinição da fronteira do controle social é constatada na Alemanha por E. Hinrichs, *Le charivari*, op. cit., pp. 297-306, e na Gasconha por D. Fabre e B. Traimond, ibid., pp. 23-32.

FAMÍLIAS. A HONRA E O SIGILO

Arlette Farge

Paris. A cidade funciona como miragem: absorve toda uma população que já não consegue viver no campo e ao mesmo tempo expele aqueles que não chegaram a integrar-se, que não têm mais ilusões sobre ela. Paralelamente, favorece incessantes idas e vindas de pessoas que a procuraram e no verão voltam para sua terra. Efervescência migratória, mobilidade, presença de uma população flutuante que nem o trabalho, nem a habitação puderam fixar: Paris é uma cidade particularmente fervilhante, que cronistas e memorialistas contemporâneos descrevem com fascínio e a consciência de estar no centro do bulício vital. "Dever-se-á destruir a capital para povoar os campos?", pergunta-se Louis Sébastian Mercier em seu famoso *Tableau de Paris* [Quadro de Paris],[1] no qual retrata apaixonadamente um povo urbano, agitado e loquaz, dado ao "dilúvio verbal e inesgotável".

Hoje sabemos perfeitamente que a composição sócio-profissional da imigração é aquela das camadas desfavorecidas. Os que se dirigem a Paris provêm de meios pobres e já instáveis: não são os agricultores abastados que partem, e sim os trabalhadores braçais ou jovens da Saboia e de alhures. Essas "transumâncias de homens", conforme a expressão de Abel Poitrineau,[2] determinam separações familiares: um parte, outro fica. Quem se foi às vezes volta, mas em geral pensa trazer para junto de si, algum dia, um ou vários membros da família. Entrementes mora na cidade, conhece outras pessoas, associa-se em concubinato para viver melhor. O número de crianças abandonadas[3] é impressionante, e o asilo dos enjeitados não passa de um refúgio desolador onde doenças e mortalidades organizam uma tenaz destruição. Entregar o filho a uma nutriz,[4] distante da capital, é uma necessidade: de 21 mil crianças nascidas anualmente, 20 mil partem para uma estranha e perigosa viagem, conduzidas de carroça por intermediários que por sua vez as entregam a nutrizes sobre as quais os pais não têm nenhum controle.

Essas condições de vida precárias, difíceis, com frequência levam a crer que a família popular não existe. No entanto, a realidade é diferente, e, por menos que nos detenhamos neles, os arquivos policiais nos mostram não um quadro mais brando, e sim formas de vida mais complexas do que aquelas habitualmente descritas. Formas de vida que necessariamente acarretam modos de relação originais entre os setores privado e público.

A FAMÍLIA CITADINA

A família de fato existe:[5] talvez não reunida na íntegra, com todas as suas gerações, dos avós aos netos; sem dúvida fragmentada, mas sempre presente. A referência a ela é constante: nós a vemos nos interrogatórios e nos depoimentos policiais. Mesmo entre os mais desfavorecidos, raríssimos são os que declaram não ter a seu lado nenhum membro da família. Comprovam-no alguns fatos importantes do século XVIII. Em 30 de maio de 1770, celebra-se em Paris, com pompas régias e festividades populares, o casamento do delfim.[6] O povo invade as ruas para atender ao chamado do rei e ver os fogos de artifício na place Louis XV. Uma prodigiosa multidão se aglomera, e algumas carruagens insistem em abrir caminho a todo custo: sobrevém a catástrofe. Cento e trinta e duas pessoas morrem sufocadas, a maioria em pé, asfixiadas umas contra as outras ou pisoteadas pelas que, apavoradas, procuram salvar-se. Os corpos são expostos no cemitério de La Madeleine La Ville-l'Evêque, para que vizinhos, amigos ou parentes os reconheçam. Raros são aqueles que realmente vivem sozinhos em Paris: três quartos dos corpos são reclamados por um membro da família, parente próximo ou distante.

Outro acontecimento, mais conhecido da historiografia, dá a mesma medida dessa presença familiar; quando o tribunal revolucionário determina o dia de sua execução, os condenados à morte escrevem cartas de despedida. Cartas que nunca chegarão ao destinatário e ficarão entre os papéis de Fouquier-Tinville nos Arquivos Nacionais.[7] Cartas de gente humilde, envolvida com a Revolução por baixezas que nada têm de ideológico. Cartas destinadas, praticamente na totalidade, a um membro da família: esposa, irmão, irmã ou filho. A presença familiar é evidente, ainda que não corresponda a nossa imagem atual da união obrigatória de um casal com sua prole.

Contudo, a família não vive isolada em si mesma; fragmentada, dispersa e no entanto unida, está sempre "exposta" e não conhece a intimidade no sentido em que poderíamos entendê-la hoje. Sua abertura é proporcional à impossibilidade de viver só para si. À nobreza e à alta burguesia pertencem linhagens, sucessões, propriedades de terras, heranças, direito de primogenitura. Com o povo é diferente: vive vigiado e só constrói seu presente e seu incerto futuro através de múltiplas redes, das quais apenas uma é de ordem familiar.

Para definir realmente a família popular, devemos primeiro ressaltar que a percorrem — e até a constituem — sistemas de dependência situados fora dela. Faz parte de sua natureza confrontar-se diariamente com os outros num labirinto inevitável de solidariedades e contrassolidariedades nascidas a partir dos espaços sociais que lhe compete aceitar.

O PRÉDIO, TEATRO COLETIVO

Ao mesmo tempo que impõem uma opressão terrível, as condições habitacionais estabelecem um estilo de vida original: um bom exemplo é o prédio de apartamentos parisiense, encravado em ruas estreitas, lamacentas e malcheirosas. Do entressolho ao sótão, tudo é habitado ao máximo: os proprietários procuram tornar rentável todos os espaços, por exíguos que sejam. Cheio de passagens, mansardas, aleias que ligam a oficina ao pátio, de *quarrés* (partes internas ou balcões exteriores ao redor de pátios onde às vezes há uma fonte) e de latrinas no alto da escada, o prédio exibe sem pudor sua população. No século XVIII, ainda acontece com frequência misturarem-se ao povo os burgueses que não se afastaram rumo ao oeste da cidade nem se isolaram em grandes palacetes: eles habitam os andares nobres, em geral os apartamentos situados nos primeiros quatro andares. Acima e abaixo, num espaço fragmentado, vivem trabalhadores assalariados. No térreo, situa-se comumente a oficina ou a loja aberta para a rua, invadindo-a com seus balcões. No entressolho, logo acima do espaço de trabalho, um cômodo serve de quarto de despejo e dormitório para aprendizes e artesãos. Pode haver uma escada interna ligando um ao outro. Ao lado da loja está a aleia, passagem fechada à noite, através da qual os moradores ganham o pátio e os diversos andares e os transeuntes vão de um prédio situado do outro lado da rua a um edifício localizado no pátio. Uma ou várias escadas com janelas servem os andares, com patamares em cada um deles dando acesso aos quartos. Cubículos onde as pessoas se alojam mediante aluguéis mais ou menos caros. Às vezes, os quartos se comunicam entre si, e o costume determina que as portas, com muita frequência, permaneçam abertas para o patamar da escada ou para apartamentos alheios. De um quarto pode-se passar a outro, chegar eventualmente a outra escada ou passagem. No topo, mansardas frias no inverno e quentes no verão abrigam uma população trabalhadora tão numerosa quanto flutuante. Se o artesão ou o comerciante do térreo tem bastante dinheiro e empregados suficientes, é ele que possui esse espaço e o subloca aos empregados. Caso contrário, as mansardas ou quartos mobiliados são alugados por dois ou três *sous* a noite. Ali moram várias pessoas, que geralmente dormem no chão, em colchões de palha, e escondem seu pecúlio sob as cobertas.[8] O prédio é acima de tudo uma cena pública, onde uns se afirmam, outros brigam e nada é secreto ou escondido. Disputas conjugais, amores clandestinos, inquilinos barulhentos, crianças irrequietas: tudo se sabe e se ouve sem dificuldade. A promiscuidade amolda comportamentos e hábitos.

A RUA E A OFICINA

A vida do trabalho não é mais protegida; as profissões da rua são inumeráveis e conferem à paisagem parisiense uma originalidade incessantemente descrita ou retratada. Andar é a regra para todos que carregam nas costas os meios de ganhar a vida: latoeiros, pasteleiros, dentistas, floristas, quinquilheiros. O importante para eles é estar sempre visíveis, ser facilmente reconhecíveis (cada qual usa as vestes típicas de sua profissão), de modo que se possa chamá-los sem dificuldade: ninguém precisa procurá-los, eles estão sempre ali e emitem seus agudos pregões. Conhecidos no bairro, formam sua clientela na rua e às vezes, para ter maior segurança, detêm um ponto habitual nas encruzilhadas ou sob os pórticos. Principalmente os amoladores e carregadores — os limpadores de chaminés muitas vezes agem da mesma forma para que os clientes os encontrem com maior facilidade.

A oficina — espaço tradicional de trabalho do artesão, seus empregados e aprendizes — é um local intermediário entre o exterior e o interior. Balcões e bancas estendem-se para a rua, abrem-se para fora. Clientes e artesãos podem conversar o dia inteiro. Longe de ficar trancados, os empregados logo se informam de tudo que acontece nas redondezas, o que facilita muitas formas de intercâmbio e de solidariedades. Ninguém pode ignorar as disputas entre patrões e empregados e ao primeiro olhar os transeuntes distinguem as oficinas organizadas daquelas que não o são. Em um contexto de tal proximidade, a competição atinge o auge: o mestre não hesita em mandar seu aprendiz espionar pela janela os clientes de seu vizinho para melhor agarrá-los.

Entre vida familiar, vida no prédio e vida de trabalho perfila-se uma personagem investida de um papel essencial: a criança. Dos dez aos dezesseis anos, vive como adulto, embora conserve prazeres e jogos infantis. Ainda muito pequena, já é colocada como aprendiz de algum ofício ou tem de ajudar os pais nas tarefas cotidianas; assim, conhece o ritmo do trabalho, seu rigor, suas imposições. Ainda dependente da família, constitui um laço social suplementar entre os diferentes espaços em que os indivíduos se movem. Filha tanto do bairro como dos pais, a criança leva recados, presta pequenos serviços ou, sob o olhar do mestre, conhece as agruras da condição de aprendiz. Percorre os espaços e as comunidades com espantosa mobilidade e participa realmente tanto da vida pública como da vida privada. Vizinhos, artesãos, comerciantes, curas ou diáconos a veem crescer: ela pertence tanto ao bairro como a sua família.

O bairro é algo muito diferente de um espaço geográfico: é um meio autônomo que reage segundo suas regras e suas leis, um lugar onde cada qual vive vigiado pelos outros e vigiando-os. Diversas autoridades o observam: o comissário principal e seus parceiros,[9] o cura da paróquia e seus acólitos ou diáconos. Personalidades morais de grande importância, eles são guardiães da ordem e da caridade: neles as pessoas procuram autoridade e compreensão, severidade ou indulgência. Estão sempre presentes no bairro, bem informados e disponíveis a todos. Aliás, em alguns casos colaboram um com o outro; o comissário pode facilmente pedir ao cura informações sobre um morador suspeito. O povo sabe disso, os arquivos policiais contêm muitos atestados de boa conduta provenientes dos próprios curas.

Os comissários são os olhos e os ouvidos do bairro, e o tenente-general [chefe] de polícia exige que assim seja. Devem estar em toda parte, saber tudo, deslocar-se a cada incidente, fazer inspetores e espiões recolherem todos os murmúrios e intrigas que circulam pelas ruas, estalagens, tabernas e fontes.

Nesse contexto tumultuado em que vida pública e vida privada se confundem praticamente em todos os aspectos, em que se vive tanto fora quanto dentro e em que o olhar do outro impõe suas regras, a honra constitui um bem fundamental, uma necessidade indispensável.

A HONRA, NECESSIDADE PRIVADA E PÚBLICA

A HONRA DO POBRE

Já há muito tempo a honra é considerada um bem essencial, comparável ao bem da vida, que deve ser protegido por todos os meios. No início do século XVI, Jean de Mille, um preboste de

Paris, uma das principais figuras do mundo judiciário no reinado de Francisco I, escreve um longo texto intitulado *Pratique criminelle* [Prática criminal], espécie de instrução aos que exercerem sua função. Na apresentação ao rei declara:

> Outrora tive de julgar casos que ocorriam [...] segundo a ocasião, tanto na cidade [...] como nas províncias; ao voltar para casa tentei reunir esses casos num só corpus e colocá-los na devida forma. Dediquei-me sobretudo ao que se refere aos crimes contra as pessoas; a perda de um bem, de um patrimônio, é sempre reparável por um meio ou por outro, [mas] a da *honra* ou da *vida* nunca [o é].[10]

Comparável à morte, a desonra é um tema comum nos textos sobre a civilidade dos séculos XVII e XVIII: "É o que valoriza os homens e os torna estimados; é o fundamento da boa-fé e pelo qual se jura; é o que triunfa sobre todos os insultos da fortuna e todos os ataques do mundo; é a única coisa que traz a felicidade; é o que se prefere à vida; enfim, é tudo que existe de mais caro, de mais precioso e de mais sagrado entre os homens", escreve Courtin em seu *Traité du point d'honneur* [Tratado do ponto de honra].[11]

Longe de ser apanágio dos grandes, a honra é um bem que as pessoas do povo pleiteiam com veemência, diz ainda Courtin: "Perguntai ao primeiro que aparecer o que é ter honra; ele vos responderá que é ter coração. Perguntai-lhe o que é ter coração; ele vos dirá que é preferir morrer a sofrer uma injúria". Mais que uma ideia ou uma noção, a injúria é um sentimento, uma convicção com a qual convivem e se debatem os homens e as mulheres do povo. Aliás, no século XVIII o tenente-general de polícia Lenoir menciona em suas memórias essa constante avidez da arraia-miúda em relação à própria honra:

> A administração da polícia de uma grande cidade que reúne todo tipo de sociedades, nas quais os homens e as mulheres

> quase sempre estão face a face [...], permite conhecer bem a extensão do poder da maledicência e da calúnia. As queixas referentes a injúrias e difamação eram frequentes em Paris. Alguns procuravam reparação ante os tribunais ordinários. Inúmeros parisienses importunavam a polícia com suas contendas domésticas e seu ponto de honra.[12]

Percebemos aqui a irritação da polícia ante o afluxo crescente de demandas relativas à honra e à reputação; porém Lenoir compreende muito bem o mecanismo: quando homens e mulheres vivem "face a face" como na cidade do século XVIII, a palavra é todo-poderosa. Maledicências e calúnias podem causar ferimentos, conflitos graves.

Um dos fundamentos da honra reside nesse contato constante entre famílias e comunidades, nessa indistinção entre vida privada e vida pública. É o olhar onipresente que fornece o conhecimento a respeito do outro e o direito de falar dele. Os depoimentos ante a polícia repetem uma expressão muito significativa: "Conheço-o como...". Conhecimentos, estratégias de uns e outros baseiam-se, na verdade, em dois outros mecanismos importantes do funcionamento social: a consciência do risco e a ideia de uma relativa igualdade em face da precariedade comum a todos.

O risco faz parte do cotidiano: a circunstância urbana é perigosa, às vezes ameaçadora. A enfermidade, o acidente, a perda do emprego, a viuvez e a morte ocorrem todo dia, e a consciência dessas possíveis rupturas tece a trama da existência. Tanto em sua realidade material como em seus modos de representação, o risco produz determinado número de atitudes que devem adaptar-se a ele, que geram condutas e desafios. Pode-se sucumbir ao risco, administrá-lo, desafiá-lo ou até jogar um peso muito grande sobre os outros para afastá-lo. Derrubar alguém é um modo de reerguer-se em meio à precariedade geral.

A sociedade popular incessantemente avalia as formas de igualdade que unem seus membros numa insegurança econômica e física comum a todos. Ao mesmo tempo empenha-se em nunca descer abaixo do nível que considera o mínimo, na impossibilidade de alcançar as formas de ascensão social desejadas. Nesse frágil equilíbrio vivido aos olhos dos outros, aumenta a vulnerabilidade em relação aos vizinhos e espectadores. É preciso controlar a qualquer preço o fluxo do que se diz e se vê para não assumir o grave risco de se tornar vítima. Numa sociedade de "iguais" é necessário ter a estima dos outros.

A honra necessária fundamenta-se ao mesmo tempo na clara consciência que o povo tem de ser uma multidão indiferenciada, objeto de poder do rei; a consciência de ser "o povo" e "o vulgo" nos quais se baseia a força sagrada do rei. No interior dessa consciência existe um espaço onde se situam a honra e a reputação pessoais, que permitem nomear-se uns aos outros, fugir ao vulgo, existir numa essência e numa posição próprias. Coisas que se pode perder rapidamente, pois se baseiam na palavra do outro e em sua vontade de também se distinguir dos demais. Assim, percorrem as comunidades populares perpétuos movimentos de honra e desonra que, no âmago de fenômenos de solidariedade perfeitamente visíveis, conduzem o jogo do destino individual. Numa mesma lógica da honra podem coexistir tanto ações coletivas de defesa em relação às autoridades quanto atos de desafio pessoais contra o vizinho para garantir a própria posição e a existência.[13]

A PALAVRA E A INJÚRIA

"A palavra é uma irrupção perigosa que destrói a segurança do instituído":[14] no bairro, onde os modos de sociabilidade, fundamentados na ausência de privacidade, são essencialmente orais, a palavra cria o reconhecimento de si mesmo no espaço coletivo. Estrutura a sociabilidade, reforçando-a, mesmo quando coloca um de seus membros em perigo.

Louis Sébastien Mercier descreve muito bem essas formas de entabular conversações constantes no espaço da cidade:

> No menor mercado, numa loja, trava-se conversação sobre uma porção de coisas estranhas ao objeto; é uma verborragia infindável para concluir a compra mais modesta, e o abatimento de dois *sous* esgota o peito dos dois tagarelas. Já se falou muito num quarto, porém ainda não basta: é de hábito retomar a conversa na porta, no patamar e ao longo da escada [...]. Nos cafés, escutai as discussões ruidosas, loquazes e tolas. Essa vivacidade da língua é tão comum entre os parisienses que cada mesa de café tem seu conversador. Se está sozinho, conversa com o garçom atarefado, com a proprietária que recebe os clientes; na falta disso, procura com os olhos um ouvinte. Depois dos xingamentos de praxe, cocheiros e carroceiros travam entre si uma luta de palavras grosseiras; os sopapos ocorrem depois do falatório e a tagarelice se reinicia após os bofetões. Nas barcaças, ninguém se ouve; é um rumor confuso e perpétuo. Os barqueiros mal conseguem comunicar os termos das manobras. Quando duas embarcações se cruzam, ergue-se de cada convés uma voz poderosa, que alvoroça os passageiros. Segue-se uma saraivada de insultos, cada qual tentando colocar o outro em apuros. As vozes tonitruantes e agudas se respondem; e as barcaças podem estar a duzentas toesas que um clamor prolongado ainda pode trazer aos ouvidos uma tolice expressa num tom específico.[15]

Informar-se, ouvir, falar são meios privilegiados de avaliar a própria posição, de considerá-la ou reconsiderá-la, situando o outro com relação a si mesmo. A sutileza das hierarquias intersociais exige que cada um se preocupe constantemente com a estima do outro, único meio de assegurar-se do lugar exato que lhe cabe. Se a palavra é rainha, é enorme o perigo de um dia ser sua vítima. Tanto maior quanto a uma sociabilidade da comunicação oral se acrescenta outra — obrigatória —, a da promiscuidade física, do conhecimento dos hábitos de cada um. A palavra em circulação baseia-se nesse modo de conhecimento ampliado dos vizinhos e das pessoas do bairro; seu poder se fortalece sem cessar.

Nesse contexto, qualquer palavra insinuante, provocativa, até mesmo evasiva sobre a reputação de um ou de outro acarreta uma série de consequências imediatas: a dúvida expressa com relação a uma pessoa transforma a corrente de sociabilidade que antes unia numa estima (ou numa aquiescência) recíproca gente que se considerava mais ou menos igual. As relações quase igualitárias se rompem, enquanto se estabelece uma hierarquia ainda mais visível que a hierarquia existente: uma das personagens de repente é posta de lado. Essa ruptura (ou modificação) não afeta os mecanismos nem a estrutura global da sociabilidade geral, que se compõe de sistemas de alianças habituados a competir entre si.

A palavra injuriosa só pode alojar-se nos interstícios proibidos para romper a ordem social fundamentada na razão e na natureza. Tanto as elites como a polícia estabelecem e pretendem manter uma sociedade baseada na dependência: "Esta sociedade não pode subsistir senão pela subordinação, que naturalmente é a alma de todas as sociedades". Admitido tal princípio — aqui expresso por Courtin para definir "o que exatamente é a injúria" —, cabe honrar pai e mãe, as autoridades soberanas e as instituições que criam essas relações de superioridade e de inferioridade. A partir dessa visão social torna-se fácil definir a injúria: para Courtin não se deve atentar contra a vida de ninguém, nem contra seu leito, pois perder "a honra da pudicícia constitui uma perda tão irreparável quanto a da vida". O casamento é a base social, princípio sagrado e natural. Atentar contra os bens e a reputação são injúrias imperdoáveis. Tampouco se deve violar as coisas que estabelecem o bem e a tranquilidade da sociedade civil.

Essa definição da injúria e o inventário que se segue mostram os pontos em que famílias e comunidades são mais vulneráveis e onde a injúria pode, portanto, ser mais mordaz, mais destrutiva. A injúria arrasa o sistema de valores, procurando questionar por difamação, calúnias ou chacotas o acordo consensual e natural que os indivíduos estabelecem entre si em suas relações de dependência. As queixas por injúria encontradas nos arquivos judiciários demonstram que os conflitos ocorrem nos limites sociais em que se instaura e se vive uma subordinação de qualquer natureza.

Não surpreende, pois, que os meios mais utilizados para atacar indivíduos e famílias sejam a agressividade do homem contra a mulher e as formas de afrontamento seculares, reais e míticas, entre o mundo masculino e o mundo feminino. Basta colocar em dúvida a virtude das mulheres. Quanto a isso, as palavras são estranhas chaves mestras que não obstante sempre surtem efeitos reais. Num capítulo de suas memórias intitulado "Sobre a dificuldade de destruir falsos rumores tão logo adquirem certa consistência" (ms. 1422, f. 302), o tenente-general de polícia Lenoir menciona esse tipo de hábito constante: "Em Paris, nada era mais comum que disseminar dúvidas sobre a virtude das mulheres e até mesmo daquelas às quais nada se podia reprovar de real nem de aparente em sua conduta". A difamação da virtude feminina é uma arma que pode servir para atingir mais de um alvo: ora a própria mulher, ora o homem a ela ligado. Muitas vezes, ela é utilizada em outros tipos de conflitos que não os afetivos ou conjugais: para arruinar a reputação do mestre, em alguns casos o artesão pode lançar suspeitas sobre o comportamento de sua esposa. Logo após as injúrias de ordem sexual, que atentam contra a "pudicícia", vêm aquelas que se referem aos temas tradicionais de honestidade, sobriedade, amor ao trabalho, economia, amizade e outros.

A alteração do jogo social pela palavra é mais grave na medida em que a má reputação acarreta sérias consequências no plano econômico: ao descrédito social acrescenta-se perda de proventos, de emprego ou de habitação. Tendo em vista a instabilidade da população, sempre é grave. O artesão criticado por embriaguez, inércia, bazófia, suposta falta de virtude ou de modéstia da esposa vê uma parte da clientela afastar-se; o aprendiz que procura um mestre mas é objeto da maledicência dos vizinhos não encontra emprego; o marido (ou a mulher) difamado em seu meio pode temer por seu trabalho ou por seu bom entendimento com o senhorio; a mulher seduzida e abandonada não pode nem sequer pensar em obter uma colocação que lhe permita viver e criar o filho.

A honra tem valor econômico; as formas de questioná-la e o ataque a ela dirigido em geral se ajustam perfeitamente à vulnerabilidade da situação de cada um. Vulnerabilidade social e econômica do artesão, facilmente abalado pelas injúrias adequadas. Vulnerabilidade sexual do casal — não obstante a possível segurança econômica —, estremecido por vagos diz-que--diz-que sobre a reputação da esposa. Vulnerabilidade existencial da mulher, cujas potencialidades sexuais são mencionadas em referências injuriosas para atacá-la ou apenas para apimentar conversas anódinas.

Seja qual for a maneira como a honra deste ou daquele é ferida ou arrasada, os que se queixam de injúrias ou intrigas sabem muito bem que correm riscos econômicos. Perante o comissário e designando testemunhas, procuram restabelecer a "honra de que seu pão depende", como declara um deles com razão.

COMO RESTABELECER A HONRA PERDIDA?

Sempre é necessário recorrer às autoridades: a família atingida na honra dos seus precisa de reabilitação, da prova de sua inocência. Se um de seus membros realmente infringiu as normas tradicionais, cabe-lhe encontrar um meio de apagar o erro ou fazê-lo cair no esquecimento a fim de reatar os laços de harmonia com as comunidades dos vizinhos.[16]

Representante local do tenente-general de polícia, o comissário é uma figura essencial à vida do bairro. A partir de 1738, há 48 comissários. Têm o título de "conselheiro do rei", não pagam imposto e gozam de vários privilégios. Suas atribuições são imensas, como as do tenente do qual dependem diretamente. Primeiro, atribuições civis, pois devem estar presentes aos confiscos, às aplicações de lacres (principal fonte de seus ganhos ilícitos), e conduzem todos os inquéritos necessários às partilhas de bens ou às notificações de parentes. Em matéria criminal, suas funções são igualmente importantes e pesadas: encarregados de receber todas as queixas ou denúncias, ainda devem redigir os autos do processo e fazer as intimações judiciais. Tratando-se de flagrante delito, cabe-lhes agir de imediato: deter, interrogar, aprisionar, investigar, informar. Acrescentam-se a isso atribuições de simples policial: atendem a todos os que recorrem a eles para resolver litígios ou contendas. Geralmente o comissário trabalha e mora na mesma casa, local bem conhecido, identificado de longe: suas paredes são forradas de avisos impressos, determinações policiais, éditos reais, sentenças, anúncios de punições públicas, e também notícias, comunicações de objetos perdidos. Às vezes, aparece ali uma denúncia anônima, canhestra, escrita às pressas. A casa do comissário é local de notícias, informações, encontro, refúgio desejado quando ocorre um incidente, ou palco de fúria, conforme o caso.

Além dessas tarefas, compete ao comissário informar o tenente-general de polícia sobre tudo o que acontece em seu território. É seu dever redigir relatórios sobre qualquer fato inesperado: acidente de carruagem, briga no mercado, incêndio, aglomeração ou suicídio. Assim, cabe-lhe ao mesmo tempo permanecer em seu posto e deslocar-se sem cessar pelo bairro. Aliás, o tenente-general de polícia não para de pressioná-lo e incitá-lo ao dever a fim de evitar laxismo e negligência. E ainda o incumbe de realizar em seu território as obras necessárias de manutenção das vias públicas, saneamento e circulação.

Obrigatoriamente "próximo" do povo, depositário de suas esperanças, suas preocupações e suas vinditas, seus pedidos de proteção e suas indignações, o comissário desempenha no bairro um papel específico. Sua originalidade reside na indiferenciação e na universalidade de suas tarefas. Ele sabe muitas coisas e pode erigir-se em guardião da autoridade do rei. Ao mesmo tempo possui (e utiliza) uma imagem de pai ora repreensivo, ora complacente; é uma figura amada e odiada, objeto de repulsa e fascínio ao mesmo tempo. Os autores de tratados ou dicionários policiais alimentam tais imagens e divagam sobre essa função real e simbólica: "Vejo a casa de um comissário como uma espécie de templo civil, onde se vai buscar socorro contra a desgraça". A brandura do vocabulário (casa-socorro) se coaduna com a socialização da função (templo civil). Malgrado o caráter público de sua autoridade, percebemos que se trata também de uma figura intermediária na qual o privado e o público facilmente se conjugam e que absolve as atitudes dos que o procuram para pedir conselho ou garantia.

De fato, é a ele que as pessoas vão contar que ouviram calúnias sobre si mesmas; junto a ele procuram livrar-se de qualquer suspeita. Às vezes, levam testemunhas para justificar-se melhor, e rápida e informalmente o comissário pode acalmar os ânimos, admoestar este ou aquele, exigir que acabe com as injúrias ou os diz-que-diz-que. Os cadernos dos comissários de polícia (pouco numerosos e lacônicos) por vezes conservam vestígios desses conselhos ou opiniões, cuja finalidade é evitar que algo de grave macule realmente a reputação ou a honra de um dos moradores.

Quando a honra de uma família é seriamente ameaçada pelas falhas evidentes de um de seus membros (filho devasso, esposa libertina, marido bêbado) e quando a admoestação do comissário não surte efeito, ela pode apresentar queixa formal contra o faltoso e exigir que seja julgado e punido em público. O espetáculo da punição o isola da família e o estimula a não reincidir no erro.

Há uma situação particularmente frequente: a da esposa que requer a prisão do marido quando a conduta deste último é reprovada com unanimidade pela vizinhança imediata. Pode ser um marido que esbanja o dinheiro da família, passa muito tempo na taberna sem se ocupar dos filhos, é ruidoso, irascível ou frequenta mulheres da vida. Em geral, a esposa ganha a causa facilmente, apoiada pelos vizinhos que logo se solidarizam com os infortúnios domésticos; o marido é interrogado e posto na prisão. Prisão que não perdura: muitas mulheres precisam do marido para a própria subsistência e retiram a queixa até surgir novo incidente.

São percalços tradicionais, mas também acontece de a família considerar particularmente infamante a encenação pública da justiça. Nesse caso, a honra se perde duas vezes: no momento da falta e no momento da punição. O caráter público da justiça (divulgação da sentença, pelourinho na encruzilhada, açoite no caso dos jovens) impede a verdadeira reparação da honra. A marca da justiça é uma mácula definitiva, indelével em quem pede apenas para permanecer escondido: procurar na justiça a honra perdida de um membro da família é uma arma de dois gumes, pois a pena vem manchar vergonhosamente aquele que pela primeira vez ousou transgredir as normas da civilidade e enlamear o restante da família.

A *LETTRE DE CACHET*

Em pleno coração do século XVIII, uma forma arbitrária da autoridade real vai se constituir em uma bênção para famílias que, às voltas com a libertinagem desonrosa de um de seus membros, deseja evitar qualquer ação da justiça ordinária considerada infamante. O pedido de prisão através da *lettre de cachet* torna-se o meio de conciliar a reparação da honra com a privacidade da família.

Um curioso apelo à ordem por parte do chanceler Philipeaux, conde de Pontchartrain, no começo do século XVIII, esclarece-nos sobre o princípio, o funcionamento e a finalidade das *lettres de cachet* em seu conjunto. Em 1709, um caso espinhoso vai contrapor seriamente Pontchartrain a monsieur de Brilhac, primeiro presidente do Parlamento de Rennes. Por ordem do primeiro presidente, a jovem demoiselle du Colombier é raptada por arqueiros em pleno meio-dia, ao sair da missa, e conduzida a um convento que abriga mulheres de má fama. O único motivo de tal gesto é sua ligação com o presidente de Martiny. O rapto ocorreu sem nenhum procedimento judiciário, à maneira de uma prisão por *lettre de cachet*. Ao tomar conhecimento do fato, Pontchartrain escreve duas cartas severas: ao presidente geral do Parlamento, monsieur de La Bédoyère, e ao autor da ordem, primeiro presidente do Parlamento, monsieur de Brilhac.[17] Nessas cartas expressa-se sobre as formas das ordens de prisão e sobre a maneira como o rei delas se serve.

Pontchartrain insurge-se em primeiro lugar contra a iniciativa de Brilhac: "Não podeis dar nenhuma ordem apenas com vossa autoridade, pois assim a justiça se tornaria arbitrária e residiria por inteiro em vossa pessoa, ao passo que compete unicamente ao rei utilizá-la de tal forma e ele só o faz com muita circunspecção em ocasiões extraordinárias e por meio das *lettres de cachet*". Nenhuma outra pessoa que não o rei pode arrogar-se esse direito de justiça direta, nem mesmo um presidente de Parlamento. Sequer se cogita que os altos executores da justiça passem por cima dos procedimentos jurídicos normais: se demoiselle du Colombier provoca desordem, é preciso uma requisição do procurador do rei, e o presidente do Parlamento só pode considerar o caso quando se recorre do julgamento formulado pelos juízes de primeira instância. A situação é exposta claramente: ninguém pode adulterar o funcionamento da *lettre de cachet*, nem mesmo os que detêm amplos poderes — o que obviamente é o caso do primeiro presidente do Parlamento.

Na segunda carta, endereçada ao presidente geral, Pontchartrain insiste no sigilo que se impõe a esse tipo de caso, mostrando assim que uma das principais razões da *lettre de cachet* reside em sua clandestinidade: "As [*lettres de cachet*] só se executam depois de tomar-se toda espécie de precaução para evitar alarido e escândalo". Ora, no caso específico dessa jovem raptada tudo ocorreu com tamanho alarde (em pleno meio-dia, à saída da missa, com uma tropa de arqueiros) que toda a cidade de Rennes e a Bretanha inteira têm conhecimento dos fatos: "Podia-se imaginar um procedimento que causasse maior estrépito e desonrasse mais esse funcionário perante a sociedade?". E Pontchartrain acrescenta: "Ainda que o primeiro presidente acreditasse que poderia atribuir-se tal direito, pelo menos devia tomar medidas para evitar o escândalo, e fez o contrário".

Aprovação implícita, sem nenhuma dúvida; podemos pensar que Pontchartrain eventualmente teria perdoado esse "abuso" se pelo menos o sigilo fosse mantido. Sigilo que constitui o próprio fundamento, a justificativa suprema da *lettre de cachet*. Prender sem estardalhaço, evitar o escândalo, enterrar a falta e o culpado, e tudo isso com um único ato régio, eis a própria essência da *lettre de cachet*. Monsieur de Brilhac falhou em tudo: não só arrogou-se um direito que não lhe compete, como ainda agiu com tanto espalhafato que o escândalo e a desonra se seguiram de imediato ao rapto da demoiselle du Colombier.

Com essas cartas de Pontchartrain estamos diante da estrita interpretação da *lettre de cachet* e não nos esqueçamos de que o caso ocorre bem no início do século, em 1709. Por volta de meados do século acelera-se a prática das ordens reais, ao mesmo tempo que sem dúvida há maior facilidade para obtê-las. Sabemos que em Paris o tenente-general de polícia detém o privilégio de apropriar-se das ordens régias e utilizá-las quando se trata da segurança e da tranquilidade públicas, do policiamento da cidade e do destino de determinados malfeitores. A *lettre de cachet* torna-se um meio de sanear a capital: Berryer, Sartine e Lenoir são famosos por tê-la utilizado mais que frequentemente. Por um duplo processo de aquiescência e de iniciativa pessoal com relação a esse procedimento, as famílias tirarão proveito de tais medidas rápidas e excepcionais.

O SIGILO PRESERVADO

Para uma família plebeia e comum, preservar a própria honra em meio a conflitos em que preponderam violências, pancadas, roubos e ainda má-fé e trapaças é um meio de existir e de frustrar a palavra dos outros. O aprisionamento por denúncia da família e posterior inquérito policial desfaz o insuportável caráter público que pode assumir uma tara familiar, objeto de discurso e de opróbrio por parte dos vizinhos. Já não se perde a honra se, secretamente, através de ato privado, sem aparato de justiça habitual, o rei manda encarcerar o importuno; sua ignomínia desaparece com ele na sombra da prisão.

Com isso a família faz desaparecer o que a obrigatória fusão entre vida privada e vida pública não permitia dissimular. Para manter o sigilo e uma certa intimidade, ela recorre à instituição real mais arbitrária que existe, a que confere ao poder monárquico seu caráter mais absoluto. Paradoxo surpreendente do processo que serve pelo menos a dois interesses das famílias populares: a consciência de ser súdito real da mesma forma que nobres e burgueses e a possibilidade de livrar-se da marca da infâmia recuperando a honra e afastando as marcas de uma justiça degradante.

O PEDIDO DAS FAMÍLIAS

As famílias interiorizam totalmente esse processo: longe delas a ideia de que tal forma institucional e real possa ser exorbitante em face do irrisório de sua honra perdida ou ameaçada. Encontramos, aliás, muitos exemplos de parentes que não têm pressa nenhuma de ver seus prisioneiros recuperarem a liberdade, com medo de que, retomando as estroinices, eles destruam de novo a imagem de sua honra. Quanto a isso os dossiês de presos são reveladores: as súplicas dirigidas à família suscitam severas respostas de parentes que lhes recusam todo tipo de liberdade.

Nesse aspecto, as cartas do governador da ilha de La Désirade são instrutivas. Entre 1763 e 1789, ele remete listas de "súditos que considera estarem em situação de reingressar na sociedade". Praticamente todas as vezes ele anota que a família não quer isso e informa que não obstante o jovem está disposto a acatar todas as decisões familiares. Um declara aceitar o casamento que o pai desejava; outro acrescenta que, tendo "horrenda figura", não mais se recusa a tornar-se monge, conforme o desejo da família. Estranhas listas de nomes, trágico destino de prisioneiros debilitados pela doença, pela miséria, pelo cansaço. Uma carta de 1765 é particularmente pungente; dirigindo-se ao pai, Alliot escreve: "Dignai-vos pelo menos a abrandar minha sorte; já não fui suficientemente punido pela dor em minha perna, por estar separado de minha mulher e de meu filho, por me encontrar a duas mil léguas da pátria, mais miserável que os negros que habitam esta terra?".[18]

Os que estão encarcerados numa prisão parisiense mantêm

curiosas relações com os parentes: estes são continuamente informados de sua conduta e opinam com regularidade sobre a conveniência de mantê-los ou não prisioneiros. Ocorre com bastante frequência que alguns prisioneiros, apesar da boa conduta, pedem para permanecer no cárcere. Os relatórios são tão lacônicos que é impossível conhecer as razões que levam a tais decisões.[19] Podemos pensar que, em condições razoáveis, algumas pessoas prefiram manter-se abrigadas a expor-se às intempéries, aos imprevistos de uma vida familiar difícil e à suspeita ou à denúncia de outrem.

Sejam quais forem as atitudes das famílias, de qualquer modo é notável ver a que ponto elas se apropriaram dessa forma pública de encarceramento familiar para preservar a honra, o sigilo e a intimidade e impor aos seus uma autoridade falha.

A RESPOSTA DAS AUTORIDADES: A ORDEM PÚBLICA

Numa primeira fase, a administração responde totalmente a esse tipo de pedidos e seu discurso os justifica. Mas baseia-se também numa noção muito diferente daquela da honra das famílias: a da ordem e da tranquilidade públicas. Aliás, este é o objetivo que se propõe a instituição — o cargo de tenente-general de polícia — no momento de sua criação, em 1665. Os dicionários de polícia lembram que a ordem e a tranquilidade públicas resultam da paz das famílias e da felicidade de todos. "A polícia é a ciência de governar os homens e fazer-lhes o bem, a arte de torná-los felizes tanto quanto possível e tanto quanto devem sê-lo para o interesse geral da sociedade", afirma monsieur Des Essarts.[20] A ideia de polícia assemelha-se a uma filosofia de amplo espectro: promover a felicidade e o bem público; mais ainda: assegurar o bem público através da felicidade dos homens. Essa convicção acelera a formação do conceito de polícia que lhe confere o status de "ciência da felicidade". Assim definida, a tarefa é sem dúvida imensa; entende-se que, para realizá-la, é preciso afastar da sociedade desordens muito graves que acarretam ações judiciais sempre tumultuosas.

A honra das famílias e a manutenção da ordem pública podem coincidir no pedido de confinamento. Assim, através dessa prática de coerções, elabora-se uma concepção "cívica" da honra que cada vez mais se define pelo respeito à boa ordem geral. Estamos longe da honra como manifestação de uma superioridade de casta.

Não surpreende, pois, que a polícia, construída sobre uma filosofia da felicidade e da ordem, atenha-se ao bem-estar das famílias. Sua jurisdição abrange tudo, ou quase tudo. E é exatamente o que Duchesne diz no *Code de la police* [Código da polícia], de 1757, apresentado pelo autor como o resumo do grande *Traité* [Tratado], de Delamare, quando chega à seguinte formulação: "A polícia tem por objetivo geral o interesse público, os objetos que ela abarca são de algum modo indefinidos". O interesse público assemelha-se aqui à ideia de "civilização", a que permite a uma nação viver segundo costumes refinados e racionais. Sabemos que na época a ideia de civilização está muito próxima da ideia de polidez, gentileza, civilidade. Norbert Elias esclarece bem o sentido: "civilizado" era como "cultivado", "polido" ou "refinado", um desses termos quase sinônimos que os cortesãos utilizavam num sentido mais ou menos amplo para designar a especificidade de seu comportamento e pelos quais entendiam contrapor o alto nível de seus costumes e de seu estilo de vida aos dos homens mais simples e menos evoluídos socialmente.[21] Aliás, Mirabeau pai não se engana quando escreve: "Se eu perguntasse: 'Em que consiste a civilização, a vosso ver?', responder-me-iam: 'A civilização de um povo é o refinamento de seus costumes, a urbanidade, a polidez'".

A nobreza e a burguesia sempre julgaram que detinham a civilidade e a polidez, únicos meios espetaculares de distinguir-se da condição dos mais humildes. O elemento novo deve-se ao fato de que se torna necessário promover essa ideia de civilidade fora das práticas tradicionais da corte e da magistratura para transformá-la em norma social. Já não é uma classe ou um grupo social que deve encarnar a civilidade, e sim o próprio Estado, a sociedade como um todo. Inicia-se então um processo de civilização no qual tudo que parece bárbaro, violento e irracional deve refinar-se de repente ou desaparecer. A polícia torna-se um dos meios mais seguros de obter um mínimo de civilização onde reina a confusão, ainda mais quando o poder joga com um equilíbrio de forças entre grupos sociais rivais. Nobreza e burguesia são forças que se anulam ante o monopólio do Estado: suficientemente solidárias para não destruir o conjunto do sistema social, suficientemente conflitantes para não formar um bloco contra o rei. O povo ainda é grosseiro demais para administrar o poder; deve passar por um processo de pacificação, saneamento, refinamento. A partir daí, abre-se um campo de aplicação imenso; polidez, civilidade e harmonia devem invadir o espaço social, as relações individuais e coletivas, o conteúdo das relações entre famílias e comunidades urbanas. A polícia real (portanto a da cidade) encarna esse sonho do século XVIII: deve fazer de tudo para que enfim o refinamento dos costumes coincida com a felicidade de todos, sem alterar a ordem das coisas e dos seres. Permitindo que rei e povo se unam para sempre através dessas formas pessoais de autoridade e de intervenção.

Conhecer o povo, interferir na rede de suas relações habituais e familiares, explorar esse universo para dominá-lo e incitá-lo a comportamentos ordenados. A organização policial calcada nas formas pessoais do poder real torna-se tanto um meio de ver como um meio de ordenar. A intromissão nas famílias e o consentimento destas fazem parte da mesma utopia: a fusão do povo com seu rei.

A AUTORIDADE E O SIGILO

O tenente-general de polícia é, por excelência, a figura mais capacitada a tentar exercer essa forma de poder pessoal, encarnar a presença do rei aos olhos do povo. É por seu intermédio que, nas tragédias familiares, o rei nomeia e cura o inominável através de um ato de confinamento que as famílias vivenciam simbólica e efetivamente. Numa complexa relação entre a falta, o escândalo e o sigilo, na possível personalização de suas relações com o rei (caso ele se digne de interessar-se por uma família, concede-lhe ao mesmo tempo existência e perdão), as famílias aceitam que o tenente-general de polícia vigie o próprio âmago de sua intimidade. Oferecendo ao rei seu domínio privado, esperam em troca que ele erradique a falta para sempre.

Estabelece-se uma espécie de equilíbrio momentâneo a partir dessa arbitrariedade real que as pessoas do povo manejam em proveito de sua honra e da normalidade de suas relações com os outros. Os tenentes-generais usarão e abusarão disso de acordo com sua personalidade: Berryer, Sartine, Lenoir (para citar apenas alguns) muitas vezes expressarão sua satisfação por ter poupado determinadas famílias à ignomínia. A própria organização do cargo, tal como foi concebida no momento de sua criação, em 1665, permite liberdade total a seu detentor. "Gazeteiro do rei", conforme a expressão de Marc Chassaigne,[22] ele é o portador de notícias, sempre bem informado sobre o que se diz ou se faz, e também o poder repressor. Em suma, ele é os ouvidos e os olhos do rei. Para cumprir sua missão, precisa mais de astúcia e curiosidade que de profundos estudos das leis. Des Essarts está certo quando diz que o tenente-general de polícia deve ter "atenção constante, vigilância precisa, muitas vezes rara energia e sempre grande sagacidade".[23] Está sempre criando seu cargo, pois não se trata de respeitar um código de leis e aplicá-las — salvo, naturalmente, no caso de éditos reais —, mas antes de estabelecer normas, disposições e ordens onde acha que não existem.

Entretanto, às vezes o povo tenta impor limites a essas formas de poder exorbitante. Habituados a aceitar os pedidos de prisão resultantes de sua própria iniciativa, às vezes as famílias se revoltam quando lhes parece que tais pedidos não respeitam a troca de favores a que devem obedecer. Um único exemplo: a sangrenta revolta ocorrida em Paris em maio de 1750 contra a prisão de filhos de artesãos em plena rua.[24] Por ordem do tenente-general de polícia, espiões e inspetores — às vezes disfarçados — detêm em pleno dia meninos entretidos no jogo (ditos libertinos) e os transportam em carros sem uma única janela. A comoção atinge o auge: a população se reúne e se amotina, persegue arqueiros e policiais, massacra vários deles e, tão logo descobre onde os meninos estão encarcerados, tira-os da prisão. O Parlamento se preocupa: abre-se um inquérito com numerosos acusados e testemunhas. Até os policiais ocupam o banco dos réus. Interrogados sobre seus atos, a procedência de suas ordens, sua maneira de agir, eles se surpreendem por sofrer a vindita popular e a vergonha da acusação. Pois não recebem diariamente queixas de pais incapazes de lidar com seus filhos e que vêm atravancar suas salas com pedidos de confinamento? Por que de repente seria escandaloso prender pequenos patifes, jogadores e desordeiros? E por que os pais, que antes pediam, agora se revoltam?

Tais fatos são significativos: os pedidos de confinamento por parte da família constituem atos privados que permitem a repressão privada. Somente a intervenção real, a pedido dos pais, pode assegurar a ausência de publicidade e manter o fato no âmbito privado. A partir do momento em que o Estado toma a iniciativa por intermédio do tenente-general de polícia, tudo cai por terra: o ato se torna público, a concessão do aprisionamento não é mais um favor real, e sim um castigo público e solene; a *lettre de cachet* e a ordem de prisão tornam-se arbitrárias e despóticas.

Só podemos compreender a curiosa trajetória do pedido de confinamento por parte da família nessa perspectiva, em que o rei, respondendo por uma iniciativa privada, confirma definitivamente o aspecto privado da falta e da punição (ou correção). Se a polícia toma a iniciativa, o equilíbrio se desfaz por completo. Enfim, "as *lettres de cachet* de família constituem a consagração da autoridade paterna pelo poder real [...] aqui o poder real aparece apenas como o contraponto da autoridade doméstica".[25] Rei e pai se associam para que a família estabeleça sua harmonia com os outros e para que reine a tranquilidade pública.

Tal equilíbrio é sempre frágil. O tempo, o acúmulo de pedidos, a liberdade de pensamento, a escalada dos individualismos, o descontentamento ante o despotismo vão pulverizar o que momentaneamente podia parecer um meio de aliar paz familiar e ordem pública.

A ARBITRARIEDADE EM QUESTÃO

O trabalho dos comissários é tão intenso em todos os setores (vias públicas, circulação, abastecimento, criminalidade e outros) que, a partir da década de 1760, a resolução dos litígios familiares torna-se uma carga cada vez mais pesada e cada vez menos aceita. Essas desavenças conjugais ou filiais realmente são de sua competência? Eis um nítido questionamento do campo privado como alvo primordial da polícia. Paralelamente, uma tendência liberal combate as ordens reais. Critica-se o rei por tornar-se cúmplice de tiranias parentais e colocar um poder sagrado a serviço de conflitos irrisórios; discute-se a necessidade das leis e o atentado contra a liberdade; reivindica-se a restituição de poder aos juízes, totalmente apartados dessas formas de poder autoritário. Ao mesmo tempo — e Malesherbes não hesita em ressaltá-lo — é espantoso ver empregados subalternos da polícia tornarem-se os verdadeiros senhores dessas ordens régias. Quanto a isso, o rei é advertido com frequência, mas, como Luís XV em 1759, alega a adequação entre tranquilidade familiar e tranquilidade pública. Tais declarações são inconvincentes. O próprio tenente-general de polícia acaba duvidando da eficácia do confinamento a pedido das famílias. Em outubro de 1774, numa carta endereçada aos síndicos dos comissários, Lenoir se expressa com toques modernistas sobre o encarceramento de crianças:

> É perigoso empregar com relação a crianças não suscetíveis de penas corporais um meio [a prisão] que as mistura com

gente de mais idade e só pode oferecer-lhes exemplos funestos [...]. A prisão que lhes é infligida como correção, muito longe de corrigi-las do vício, ensina-lhes novas maneiras de ser viciosas [...]. Em não se tratando de delito grave, deve-se devolvê-las aos pais e não enviá-las à escola do vício.[26]

Três temas aparecem nessas linhas: a prisão, escola do vício; a infância, fase da vida vulnerável, que não deve misturar-se aos adultos; os pais, responsáveis em primeiro lugar pela educação dos filhos. Este último ponto é importante: indica a transferência da responsabilidade pública do Estado com relação às famílias para uma responsabilidade privada que caberia unicamente aos pais. A estes a autoridade do Estado delegaria seu poder doméstico; a ordem pública e a tranquilidade das famílias pouco a pouco se dissociam.

A ideia está no ar: há uma preocupação com a legitimidade dos pedidos de confinamento por parte da família, com os possíveis tráficos de interesse e de sucessão que isso às vezes mascara, com os abusos de poder muitas vezes contidos em tal prática. Já não se compreende como a honra de uma família pode ser salva por um artifício processual; a causa da desonra seria então o castigo e não a falta cometida? É o argumento de Mirabeau em seu texto de 1782, *Des lettres de cachet e des prisons d'État* [Das *lettres de cachet* e das prisões do Estado]. As *lettres de cachet* são uma prática constante, cotidiana, cuja aplicação ultrapassa de longe os assuntos da família; cada vez mais numerosas são suas vítimas, do ladrão ao padre, do libertino à prostituta. E já não se sabe muito bem o que compete à justiça ordinária: ao folhear os registros de prisões feitos pelos inspetores de polícia, percebe-se que muitas delas — um número extraordinário — foram realizadas por ordem e sem julgamento. Ao mesmo tempo, é impossível saber por que tal delinquente se encontra nas malhas desta rede real e não naquelas da justiça clássica.

A *lettre de cachet* é atingida por uma saraivada de protestos: representa o poder real no que tem de odioso e insuportável.

Contesta-se a justiça privada do rei, exige-se que se revista cada vez mais de um caráter público e que a vida das famílias não se confunda com a do Estado.

Malesherbes e Mirabeau fustigam as *lettres de cachet*. A circular que, em março de 1784, redige sobre elas o ministro da casa real Breteuil[27] é um texto fundamental na medida em que procura estabelecer regras onde reina a arbitrariedade. Deve-se suprimir com urgência abusos demasiado evidentes: por sua própria afetividade, a família propicia desregramentos e exageros. Portanto, cabe limitar o livre-arbítrio dos pais criando-se "algumas normas às quais se poderá pelo menos remeter o maior número de casos". Os alienados ou "imbecis" não representam problemas: é preciso proteger a sociedade ou protegê-los deles mesmos. Quanto aos libertinos, que não perturbam a ordem pública com delitos caracterizados, basta infligir-lhes algum tempo de "correção", não mais que um ano ou dois. E depois o ardor da idade explica muitas coisas. Claro, "as fraquezas das mulheres e das moças" devem ser sustadas da mesma forma. Quanto às desavenças conjugais, exigem intensa vigilância: nesses casos com certeza as ofensas são mais graves e a fúria é mais funesta. De qualquer modo, as famílias devem conscientizar-se de que o erro não recai sobre elas, e sim sobre o faltoso, e que a autoridade pública nem sempre tem de interferir.

Texto importante porque constrangido: em nenhum momento Breteuil cogita de suprimir esses pedidos. Busca apenas estabelecer regras mais estritas e se pergunta sobre a realidade de uma eventual desonra de uma família que tem em seu seio um dissoluto ou libertino. Ademais, isso é realmente um assunto do Estado? Texto fundamental também porque ressalta problemas que a abolição das *lettres de cachet*, em março de 1790, não eliminará e que reaparecerão nos debates parlamentares revolucionários.

Através das *remontrances*, o Parlamento de Paris reitera suas críticas à autoridade do rei. Luís XVI resiste: a seu ver a adequação entre ordem familiar e ordem pública continua intata. Em

21 de novembro de 1787, ele responde: "Não tolerarei que meu Parlamento se levante contra o exercício de um poder que o interesse das famílias e a tranquilidade do Estado frequentemente reclamam".[28] Em 11 de março de 1788, o Parlamento redobra o ataque às *lettres de cachet*, "erros funestos".[29] No círculo do rei, as opiniões variam; Maupeou, por exemplo, garante que é preciso manter as ordens de Estado cuidando de moderar os abusos das cartas domésticas. Em contrapartida, os *cahiers de doléances* são unânimes: a *lettre de cachet* constitui o símbolo da tirania.

AS DISCUSSÕES REVOLUCIONÁRIAS. A LEI CONTRA O REI

A Declaração dos Direitos do Homem determina que a liberdade de uma pessoa só pode ser-lhe tirada pela força da lei. Sem dúvida nenhuma, já que não há espaço para as *lettres de cachet*. Entretanto, numa declaração de junho de 1789, Luís XVI estipula que é preciso encontrar meios de conciliar a supressão das ordens reais com "a manutenção da segurança pública". E reafirma que essa segurança pública deriva da ausência de revolta, da não-inteligência criminosa com as potências estrangeiras e da honra das famílias. Forma-se uma comissão para examinar o problema — e um de seus membros é Mirabeau. Intensos debates têm lugar na Assembleia Nacional, mas a resolução final surge somente em março de 1790: votam-se os decretos de abolição das *lettres de cachet*. Contudo, em agosto de 1790, uma lei institui os tribunais de família. Cabe retomar os debates e refletir sobre essa impossibilidade civil de deixar as famílias administrarem privadamente sua própria honra.

As discussões parlamentares mostram que o problema é colocado ao mesmo tempo com clareza e de maneira obscura e que a nação não pode relegar as famílias ao campo do privado. Surgem convicções muito claras, firmemente apoiadas em certezas ideológicas e filosóficas. Em primeiro lugar, o povo não é mais propriedade do rei, a vontade nacional faz a lei, constitui uma infâmia ser submetido à autoridade do rei e uma liberação viver sob a autoridade das leis. A inversão real e simbólica é total: já não se trata, como antes, de ser reconhecido pela bondade do monarca, "tocado" por ele e maculado pela punição pública da justiça ordinária, pois a santa união entre o povo e o rei terminou e o despotismo declarado rompe o acordo milenar para que reine a liberdade. "É um infame privilégio ser julgado pelo rei e não pela lei!",[30] exclama numa sessão de outubro de 1789 o conde de Castellane, deputado da Assembleia Nacional, invertendo completamente os termos das relações mantidas no passado entre o rei e seus súditos.

"Ninguém mais vos falará inoportunamente da honra das famílias que, dizia-se, só podia conservar-se mediante ordens arbitrárias. Essa frase tão batida não mais servirá de máscara para os secretos partidários da escravidão!", exclama ainda monsieur de Castellane. Assim, o rei apoderar-se da honra das famílias é um ato que pertence à barbárie e à servilidade, pois existe um preconceito tenaz que condena à infâmia os parentes de um criminoso. Certamente se deve renunciar a essa ideia de honra coletiva: a falta é uma aventura pessoal, uma mancha do indivíduo que não deve recair sobre seu círculo. O indivíduo é o único responsável por si mesmo, é uma aberração fazer crer que a infâmia do crime também atinge os parentes. Sobre isso, o abade Papin se expressa vigorosamente em 21 de janeiro de 1790: "Cedei aos brados da razão; reprovai o que a sã filosofia condena; que numa nação sábia as faltas sejam unicamente pessoais [...]. É um preconceito bárbaro atribuir a uma família inocente, até as últimas gerações, a desonra de um culpado".[31]

Para combater esse preconceito, deve-se trabalhar as mentalidades, extirpar o erro onde se encontra arraigado há séculos; Guillotin, que se pronuncia nesse mesmo dia, diz que a tarefa é um tanto mais difícil de realizar na medida em que está encravada no povo, foco de arcaísmo, de submissão à crendice. O erro é o povo, seja no Antigo Regime, seja em plena Revolução. "É sobretudo no povo que ele [o erro] se fixou; pois a nobreza livrou-se de seu jugo; ora, as verdades morais dificilmente são apreendidas por um povo equivocado que respeita por hábito tudo que seus pais lhes transmitiram e adora religiosamente até a mentira que ouviu repetir quando estava no berço. Esperamos que o povo se apresse em instruir-se."

Naturalmente as leis aí estão para impor-lhe a verdade e cabe proceder de imediato a uma alteração legislativa para não mais confiscar os bens do condenado: "É bom comandar a opinião" e destruir os arcaísmos. No debate serão feitas duas propostas: que o juiz reabilite a memória do condenado no próprio local do suplício e que se puna quem censurar os parentes do condenado. "Ninguém poderá reprochar a um cidadão o suplício nem as condenações infamantes de um de seus parentes. Quem ousar fazê-lo será publicamente repreendido pelo juiz. Não duvideis um só momento de que o preconceito desaparecerá. Esta revolução será obra do tempo; nada é tão difícil como destruir uma tolice que se aferrou ao pretexto impositivo da honra" (Guillotin).

Numa primeira fase, a honra das famílias está ligada à estupidez, à barbárie, ao arcaísmo e à credulidade popular: as leis devem estabelecer regulamentações precisas que resgatem a honra de uma confusão meticulosamente mantida pela tirania. O discurso é severo e firme: além de remeter o povo ao arcaísmo e ao irracionalismo, ele não examina as relações de equilíbrio que as famílias estabeleciam com as autoridades. Relações que partiam de iniciativas e maneiras de apropriar-se — ainda que injustamente — de uma arbitrariedade real que em princípio não existia para seu uso. A soberania nacional, conquanto estabelecida sobre a expressão da vontade nacional, implica leis que devem instruir um povo "equivocado" pela própria natureza. "Sendo universal, a revolução punirá essa inconsequência moral que fez o inocente partilhar as penas de um crime ou de um delito!", exclama ainda Guillotin.

TRIBUNAL DAS FAMÍLIAS E PÁTRIO PODER

Enquanto se argumenta sobre a individualidade da falta e a amplitude da barbárie feudal, numerosos elementos também entram em discussão, girando em torno de três problemas inevitáveis, que de imediato substituem os problemas da família ante a segurança do Estado; parece totalmente impossível separar as duas noções. A prevenção, o sigilo das famílias e a proteção do pátrio poder encaminham o debate para a ideia necessária de criação de um tribunal de família. A abolição das *lettres de cachet*, em março de 1790, contém essa perspectiva que três meses mais tarde se torna realidade: em agosto de 1790 institui-se o tribunal das famílias.

O relato de um caso particular apresentado em 7 de fevereiro de 1790 por Voidel, deputado de Sarreguemines, coloca o problema da prevenção: o filho de um funcionário do Parlamento de Nancy, jovem de 24 anos, é particularmente dissoluto, instável e está coberto de dívidas. Uma noite, após todas as suas estroinices, simula suicídio e, quando a guarda nacional força sua porta, dispara três tiros num dos soldados. Preso, o jovem não se cansa de dizer que, se for posto em liberdade, matará seu pai — e não obstante o procurador-geral de Nancy se dispõe a soltá-lo. O problema é o seguinte: para prevenir um parricídio e manter o filho no cárcere é absolutamente necessário que o procurador emita a ordem de prisão com o aval da família.

A resposta dos deputados é imediata: a ordem do procurador seria uma *lettre de cachet*. "Apressemo-nos em instaurar um tribunal de família. Prevenir os crimes através da justiça e nunca através da arbitrariedade", responde Mirabeau ao deputado.[32]

Além desse caso, os deputados se preocupam com todos os que foram detidos por *lettres de cachet*: deixá-los em liberdade sob o pretexto da abolição é perigoso para a sociedade. A discussão se acirra, e Robespierre, expressando-se sobre os artigos do decreto que virá, de repente se surpreende: "Não tirareis infelizes das masmorras do despotismo para transferi-los às prisões da justiça". Ao mesmo tempo, no entanto, cada vez mais impõe-se a instalação do tribunal de família, para que não fique sem repressão esse local movediço e perigoso que é a família.

Nesse período de questionamento geral, por mais que as

pessoas estejam firmemente persuadidas de que a honra das famílias não passa de um arcaísmo e o indivíduo é o único responsável por si mesmo, existe uma ansiedade real ante esse microcosmo que sempre pode ser portador de escândalo e do qual é preciso proteger-se. Precaver-se contra o escândalo, mas também, exatamente como no Antigo Regime, manter sigilo, evitar a "publicidade". As famílias, sua honra, seu segredo continuam sendo uma sombra negra, um espaço particular que não se consegue privatizar inteiramente e sobre os qual se faz uma reflexão contraditória: por um lado, o privado deve ser protegido publicamente; por outro, o escândalo privado deve se manter em segredo e ser abafado.

Quanto a isso, a sessão de 5 de agosto de 1790 da Assembleia Nacional[33] é clara:

> O tribunal de família tem por objetivo corrigir, por vias legais, os jovens que, ainda sob a autoridade dos pais ou tutores, ignoram tal autoridade e fornecem as mais justas causas de apreensão quanto aos abusos de liberdade a que podem chegar. É necessário, portanto, abafar sem alarido as desavenças dos cônjuges ou dos parentes próximos, que, sem isso, depois de escandalizar a sociedade, às vezes acabam por operar a ruína de uma família inteira.

Já que se institui um tribunal de família, a reflexão naturalmente recai no pátrio poder, outro aspecto da questão familiar. Como diz o deputado Gossin: "Após a Declaração dos Direitos do Homem e do Cidadão, convém fazer, por assim dizer, a declaração dos direitos dos esposos, dos pais, dos filhos, dos parentes".[34] Em 16 de agosto de 1790, vota-se a lei que institui os tribunais de família: cada parte possui dois árbitros que, em caso de discordância, podem apelar a um terceiro para chegar a uma decisão. No entanto, a parte descontente com o julgamento tem o direito de recorrer ao tribunal do distrito.

É fácil imaginar que as dificuldades apenas se iniciam: evidencia-se que as famílias nem sempre contam com membros esclarecidos o bastante para tornar-se juízes. Decide-se então que as partes não são obrigadas a escolher os juízes entre seus parentes, e logo o tribunal de família deixa de ser de família. É um tribunal civil. A Constituição do ano III suprime então o tribunal de família tal como existia antes: as famílias já não têm o dever de fazer-se julgar por seus membros.

O debate sobre os tribunais de família não termina: em 1796, o Conselho dos Quinhentos trava uma discussão animada sobre esse assunto na sessão de 29 *pluviôse*. A questão é saber se a Constituição do ano III suprimiu de fato essa forma de tribunal: alguns deputados afirmam que a supressão está implícita, outros exigem uma lei, outros ainda são contrários ao desaparecimento dessa forma de legislação. Vejamos o que diz Renaud, deputado de L'Orne; tudo o que ele diz aqui, em termos líricos, retoma, palavra por palavra, o conjunto do debate, a saber, que um tribunal é necessário para a manutenção dos costumes da República, a tranquilidade e o sigilo das famílias.

> Ah! Como efetivamente imaginar que o legislador constituinte quisesse destruir uma instituição tão nobre, tão tocante, tão útil como essa de que falamos? Uma instituição que tem por objeto principal a manutenção dos costumes e a tranquilidade das famílias; uma instituição cuja finalidade é reconciliar um filho com o pai, uma esposa com o marido, um irmão com um irmão? Ah! Sem dúvida nada no mundo é mais interessante que essas espécies de estabelecimento; nada é mais importante para a República que os tribunais encarregados de sufocar os ódios e as animosidades domésticas, de levar a paz e a felicidade às famílias, de poupar o público ao espetáculo odiento e escandaloso de um filho vociferando contra o autor de seus dias, ao qual obriga a terminar sua trajetória por uma perseguição encarniçada contra seu próprio sangue; de uma mulher que desonra o marido perante a nação, cumulando-o de humilhações, de tristezas, esforçando-se, com desprezo a todo pudor, para

cobri-lo de opróbrio e de infâmia: e o que se propõe é a supressão desses tribunais![35]

Durante a elaboração do Código Civil, as discussões sobre o poder do pai e do marido reencontram ecos antigos: para uns, "os erros dos filhos devem ser abafados no seio das famílias, sem formalidade judiciária, sem registro escrito"; para outros, "o pai tem direito de mandar encarcerar um filho de doze anos, mas um comissário deve autorizar o confinamento de um filho com mais de dezesseis anos"; para outros ainda, um poder demasiado grande acarreta a barbárie, a lei da natureza é aquela da proteção por parte dos pais, "do justo respeito" por parte dos filhos. De qualquer modo, os artigos 375 a 383 do Código Civil de 1803 regulamentam o problema organizando juridicamente a correção paterna (e não parental). O confinamento a pedido da família é substituído pelos direitos do pátrio poder sobre os filhos menores e pelos da autoridade marital. A propósito da mulher, o Código Penal acrescenta possibilidades de penas corporais e mais tarde, em 1838, a lei que institui um asilo de alienados em cada departamento resolve o caso tradicional dos "imbecis e dos loucos".

A lei dá ao homem o direito de corrigir os que lhe proporcionam ocasiões de infelicidade doméstica. A autoridade paterna e marital é um direito privado reconhecido publicamente. Nesse espaço autoritário que é a família, os direitos femininos são inexistentes, enquanto o segredo de família pode suportar condições jurídicas e viver muito à vontade.

Porque são "nomeados" pela lei, os setores privado e público adquiriram existência própria. Só o homem dessa vez assegura seu laço civil e autoritário. O bairro e os vizinhos já não têm o poder de reparar a honra das famílias.

NOTAS

1. L. S. Mercier, *Tableau de Paris*, Amsterdã, 1781-8.

2. A. Poitrineau, *Remues d'hommes. Les migrations montagnardes en France, XVIIe-XVIIIe siècle*, Paris, Aubier, 1983.

3. Lenoir, *Mémoires*, manuscritos, Biblioteca Municipal, Orléans, ms. 1422.

4. *Histoire de la France urbaine*, Paris, Éd. du Seuil, 1981, t. III, p. 316.

5. D. Roche, *Le peuple de Paris au XVIIIe siècle*, Paris, Aubier, 1981.

6. A. Farge, *Vivre dans la rue à Paris au* XVIIIe *siècle*, Paris, Gallimard, Julliard, Archives, 1979, p. 82.

7. O. Blanc, *La dernière lettre. Prisons et condamnés de la Révolution 1793--1794*, Paris, Laffont, 1984.

8. Os roubos de dinheiro, lenços, tabaqueiras ou relógios são muito frequentes nos quartos de aluguel. As queixas apresentadas ao comissário fornecem a descrição do espaço atribuído a cada um e reconstituem a maneira como se organizam os pertences pessoais nesses dormitórios coletivos.

9. Em Paris há vinte bairros e 48 comissários.

10. Jean de Mille, *Pratique criminelle*, apresentado por Arlette Lebigre, Paris, Les Marmousets, 1983, p. 37.

11. A. de Courtin, *Traité du point d'honneur et des règles pour converser et se conduire sagement avec les civils et les fâcheux*, Paris, 1675.

12. Lenoir, op. cit., f. 302.

13. J. Pitt-Rivers, *Anthropologie de l'honneur. La mésaventure de Sichem* (1977), Paris, Le Sycomore, 1983.

14. M. Maffesoli e A. Pessin, *La violence fondatrice*, Paris, Le Champ Urbain, 1978, cap. IV, "La parole et l'orgie", p. 69.

15. L. S. Mercier, *Tableau de Paris*, Babil ed., Paris, Maspéro, 1979, p. 37.

16. Grande parte dessa questão foi estudada em A. Farge e M. Foucault, *Le désordre des familles. Lettres de cachet des Archives de la Bastille*, Paris, Gallimard, Julliard, Archives, 1982.

17. Paris, Biblioteca Nacional, ms. fr. 21 129, ff. 174 a 178, coletânea das cartas escritas por Pontchartrain, 1699-1714 (referência comunicada por D. Julia).

18. Arquivos Nacionais, C^{10} D^2, Arquivos das Colônias, La Désirade, julho de 1765.

19. Arquivos da Bastilha, ms. 12 690, ano de 1740, situação das pessoas confinadas na casa de Sainte-Pélagie em cumprimento de ordens.

20. N. T. des Essarts, *Dictionnaire de police*, t. VIII, 1786-9, p. 343.

21. N. Elias, *La civilisation des moeurs* (1936), Paris, 1973, p. 67.

22. M. Chassaigne, *La lieutenance générale de police à Paris*, Paris, 1906.

23. N. T. des Essarts, op. cit., t. VII, p. 343.

24. J. Nicolas, "La rumeur de Paris: rapts d'enfants en 1750", *L'Histoire*, nº 40, 1981, pp. 48-57. C. Romon, "L'affaire des enlèvements d'enfants dans les archives du Châtelet, 1749-1750". *Revue historique*, CCLXX, 3, 1983, pp. 55-95. A. Farge e J. Revel, "Les règles de l'émeute: l'affaire des enlèvements d'enfants, Paris, mai 1750", *Mouvements populaires et conscience sociale, XVIe-XIXe siècle*, 1985, pp. 635-46.

25. F. Funck Brentano, "Origines du pouvoir royal en France", *Revue du Foyer*, 1º de fevereiro de 1912.

26. Arquivos Nacionais, Y 11 262, 4 de outubro de 1774, carta escrita aos síndicos nos arquivos do comissário de polícia Thierry.

27. Circular de Breteuil aos intendentes do reino e em Paris ao tenente--general de polícia referente aos prisioneiros encarcerados por *lettres de cachet*, março de 1784, publicada por F. Funck Brentano, *Les lettres de cachet à Paris*, 1926, p. XLII.

28. Flammermont, *Remontrances au Parlement de Paris*, 1787, t. III, p. 713.

29. Arquivos Nacionais, X1B 8979, citado por Monin, *L'état de Paris en 1789*, Paris, 1889.

30. Arquivos Parlamentares, 1790, t. IX, pp. 413-4.

31. Ibid., t. XI, p. 279.

32. Ibid., p. 488.

33. Ibid., t. XVII, p. 617.

34. Ibid.

35. *Le moniteur universel*, t. XXVII, pp. 523-4.

CONCLUSÃO

Concluir? Não, pois os materiais e as análises aqui reunidos constituem apenas os primeiros fragmentos de uma nova história, que ainda está por ser escrita. Mas talvez explicitar, ao término deste trabalho em conjunto, as escolhas, os partidos, os limites, e primeiro no que se refere às épocas e aos lugares. A história da vida privada, assim como a das atitudes perante a infância ou a morte, não deve restringir-se ao âmbito nacional: seu espaço natural é o de uma civilização inteira — no presente caso, a do mundo ocidental. Contudo, não era possível abordar cada um dos temas nessa dimensão macroscópica sem correr o risco de reduzi-los a uma coletânea de exemplos não necessariamente tópicos ou de diluí-los num discurso muito genérico. Daí a decisão de diversificar as escalas nas quais são tratados os diferentes problemas aqui considerados. De acordo com o assunto ou a maneira de cada um, elas consideram comparativamente o Ocidente como um todo ou focalizam a atenção em sociedades particulares e homogêneas, provincianas ou citadinas, ou ainda retêm como válido o espaço da nação.

Neste último caso, o reino da França se viu bastante privilegiado, como era normal em se tratando de um livro escrito por historiadores franceses — ou especialistas em história da França. Porém, em sua própria contingência, essa escolha tem também sua razão de ser. Com efeito, a França do Antigo Regime é profundamente afetada pelas três evoluções essenciais que na era moderna redefinem as fronteiras entre o público e o privado. De todos os Estados europeus, a monarquia francesa é o que apresenta o modelo mais rematado, as formas mais puras do Estado absolutista, que tende ao monopólio da justiça e da tributação, que pretende pacificar e regulamentar o espaço social, que se articula a partir da sociedade e da civilização cortesãs. Além disso, a França é um país de fratura confessional e, certamente de forma desigual, conhece os efeitos das duas Reformas, a protestante e a católica, que, com modalidades próprias, procuram novas maneiras de viver e de expressar a fé. Por fim, a sociedade francesa dos séculos XVI a XVIII realiza o aprendizado da escrita, de sua decifração e de seus usos, porém numa situação de grande dicotomia cultural, mais ou menos como aquela que divide o espaço ocidental, contrastando as terras do norte/noroeste, inglesas, holandesas, flamengas, renanas, precoce e altamente alfabetizadas, e a Europa meridional nas regiões em que permaneceu iletrada por mais tempo. Abordar a história da vida privada na época moderna partindo prioritariamente do caso francês tem, portanto, sua legitimidade, pois nele podemos observar, em sua totalidade e em suas variações, os fatores principais que definem de maneira inédita a esfera do privado.

A coloração francesa do presente volume tem suas consequências cronológicas. Por um lado, às vezes leva a estender o estudo até a Revolução (retomada no conjunto como abertura do volume seguinte), pois em determinados aspectos (por exemplo, a tensão entre condutas públicas e isolamento privado, ou a relação entre o sigilo das famílias e a competência do Estado), ela prolonga ou acentua as exigências e os equilíbrios da velha monarquia. Por outro lado, essa cor própria sem dúvida ressalta com particular vigor a segunda metade do século XVII — ou melhor, o reinado de Luís XIV. Trata-se de um período de transição, caracterizado ao mesmo tempo pelo apogeu de uma primeira economia da privatização, inscrita numa sociedade de fausto e de civilidade que se curva às necessidades da representação e às novas pretensões do Estado, e pela atração de formas novas que levarão à afirmação de um privado pessoal — fundamentado numa piedade mais individual, no domínio da escrita e na descoberta do eu — e ao isolamento no foro familiar e na intimidade doméstica.

Assim delimitado, este livro toma vários partidos explícitos. Em primeiro lugar, decidiu não estabelecer separação entre os espaços, os objetos da intimidade e os investimentos afetivos que eles traduziam ou permitiam. Portanto, concedeu a primazia aos sentimentos e aos valores, e não à história da cultura nacional, da casa ou da decoração, do mobiliário ou do traje. Se a cultura material não obstante encontrou seu espaço, é sempre em relação com as práticas sociais ou solitárias que estão ligadas a ela. Segundo partido: ligar em sua complexa trajetória as três faces superpostas ou rivais da privatização: a sociabilidade convivial, a intimidade familiar, o recolhimento individual. E isso porque não há definição unívoca ou universal do privado, mas, ao contrário, agenciamentos móveis, dispositivos específicos, que a situam contraditoriamente e fazem da mesma forma social um refúgio ou um entrave. É o que se dá com a parentela e a linhagem, os grupos de convivialidade, a família nuclear: segundo a época, o local, as circunstâncias, numa ou em outra dessas sociedades familiares o indivíduo pode encontrar um refúgio seguro para suas mais caras e secretas afeições ou experimentar as insuportáveis coerções das comunidades obrigatórias. Donde o necessário exame dessas múltiplas cisões que opõem as ligações de amizade e as do casamento, os direitos da família e os da comunidade, a liberdade do indivíduo e as disciplinas familiares. Donde também outra intenção: fazer desta história da vida privada uma história interlinear do espaço público em suas diferentes e talvez sucessivas acepções: comunidade de existência, na escala do vilarejo ou do bairro; domínio regido pelo governo da autoridade soberana; e, por fim, local onde se desenvolve a discussão crítica conduzida pela opinião considerada pública.

Em todos esses aspectos o presente livro requer pesquisas complementares e outras testemunhas além das que convocou várias vezes — Montaigne e Pepys, Henri de Campion e Saint-Simon, Jamerey-Duval e Ménétra. O essencial, e o mais difícil, será apreciar em que medida o processo da privatização moderna, tal como o manifesta o exemplo francês, vale também para outros lugares, que não experimentaram a cisão da cristandade, não foram submetidos a um Estado absolutista e, pelo menos no caso de alguns, não ingressaram tão decididamente na cultura da escrita. A constituição do privado no mundo ocidental é, sem nenhuma dúvida, marcada por fortes defasagens e grandes diferenças, resultantes da fusão de diversas variáveis principais que dependem da natureza do Estado e de sua eficácia, das formas da crença religiosa, da força do costume e da estrutura das famílias, dos progressos ou atrasos da alfabetização. Para que se possa desemaranhar essa complexa meada, a obra que acabamos de ler propôs hipóteses e referências, análises e evoluções. Quanto a isso, esforçou-se para seguir a intenção de quem a idealizara, Philippe Ariès.

R. C.

BIBLIOGRAFIA

1. PRIVATIZAÇÃO E CIVILIZAÇÃO: PERSPECTIVAS DE CONJUNTO

ARIÈS, P., *L'enfant et la vie familiale sous l'Ancien Régime*, Paris, Plon, 1960; nova ed.: Paris, Éd. du Seuil, 1973. [*História social da família e da criança*, Rio de Janeiro, Guanabara, 1981.]

___, *L'homme devant la mort*, Paris, Éd. du Seuil, 1977. [*O homem diante da morte*, Rio de Janeiro, Francisco Alves, 1989.]

___, *Images de l'homme devant la mort*, Paris, Éd. du Seuil, 1983.

ELIAS, N., *Ueber den Prozess der Zivilisation. Soziogenetische und Psychogenetische Untersuchungen*, Basileia, 1939; nova ed.: Berna, Verlag Francke ag, 1969 (trad. francesa *La civilisation des moeurs* e *La dynamique de l'Occident*, Paris, Calmann-Lévy, 1973 e 1975). [*O processo civilizador*, Rio de Janeiro, Jorge Zahar, 1995.]

___, *Die höfische Gesellschaft. Untersuchungen zur Soziologie des Königtums und der höfischen Aristokratie*, Neuwied e Berlim, Hermann Luchterhand Verlag, 1969 (trad. francesa *La société de cour*, Paris, Flammarion, 1985. [*A sociedade de corte*, Rio de Janeiro, Jorge Zahar, 2001.]

GROETHUYSEN, B., *Origines de l'esprit bourgeois en Prance, I. L'Église et la bourgeoisie*, Paris, Gallimard, 1927.

HABERMAS, J., *Strukturwandel der Öffentlichkeit*, Neuwied e Berlim, Hermann Luchterhand Verlag, 1962 (trad. francesa *L'espace public. Archéologie de la publicité comme dimension constitutive de la société bourgeoise*, Paris, Payot, 1978).

STAROBINSKI, J., *L'invention de la liberté, 1700-1789*, Genebra, Skira, 1964. [*A invenção da liberdade*, São Paulo, Unesp, 1994.]

2. O CASAL, A FAMÍLIA, LA MAISONÉE

1. Estruturas familiares, estratégias matrimoniais

"Avec les parsonniers", *Revue d'Auvergne*, 1981, nº 486.

BERKNER, L. K., "The stem-family and the development of the peasant household: an eighteenth-century Austrian example", *The American Historical Review*, 1972, p. 398-418.

CLAVERIE, E. e Lamaison, P., *L'impossible mariage. Violence et parenté en Gévaudan, XVIIe, XVIIIe et XIXe siècles*, Paris, Hachette, 1982.

COLLOMP, A., *La maison du père. Famille et village en haute Provence aux XVIIe et XVIIIe siècles*, Paris, PUF, 1983.

DELLILE, G., "Dot des filles et circulation des biens dans les Pouilles aux XVIe et XVIIe siècles", *Mélanges de l'École Française de Rome*, 96, 1983, 1.

"Famiglia e comunità. Storia sociale della famiglia nell'Europa moderna", *Quaderni Storici*, 38, 1976.

Family and inheritance. Rural society in Western Europe, 1200-1800, Goody, J. Thirsk e E. P. Thompson (eds.), Cambridge University Press, 1976.

Family forms in historical Europe, R. Wall, J. Robin e P. Laslett (eds.), Cambridge University Press, 1983.

FARGE, A. e FOUCAULT, M., *Le désordre des familles. Lettres de cachet des archives de la Bastille*, Paris, Gallimard/Julliard, "Archives", 1972.

FLANDRIN, J.-L., *Familles. Parenté, maison, sexualité dans l'ancienne France*, Paris, Hachette, 1976; ed. revista: Paris, Éd. du Seuil, 1984.

GOODY, *J.*, *The development of the family and marriage in Europe*, Cambridge University Press, 1983 (trad. francesa *L'évolution de la famille et du mariage en Europe*, Paris, A. Colin, 1985).

GUNDA, B., "The ethnosociological structure of the Hungarian extended family", *Journal of Family History*, 1982, pp. 40-52.

LAFON, J., *Régimes matrimoniaux et mutations sociales. Les époux bordelais* (*1450--1550*), Paris-Haia, Mouton, 1973.

LEBRUN, F., *La vie conjugale sous l'Ancien Régime*, Paris, A. Colin, 1975.

LOTTIN, A. et al., *La désunion du couple sous l'Ancien Régime. L'exemple du Nord*, Universidade de Lille-III, 1975.

MACFARLANE, A., *The origins of English individualism. The family property and social transition*, Oxford, Basil Blackwell, 1978.

Mediterranean family structure, *J.* G. Peristiany (ed.), Cambridge University Press, 1976.

MERZARIO, R., *Il paese stretto. Strategie matrimoniali nello diocesi di Como, secoli XVI-XVIII*, Turim, Einaudi, 1981.

MORGAN, E. S., *The puritan family. Religion domestic relations in seventeenth--century New England*, Nova York, 1966.

SHORTER, E., *The making of the modern family*, Nova York, Basic Books, 1975 (trad. francesa *Naissance de la famille moderne*, Paris, Éd. du Seuil, 1977).

STONE, L., *Family, sex and marriage in England, 1500-1800*, Nova York, Harper and Row, 1977.

2. Papéis domésticos

AMUSSEN, S. D., "Féminin/masculin. Le genre dans l'Angleterre de l'époque moderne", *Annales ESC*, pp. 269-87.

DAVIS, N. Z., *The return of Martin Guerre*, Harvard University Press, 1983 (trad. francesa *Le retour de Martin Guerre*, Paris, Robert Laffont, 1982). [*O retorno de Martin Guerre*, Rio de Janeiro, Paz e Terra, 1987.]

FAIRCHILDS, C., *Domestic enemies. Servants and their masters in Old Regime France*, The Johns Hopkins University Press, 1984.

FRIGO, D., *Il padre di famiglia. Amministrazione privata e pubblico governo nell'Italia moderna*, Roma, 1985.

GUTTON, J.-P., *Domestiques et serviteurs dans la France de l'Ancien Régime*, Paris, Aubier, 1981.

KLAPISCH-ZUBER, C., *Women, family and ritual in Renaissance Italy*, The University of Chicago University Press, 1985.

KNIEBIEHLER, Y. e FOUQUET, C., *L'histoire des mères du Moyen Âge à nos jours*, Paris, Montalba, 1980.

MAZA, S., *Servants and masters in eighteenth-century France. The uses of loyalty*, Princeton University Press, 1983.

SEGALEN, M., *Mari et femme dans la société paysanne*, Paris, Flammarion, 1980.

ZAPPERI, R., *L'uomo incinto. La donna, l'uomo e il potere*, Cosenza, Edizione Lerici, 1979 (trad. francesa *L'homme enceint. L'homme, la femme et le pouvoir*, Paris, PUF, 1983).

3. Amor, amizade, sexualidade

Aimer en France, Universidade de Clermont-II, 1980.

FLANDRIN, J.-L., *Les amours paysannes. Amour et sexualité dans les campagnes de l'ancienne France (XVI*[e]*-XIX*[e] *siècle)*, Paris, Gallimard/Julliard, "Archives", 1975.

___, *Le sexe et l'Occident. Évolution des attitudes et des comportements*, Paris, Éd. du Seuil, 1981. [*Sexo e Ocidente*, São Paulo, Brasiliense, 1988.]

GRIMMER, C., *La femme et le bâtard. Amours illégitimes et secrètes dans l'ancienne France*, Paris, Presses de la Renaissance, 1983.

LASLETT, P., *Family life and illicit love in earlier generations*, Cambridge University Press, 1977.

LASLETT, P., Oosterven, K. e Smith, R. M., *Bastardy and its comparative history*, Londres, Edward Arnold, 1980.

SOLÉ, J., L'*amour en Occident à l'époque moderne*, Paris, Albin Michel, 1976.

TODD, J., *Women's friendship in literature*, Nova York, 1980.

4. Infância e educação

BRIZZI, G. P., *La formazione della classe dirigente nel sei-settecento. I seminaria nobilium nell'Italia centro-settentrionale*, Bolonha, Il Mulino, 1976.

CHARTIER, R., Julia, D. e Compère, M.-M., *L'éducation en France du XVI*[e] *au XVIII*[e] *siècle*, Paris, SEDES, 1976.

COMPÈRE, M.-M., *Du collège au lycée (1500-1900). Généalogie de l'enseignement secondaire français*, Paris, Gallimard/Julliard, "Archives", 1985.
FRIJHOFF, W., *La société néerlandaise et ses gradués, 1575-1814. Une recherche sérielle sur le statut des intellectuels*, Amsterdã, 1981.
GÉLIS, J., LAGET, M. e MOREL, M.-F, *Entrer dans la vie. Naissances et enfances dans la France traditionnelle*, Paris, Gallimard/Julliard, "Archives", 1978.
GÉLIS, J., *L'arbre et le fruit. La naissance dans l'Occident moderne, XVIe-XIXe siècle*, Paris, Fayard, 1981.
GILLIS, J. R., *Youth and history*, Nova York, Academic Press, 1974.
HEWITT, M. e PINCHEBECK, I., *Children in English society. Tome I: From Tudor times to the eighteenth century*, Londres, Routledge e Kegan Paul, 1969.
KAGAN, R., *Students and society in early modern Spain*, The Johns Hopkins University Press, 1974.
LAGET, M., *Naissances. L'accouchement avant l'âge de la clinique*, Paris, Éd. du Seuil, 1982.
PLUMB, J.-H., "The new world of children in eighteenth-century England", *Past and Present*, 67, 1975, p. 64-95.
Les rites de passage, Museu de Etnologia de Neuchâtel, 1981.
SACQUIN, M. (dir.), *Le printemps des génies. Les enfants prodiges*, Paris, BNF--Laffont, 1993.
SMITH, S. R., "The London apprentices as seventeenth-century adolescents", *Past and Present*, 61, 1973, p. 149-61.
STRAUSS, G., *Luther's house of learning. Indoctrination of the young in German Reformation*, The Johns Hopkins University Press, 1978.

3. CONTROLE SOCIAL E FORMAS DE SOCIABILIDADE

1. Solidariedades e coerções

BOUCHARD, G., *Le village immobile, Sennely-en-Sologne au XVIIIe siècle*, Paris, Plon, 1972.
CASTAN, N., *Justice et répression en Languedoc à l'époque des Lumières*, Paris, Flammarion, 1980.
___, *Les criminels de Languedoc. Les exigences d'ordre et les voies du ressentiment dans une société prérévolutionnaire (1750-1790)*, Toulouse, 1980.
CASTAN, Y., *Honnêteté et relations sociales en Languedoc, 1750-1780*, Paris, Plon, 1974.
DAVIS, N. Z., *Society and culture in early modern France*, Stanford University Press, 1975 (trad. francesa *Les cultures du peuple. Rituels, savoirs et résistances au XVIe siècle*, Paris, Aubier, 1979).
FARGE, A., *Vivre dans la rue à Paris au XVIIIe siècle*, Paris, Gallimard/Julliard, "Archives", 1979.

FARGE, A., *La vie fragile. Violence, pouvoir et solidarités à Paris au XVIII*e *siècle*, Paris, Hachette, 1986.

FORESTIER, H., "Le 'droit des garçons' dans la communauté villageoise aux XVIIe et XVIIIe siècles", *Annales de Bourgogne*, 1941, pp. 109-14.

FOUCAULT, M., *Surveiller et punir. Naissance de la prison*, Paris, Gallimard, 1975. [*Vigiar e punir: nascimento da prisão*, Petrópolis, Vozes, 2008.]

GOUGH, R., *The history of Myddle*, *J.* Hey (ed.), 1834, Penguin Books, 1981.

GUTTON, J.-P., *La sociabilité villageoise dans l'ancienne France. Solidarités et voisinages du XVI*e *au XVIII*e *siècle*, Paris, Hachette, 1971.

LE ROY LADURIE, E., *L'argent, l'amour et la mort en pays d'Oc*, Paris, Éd. du Seuil, 1980.

LEVI, G., *L'eredità immateriale. Carriera di un esorcista nel Piemonte del seicento*, Turim, Einaudi, 1985.

PELLEGRIN, N., *Les bachelleries. Organisation et fêtes de la jeunesse dans le Centre--Ouest, XV*e*-XVIII*e *siècle*, Poitiers, Société des Antiquaires de l'Ouest, 1982.

ROSSIAUD, J., "Prostitution, jeunesse et société dans le villes du Sud-Est au XVe siècle", *Annales ESC*, *1976*, pp. 289-325.

___, "Les fraternités de jeunesse dans les villes du Sud-Est au XVe siècle", *Cahiers d'Histoire*, 1976, pp. 67-102.

WEISSMAN, R. F. E., *Ritual brotherhood in Renaissance Florence*, Nova York, Academic Press, 1982.

YVER, J., *Essai de géographie coutumière*, Paris, 1966.

2. Sociabilidades intelectuais

AGULHON, M., *Pénitents et francs-maçons de l'ancienne Provence*, Paris, Fayard, 1968.

DARNTON, R., *Mesmerism and the end of the Enlightenment in France*, Harvard University Press, 1968 (trad. francesa *La fin des Lumières. Le mesmérisme et la Révolution*, Paris, Librairie Académique Perrin, 1984). [*O lado oculto da Revolução*, São Paulo, Companhia das Letras, 1988.]

___, *Bohème littéraire et Révolution. Le monde des livres au XVIII*e *siècle*, Paris, Gallimard/Éd. du Seuil, 1983. [*Boemia literária e revolução*, São Paulo, Companhia das Letras, 1987.]

GAYOT, G., *La franc-maçonnerie française. Textes et pratiques*, Paris, Gallimard/Julliard, "Archives", 1980.

HALÉVI, R., *Les loges maçonniques dans la France d'Ancien Régime. Aux origines de la sociabilité démocratique*, Paris, A. Colin, 1984.

Lesegesellschaften und bürgerliche Emanzipation, O. Dann (ed.) Munique, 1981.

LOUGEE, C., *Le paradis des femmes. Women, salons and social stratification in seventeenth-century France*, Princeton University Press, 1976.

MILSTEIN, B. M., *Eight eighteenth-century reading societies. A sociological contribution to the history of German literature*, Berna e Frankfurt, 1972.

PRÜSENER, M., "Lesegesellschaften im 18. Jahrhundert. Ein Beitrag zur Lesergeschichte", *Archiv für Geschichte des Buchwesens*, 13, 1973, pp. 369-594.

ROCHE, D., *Le siècle des Lumières en province. Académies et académiciens provinciaux, 1680-1789*, Paris-Haia, Mouton, 1978.

3. Festas e rituais

BERCÉ, Y. M., *Fête et révolte. Des mentalités populaires du XVIe au XVIIIe siècle*, Paris, Hachette, 1976.

Le charivari, J. Le Goff e J.-C. Schmitt (eds.), Paris-Haia, Mouton, 1981.

LE ROY LADURIE, E., *Le carnaval de romans. De la Chandeleur au mercredi des Cendres, 1579-1580*, Paris, Gallimard, 1979. [*O carnaval de Romans: da Candelária à quarta-feira de Cinzas 1579-1580*, São Paulo, Companhia das Letras, 2002].

MUIR, E., *Civic ritual in Renaissance Venice*, Princeton University Press, 1981.

TREXLER, R. C., *Public life in Renaissance Florence*, Nova York, Academic Press, 1980.

4. MANEIRAS

1. A leitura

CHARTIER, R., "Stratégies éditoriales et lectures populaires", *Histoire de l'édition française*, H.-J. Martin e R. Chartier (eds.), Paris, Promodis, t. I, *Le livre conquérant. Du Moyen Âge au milieu du XVIIe siècle*, 1982, pp. 585-608.

CHARTIER, R. e ROCHE, D., "Les pratiques urbaines de l'imprimé", ibid., t. II, *Le livre triomphant. 1660-1830*, 1984, pp. 402-29.

CHARTIER, R., "Livres bleus et lectures populaires", ibid., pp. 498-511.

CHEVALIER, M., *Lectura y lectores en la España de los siglos XVI y XVII*, Madri, Turner, 1976.

ENGELSING, R., *Analphabetentum und Lektüre. Zur Sozialgeschichte des Lesens in Deutschland zwischen feudaler und industrieller Gesellschaft*, Stuttgart, 1973.

___, *Der Bürger als Leser. Lesergeschichte in Deutschland 1500-1800*, Stuttgart, 1974.

___, "Die Perioden der Lesergeschichte in der Neuzeit", 1969, *Zur Sozialgeschichte deutscher Mittel-und Unterschichten*, Göttingen, Vandenhoeck e Ruprecht, 1978.

Livre et lecture en Espagne et en France sous l'Ancien Régime, Paris, ADPF, 1981.

Pratiques de la lecture, R. Chartier (ed.), Marselha, Rivages, 1985.

Printing and society in early America, W. Joyce, D. Hall, R. Brown e J. Hench (eds.), Worcester, American Antiquarian Society, 1983.

SAENGER, P., "Silent reading: its impact on Late Medieval script and society", *Viator. Medieval and Renaissance Studies*, XIII, 1982, pp. 367-414.

2. O jogo

GRUSSI, O., *La vie quotidienne des joueurs sous l'Ancien Régime, à Paris et à la cour*, Paris, Hachette, 1985.

Le jeu au XVIIIe siècle, Aix-en-Provence, Édisud, 1971.

3. A mesa

CAMPORESI, P., *Il paese della fame*, Bolonha, Il Mulino, 1980 (trad. francesa *Le pain sauvage. L'imaginaire de la faim de la Renaissance au XVIIIe siècle*, Paris, 1981).

___, *Alimentazione, folclore e società*, Parma, Pratiche Editrice, 1980.

GILLET, P., *Par mets et par vins. Voyages et gastronomie en Europe, XVIe-XVIIIe siècle*, Paris, Payot, 1985.

HEAL, F., "The idea of hospitality in early modern England", *Past and Present*, 102, 1984, pp. 66-93.

FLANDRIN, J.-L., "La diversité des goûts et des pratiques alimentaires en Europe du XVIe au XVIIIe siècle", *Revue d'Histoire Moderne et Contemporaine*, 1983, pp. 66-83.

Manger et boire au Moyen Âge, Paris, Les Belles Lettres, 1984.

WHEATON, B. K., *Savouring the past*, The University of Pennsylvania Press, 1983 (trad. francesa *L'office et la bouche. Histoire des moeurs de la table en France 1300-1789*, Paris, Calmann-Lévy, 1984).

4. A natureza e os animais

ADAMS, W. H., *Les jardins en France. Le rêve et le pouvoir*, Paris, Éd. Équerre, 1980.

STRONG, R., *The Renaissance garden in England*, Londres, 1979.

THOMAS, K., *Man and the natural world*, Penguin Books, 1983 (trad. francesa *Dans le jardin de la nature. La mutation des sensibilités en Angleterre à l'époque moderne (1500-1800)*, Paris, Gallimard, 1985. [*O homem e o mundo natural*, São Paulo, Companhia das Letras, 1988.]

5. Habitação

BABELON, J.-P., *Demeures parisiennes sous Henri IV et Louis XIII*, Paris, Les Temps, 1965.

___, "Du Grand Ferrare à Carnavalet. Naissance de l'hôtel classique", *Revue de l'Art* 40-41, 1978.

BARDET, J.-P., CHAUNU, P., DESERT, G., GOUHIER, P. e NEVEUX H., *Le bâtiment.*

Enquête d'histoire économique, XIVe-XIXe siècle, t. I, *Maisons rurales et urbaines dans la France traditionnelle*, Paris-Haia, Mouton, 1971.

BARDET, J.-P., *Rouen aux XVIIe et XVIIIe siècles*, Paris, SEDES, 1983.

Corpus de l'architecture rurale française, Paris, Berger-Levrault, 1977.

GLOTON, J., *Renaissance et Baroque à Aix-en-Provence. Essai sur la culture architecturale dans le midi de la France*, Paris, 1979.

JURGENS, M. e COUPERIE, P., "Le logement à Paris aux XVIe et XVIIe siècles: une source, les inventaires après décès", *Annales* ESC, 1962, pp. 488-500.

LEHOUX, F., *Le cadre de vie des médicins parisiens au XVIe et au XVIIe siècle*, Paris, Picard, 1978.

LIEBENWEIN, W., *Studiolo: Die Entestehung eines Raumtyps und seine Entwicklung bis zum 1600*, Berlim, 1977.

La maison de ville à la Renaissance, Paris, Picard, 1984.

POISSON, J.-M., "La maison paysanne dans les bourgs siciliens (XIVe-XIXe siècle). Permanence d'un type?", *Archeologia Medievale*, VII, 1980, pp. 83-94.

RANUM, O., "Inventing private space. Samuel and Mrs. Pepys at home 1660--1669", Wissenschaftskolleg zu Berlim, *Jahrbuch 1982/83*, pp. 259-76.

ROUX, S., *La maison dans l'histoire*, Paris, Albin Michel, 1976.

6. Consumo

FRANKLIN, A., *La vie privée d'autrefois. Arts et métiers, modes, moeurs, usage des parisiens du XIIe au XVIIIe siècle*, Paris, 1888-1901.

MCKENDRICK, N., Brewer, J. e Plumb, J. H., *The birth of a consumer society. The commercialization of eighteenth-century England*, 1982, Indiana University Press, 1985.

"La qualité de la vie au XVIIe siècle", Marseille, nº 109, 1977.

ROCHE, D., *Le peuple de Paris. Essai sur la culture populaire*, Paris, Aubier, 1981. [*O povo de Paris: ensaio sobre a cultura popular no século XVIII*, São Paulo, Edusp, 2004.]

7. Cortesia, civilidade, etiqueta

ARAGON, H., *Les lois somptuaires en France*, Perpignan, 1921.

CHARTIER, R., "Civilité", *Handbuch politisch-sozialer Grundbegriffe in Frankreich 1680--1820*, R. Reichardt e E. Schmitt (eds.), Munique, Oldenbourg, no prelo.

La corte e il "cortegiano", A. Prosperi (ed.), Roma, 1980.

The courts of Europe: politics, patronage and royalty 1400-1800, A. G. Dickens (ed.), Nova York, 1977.

CURTIN, M., "A question of manners: status and gender in etiquette and courtesy", *Journal of Modern History*, 57, 1985, pp. 395-423.

LA FONTAINE-VERWEY, H., "The first 'book of etiquette' for children: Erasmus' *De civilitate morumpuerilium*", *Quaerendo*, 1, 1971, pp. 19-30.

MAGENDIE, M., *La politesse mondaine et les théories de l'honnêteté en France au XVIIe siècle, de 1600 à 1650*, Paris, 1925.
RANUM, O., "Courtesy, absolutism and the rise of the French state, 1630-1660", *Journal of Modern History*, 52, 1980, pp. 426-51.
Rituale, ceremoniale, etichetta, S. Bertelli e G. Crifo (eds.) Milão, Bompiani, 1985.

5. PRÁTICAS E PENSAMENTOS RELIGIOSOS

CARO BAROJA, J., *Las formas complejas de la vida religiosa. Religion, sociedad y caracter en la España de los siglos XVI y XVII*, Madri, Alkal, 1979.
CERTEAU, M. de, "La formalité des pratiques. Du système religieux à l'éthique des Lumières (XVIIe-XVIIIe siècle)", *L'écriture de l'histoire*, Paris, Gallimard, 1975, pp. 152-214. [*A escrita da história*, Rio de Janeiro, Forense Universitária, 2006.]
___, *La fable mystique XVIe-XVIIe siècle*, Paris, Gallimard, 1982.
CHAUNU, P., *Les temps des Réformes. Histoire religieuse et système de civilisation*, Paris, Fayard, 1975.
DELUMEAU, J., *La peur en Occident (XIVe-XVIIIe siècle). Une cité assiégée*, Paris, Fayard, 1978. [*História do medo no Ocidente*, São Paulo, Companhia das Letras, 1989.]
___, *Le péché et la peur. La culpabilisation en Occident (XIIIe-XVIIIe siècle)*, Paris, Fayard, 1983. [*O pecado e o medo: a culpabilização no Ocidente séculos XIII--XVIII*, Bauru, Edusc, 2003.]
DUPRONT, A., "Réformes et 'modernité'", *Annales ESC*, 1984, pp. 747-67.
GINZBURG, C., I *Benandanti. Stregoneria e culti agrari tra cinquecento e seicento*, Turim, Einaudi, 1966 (trad. francesa *Les batailles nocturnes. Sorcellerie et rituels agraires en Frioul, XVIe-XVIIe siècle*, Lagrasse, Verdier, 1980). [*Os andarilhos do bem*, São Paulo, Companhia das Letras, 1988.]
___, *Il formaggio e i vermi. Il cosmo di un mugnaio del'500*, Turim, Einaudi, 1976 (trad. francesa *Le fromage et les vers. L'univers d'un meunier du XVIe siècle*, Paris, Flammarion, 1980). [*O queijo e os vermes*, São Paulo, Companhia das Letras, 1987.]
KOLAKOWSKI, L., *Chrétiens sans Église. La conscience religieuse et le lien confessionnel au XVIIe siècle*, Paris, Gallimard, 1966.
La società religiosa nell'età moderna, C. Russo e F. Malgeri (eds.), Nápoles, 1973.
Pratiques de la confession. Des pères du désert à Vatican II. Quinze études d'histoire, Paris, Éd. du Cerf, 1983.
SCALA, G., *Illuminismo e Reforme nell'Italia dell settecento*, Bolonha, Zanichelli, 1970.
THOMAS, K., *Religion and the decline of magic. Studies in popular beliefs in sixteenth and seventeenth-century England*, Penguin Books, 1973. [*Religião e o declínio da magia*, São Paulo, Companhia das Letras, 1991.]

VOGLER, B., *Vie religieuse en pays rhénan dans la seconde moitié du XVIe siècle (1556--1619)*, Universidade de Lille-III, 1974.
VOVELLE, M., *La mort et l'Occident de 1300 à nos jours*, Paris, Gallimard, 1983.

6. A ESCRITURA E O PRIVADO

1. Diários e memórias: alguns exemplos

CAMPION, H. de, *Mémoires*, Paris, Mercure de France, 1967.
DUMONT DE BOSTAQUET, *Mémoires*, Paris, Mercure de France, 1968.
FILLON, A., *Louis Simon, étaminier 1741-1820 dans son village du haut Maine au siècle des Lumières*, Universidade do Maine, 1982.
FOISIL, M., *Le sire de Gouberville. Un gentilhomme normand au XVIe siècle*, Paris, Aubier, 1981.
JAMEREY-DUVAL, V., *Mémoires. Enfance et éducation d'un paysan au XVIIIe siècle*, introdução de J. M. Goulemot, Paris, Le Sycomore, 1981.
LE ROY LADURIE, E. e RANUM, O., *Pierre Prion, scribe. Mémoires d'un écrivain de campagne au XVIIIe siècle*, Paris, Gallimard/Julliard, 1985.
LOTTIN, A., *Chavatte, ouvrier lillois. Un contemporain de Louis XIV*, Paris, Flammarion, 1979.
MACFARLANE, A., *The family life of Ralph Josselin, a seventeenth-century clergyman. An essay in historical anthropology*, Cambridge University Press, 1970.
MÉNÉTRA, J.-L., *Journal de ma vie. Jacques-Louis Ménétra, compagnon vitrier parisien au XVIIIe siècle*, apresentação de D. Roche, Paris, Montalba, 1982.
PEPYS, S., *The diary of Samuel Pepys*, R. Latham e W. Matthews (eds.), University of California Press, 1970.
SAEVER, P. S., *Wallington's world. A puritan artisan in seventeenth-century London*, Stanford University Press, 1985.
SAINT-SIMON, *Mémoires*, Paris, Gallimard, col. "Bibliothèque de la Pléiade", 1953-8.

2. Diários, memórias, autobiografias: estudos

BOUCIER, E., *Les journaux privés en Angleterre de 1600 à 1660*, Paris, 1976.
DELANY, P., *British autobiography in the seventeenth-century*, Nova York, 1969.
EBNER, D., *Autobiography in seventeenth-century England*, Haia, 1971.
LEJEUNE, P., *L'autobiographie en France*, Paris, A. Colin, 1973.
___, *Le pacte autobiographique*, Paris, Éd. du Seuil, 1975.
Les valeurs chez les mémorialistes français du XVIIe siècle, N. Hepp e J. Hennequin (eds.), Paris, Klincksieck, 1979.
WATKINS, O. C., *The puritan experience: studies in spiritual autobiography*, Nova York, 1972.

3. Literatura

BACZKO, B., *Rousseau. Solitude et Communauté*, Paris-Haia, Mouton, 1974.

___, *Lumières de l'utopie*, Paris, Payot, 1978.

BAKHTIN, M., *L'oeuvre de Rabelais et la culture populaire au Moyen Âge et sous la Renaissance*, Paris, Gallimard, 1975. [*A cultura popular na Idade Média e no Renascimento: o contexto de François Rabelais*, São Paulo, Hucitec, 1993.]

BENCIVENGA, E., *The discipline of subjectivity: an essay on Montaigne*, Princeton, 1990.

BÉNICHOU, P., *Le sacre de l'écrivain*, Paris, 1973.

BEUGNOT, B., *Le discours de la retraite au XVII*[e] *siècle: loin du monde et du brut*, Paris, PUF, 1996.

CHARTIER, R., *Figures de la gueuserie*, textos apresentados por Roger Chartier, Paris, Montalba, 1982.

COMPAGNON, A., *Nous, Michel de Montaigne*, Paris, Éd. du Seuil, 1980.

DEMORIS, R., *Le roman à la première personne*, Paris, 1975.

DU LAURENS, H. J., *Irmice ou la fille de la nature*, texto anotado e apresentado por Anne Rivata, Saint-Étienne, Publications de l'Université, 1993.

GOULEMOT, J. M., *Ces livres qu'on ne lit que d'une main. Lecture et lecteurs de livres pornographiques au XVII*[e] *siècle*, Paris, Minerve, 1994. [*Esses livros que se leem com uma só mão: leitura e leitores de livros pornográficos no século XVIII*, São Paulo, Discurso Editorial, 2000.]

___, "Démons, merveilles et philosophie à l'âge classique", *Annales ESC*, 1980, pp. 1223-50.

___, "Le lecteur-voyeur et la mise en scène de l'imaginaire viril", *Laclos et le libertinage*, Paris, 1982.

___, "Pourquoi écrire? Devoir et plaisir dans l'écriture de Jean-Jacques Rousseau", *Romanistische Zeitschrift für Literaturgeschichte*, IV, 1980.

___, "Le corps, la lecture et l'intime à l'âge classique", *Autrement*, "Plaisir des mots", fevereiro de 1995.

___, "Tensions et contradictions de l'intime dans la pratique des Lumières", *Littérales*, nº 17, 1995.

LA CONDAMINE, C.-M. de, *Histoire d'une jeune fille trouvée dans les bois à l'âge de 10 ans, publiée par mme. H...t*, apresentação de Franck Tinland, Bordeaux, Ducros, 1970.

LEJEUNE, P., *L'autobiographie en France*, Paris, Armando Collin, 1971.

___, *Le pacte autobiographique*, Paris, Seuil, 1996.

MAY, G., *Le dilemme du roman au XVIII*[e] *siècle, étude sur les rapports du roman et de la critique*, New Haven, Yale, Paris, PUF, 1963.

MELY, B., *Jean-Jacques Rousseau, un intellectual en rupture*, Paris, Minerve, 1985.
Versini, L., *Le roman épistolaire*, Paris, 1979.

WATT, I., *The rise of the novel. Studies in Defoe, Richardson and Fielding*, 1957, University of California Press, 1957 (particularmente capítulo VI). [*A ascensão do romance*, São Paulo, Companhia das Letras, 1990.]

ÍNDICE REMISSIVO

COMPANHIA DE BOLSO

Jorge AMADO
Capitães da Areia
Mar morto
Carlos Drummond de ANDRADE
Sentimento do mundo
Hannah ARENDT
Homens em tempos sombrios
Origens do totalitarismo
Philippe ARIÈS, Roger CHARTIER (Orgs.)
História da vida privada 3 — Da Renascença ao Século das Luzes
Karen ARMSTRONG
Em nome de Deus
Uma história de Deus
Jerusalém
Paul AUSTER
O caderno vermelho
Ishmael BEAH
Muito longe de casa
Jurek BECKER
Jakob, o mentiroso
Marshall BERMAN
Tudo que é sólido desmancha no ar
Jean-Claude BERNARDET
Cinema brasileiro: propostas para uma história
Harold BLOOM
Abaixo as verdades sagradas
David Eliot BRODY, Arnold R. BRODY
As sete maiores descobertas científicas da história
Bill BUFORD
Entre os vândalos
Jacob BURCKHARDT
A cultura do Renascimento na Itália
Peter BURKE
Cultura popular na Idade Moderna
Italo CALVINO
Os amores difíceis
O barão nas árvores
O cavaleiro inexistente
Fábulas italianas
Um general na biblioteca
Os nossos antepassados
Por que ler os clássicos
O visconde partido ao meio
Elias CANETTI
A consciência das palavras
O jogo dos olhos
A língua absolvida
Uma luz em meu ouvido
Bernardo CARVALHO
Nove noites
Jorge G. CASTAÑEDA
Che Guevara: a vida em vermelho
Ruy CASTRO
Chega de saudade
Mau humor
Louis-Ferdinand CÉLINE
Viagem ao fim da noite
Sidney CHALHOUB
Visões da liberdade
Jung CHANG
Cisnes selvagens
John CHEEVER
A crônica dos Wapshot
Catherine CLÉMENT
A viagem de Théo
J. M. COETZEE
Infância
Juventude
Joseph CONRAD
Coração das trevas
Nostromo
Mia COUTO
Terra sonâmbula
Alfred W. CROSBY
Imperialismo ecológico
Robert DARNTON
O beijo de Lamourette
Charles DARWIN
A expressão das emoções no homem e nos animais
Jean DELUMEAU
História do medo no Ocidente
Georges DUBY
Damas do século XII
História da vida privada 2 — Da Europa feudal à Renascença (Org.)
Idade Média, idade dos homens
Mário FAUSTINO
O homem e sua hora
Meyer FRIEDMAN,
Gerald W. FRIEDLAND
As dez maiores descobertas da medicina
Jostein GAARDER
O dia do Curinga
Maya
Vita brevis
Jostein GAARDER, Victor HELLERN,
Henry NOTAKER
O livro das religiões

Fernando GABEIRA
O que é isso, companheiro?
Luiz Alfredo GARCIA-ROZA
O silêncio da chuva
Eduardo GIANNETTI
Auto-engano
Vícios privados, benefícios públicos?
Edward GIBBON
Declínio e queda do Império Romano
Carlo GINZBURG
Os andarilhos do bem
História noturna
O queijo e os vermes
Marcelo GLEISER
A dança do Universo
O fim da Terra e do Céu
Tomás Antônio GONZAGA
Cartas chilenas
Philip GOUREVITCH
Gostaríamos de informá-lo de que amanhã seremos mortos com nossas famílias
Milton HATOUM
A cidade ilhada
Cinzas do Norte
Dois irmãos
Relato de um certo Oriente
Um solitário à espreita
Patricia HIGHSMITH
Ripley debaixo d'água
O talentoso Ripley
Eric HOBSBAWM
O novo século
Sobre história
Albert HOURANI
Uma história dos povos árabes
Henry JAMES
Os espólios de Poynton
Retrato de uma senhora
P. D. JAMES
Uma certa justiça
Ismail KADARÉ
Abril despedaçado
Franz KAFKA
O castelo
O processo
John KEEGAN
Uma história da guerra
Amyr KLINK
Cem dias entre céu e mar
Jon KRAKAUER
No ar rarefeito
Milan KUNDERA
A arte do romance
A brincadeira
A identidade
A ignorância
A insustentável leveza do ser
A lentidão
O livro do riso e do esquecimento
Risíveis amores
A valsa dos adeuses
A vida está em outro lugar
Danuza LEÃO
Na sala com Danuza
Primo LEVI
A trégua
Alan LIGHTMAN
Sonhos de Einstein
Gilles LIPOVETSKY
O império do efêmero
Claudio MAGRIS
Danúbio
Naguib MAHFOUZ
Noites das mil e uma noites
Norman MAILER (JORNALISMO LITERÁRIO)
A luta
Janet MALCOLM (JORNALISMO LITERÁRIO)
O jornalista e o assassino
A mulher calada
Javier MARÍAS
Coração tão branco
Ian McEWAN
O jardim de cimento
Sábado
Heitor MEGALE (Org.)
A demanda do Santo Graal
Evaldo Cabral de MELLO
O negócio do Brasil
O nome e o sangue
Luiz Alberto MENDES
Memórias de um sobrevivente
Jack MILES
Deus: uma biografia
Vinicius de MORAES
Antologia poética
Livro de sonetos
Nova antologia poética
Orfeu da Conceição
Fernando MORAIS
Olga
Toni MORRISON
Jazz
V. S. NAIPAUL
Uma casa para o sr. Biswas

Friedrich NIETZSCHE
Além do bem e do mal
Ecce homo
A gaia ciência
Genealogia da moral
Humano, demasiado humano
O nascimento da tragédia

Adauto NOVAES (Org.)
Ética
Os sentidos da paixão

Michael ONDAATJE
O paciente inglês

Malika OUFKIR, Michèle FITOUSSI
Eu, Malika Oufkir, prisioneira do rei

Amós OZ
A caixa-preta
O mesmo mar

José Paulo PAES (Org.)
Poesia erótica em tradução

Orhan PAMUK
Meu nome é Vermelho

Georges PEREC
A vida: modo de usar

Michelle PERROT (Org.)
História da vida privada 4 — Da Revolução Francesa à Primeira Guerra

Fernando PESSOA
Livro do desassossego
Poesia completa de Alberto Caeiro
Poesia completa de Álvaro de Campos
Poesia completa de Ricardo Reis

Ricardo PIGLIA
Respiração artificial

Décio PIGNATARI (Org.)
Retrato do amor quando jovem

Edgar Allan POE
Histórias extraordinárias

Antoine PROST, Gérard VINCENT (Orgs.)
História da vida privada 5 — Da Primeira Guerra a nossos dias

David REMNICK (JORNALISMO LITERÁRIO)
O rei do mundo

Darcy RIBEIRO
Confissões
O povo brasileiro

Edward RICE
Sir Richard Francis Burton

João do RIO
A alma encantadora das ruas

Philip ROTH
Adeus, Columbus
O avesso da vida
Casei com um comunista
O complexo de Portnoy
Complô contra a América
A marca humana
Pastoral americana

Elizabeth ROUDINESCO
Jacques Lacan

Arundhati ROY
O deus das pequenas coisas

Murilo RUBIÃO
Murilo Rubião — Obra completa

Salman RUSHDIE
Haroun e o Mar de histórias
Oriente, Ocidente
O último suspiro do mouro
Os versos satânicos

Oliver SACKS
Um antropólogo em Marte
Enxaqueca
Tio Tungstênio
Vendo vozes

Carl SAGAN
Bilhões e bilhões
Contato
O mundo assombrado pelos demônios

Edward *W.* SAID
Cultura e imperialismo
Orientalismo

José SARAMAGO
O Evangelho segundo Jesus Cristo
História do cerco de Lisboa
O homem duplicado
A jangada de pedra

Arthur SCHNITZLER
Breve romance de sonho

Moacyr SCLIAR
O centauro no jardim
A majestade do Xingu
A mulher que escreveu a Bíblia

Amartya SEN
Desenvolvimento como liberdade

Dava SOBEL
Longitude

Susan SONTAG
Doença como metáfora / AIDS e suas metáforas
A vontade radical

Jean STAROBINSKI
Jean-Jacques Rousseau

I. F. STONE
O julgamento de Sócrates

Keith THOMAS
O homem e o mundo natural
Drauzio VARELLA
Estação Carandiru
John UPDIKE
As bruxas de Eastwick
Caetano VELOSO
Verdade tropical
Erico VERISSIMO
Caminhos cruzados
Clarissa
Incidente em Antares
Paul VEYNE (Org.)
História da vida privada 1 — Do Império Romano ao ano mil
XINRAN
As boas mulheres da China
Ian WATT
A ascensão do romance
Raymond WILLIAMS
O campo e a cidade
Edmund WILSON
Os manuscritos do mar Morto
Rumo à estação Finlândia
Edward O. WILSON
Diversidade da vida
Simon WINCHESTER
O professor e o louco

1ª edição Companhia das Letras [1991] 11 reimpressões
1ª edição Companhia de Bolso [2009] 6 reimpressões

Esta obra foi composta pela Verba Editorial
em Janson Text e impressa pela Gráfica Bartira em
ofsete sobre papel Pólen Natural da Suzano S.A.

FSC
www.fsc.org
MISTO
Papel produzido
a partir de
fontes responsáveis
FSC® C105484

A marca FSC® é a garantia de que a madeira utilizada na fabricação do papel deste livro provém de florestas que foram gerenciadas de maneira ambientalmente correta, socialmente justa e economicamente viável, além de outras fontes de origem controlada.